교양법률강좌

문 성 제 저

法 文 社

머리말

「교양법률강좌」라는 주제를 선정하면서 주제와 관련하여 저자는 많은 생각을 하게 되었다. 법은 한 국가의 문화이자 철학이며 나아가 역사임을 생각할 때 법률과목을 교양강좌로 선정하는 것이 타당한가 하는 것이었다. 그럼에도 이와 같은 주제를 선정하게 된 구체적인 동기는 2009년 우리 사회에서의 문제 가운데 하나로 제기되었던 「존엄사」에 대한 논쟁이었던 것 같다. 존엄사의 개념조차 정립되지 않은 우리의 현실에서 이에 대한 논쟁과 문제해결을 위한 방향성을 제시하는 것은 불가능하다고 하는 저자의 주장과 함께 이는 존엄사의 문제라기보다 무의미한 연명의료의 중단과 관련한 소극적 안락사의 문제임을 저자는 연구논문 등을 통하여 주장하였던 적이 있다. 이와 같은 문제들은 우리 대학교육에서의 교육내용의 부재에서 비롯되었다는 반성과 함께, 사회적인 수요와 현실을 무시하고 기초법률교과과정을 개설하지 못하고 있는 우리 대학교육의 현실에 대하여 염려스러움을 금할 수 없었기 때문이다. 특히 대부분의 법과대학 내지 법학전문대학원을 제외하고 기초과목으로 「법학개론」을 개설하여 정형화된 강의와 평가를 통하여 기초법률과목을 대체하고 있는 우리 대학 법률교육의 현실 속에서 법적인 문제에 대한 사고와 대처는 생각도 할 수 없는 것이 우리나라에서의 기초법학교육의 현실임을 지적하지 않을 수 없다.

이같은 문제점에 대한 인식 등으로 인하여 저자는 이제까지 정형화된 법학개론이라는 교과목의 틀을 벗어나 사회적으로 문제가 되었던 주제들을 선정하여 비 법률학도들을 위한 기초법률을 강의하면서 정리되었던 강의노트를 한 권의 책으로 출간하게 되었다. 이같은 점에서 본서는 계획에 의한 것이라기보다 학생들의 요구에 응한 것으로, 사회적 변화에 대응하기 위한 주제들을 선정하여 본서의 내용들을 구성하였다. 따라서 본서의 내용도 완전하다 할 수 없으며 부족한 부분들은 독자제현들의 지적과 비판을 통하여 앞으로 보충해 나아가도록 하겠다. 특히 본서의 주요 내용들은 지금까지 저자가 관심을 가지고 연구하였던 내용이며 일부는 지면을 통하여 발표되었던 논문 등도 포함하고 있다.

현대사회의 급속한 변화는 학문에 있어서도 빠른 대응을 요구하고 있는 가운데, 사회현상의 변화에 따른 법적인 대응을 위한 노력은 학자의 양심이자 책무라 말하고 싶다. 이 같은 목적을 가지고 본서는 주요국들의 사법제도를 시작으로 의료와 관련한 법률문제, 가정생활과 법률, 인터넷의 사용과 관련하여 나타날 수 있는 제반 법률문제 등을 그 내용으로 구성하였다. 물론 이에 만족하지 않고 앞으로 다양한 주제를 선정하여 보완하고 수정하도록 하겠다.

마지막으로 본서를 출간함에 있어 저자로서 감사드려야 할 분들이 많이 있다. 본서의 출판을 허락하신 배효선 법문사 사장님, 최복현 전무님, 본서를 계획하여 주신 유지훈 차장님 그리고 편집과 세심한 교정을 담당해 주신 예상현 과장님께 진심으로 감사를 드린다. 아울러 자료 수집 기타 본서의 출간에 있어 많은 도움을 주었던 대학원 석사 과정의 김경호 군에게 고마운 마음을 전하면서, 2009년 한 해 동안 일본의 나고야대학교에서 연구에 전념할 수 있도록 도와주신 나고야 법학전문대학원 나가야 교수님과 강동국 교수님, 연구 환경을 마련해 주신 나고야 법학전문대학원 학장님 이하 관계자 여러분과 나고야 대학교 노요리 국제학술교류관에 편안한 주거환경을 제공해 주신 나고야 대학 총장님 이하 관계자 여러분에게도 진심으로 감사를 드리는 바이다. 아울러 나고야 대학 내에서 저자의 연구년 동안 같이 생활을 한 사랑하는 딸 영은, 지호 그리고 출판에 이르기까지 옆에서 많은 위로를 해 주었던 처의 보살핌에 감사와 사랑의 마음을 전하는 바이다.

2010년 2월

나고야 대학교 노요리 국제학술교류관에서

차 례

제 1 편 주요 국가들의 법률제도

제1장 미국의 사법제도

제 2 장 독일의 사법제도

제 3 장 일본의 사법제도

제 2 편 의료와 법률문제

제 1 장 총 론

제 2 장 의료기술의 발달과 새로운 법률문제

제 3 장 미용성형과 법률상의 제 문제

제 4 장 의약품의 사용과 법률상의 제 문제

제 5 장 무의미한 연명치료의 중단과 법률문제

제 3 편 가족과 생활 법률

제 1 장 서 설

제 2 장 우리나라의 혼인제도

제 3 장 부모와 자의 법률관계

제 4 장 성희롱과 그로 인한 피해의 구제

제 5 장 가정폭력과 피해자의 보호

제 4 편 정보화 사회에서의 생활과 법률

제 1 장 개인정보의 침해와 법적 보호

제 2 장 인터넷의 사용과 법률상의 문제

제 3 장 진료정보의 보호와 통제권

제 4 장 정보통신기술의 발전에 따른 새로운 법률문제

찾아보기

제 1 편 주요 국가들의 법률제도

제 1 장

미국의 사법제도

I. 개 설

미국은 연방국가(the United States of America)로서 50개의 주(州, state)가 합쳐서 하나의 국가를 이루고 있다. 그러나 50개의 주는 제 각기 입법 · 사법 · 행정부를 구성하여 하나의 국가와 같은 독자적인 법적 관할권을 갖추고 있으므로 실질적으로 50개의 국가로 이루어져 있다고 할 수 있다. 따라서 미국은 50개 주의 입법 · 사법 · 행정부와 연방정부의 입법부 · 사법부 · 행정부를 모두 합쳐 51개의 법제도가 존재하고 있다. 일반적으로 민사, 형사, 상사등과 같은 법률은 각 주의 입법부에서 만들어지며, 그 밖에 연방헌법 등과·같이 특정한 영역의 입법은 연방 의회에서 제정된다.

미국은 루이지애나(Louisiana)주를 제외한 49개 주는 판례법 중심의 법 전통에 따른 유사한 법원칙과 제도를 가지고 있으며, 각 주마다 독특한 형태의 법제도를 운용하고 있는 가운데 루이지애나 주는 대륙법계를 유지하고 있다. 각 주마다 다른 법제를 통일하기 위하여 미국에서는 많은 노력을 기울여 왔으며 그 결과 상법을 통일하여 통일상법전(Uniform Commercial Code) 등 다수의 성문법 영역에서 통일을 가져왔다. 그럼에도 불구하고 현재 미국의 50개 주는 각기 독자적인 법 규정과 제도를 유지하고 있으므로 미국법 제도를 논할 때에는 논의의 대상을 특정한 주의 법 제도로 한정할 필요가 있다.

미국에서 법학연구를 위해서 50개 주의 법률제도 및 규정, 사례를 검토한다는 것은 매우 어려운 작업이며, 비교법을 연구함에 있어서도 각 주의 법제도를 비교 분석하는 것도 큰 의미가 없다. 하나의 예로서, 특정 사안에 대하여 사건 발생 주에서는 심각한 법률위반이 되는데 반하여 기타 다른 주에서 그다지 심각하지 않은 사안이라면 이 같은 차이를 어떻게 해석하고 받아들일 것인가 하는 문제가 나타나게 되며, 이를 위하여 50개 주의 법제도를 모두 조사하여 대다수의 주들이 이 같은 사안을 인용한다면 소수의 그것보다 미치는 영향은 보다 클 수도 있다. 따라서 이 같은 비교법적 연구를 통하여 개선된 우리의 법제도로서 받아들이기 위한 것이라면 매우 위험스러울 수밖에 없다. 왜냐하면 미국 각 주의 법률제도는 각 주의 역사와 전통에 의하여 제정되고 시행되어온 제도이므로 미국에서의 좋은 법제도라고 하여 우리의 실정을 고려하지 않고 받아들이는 것은 무리가 따르기 때문이다. 더 나아가 특정 주의 법규와 판례를 소개하면서 이것이 미국의 법규 기타 판례인 것처럼 서술하는 것도 매우 위험한 행위이다.

II. 미국의 법원조직

1. 연방법원

미국의 사법제도는 주와 연방이라는 이원적 법체계를 가지고 있다. 계약 기타 불법행위 등과 같은 일반적인 법은 주 법에 의한 주법원의 관할에 속하며, 연방헌법과 이를 근거로 제정된 연방법률 및 해사법 등은 연방법으로 연방법에 의하여 규제되는 연방법원(federal courts)의 소관이다.

미국 연방 대법원의 모습

(1) 판 사

연방헌법에서는 판사의 자격에 대한 규정이 없으며, 변호사(개인 및 정부 변호사), 주법원 판사, 치안판사, 법학교수의 경력을 가진 사람들이 주로 지명되고 있는데, 연방법원 판사(court of appeals judges), 연방지방법원 판사(district court judges)

와 연방국제통상법원 판사(judges of the Court of International Trade)는 대통령 소속 정당 상원의원 내지 하원의원이 추천하여 이 가운데 대통령이 후보자를 지명하여 연방 상원의 인준을 받아 임명한다. 이 때 연방 상원 법사위원회(The Senate Judiciary Committee)의 피지명자에 대한 인준청문회(confirmation hearings)를 거쳐 선출된 연방법원 판사는 연방헌법 제3조에 의하여 임기는 종신(a life term)이며, 탄핵의 경우에 면직된다.

그 외 연방파산법원(United States Bankruptcy Court)의 판사는 임기 14년으로 연방항소법원이 임명하는 연방지방법원 판사(judicial officer)가 되며, 임기 8년의 치안판사(magistrate judge)가 있는데, 이들은 연방지방법원 판사들로 구성된다. 또 연방배상청구법원(United States Court of Federal Claims)의 판사가 있는데 이들의 임기는 15년으로 상원의 동의를 얻어 대통령이 임명한다.

연방법원은 연방헌법 제3조 2항에 의하여 연방헌법 및 연방법률과 미합중국의 권한에 따라 체결되었거나 체결된 조약으로 인하여 발생하는 모든 보통법, 형평법상의 사건, 대사(Ambassadors) 기타 외교사절(other public Ministers) 및 영사(Consuls)에 관계되는 모든 사건, 해사재판 및 해상관할에 관한 사건, 연방정부가 당사자가 되는 분쟁, 2개 이상의 주간의 분쟁, 상이한 주의 주민들 사이의 분쟁, 타주로부터 부여된 토지에 대한 권리와 관련하여 발생하는 동일한 주의 주민간의 분쟁, 주 기타 그 주의 외국, 외국국민 또 외국국민과의 사이에 발생하는 분쟁[1] 등을 관할한다.

(2) 종 류

연방법원은 헌법법원(constitutional court)과 입법법원(legislative court)으로 나누어 살펴 볼 수 있다. 연방법원[2]은 연방의회(Congress)에 의해 설치된 헌법상의 기

1) U.S. Const. art. Ⅲ. § 2. cl . 1. The judical power shall extend to all Cases, in Law and Equity, arising under this Constitution, the Laws of the United States, and Treaties made, or which shall be made, under their Authority; to all Cases affecting Ambassadors, other public Ministers and Consuls; to all Cases of admiralty and maritime Jurisdiction; to Controversies to which the United States shall be a Party;-to Controversies between two or more States;-between a State and Citizens of another State-between Citizens of different States;-between Citizens of the same State, or the Citizens thereof, and foreign States, Citizens or Subjects..

2) U.S. Const. art. Ⅲ. § 1. The judical Power of the United States shall be vested in one supreme Court, and in such inferior as the Congress may fron time to time ordain and establish...

관으로 연방대법원, 연방항소법원, 연방지방법원 등이 있다. 입법법원은 연방헌법 제1조 8항 9호에 의하여 연방대법원 아래 하급 재판소를 조직하는 권한에 의거하여 연방의회에 설치된 법원이다.

1) 연방대법원

연방대법원은 1명의 대법원장(Chief Justice)과 8명의 대법관(Associate Justice)으로 구성되며 탄핵판결을 받은 경우를 제외하고 임기는 종신(during good Behaviour)이다.

연방대법원은 매년 10월 첫째 주 월요일 개정하여 다음 해 5월 말이나 6월 초까지 심리를 계속하는데, 개정시간은 아침 10시에 오후 3기까지 심리를 하며 목요일과 금요일은 개정하지 않는다. 이 기간 중 2주 간격으로 개정과 휴정을 하고, 일반적으로 당사자 별로 30분씩 변론시간이 주어지고 있으며, 한번 개정하면 최대 24개까지 사건 심리를 계속한다. 월요일 아침에 심리사건 목록을 공고하고, 판결은 일반적으로 화요일, 수요일에 행하여지는데, 심리가 열렸으나 변론이 행하여지지 않은 경우에는 매 심리기간 중 세 번째 수요일에 판결을 한다.

2) 연방항소법원

연방항소법원(United States Court of Appeals)은 제2심 법원으로 미국 연방헌법 제41조의 규정에 의하여 미국 전역에 13개가 설치되어 있다. 가장 작은 항소법원은 6명의 재판관으로 구성되어 있는 제1연방항소법원(U.S. Court of Appeals for the First Circuit)이 메사추세츠(Massachusetts)주 보스턴에 있으며, 가장 큰 제9연방항소법원(U.S. Court of Appeals for the Ninth Circuit)은 28명의 재판관으로 구성되어 있는 캘리포니아주 샌프란시스코에 위치하고 있다. 연방대법원의 대법원장과 대법관들이 순회대법관(circuit justice)으로서 각각 연방항소법원을 담당하고 있다.

지역관할구 연방항소법원은 그 지역관할구(circut)내에 있는 연방지방법원과 연방조세법원으로부터 제기된 상소사건과 연방행정위원회(federal administrative agencies)의 결정에 대한 상소사건을 심리하며, 연방관할구 항소법원(U.S. Court of Appeals for the Federal Circuit)은 미국 전역을 관할로 연방국제통상법원(Court of International Trade)과 연방배상청구법원(United States Court of Federal Claims)의 판결과 같은 특정 상소사건들을 심리한다.

3) 연방지방법원

연방지방법원은 각주에 최소 1개 이상씩 설치되어 미국 전역에 걸쳐 89개의 연방지방법원이 있다. 그 외에 콜롬비아 자치구(the District of Columbia), 푸에르토리코(Puerto Rico), 그 밖에 Virgin Island, Guam, the Nortern Mariana Islands등에 각각 1개씩 위치하여 모두 94개의 연방지방법원이 있다.

연방지방법원(U.S. District Court)은 연방배상청구법원, 연방국제통상법원, 연방파산법원(United States Bankruptcy)등과 같은 전속관할권을 행사하는 특수법원을 제외하고 연방의 사법관할권에 속하는 모든 민 · 형사사건을 다루는 제1심 법원(Trial Court)이다.

가. 연방배상청구법원

미국 전역을 관할하며 미합중국을 대상으로 한 금전적 손해배상, 연방정부와의 계약상의 분쟁(disputes over federal contracts), 연방정부의 사유재산에 대한 불법취득 기타 미합중국을 상대로 한 손해배상청구사건을 심리하는 연방특수법원이다. 연방배상청구법원의 판사는 16명으로 구성되며 상원의 동의를 얻어 대통령이 임명한다.

나. 연방국제통상법원

국제무역 및 관세와 관련하여 발생한 사건과 같이 특정한 사건만을 심리하며, 뉴욕시에 설치되어 있으나 무역항이면 어느 곳에서나 개정할 수 있고 9인의 판사로 구성되는데 임기는 종신이다.

다. 연방파산법원

연방지방법원내에 연방파산법원이라는 재판부를 두고 주로 파산사건을 담당하고 있다. 파산사건은 연방법원의 배타적 전속관할 사건으로서 주법원에 제소하지 못하도록 하고 있다.

라. 기 타

이외에 특수한 법원(Federal Court and Other Entities Outside the Judical Branch)으로 연방조세법원(United States Tax Court), 군사법원(Military Court), 연방참전용사항소법원(U.S. Court of Appeals for Veterans Claim), 연방행정위원회(Federal Administrative Agencies and Boards)등이 있다.

2. 주 법원

미국의 각 주는 주 헌법과 주 의회가 제정한 법률에 따라 독자적인 주 법원을 가지고 있다. 따라서 각 주마다 조직, 권한, 명칭 등이 다르다. 주 법원의 판사는 변호사, 정부관리, 교수 중에서 선출되게 되며 정해진 자격요건은 없다. 판사의 선출은 투표, 임명 기타 두 가지를 절충하여 선출하게 되는데 투표는 주민들의 투표에 의하여 선출하는 방식이며, 임명은 주의회의 동의를 얻어 주지사(Governor)가 임명하고 절충방안은 이 두 가지를 절충하여 선출한다. 주 법원 판사의 임기는 주마다 다르며 주 1심법원은 4년 내지 6년, 상소법원은 6년 내지 8년이다.

주 법원의 종류로는 주 내에서 관할권을 가지고 있는 모든 사건에 대한 일반적인 관할권을 가진 법원(Court of General Jurisdiction)과 제한된 권한을 가진 법원(Court of Limited Jurisdiction)으로 나누어 살펴볼 수 있다.

(1) 일반적인 관할권을 가진 법원

1) 주 최고법원

주 최고법원의 명칭은 각 주마다 다르다. 뉴욕주에서는 Court of Appeals, 메사추세츠주는 Supreme Judical Court, 캘리포니아주에서는 California Supreme Court라 부르고 있다.

2) 고등법원

고등법원(The Intermediate Court of Appeals)은 2심법원으로서 역시 주마다 명칭이 다르다. 일리노이주에서는 Appellate Court라고 하며, 텍사스주에서는 Court of Appeals라고 부르고 있다.

3) 1심법원

1심법원(trial court) 역시 각 주마다 명칭이 다르다. 플로리다주는 Circuit Court, 아이오와주는 District Court, 아리조나주에서는 Superior Court, 뉴욕주에서는 Supreme Court라고 부르고 있다.

(2) 제한된 권한을 가진 법원

1) 시 법원

시법원(The Municipal Court)은 치안판사법원(Justice of the Peace)의 상급법원으로서 교통법원(Traffic Court), 소액사건법원(Court of small Claims), 야간법원(Night Court), 혹은 경찰법원(Police Court)이라고도 불린다. 관할은 민사사건과 가벼운 형사사건으로 주마다 다르며, 판사의 대부분은 변호사 자격을 가지고 있다.

2) 치안판사법원

치안판사법원(The Justice of the Peace)는 주법원의 최하위에 위치한 법원으로 J.P, Magistrate 또는 Squire라고 하며 판사는 선거에 의하여 선출되거나 지명되기도 한다. 경미한 민사사건과 경범죄를 재판하는데 판사는 반드시 변호사 자격이 있어야 하는 것은 아니다.

III. 검 찰

미국의 형사사법제도는 보통법(Common Law)에 기초하고 있으며, 우리나라의 법계와는 달리 국가라는 형법권의 주체를 전제로 하지 않는다. 민사소송과 같이 당사자의 분쟁을 재판을 통하여 해결하므로 형사소송의 구조와 민사소송의 구조가 서로 유사하다.

1. 연방검찰

(1) 연방검찰총장

1870년 연방의회는 연방검찰총장을 법무부장관으로 하는 법무부설치법(An Act to Establish the Department of Justice)을 제정하였다. 동법에서 연방검찰총장은 연방검사와 정부변호사를 지시 · 감독하는 권한과 연방검사, 연방법원 집행관(U.S. Marshals), 법원 사무관(clerks) 및 연방법원 공무원의 업무를 감독하는 권한을 부여하고 있다.

연방검찰총장의 임무는 연방수사국(FBI), 마약단속국(DEA), 이민귀화국(Immigration and Naturalization Service), 교정국(Bureau of Prisons), 사법제도위원회(Office of Justice Programs), 연방검사 및 연방법원 집행관 등 법무부 소속 공무원을 포함하여 법무부의 행정, 업무집행을 지시 · 감독할 수 있는 권한을 갖는다.

(2) 연방검사

미국 전역 기타 지역(Puerto Rico, the Virgin Island, Guam, the Northern Mariana Islands)을 포함하여 연방검사(U.S. Attorney)는 총 93명이다. 임명은 상원의 자문과 동의를 얻어 대통령이 임명하며, 연방검사는 관할 구역내 연방법 집행기관으로서 최고 책임자이며, 미합중국이 당사자가 되는 대부분의 재판업무를 수행한다.

2. 주 검찰

미국 내에서 각주의 검찰제도도 각 주마다 다른 제도를 가지고 있다. 따라서 일률적으로 설명할 수는 없지만, 대부분의 주는 주 헌법에 의하여 주 검찰총장을 선출하며, 주 검찰총장은 주 법원 및 연방법원의 민 · 형사상의 문제에 대하여 주민을 대표하고, 주 정부기관을 대표하는 소송대리인으로서의 업무를 수행하기도 한다. 사법행정과 관련하여 지방검사, 지방법집행기관과 연방 및 국제 형사사법기관(criminal justice)을 지원하기도 하고, 주 마약단속기관과 공조하여, 범죄수사에 참여하여 법의학 수사, 신원확인, 정보제공 및 교류지원업무 등을 수행한다. 그 이외에 소비자에게 피해를 주거나 공공의 안전을 위협하는 사건, 불공정 및 위법한 행위로부터 주의 주민을 보호하는 계획을 수립하여 시행하며, 환경 기타 자연관련 법을 집행하기도 한다.

미국의 주 정부는 각 카운티(County)별로 지방검사(District Attorney)를 두고 있다. 우리 국민이 많이 거주하고 있는 로스앤젤레스 카운티의 경우 지방검사는 4년의 임기로 선출되며 그 지역의 중범죄를 기소하는 업무를 담당하고 있는데, 지방검사보(Deputy Attorney)는 일정지역의 경범죄를 기소하는 업무를 수행한다.

IV. 변호사

1. 변호사 자격취득

미국의 변호사 자격의 수여는 주정부의 대법원(the supreme Court)이 독점적인 권한을 갖는다. 이 같은 권한은 사법부 고유의 독점적인 권한(the judiciary's inherent and exclusive authority)[3]으로서 입법부의 관여를 배제하고 있다.[4] 변호사 자격부여를 위하여 주 대법원은 '변호사시험관리위원회(the Bord of Law Examiners)' 를 구성하여 시험의 출제 및 관리를 위임하고 있다. 나아가 각 주의 변호사시험관리위원회 위원들은 미국변호사협회(ABA)와 공동으로 설립한 시험관리기관인 '전국 변호사시험협의회(the National Conference of Bar Examiners; NCBE)를 설치 위임하기도 하는데, 이 같이 별도의 시험관리기관에 위임한다 하더라도 변호사자격의 부여는 주 대법원의 독점적인 권한이다. 변호사시험관리원원회의 시험에 통과한 자는 대법원에 추천하여 자격의 수여를 제청하고 이 때 법원은 '도덕성' 등 법조인으로서의 기본자질에 대한 심사를 거쳐서 변호사 자격을 수여하게 된다.

각주에서 시행하는 변호사시험(Bar examination)은 두 가지 과목을 보게 되는데 자기가 거주하는 주 법에 관한 논술식 시험과, 전국공통으로 정한 공통과목[5]으로서

3) Sate ex rel. Fiedler v. Wisconsin Senate, 454 N.W.2d 770, 774 (1990).
4) Matter of Public Law No. 154-1990, 561 N.E.2d 791, 793 (1990).
5) Constitutional Law, Contract Law, Torts Law, Real Property, Criminal Law, Evidence.

전국변호사협의회에서 출제한 객관식시험이 그것이다. 합격여부는 이 두 가지 시험 점수를 합산하여 결정하며, 이외에 법조윤리(legal ethics)에 관한 시험이 있다. 법조윤리과목의 경우 미국 39개주에서는 이 시험에 통과해야 변호사자격의 취득 요건이 충족되도록 하고 있으며, 기타 주들에서는 경우 논술형 시험에서 법조윤리에 관한 문제를 포함시키고 있다.

변호사 시험에 합격할 경우 별도의 연수나 기타의 교육을 요구하지 않으며, 캘리포니아 뉴욕 주 등을 포함하여 7개주를 제외 한 모든 주에서는 변호사 응시 자격으로 3년간(야간의 경우 4년)의 로스쿨 과정을 이수할 것을 요구하고 있다. 따라서 미국에서 변호사 자격을 취득하기 위해서는 학사학위를 취득한 후, 로스쿨을 졸업하고 법조윤리를 포함한 변호사시험에 통과하여야 한다.

2. 유사자격의 취득

변호사 자격을 취득한 후 변리사나 회계사 등의 자격을 취득하려면 별도의 교육 이수와 시험에 합격하여야 한다. 특히 공증인(notary public)자격은 비교적 쉽게 취득할 수 있는데 대부분의 주에서는 공증인이 되기 위한 시험 기타 교육에 대한 요건에 대한 제한이 없다. 미국에서의 공증은 문서에 관한 것이 아니며 작성자 혹은 서명자 본인 확인만을 하기 때문에 문서의 공증을 받으려면 공증인에게 문서를 가지고와 자신의 신원을 증명할 수 있는 신분증 등을 제시한 후에 공증인 앞에서 문서에 서명을 하면 된다. 이 같은 업무에 비추어 성년이 된 미국시민이라면 2~3명의 이웃 주민으로부터 '정직한 사람'이라는 증언을 받으면 법원으로부터 공증인의 자격을 취득할 수 있다.

3. 변호사 등록

많은 주에서 변호사 등록과 관련한 업무는 주대법원의 위임을 받아 주변호사회에서 담당하고 있다. 등록은 현직(active status)과 비현직(inactive)으로 구분하여 등록하게 되며 현직으로 등록한 변호사는 재교육을 의무화하고 있는 주도 있는데 이때 등록 및 회비 등에 대한 업무를 재교육을 담당하는 기관에서 수행하기도 한다.

현직으로 등록한 변호사는 개업연수가 늘어남에 따라 회비도 증가하며, 판사 및 검사로 재직중인 경우에는 회비가 감면된다. 그러나 비현직으로 등록한 변호사는 회비를 납부하지 않아도 되고 재교육을 이수할 필요도 없다.

변호사 개업형태는 단독개업(Sole Practice), 합동법률사무소(Partnership), 법무법인(Professional Corporation)등이 있는데 단독개업을 하고 있는 변호사들 상당수가 사무실공동사용(Office Sharing Arrangement)의 방식을 취하고 있다.

V. 미국의 배심제도

1. 배심의 의의

영화 '12인의 성난 사람들' 에서의 배심 장면

배심(Jury)이란 사법절차에서 제기된 사실문제를 심판, 기소하기 위해서 소환되는 비법률전문가 시민의 집단을 말한다. 일반시민 중에서 무작위로 추출 선발된 배심원이 전문 법관과 독립하여 사실인정과 유·무죄 평결을 내리고 전문 법관은 이 평결에 기속되어 판결하는 제도이다. 즉 배심제도는 일반시민인 배심원(Jurors)과 전문법조인인 법률가가 각기 다른 직무를 담당하여 사실사항의 판단은 배심이 그리고 법률사항은 원칙적으로 법관이 결정하는 제도이다.

2. 배심원의 자격

배심원은 미국 시민권자로서 18세 이상의 자이어야 하며, 해당 법원의 관할 지역 내에서 1년 이상 거주한 자로서, 영어를 구사할 수 있어야 하며, 정신적으로나 육체적으로 장애가 없고, 중죄로 기소된 적이 없어야 하므로, 중죄로 유죄판결을 받은 경험이 있는 자는 배심원이 될 수 없다. 또 미합중국 군대 소속의 군인, 경찰 및 소방공무원, 공무원 및 법원규칙이 정한 자 중 어느 하나에 해당하는 경우에도 배심원이 될 수 없다.

3. 배심원의 선정

배심원의 선정은 해당 지역의 유권자명부와 유권자와 운전면허증 소지자가 혼합된 명부에서 무작위로 추출하여 만든 배심원 인명부에서 배심원 후보를 선정하고 있다. 이 때 배심원 후보에 대하여 배심원으로서 적합한지 여부를 검토하기 위한 설문지를 작성하여야 한다. 작성하여 제출한 설문지를 검토하여 법원은 대상자를 무작위로 선정하고, 배심원으로 소환되면 당해 법정에서 판사와 변호사들이 배심원으로서의 자격 적합 여부를 심사를 하게 되는데 이를 적격심사(voir dire)라 한다. 이 때 판사는 당해 사건에 대하여 미리 자신이 판단한 사람을 배심원단에서 제외시킬 수 있으며, 변호사 역시 일정수의 배심원을 이유 없이 배제시킬 수도 있다.

4. 배심의 종류

(1) 대배심과 소배심

배심제도는 주로 형사재판에 있어 대배심(grand jury)과 소배심(petite jury) 또는 기소배심과 심리배심으로 구분하여 발전해 왔다. 대배심은 기소배심을 의미하며 형사중죄 사건에서 기소여부를 결정하기 위한 절차로서 무작위로 선발된 16명에서 23명의 배심원으로 구성되며 비공개로 행하여진다. 연방형사사건에 있어서 연방검사는 대배심에게 피의자가 범죄를 범하였으므로 기소되어야 한다고 믿을 만한 합리적인 이유가 있는 증거를 대배심에 제시하여야 한다. 이 때 대배심에서 충분한 증거가 있다고 판단할 경우 피고는 기소되며, 대배심의 기소여부 결정절차는 공개되지 않는다.

대배심의 기능은 기소할 수 있는 충분한 증거가 존재하는가를 심리하여 부당한 기소로부터 피의자를 보호하기 위한 것으로, 검사가 제출한 증거만을 검토하여 기소여부를 결정하게 되므로, 강력한 증인소환 및 신문권이 있고, 검사는 대배심에 소환할 목적으로 법원의 소환장 발급을 요청할 수 있으므로 검사 단독으로 행할 수 없는 증인심문과 증거수집 및 보전 등을 행할 수 있다.

소배심은 “모든 형사소송에 있어서 피고인은 범죄지의 공정한 배심원단에 의한 신속한 재판을 받을 권리가 있다”고 규정한 수정헌법 제6조에 근거하고 있다. 이에 의하여 민사소송의 배심원단은 6인에서 12인의 배심원으로 구성되며, 제출된 증거를 보고 불법행위 또는 채무불이행 여부를 결정하거나 손해배상액을 정하게 된다. 또 형사소송의 심리배심원단은 일반적으로 12인으로 구성되며, 피고가 기소된 범죄를 범하였는지의 여부를 결정하게 되는데, 이 때에도 형의 선고는 판사가 한다. 민사소송과 형사소송의 평결(non-unanimous verdict)은 모두 만장일치여야 하며, 배심원단의 토의과정은 판사, 소송당사자, 증인 및 법정에 있던 사람들로부터 격리하여(out of sight and hearing) 비공개로 은밀하게 이루어진다.

(2) 민사배심과 형사배심

민사배심재판은 원고의 모두진술로 시작하여 피고의 답변으로 진행된다. 이 때 각자의 주장이 정당하다는 것을 입증하기 위해서는 법정에 증거를 제출하여야 하며, 증인은 반대심문권이 있다. 이 같은 절차가 끝나면 판사는 배심을 위하여 사건을 요약하고 적용되는 법률을 알기 쉽게 설명 한 후 배심원들로 하여금 결정을 내리도록 한다. 이 때 배심원은 배심원실에서 자유로운 토론을 거쳐 평결하게 되는데, 이 때 우월적 증거(preponderance of evidence)의 원칙이 적용되므로 그 평결은 과반수의 다수결에 의해서 내려진다. 배심원은 법정으로 돌아와 배심원의 대표자가 평결을 판사에게 전하고 판사는 원칙적으로 배심평결에 따라 판결을 하게 된다. 이 때 특별한 사정이 있는 경우에는 판사가 독자적으로 판결을 내릴 수 있으며, 배심원의 매수, 강박 등으로 평결과정에 부당한 점이 인정되는 경우에는 재심리하도록 하고 있다.

형사사건에 있어서 배심은 피고인의 권리로서 모든 형사사건이 배심에 의해 진행되는 것은 아니며, 피고인이 원하지 않을 경우에는 일반 재판(bench trial)에 의한다. 소장이 피고에 송달됨으로써 재판이 개시되며, 피고인은 변호사를 선임하거나 국선 변호인을 통하여 재판을 진행시킬 수 있으며, 판사는 피고인을 공개법정에 호출하여 당해 범죄의 인정여부를 묻는다. 이 때 피고인이 무죄라고 주장할 경우 배심재판절차가 진행되며, 피고인이 기소사실을 인정하는 경우에 양형에 관한 절차로 이행된다.

형사배심의 방식과 절차는 민사배심과 동일하나, 배심평결을 결정할 때에는 합리적으로 의심을 넘는(beyond a reasonable doubt)증거에 근거할 것을 요구하고 있으므로 배심원 전원이 유죄의 확신을 갖는 경우가 아니면 유죄평결을 내릴 수 없다.

형사배심의 경우 소송당사자에 의하여 배심원 후보 중에서 부적격자를 배제시키는 기피(challenge)에는 두 가지 경우가 있다. 즉 배심원 후보가 공평한 배심판결을 할 수 없다고 판단되면 그 이유를 제시하고 배심원에서 배제시키는 이유 있는 기피(challenge for cause)와 이유 있는 기피를 통과한 배심 후보자들에 대하여 다시 선별작업을 하게 되는데 이 때 구체적인 이유를 밝히지 않고 후보자를 배제할 수 있는 이유 불문 기피(peremptory challenge)가 그것이다. 이 같은 기피절차를 거쳐 최종 12명의 배심원이 선정되게 되면 판사는 배심원들에게 일반적인 설명을 하고 배심원들은 선서를 하게 된다. 배심재판에서 판사는 법률문제를 판단하고 배심원은 증거의 가치를 결정하는 사실 여부에 대한 판단을 한다. 이 때 검사는 기소사실에 대하여 입증해야 할 의무가 있으며 그 입증의 수준은 합리적으로 의심을 넘는 정도여야 한다.

심리가 종료되면 배심원들은 퇴장하여 배심원실에 모여 서로의 의견을 말하고 서로 다른 입장을 이해하기 위하여 평의(deliberation)를 열게 된다. 평의에서 배심원들은 서로 다른 지식과 경험 등을 통하여 서로 다른 시각에서 각자의 의견을 제시하고 충분한 토론을 거쳐 전원일치로 하나의 평결을 도출하게 된다.

VI. 미국의 법률가 양성을 위한 교육

1. 법학전문대학원

미국에서의 법률가 양성제도는 3가지로 나누어 살펴볼 수 있다. 먼저 미국의 로스쿨(Law School)은 법학전문대학원 교육과정으로, 대학에서 4년간 다양한 전공의 학문을 마친 학생들이 3년간 집중적으로 법학교육을 이수하는 과정이다. 따라서 법학전문대학원 과정(J.D)에 입학하려는 자는 4년제 정규대학을 졸업하여야 하며, 이 때 지원자의 학부성적인 GPA(undergraduate grade-point average)와 법학전문대학원 입학시험(Law school Admission Test, Last) 성적을 기준으로 하여, 추천서(recommendation) 및 자기소개서를 주요한 참고자료로 하여 합격자를 선발하게 된다.

또 법조일원화는 판사, 검사, 변호사 그리고 법학교수와 같은 법률전문가들이 모두 변호사라는 직업에 기반을 두고 있는 제도이다. 즉 변호사가 된 사람들 중에서 판사 · 검사 · 법학교수가 채용되도록 하는 제도를 말한다.

마지막으로 평생재교육(continuing legal education; CLE)프로그램도 법대 정규교육에 못지않게 활성화되어 미국법률가 양성에 일조를 하고 있다.

2. 법학교육의 관리 · 감독

미국에서 교육제도에 관한 문제는 주정부의 권한이나, 연방차원에서 공신력이 있는 교육단체들에 의한 인가는 모든 형태의 교육기관의 운영 및 존립에 많은 영향을 미친다. 법학교육은 미국변호사협회(the American Bar Association)의 공인여부가 큰 영향을 미치고 있는데, 1921년 미국변호사협회는 법학교육기관 및 향후 설립될 법과대학에 적용할 인가기준을 마련하였으며, 이 기준을 해석 · 적용 및 심사를 전담하는 기구로서 미국변호사협회 산하에 '법률교육 및 법조인 자격심사에 관한 분과위원회(the Council of the Section of Legal Education and Admission to the Bar)' 를 설치하여 운영하고 있다. 이 같은 미국변호사협회가 채택한 기준이 연방차원에서 받아들여짐으로써 미국의 각 주는 다른 주에서 법학교육을 이수한 사람이 자기 주에서 변호사시험에 응시할 자격여부의 결정도 미국변호사협회의 공인을 받은 로스쿨을 졸업하였는지 여부에 따라 결정하고 있다. 따라서 미연방정부의 교육부(the United States Department of Education)와 전국 교육평가단체인 '고등교육인가협회(the Council on Postsecondary Accreditation)' 도 미국변호사협회의 '법률교육 및 법조인 자격심사에 관한 분과위원회' 를 법학교육기관의 전국적인 공인기관으로 인정하고 있는 실정이다.

3. 법학전문대학원의 인가 및 절차

미국변호사협회(ABA)에 공인된 로스쿨을 신청하기 위해서는 우선 1년 이상 로스쿨을 운영 하는데 있어 1년간의 운영실적과 교육현황에 대하여 ABA인가위원회가 심사를 하고 신청한 학교가 현재 인가기준을 '상당히(substantially)' 충족하고 향후 3년 내에 그 기준을 충족시킬 수 있을 것이라 확신이 서는 경우에는 '가인가(the provisional approval)' 를 한다. 가인가 이후 약 2년이 경과하여야 정식인가를 신청할 수 있다. 이 때 전임교수의 질과 수, 교육시설, 도서현황, 교육목표, 법학교육개선의 의지' 와 같은 추상적인 것들도 심사의 대상이 되는데, 정식 인가신청을 접수한 인가위원회는 해당 학교가 인가기준을 충족시키고 있으며, 학교가 법학교육의 질적 향상을 위하여 노력함으로써 ABA인가기준의 취지를 지켜나아 갈 수 있는지를 판단하게 된다. 이 같은 판단이 서면 위원회는 당해 학교의 인가를 ABA 대의원총회(the House of Delegates)에 제청하고, 505명의 대의원으로 구성된 총회에서 인가위원회의 제청을 승인하면 비로소 ABA공인 법학전문대학원이 된다. 인가위원회는 인가 후 7년마다 조사팀을 파견하여 인가기준을 성실하게 이행하고 있는지를 심사하게 되는데, 이 때 지적받은 사항을 정해준 기간 안에 완수하지 못하면, 경고기타 인가취소처분을 받게 된다.

4. 법학교육

(1) 학생선발

미국의 로스쿨에 입학하기 위해서는 대학의 내신성적, 추천서, 그리고 수학능력시험인 Law School Admission Test(LAST)의 성적을 종합적으로 평가하여 신입생을 선발한다. 입학자격으로 대학과정 3년의 수료를 요구하는 경우도 있으나, 미국변호사협회 공인 로스쿨의 경우 대부분은 학사학위를 입학요건으로 하고 있다. 유색인종, 여성 등 사회적으로 차별을 받아온 약자계층 출신자에게 일정한 숫자를 배정하여 학생을 선발하고 있으며, 저소득층학생들에게 장학금을 지급하고 있는데, 로스쿨은 학자를 양성하기보다 전문인을 양성하는 곳이므로 장학금은 일반대학원에 비하여 적은 편이다.

(2) 교과과정

로스쿨의 교과과정은 필수과목과 선택과목으로 나누어진다. 필수과목으로는 법문서작성과 조사방법을 배우는 영역과 계약법, 형사법 등 기본 법률과목 및 법조윤리로 나누어진다. 법문서 작성 및 조사방법론(Legal Writing and Legal Research)은 10명 이하 소모임으로 나누어 담당교수의 개별지도를 받으며 법률가로서 필수적인 기술을 배우게 된다. 기본 법률교과목은 소크라테스식 문답법을 통하여 상급심 판례를 비판적으로 분석하면서 Legal Mind를 터득한다.

선택과목은 소송실무 연습 등과 같이 전통적인 강좌가 있는 반면에 사회의 발전에 따라 나타나는 다양한 법률수요에 부응하기 위하여 새로운 과목들이 늘어나고 있는 추세에 있다. 그 구체적인 과목이 바로 '의학과 법률' '컴퓨터와 법' '스포츠와 법' 과 같은 과목들이 그것이다.

(3) 임상법학교육

선택과목들 가운데 현장실습을 중시하는 임상법학(clinical legal education)강좌 등도 있다. 로스쿨의 특성상 모든 강좌는 임상교육과 관련되어 있다 할 수 있지만 여기에서 말하는 임상법학이란 보통 임상법률사무소를 로스쿨이 운영하면서 학생들이 이곳에서 실제 사건을 다루도록 하고 있다.

제 2 장

독일의 사법제도

I. 개 요

독일의 사법제도는 연방국가의 특성상 독일 기본법에 의하여 각급 연방법원과 주법원을 설치 운영하고 있다. 연방헌법재판소는 위헌법률심사, 연방기관간의 권한쟁의, 연방과 주, 각 주간의 권한쟁의, 헌법소원 등에 관한 재판권을 행사한다.

독일 연방법원 전경

또 각 주에는 주 헌법이 있으며, 슐레스비히 홀스테인(Schleswig-Holstein)주를 제외한 15개 주에는 주 헌법 재판소(Staats-bzw. Verfassungsgerichtshof des Landes)가 있다. 독일 기본법 제95조 1항에 의하여 헌법 재판권을 제외한 나머지 재판권은 연방통상대법원(Bundesgerichtshof), 연방행정법원(Bundesverwaltungsgericht), 연방재정법원(Bundesfinanzhof), 연방노동법원(Bundesarbeitsgericht), 연방사회법원(Bundessozialgericht) 등 5개의 연방최고법원이 있는데, 미국의 사법제도와 비교할 때 특이한 점은, 각 분야의 재판을 통일하기 위한 기구로서 연방최고법원 사이에 공동재판부(gemeinsamer Senat)를 설치 운영하고 있다. 그 외에 전국의 특허관련사건을 관할하는 연방특허법원(Bundespatentgericht)과 연방공무원의 징계 및 소원에 관한 사건을 담당하는 연방징계법원(Bundesdisziplinargericht)이 있으며, 주 공무원의 징계 및 소원은 각 주에 설치된 징계법원이 이를 담당하도록 하고 있다.

각 주에는 하급법원을 설치하고 있는데, 통상재판권은 고등법원(Oberlandesgericht), 지방법원(Landgericht), 구법원(Amtsgericht)을 설치하고, 행정재판권은 고등행정법원(Oberverwaltungsgericht), 행정법원(Verwaltungsgericht), 재정재판권은 재정법원(Finanzgericht), 노동재판권은 주 사회법원(Landesarbeitsgericht)과 사회법원(Sozialgericht)을 각각 설치 운영하고 있다.

II. 사법기관의 구성

1. 연방헌법재판소

독일 연방헌법재판소는 헌법의 규정[1)]에 의하여 그 성격과 권한을 보장한 최고기관으로서, 연방헌법재판소의 행정은 독립적이며 연방정부의 지휘감독을 받지 않는다는 점에서 다른 법원과 차이가 있다. 헌법재판소는 독자적으로 사무규칙(Geschäftsordnung)을 제정하고 연방예산에서도 독자적인 예산을 수립하며, 재판관의 신분도 다른 법원의 법관의 신분과 다르다.

(1) 구 성

독일 연방헌법재판소는 8명의 재판관으로 구성되는 2개의 부(Senat)로 되어 있다. 제1부는 기본권과 관련된 규범규제와 헌법소원, 제2부는 기본권의 실효, 정당해산, 대통령과 법관의 탄핵, 각종의 기관 쟁의, 조약 기타 연방법의 효력여부, 주 헌법재판소 결정에 대한 연방헌법재판소 및 다른 주의 헌법재판소 결정과의 저촉여부 및 선거소송 등을 관할한다. 이 때 각 부는 독립적으로 연방헌법재판소의 기능을 담당하며, 사무분담은 연방헌법재판소법의 규정에 의하고 업무량이 편중될 때에는 전원재판부(Plenum)에서 이를 조정하도록 하고 있다.

재판관은 연방헌법재판소법에 의하여 40세 이상 법관의 자격(Befähigung zum Richteramt)이 있는 자로서, 연방하원(Bundestag)이나 연방상원(Bundesrat), 연방

1) BVerfGG §.1.

정부 및 주의 해당기관에 소속할 수 없으며, 대학에서 법률학을 강의하는 외에 기타의 직업을 가질 수 없다. 재판관의 임기는 12년으로 정년은 68세가 되는 종료되는 날이 속한 달의 마지막 날까지이며, 연방상원과 연방하원에서 각 4명씩 선출한다. 이 때 3명의 재판관은 연방최고법원의 연방법관 가운데 선출하는데, 최소한 3년 이상 연방법원의 근무경력이 있어야 한다.

(2) 권 한

1) 연방관련 사건

연방헌법재판소는 연방과 주의 권리의무를 둘러싼 연방과 주 사이, 주와 주 사이의 헌법분쟁을 심판하며, 연방과 주, 주 상호간에 나타나는 공법적 분쟁, 특히 행정재판권이 미치지 않는 경우에 보충적으로 심판한다. 또 주법이 기본법이나 연방법과 형식적 · 실질적으로 합치하는지의 여부를 심판할 권한을 갖는다.

2) 기관쟁송사건

연방하원, 연방상원, 연방정부 및 연방대통령 사이의 헌법분쟁 및 그 구성원으로서의 각 부 장관, 연방하원, 연방상원의 의장, 연방하원의 의원 상임위원회, 교섭단체, 정당제소에 대한 심판권을 갖는다. 기관쟁송(Organstreitigkeiten)은 소수자의 지위를 강화시킴으로써 헌법재판권이 권력균형의 기능을 원활하게 수행할 수 있게 하는 본질적 장치로서, 상대방의 처분이나 부작위가 연방기관 및 그 구성원의 기본법상의 권리 기타 의무를 침해하거나 위협한 경우에 제소할 수 있다.

3) 규범통제

법률의 무효(nichtig), 헌법불합치판결(Unvereinbarerklärung), 헌법불합치해석(verfassungskonforme Auslegung)은 연방 기타 주에 대한 구속력을 갖는다. 연방법이나 주법이 기본법과 불합치하거나 주법이 연방법에 합치하는지에 의심이 있을 때에는 연방정부, 주 정부, 연방하원 의원의 3분의 1 이상의 제청에 의하여 이루어지는데 이것이 추상적 규범통제(abstrakte Normenkontrolle)이다. 또 구체적 사건을 전제로 하는 경우 법관의 제청에 의하여 규범통제(konkrete Normenkontrolle)가 이루어지는데, 이는 소송에서 국제법이 연방법의 구성부분이 되는지 의심스러울 때 법원이 연방헌법재판소에 결정을 제청하는 절차이다. 또 주 헌법재판소가 연방헌법재판소의 결정이나 다른 주의 헌법재판소의 결정과 다른 결정을 내리고자 할 때에는 연방헌법재판소에 이를 제청하여야 하는데 이것이 이탈제청(Divergenzvorlage)이다. 또 위헌여부에 대하여 법관의 제청이 없으면 종국판결에 대한 헌법소원으로서 규범통제가 이루어지게 된다.

4) 헌법소원

헌법소원은 종국적 보충적인 별도의 권리구제 제도로서, 독일에서의 헌법소원은 기본권침해를 원인으로 하는 것과 자치행정권 침해로 인한 것 등이 있다. 기본권침해를 원인으로 하는 경우는 국가 공권력에 의하여 기본권 기타 기본권에 준하는 권리가 침해된 경우에 제기할 수 있으며, 자치행정권 침해로 인한 경우로서 지방자치단체나 지방자치단체연합회가 연방이나 주의 법, 법규명령이 기본법에서 보장하는 자치행정을 침해한 경우에 제기할 수 있다.

5) 헌법보장절차

연방대통령이 기본법 및 연방법을 침해한 경우에 연방하원과 상원은 연방헌법재판소에 소추를 제기할 수 있다. 소추결의를 위한 제안은 연방하원, 연방상원 모두 그 구성원 4분의 1 이상의 제안에 의하여, 소추 결의는 3분의 2이상, 즉 6인 이상의 찬성이 있어야 한다. 연방법관에 대한 탄핵은 연방하원이 소추를 제기하며, 또 자유민주적 기본질서에 반하거나 국가의 존립을 위협하는 정당은 헌법상 기본질서에 반하는 것으로, 그 여부는 연방헌법재판소가 결정하도록 하고 있다. 이 때 정당의 해산은 부의 3분의 2 이상의 찬성에 의하여, 정당의 해산, 대체조직을 만드는 것을 금하고, 소속 의원의 자격도 상실한다. 또 기본권 및 각종의 자유권을 자유 · 민주적 기본질서에 대항하는 수단으로 사용하는 자는 기본권을 박탈하도록 하고 있는데, 이에 대한 판단은 헌법재판소에서 하고 있다. 더 나아가 연방하원은 선거의 효력 및 의원 자격의 유무를 심사하는데, 연방하원의 결정에 대하여 연방헌법재판소에 헌법소원을 제기할 수 있다.

연방헌법재판소의 심리는 변호사 강제주의가 적용되지 않는 것이 원칙이며, 다만 구두변론 시에는 변호사 및 법대교수에 의하여 대리된다.

2. 주 헌법재판소

독일의 각 주는 주 내에서 발생하는 분쟁을 해결하기 위하여 주 별로 헌법재판소를 두고 있으나, 명칭, 구성 기타 권한은 각 주마다 다르다.

3. 법원의 조직 및 관할

법원은 재판권에 따라 통상법원(일반법원), 특별법원(노동법원, 행정법원, 사회법원, 재정법원), 기타 법원으로 나눌 수 있는데, 각 법원은 독립된 권리구제방식(Rechtweg)을 갖고 있다.

(1) 일반법원

1) 민 · 형사사건

민 · 형사사건을 관할하는 일반법원의 조직은 법원조직법(Gerichtsverfassungsgesetz)에서 규율하고 있으며, 심급에 따라 구 법원(Amtsgericht), 지방법원(Landgericht), 고등법원(Oberlandesgericht), 연방통상법원(Bundesgerichtshof)이 있으며, 바이에른 주에는 바이에른 주최고법원을 별도로 설치하고 있다.

연방통상법원은 개개의 재판부가 동일한 법률문제에 대하여 서로 다른 견해를 갖고 있는 경우에는 법률해석의 통일을 위하여 민사사건을 위한 전원재판부(Groβer Senat für Zivilsachen), 형사사건을 위한 전원재판부(Groβer Senat für Strafsachen), 민사, 형사재판부의 견해 차이가 있을 경우를 대비한 전원합의체(Vereinigte Groβer Senat)를 구성하고 있다.

2) 연방특허법원

연방통상대법원(BGH)의 하급연방법원으로 산업재산권보호에 관한 사건(Angelegenheit des gewerblichen Rechtsschutzes)을 담당하며, 그 조직은 특허법

(Patentgesetz)에서 규율한다. 연방특허법원이 관할하는 사건은 독일 특허와 상표국(Deutsches Patent und Markenamt)에 설치된 심사부(Prüfungsstelle), 과(Abteilung) 및 등록부(Musterregister)의 결정에 대한 항고사건, 독일 내와 유럽 특허권에 대한 무효 확인의 소, 특허권의 철회에 관한 소, 강제실시권의 부여와 관련된 소, 연방품종청 이의 위원회(Widerspruchsausschuβ des Bundessortenamts)의 결정에 대한 항고사건 등을 담당한다.

3) 특별법원

가. 노동법원

노동법원은 노동재판권(Arbeitsgerichtsbarkeit)을 행사하는 법원으로 제1심 노동법원, 항소심인 주 노동법원(Landesarbeitsgericht), 상고심인 연방노동법원(Bundesarbeitsgericht)을 설치하여 운영하고 있다. 노동법원에서 관할하는 사건으로는 임금협약 당사자 사이 및 이들과 제3자 사이의 분쟁으로 임금협약 및 임금협약의 존재 · 부존재와 관련한 민사사건, 근로자와 사용자 사이의 다툼으로서 근로관계 및 근로관계의 존재 · 부존재, 근로관계의 개시 및 그 효과에 관한 협상, 근로와 관련한 불법행위, 근로관련 서류 등에 관한 민사사건, 근로자 및 그 유족과 사용자의 분쟁에 관한 근로관계와 법률적으로 경제적으로 관련된 사건들을 관할한다.

나. 행정법원

행정법원은 헌법에 관련한 것이 아닌 공법분쟁사건에 대한 행정재판권(Verwaltungsgerichtsbarkeit)을 행사하는 법원으로 제1심 행정법원(Verwaltungsgericht), 항소심인 고등행정법원(Verwaltungsgerichtshof bzw. Oberverwaltungsgericht), 상고심인 연방행정법원(Bundesverwaltungsgericht)이 있다.

다. 사회법원

사회법원은 사회재판권(Sozialgerichtsbarkeit)을 행사하는 법원으로 연금보험, 교통사고보험, 의료보험 등 사회보장보험 및 실질자 보험과 관련된 공법적 분쟁, 연방 노동부의 사무 가운데 보험관련 사무 이외에 전쟁피해자 원호를 비롯하여 그 밖의 사무와 관련된 공법적 분쟁을 관할한다. 사회법원은 1심인 사회법원(Sozialgericht), 항소심인 주 사회법원(Landessozialgericht) 상고심인 연방사회법원(Bundessozial-gericht)이 있다.

라. 재정법원

조세사건에 관한 재정재판권을 행사하는 법원으로 연방 입법부의 통제를 받는 세금 등 공과금으로서 연방재정관청과 주 재정관청에서 관리하는 공과금 사무에 관한 공법적 분쟁과 연방 재정관청과 주 재정관청에 의해 공과금 관련 법률에 따라 실행하는 행정행위의 실행에 관한 분쟁, 세무상담법 소정의 사무에 관한 공법적 · 직업상 권리에 관한 분쟁 등을 관장한다.

(2) 일반법원의 관할

1) 구 법원

소가 5,000유로 이하의 민사사건, 임대차사건(Mietsachen), 부양사건(Unterhaltssachen), 가사사건(Familiensachen), 4년 이하의 자유형이나 벌금형에 처할 형사사건을 주로 다룬다.

2) 지방법원

구 법원의 관할이 아닌 민사 1심사건과 소가와 관계없이 국가의 책임으로 인한 소 및 구법원의 항소심을 담당한다. 형사부에는 1명의 직업법관이 재판장이 되며, 비직업법관인 2명의 참심원(Schöffe)이 배석을 맡는 소형사부(Kleine Strafkammer)와 3명의 직업법관과 2명의 참심원으로 구성되는 대형사부(Große Strafkammer), 배심법원(Schwurgericht)등이 있다.

3) 고등법원

3인의 판사로 구성되는 합의부가 재판을 담당하는데 지방법원의 민사항고 및 항소심과 주법위반을 상고이유로 하는 형사사건의 형사상고심을 담당하며, 반역죄 등에 대하여는 형사 1심에서도 가능하나, 이 경우에는 5인의 직업법관으로 합의부를 구성한다.

4) 연방통상대법원

민 · 형사사건의 상고심으로, 민사사건의 상고는 고등법원이 상고를 허가하거나, 당해 사건에 대하여 중요성이 있을 때, 법률의 통일적인 해석을 위하여 상고심의 판단이 필요할 때 항소심법원은 상고를 허가한다. 형사사건의 경우 연방헌법위반을 이유로 하는 상고 사건만을 다루며, 연방통상대법원은 재판에 의한 법형성과 판례의 통일을 기하기 위하여 전원재판부 및 전원합의체가 구성되기도 한다.

(3) 판 사

1) 종 류

독일에서의 판사는 예비판사, 종신판사, 임기판사, 위촉판사로 나뉜다. 예비판사(Richter auf Probe)는 판사로서의 직무를 수행하며 법관으로서의 물적 독립을 향유하나, 인적 독립은 불완전하다. 예비판사의 임기는 5년이며 이 기간 내에 종신판사나 검사로 임명되지 않으면 면직될 수 있다.

종신판사로 임명되려면 적어도 3년간의 예비판사의 경력이 있어야 하고, 종신판사(Richter auf Lebenszeit)는 완전한 인적독립을 향유하며 임의로 면직 휴직 기타 직무에서 배제되지 않으며 전보도 되지 않으나, 65세로 정년이 된다.

일정한 임기를 전제로 임명되는 임기판사(Richt auf Zeit)가 있다. 임기판사의 직무나 요건은 연방법에서 규정하고 있는데, 현재 임기는 12년의 연방헌법재판소 재판관이 임기판사이다.

또 장래 종신판사로 임명될 예정인 공무원은 공무원의 신분을 그대로 유지한 채 일시적으로 판사로 임명될 수 있는데, 이것이 위촉판사(Richter kraft Auftrags)이다. 위촉판사는 예비판사와 유사한 인적 독립을 완전하게 향유하지 못하며, 2년 내에 종신판사로 임용되거나 법관선출위원회의 추천을 받지 못하면 면직된다.

2) 임 명

연방헌법재판소의 판사는 16명으로 연방상원과 연방하원에서 각각 반씩 선출한다. 연방최고법원의 판사는 연방정부 주무부서 장관과 법관선출법(Richterwahlgesetz)에 의하여 구성된 법관선출위원회의 공동추천으로 연방대통령이 임명한다. 법관선출위원회는 후보자의 법정요건과 능력 및 자질만을 심사하고 있다.

주 판사의 임명 방법은 각 주마다 통일되어 있지 않으며, 법관 선출위원회가 구성되지 않은 주에서는 주의 법무무장관이 판사를 임명한다. 법관선출위원회가 구성되어 있는 경우에도 그 구성이나 기능이 통일되어 있지 않아 법관선출위원회가 판사를 추천하는 경우도 있으며, 관할 장관과 법원장 자문기구가 판사의 임명에 합의하지 못한 경우에만 관여하는 경우도 있다. 주 법원인 구 법원, 지방법원, 고등법원의 각 법원장은 주 정부의 법무부장관이 임명한다.

3) 비직업 판사

독일인으로서 직업법관이 아닌 일반인이 재판에 관여하는 제도로서 임기 2년의 명예직 판사이다(Laienrichter). 이 같은 제도를 통하여 사법에 대한 국민의 신뢰를 얻을 수 있으며 전문지식을 제공하고, 이익집단을 대변하여 심판에 있어 이해의 조정을 도모하기 위한 목적이 있다. 비 직업판사는 항상 직업판사와 함께 판사와 동등한 권한으로 판결에 관여한다. 즉 구법원의 Schöffengericht에서는 직업법관인 재판장 이외 2인의 참심원(Schöffe), 지방법원 민사부의 상사판사(Handelsrichter), 형사부의 참심원(Schöffen), 노동법원 · 주노동법원의 직업법관인 재판장 이외 노사가 1인씩 선임하는 노동판사(Arbeitsrichter), 행정법원 · 재정법원 · 주 사회법원 · 연방노동법원 · 연방사회법원은 5인 중 2인, 사회법원은 3인 중 2인의 비직업 판사가 관여하고 있다.

III. 검 찰

독일에서의 검찰제도는 법원조직법 제141조에서 검찰의 조직, 구성, 관할 등에 관하여 규정하고 있다. 따라서 독일의 검찰제도는 법원의 내부 조직인 것처럼 보이지만, '검찰은 그 직무를 수행함에 있어 법원으로부터 독립된다(제151조)' 라고 하여 직무와 관련하여 독립성을 보장하고 있다.

1. 검 사

독일에서의 검사(Staatsawalt)는 사법부 소속원이 아니며 독일 대부분의 주는 정치적 공무원의 지위에 있다. 따라서 쉽게 전보되기도 하며, 언제든 일시적 휴직상태에 두어질 수도 있다. 그러나 검사는 법관의 자격을 갖추어야 하므로 교육과정 기타 등은 법관의 과정과 동일하다.

2. 연방검찰

연방검찰은 연방통상대법원(BGH)에 대응하여 설치하며, 연방검찰총장 1인 및 다수의 연방검사(Bundesanwälte)로 구성하고 있다. 연방검찰총장과 연방검사는 연방법무부장관의 추천으로 연방대통령이 임명하며 임기는 종신제이다. 따라서 특별하게 문제가 없는 한 정년까지 근무하게 된다.

연방검찰은 연방통상대법원에 관련된 형사사건에 관여하며, 연방이익에 중대한 영향을 미칠 수 있는 일부 공안사건에 대한 수사권을 갖는다. 또 연방과 주 사이에서 나타나는 검찰권 행사에 대한 문제가 제기될 경우에는 이에 대한 결정권은 연방검찰총장이 갖는다. 그러나 연방검찰총장은 주 검찰청과 주 검찰청 소속 검사에 대한 지휘감독권이 없으며 인사권도 없다.

3. 주 검찰

(1) 고등검찰청

고등검찰청은 고등법원에 설치하고 고등검찰총장과 1인의 검사 혹은 다수의 검사로 구성된다. 독일의 각 주에는 관할에 따라 1, 2개의 고등법원이 있으며, 바이에른, 밤베르그, 뉘른베르그, 뮌헨 주에는 3개의 고등법원이 있다. 고등검찰청은 고등검사로 구성되며 각 부의 부장은 지방검찰청의 검사장이 된다.

(2) 지방검찰청

지방검찰청은 지방법원에 설치되며 검사장 및 1인 혹은 다수의 검사로 구성한다. 검사장은 주 검찰총장의 동의와 주 법무부장관의 협의를 거쳐 부를 설치할 수 있으며, 부의 장은 부장검사로써 고등검사이다.

(3) 구 검찰청

구 검찰청은 베를린과 헤센 주를 제외하고 독자적인 구 검찰청을 설치하지 않고 지방검찰청에서 그 업무를 담당하고 있다. 구 검사는 직업법관의 자격이 없으며 일반직에서 선발한다. 또 구 검사는 근무경력이 오래되었다 하더라도 직업법관이 될 수 없으며, 퇴직 후 변호사의 자격도 없다.

IV. 변호사 제도

1. 변호사 자격의 취득

독일에서 변호사 자격의 취득은 몇 가지가 있다. 즉, 연방변호사법(BRAO)에 의한 독일법관법(Deutsche Rightergesetz)이 규정한 판사자격 취득요건(Befähigung zum Richteramt)을 충족하거나, 유럽변호사의 독일 내 활동을 정한 법률(Gesetz über die Tätigkeit europäischer Rechtsanwälte in Deutschland)에서 정한 기준을 충족시키거나, 동법이 정한 시험에 합격한 자에게 그 자격을 부여한다. 독일에서의 변호사 자격의 취득은 대부분 독일 법관자격 취득과 동일한 의미를 가진다.

따라서 독일에서 법관의 자격을 취득하기 위해서는 법과대학에서 공법, 민법, 형법 등의 연습(Übung)과 시험(Klausur)과 과제(Hausarbeit)에 합격하고 몇 개의 세미나에 참석하여 발표하고 합격증서(Schein)를 받아 각 주가 정한 국가시험 응시조건에 따라 소정의 합격증서를 제출하여 1차 국가시험(Referendarexamen)에 응시할 수 있다. 국가시험에 합격한 후 2년 반 동안 실무수습기간을 거친 다음 2차 시험(Assesorexamen)에 합격하여야 한다. 이 기간 동안 법원, 검찰 및 행정관서 기타 변호사 사무실에서 실무수습을 하여야 법관자격을 취득할 수 있다. 또 법과대학 교수로 임명될 경우에도 법관의 자격을 취득한다. 외국인의 경우에도 위와 같이 1차 및 2차 국가시험에 합격하면 법관의 자격을 취득할 수 있으며, 판사 및 검사는 국가 시험합격자 가운데 성적 등을 고려하여 임용하고 있다.

2. 변호사 인가

독일에서 변호사 자격을 취득한 후 변호사업무를 수행하기 위해서는 각 주의 법무부로 부터 인가를 받아야 한다. 이 때의 인가는 특정법원 관할법원에서의 변호사 업무를 전제로 하는 인가이다. 그렇지만 변호사 자격을 취득하면 독일 내 어느 주에서도 변호사 인가를 신청하여 업무를 수행할 수 있다. 그러나 2000년 1월부터 무제한적 소송수행능력이 인정되어 구 법원이나 지방법원으로부터 인가를 받은 변호사는 모든 가정법원 민사사건 및 지방법원에서 소송대리인이 될 수 있도록 하였다.

또 구 법원(Amtsgericht)으로부터 변호사 인가를 받은 경우 소속 지방법원(Landgericht)내에서의 활동을 동시에 인가(Simultanzulassung) 받을 수 있으며, 주 사법당국이 변호사회 집행부의 의견서를 심사한 후 지역적 특색으로 인하여 동시인가가 필요한 경우에는 지방법원에서 인가 받을 때, 동일 지역 내의 다른 지방법원이나 인접한 다른 지방법원으로부터도 인가를 받을 수도 있다.

고등법원 소속 변호사 인가를 받기 위해서는 처음 변호사 업무를 할 수 있는 인가를 받은 후 지방법원이나 구 법원에서 최소한 5년 이상의 변호사 경력이 필요하나, 고등법원 소속 변호사로서 인가를 받으면 동시에 다른 법원의 인가를 받을 수 없다. 그러나 이러한 원칙을 지키지 않는 주도 있는데 이들 주에서는 지방법원에서 변호사 인가를 받아 제1심 법원에서 5년간 변호사 업무를 수행한 경우에는 신청에 의하여 상고심인 고등법원이 인가를 동시에 허락하고 있다(바덴-뷔르템베르그, 바이에른, 베를린, 브레멘, 함브르크, 자르란트, 작센, 작센안할트, 튀링겐 주).

연방대법원소속의 변호사인가를 받기 위해서는 선발위원회의 선발절차를 거쳐 인가를 받을 수 있는데, 지원자의 연령은 35세 이상, 5년 이상 중단 없이 변호사 업무를 수행한 경력이 있어야 한다. 이 때 선발위원회는 연방대법원장과 연방대법원 민사합의부장, 연방변호사협회 임원진과 연방대법원 소속 변호사회 임원진으로 구성되며, 위원장은 연방대법원장이 된다.

변호사 인가를 받은 변호사는 지정된 장소에 변호사사무소를 개설하여야 하며, 복수의 장소에서 인가를 받은 경우에는 처음 인가를 받은 장소에서 개설하여야 한다.

(1) 인가거부

법원은 연방헌법재판소(BVerfG)판결에 의하여 기본권 상실의 선고를 받았거나, 유죄판결로 피선거권이 제한된 경우에 인가를 거부할 수 있다. 또 판결로 변호사 자격이 박탈되어 8년이 경과하지 않은 경우, 탄핵이나 징계처분에 의하여 면직 된 경우에도 거부할 수 있다. 나아가 변호사로서 품위를 해하는 행위를 한 경우, 자유민주적 기본질서에 저항한 경우, 신체질환 기타 정신적 장애, 중독 등으로 인하여 장기간 변호사의 직무를 정상적으로 수행할 수 없는 경우, 신청인이 독립된 법조기관으로의 지위를 갖는 변호사 직무와 어울리지 않거나 변호사직의 독립성에 대한 신뢰를 해칠 우려가 있는 업무에 종사하는 경우, 신청인이 재산상 파산상태, 파산이 예상되거나 법원에 의해 압류절차가 개시된 경우에도 인가거부의 사유가 된다.

(2) 소속법원의 인가거부

연방변호사법에서 인가신청을 접수한 관할법원의 인가거부사유를 규정하고 있는데, 신청인이 인가신청 구역 내에서 신청일로부터 과거 5년간 판사나 정년보장 공무원으로 근무한 경우에는 거부하도록 하고 있다. 이 같은 취지는 우리나라의 전관예우와 같은 폐단을 사전에 방지하기 위한 제도이다.

또 신청인의 배우자가 인가신청 법원에 근무하는 경우에 비록 이혼하였다 하더라도 거부되며, 본인 배우자의 직계친족, 방계의 경우에 3촌 이내 및 배우자의 2촌 이내의 자가 인가신청 법원에 판사로 근무하는 경우에도 거부된다.

V. 독일의 법조인 양성제도

독일은 연방국가의 특성상 법조인 양성제도에서도 연방법과 주법에 의하여 규제를 받는다. 그러나 연방법인 독일법관법(Deutsches Richtergesetz; DRiG)이 법조인 양성제도의 골격을 정하고 있으며, 각 주의 경우에서도 세부적인 차이가 있기는 하나 전체적으로 통일된 모습을 가지고 있다. 연방법인 독일법관법 제1편 제2장에서 규정하고 있는 법조인 양성제도는 '통일법률가 양성원칙', '이단계 양성원칙', '단일적 양성원칙' 이라는 세 가지의 원칙을 정하고 있는데, '통일법률가 양성원칙' 이란 법관의 자격을 취득한 자는 추가로 별도의 양성과정을 거치지 않아도 모든 법조 관련직을 수행할 수 있도록 하는 것을 말한다. 특히 독일에서의 법조인 자격은 변호사자격을 기준으로 하지 않고 법관자격을 기준으로 되어 있어 법관자격의 취득이 법조인 양성 내지 법학교육의 목표이다.

'이단계 양성원칙' 은 법조인이 되기 위하여 대학에서의 법학공부와 사법연수과정의 두 단계를 거쳐야 함을 의미한다. 법관의 자격은 법학부에서 최소 7학기의 대학공부와 제1차 국가시험(Referendarexamen)에 합격하고 2년간의 사법수습복무과정을 거쳐 제2차 국가시험(Assessorexamen)에 합격하여야 한다.

'단일적 양성원칙' 이란 독일 전역에 걸쳐서 법조인양성제도가 통일적으로 단일한 형태로 이루어지도록 하는 것을 의미하는데, 독일 통일 이후 구동독 지역의 법조인 양성제도가 경과단계를 거쳐 전국적으로 단일한 양성제도로 바뀌는 등과 같이 단일적 양성원칙에 의하여 인정된 법관자격은 연방과 모든 주에서 동일한 효력을 갖는다.

1. 법과대학의 입학자격

독일에서의 법학교육은 학문교육에 중점을 두고 있으나 실무교육도 병행하여 이루어지고 있다. 그렇다고 실무교육을 위한 별도의 교육기관을 두고 있는 것은 아니며 법과대학 졸업자를 대상으로 법원, 검찰, 변호사협회 등에서 실습을 통한 실무교육을 하고 있다. 독일의 법과대학에 입학을 하려면 초 · 중등교육과정(4년의 Grundschule, 9년의 Gymnasium)을 마치고 고등학교 졸업시험이자 대학입학자격인 아비투어(Abitur)에 합격하여야 한다. 그러나 법학을 전공하기 위해서는 평균학점 2.0 이상 상위 20% 정도의 성적이 필요하다. 현재 많은 주에서는 입학 인원을 제한하는 입학정원제를 시행하고 있으며, 이를 위하여 도르트문트(Dortmund)에 있는 대학생 신입생 배정 센터(Zentrale Stelle für die Vergabe von Studienplätzen)에서 신청을 받아 통일적으로 배정하고 있다. 법과대학 신입생의 입학은 겨울학기(10월

15일 시작)에 한번 허가되지만, 몇몇 주에서는 여름학기(4월 15일)와 겨울학기에 각각 신입생을 받기도 한다.

2. 법과 대학의 교육

(1) 개설교과목

법학 교과목의 개설은 독일법관법 제5a조 제2, 3항에서 규정하고 있는데, 법과대학에 입학한 학생은 국가시험 1차까지 다음의 강좌를 필수(Pflichtfächer) 혹은 선택(Wahlfächer)으로 이수하여야 한다. 필수과목 중 민법, 형법, 공법을 기본과목(Grundlagenfächer), 법제사, 법철학, 법사회학 등이 주요과목(Kernfächer)인데 구체적으로 필수과목의 내용은 각 주에 위임하고 있으나, 대체적으로 주요과목과 기초과목을 합한 필수과목은 12과목으로 구성되어 있다. 즉 ⅰ. 민법총칙, 물권법, 채권법, 친족상속법 기초, ⅱ. 상법총칙, 회사법, 어음수표법 기초, ⅲ. 노동관계법, ⅳ. 형법총론, 형법각론, ⅴ. 국제법과 유럽공동체법을 고려한 국가법 및 헌법, ⅵ. 행정법총론, 행정절차법, ⅶ. 행정법각론, 지방자치법 기초, 경찰법, 건축법 및 건축계획법 기초, ⅷ. 유럽공동체법, ⅸ. 민사·형사·행정소송법, ⅹ. 강제집행법, 파산법 기초, ⅵ. 법제사, 헌법사 기초, ⅶ. 법철학, 법학방법론, 법사회학 기초, 경제학 등이 그것이다.

(2) 교과과정

법과대학의 교육과정은 예과와 본과로 나누어, 예과과정(Grundstudium)은 보통 4학기 동안에 수료하여야 하며 수료 후에는 시험을 치러야 한다. 이때 시험에 합격하지 못한 경우에는 1년 이내 1회에 한하여 재시험을 치룰 수 있다. 시험은 민법, 형법, 공법 각 분야에서 이론적 이해를 묻는 논술시험과 논문(Hausarbeit)으로 구성되며, 저 학년 연습강좌에서 학점을 취득하였는지 심사를 한다. 이 시험에 합격해야 본과과정을 수학할 수 있다.

1) 예과과정

예과과정의 교육과정은 핵심과목(민법, 형법, 공법, 절차법)을 중심으로 구성되어 있으며, 교육의 구체적 목표는 구체적인 상황에서 발생하는 현실의 다양한 문제에 대하여 법률적 사고를 통하여 논리적으로 접근함으로써 이론적으로 타당한 법적 해답을 찾아내는 능력계발에 중점을 둠으로써 교수의 강의보다 연습과목에 더 중점을 두고 있다. 그 이외에 이론적 · 학문적 교육을 통한 다양한 주제발표와 토론의 세미나, 저학년을 위한 연습강좌 예비과정으로서 학습모임(Arbeitsgemeinschaft; AG)이 있어 과제물작성법, 사례풀이 방법 등 학습실제와 관련된 연습을 통하여 법률문헌작성의 통일된 형식을 터득할 수 있게 된다.

법학교육과정 중에는 실무실습교육이 있는데, 이는 강의가 없는 방학기간을 통하여 최소 3개월 이상 실습이 행하여진다. 실무실습교육은 보통 예과과정이 끝난 후 4학기 이수 후에 실시되는데, 이를 통하여 법실무와 법사회 현실의 올바른 파악과 이해, 강의실에서 접할 수 없었던 절차법 등에 대한 학습 성과를 높이려는데 그 목적이 있다. 실무실습은 주로 법원, 행정청, 변호사 사무실 등에서 행하여지며, 민사, 형사, 행정실무는 각각 4주씩 실습 및 정보수집 등으로 구성된다.

예과과정의 필수과목을 수강하고 시험에 합격하면 연습과목 중심으로 구성되는 본과과정을 수학하게 된다. 이 과정에서는 고학년과 저학년이 함께 참여하는 세미나가 운영되며, 학생들은 담당교수, 교수자격 논문과정 중에 있는 연구자 및 박사과정 학생들이 함께 참여하는 세미나를 통하여 수준 높은 법률문제에 대하여 연구하고 토론할 기회를 얻게 된다. 이 과정에는 주로 필수과목에 대한 심화학습과 선택과목에 대한 연구가 행하여진다. 본과과정에 개설되는 고급연습과목 가운데 2, 3개의 합격증(Übungschein)을 획득하여야 1차 국가시험에 응시할 자격이 주어지는데 이 시험은 논술과 논문으로 구성된다.

2) 본과과정

4학기로 예정되어 있는 예과과정의 필수과목을 이수하고 시험에 합격하면 연습과목 중심으로 구성되는 본과과정을 이수할 수 있다. 본과과정에서는 고학년과 저학년, 교수자격 논문과정에 있는 연구자(Habilitand), 박사과정에 있는 학생(Doktorand) 등이 함께 참여하는 세미나를 통하여 법률문제를 연구하고 토론하게 된다. 본과과정에서 개설되는 과목은 주로 연습과목(Übung für Fortgeschrittene)이며, 이 가운데 2~3개의 Übungschein을 획득하여야 1차 국가시험에 응시할 수 있는데, 그 가운데 하나의 Übungschein은 논술시험과 논문으로 구성되어 있다.

3. 1차 국가시험

법과대학에서의 법학교육은 1차 국가시험을 통하여 마무리 되며, 1차 시험에 합격한 자는 사법실무연수(Vorbereitungsdienst)의 자격이 주어진다. 1차 시험에 응시하기 위해서는 7학기 과정을 이수하고 2~3개의 수료 증명서를 취득하여야 한다.

1차 국가시험은 응시자가 법학에 대한 학업목표를 달성하고 시보로서 예비근무를 할 만한 전문성을 갖추었는지를 확인하는 시험으로 법학지식을 사회적, 경제적, 정치적, 법정책적 측면에서 평가를 한다. 1차 국가시험은 관할 고등법원에 응시신청을 하여 최종 구두시험까지 약 6개월의 기간이 소요된다. 시험의 형태는 필수과목과 수험생이 선택한 선택과목에 대한 필기시험과 민사법, 형사법, 공법 및 선택과목에 대한 구술시험으로 이루어지는데, 국가시험에 합격한 후 법과대학의 교수가 되거나, 판 · 검사 등 협의의 법조인으로 활동하기 위해서는 1차 국가시험의 성적이 특히 좋지 않으면 안 된다.

4. 완전한 법률가 양성을 위한 교육

독일 법과대학의 법학교육은 이론교육에 치중하며, 졸업자격을 1차 국가시험 합격자에 한정하여 이들을 대상으로 다시 실무교육을 실시한 뒤 2차 국가시험 합격자에게 완전한 법조인(Volljurist)의 자격을 부여하고 있다.

(1) 사법실무연수

1차 국가시험에 합격하면 준공무원(Beamte auf Widerruf)으로서의 지위를 가지며 2년간의 실무교육과정을 이수하여야 한다. 이때 학생들이 이수하여야 하는 실무부서에는 필수부서와 선택부서로 나누어지는데, 필수부서에는 민사법원, 형사법원 또는 검찰청, 행정관청 및 변호사사무소 4개 부처, 선택부서에는 주법이 중점영역으로 선정한 8개부서로서, ⅰ) 전술한 필수부서 중의 한 부서, ⅱ) 연방 또는 주의 입법기관, ⅲ) 공증인 사무소, ⅳ) 행정 · 재정 · 노동 또는 사회법원 중 하나, ⅴ) 노동조합 · 사용자 단체 및 기타 직업자치단체, vi) 기업, vii) 초국가적 · 국가간 또는 외국의 사법연수기관 내지 변호사사무소, viii) 기타 적정한 연수가 보장되는 부서 등이다. 실무연수는 7개 부서를 초과할 수 없으며, 필수부서의 경우 3개월 이상, 선택부서의 경우 4~6개월의 기간이어야 한다. 특별한 경우 개별적으로 연수기간을 정할 수 있으나 성적이 불량한 경우에는 인정되지 않는다.

(2) 2차 국가시험

2차 국가시험은 법관의 자격을 취득하기 위한 최종시험으로, 사법실무연수생이 사법실무연수과정을 충실하게 이수하였는지의 여부와 전문적이고도 일반적 지식과 능력, 실무기술과 전인격적 측면에 비추어 재판관 또 고급행정공무원으로서의 소양을 갖추었는지의 여부를 판별하기 위한 시험이다.

2차 국가시험은 필기시험과 구술시험을 병행하도록 하고 있으며 그 상세한 내용은 각 주법에 의하도록 하고 있다. 필기시험은 최종 필수부서연수 및 최종선택 부서연수기간의 말경에 실하며 북독일과 같이 주법이 과제물시험을 의무화한 경우에는 전체 연수를 마친 후 이 시험을 치룰 수 있도록 하고 있다. 필기시험은 민사법, 형사법, 공법 등의 영역에서 8개 문항이 출제되는데 주로 소장, 공소장 및 판결문 등의 작성과 사건에 대한 실무 처리능력 등을 중점적으로 평가한다. 구술시험은 사례가 적힌 용지를 받고 1시간 정도 문제해결을 위한 시간을 주고, 구두로 법절차적인 면에서부터 자신이 합리적이라고 생각하는 판결을 내리는 것을 평가한다.

5. 독일법관법과 연방변호사법의 개정

(1) 개정 논의의 배경

독일의 법조인 양성제도에 의한 '완전한 법률가'가 되기 위해서 소요되는 기간은 유럽공동체 가맹국들에 비하여 장기간이 소요되므로 경쟁력이 약화되고, 교과내용도 지나치게 광범위 하다는 지적이 있어 왔다. 특히 총론과 관련한 학설의 대립은 법률자문 및 법률 서비스와 관련하여 그 요구에 부적합하였다. 특히 시험에서도 법해석학을 중심으로 한 사례위주의 문제풀이를 강조함으로써 학문적 깊이와 전문적 지식의 함양과 거리가 있는 법학교육이라는 비판이 있어 왔다. 특히 법관 위주의 법조인 양성제도를 유지함으로써 대학의 자율성을 침해할 수 있다는 우려가 지적되고 있는 가운데, 다양한 사회적 요구를 충족시키기 위한 전문법조인을 양성하기 위한 제도에 부족함이 없지 않았다. 이 같은 문제들을 의식하여 집중적인 교육을 통한 교육기간의 단축, 이론과 실무의 실질적인 통합, 법학과 인접 학문과의 교류, 교과과정의 다양성 확보, 대학에 의한 선택과목의 운영과 평가, 법률시장의 개방에 따른 국제적 감각을 갖춘 법률가 양성을 위한 논의가 전개되었다.

(2) 개정이유

2001년 7월 Trier에서 주법무장관회의를 개최하여 본 회의에서 제안된 내용이 2002년 7월 개정된 '독일 법관법 및 연방 변호사법 개정 법률안(Entwurf eines Gesetzes zur Änderung des Deutschen Richtergesetzes und der Bundesrechtsanwaltsordnung)에 일부 반영되어 2003년 7월 1일부터 시행에 들어갔다. 위원회 보고서의 주요 개정이유는 다음과 같다. 즉 대학의 교육은 전문법률가 양성을 위하여 충분한 환경을 갖추고 있지 못하며, 국제화를 강화하여 독일의 법학교육과 주변국가의 법학교육이 일치할 수 있도록 법조인 양성제도를 개선하여야 한다. 이를 위하여 법학 관련 어학교과목의 이수를 포함시켜야 한다는 입장이다. 또 변호사 교육은 대학에서부터 시작하여 실무수습 시에는 더 심화된 실무 연습이 이루어져야 하며, 변호사회도 변호사 실무연수교육을 강화하도록 하였다.

대학은 지금까지의 선택과목과는 달리 새로운 개념의 선택과목에 대한 시험을 주관하고 선택이 가능한 과목을 제공하여 대학의 특성화를 도모하도록 하였다. 지금까지의 법학교육을 더 효과적으로 이행하기 위하여 분쟁해결방법, 대화방법, 수사법, 분쟁조정법, 중재방법, 심문이론 등이 교육의 내용에 포함하도록 하였다. 나아가 법관직을 수행하기 위해서는 사회가 필요로 하는 자격을 갖추어야 한다는 것 등이다.

(3) 변경된 법조인 양성제도의 주요 내용

1) 판사의 기본자격

판사자격은 2003년 7월 이전과 같이 대학교에서 1차 시험에 합격하여 법학교육을 받고 2차 국가시험과 실무연수를 받은 사람에게만 부여된다. 이와 같이 1차 시험은 대학교에서 중점분야의 과목시험과 국가의 필수과목시험인 2차 시험으로 구성하고 있다(DRiG §5).

2) 대학교육

① 수학기간

법과대학에서의 수학기간은 3년 반에서 4년으로 변경되었다. 그러나 대학교에서의 중점분야과목시험과 국가의 필수과목시험을 위한 능력이 증명될 때마다 위의 기간은 단축될 수는 있으나 최소한 2년은 필요하다(DRiG §5a①).

② 이수과목

이수과목은 기존에는 필수과목(pflichtfächer)과 선택과목(Wahlfächer)으로 나누어져 있었으나, 필수과목과 선택 가능한 특성화과목(Schwerpunktbereich mit Wahlmöglichkeiten), 외국어로 진행되는 법률 학술행사에 참여하거나 법률 어학과정의 이수로 변경되었다. 단 외국어 능력은 주법에 의하여 다른 방법으로 대체할 수 있도록 하였다. 필수과목은 민법, 형법, 공법, 유럽관계법을 포함한 절차법, 법학방법론, 철학 · 역사 · 사회 기본과목이며, 필수과목의 심화를 위하여 '특성화과목'을 새로 신설하였다. 교육 교과목은 연습(Praxis)과목 이외에 연습을 위한 분쟁해결방법론, 대화방법론, 수사방법, 분쟁조정법, 중재방법론, 심문이론, 의사소통 능력론 등을 고려하도록 하였다. 또 방학기간 동안 학생들은 최소한 3개월 정도의 실무실습을 하도록 하였다(DRiG §5a③).

3) 1차 시험

대학교의 특성화과목과 국가의 필수과목시험으로 구성하였다. 이 시험은 학생의 졸업능력을 검토하기 위한 목적으로 행하며, 특성화과목은 논술형태의 시험이 포함되도록 하였다. 필수과목 시험에서는 논술과 구두시험을 거쳐야 한다. 주법에 의하여 대학교에서 시험을 치룰 수 있으나, 이 경우에도 최소한 2년 반의 기간은 지나야 가능하다. 1차 시험 결과서(Zeugnis)에는 대학 특성화과목의 합격 결과와 각 시험의 전체 성적(Gesamtnote)이 기재되며 전체 성적은 대학 특성화과목 30%, 필수과목 시험 성적 70%가 반영된다(DRiG §5d②).

4) 실무수습기간

실무수습기간은 2년이며, 민사 사건을 담당하는 법원, 검찰 또는 형사사건을 담당하는 법원, 행정관청, 변호사 사무실 및 실무연수교육을 할 수 있는 기관(Wahlstation)에서 실무수습도 가능하다(DRiG §5b①). 의무적 실무수습기간은 3개월이며, 그 가운데 변호사 사무실에서의 실무수습기간은 9개월이다. 9개월 가운데 주법에 의하여 3개월까지는 공증인, 기업, 연맹, 기타 교육기관에서 수습할 수 있다(DRiG §5b④).

5) 2차 국가시험

실무수습과정을 마친 자는 2차 국가시험에 응시할 수 있으며, 2차 국가시험은 논술과 구두시험으로 치루어진다. 시험은 실무수습을 시작한지 18개월~21개월 사이에 실시하도록 규정하고 있다(DRiG §5d③).

6) 법관의 선출

법관의 임용자격은 '독일 기본법 소정에 의하여 독일인이어야 하며, 자유 · 민주적 기본질서를 옹호하고, 2차 국가시험에 합격하여야 하며, 판사직에 필요한 기본자격을 취득할 것' 을 요하고 있으며, '필요한 사회적인 능력을 갖추어야 한다' 는 추상적인 요건을 추가하였다(DriG §9,(4)).

7) 연방변호사법의 개정

시험 및 실무수습과 관련하여 고등법원 단위로 구성되는 변호사회의 이사회는 '실무수습에 참가하는 것을 주된 의무' 와 '학생 및 실무수습생들의 수습 및 시험에 협력하여야 하고, 능력 있는 지도관 및 시험관을 추천하여야 할 의무를 부담한다.

제 3 장

일본의 사법제도

I. 일본의 사법제도의 개혁

일본 사법제도의 개혁은 '국가 형태(國のかたち)'의 재구축을 위하여 법의 정신에 의한 법의 지배를 위해서 무엇을 준비해야 하는가를 시작으로, 헌법상 개인의 존엄과 국민주권을 실현하기 위하여[1] 1997년 7월 내각에 사법제도개혁심의 기구를 설치하여 2년여 동안 조사 심의하여 사법제도개혁심의회의 의견서를 2001년 6월 내각에 제출하였다. 이 의견서에는 21세기 '국제사회에서 영향력'을 행사하기 위한 통치기구 구축을 위한 발판을 마련하였다. 본 개혁을 단계적으로 실현하기 위한 목적으로 2001년 11월 제출된 의견서에 따라서 '사법제도개혁추진법'을 제정하였고 본 법률에 의하여 정부내 사법제도개혁추진본부를 설치 운영하였다. 그 가운데 '21세기 일본사회'에서 사법의 역할로서 "법의 지배이념에 의한 평등권을 보장하고 모든 사람은 적정하고 투명한 절차에 따라 공정한 법적 규율과 원리를 지향하는 사법의 영역이 정치영역과 함께 공존하지 않으면 안된다'고 밝히고 있다. 이를 바탕으로 2004년 11월 사법제도개혁추진본부가 해산되기까지 중앙성청과 함께 국회에 제출하여 성립한 법률안은 모두 24개에 이르며, 이후 재판소법 일부개정을 포함하면 25개의 법률안이 제정되었다.

그 주요내용을 살펴보면 법조인양성전문기관으로서 법학대학원의 도입, 국민의 형사사법재판의 실현으로서의 재판원제 도입, 사법지원센터의 설립, 행정소송상에서의 구제범위를 확대하기 위한 행정사건소송법의 개정, 전문적 처리체제를 강화하

1) 司法制度改革審議會, 司法制度改革審議會意見書; 21世紀の日本を支える司法制度, 2001. 6. 3面.

기 위한 동경고등재판소 내에 지적재산고등재판소의 설치, 노동관계사건의 증가에 대응하고 신속한 재판을 위한 재판관 1인과 노동관계전문가 2인 노동심판원으로 구성되는 노동심판제도의 도입, 재판외분쟁절차의 확충 및 활성화 등이 그것이다. 이 같은 사법제도개혁의 내용은 현재 법학전문대학원의 도입등과 같이 시행중인 것도 있으며, 재판원제도는 2009년 7월 내각부에 설치된 '사법제도 개혁 심의회' 에서 처음 거론된 이후 2009년 5월 21일부터 시행에 들어 갔다.

II. 법무행정기관

일본의 법무행정을 관장하는 기관은 법무성(法務省)이다. 법무성의 전신은 사법성(司法省)으로 재판소의 감독 및 사법행정사무를 포함하여 광범위한 법무 · 사법에 관한 사무를 관장하였다가, 1947년 새로운 헌법과 이에 따른 재판소법에 따라 재판소는 사법성으로 분리되고 재판소관계의 사무는 최고재판소의 소관으로 이관되었다. 재판소관계 사법행정사무는 최고재판소 부속기관인 사무총국, 사법연수소, 재판소서기관연수소 등에서 담당하고 있다. 이후 1948년 법무청 설치법에 따라 사법성을 폐지하고 법무청을 개설하였다. 법무청은 최고법률고문부의 성격을 띠며, 법무전반을 관장하는 관청으로 종래의 사법성 소관사무 외에 내각법제국의 사무였던 법령안 및 조약 등에 대한 심의, 사법제도 · 내외의 법제 등의 조사연구에 관한 사무, 민사 · 행정관련 쟁송에 관한 사무, 인권옹호에 관한 사무 등을 관장하고 있다.

1949년 행정기구 개혁법에 의하여 법무청은 법무부로 개명되었고 내부부국(內部部局)은 5장관 16국제에서 3장관 11국제로 간소화 하였다. 1952년 행정기구 개혁에 의하여 법무부는 법무성으로 개칭되고 대폭적으로 기구가 정비되었는데 총재 · 장관제를 폐지하고 다른 部省과 마찬가지로 법무성의 장은 법무대신 그 아래 사무차관을 두었다. 또 법제에 관한 사무를 소장했던 법제의견제1국 내지 제3국을 내각으로 이관하고 대신관방(大臣官房) 외 민사국, 형사국, 교정국, 보호국, 송무국, 인권옹호국 및 출입관리국 7국제로 개편하였다.

2001년 중앙성청(中央省廳) 등의 재편으로 송무국과 6개과를 폐지하고, 심의회를 정리 통합하는 등의 조직개편이 이루어짐으로써 대신관방 외에 민사국, 형사국, 교정국, 보호국, 인권옹호국, 입국관리국을 하부조직으로 두는 6국제로 변경하였다.

Ⅲ. 법원조직 및 제도의 변화

1. 법원조직의 변화

일본 헌법 제76조 제1항의 "모든 사법권은 최고재판소와 법률이 정한 바에 의하여 설치된 하급재판소에 속한다"는 규정에 의하여 사법권을 행사하는 재판소는 최고재판소와 하급재판소로 나누어지고 있다. 최고재판소는 최상급의 재판소가 되며, 하급재판소는 고등재판소, 지방재판소, 가정재판소, 간이재판소가 있으며(재판소법 제2조), 이외에 2004년 사법개혁에 의하여 지적재산에 관한 사건을 담당하는 지적재산고등재판소가 동경 고등재판소 내에 설치되었고, 인사소송이 가정재판소의 관할로 변경되었다. 기타 구체적인 재판소의 설립 및 관할구역에 관하여는「하급재판소 설립 및 관할구역에 관한 법률」에서 정하고 있다.

(1) 지적재산고등재판소

지적재산고등재판소는 2005년 4월 동경고등재판소의 특별지부 형태로 설립하였는데, 21세기에 들어와 지적재산의 활용이 더욱 중요시됨에 따라서 지적재산의 보호를 위하여 사법의 역할이 중요시되는 가운데, 지적재산권에 관한 사건을 신속하고 충실하게 처리하기 위하여 지적재산에 관한 사건을 전문적으로 처리할 수 있는 지적재산고등재판소를 동경에 있는 고등재판소에 설치하였다.

지적재산고등재판소가 담당하는 사건은 주로 특허청이 행한 심결에 대한 불복신청으로서의 심결취소소송 등으로 동경고등재판소의 전속관할로서, 그 특별지부인 지적재산고등재판소가 이를 담당하고 있다. 또 특허권, 실용신안권 등에 대한 민사항소사건은 동경고등재판소의 전속관할로서, 그 특별지부인 지적재산고등재판소가 담당한다. 민사항소사건 가운데 의장권, 상표권, 저작자의 권리(단 프로그램의 저작물에 저작자의 권리는 제외), 출판권, 저작인접권, 부정경쟁에 의한 영업상의 이익침해 관련 항소사건은 제1심을 각 지방법원이 담당하므로 전국 8개의 고등재판소가 이를 담당하나, 지적재산고등재판소는 4개의 전문부서를 설치하여, 특허권 등 기술형 소송에 대하여 동경, 오사카 지방재판소 전문부의 판결에 대한 항소심과 동경고등재판소 관내의 각 지방재판소가 판결한 상표권 등 비기술형 소송의 항소심을 각각 분담하여 담당하고 있다.

일본 법원의 심급제도

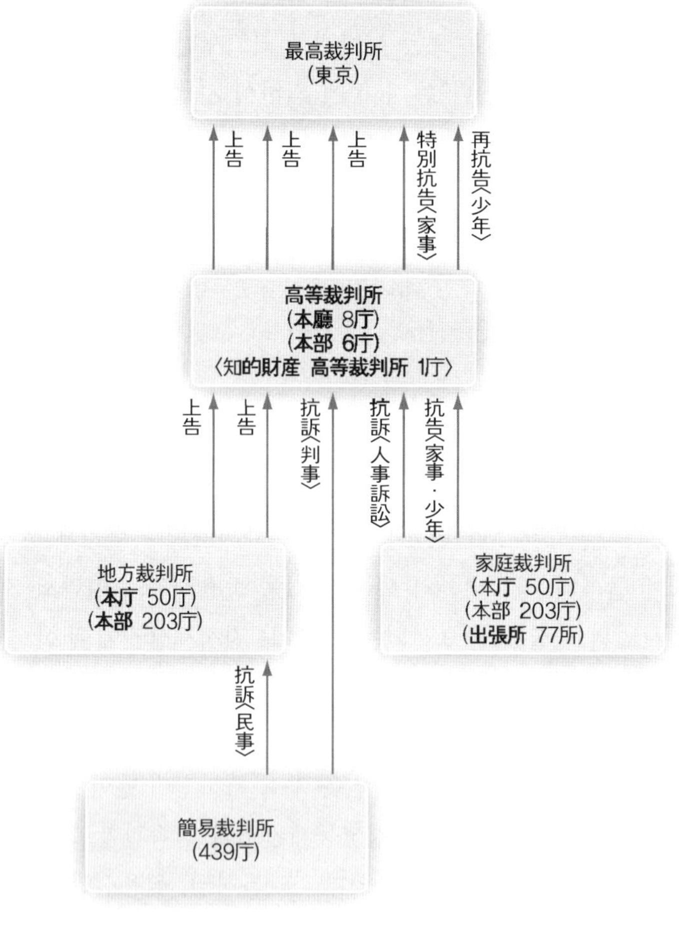

일본 법원의 합의부는 판사 3인으로 구성되며 지적재산고등재판소는 판사 5인으로 구성되는 '합의 법정'이 가능하다. 동일 사건이 각 전문부에 분산되어 있는 경우, 각 전문부로부터 각각 부장판사 수준의 판사들이 모여서 담당사건의 판사와 함

께 5인에 의한 심리도 가능하다. 이를 통하여 동일한 쟁점의 사건 등에 관하여 각부가 별도로 재판하는 것을 피할 수 있으며 고등재판소의 판결을 통일할 수 있는 장점이 있다.

(2) 가정재판소

가정재판소는 1948년의 가사심판소와 1949년 소년심판소를 통합한 것이 가정재판소의 모체이다. 가정재판소는 가정사건과 소년사건의 심판을 위하여 설치하였으며 지방재판소와 동등한 지위에 있다. 2004년 사법개혁으로 인사소송법을 개정하여 과거 지방재판소가 관할하던 인사소송을 가정재판소로 이관하여 가족관계의 분쟁에 관한 조정과 심리를 담당하고 있다. 사법개혁에 의하여 참여원이 인사소송의 심리 및 화해시도에 입회하고, 사건에 대하여 진술할 수 있도록 하였다. 이는 국민의 사법참가의 일환으로서, 국민의 양식을 인사소송에 참여시키려는 취지이다.

(3) 간이재판소

간이재판소는 소액의 경미한 사건(140만엔 이하의 사건)을 간편하고 신속하게 해결할 수 있는 제1심 재판소이다. 상한액을 140만엔으로 정한 것은 사건증가로 인한 간이재판소의 업무 부담을 감경하기 위한 것이었으나, 부동산 거래 기타 금전소비대차 등과 같은 법률관계도 간이재판소에 제소함으로써 부담을 가중시키고 있다는 비판도 있다. 따라서 법률관계의 중요한 판단은 간이재판소의 권한으로 지방재판소로 이관시킬 수 있는 제도의 활용 등을 통하여 간이재판소의 기능을 발휘할 수 있도록 하여야 한다는 지적이 일고 있다.

2. 최고재판소

일본 최고재판소 전경

(1) 조직과 구성

최고재판소는 최고재판소장 1인과 최고재판소 판사 14인으로 구성된다(일본헌법 제79조제1항, 재판소법 제5조). 최고재판소장은 내각의 지명에 의하여 천황이 임명하며(헌법 제6조 제2항) 판사는 내각이 임명하고 천황이 인증한다(헌법 제79조 제1항, 재판소법 제39조). 최고재판소 재판관의 자격은 헌법상으로 규정한 것은 없으나, 법률적 식견이 높고, 법률에 대한 소양이 높은 40세 이상의 자여야 하며, 15인 가운데 최소 10인은 고등재판소의 장 또는 판사로 10년 이상 재직한 자, 판사 · 검사 · 변호사 · 대학교 법률학 교수 등 법률전문가로서의 경력을 통산하여 20년 이상의 경력자로 임명하여야 한다(재판소법 제41조).

(2) 재판사무

최고재판소의 재판은 최고재판소 장관을 포함하여 최고재판관 15인 전원으로 구성하는 대법정(정족수 9인)과 5인씩 구성하는 3개의 소법정으로 구성되어 있다. 최고재판소는 상고 내지 소송법에 의하여 정한 항고사건에 대한 재판권을 갖는다. 상고는 민사사건 및 행정사건의 경우 헌법위반과 판결에 영향을 미치는 것이 명백한 법령위반에 한정하며, 형사사건에 대한 헌법위반 또는 최고재판소, 고등재판소의 판례위반에 한정하고 있다. 최고재판소는 법률심이므로 심리는 서면심리에 의하고 상고이유가 없어 보이는 경우에는 구두 변론없이 상고를 기각할 수 있다.

상고는 고등재판소의 제2심 또는 제1심 판결에 대한 상고, 지방재판소 또는 가정재판소의 제1심 판결에 대한 비약상고, 고등재판소에 대한 민사상고사건 가운데 일정한 사유에 의하여 이송된 사건, 고등재판소의 민사의 상고심의 판결에 대한 특별항고, 형사의 확정판결에 대한 비상상고 등이다.

(3) 규칙제정권과 사법행정권

최고재판소는 재판사무와 관련하여 최상위의 재판소로서 사법 행정 부문에서 하급재판소를 총괄할 수 있는 권한이 있다. 즉 소송에 관한 절차, 변호사, 재판소의 내부규율 및 사법 사무 처리에 관한 사항에 대한 규칙을 제정할 수 있는 규칙제정권, 하급재판소의 재판관에 임명될 자의 지명, 재판관 이외의 재판소직원의 임명 및 보직, 재판소의 예산편성 및 시행에 관한 사법행정권이 있다.

이 같은 규칙제정과 사법행정에 관한 사항은 최고재판소 장관과 14인의 재판관으로 구성되는 최고재판소재판관회의의 의결에 따라 행사되며, 규칙의 제정을 위하여 검사, 변호사, 학자 등으로 구성되는 자문위원회를 구성하기도 한다.

3. 하급 재판소

(1) 고등재판소

고등재판소는 8개 도시(도쿄, 오사카, 나고야, 히로시마, 후쿠오카, 센다이, 삿보로, 타카마쓰)에 있으며, 6개 도시에 지부를 설치하고 있다. 고등재판소장관은 내각이 임명하고 천황의 인증을 받아야 한다. 고등재판소는 지방재판소, 가정재판소의 판결, 간이재판소의 형사판결에 대한 항소, 지방재판소의 민사2심 판결에 대한 상고, 간이법원 판결에 대한 비약상고, 지방재판소 또는 가정재판소 결정에 대한 항고사건을 관할한다. 또 선거소송과 내란죄 등에 관한 형사사건에 대하여는 1심 재판 관할권을 갖는다.

동경고등재판소는 공정거래위원회나 특허청 같은 준사법기관의 심결소송에 대한 1심 재판 관할권을 가지며, 고등재판소에서의 재판은 3인 합의체로 심리하는데, 내란죄와 공정거래위원회의 심결소송은 5인의 재판관으로 구성되는 합의체에서 심리를 한다.

(2) 지방재판소

일본의 지방재판소는 전국 50개소가 있으며, 그 지부는 203개가 설치되어 있다. 홋카이도가 4개소로 나뉘어져 있는 것 이외에 각 도부현(都府縣)과 관할구역이 일치하고 있다. 지방재판소는 다른 재판소의 전속관할 사건을 제외한 모든 1심 사건에 대하여 재판 관할권을 가지며, 간이재판소의 민사판결에 대한 항소심을 관할한다. 재판의 심리는 단독판사 또는 3인의 판사로 구성되는 합의체에서 이루어지며, 민사 1심 사건을 원칙적으로 단독사건으로 관할하고, 형사사건의 관할기준은 우리와 유사하다.

(3) 가정재판소

가정재판소는 지방재판소와 그 지부 소재지에 동일하게 설치하고 있다. 간이재판소 가운데 필요에 따라 가정재판소의 출장소를 설치하여 가사사건을 처리하도록 하고 있는데, 전국에 약 77개의 출장소가 있다. 가정재판소에는 약280명의 판사와

190명의 판사보, 약 1,500명의 가사조사관이 있으며, 가정재판소 의무실에 의사 등을 배치하여 필요한 경우 가사사건 당사자 및 소년의 심신을 진단하도록 하고 있다. 가사사건은 가사심판사건과 가사조정사건으로 나누어, 가사조사관제도와 가사조정제도를 적극적으로 활용하고 있는데 상당한 성과를 가져오고 있다.

(4) 하급재판소 판사의 임용

하급재판소 판사는 최고재판소가 지명하는 자 명부가운데에서 내각이 임명한다. 판사보는 사법시험에 합격하고 사법연구원에서 1년 6월의 사법수습과정을 이수한 후 최종합격한 자 가운데에서 임명한다. 판사보는 원칙적으로 합의체의 구성원 1인만이 재판에 관여할 수 있으며, 특별법에 의하여 판사보로 5년 근무하면 최고재판소의 지명에 따라 독립하여 판결할 수 있다.

판사로 임명되기 위해서는 판사보, 검찰관, 변호사 등으로 10년 이상의 실무경험이 있어야 하며, 간이재판소 판사는 판사보, 검찰관, 변호사로 3년 이상 근무경력이 있어야 하나, 이 같은 자격이 없어도 간이재판소 판사로서의 직무에 필요한 학식과 경험이 있는 자 중에서 임명할 수 있다.

IV. 법조제도의 변화

1. 재판관 인사평가

최고재판소는 2004년 1월「재판관 인사평가에 관한 규칙」을 제정하여 판사, 판사보, 간이재판소 판사에 대하여 매년 인사평가를 할 수 있는 제도를 마련하였다(재판관 인사평가에 관한 규칙 제1조). 인사평가는 사건처리능력, 部 등의 운영능력 및 재판관으로서 직무에 필요한 일반적 자질 기타 능력에 대하여 평가하며, 이를 위하여 평가권자는 다각적이고도 다면적인 정보파악을 위하여 노력하여야 하며, 외부로부터의 정보도 반영하도록 하고 있다(규칙 제3조). 평가받아야 할 자는 자신이 담당했던 직무 등에 관하여 평가자에게 서면으로 제출하여야 하며, 평가자와 면담도 할 수 있다(규칙 제3조 3항). 평가서는 피평가자의 신청이 있을 경우에는 개시할 수 있으며,

평가서 기재내용에 대하여 이의가 있을 때에는 불복이의를 신청할 수 있는 제도를 마련하였다(규칙 제5조).

이 같은 재판관 인사평가제도를 도입함으로써 객관성과 투명성을 높일 수 있는 장점이 있으나, 그 이면에는 지방가정재판소장이나 고등재판소장에게 평가권한 및 불복이의 신청에 대한 심사권을 부여함으로써 평가권자의 권한강화에 대한 우려의 목소리도 있다.

2. 하급재판소 재판관 지명 자문위원회

2003년 5월 하급재판소 재판관 지명 자문위원회 규칙에 의하여 설치된 최고재판소의 자문기관으로서 재판관, 검찰관, 변호사 및 학식 경험자 가운데 최고재판소가 지명한 자의 명부에 의하여 내각에서 이를 임명한다. 이번 사법개혁으로 판사, 판사보의 임용적부에 대해서 최고재판소는 재판관 · 검찰관 · 변호사 및 학식경험이 있는 자 가운데 최고재판소가 임명하는 11인으로 구성된 하급재판소 재판관지명자문위원회에 답신을 요청하고, 이에 의하여 최고재판소 재판관회의에서 각 판사, 판사보의 능력 및 적성을 판단하고 있다(규칙 제1조-제5조).

3. 법조일원화

법조일원화는 변호사 임관제도와 비상근 재판관 제도의 형태로서, 비상근재판관으로서 민사조정관, 가사조정관제도를 신설하였다. 변호사가 그 자격을 유지한 채 조정절차를 주최할 수 있도록 함으로써 재판관과 함께 조서의 결제 등을 통하여 상호간의 업무에 대한 이해를 높이게 되었다. 비상근 재판관은 매주 1회 근무하기 때문에 파트타임 재판관이 된 변호사들이 재판소에서의 실적이 평가되어, 상근재판관으로 다수 임관될 수 있는 길을 열었다.

V. 법조양성제도의 개혁

1. 법조인구의 확대

법조양성제도의 개혁은 두 가지 측면에서 파악할 수 있다. 우선 질적인 측면에서 21세기 법조인에게 필요한 자질로서 풍부한 인간성과 감수성, 폭넓은 교양과 전문 지식, 유연한 사고력과 설득 · 교섭능력 등의 기본적 자질과 사회나 인간관계에 관한 통찰력, 인권감각, 첨단 법률분야와 외국법에 대한 지식, 국제적 감각과 어학 능력을 갖춘 법조인의 양성이다. 양적 측면은 선진제국들과 비교할 때 전체적인 법조인의 숫자와 또 사법시험, 사법수습을 거쳐 탄생하는 신규 법조인의 수는 매우 적어 현실적으로 법적 수요에 대응할 수 없는 문제가 있으며, 따라서 향후 법적 수요의 증대를 고려하여 대다수의 전문법조인의 양성이 급선무였다.

이 같은 문제의식을 가지고 지금까지의 사법시험에만 의존하던 법조인의 양성이 아닌, 법학교육, 사법시험, 사법수습을 유기적으로 연계시키는 '과정' 으로서의 법조인 양성제도를 정비하고, 그 핵심으로 법조인 양성을 위한 특화된 교육을 도입할 수 있는 법학전문대학원을 도입하였다. 법학대학원은 68개의 법학전문대학원(국립 20, 공립2, 사립46)이 인가되었으며, 2004년 4월 5,590명의 신입생이 입학하였다. 2005년 6개의 법학전문대학원이 추가로 개교하여 총 74개교(국립23, 공립2, 사립49)에 입학정원은 5,825명이다. 향후 2010년에는 법학전문대학원을 통하여 배출되는 합격자수는 3,000명으로 현재 법조인의 수 2만 명에서 2018년에는 5만 명이 될 것으로 예상하고 있다.

2. 법조인 양성제도의 주요 내용

일본의 법조양성제도의 주요내용은 먼저 법학전문대학원을 '법조양성을 위한 주요기관' 으로 육성한다는 점이다. 따라서 이제까지 법조양성을 담당해 왔던 기존의 법학부나 사법연수원의 법조인 양성을 위한 주요 기능은 사라지게 되었다. 둘째 일본 정부는 법조양성의 기본이념에 따른 시책에 의하여 필요한 법제상 · 재정상의 조치를 강구할 것을 명기하고 있다. 다시 말하면 법학전문대학원은 국립대학이나 사립대학 등이 자신들의 자금으로 설립하는 것이 아니라 국가의 재정적 지원에 의하여 설치한다는 것을 표명하고 있다. 셋째, 법학전문대학원의 운영이 정상적으로 운영되고 있는지를 평가하기 위하여 '제3의 평가기관' 을 창설하고 있다. 국가의 자금으로 기타 운영을 지원하고 있으므로 이 같은 평가는 당연한 시각에서 받아들여지고 있다. 넷째, 예비시험제도를 도입하고 있다. 법학전문대학원은 교육비의 부담이 크므로 경제적인 이유로 진학 할 수 없는 사람들에게도 새로운 사법시험의 수험자격을 부여하고 있다.

3. 일본의 법조양성제도의 과제

일본에서 법학전문대학원을 도입한 이후 이 제도에 대한 우려와 문제점들이 나타나고 있다. 우선 앞에서 살펴본 바와 같이 2005년 이후 74개교 입학정원은 5,825명으로서 법학전문대학원의 난립으로 인하여 법학전문대학원의 졸업자들의 새로운 사법시험에서의 합격률이 저조할 것으로 예상되는 가운데, 2008년 합격자를 한명도 배출하지 못하는 법학전문대학원이 나타나고 있다. 법학전문대학원을 도입하는 본래의 취지는 사법시험만으로 법조인을 배출하는 기존의 방식에서 탈피하여 법학교육, 사법시험, 법률실습 등을 유기적으로 연계시켜 법조인이 될 자질과 의욕이 있는 자가 입학하여 엄격한 성적평가에 의한 수료인정을 통하여, 그 과정을 이수한 자 가운데 70~80%가 합격할 수 있도록 충실한 교육을 하겠다는 것이 본래의 취지였다. 그러나 현재에는 약 30%의 합격률에 그치고 있는 것이 현실이며, 법학전문대학원 졸업자 가운데 소수만이 새로운 사법시험에 합격하는 실정을 감안한다면 이 같은 제도는 전문법조인 양성의 본래의 취지에 반하는 것이다.

또 법조실습제도의 도입은 법조인이 되고자 하는 자에게 과도한 부담을 주게 된다는 것이다. 3년 과정의 법학전문대학원을 이수한 자가 수료한 해에 사법시험에 합격하고 1년간의 수습을 거쳐 법조인의 자격을 갖추었다고 한다면 법학전문대학원 입학에서부터 법조인이 되기까지 소요되는 시간은 매우 부담이 될 수밖에 없다. 또 수습생에 대한 급여가 보장되지 않음으로써 시간적으로나 경제적으로 법조인이 되기 위해서는 과중한 투자가 요구된다. 이 같은 부담을 가지고 우수한 인재를 법조계에 유입할 수 있는지에 대한 의문이 제기되고 있다. 나아가 수습제도가 법학전문대학원에서 충실한 법조양성교육이 이루어지지 못하고 있다는 구실로 작용할 수 있다는 점도 지적되고 있다.[2)]

4. 재판원제도

(1) 국민의 사법참가

사법제도 개혁의 3가지 원칙 가운데 하나는 국민의 사법제도의 참가이다. 즉 21세기에는 국민이 자율성과 책임성을 가지고 통치객체의 의식에서 벗어나 국민주권에 의한 통치의 주체로서 사법 분야에서 다양한 형태로 참여시키는 것을 포함하고 있다. 나아가 사법기관도 그 기능을 충분하게 발휘하기 위해서는 국민들의 지지와 이해로서 국민적 기반을 확립하는 것이 요구된다는 것이다.

현행 국민의 사법참가제도는 조정위원, 사법위원, 검찰심사회 등의 제도가 있으나, 사법 전체에 걸쳐 국민이 그 운영에 참여할 수 있는 경우는 제한적이므로, 참가하는 국민에게 부여되는 권한도 한정적일 수밖에 없다는 지적이 있었다. 따라서 사법에서 국민의 주체적 참가를 실현하고 사법에 대한 국민적 기반을 확고하게 수립하기 위하여 국민의 사법참가제도를 개혁의 내용에 포함하여 재판절차, 재판관의 선임과정, 재판소, 검찰청 및 변호사회의 운영 등 여러 분야에 걸쳐 적절하게 참여할 수 있는 제도를 수립할 필요가 있음을 밝히고 있다. 이를 위하여 형사소송절차에서 국민이 참여할 수 있는 재판원제도의 도입과 국민적 기반의 확립을 위한 국민들이 알기 쉬운 사법의 실현과 사법교육의 충실, 사법에 관한 정보공개의 추진을 들고 있다. 이를 위하여 2004년 5월 형사절차재판에 국민이 참여하는 "재판원이 참가하는 형사재판에 관한 법률"을 제정하였으며, 2009년 5월 시행에 들어갔다.

(2) 재판원 대상사건

재판원이 참여하는 대상사건은 형사사건 가운데 사형, 무기징역 내지 금고에 해당하는 죄의 사건이나 재판소법에 의하여 3인의 재판관에 의하여 재판해야 하는 법

---

2) 日弁連司法改革實現本部編, 司法改革: 市民のための司法をめざして, 日本評論社, 2005. 77-78面.

정합의 사건으로 고의로 사람의 생명을 침해한 사건의 경우에는 재판관 3인과 국민 가운데 선임된 재판원 6인이 참여할 수 있다. 단 자백사건에서 검찰관, 피고인, 변호사에게 이의가 없고, 재판소가 정하는 사건의 경우에는 재판관 1인과 재판원 4인의 합의체를 구성할 수 있다(재판원법 제2조 제3항 · 제4항). 그러나 재판원 재판에 해당하는 사건이라도 재판원이나 그 친족 등에게 가행행위가 발생할 우려가 있을 때에는 예외를 인정하여 재판관만으로 구성되는 합의체에서 재판할 수 있도록 하였다(동법 제3조 제1항).

(3) 합의체의 구성과 권한

재판원 제도는 전국의 지방재판소(1심재판소)와 그 주요 지부의 형사재판에 한정된다. 재판원이 참여하는 합의체는 재판관 3인과 재판원 6인으로 법정을 구성하는 것이 원칙이다. 그러나 1심 공판기일 전의 준비절차를 주재한 재판소는 준비절차의 재판관 1인과 재판원 4인으로 구성되는 법정도 있으므로 1심 공판기일전 관할재판소는 준비절차의 결과 피고인이 공소사실에 대하여 다툼이 없고, 사건의 내용 그 밖의 사정을 고려하여 적당하다고 인정되는 경우에는 재판관 1인과 재판원 4인으로 구성되는 합의체에서 심리 및 재판을 할 수 있다(재판원법 제2조 제3항).

재판원은 재판관과 동일한 권한을 가지나 위헌법률심사 및 소송절차에 대한 내용은 재판관 과반수 의견에 의하여 결정되며, 이 때 재판원은 참여하지 못한다(재판원법 제6조 제2항). 다만 범죄사실의 인정과 법률의 적용, 양형은 재판관과 재판원 합의체 과반수에 의하여 결정한다(동법 제6조 제1항 · 제67조 제1항). 이때 재판관과 재판원은 1표씩을 행사하며, 재판관과 재판원 각각 1인 이상의 찬성이 있어야 한다(동법 제67조 제1항). 재판원은 중의원 의원 선거인 명부에 기재된 자(20세 이상)로서 무작위 추천의 방식으로 선출한다(재판원법 제13조). 단 의무교육을 받지 않은 자, 금고 이상의 형을 받았던 자, 심신상의 이유로 재판원의 직무수행에 현저하게 지장이 있는 자는 재판원이 될 수 없으며(동법 제14조), 국회의원, 국무대신, 재판관, 검찰관, 변호사 등은 재판원이 될 수 없도록 하고 있다(동법 제15조). 기타 재판소가 불공정한 재판을 할 우려가 있다고 인정되는 자는 해당사건에 대해서 재판원이 될 수 없도록 하고 있다(동법 제17조).

VI. 검찰청

일본의 검찰청은 1947년 검찰청법이 시행된 이후 검찰청의 조직 · 직무범위 및 인사 등에 관한 사항을 정하고, 최고검찰청, 고등검찰청 8개소(지부 6개소), 지방검찰청 50개소(지부 203개소), 구검찰청 438개소를 설치하여 운영하고 있다.

1. 최고검찰청

최고검찰청은 동경에 소재하며, 총무부, 형사부, 공안부, 공판부 및 사무국이 있고 검사총장, 차장검사 및 검사 17명을 배치하여 운영하고 있다. 검사총장은 최고검찰청의 장으로서 전국검찰청의 직원을 지휘 · 감독한다. 법무대신은 검찰관의 사무에 관하여 검찰관을 일반적으로 지휘 감독할 수 있다. 그러나 구체적 사건의 조사처분에 대하여는 검사총장만이 지휘할 수 있다(검찰청법 제14조).

검사총장은 최고재판소 관련 공판에만 입회하고, 최고재판소의 재판은 별도의 증거조사 등이 행하여지지 아니하는 법률심인 관계로 실제 업무 부담량은 경미하며 사건수도 적다. 그러나 사건의 비중에 따라 지정사건에 대하여 고등 · 지방검찰청으로부터 수시로 공판상황을 보고받고 필요한 지시를 할 수 있다. 나아가 산하 고등검찰청과 지검에 대한 감찰 및 사무감찰의 업무를 수행한다.

중요한 사건을 수사할 때에는 검사총장 · 차장검사 등 고위간부와 수사담당자 등이 참석하는 연석회의인 검찰수뇌회의를 통하여, 수사방향 등을 최종결정하게되며, 개최 시기는 사회적으로 중요한 사건의 사안에 따라 수사착수여부, 신병처리, 기소 · 불기소 여부 등 중요한 사항에 대한 검찰의 중대한 사항에 대한 검찰의 방침을 최종적으로 결정할 필요가 있을 때 개최한다. 이 때 최고검찰청의 검사총장, 차장검사, 담당부서 부장검사, 검사, 고등검찰청에서 검사장, 차석검사, 부장검사, 전담검사, 지방검찰청의 검사장, 차석검사, 부장검사, 주임검사 그 외 사안에 따라 법무성 형사국 담당과장 등이 참석한다.

2. 고등검찰청

고등검찰청은 동경, 나고야, 히로시마, 후쿠오카, 센다이, 사포로, 다카마츠(高松)에 있으며, 지부는 가나자와(金澤), 마쯔에(松江), 미야자키, 나하(那覇), 아키다 등에 위치하고 있다. 동경고등검찰청은 총무, 형사, 공안, 공판부, 고등검찰청은 총무, 형사, 공안부로 구성된다. 고등검찰청은 관내 지방검찰청 및 구검찰청의 검사관의 수사, 사건처리, 공판 활동에 대한 필요한 지휘감독을 한다.

내란에 관한 죄 및 독점금지법위반사건의 공소제기 등을 담당하나, 실제적으로 동경지검의 검사를 파견하여 수사를 담당하고 있다. 고등검찰청은 선거 시의 총괄책임자이나 출납책임자의 선거법 위반에 대한 당선무효소송을 제기할 수 있고, 도망범죄인 인도법에 의한 도망범죄인의 구속 및 인도에 대한 심사청구의 권한을 갖는다.

3. 지방검찰청 · 구검찰청

지방검찰청은 50개청으로 구성되는데 47개의 도부현의 청 소재지에 위치하고 있다. 다만 北海道는 삿포로, 하코다테(函館), 아사히가와(旭川), 쿠시로(釧路) 등 4곳에 소재하며 203개 지부가 전국의 주요 시정(市町)에 위치하고 있다.

전국 주요 지역에 438개소의 구검찰청이 있으며 지검과 지부 소재지 이외의 시 · 구에 위치하고 있다. 그 검찰청은 벌금 이하의 형에 해당하는 범죄, 선택형으로 벌금이 정해져 있는 죄, 상습도박, 도박개장, 절도, 절도미수, 횡령, 장물취득, 무허가 고물영업, 무허가 전당포영업 등의 사건 중 3년 이하의 구형에 상당하는 사건 등의 수사 및 기소를 담당하고 있다.

제 4 장

중국의 사법제도

I. 중국사법제도의 특수성

1979년 이후 중국은 개혁과 개방정책을 추진하면서 경제 기타 사회면에서 많은 변화를 가져왔다. 이 같은 변화를 중국헌법의 개정에 반영하여 오늘날의 정치, 경제, 사회, 문화 기타 모든 영역에 걸쳐 변화에 속도를 더하고 있다. 그 가운데 중국의 사법제도는 과거 자유주의적 이념이라고 정부차원에서 배척하던 법치주의사상과 이론이 오늘날에는 그 논의의 중심이 되고 있으며, 현재 중국공산당도 이 같은 법치주의를 제한적이지만 수용하여 1999년 개정된 헌법을 통하여 법치주의를 수용하였다. 그 결과 2002년부터 5년간 제정 및 개정된 법률이 무려 11만938건에 이를 정도로 외부적으로 법치국가를 표방하고 있다.

그러나 법치주의 국가는 국민의 자유와 권리를 보장하기 위하여 사법권의 독립을 보장하고 있으나, 중국의 경우 사법권의 독립이 보장되지 않는 상태에서 국민의 인권이 행정권력에 의하여 침해받고 있는 현실을 감안할 때 법원이 독립하여 법의 정신을 구현하기에는 많은 어려움이 있다고 본다. 다시 말하면 개정 헌법에 의하여 법치주의를 실행한다고 하지만 삼권분립은 부인되며 議行合一[1]이라는 원칙으로 국가를 통치하고 있다. 그 이외 헌법서문에 "중국의 각 민족 인민은 계속 중국 공산당의 영도하에, 그리고 마르크스 레닌주의, 마오쩌뚱사상, 덩샤오핑의 이론의 지도하에 인민민주전정을 견지하고, 사회주의의 길을 견지하며, 개혁개방을 견지하여..." 중국 공산당의 영도를 선언함으로써 공산당이 헌법의 의사보다 우위에 있음을 선언

1) 삼권분립의 상대적인 개념으로 중국헌법의 한 원칙이다. 즉 유물주의와 마르크스주의적 국가론에 입각한 원칙이다.

하고 있다. 여기에서 인민의 범위로서 중국헌법전문에 의하면 '전체 사회주의 노동자, 사회주의 사업의 건설자, 사회주의를 옹호하는 애국자와 조국통일을 옹호하는 애국가' 라 함으로써 여기에서의 인민은 일반적 모든 사람을 의미하는 것이 아니라 계급적으로 제한된 의미의 개념이다.

또 중국의 헌법은 중화인민공화국의 일체의 권력은 인민에게 속하고 인민은 전국인민대표회의와 지방의 각급 인민대표회의를 통하여 그 권력을 행사한다고 규정하여, 전국인민대표회의가 입법권을 행사한다는 점에서 자유민주주의 국가의 의회와 같으나 행정부나 사법부와 대등한 입법부로서의 헌법상의 지위가 아니라 최고국가권력기관으로서의 지위를 갖는다. 그리고 국가의 행정기관, 재판기관, 검찰기관 등은 전국인민대표대회에서 선출하며 감독을 받는다. 행정기관으로 국무원, 재판기관으로 인민법원, 검찰기관은 인민검찰원이 있으며 이 기관들은 상호 독립된 대등한 헌법적 지위를 갖는다.

II. 중국의 법원

1. 조직과 권한

(1) 법원제도의 개요

중국의 법원은 심급 및 관할하는 사건에 따라 최고인민법원, 각급 지방인민법원, 전문인민법원으로 나누어지고, 지방 각급 인민법원은 기층인민법원, 중급인민법원, 고급인민법원으로 나누어져 있으며, 전문인민법원으로 군사법원, 해사법원, 철도운수법원 등이 있다.

최고인민법원장(우리나라 대법원장)은 전국인민대표대회에서 5년의 임기로 선출되며 연임도 2회로 제한된다. 최고인민법원의 부원장 및 심판원은 최고인민법원장의 제청으로 전국인민대표회의 상무위원회에서 임명한다. 또 지방 각급 인민법원장은 상응하는 각급 인민대표대회에서 선거하고, 그 부원장 및 심판원은 각급 법원장의 제청으로 각각의 인민대표대회 상무위원회에서 임명한다.

(2) 각급 인민법원의 조직과 권한

1) 기층인민법원

최하위급의 법원으로 현, 시, 대도시 행정구역의 구에 설치한 인민법원이다. 그 구성은 원장1인, 부원장 1인과 약간의 심판원으로 구성하고 있다. 법원에는 형사재판정, 민사재판정, 경제재판정이 설치되며 각각 정장(廷長)과 부정장(副廷長)을 두고 있다. 또 사건의 신속한 처리를 위하여 인민법정(우리나라 파출소 격)을 설치할 수 있는데 이는 기층인민법원(基層人民法院)의 한 구성부분이다. 기층인민법원은 원칙적으로 관할 구역 내의 제1심 형사, 민사사건의 재판을 관할하지만, 법률이 별도로 규정한 사건은 예외이다. 기층인민법원의 관할 사건 가운데 사건의 내용이 중대한 경우에는 상급법원에 이송하여 재판할 것을 신청할 수 있다. 기타 재판이 필요하지 않은 민사분쟁 및 경미한 사건, 인민조정위원회의 직무 지도 등을 담당하고 있다.

2) 중급인민법원

중급인민법원은 기층인민법원과 고급인민법원의 중간에 위치하는 재판기관이다. 중급인민법원은 중국의 각 직할시, 성, 자치구 내의 일정한 지구와 성 및 자치구의 직할시, 자치주에 설치하고 있다. 조직은 원장 1인과 복수의 부원장, 정장, 부정장과 약간의 심판원으로 구성되며, 형사재판정, 민사재판정, 경제재판정을 설치할 수 있고, 필요한 경우에는 특별재판정을 둘 수 있도록 하고 있다.

형사사건으로는 반혁명 사건과 국가의 안전을 위해하는 사건, 무기징역 또는 사형에 해당하는 일반 형사사건, 외국인 형사사건과 민사 및 경제사건으로서 섭외사건, 관할 구역 내에 중대한 영향을 미치는 사건, 최고인민법원이 중급인민법원의 관할로 확정한 사건, 행정사건으로서 행정소송법에 의하여 중급인민법원의 관할로 규정된 특허권 확인소송, 세관의 처분에 대한 소송 또는 국무원 행정 각 부문이나 성, 자치구, 직할시 인민정부의 구체적인 행정행위에 대한 소송사건과 기층인민법원이 재판을 이송한 사건 등을 각 제1심 관할법원으로 담당하여 처리하고 있다. 또 기층인민법원의 판결 및 재정에 대한 상소 또는 항소사건, 인민검찰원이 재판감독절차에 따라 제기한 항소사건 등을 제2심으로 관할한다.

또 중급인민법원은 관할구역내의 기층인민법원의 재판업무를 감독하며, 필요에 따라 기층인민법원이 관할하는 사건을 재판할 권한과, 재판관할이 불분명한 사건을 특정한 기층인민법원이 재판하도록 지정할 권한과 다른 기층인민법원에 이송하여 재판하도록 지정할 권한이 있으며, 기층인민법원의 판결에 대한 심리 및 재심리를 명할 권한을 가진다. 뿐만 아니라 사건이 중대하다고 판단되는 경우에는 상급법원에 이송하여 재판할 것을 청구할 수 있다.

3) 고급인민법원

고급인민법원은 중급인민법원과 최고인민법원 사이 중간급 법원이다. 중국의 각 직할시, 성, 자치구에 하나씩 설치되며, 원장 1인, 복수의 부원장, 정장, 부정장, 심판원 약간명으로 구성되어 있다. 고급인민법원은 형사재판정, 민사재판정, 경제재판정을 설치하고, 기타 필요에 따라 재판정을 설치하며 여기에 정장, 부정장을 두도록 하고 있다.

고급인민법원은 법률, 명령에 따른 사건 등을 하급인민법원에서 재심할 것을 명할 권한이 있으며, 관할 구역내 하급인민법원의 재판업무를 감독한다. 또 필요에 따라 하급인민법원이 관할하는 사건을 재판할 권한과 관할이 불분명한 사건을 특정한 하급인민법원에 재판하도록 지정할 권한을 갖는다. 또 하급인민법원에게 다른 하급인민법원에 사건을 이송하여 재판하도록 지정할 권한과 자신의 관할인 제1심 사건을 중급인민법원에 회부하여 재판하게 할 권한을 갖는다.

4) 최고인민법원

중국의 최고인민법원은 최고 재판기관으로서 최고의 심급법원이며 각급 인민법원과 전문 인민법원의 재판사무를 감독한다. 최고인민법원은 북경에 위치하고 있는데, 원장 1인, 부원장, 정장, 부정장과 약간의 심판원으로 구성되어 있으며, 형사재판정, 민사재판정, 경제재판정, 지적소

중국 최고인민법원 모습

유재판정이 있으나, 필요에 따라 특별재판정을 설치할 수 있다. 최고인민법원장과 부원장은 재판업무를 직접 담당하지는 않고, 최고인민법원의 정장, 부정장, 심판원이 재판업무를 수행하고 있다.

관할은 제1심사건, 고급인민법원 및 전문인민법원의 판결 및 재정에 대한 상소사건 및 항소사건을 담당하고 사형판결에 대한 심사 및 승인과 사법해석 등이 그 주요 업무이다. 사법해석은 법령에 대한 일종의 유권해석으로 법령의 추상적이고 명확하지 않은 내용을 구체적으로 보완하는 사실상의 입법기능을 담당한다.

5) 전문인민법원

전문인민법원은 특정사건만을 전문적으로 다루는 재판기관으로 현재 군사법원, 해사법원, 철로운수법원 등이 있다. 전문인민법원의 구성과 직무는 전국인민대표상무위원회에서 별도로 정하고 있다.

2. 중국 재판제도의 특징

(1) 2심 종심제

중국의 재판제도는 2심 종심제를 택하고 있다. 즉 "인민법원이 사건을 재판하는 때에는 2심 종심제를 실시한다"(중국 법원조직법 제12조 1항)는 규정에 의하여 지방 각 인민법원의 1심 사건에 대한 판결에 대하여 당사자는 법률이 정하는 절차에 따라 직상급 인민법원에 상소할 수 있다. 또 "중급인민법원, 고급인민법원 및 최고인민법원이 재판한 제2심 사건의 판결 및 재정과 최고인민법원이 재판한 제1심 사건의 판결 및 재정은 모두 종심적 판결로서 법률적 효력이 발생한다"(중국법원조직법 제12조 4항)하여 2심종심제도를 취하고 있다.

기층인민법원의 제1심판결 및 재정에 대한 불복은 중급인민법원이 그 종심이 되며, 중급인민법원의 제1심 사건은 고급인민법원이 종심이 되고, 고급인민법원의 1심 판결에 대한 불복이 있을 때에는 최고인민법원이 종심이 된다.

(2) 재판부와 위원회

1) 합의제

인민법원이 제1심 민사사건을 재판하는 경우 간이절차를 적용하는 경우를 제외하고 합의정을 구성하여 재판하며, 제2심 및 재심의 경우는 반드시 합의정을 구성하여 재판하도록 하고 있다. 여기에서 합의정은 합의부를 구성하여 재판하는 것을 말하는데, 합의정의 구성은 심급에 따라 다르다. 즉 제1심의 합의정은 법관과 배심원으로 구성하거나 법관으로 구성하며(중국 민사소송법 제40조 1항), 제2심은 법관으로만 구성한다(중국민사소송법 제41조 1항). 또 환송사건은 원심인민법원이 제1심 절차에 따라 별도로 합의정을 구성하며, 원판결이 제2심이거나 상급 인민법원인 경우 제2심 절차에 따라 합의정을 구성하여 재판하도록 하고 있다. 합의정 구성인원에 대한 제한은 없으며, 실무상 3인으로 구성하는 것이 일반적이나, 중대한 사건인 경우에는 5인 내지 7인으로 구성하기도 한다. 합의정의 재판장은 원장 또는 정장이 지정하는 1인의 법관이 담당하며, 원장이나 정장이 재판에 참가하는 경우에는 원장이나 정장이 재판장이 된다.

2) 독임제

독임제는 1인의 법관이 사건을 단독으로 재판하는 것을 말하는데, 중국에서의 소송은 민사소송의 경우 합의제가 원칙이며 예외적으로 독임제를 택하고 있다. 중국 민사소송법 제40조 제2항에서 "간이절차를 적용하여 심리하는 사건은 법관 1인이 단독으로 심리한다고 하여 독임제를 명문화하고 있다.

독임제는 기층인민법원 및 그 파출법원인 인민법정이 심리하는 사건에 한정하며, 사실관계가 분명하고 권리의무관계가 명확한 사건에 한정한다.

3) 원장과 정장의 권한

중국은 인민법원의 심판권의 독립만 규정하고 있을 뿐(중국헌법 제126조) 법관의 독립에 관한 규정은 없다. 또 "각급 인민법원장은 이미 법률적 효력이 발생한 당해 법원의 판결, 재정에 착오가 있어 재심이 필요한 경우에 재판위원회에 회부하여 경정하게 하여야 한다"(중국 민사소송법 제177조 1항)고하여 원장의 재판감독권을 인정하고 있다. 따라서 원장과 정장은 합의정과 독임법관의 사건처리를 세심하게 살피고, 사실인정과 법률적용에 착오가 있다고 판단되는 경우에는 보충조사를 하거나 다시 평의할 것을 지시하여야 하며, 이에 따르지 않을 경우에는 사건을 재판위원회에 회부하여 결정하도록 해야 한다. 중국에서는 원장등과 합의정, 독임법관의 관계를 영도와 피영도 관계라 한다.

4) 재판위원회

"각급 인민법원은 재판위원회를 설립하여 민주집중제를 실시한다"(중국 법원조직법 제11조)하여 모든 인민법원에 재판위원회를 설치할 것을 규정하고 있다. 지방각급 인민법원 재판위원회의 위원은 원장의 제청으로 해당급의 인민대표회 상무위원회가 임명하며, 최고인민법원 재판위원회의 위원은 전국인민대표회의 상무위원회가 임명한다.

재판위원회의 법적 성질은 법원의 행정기구가 아니라 재판기구이다. 그렇다고 합의정이나 독임법관과 같이 재판활동만을 하는 것이 아니라 조사 연구도 해야 하는 혼합적 기능을 가진 기관이다. 주요 임무는 ① 중대하고 복잡한 사건을 심의하여 판단하며, ② 각급 법원장이 재판 감독 절차에 따라 재판위원회에 회부한 사건, ③ 정확한 법률적용, 재판 실무, 직무상황, 사건처리 등을 종합하여 재판관계자의 능력 등을 제고하고 재판사무를 지도하며, ④ 재판과정에서 법률, 법령의 구체적 적용에 관한 해석을 담당한다.

또 각급 법원의 재판위원회의 회의는 원장이 주재하며, 당해 법원에 상응하는 인민 검찰원의 검찰의 장도 이 회의에 참석할 수 있다.

3. 법관 기타 재판 관계인

(1) 법 관

1) 직 책

법관(심판원)은 법에 의하여 국가재판권을 행사하는 자로서, 최고인민법원, 지방각급 인민법원 및 군사법원 등 전문인민법원의 원장, 부원장, 재판위원회 위원, 정장, 부정장, 판사 및 보조판사를 포함한다. 직책은 ① 법에 의하여 재판부에 참가하여 재판하거나 또는 단독으로 재판하거나, ② 법률이 규정하는 기타 직책이 있으며, 원장, 부원장, 재판위원회 위원, 정장, 부정장은 재판의 직무를 수행하는 외에 그 직무에 상응하는 직책을 이행한다(중국 법관법 제6조).

2) 법관의 자격

법관은 중화인민공화국의 국적이 있는 자로서, 만 23세에 달하여야 하며, 중화인민공화국의 헌법을 옹호하고 건강한 의식과 신체건강한 자로서 대학(高等院校)에서 법률을 전공하여 본과를 졸업하거나, 대학교 비법률전공 본과를 졸업하고 법률전문지식이 있는 자로서, 2년의 법률업무의 경험이 있어야 한다. 그러나 고급인민법원과 최고인민법원의 법관은 3년의 법률사무 경험이 있어야 하며, 법학석사, 법학박사학위를 취득하거나 또는 비법률전공 석사, 박사학위를 취득하고 법률전문지식이 있는 경우 1년의 법률업무의 경험이 있어야 하는데, 고급인민법원과 최고인민법원의 법관은 2년간의 법률업무경험이 있어야 한다(중국 법관법 제9조). 그러나 형사범으로서 처벌을 받은 경험이 있거나 과거 공직에서 파면된 경험이 있는 자는 법관에 임명되지 못한다(중국 법관법 제10조).

3) 임 면

최고인민법원장은 전국인민대표회의에서 선출하거나 파면하며, 부원장, 정장, 부정장, 판사는 최고인민법원장의 제청에 의하여 전국인민대표대회 상무위원회가 임명한다. 지방각급의 인민법원장은 해당 지방각급 인민대표대회가 선출하거나 파면하며, 부원장, 정장, 부정장, 판사는 본원 원장의 제청에 의하여 해당 각급 인민대표대회 상무위원회가 임명한다.

성, 자치구 내의 지역에 따라 설치된 중급인민법원, 직할시에 설치된 중급인민법원의 원장은 성, 자치구, 직할시의 인민대표대회 상무위원회가 회장단(주임회의)의 추천에 의하여 임명하고, 부원장, 정장, 부정장과 판사는 고급인민법원 원장의 제청에 의하여 성, 자치구, 직할시의 인민대표대회 상무위원회가 임명한다. 민족자치주에 설립된 지방 각급 인민법원장은 민족자치구의 각급 인민대표대회에서 임명하며, 부원장, 정장, 부정장 및 판사는 본원의 원장의 제청에 의하여 민족자치구 지방각급 인민대표회의 상무위원회가 임명한다. 군사법원 등 전문인민법원장, 부원장, 재판위원회 위원, 정장, 부정장 및 판사의 임면은 전국인민대표대회 상무위원회가 별도로 규정한다.

초임법관은 엄격한 시험평가의 방법에 의하여, 품성과 재능이 있는 자를 기준으로 선발하고, 국가통일사법시험을 통과하여 자격을 취득하게 되는데, 법관의 조건을 구비한 자 가운데 우수한 자를 선발한다.

(2) 보조법관(조리심판원)

각급의 인민법원은 필요에 따라 보조법관을 둘 수 있도록 하고 있는데, 보조법관은 당해 인민법원이 임면하도록 하고 있다. 보조법관의 임무는 법관의 재판을 보조하며, 법원장의 추천과 재판위원회의 승인을 얻어 임시로 법관의 직무를 대행할 수도 있다(법원조직법 제37조).

1) 인민배심원

선거권과 피선거권을 가진 만23세 이상의 공민으로 참정권이 있는 자는 인민배심원으로 선출될 자격을 갖는다. 인민배심원이 직무를 집행하는 기간 동안의 임금은 그 소속 직장에서 지급하며, 임금과 수입이 없는 경우에는 인민법원이 적당한 보조금을 지급할 수 있도록 하였다.

2) 서기원

각급 인민법원은 서기를 두어 법원의 기록 사무를 담당하게 하여 기타 재판관련 사무를 처리하게 할 수 있다.

3) 집행원 등

각급 인민법원은 집행원을 두어 민사사건의 판결과 재정의 집행 사무를 처리하게 하며, 형사사건의 판결과 재정 중 재산과 관련되는 부분의 집행사무를 처리하게 할 수 있다. 또 지방 각급 인민법원에는 법의를 둘 수 있으며, 약간 명의 사법경찰을 둘 수 있도록 하고 있다.

Ⅲ. 중국의 변호사제도

1. 개 요

중국은 1954년 '공소변호인' 제도를 도입한 이후 1957년 많은 변호사들이 '우파' 로 몰려 탄압을 받으면서 문화대혁명시기에 완전히 변호사제도의 존재가 소멸되었다. 그러나 1979년 이후 법제도가 회복되기 시작하면서 변호사(율사)제도도 다시 부활하게 되었는데, 1980년 中華人民共和國律師暫行條例를 제정하여 1982년 1월 1일부터 시행하고 있다. 이후 1996년 5. 15일 제8기 전국인민대표대회 상무위원회에서 위 조례를 대체하는 중화인민공화국 변호사법을 제정하여 1997년 1월 1일부터 시행하고 있다.

중국에서 변호사법을 제정하기 이전의 조례에는 변호사를 '국가의 법률 업무 수행자' 로 규정함으로써 변호사들은 국가 '공공기관' 인 법률사무소에 소속하여 활동하면서 국가 사법행정기관의 지도와 감독을 받도록 함으로써 변호사들은 국가로부터 독립하여 인민들의 인권보장을 위한 변호활동을 하는데 많은 제약이 있었다. 그러나 새로운 변호사법에서는 '법에 따라 변호사업 허가증을 취득하고 법률서비스를 제공하는 것을 업으로 하는 자"라고 함으로써 과거 변호사를 국가공무원으로 보던 것과 달리 오늘날에는 '개인 사업자' 혹은 '자유 직업인' 으로 인식하게 되었다.

변호사법 제1조(목적)에서 '변호사의 업무집행을 보장하는 한편 변호사의 행위를 규율하고, 변호사는 당사자의 권익을 보호하고, 법률의 집행을 보장함으로써 사회주의법제 건설에 중요한 역할을 할 수 있도록 하기 위하여 본 법을 제정한다' 고 규정하여 변호사의 활동을 보장하고 이를 통하여 국가발전에 기여하도록 하겠다는 취지를 밝히고 있다. 또 제2조에서 변호사를 '법에 따라 변호사업 허가증을 취득하고 법률서비스를 제공하는 것을 업으로 하는자' 라 정의하고 있으며, 제3조에서 변호사의 의무와 권리를 규정하고 있다. 즉 '변호사는 헌법과 법률을 준수하여야 하며, 직업도덕과 직업 규칙을 준수하고, 그 업무는 반드시 사실을 근거로 법률을 그 기준으로 하여야 하며, 국가의 감독을 받고, 법에 의하여 직업인으로서 법률의 보호를 받는다' 고 규정하고 있다. 변호사법 제4조는 '국무원 사법행정기관은 법에 따라 변호사와 그 사무소, 변호사 협회에 대하여 지도, 감독할 수 있다' 하여 국가의 감독 권한을 규정하고 있다.

2. 변호사의 자격과 업무

(1) 변호사의 자격

1979년에서 1984년 중국의 개혁, 개방이후 사법행정기관은 '변호사 임시조례'의 규정에 따라 변호사를 위한 특별한 자격시험은 없었으며, 법원, 검찰 기타 관련 국가기관에서 근무하는 공무원을 선발하여 변호사 자격증을 주고 '법률고문처리'라는 명칭의 사무실에 근무하게 하였는데 이들은 주로 형사사건을 변호하였다. 그 이후 변호사에 대한 자격기준을 엄격히 해야 할 필요성이 제기되면서 1986년 '변호사 자격 고시' 제도가 시행되었다. 초기에는 중국의 각 성마다 독자적인 자격고시를 실시하다가 1988년부터는 전국적으로 통일된 고시를 실시하였다. 초기에는 연 2회 실시하다가 1993년 이후 연 1회로 바뀌어 실시하고 있다.

사법시험은 법조인의 자질을 통일된 하나의 방법으로 검증하여 상대적 질적 저하를 방지하기 위한 목적에서 2002년 이후 국가통일고시가 시행되었다. 2004년의 국가통일사법고시의 합격률은 응시자 대비 약 6%이며 현재 중국에는 약130,000명의 변호사가 약 12,000개의 사무실에서 활동하고 있는데, 북경에만 12,000명의 변호사가 약 800개의 사무실에서 활동하고 있는 것으로 알려지고 있다.

중국의 변호사는 변호사 자격을 취득한 자라 하더라도 실제 변호사 업무를 하기 위해서는 사법행정기관으로부터 '변호사업 허가증'을 받아야 한다. 변호사업 허가증을 받으려는 자는 '중화인민공화국 헌법을 옹호하고, 변호사의 자격이 있으며, 변호사 사무소에서 1년간의 실습을 마치고, 품행이 좋아야 한다. 이 같은 추상적인 규정을 통하여 중국 행정기관의 통제가능성이 광범위하다는 것을 알 수 있으며, 변호사 조직의 자율성과 독립성이 보장되지 않았음을 보여주는 예라 하겠다. 또 변호사 양성을 위한 별도의 연수기관을 설치하지 않고 1년간 변호사 사무소에서 실무실습 과정을 거치도록 하고 있다.

변호사업 허가증 없이 소송대리를 하거나 변호업무에 종사하여 경제적 이익을 얻은 자는 소재지 현등 이상의 지방 인민정부 사법행정기관에서 자격을 정지시키고 위법행위에 의한 소득을 몰수하고 위법행위로 인하여 얻은 소득의 1배 이상 5배 이하의 벌금에 처하도록 하고 있다(중국 변호사법 제46조). 또 변호사업 허가증을 발급받더라도 동시에 2개 이상의 변호사 사무소에서 개업할 수 없으며(중국 변호사법 제12조), 현직공무원이거나 각급 인민대표대회 상무위원회 구성원을 맡고 있는 동안에는 겸업을 할 수 없다(중국변호사법 제13조 · 제14조).

(2) 변호사의 권리와 의무

1) 변호사의 업무

변호사는 국민, 법인 기타 조직의 요청으로 법률자문을 할 수 있으며, 민사사건이나 행정사건에서 당사자의 위탁을 받아 대리인으로 소송에 참여하며, 형사사건에서 범죄혐의자의 요청으로 법률자문을 제공하고, 고소, 보석의 신청을 대리하며, 범죄 혐의자, 피고인의 위탁을 받거나 인민법원의 지정을 받아 변호인이 되며, 자소사건[2)]의 자소인, 공소사건의 피해자 또는 그 가까운 친족의 위탁을 받아 대리인으로 소송에 참가할 수 있으며, 각종 소송사건의 신청대행과 당사자의 위탁을 받아 화해, 중재에 참가할 수 있고, 소송 이외의 법률업무와 관련하여 당사자의 위탁을 받아 서비스를 제공하며, 각종 법률 질의에 답하고 법률 문건의 작성을 대행한다(중국변호사법 제25조).

2) 변호사의 권리

변호사가 사건의 의뢰를 받은 경우에는 정당한 이유 없이 의뢰받은 변호나 대리를 거절할 수 없으며 이에 위반한 경우에는 3개월 이상 1년 이하의 자격정지를 받을 수 있다(중국 변호사법 제44조 4호). 그러나 의뢰한 내용이 위법한 것이거나 의뢰인이 변호사가 제공하는 서비스를 악용하여 위법활동을 하거나 의뢰인이 사실을 은닉하려고 할 경우 변호사는 변호나 대리를 거절할 수 있다(중국 변호사법 제29조).

변호사는 소송을 위하여 법률의 규정에 따라 본안과 관련한 자료를 수집, 조사 열람할 수 있으며, 구금 등으로 신체의 자유가 제한된 사람과 접견, 교통, 법정출석

---

2) 형사사건 중에서 국가 소추기관인 검찰의 공소제기 없이 자소인(고소인)이 직접 형사소송을 제기하는 소추사건이다.

기타 소송활동을 할 수 있다(중국 변호사법 제30조). 또 변호사는 법률업무를 처리함에 있어 관련기관과 개인의 동의를 얻어 그 정황을 조사할 수 있다(중국 변호사법 제31조)함으로써 증거의 수집과 조사, 기록 및 증거열람 등의 권한은 모든 수사기관 기타 관계기관과 개인의 동의를 전제로 하게 된다는 점에서 제한을 받을 수밖에 없다고 본다. 나아가 변호사가 피의자를 접견하는 장소에 수사기관이 동석할 수 있도록 함으로써 피의자와의 접견, 교통권이 보장되지 않을 수도 있다.

그러나 민사소송을 대리하는 변호사는 증거를 수집하고 당해 사건의 관련 자료를 열람할 권리가 있다(중국 민사소송법 제61조 제1문)하여 소송대리인인 변호사는 증거를 수집할 수 있는 권리와 자료 열람권을 갖는다. 이 같이 중국의 변호사는 소송대리업무나 변호에 관한 권리는 법률에 의하여 보장되며(변호사법 제30조), 변호사는 업무활동 중에는 신체상의 권리를 침해당하지 않을 권리를 갖는다(중국 변호사법 제32조).

3) 변호사의 의무

변호사는 업무상 알게 된 국가의 기밀과 당사자의 영업상의 비밀을 지켜야 하며 개인적인 비밀을 누설해서는 안 된다(중국 변호사법 제33조). 만일 변호사가 이 같은 의무를 위반했을 경우, 영업상의 비밀이나 개인의 사적인 비밀을 누설했을 경우에는 3개월 이상 1년 이하의 자격정지, 국가 기밀인 경우에는 형사 처분과 함께 개업의 허가를 취소한다(중국 변호사법 제44조 제6호, 제45조 제1호).

변호사는 동일한 사건에 대하여 쌍방 당사자의 소송대리인이 될 수 없다(중국 변호사법 제34조). 이를 위반한 경우에는 3개월 이상 1년 이하의 자격정지에 처하도록 하고 있다(중국 변호사법 제44조 제2호). 변호사로서 법관, 검찰관을 역임했던 변호사는 인민법원, 인민검찰원을 퇴임한 후 2년 이내에는 소송대리인 또는 변호인이 될 수 없다(중국 변호사법 제36조). 기타 변호사는 업무와 관련하여, 변호사 사무소를 통하지 않고 사적으로 위탁을 받아 은밀하게 의뢰인에게 비용이나 재물을 받을 수 없으며, 변호사는 당사자가 다투고 있는 계쟁 권익을 얻으려 하거나 상대방 당사자로부터 재물을 받을 수 없으며, 규정을 어기고 법관, 검찰관, 중재인을 만나서는 안 되며, 법관, 검찰관, 중재원 기타 이해관계인에게 선물이나 뇌물을 보내는 일 나아가 당사자에게 뇌물을 주도록 사주, 유도하는 행위를 금하고 있다.

허위, 거짓증거를 제공하여 사실을 감추거나, 타인을 위협, 유혹하여 허위, 거짓 진술을 하게 하여 사실을 숨기거나 상대방 당사자의 합법적인 증거 취득을 방해해서도 안 된다.

변호사가 법률에 반하는 업무를 수행하였거나 과실로 당사자에게 손해를 가한 경우에는 일차적으로 당해 변호사가 소속한 변호사사무소가 배상책임을 지며, 변호사 사무소는 당해 변호사에게 중대한 과실이 있는 경우에 그 변호사에 대하여 보상을 요구할 수 있도록 하였다(중국 변호사법 제49조).

중화인민공화국 국민으로서 공적 부조금 청구, 산업재해 보상청구, 형사소송, 국가배상청구, 구휼 급여금청구 등과 관련하여 변호사의 조력이 필요하나 그 지불능력이 없어 변호사를 선임할 수 없는 자는 국무원 사법행정기관이 제정하는 규정에 따라 법률지원을 받을 수 있다(중국 변호사법 제41조, 제43조). 변호사는 이 같은 규정에 따라 법률지원을 받을 필요가 있는 자에 대하여 법률지원을 해야 할 의무가 있다(중국 변호사법 제42조).

4) 수임료 등

중국에서 변호사의 수임은 변호사와 의뢰인이 사적으로 계약을 체결하는 것이 아니라 변호사가 속한 사무소와 위탁계약을 체결하고 변호사는 사무소로부터 사건을 배당받아 처리하게 되므로 변호사의 수임료도 변호사 사무소가 의뢰인으로부터 받게 된다. 구체적으로 수임료의 기준과 징수방법 등은 국무원 사법행정기관에서 제정하여 국무원에게 보고하여 비준을 받도록 하고 있다(중국 변호사법 제52조).

한편 중국의 변호사법 부칙 제51조에서 외국의 변호사 사무소가 중화인민공화국 영내에 설립할 경우에 대한 규정과 법률서비스활동에 관한 방법은 국무원에서 정한다고 함으로써 중국내에서의 외국 법률사무소의 설치 가능성을 열어놓고 있다.

3. 변호사 조직

(1) 사무소

중국은 1980년 말부터 국가로부터 독립된 변호사 사무소의 개설이 부분적으로 이루어져 오다가 1996년의 변호사법에 의하여 공식적으로 수용하게 되었는데, 다음

3가지의 법률사무소가 있다.

1) 국영변호사 사무소(國資所)

국가가 출자하여 설립한 변호사 사무소로서 법에 따라 자주적으로 업무를 수행할 수 있으며, 변호사 사무소의 모든 자산으로 그 채무에 대한 책임을 진다. 따라서 소속 변호사 개인은 대외적인 채무를 부담하지 않는다.

2) 협동변호사 사무소(合作所)

우리의 법무법인과 유사한 모습으로 국가의 출자에 의존하지 않고 독립하여, 복수의 조직 또는 변호사가 공동으로 설립하는 변호사 사무소이다. 사무소의 자산으로 대외적인 책임을 지게 되는 '유한책임' 이라는 점에서는 국영변호사 사무소와 같다.

3) 조합형태의 사무소(合伙所)

3인 이상의 변호사가 공동으로 설립하며 소속 구성원은 변호사 사무소 채무에 대하여 무한책임과 연대책임을 지는 조합형태의 사무소이다. 이 형태의 변호사 사무소는 당사자들로부터 사건을 위탁받아 그들과 사이에 위탁계약을 체결하고 선임료를 받는 등의 대외적 활동은 변호사 개인이 아니라 변호사 사무소의 이름으로 한다.

4) 역 할

변호사 사무소는 법률이나 정관에 따라 소속 변호사를 조직하여 업무를 전개하며, 법률과 국가정책을 학습하고, 업무 경합을 총괄하고 교류하는 역할을 한다(중국 변호사법 제22조). 변호사의 업무처리는 변호사 사무소에서 일괄적으로 위탁을 받아 위탁인과 서면에 의한 위탁계약서를 작성하여 서명하고, 국가에서 정하는 바에 따라 당사자에게 통일된 비용을 받고 사실대로 이를 장부에 기재하여야 한다(중국 변호사법 제23조). 또 변호사 사무소와 변호사는 법에 따라 세금을 납부하여야 하며(중국 변호사법 제23조), 변호사 사무소와 변호사는 다른 변호사를 비방하거나 소개비의 지불 등 부당한 방법으로 업무를 방해해서는 안 된다(중국 변호사법 제24조).

(2) 변호사협회

1) 조 직

중국의 변호사협회는 사회단체 법인으로서 변호사의 자율적 조직을 그 원칙으로 하며(중국 변호사법 제37조), 변호사협회는 전국을 단위로 한 중화전국변호사협회를 구성하고, 성, 자치구, 직할시에 지방변호사회를 두고 있는데, 그를 두고 있는 시에는 필요에 따라 구 단위 지방변호사회를 두고 있다(중국 변호사법 제37조). 변호사협회의 정관은 전국회원대표대회에서 제정하며 국무원 사법행정기관에 등록, 보고하여야 한다(중국 변호사법 제38조). 모든 변호사는 반드시 소속 지방변호사회에 가입하여야 하며 지방변호사회에 가입함으로써 동시에 중화전국변호사협회의 회원이 된다(중국 변호사법 제39조).

2) 역 할

변호사협회의 역할로서 변호사가 법에 정한 업무를 수행할 수 있도록 보장하고, 변호사의 합법적 권익을 보호하며, 변호사의 업무 경험을 총괄, 교류하고, 변호사 업무연수를 조직하며, 변호사의 직업윤리와 업무 기율에 관한 교육을 실시 감독 감찰하며, 변호사의 대외 교류를 전개하고, 변호사 업무 활동 중 발생한 분규를 조정하며, 법률이 정하는 기타 임무를 수행하고, 소속 변호사에 대한 장려 또는 징계를 행한다(중국 변호사법 제40조).

제 2 편 의료와 법률문제

제 1 장

총 론

I. 의료의 목적

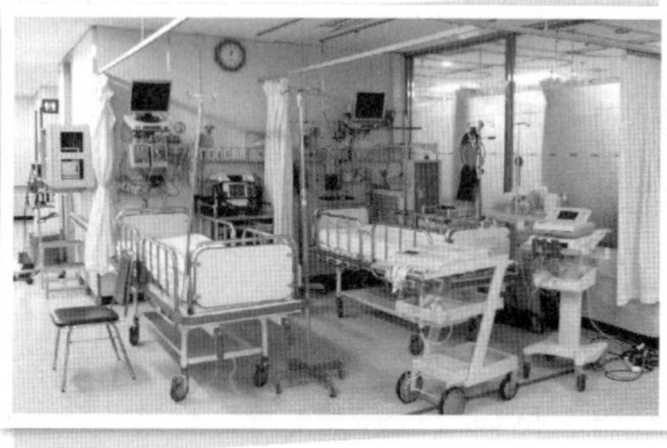

의료는 환자의 질병을 치유하고 고통을 감소시켜 건강한 상태로 복귀시키려는데 그 목적이 있다. 이를 위하여 현대의학은 질병의 검사와 치료, 그리고 예방을 위하여 신체를 통한 실험도 일반화되기에 이르렀다. 이 같은 신체 실험을 통하여 개발된 의료기술은 의료영역에서 확대 발전하고 있으나 이로 인하여 다음과 같은 문제점들도 지적할 수 있다. 첫째, 타인의 신체 일부의 채취를 필요로 하는 장기이식과 수혈 · 각막이식 · 피부이식 · 인공수정 · 체외수정을 둘러싸고 나타나는 법률문제, 둘째, 신체적으로 이상이 없음에도 불구하고 사람들의 요구에 의하여 행하여지는 미용성형수술 · 성전환수술 등과 관련하여 나타나는 법률문제가 있으며, 셋째, 사람 생명의 시기 및 종기(終期)와 관련하여, 시기(始期)와 관련하여 나타나는 문제로는 모성보호를 위한 불임수술(모자보건법 제2조 6호) · 태아진단 · 인공임신중절 수술의 허용한계(모자보건법 제14조)와 관련된 법적인 문제가 있으며, 종기와 관련하여 질병의 고통으로부터 해방시키기 위한 안락사, 무의미한 연명을 피하기 위한 존엄사 · 의료중단 등의 문제가 바로 그것이다.

현대사회에서 의료는 의학 이론과 기술의 적용이 빠르게 확대됨으로써 과거에는 비교적 의료의 목적이 단순하고 명확하다 할 수 있었으나, 오늘날에는 어떤 것이 의료인가, 명확하게 그 개념을 정의할 수 없는 어려움이 나타나고 있다. 다시 말하면 과거에는 의학 · 의료기술 그 자체만으로 의료의 본질을 밝힐 수 있었으나, 오늘날에는 법학 · 윤리 · 도덕 나아가 종교적 개념을 포함시키지 않으면 그 개념을 도출하기에 어려움이 따르게 된다. 결국 의료는 고정되어 있는 개념이 아니라 사회의 변화와 발전에 따라 달라질 수밖에 없으며, 나아가 인간의 육체적 · 정신적인 면에 서도 많은 영향을 미치게 되었다.

그렇다면 의료란 무엇인가. 이에 대하여 대법원은 "의료행위라 함은 질병의 예방이나 치료행위를 말하는 것으로서 의학의 전문적 지식을 기초로 경험과 기능으로서 진찰, 검안, 처방, 투약 또는 외과수술 등을 하는 행위를 말하며, 여기에서 진찰이라 함은 환자의 용태를 듣고 관찰하여 병상 및 병명을 규명 판단하는 작용으로, 그 진단방법으로는 문진, 시진, 청진, 타진, 촉진 기타 각종의 과학적 방법을 써서 검사하는 등 여러 가지가 있으며, 이 같은 작용에 의하여 밝혀진 질병에 적합한 약품을 처방, 조제, 공여하거나 시술하는 행위"[1]라 하고 있다.

다시 말하면, 의료행위란 의료인이 행하지 않으면 위해가 생길 우려가 있는 행위[2]로서 구체적으로 질병의 예방이나 치료를 의미하며, 의학의 전문적 지식을 기초로 하여 경험과 기능으로써 진찰[3] · 검안 · 처방 · 투약 또는 외과수술 등에 대한 질병의 예방이나 치료를 목적으로 하는 행위라고 할 수 있다.[4] 이와 같이 우리나라 법원에서는 의료행위의 개념을 넓은 의미로 파악하고 있다.[5] 그러나 의료행위에 대한 실체적 개념에 대한 정의는 우리 법률에서 규정한 바 없으므로 의료행위의 개념은 구체적인 사안에 따라 정할 수밖에 없으며, 이는 향후 의학의 발전에 따라서 의료의 개념도 바뀔 수 있다.

1) 대법원 1985.5.28. 선고 84도2135판결; 대법원 1974.11.26. 선고 74도1114판결; 대법원 1981.12.22. 선고 80도2974판결.

2) 대법원 1978.5.9. 77도2191.

3) 대법원 1985.5.23, 85도 2135; 대법원 1986.10.23. 1486도 2270.

4) 대법원 1987.11.24, 87도1942.

5) 서울고법 1990.11. 90노2672; 대법원 1985.5.14, 84도 2888.

II. 의료행위의 범위

의료행위는 질병의 예방과 치료뿐만 아니라 의학에 대한 전문지식을 가지고 있는 의료인이 행하지 않으면 사람의 생명이나 신체 기타 공중위생에 위해를 야기할 우려가 있는 행위를 포함한다.[6] 의료행위는 질병의 예방이나 치료를 위한 행위로서 의학의 전문적 지식을 바탕으로 의사의 경험과 기능으로서 진찰, 검안, 처방, 투약 또는 외과수술 등을 하는 것이다. 문제는 그 범위와 관련하여 의료행위의 개념도 유동적임을 감안할 때 의료의 범위를 한정하는 것은 그리 쉬운 일이 아니다.

이에 대하여 의료법에서 '의료인이 아니면 누구든지 의료행위를 할 수 없으며 의료인도 면허받은 이외의 진료를 할 수 없다' (의료법 제27조 제1항)는 규정을 유추하여 볼 때, 의료의 범위는 의료인에 의하여 질병의 예방이나 치료를 위한 행위로서 의학의 전문적 지식을 바탕으로 의사의 경험과 기능으로 진찰, 검안, 처방, 투약 또는 외과수술 등을 행하는 것이라 정의할 수 있다. 그러나 눈썹 등 부위의 피부에 행하는 미용문신,[7] 피부박피,[8] 미용업자의 얼굴마사지,[9] 안마 · 지압[10]등도 의료행위라 할 수 있는가. 앞에서 살펴본 바와 같이 의료행위란 질병의 예방 및 치료를 위하여 의료인이 행하지 않으면 사람의 생명이나 신체, 공중위생에 위해를 발생시킬 우려가 있는 행위라 할 수 있으므로 이 같은 행위도 의료행위에 포함하게 된다. 이 같이 볼 때 의료의 범위는 광범위해질 수밖에 없으며, 따라서 의료행위의 범위는 다음 2가지 시각에서 살펴볼 필요가 있다.

1. 넓은 의미의 의료행위

넓은 의미의 의료행위라 함은 '사람에 대하여 의료를 목적으로 행하는 모든 행위로서 사회통념상 그 목적을 위하여 인정할 수 있는 일체의 행위' 로서 질병의 치료

6) 대법원 1999.3.26. 선고 98도2481.
7) 서울고등법원 1991.8.23. 91노 1777[공1992, 2057].
8) 대법원 1994.5.10. 선고 93도2544[공1994. 6.15.(970), 1745].
9) 광주고등법원 1991.11.22. 선고 90노867 형사부판결.
10) 대법원 2000.2.25. 선고 99도 4542판결.

를 포함하여 예방, 임신, 출산 등과 같이 생리적 작용의 처치, 미용목적의 성형수술 및 정형수술, 안마, 침, 뜸, 뼈맞춤, 정혈요법, 정력증강요법 등을 포함하는 개념이다.

2. 좁은 의미의 의료행위

좁은 의미의 의료행위라 함은 '의학적 전문지식을 기초로 하여 경험과 기능으로 진찰, 검안, 처방, 투약, 외과적 시술을 시행하여 질병의 예방 또는 치료행위로서 의료인이 행하지 않으면 보건위생상 위해가 생길 우려가 있는 행위' 이며 이 같은 행위에 대한 주체는 의사이다. 여기에서 의사란 의료법 제5조에 의하여 예비시험과 국가시험에 합격한 후 보건복지부장관의 면허를 받은 자를 말한다. 그러나 전술한바와 같이 의료행위의 개념이 유동적이라는 점을 감안할 때, 치료행위 당시에 있어서의 신체 및 생명의 안전도와 환자의 성향에 따라서 당시의 사회통념에 따라 그 범위를 정해야 한다.

III. 의료행위의 특수성

의사는 환자로부터 병상을 듣고, 필요한 경우에는 진찰과 다양한 검사를 통하여 질병의 원인을 규명하고 · 발견하기 위한 조치를 취하게 된다. 이를 위하여 의사는 주사, 투약, 수술 등 물리적, 화학적, 정신적 치료방법으로 질병의 원인과 상해의 제거, 증상의 경감 및 개선을 위한 조치를 취하게 된다. 이 과정에서 환자의 병상에 대하여 만족스럽지 못한 결과가 있을 때에 의사는 진찰과 치료를 반복하게 된다. 치료의 성과를 도모하게 된다는 점에서 의료행위는 일련의 과정이 반복되게 됨을 알 수 있다. 이 같은 과정을 통하여 필요한 경우에는 신체의 침습이 가해지기도 하며, 의료기기 앞에 신체를 노출시키기도 하며, 의약품 등을 복용하기도 한다. 이와 관련한 의료행위는 다음과 같은 특수성을 갖는다.

1. 침습성과 구명성

의료는 환자의 질병을 치유하거나 고통을 감소시켜 건강한 상태로 복귀시키는데 그 목적이 있는데, 이 같은 목적을 위하여 의료행위는 사람 신체에 대하여 침습(侵襲)을 수반하게 되며, 이로 인하여 생체기능의 변화에 따른 위험성이 내재하기도 한다. 이 같은 위험성은 의학과 의료에서 불가피한 것으로 환자 개인은 물론 인류 공동의 건강과 복지향상을 위하여 '허용된 위험'으로 받아들일 수밖에 없다. 이 같은 침습을 통하여 변화된 신체정황과 악화된 건강상태를 회복시킴으로서 위험한 상황에 빠지지 않도록 예방하게 된다. 의학과 의료기술에 따른 의료행위는 침습이 따르지만 넓은 의미에서 볼 때 이는 구명을 위한 행위이다. 이를 위하여 건강진단 및 예방접종 등을 포함하여 신체의 변화를 야기할 수 있는 위험을 회복시킬 목적으로 절박한 상황에 처하더라도 구명을 기대하고 의료행위를 하게 된다.

2. 전문성

의사와 의료관계자들은 장기간에 걸쳐 의학 및 의료기술에 대한 전문지식을 터득하고 오랜 경험을 통하여 자신에게 필요한 기능을 갖추는 과정을 통하여 양성되는 고도의 전문적 직업인이다. 따라서 의료과정에서 행하게되는 제반조치에 따른 언어의 의미와 고도의 의학과 의료기술에 관하여 전문적 지식을 요하게 된다. 이 같은 지식은 환자의 진단과 환자에 대한 의료를 통하여 나타나게 되는데 이것이 바로 의료의 전문성이다. 의학과 의료기술에 관한 전문교육과 경험은 단지 의료관계자에 한하지 않으며, 전문 지식과 시술을 요하는 모든 전문 직종의 전문가의 경우에도 같다.

3. 밀실성

의료행위는 고도의 지식과 전문적인 기술을 요하며 시술과 관련된 과정이 공개되지 않으므로 일반인은 이에 접근하기에 어려운 특성을 갖는다. 물론 그 행위에 관하여 환자 및 그 가족에게 공개하고 설명할 수 없는 것은 아니지만, 대부분의 의료는 밀실에서 행하여지며 따라서 환자들에게는 당해 의료행위에 대한 정보를 취득할 수 있는 기회가 제한된다. 특히 환자의 privacy보호를 위하여 관계자 이외의 사람이 의료현장에 출입하는 것을 허용해서도 안 된다. 그럼에도 의료조치의 목적과 그 결과는 환자 본인을 비롯하여 그 가족들도 의료현장에서 발생하는 현상을 확인할 수 없다는 점에서 의료인에 대한 불신과 오해를 가져오기도 한다.

4. 폐쇄성

인간의 능력과 지식 및 경험에는 개인적인 차이가 있으며 이 같은 차이는 고도의 전문지식을 필요로 하는 의사와 의료관계자인 경우에도 마찬가지이다. 고도의 지식과 경험을 요하는 업무에 종사하는 이상 고도의 판단력이 요구되며 의사는 타인으로부터 협조를 구할 수 있기보다, 오히려 다양한 비판이 따르게 된다. 의사와 환자 관계의 특질에 비추어 볼 때 당해 의료과정에서 최종적인 판단은 의사가 한다는 점에서 중요한 의미를 가진다. 그런데 의사는 일반적으로 다른 의사가 행한 의료행위에 대하여 비판하는 것을 좋아하지 않으며, 반대로 자신의 의료행위에 대하여 다른 의사로부터 비판받는 것도 싫어한다. 나아가 의사 이외의 자로부터의 비판은 의료계 모두가 방어하려는 자세를 취할 수도 있다. 따라서 의료현장에서 구체적으로 무엇이 발생하고 있는가, 이에 대하여 의료계는 어떻게 대처하고 있는가 하는 내용을 적극적으로 공개하는 것을 자제하게 되며, 정보의 제공도 매우 소극적이라 할 수 있다. 이 같은 폐쇄성의 문제는 의료과오를 둘러싸고 나타나는 사건에서 사실구명에 필요한 진료기록 등의 제출이 거부되거나 의학, 의료기술의 판단에 필요한 전문가의 감정을 의뢰한다 하더라도 간단하게 답을 얻을 수 없는 어려움이 있다.

5. 재량성

의사는 진료를 함에 있어 환자의 병상과 당시의 의료수준 그리고 자기의 지식과 경험에 의하여 적절하다고 판단되는 진료방법을 선택할 수 있는 재량권이 있으며, 합리적인 범위를 벗어나지 않았을 경우에 그 결과만을 가지고 그와 다른 조치를 취

하지 않은 것에 대하여 과실을 인정할 수 없다.[11)]

의료는 최고의 설비와 시스템을 갖춘 의료기관에서 시행한다 하더라도 의학과 의료기술 및 시술하는 의사 개인의 경험과 기능 나아가 환자의 신체적 특질 등으로 한계가 있을 수밖에 없다. 특정 질병에 대하여 다양한 치료방법이 있을 때, 환자의 증상에 따라 어느 방법을 선택하여 치료할 것인가는 의사의 재량에 맡기는 것이 환자에게 이익이 될 수도 있다. 이를 보장하기 위하여 의료법(법률제9906호, 2009. 12. 31 일부개정) 제12조는 명문으로 "의료인이 하는 의료 · 조산 · 간호 등 의료기술의 시행에 대하여 이 법이나 다른 법령에 따로 규정된 경우 외에는 누구든지 간섭하지 못한다"하여 의료에서의 의사의 재량성을 보장하였다.

의사가 선택한 치료방법이 결과적으로 환자에게 나쁜 영향을 초래하였을 경우 의사가 선택한 치료수단의 재량적 선택에 대하여 과실을 인정할 수 있는가. 법원은 "의사의 질병 진단의 결과에 과실이 없다고 인정되는 이상 그 요법으로서 어떤 조치를 취할 것인가는 의사 스스로 환자의 상황 기타 이에 기한 자기의 전문적 지식과 경험에 따라 결정할 것이고, 생각할 수 있는 몇 가지 조치가 의사가 취할 조치로서 합리적인 것인 한 그 어떤 것을 선택할 것인가는 당해 의사의 재량이며 반드시 그 중 어느 하나만이 정당하고 이와 다른 조치를 취한 것에 대하여 과실이 있다 할 수 없다"[12)]는 입장이다.

그러나 의사의 진료방법, 약제의 선택 및 사후 처치과정에서 명백하게 합리성이 결한 경우에는 의사의 재량을 일탈한 것으로 의사에게 과실책임을 인정할 수 있다.[13)] 문제는 의사의 재량권의 범위와 관련한 것으로, 법원은 "일반적으로 의사가 오진을 하였다 하여 바로 고의 · 과실이 있다고 할 수 없다"[14)]하여, 진단상 의사의 재량권을 다소 인정하면서, "진단상의 과실유무를 판단함에 있어서 그 과정에 비록 완전무결한 임상진단의 실시가 불가능하다 할지라도 적어도 임상의학 분야에서 실천되고 있는 진단수준의 범위에서, 의사가 전문직업인으로서 요구되는 의료상의 윤리와 의학지식 및 경험에 비추어 환자를 진찰하고 정확하게 진단함으로써 위험한 결과의 발생을 예견하고 결과발생을 회피하기 위한 필요한 주의의무를 다하였는지

11) 대법원 2007.5.31. 선고 2005다 5867판결 [공 2007. 7. 1. (277), 949].
12) 대법원 1984.6.12 선고 83도 3199판결; 대법원 1999.3.26. 선고 98다45379 판결.
13) 대법원 1986.10.28. 선고 84다카 1881 판결.
14) 대법원 1973.1.30. 선고 72다 2319 판결.

를 고려하여, 진단이 당해 임상의학 분야에서 실천되고 있는 진단 수준의 범위 내일 것"[15]임을 밝히고 있다.

구체적으로 "인간의 생명과 건강을 담당하는 의사는 업무의 성질에 비추어 볼 때 위험방지를 위하여 필요한 최선의 주의의무가 요구되고, 따라서 의사로서는 환자의 상태에 충분하게 주의를 하고 진료 당시의 의학적 지식에 입각하여 그 치료방법의 효과와 부작용 등 모든 사정을 고려하여 최선의 주의를 기울여 그 치료를 실시하여야 하며, 이러한 주의의무의 기준은 진료 당시의 이른바 임상의학의 실천에 의한 의료수준에 의하여 결정되어야 하나, 그 의료수준은 규범적으로 요구되는 수준으로 파악되어야 하고, 당해 의사나 의료기관의 구체적 상황에 따라 고려되어서는 안 된다"[16]는 것이 법원의 판단이다.

IV. 의사와 환자의 법률관계

1. 법적 성질

의사의 진단과 치료, 보건지도업무는 의사와 환자 사이에서 행해지는 것이 원칙이다. 그러나 현대사회에서는 다수의 의사와 의료보조자들을 구성원으로 하는 팀의료가 일반화됨으로써 새로운 법률적인 접근이 요구되고 있다. 우선 환자가 진료를 신청하고 의사가 이를 승낙하면 양자 사이에는 법률관계가 발생한다. 이때의 법률관계는 권리 · 의무관계로서, 의사는 의료법에 따른 진료의무가 있으며(의료법 제15조), 환자의 권리와 의무의 발생은 의료계약에 따르게 된다.

환자가 진료를 신청하고 의사가 이를 받아들이는 사실관계를 법적으로 어떻게 이해할 것인가. 이에 대하여 많은 학자들은 민법에서 정하고 있는 각종 전형계약과는 다른 무명계약설, 계약에 의하여 신청과 수락에 대한 법률구성이 불가능하며 단순한 사실행위로 이해하자는 사실행위설, 민법상 전형계약인 위임계약에 준한다고 이해하는 준위임계약설 등 다양한 주장이 있어 왔다. 그러나 의료에서 의사와 환자

15) 대법원 1998.2.27. 선고 97다 38442판결.
16) 대법원 1997.2.11. 선고 96다 5933판결 [공 1997.3.15.(30), 730].

사이의 법률관계는 그 어느 주장에 의하더라도 법적성질을 단적으로 설명할 수 없는 어려움이 따른다.

2. 의료계약의 특수성

의료계약은 의료법 제15조(진료거부 금지 등)의 규정에 의하여 계약자유의 원칙이 제한된다. 따라서 "의료인은 진료나 조산 등의 요청을 받으면 정당한 사유 없이 이를 거부하지 못하며(의료법 제15조 1항), 응급의료종사자의 경우에도 업무 중에 응급의료를 요청받거나 응급환자를 발견한 때에는 즉시 응급의료를 행하여야 하며 정당한 사유 없이 이를 거부하거나 기피하지 못한다(응급의료에 관한 법률 제6조2항).

진료계약은 환자의 진료신청에 대하여 의사가 승낙함으로써 성립하는데 이 때 승낙은 '진료거부 금지' 규정에 의하여 강제된다. 그렇다고 모든 의료계약이 계약자유의 원칙에 의하여 제한되는 것은 아니다. 질병의 치료, 조산 등과 같이 인간의 생명, 신체 건강의 유지를 위한 목적의 의료행위를 내용으로 하는 의료계약의 체결은 강제되지만, 미용을 위한 성형수술, 불임수술 등과 같이 치료이외의 목적으로 하는 의료행위를 내용으로 하는 의료계약에는 계약자유의 원칙이 인정된다.[17)]

또 환자와 의사의 법률관계는 계약관계를 기초로 발생하게 되는데 환자의 질병은 진행성이 있으므로 진료과정에서 그 내용의 변경은 불가피하며 따라서 의료계약은 처음 진료에서 다음 진료까지가 계약의 내용이 된다. 그러므로 의료계약은 환자가 진료를 요구하는 단계에서 포괄적으로 질병의 쾌유를 목적으로 진료급부를 청구하는 것이라 할 수도 있으며, 의사가 이를 승낙함으로써 계속적인 계약관계가 존재한다고 할 수도 있다.

또 의료계약의 당사자 일방인 의사와 의료기관은 일방적으로 계약을 취소 또는 해제할 수 없다. 이같은 특수성으로 인하여 의사와 의료기관이 받는 손해에 대하여 환자에게 그 책임을 물을 수 있으나 환자로부터 그 손해를 전보 받을 수 없을 때에는, 국가로부터 전보 받을 수 있는 제도를 마련하는 것이 의료의 목적에 비추어볼 때 필요하다.[18)]

---

17) 金相容. 醫療契約, 亞細亞女性法學, 아세아여성법학연구소, 제2호, 1996.6. 221-238면.

18) 金相容, 상게논문.

V. 의료계약의 주체

의료계약은 행위능력 있는 자에 의한 진료신청에 대하여 의사가 이를 승낙함으로써 성립한다. 따라서 의료계약은 환자와 의사가 계약의 주체가 된다. 그러나 의료계약의 특성상 계약의 주체와 관련하여 특수성이 있는데 그 내용은 다음과 같다.

1. 환 자

의료계약에서 당사자의 일방이 환자라는 점은 설명할 필요도 없다. 문제는 환자가 의식불명이거나 유아 기타 정신장애가 있어 의사능력이 없을 경우, 또 진료 의뢰를 환자 이외의 자가 행하였을 때, 이를 제3자를 위한 계약[19](민539조)으로 볼 것인가, 아니면 진료계약의 대리[20]로 볼 것인가 하는 문제이다. 이 경우 심신박약자 혹은 심신상실의 상태에 있는 자의 경우에 후견인이 의료계약의 당사자가 되므로(민법 제10조 · 제13조) 대리에 의한 계약이라 할 수 있으며, 이 때 수권행위는 의제된 것으로 볼 수 있다. 그러나 무권대리(민130조)와 관련하여 일고의 여지는 있겠으나, 이 경우 환자의 추인이 없는 한 계약의 효력은 발생하지 않으므로 의료분쟁을 증대시킬 뿐 실익은 없는 것 같다.

반면에 환자가 심신상실의 상태에 있거나, 행위무능력자인 경우에는 사실적 계약관계의 성립을 인정하자는 견해[21]도 있으며, 행위능력은 있으나 의료의 제공을 받을 당시에 의식불명의 상태에 있는 경우에는 부부간의 일상가사대리권에 의하여 환자의 배우자가 환자의 대리인으로서 의료계약을 체결할 수 있다[22]는 견해도 있다.

나아가 "의무없이 타인을 위하여 사무를 관리하는 자는 그 사무의 성질에 좇아 가장 본인에게 이익이 되는 방법으로 이를 관리(민법 제734조)"하지 않으면 안 된다는 사무관리 규정을 들어 이를 사무관리로 이해하려는 견해도 있다. 또 의사는 공법상의 의무가 있으므로 '의무없이'로 받아들이기 어렵다는 점에서 이를 사실적 계약

19) 제3자를 위한 계약으로 본 판례가 있다. 旭川地判 昭和45.12.25判時623號52頁.

20) 대리로 본 판례, 宮崎地判 昭和47.3.31判時682號64頁.

21) 民法註釋(XVI), 260면.

22) 金相容, 醫療契約, 亞細亞女性法學, 아세아여성법학연구소, 1996. 6. 221-238면 참조.

관계로 이해하는 견해도 있다.[23)]

계약으로 볼 것인가 아니면 사무관리로 볼 것인가의 차이는 의사의 진료 비용청구권과 관련하여 나타나게 되는데, 의료보험이 일반화 되어가고 있으며 의료비가 표준화되면서 이 같은 문제는 점차 줄어들 것으로 본다. 그러나 본인의 의사에 반하여, 예를 들어 자살하려는 자에 대한 구급의료의 경우, 자살의사에 따른 진료거부는 법률상 인정할 수 없으므로, 이 같은 경우에는 사무관리로 해석해도 무방해 보인다. 다만 "긴급사무관리의 경우, 관리자가 타인의 생명, 신체, 명예 또는 재산에 대하여 급박한 위해를 면하기 위하여 그 사무를 관리한 때에는 고의 또는 중대한 과실이 없을 경우 이로 인한 손해를 배상해야 할 책임이 없으므로"(민735조), 응급의료의 경우에는 다소 긴급사무관리가 적용될 수 있다. 그러나 제3자를 위한 계약, 대리, 사무관리의 법리를 적용하여 이론을 구성을 한다고 하더라도 의료계약의 법적 성질을 명확하게 설명함에 있어서 한계가 있다. 따라서 의료의 제공을 받을 당시에 환자가 의식이 없을 경우에는 '가정적 의사(hypothetische will)'를 인정하여 환자를 의료계약의 당사자로 함이 타당하다[24)]고 본다.

2. 의사 및 의료기관

의료계약의 타방 당사자로서 의료행위를 제공하여야 할 당사자는 의사 및 의료기관이 된다. 의사가 개업의일 경우에는 의사가 의료계약의 당사자가 되며, 대학병원 등과 같이 종합병원일 경우에는 의료기관이 계약의 당사자가 된다. 의사는 환자에 대하여 계약상의 채무자로서의 책임을 진다. 그러나 의사가 단독 개업의(開業醫)가 아니고 대학병원과 같이 종합병원에 고용(雇傭)된 경우에는 의료법상 개설자인 경영주체인 의료법인이 당사자 일방이 된다. 이 경우에 의사는 단순히 이행보조자로서의 지위를 가지며, 의사가 환자를 진료했을 경우 계약상의 효과는 경영주체에 미친다. 따라서 진료계약에 반했을 경우 환자에 대한 책임의 주체는 사용자인 개설자가 된다.

---

23) 西原道雄,「醫療と法律」204面.

24) 民法註釋(ⅩⅥ), 830면.

3. 의료계약의 모습

(1) 진료계약과 입원계약

진료계약은 상병자(傷病者) 혹은 상병과 관련하여 의구심이 있는 자가 의사에게 상병에 대한 진찰과 치료를 구함으로써 성립하는 가장 보편적인 모습이다. 또 입원계약이라 함은 진료계약을 중심으로 간호계약, 병실임대계약, 급식계약 등을 포함한다. 입원계약의 내용은 환자의 병상에 따라 치료를 함과 동시에 입원을 통하여 그 병상(病狀)에 주의를 기울여, 자살, 자상 등 불우의 사고를 예방하기 위하여 최선의 간호를 행할 것을 그 내용으로 한다. 입원계약에 포함하는 병실의 임대계약과 식사, 의약품 등의 공급계약은 진료를 행하기 위한 하나의 수단으로 진료를 위한 필요성에 의하여 그 내용이 한정되게 되므로 기타 임대차보호법 및 매매계약과 관련된 기타의 법적용을 해서는 안 된다. 따라서 의사의 의학적 진단에 따라, 환자의 병상이 통원치료가 가능할 정도로 회복되고, 입원가료를 필요로 하지 않을 정도의 건강상태에 있음이 판명되어 병원으로부터 퇴원통고를 받았을 때 입원계약은 목적달성으로서 종료되기 때문에 환자는 병상(病床)을 반환하고 퇴실해야 할 의무가 있다.

(2) 건강진단계약

질병의 예방 및 질병에 대한 조기발견을 위하여 건강상태를 진찰하고 그 결과를 통지하는 것을 내용으로 하는 계약이다. 계약의 내용은 진찰, 검사 등을 하여 진단을 내리는 것으로, 질병의 치료는 이에 포함하지 않는다. 건강진단으로 질병이 발견되었으므로, 그 치료를 행할 경우에는 새로운 진료계약이 성립한다. 건강검진계약은 건강진단의 수진자와 의사간에는 일반적인 의료계약관계가 존재할 뿐 특별한 법률관계는 존재하지 않는다.

(3) 종합검진계약

암 · 뇌졸중 · 심근경색 등 성인병의 조기발견 등을 위하여 단기간 입원하여 정밀검사를 받는 건강검진이다. 이 때 의사, 의료기관과 수진자는 계약관계에 서게 된다. 이 같은 계약에서 의사는 수진자의 병상과 신체상의 문제에 대한 존부를 명확하게 진단해야 할 의무가 있으며, 종합검진을 통하여 이 같은 내용을 밝히지 못했을 경우에는 민사상 채무불이행의 책임을 지게 된다. 이 계약에서는 발견한 질병을 치료할 의무는 포함하지 않으며, 검사결과 수진자에게 특정 질병이나 신체상의 장애를 발견했을 때에는 그 내용을 수진자에게 고지하고, 치료상의 지도와 수진자의 건강관리에 필요하고 적절한 생활상의 지도를 해야 할 의무가 있다. 검진 결과 수진자의 질병 내지 의심스러움을 발견했으나, 그 내용을 고지, 정밀검사, 치료상의 지도를 지체하거나 하지 않았을 경우에는 의사의 과실이 인정된다. 이에 관한 우리나라 대법원 판결례를 찾을 수 없으나, 일본에서는 그 사례가 있어 참고가 된다. 즉 "종합검진은 특정 병상에 대한 검사와 치료를 목적으로 하는 것이 아니므로, 의사가 수진자의 폐에 병과를 알면서도 그 원인을 확정하지 않고 3개월 후 재검사를 지시하였다 하더라도, 종합검진의 목적에 반한 것이 아니며, 따라서 의사의 의무위반은 아니라 하였다.[25] 그러나 종합검진에서 "수진자에게 직장암의 의심이 있는 병변을 발견하고 이를 고지하지 않은 사안에서, 암성종양의 의심이 있는 병변을 발견했을 경우, 그 단계에서 본인과 그 가족에게 그 내용을 고지하지 않은 경우에는, 스스로 정밀검사를 실시하든지 아니면 다른 적절한 전문 의료기관에서 진료를 받도록 환자와 그의 가족에게 설명하고 지도하여야 할 의무가 있으므로, 이를 행하지 않은 것은 명백한 과실이며 따라서 손해배상책임이 있다"고[26]한 판결이 있다.

(4) 특수한 의료계약

질병과 치료 및 예방을 목적으로 하는 것이 아니라 미용성형, 성전환수술, 인공임신중절, 불임시술 등과 같이 특정목적을 위한 의료계약 등이 있다. 이 같은 특정목적을 위한 의료계약도 일종의 의료계약이라 할 수 있다. 이 같은 의료의 경우에 치료목적과 긴급성 등에 의한 주의의무의 경감요인은 존재하지 않으므로 의사에게 요구되는 주의의무의 정도는 매우 높을 수밖에 없다.

---

25) 大阪地判 昭和63. 8. 19, 判例タイムズ 686號1221頁.

26) 靜岡地沼津支判 平成2. 12. 19, 判例タイムズ 751號 208頁.

VI. 의료계약의 효력

1. 의사의 의무

의료계약이 성립하면 그 효과로서 의료계약의 당사자는 의료를 중심으로 하는 권리와 의무의 관계가 성립한다. 의료인 측에서는 진료보수청구권을 중심으로 제반 권리가 발생하고, 의무는 진료를 중심으로 하여 다음과 같은 의무가 있다.

(1) 진료상의 주의의무

의사는 진찰 · 치료를 함에 있어서 사람의 생명 · 신체 · 건강을 관리하는 업무의 성질에 비추어 위험발생의 방지를 위하여 환자의 구체적인 증상이나 상황에 따라 그 위험을 방지하기 위하여 요구되는 최선의 조치를 취하여야 할 주의의무가 있다. 뿐만 아니라 환자의 상태를 충분히 주시하고 진료 당시의 의학적 지식에 입각하여 그 치료방법의 효과와 부작용 등 모든 사정을 고려하여 최선의 주의[27]로써 치료를 하여야 한다.[28]

진료계약에서 의사 및 의료기관의 주된 급부의무는 진료의무가 되지만, 이에 한하지 않고 부수의무로서 독립적 부수의무(보호의무)와 종속적 부수의무(부수적 주의의무), 책무 등이 따르게 된다. 따라서 의사는 진료를 함에 있어 선량한 관리자로서의 주의를 다하여야 하며, 이때의 주의는 통상의 의사 또는 평균인으로서의 의사가 갖추고 있어야 할 의학적 지식과 기술에 따른 주의의무를 말한다.[29] 또 평균인을 상정하기 위한 객관적인 기준은 일반의, 수련의, 전공의, 전문의, 대학병원의 의사 등과 같이 의사의 각급단계와 지역성을 고려하여 판단하여야 한다. 또 의사는 진료시를 기준으로 의학의 일반적인 수준을 준수하여야 한다. 따라서 의사는 발전하는 의

27) 일본의 경우 만전의 주의를 다할 의무, 최선의 주의의무, 고도의 주의의무 등의 표현을 쓰고 있으며, 미국에서는 '필요한 작업적 행동기준', '최선의 판단 법칙(Best Judgement Rule)을 확립하고 있다(Toth v. Comm. Hos. at Glen Cove 22 N.Y 2d 255, 292 N.Y.S. 2d 440, 239 N.E. 2d 368 (1968).

28) 대법원 1998.7.24. 선고 98다12270; 대법원 1998.2.27. 선고 97다38442판결; 대법원 1997.2.11. 선고 96다 5933판결; 대법원 1994.4.26. 선고 93다 59304판결.

29) 權五乘, 民法特講, 홍문사, 1994, 622면.

학이론, 정보, 지식, 기술 등을 습득해야 할 무가 있으며, 의사 및 의료기관은 의료계약의 목적에 따라 현대의학의 지식과 진료방법에 의하여 진료해야 할 의무를 지며,[30] "질병의 치유를 위하여 선량한 관리자의 주의의무를 가지고 현재의 의학수준에 비추어 필요하고 적절한 진료조치를 다하지 않으면"[31]안 된다.

(2) 의료관행과 환자의 보호

의료에서 과실의 유무는 합리적인 사람(reasonable man)의 행태에 따라 판단하여야 한다.[32] 이 때 합리적인 사람이라 함은 법이 의제적으로 만들어낸 사람으로서 합리적임과 동시에 사려깊은 인간(reasonable and prudent man)을 의미한다. 따라서 합리적 인간의 행위라는 추상적 기준을 구체적 사실인 피고의 당해 행위에 적용하기 위해서는 합리적인 행위에 대한 구체화의 작업이 필요하다. 그러나 이 같은 구체화 작업은 법률의 명문규정에 의하지 않는 한 법정에서 심의를 통하여 행하여 질 수밖에 없으며,[33] 이때에는 자신의 경험에 비추어(common experience) 당해 행위의 유용성과 그 행위에 포함된 위험성의 크기라는 두 가지의 요소를 비교 형량하여 합리적 행위 유무를 결정하여야 한다.[34] 이것이 바로 관습 내지 관행적 의료행위가 주의의무수준에 어떤 영향을 미치는가 하는 것으로 합리적 행위의 구체화 과정의 문제이다.

그런데 법이 의제적으로 만들어낸 합리적인 사람은 그 사회 일반 평균인(average man)과 통상인(ordinary man)과 유사하다. 따라서 합리적인 사람이란 현재 우리 사회에 존재하고 있는 일반적인 인간 그 자체가 된다.[35] 결국 일반사회 내지 특정사회에서의 평균적 행위가 합리적인 사람의 행위수준이라 할 수 있으며, 이러한 일반적 관행과 관습에 따른 피고의 행위가 합리적인 것이라 단정할 수도 있다. 그러나 사회 일반의 평균적 행위와 관습이 항상 합리적인 사람에 의한 행위수준으

30) 金天秀. 醫療契約, 민사법학 제15호, 한국사법행정학회.

31) 대법원 1988.12.13. 선고, 85다카 1491 판결.

32) Harper & F. James, The Law of Torts 902 (1956); W. Prosser, Law of Torts, 153 (3d ed. 1964); Restatement, 2d, Torts § 283 (1965).

33) Harper & James, supra note (5) § 291.

34) Restatement, supra note (5) at 963 et seq.

35) Harper & James, supra note (5) at 902 quoting Greer, L.J., in Hall v. Brooklands Auto Racing Club, (1933) 1 K.B.205, 224.

로 인정되는 것은 아니다. 사안에 특별한 사정이 있거나 관습 그 자체의 불합리함이 인정되는 경우도 있다. 따라서 미국에서 다수의 법원들은 적절한 행위수준을 정함에 있어 관습을 하나의 증거로 받아들이기도 하지만 결정적인 것은 아니라는 입장이다.[36] 따라서 과실론에서 말하는 합리적인 사람이라 함은 그 사회에서의 구성원의 평균적인 행위(average conduct) 이상으로 합리적 사고가 깊은 것(average reasonable prudence)이 그 기준이 된다.[37]

(3) 관행적 의료행위

일반적으로 의료에서의 관습은 의사의 과실소송에서 논의의 대상이 아니었으나,[38] 14세기 이후 영미의 법원들은 의료과오소송에서 의사의 의료행위의 수준을 정형화하기 위하여 노력하여 왔다.[39] 시대와 주(州) 나아가 법원에 따라 언어의 사용과 표현에 있어서 어느 정도 차이는 있으나, 오늘날 의사의 의료행위에 대한 과실을 판단함에 있어서는 다음과 같은 것들을 고려하고 있다. 즉 i) 동일한 대학에서 동일한 교육을 받고 같은 지역 내지 유사지역(same or similar locality)에서 활동하고 있는 평가 좋은 의사와 같거나 유사한 상황 하에서 통상 행사해야 할 정도의 학식(learning)과 기술(skill), ii) 의사가 가지고 있는 지식을 활용하여 시술을 행함에 있어 합리적인 주의(care)와 배려(diligence), iii) 의사는 시술을 행함에 있어 자신으로서 최선의 판단(his best judgment)에 의하여야 한다는 것이 그것이다.[40] 따라서 의사는 이러한 세 가지의 기준 가운데 어느 하나를 결하여 손해가 발생하였을 때에

---

36) Restatement, supra note (5) § 295 A; Morris, Custom and Negligence, 42 Colum. L. Rev. 1147, 1154 (1942), see, also Powell, The Unreasonableness of the Reasonable Man, in G. Keeton & G. Schwarzenberger (ed.), Current Legal Problems 104, 119 et seq. (1957).

37) Curran, Professional Negligence – Some General Comments, in T. Roady & W. Andersen (ed.), Professional Negligence 1 (1960).

38) Morris, supra note (12) at 1163 et seq; James, Particularizing Standards of Conduct in Negligence Trials, 5 Band. L. Rev. 697, 711 n. 74 (1952).

39) Y.B. 48th. Ed. III, f. 6, pl. 11(1374년 영국에서 손의 부상을 치료한 외과 의사를 피고로 한 소송), Cross v. Guthrey, 2 Root of Professional Liability Suits in the United States, 163 J.A.M.A. 459, 460 (1957), 1794년 원고의 처에 대하여 수술에 실패하여 사망하게 한 의사를 상대로 한 소송 등이 기록상 처음 나타난 의사의 민사책임에 관한 소송이다. Sandor, The History of Professional Liability Suits in the United States, 163 J.A.M.A. 459, 460 (1957).

40) Pike v. Honsinger, 155 N.Y.201, 49 N.E. 760 (1898); Derr v. Bonney, 38 Wash. 2d 678, 231 P. 2d 637; *Physicians, Surgeons, and Other Healers* 61 Am. Jur. 2d § 110 at 203. see also Morris & Moritz, supra note (1) at 326; McCoid, supra note (15) at 22; Restatement, supra note (5) § 299 A.

는 그에 대한 책임을 져야 한다.

2. 환자의 동의

(1) 동의능력과 동의권자

환자의 동의가 유효하기 위해서는 동의능력이 있는 동의권자에 의한 동의여야 한다. 동의권자는 원칙적으로 환자가 되나, 환자에게 동의능력이 없을 때에는 법정대리인등의 동의가 필요하다. 문제는 환자의 동의능력을 민법상의 행위능력에 의할 것인가 아니면 법률행위에서의 의사능력, 불법행위에서의 변식능력 아니면 형법상의 책임능력으로 할 것인가 하는 점이다.

이에 대하여 동의능력을 법률행위능력과 동일시하지 않는 것이 우리나라에서의 일반적인 견해이다. 즉 동의는 법률행위에서의 의사표시가 아니므로 이는 행위능력과 관계가 없으며 오로지 환자의 의사능력이나 변식능력만이 문제된다는 입장,[41] 재산거래의 경우와 같은 판단능력이 있을 필요는 없으며, 정신적 · 육체적 고통과 손상 및 위험을 수인하는 것을 결정할수 있을 정도의 능력이면 충분하다는 견해,[42] 환자에게 의사능력이 있어야 하나 이는 행위능력과 책임능력과는 다소 다르다는 견해[43]등이 있으며, 동의능력을 행위능력을 기준으로 하지 않고 의사능력을 기준으로 평가해야 한다는 견해,[44] 정신질환자의 경우에도 의사능력이 인정되는 한 동의할 수 있다는 견해[45]등이 있다.

그러나 미국에서는 행위무능력자의 동의를 부정하여[46] 미성년자와 정신장애자는 의료행위에 동의할 수 없으며, 부모 기타 감호권자의 동의를 요하고 있다.[47] 또 독일에서는 동의는 일신전속적 법익의 처분이라는 이유 등을 들어 환자의 동의의

41) 김민중, 의사책임 및 의사법 발전에 관한 최근의 동향, 민사법학 제9 · 10호, 한국사법행정학회, 1993. 342면.

42) 석희태, 의료과오 민사책임에 관한 연구, 연세대학교 대학원 박사학위논문, 1988, 37면.

43) 이영환, 진료과오에 있어서의 의사의 민사책임에 관한 연구, 동아대학교 대학원 박사학위 논문, 1984, 48면.

44) 박일환, 의사의 설명의무와 환자의 승낙, 재판자료 제27집, 177면.

45) 문국진, 의료법학, 청림출판사, 1989, 59면.

46) Restatement of Torts 2d § 896 A (2) (a); § 892 B; King, The Law of Medical Malpractice, 1986, p. 133.

47) Capron, Informed Consent in Catastrophic Disease Treatment and Research, 123 Pennsylvania LR, 1974, 424.

법적 성질을 의사표시로 보지 않고 있다. 이 같이 환자의 동의는 법률행위에서의 의사표시로 볼 수 없다는 점에서 이는 행위능력이 아니라 의사능력과 변식능력을 기준으로 그 인정여부를 결정하지 않으면 안 된다. 왜냐하면 행위능력제도는 무능력자의 재산법상의 이익을 보호하기 위한 것임에 반하여 환자의 동의는 자신의 신체에 대한 법익을 보호하는 것이기 때문이다.

(2) 동의능력의 정도

환자의 동의능력의 기준을 행위능력이 아닌 의사능력, 변식능력으로 할 경우에 의료행위에서 환자의 동의능력은 어느 정도 있어야 하는가 하는 문제는 그리 간단한 것이 아니다. 동의능력의 정도와 관련하여 독일 연방법원에서의 한 판결은 "환자의 유효한 동의는 환자가 당해 의료침습의 의의와 범위 등을 기본적으로 인식하고 있음을 그 전제로 한다"[48]하여 환자의 행위능력은 요구되지 않으나 구체적으로 침습행위의 의미는 인식하여야 하고 그에 따라 행동할 수 있는 능력이 있어야 함을 요구하고 있다.[49] 한편 독일에서는 14세 미만의 미성년자의 의료행위에 대한 동의를 인정하지 않고 있다. 따라서 14세 미만의 자의 경우 친권자인 부모에게 설명하여 동의를 받아야 하나 14세 이상 18세 이하의 미성년자인 경우 의사의 침습에 대한 동의를 어떻게 받아들일 것인가 하는 문제가 남는다.

이 같은 문제에 대하여 일본에서는 동의능력의 판단기준을 개별적으로 판단하여야 한다는 견해와, 운전면허취득, 여성의 혼인연령, 의무교육 최종연한 등을 고려하여 15~16세 정도이면 일반적으로 동의능력이 가능하다는 입장이다.[50] 그러나 환자의 동의능력은 구체적으로 의료행위의 의미와 자신이 동의에 대한 의미를 이해할 수 있는 경우에 한하여 인정하여야 한다. 이에 대한 구체적인 판단은 사안에 따라서 의사에 의하여 판단되어야 하나, 그렇다고 의사의 판단을 절대적으로 법원이 수용하는 것도 문제가 있을 수 있다. 결국 동의능력의 문제는 연령 등을 기준으로 획일적으로 정할 수 없으며 환자의 연령과 의료의 중요성 및 위험성의 정도를 고려하여 판단하여야 할 것이다.

---

48) BGH NJW, 1956, 1106.

49) Deutsch, Haftunngsrecht Ⅰ, 1976, S. 226 f; Larenz, Schultrecht Ⅱ, §73 Ⅰ. S. 565 ff.

50) 中谷瑾子/橋本雄太郎, 患者の治療拒否をめぐる法律問題, 判例タイムズ 569, 1986, 8면.

(3) 타인에 의한 동의

의료에서 환자의 동의는 환자 본인의 동의가 있어야 하는 것이 원칙이다. 따라서 환자가 동의를 할 수 없거나 긴급의료의 경우 환자와 이해관계에 있는 자로 부터 동의도 가능한가. 이에 대하여 법원은 '의사의 적절한 판단에 의한 의료행위라 하더라도 환자의 승낙이 있을 때 비로소 위법성이 조각되는 것이며, 진료계약으로부터 당연히 예측되는 위험성이 경미한 침해행위를 제외하고 긴급한 사태로서 환자의 승낙을 받을 시간적 여유가 없거나 설명에 의하여 환자에게 나쁜 영향을 가져오거나 의료에서 나쁜영향을 가져오는 등 특별한 사정이 없는 한 담당의사는 원칙적으로 환자의 병상, 의사가 필요하다고 생각하는 의료행위와 그 내용, 그로 인하여 기대되는 결과와 수반되는 위험성, 당해 의료행위를 실시하지 않을 경우 예상되는 결과, 대체가능한 치료방법 등에 관하여 환자에게 설명하고 환자로부터 개별적 승낙을 받을 의무가 있고, 환자의 신체에 대한 침해행위에 대하여 환자의 승낙이 없을 경우 의사의 행위가 치료목적으로서 성공하였는지 여부와 관계없이 앞에서 살펴본 특단의 사정이 없는 한 위법하다' 하여 대리 승낙을 인정하지 않고 있다.[51]

독일에서는 환자가 동의능력이 없다고 판단되는 경우에 제3자의 동의를 요하도록 하고 있는데 의식을 상실한 상태에 있는 행위능력자인 경우에는 법정대리인에 의하여 동의여부를 결정하며 법정대리인이 없는 경우에는 독일민법 제1910조 제2항에 의하여 임명되는 보호인이 동의권자가 되도록 하고 있다.[52] 따라서 환자가 동의능력이 없는 경우 법정대리인이 있을 때에는 법정대리인이 동의를 하고, 법정대리인이 없는 경우에는 의사가 법원에 보호인 임명을 신청하여 보호인이 동의하도록 하는 제도적 장치를 마련하고 있다.

우리나라에서는 동의능력이 없는 행위능력자는 의식을 상실한 경우와 한정치산 및 금치산선고를 받지 아니한 의사무능력자의 정신장애자등을 들 수 있다. 이들의 경우 자신들이 받아야 할 의료에 대한 동의여부의 문제는 동의능력에 따라 달라질 수 밖에 없다. 문제는 이들이 동의능력이 없다고 하여 의사 스스로 결정하여 의료행위를 할 수 있는가. 상술한 바와 같이 긴급의료의 경우 그다지 문제는 발생하지 않으나, 금치산 · 한정치산의 선고를 받았을 때에는 선임된 법정대리인이 동의를 하는

51) 서울민사지방법원 1992. 3. 13, 90가합45545.
52) kern/Laufs, Aufklärungspflicht im Arztrecht, Göttingen Dissertation, 1988, S.24.

것이 원칙이 되겠으나 선고와 선임절차로 인하여 치료지체가 발생하는 경우에는 문제가 될 수 있다. 이 경우 법정대리인의 부재 기타 선임절차의 지연 등으로 환자의 건강이 악화될 수 있는 경우에는 긴급의료의 원리에 따를 수 있다고 하겠으나, 우선 이에 대한 근본적인 제도의 마련이 필요하다.

제 2 장

의료기술의 발달과 새로운 법률문제

I. 우리나라 장기이식의 현황과 법률문제

1. 개 설

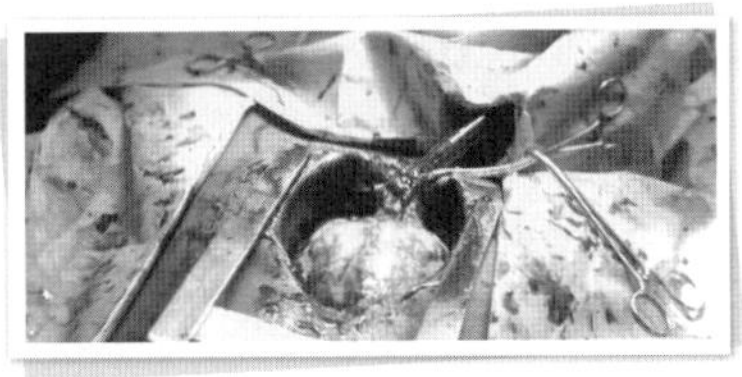

우리나라에서는 1999년 2월 8일 「장기 등 이식에 관한 법률; 이하 장기이식법」[1]을 제정하여, '장기 등의 기증에 관한 사항과 사람의 장기 등을 다른 사람의 장기 등의 기능회복을 위하여 적출 및 이식하는데 필요한 사항을 규정함으로써 장기 등의 적출 및 이식의 적정을 도모하고, 국민보건 향상에 이바지(장기 등 이식에 관한 법률, 제1조)하기 위한 기틀을 마련하였다.

일반적으로 장기이식에서는 수용자(환자)의 치료를 위하여 장기를 이식하는 행위와 그 필요한 장기를 제공자(donor)로부터 적출하는 행위에 의하여 이루어지게 된다. 장기이식은 수용자와 제공자가 동일인인 자가이식, 동물의 장기를 대체 사용하는 이종이식, 인공장기 등을 삽입하는 경우 등도 있다. 장기이식의 경우 치료에 대한 의학적 적응과 의료행위에 대한 기술적 수준(lege artis) 및 환자의 승낙 등 일반적으로 외과수술에서 문제가 되는 것 외에 특별하게 법률적으로 문제는 없는 것 같다. 그러나 수용자와 제공자가 다른 동종이식의 경우, 당사자 사이의 한쪽에서는 장기의 상실 내지 사체훼손이라는 문제가 나타나며, 또 다른 일방은 생명의 유지 내

1) 법률 제5858호.

지 건강의 회복 등을 통하여 이익을 받는 이율배반의 관계가 존재하므로 이를 둘러싸고 나타나는 법률문제를 어떻게 해결한 것인가 하는 문제가 있다.

이와 같이 장기의 수용자와 제공자는 그 이해상황이 다르기 때문에 이에 대한 법의 고찰도 분리하여 논하지 않으면 안 된다. 장기를 수용하는 자의 입장에서는 이식수술과 관련하여 법적인 문제가 존재하기는 하지만 질병의 치료라는 성질을 감안할 때 일반적 의료행위로 이해하여 해석함에 있어 그다지 문제는 없다. 그러나 제공자의 입장에서는 장기의 적출이 수용자의 치료와는 밀접 불가분한 관계에 있는 것은 사실이나, 제공자의 경우 장기의 적출이 진료를 목적으로 하는 치료행위라 할 수 없으므로 이 같은 행위를 정당화하기 위한 법 이론의 구성이 필요하며, 이 경우에도 적출행위의 대상이 생체인지 아니면 사체인가에 따라서 다르게 된다. 나아가 생체의 장기 혹은 사체의 장기를 적출하기 위해서는 처분권자의 의사에 따라야하는데 처분권자가 누구인지, 또 처분권자의 의사표시는 어떤 법적인 효력을 갖는가 하는 것도 문제가 된다.

2. 장기이식의 현황과 「장기 등 이식에 관한 법률」의 주요 내용

(1) 우리나라 장기이식의 현황

장기이식에 관한 법률문제를 살펴보기 이전에 우리나라 장기이식의 현황을 살펴

장기기증희망자 현황

(단위: 명)

기간	계	장기기증희망	골수기증희망
2003년	21,735	9,874	11,861
2004년	50,041	35,323	14,718
2005년	93,943	76,963	16,980
2006년 4월말 현재	77,193	74,648	16,980

출처: 국립의료원 장기이식센터의 통계를 편집

2) 보건복지부장관 소속하에 국가가 경영하는 의료기관. 1958년 10월 한국정부와 유엔한국재건단(UNKRA) 및 스칸디나비아 3국과 공동으로 의료원을 설립하여 같은 해 11월 한국과 스칸디나비아 3국이 공동으로 진료업무를 개시하다가 1968년 1월부터 한국정부 단독으로 운영하고 있다.

볼 필요가 있다. 현재 장기기증 및 이식에 관한 업무는 국립의료원[2)]이 1998년 4월 장기이식 정보센터 시범기관으로 지정된 이후, 1999년 국립의료원 내부직제로 장기이식센터를 설립하였고, 2000년 2월 9일 「장기 등 이식에 관한 법률」의 시행에 맞추어 국립장기이식관리센터를 출범하여 운영하고 있다. 이에 따라서 국립의료원 장기이식센터가 우리나라의 장기이식관리업무와 장기이식에 대한 지원업무를 담당하고 있는데, 2005년 현재 우리나라에서의 장기기증희망자의 수는 골수기증희망자를 포함하여 93,943명으로서, 장기이식대기자의 통계를 살펴보면 2005년 현재 조직(Tissue)이식 대기자를 포함하여 15,012명으로 나타나고 있는데 이하 도표와 같다.

장기이식희망자 현황

(단위: 명)

기간	계	Solid Organ	Tissue
2003년	11,771	6,014	5,757
2004년	13,100	6,929	6,171
2005년	15,012	8,137	6,875
2006년 4월말 현재	15,647 (197)	8,564 (284)	7,038 (87)

*출처: 국립의료원 장기이식센터 Konos;Korean Network for Organ Sharing

※ · 상기 누계는 이식받은 자와 신체검사결과가 입력되지 않은 자(신체검사 결과를 바탕으로 이식 대상자를 선정함으로 자료가 미입력된 자는 제외.
· 이식 대기자 수는 과거에 신체검사 결과를 입력하지 않아 이식 대기자에서 제외된 등록자 중 자료입력이 완료된 등록자는 월 등록자에는 추가되지 않지만 전체통계에는 포함
· ()은 해당 월에 등록된 이식대기자

통계에서 나타난 바와 같이 장기이식을 위한 대기자는 해가 거듭될수록 증가하고 있으며, 장기를 이식 받으려는 환자가 장기를 제공하려는 자 보다 많은 구조로서 장기수급에 불균형이 나타나고 있다. 이 같은 문제점으로 인하여 장기의 불법매매가 암암리에 이루어지고 있음을 예상할 수 있으며, 나아가 장기이식을 위하여 해외원정을 떠나는 등의 사회문제가 나타나고 있다.

이와 같이 현대의학에서의 꽃이라 할 수 있는 장기이식의 성공 여부는 장기를 이식받으려는 자에 대한 적절한 공급이 원활하게 이루어 질 경우에 가능하며, 따라서 장기 확보를 위한 제도적인 정비가 시급한 실정이다.

장기별 이식대기자 현황

(단위: 명)

연도	신장	간장	췌장	심장	폐	계
2001	3,262	944	82	134	51	4,473
2002	4,005	893	106	117	35	5,156
2003	4,542	1,163	129	135	45	6,014
2004	5,131	1,460	148	143	47	6,929
2005. 10월 현재	5,735	1,813	162	156	49	7,915

출처: 2005. 5 국립의료원 장기이식센터 Konos;Korean Network for Organ Sharing

(2) 우리나라 「장기 등 이식에 관한 법률」의 주요내용

우리나라는 1969년 처음으로 신장이식에 성공하였으며, 1988년에는 뇌사자의 간을 적출하여 간을 이식하는데 성공하였다. 이후 "뇌사"를 인정할 것인가의 여부를 둘러싸고 의료계와 법조계의 첨예한 대립 속에서 1992년 심장, 췌장, 신장을 이식하는데 성공하였다. 이후에 의료계, 법조계 및 종교계 등을 중심으로 "뇌사"를 사망으로 인정하자는 당위론에 대한 논의가 활발하게 진행되었다.[3] 구체적으로 1983년 대한의학협회는 뇌사에 관한 선언을 선포하기도 하였으나, '90년대에 장기이식의 수요가 증가함에도 불구하고 장기공급이 적절하게 제공되지 못하는, 장기 수급간의 불균형이 초래됨으로서 불법장기 매매가 성행하는 등의 사회적 문제를 야기하기도 하였다.[4] 이에 따라 뇌사를 법적으로 인정함으로서, 뇌사자의 장기적출을 합법화하여 장기이식을 공정하고 효율적으로 관리하고 불법적 장기매매 행위를 근절하기 위한 목적으로 관련법의 제정을 추진한 결과 1999년 2월 8일 「장기 등 이식에 관한 법률」[5]을 제정하여 2000년 2월 9일부터 시행하기에 이르렀다.

본 법에서 「장기 등」이라 함은 사람 내장의 여러 기관 등으로서 신장 · 간장 · 췌장 · 심장 · 폐, 골수 · 각막, 사람의 기관 또는 조직 중 다른 사람의 장기 등의 기능회복을 위하여 적출하여 이식될 수 있는 것으로 대통령령이 정하는 것(제3조 제1호)을 말하며, 「살아있는 자」라 함은 사람 중에서 뇌사자를 제외한 자를 말하며, 「뇌사

3) 李永煥, 腦死와 臟器移植에 관한 民事法的 考察, 46면 이하.

4) 주노호, 장기이식에 관한 법률, 육법사, 2000.

5) 제정 1999.2.8 법률 제5858호, 개정 1999.9.7 법률 제6023호, 개정 2002.8.26 법률 제6725호.

자」라 함은 본 법에 의한 뇌사판정기준 및 뇌사판정절차에 따라 뇌 전체의 기능이 되살아 날 수 없는 상태로 정지되었다고 판정된 자(제3조 제4호)로서, 뇌사 판정의 기준은 제16조 제2항과 관련하여 6세 이상인 자에 대한 뇌사판정의 기준과, 6세 미만인 소아에 대한 뇌사판정기준으로 나누어 본 법 별표에서 그 기준을 제시하고 있다. 또 누구든지 금전 또는 재산상의 이익 기타 반대급부를 주고, 받거나 주고받을 것을 약속하고, 1. 타인의 장기 등을 제3자에게 주거나 제3자에게 주기위하여 받는 행위 또는 이를 약속하는 행위, 2. 자신의 장기 등을 타인에게 주거나 타인의 장기 등을 자신에게 이식하기 위하여 받는 행위 또는 약속하는 행위, 3. 위 1. 2의 행위를 교사 · 알선 · 방조하는 행위를 금하여(제6조 제1호, 제2호, 제3호) 장기 등의 적출 및 이식은 인도적 정신에 따르도록 하였다.

장기 등의 기증에 관한 동의와 관련하여 장기 등 기증자 본인 및 가족 · 유족의 동의는 본인이 서명한 문서에 의한 동의 또는 민법상의 유언에 관한 규정에 의한 유언의 방식에 의한 동의(제11조 제1호)를 인정하고, 가족 또는 유족의 동의는 가족 또는 유족의 순위에 의한 선 순위자가 2인(가족 또는 유족이 1인인 경우에는 1인)의 서면에 의한 동의를 인정하고, 다만 선 순위자 2인이 모두 미성년자인 경우에는 그 미성년자의 동의 외에 미성년자가 아닌 차 순위의 가족 또는 유족 1인이 함께 동의한 것이어야 하며, 선 순위자가 행방불명 그 밖에 대통령령이 정하는 부득이한 사유로 동의를 할 수 없는 경우에는 그의 차 순위자가 동의할 수 있도록(제11조 제2호)하였다.

살아있는 자의 장기 등은 본인이 동의한 경우에 한하여 이를 적출할 수 있으며, 다만 16세 이상인 미성년자의 장기등과 16세 미만인 미성년자의 골수를 적출하고자 할 때에는 본인의 동의 외에 그 부모의 동의를 얻도록 하였다(제18조 제1항). 이 같은 업무와 관련하여 국립장기이식관리기관 · 등록기관 · 뇌사판정기관 또는 이식의료기관에 종사하는 자로서 대통령령이 정하는 자는 본 법에 특별히 규정한 경우를 제외하고 당해 장기 등 기증자 등의 등록 또는 장기 등의 적출 또는 이식과 관련된 업무를 담당하는 자 외의 자에게, 1. 장기 등 기증자와 적출한 장기 등에 관한 사항을 알려주는 행위, 2. 이식대상자와 이식한 장기 등에 관한 사항을 알려주는 행위, 3. 장기 등 기증희망자 및 장기 등 이식대기자에 관한 사항을 알려주는 행위를 금하도록 하였다(제27조 제1호, 제2호, 제3호). 이하에서는 이와 관련하여 나타날 수 있는 몇 가지의 법률문제들을 살펴보도록 하겠다.

II. 장기이식과 관련한 몇 가지 법률문제

1. 장기제공자 입장에서의 법률문제

(1) 생체기증(Living)의 경우

살아있는 자로서 16세 이상인 미성년자의 장기 등(골수를 제외한다)은 배우자 · 직계존비속 · 형제자매 또는 4촌 이내의 친족에게 이식하는 경우를 제외하고는 이를 적출할 수 없다(장기이식법 제10조 제4항). 다만 신장은 정상적인 것 2개 가운데 1개, 간장 · 골수 및 대통령령이 정하는 장기 등은 의학적으로 인정되는 범위 안에서 그 일부를 적출할 수 있도록 하고 있다(장기이식법 제10조 제5항의 1, 2호). 우리나라 장기등이식에관한 법률에 의한 장기의 생체기증은 대개 부부, 부모, 자녀, 형제자매남매, 8촌 이내의 혈족관계에서 주로 이루어지고 있는데,[6] 이에 관한 통계는 도표와 같다.

살아있을 때의 기증자의 특성

(단위: 명)

구분	부부	부모	자녀	형제자매남매	8촌이내	타인	계
2000	50	237		462	55	257	1061
2001	91	177	168	552	105	290	1383
2002	96	114	275	504	78	384	1451
2003	103	123	249	571	112	301	1459
2004	136	103	330	547	129	302	1547

출처: 2004 장기이식연보, 65면

이 같은 통계를 보더라도 타인을 위하여 제공자의 생체로부터 장기를 적출하는 행위는 제공자의 치료를 위한 것이 아니므로 이를 의료행위라 하기에는 많은 어려움이 있다. 결국 장기의 적출행위를 정당화하기 위해서 몇 가지 가능한 법 이론을

6) 2004 장기이식연보, 국립장기이식센터, 65면 이하.

도출해야 하는데 다음과 같은 것을 생각할 수 있다.

1) 피해자의 승낙

피해자의 승낙(Einwillingung des Verletzten)이란 법익의 주체가 타인에 대하여 자신이 가지는 법익을 침해하도록 허용한 경우에 일정한 요건 하에서 구성요건에 해당하는 행위의 위법성을 조각시키는 승낙을 말한다.[7] 일반적으로 수술과 같은 신체에 대한 침습행위는 상해죄(형법 제257조)를 구성하고, 민법상 불법행위(민법 제750조)를 구성한다. 그러나 치료목적의 의료행위와 업무로 인한 행위 기타 사회상규에 위배되지 아니하는 행위의 경우 정당한 행위(형법 제20조)로서 위법성이 阻却된다. 즉「혈액관리법」[8] 에 의한 채혈과 같은 경우는 법률에 특별한 규정에 의한 것으로 위법행위가 되지 않는 것이 그 예이다. 그러나 장기의 적출 행위는 이와 다른 성질의 것으로 피해자 승낙의 법리에 의하여 그 적법성을 판단하는 것운 문제가 있다. 장기의 적출의 경우 큰 위험이 따르게 되며, 또 본인의 입장에서 적극적 이익이 없다는 점을 고려할 때 그 적법요건은 엄격하게 해석하지 않으면 안 된다. 따라서 피해자 승낙의 법리로 그 적법성을 판단할 때에는 i) 당 법익을 승낙할 수 있는 자의 유효한 승낙이 있어야 하며, ii) 행위자에게 승낙에 대한 인식이 있어야 하는데 이는 피해자의 승낙에 있어 주관적 정당화요소로 평가되며, iii) 승낙에 의한 행위는 법질서 전체의 정신 내지 사회윤리에 비추어 인용될 수 있는 행위여야 하며, iv) 법률에 특별한 규정이 없어야 할 것이다.[9]

2) 공서양속과 피해자의 승낙

장기 등을 기증하고자 하는 자에 의한 장기 등 기증에 관한 의사표시는 존중되는데, 이때의 의사표시는 자율적인 것이어야 한다(장기이식법 제2조 제2항). 또 장기 등의 적출 및 이식은 사회적 타당성이 있어야 하고 의학적으로 인정되는 방법에 의하여 행하여 져야 한다(장기이식법 제2조 제4항). 민법 제103조에서도「선량한 풍속 기타 사회질서에 위반한 사항을 내용으로 하는 법률행위는 무효」라 함으로써, 결국

---

7) 李炯國, 상해와 피해자의 승낙, 숭실대 법학논총 제4집, 1988.12, 135면.
8) 1999년 2월 8일 법률 제5838호.
9) 李炯國 前揭論文, 136면.

장기제공자의 승낙은 장기의 적출로 제공자에게 가해지는 불이익이 사회적으로 용인될 수 있는 범위에서 가능하다. 즉 장기적출은 사회질서에 반하지 않는 경우에 한하며, 따라서 동의 상해의 허용범위에 대한 판단기준도 여러 시각에서 판단할 수 있겠으나,[10] 실질적으로 이를 구별해야 할 실익은 없는 것 같다. 그러나 한개 뿐인 장기의 제공이라든가 한도를 넘는 채혈 등은 제공자의 생명과 신체에 중대한 위험을 야기할 수 있으므로 이는 사회적으로 용인할 수 없으므로 제공자의 자율적 의사에 의한 것이라 하더라도 이는 인정할 수 없다. 複數臟器의 이식과 관련하여 이탈리아 「신장이식법」에서는 제공자의 범위를 부모 · 子 · 형제자매로 제한하고 있으며,[11] 프랑스의 경우에도 제공자가 미성년자일 경우 수용자의 범위를 형제자매로 한정하고 있다.[12] 이에 대하여 우리나라 장기이식법에서도 "살아있는 자로서 16세 이상인 미성년자의 장기등(골수를 제외한다)은 배우자 · 직계존비속 · 형제자매 또는 4촌 이내의 친족에게 이식하는 경우를 제외하고 이를 적출할 수 없도록 하고 있다(장기이식법 제10조 제4항). 다만 16세 이상인 미성년자의 장기등과 16세 미만인 미성년자의 골수를 적출하고자 하는 경우에는 본인의 동의 외에 그 부모(부모가 없고 형제자매에게 골수를 이식하기 위하여 적출하고자 하는 경우에는 법정대리인)의 동의를 얻어야 한다(제18조 제2항 후단).

3) 의사의 설명과 환자의 승낙

환자의 유효한 승낙은 당 시술에 의하여 어떤 결과가 있을 것인지에 대하여 환자가 인식한 상태에서의 승낙이어야 하므로 이를 위하여 의사의 설명(Informed Consent Doctrine)이 전제되어야 하며, 이를 바탕으로 한 자기결정에 의한 환자의 승낙이 있어야 한다. 살아있는 자의 장기 등은 본인이 동의한 경우에 한하여 이를 적출할 수 있는데(장기이식법 제18조 제1항 전단), 이 때 요구되는 승낙은 장기적출이 어떠한 신체적, 생리적 변화를 야기하는가에 대하여 충분한 인식하에 행한 동의여야 한다. 따라서 의사는 장기적출에 따른 결과와 위험에 대하여 적절하고 충분하게 설명을 하여야 하고, 장기등 기증자가 살아있는 자인 경우에는 본인여부를 확인하

10) 菅野耕毅, 醫療契約法の理論, 信山社, 2001. 159面.

11) Eckhart v. Bubnoff, Rechtsfragen zür homologen Organtransplantation aus der Sicht des Strafrechts, Goltdammer's Arciv für Strafrecht, 1968, S. 79f.

12) 菅野耕毅, 160面.

고 본인과 그 가족에게 장기등 기증자의 건강상태, 장기등의 적출수술의 내용과 건강에 미치는 영향, 장기등의 적출 후의 치료계획, 기타 장기등 기증자가 장기등의 적출과 관련하여 사전에 알아야 할 사항(장기이식법 제19조 제2호) 등을 충분히 설명하지 않으면 안 된다. 나아가 수용자의 필요도, 적응성, 성공 가능성 등에 대해서도 설명하여야 한다. 설명이 제대로 이루어지지 않은 상태에서 장기적출이 이루어 질 경우에는 상해죄(형법 제257조 이하), 불법행위(민750조)를 구성하게 된다. 그러나 16세 이상인 미성년자의 장기등과 16세 미만인 미성년자의 골수를 적출하고자 하는 경우에는 본인의 동의 외에 그 부모(부모가 없고 형제자매에게 골수를 이식하기 위하여 적출하고자 하는 경우에는 법정대리인)의 동의를 얻어야 한다(장기이식법 제18조 제1항 후단). 결국 살아있는 자의 장기적출에 대한 동의는 자발적임과 동시에 적극적이고 명시적일 것임을 요한다.

(2) 장기제공자의 동의능력

1) 미성년자

장기제공자가 미성년자 혹은 정신질환자 이거나 정신지체 등으로 인하여 동의능력이 불완전한 경우 법정대리인의 동의 내지 대리승낙이 가능한가. 나아가 의식을 상실하여 의사표시를 할 수 없을 경우, 추정적 승낙 내지 긴급피난의 법리를 적용할 수 있는가 하는 문제가 있다. 의사능력이 없는 미성년자인 경우 법정대리인의 대리승낙이 있어도 장기적출이 적법하지 않음은 더 이상 논할 필요가 없다. 문제는 의사능력이 있는 미성년자인 경우, 일반적으로 의료에서 미성년자라 하더라도 의사능력이 있는 한, 단독으로 유효한 승낙에 의하여 진료를 받을 수 있으나, 장기제공의 경우에는 다르다는 점이다. 이와 관련하여 미국의 "15세 소년이 *母*가 모르는 사이에 숙모의 설득으로 화상을 입은 사촌의 피부이식을 위하여 피부채취에 응한 결과 장기입원을 하게 되었고, 육체적 고통과 학업을 계속할 수 없게 된 손해에 대하여 의사에게 손해배상을 청구한 사안에서, 법원은 양친 또는 후견인의 승낙이 필요하다"는 판결[13]이 있어 주목된다. 본 사건의 경우 소년의 *母*가 소년의 이익을 우선 고려

---

13) Bonner v. Moran, 126 F. 2d 121, C.A.D.C. 1941.

할 수 있는 상태에 있기 때문에 문제가 없으나, 법정대리인이 수용자로서 이해상반관계에 있는 경우 제공자의 이익을 지킬 수 없는 경우도 있을 수 있다. 따라서 법정대리인의 동의에 의한 이 같은 제공은 적법하다 할 수 없다.

프랑스에서의「장기적출법」의 경우 "미성년자로부터 장기를 적출하고자 하는 경우에는 본인의 승낙과 법정대리인의 승낙 이외에 의사 2인을 포함한 전문가 3인으로 구성된 위원회의 동의를 요구하고 있다.[14] 이에 대하여 우리나라 장기등이식에 관한법률 제11조 제1항 제1호에서는 "본인이 서명한 문서에 의한 동의 또는 민법의 유언에 관한 규정에 의한 유언의 방식에 의한 동의"를 규정하여 요식행위에 의한 동의여야 함을 밝히고 있다. 또 제2호에서 "제3조 제5호 각목의 규정에 의한 가족 또는 유족의 순위에 의한 선순위자 2인(가족 또는 유족이 1인인 경우에는 1인)의 서면에 의한 동의, 다만 선순위자 2인이 모두 미성년자인 경우에는 그 미성년자의 동의 외에 미성년자가 아닌 차순위의 가족 또는 유족 1인이 함께 동의한 것이어야 하며, 선순위자가 행방불명 그 밖에 대통령령이 정하는 부득이한 사유로 동의를 할 수 없는 경우에는 그의 차순위자가 동의할 수 있다"하고 있다. 결국 프랑스「장기적출법」의 입장과 차이가 있으며, 위에서 언급한 바와 같이 법정대리인이 수용자로서 이해상반관계에 있을 때에는 제공자의 이익을 지킬 수 없는 문제가 발생하게 되는데, 이 같은 문제를 예상하지 못한 법의 불비라 본다.

또 신장이식의 경우, 성공률이 비교적 높은 형제간에 행하여지는 경우가 많은데, 이 경우에도 이익 상반의 관계가 문제가 된다. 이에 대하여 미국 Masden v. Harrison사건 판결[15]에서 19세 쌍생아의 일방 A가 만성구체신염(慢性球體腎炎)으로, 타방 B의 한쪽 신장(腎臟)을 받아 이식하는 것 외에 생존할 수 있는 방법이 없다고 하여 신장이식수술을 받게 된 사안에서 친권자의 승낙 이외에 B도 충분한 설명에 의한 승낙이 있을 것과 만약 수술을 받지 못하여 A가 사망할 경우 B도 중대한 심리적 충격(emotional impact)을 받을 것이라는 정신의학자의 증언을 근거로, 수술은 B의 건강의 유지와 장래의 행복을 위해서도 필요하다고 판단하여 적법성을 인정하였다. 그러나 제공자의 이익은 형제의 사망과 관련된 심리적 충격의 회피라는 소극적인 것이기 때문에, 이 같은 것을 느끼지 못하는 어린이와 형제 등 이외의 자에

14) 菅野耕毅, 醫療契約法の理論, 信山社, 2001.161面.
15) Masden v. Harrison, No. 68651 Eg. Mass. Sup. Jud. Ct., June 12, 1957.

게 적용하기에는 어려움이 따른다. 또 미성년자의 경우 부모의 의지가 크게 심리적으로 작용하기 때문에 승낙의 자율성을 확보함에 있어 많은 어려움이 따를 것으로 본다.

2) 정신장애 및 정신지체자

장기 등 이식에 관한 법률 제10조 제1항에서 "다음 각호의 1에 해당하는 장기등은 이를 적출하거나 이식하여서는 아니된다" 고 규정하고, 제3항은 살아있는 자로서 다음 각호의 1에 해당하는 자의 장기등은 적출하여서는 아니 된다고 하면서, 제4호에 정신질환자·정신지체인을 들고 있다. 따라서 의사능력이 불충분한 정신장애자는 스스로 장기제공에 대한 승낙을 할 수 없으며, 나아가 법정대리인의 대리승낙도 허용되지 않는다. 그러나 뇌사 또는 사망전에 장기제공이 가능한 정신장애자가 이식을 받지 않으면 생명에 위험이 있는 자에 대하여 정서 내지 심리적으로 크게 의존하고 있는 경우에는 어떻게 할 것인가. 이에 대하여 미국의 Strunk v. Strunk사건[16]이 있어 주목된다. 만성구체신염(慢性球體腎炎)으로 이식을 요하는 환자(28세)에 대하여 이식적합성이 있는 그의 동생(27세)의 지능은 6세 정도의 정신장애자로서 이 경우 신장적출을 함에 있어 母의 대리승낙으로 가능한가 하는 것이 본 사건에서의 쟁점이었다. 이에 대하여 주 법원(county court)은 동생이 정서, 심리적으로 크게 형에게 의존하고 있고, 그 상황에서 형의 사망은 동생에게 극한 정신적 외상(traumatic effect)을 줄 것 같다는 정신의학자의 증언 등을 근거로 母의 승낙에 의하여 적출을 인정한 예가 있다. 물론 이에 대한 소수의 반대의견도 있다. 그 들의 주장은 혈족을 잃는다 하더라도 6세의 어린아이에게는 중대한 충격이 되지 않으며, 이식이 성공한다고 보장할 수도 없고 이식수술은 무능력자의 생명에 위험을 가져올 뿐, 신체일부의 증여를 위해서는 완전한 이해력과 승낙이 그 전제조건임을 이유로 본 판결에 반대하고 있다. 그러나 신장을 제공하지 않을 경우에 예상되는 근친자의 사망으로 인한 정신적 충격을 피하기 위한 소극적 이익을 근거로 장기적출을 정당화하는 것에 대한 의문은 여전히 남는다.

---

16) Strunk v. Strunk, 445 S. W. 2d 145. Ky. 1969.

(3) 사후장기기증의 경우

사후장기의 적출은 생체장기의 적출과는 달리 제공자의 생명 · 신체에 대한 위험의 문제는 없다. 다만 死者에 대한 풍속과 감정등과 관련하여 사체 등의 영득(형법 제161조) 및 사체훼손 등의 문제가 있고, 매장 · 제사의 권능과 의무를 내용으로 하는 사체에 대한 소유권 내지 관리, 처분권이 유족과 상속인, 제사 승계인에 속하므로 그 권리자의 승낙의 문제가 발생한다. 나아가 장기 鮮度의 확보와 관련하여 발생하는 죽음의 판단 등에 대한 문제가 있을 수 있는데, 뇌사문제와 관련된 것들이 그 주를 이루고 있다.

사후장기기증에 관한 통계

(단위: 명)

구 분	남자	여자	계
2000	51	24	75
2001	60	45	105
2002	37	24	61
2003	44	25	69
2004	55	29	84

출처: 사후장기기증자의 적출일 기준, 2004 장기이식연보, 81면.

우리나라에서 사후장기의 기증은 아직 일반화되어 있지 못한 실정이다. 장기기증연령도 2004년 Konos 장기이식연보의 통계를 보면 사후기증자의 연령은 주로 30~60대가 가장 많으며, 주부, 학생이 높은 비율로 나타나고 있으며, 반대로 종교인은 매우 낮게 나타나고 있다. 결국 사후장기기증은 그 국가의 풍속 및 관습과 밀접한 관련을 맺고 있다고 할 수 있으며, 우리의 사체 매장문화와도 밀접한 관련을 가지고 있는 것으로 보인다.

1) 사후장기의 적출과 사체훼손의 문제

사망한 자의 장기를 무단으로 적출하는 행위는 사체손괴의 구성요건에 해당한다. 형법 제161조 제1항은 "사체, 유골, 유발 또는 관내에 장치한 물건을 손괴, 유기, 은닉 또는 영득한 자는 7년 이하의 징역에 처한다"고 규정하여 그 객체가 되는 사체라 함은 사체의 일부 또는 그 내용을 구성하는 장기와 조직 등을 포함하고 있다. 이에 대한 보호법익은 死者에 대한 명예 기타 사회적 풍속에 관한 것으로 개인의 재산권 보호와는 차이가 있다. 따라서 사체의 소유권 내지 관리 · 처분권이 있는 자도 본 죄의 주체가 될 수 있다. 다만 이 같은 행위라도 법령 기타 정당한 업무와 관련된 행위에 해서는 위법성이 조각된다. 즉 장기등이식에관한법률 제18조에 의한 뇌사자와 사망한 자의 장기 등은 "본인이 뇌사 또는 사망하기 전에 장기 등의 적출에 동의한 경우, 다만 그 가족 또는 유족이 장기 등의 적출을 명시적으로 거부하는 경우를 제외하고 적출할 수 있으며(장기이식법 제18조 제2항 제1호), 본인이 뇌사 또는 사망 전에 장기 등의 적출에 동의 또는 반대하였다는 사실이 확인되지 않은 경우로서 그 가족 또는 유족이 장기 등의 적출에 동의한 경우, 다만 본인이 16세 미만인 미성년자인 경우에는 그 부모가 장기 등의 적출에 동의한 경우에는 적출할 수 있다(장기이식법 제18조 제2항 제2호). 그러나 이 같은 규정에 의한 동의를 한 자는 장기 등의 적출을 위한 수술이 시작되기 전까지는 언제든지 장기 등의 적출에 관한 동의의 의사표시를 철회할 수 있도록 하고 있다(장기 등 이식에 관한 법률 제18조 3항).

2) 뇌사자로부터의 적출

우리나라에서 1969년 처음 신장이식수술을 성공한 이후 1988년 뇌사자로부터 적출한 간장, 심장이식의 수술이 행하여 졌으며, 오늘날에는 폐, 췌장 등의 이식수술이 성공적으로 이루어지는 등 장기이식에 관한 의료의 발전이 가속화되어가고 있다. 문제는 신장을 제외한 대부분의 장기는 살아있는 사람으로부터 이식받을 수 없다는 점에서 장기이식과 관련하여 뇌사에 대한 논의가 1968년 시드니선언[17]이후 우리나라에서도 활발하게 의료계를 중심으로 이루어져 왔다.[18] 이 같은 노력에도 불구하고 현행법에서는 아직 뇌사를 사망으로 인정하지 않는 가운데, 1999년 2월 8일 「장기 등 이식에 관한 법률」을 제정 공포하여 당 법률 제3절에 뇌사 판정기준을 제시함으로써 장기이식 외 다른 대안이 없는 환자의 생명을 연장할 수 있는 제도적 장

17) 1968년 세계의사회총회는 뇌사자로부터 장기를 적출하여 환자에게 장기이식이 가능함을 규정하는 시드니선언을 채택 발표하였다.

18) 대한의학협회(현 대한의사협회)는 1988년 뇌사공청회를 개최하여 뇌사를 본격적으로 논의하였고, 이후 뇌사연구특별위원회를 구성하여 뇌사의 판정, 판정기준을 마련하고, 1993년 뇌사를 의학적으로 인정하는 뇌사에 관한 선언을 발표하였다.

치를 마련하게 되었다. 다음은 우리나라에서 뇌사자의 장기이식현황을 나타낸 도표이다.

뇌사자의 장기이식현황

(단위: 건)

기간	뇌사자	이식받은 장기						
		계	신장	간장	췌장	심장	폐	각막
2001	52	214	101	37	5	21	–	50
2002	36	167	70	28	8	11	3	47
2003	68	285	124	50	12	15	2	82
2004	86	363	167	64	10	23	4	95
2005	91	400	173	66	12	26	8	115

출처: Konos장기이식통계 가운데 최근자료를 발췌(http://www.konos.go.kr).

뇌사자라 함은「장기 등 이식에 관한 법률」에 의한 뇌사판정기준 및 뇌사판정절차에 따라 뇌 전체의 기능이 되살아 날 수 없는 상태로 정지되었다고 판정된 자(장기이식법 제3조 제4호)로서 뇌사판정의 기준은 본 법 제16조 제2항과 관련하여 별표로 제시하고 있는데 외국의 경우와는 약간의 차이가 있다.(도표, 각국의 뇌사 판정제도 참조)

따라서 본인이 뇌사 또는 사망 전에 장기 등의 적출에 동의한 경우에는 장기등을 적출할 수 있으며, 다만 그 가족 또는 유족이 장기 등의 적출을 명시적으로 거부하는 경우에는 적출할 수 없다(장기이식법 제18조 제2항 제1호). 또 본인이 뇌사 또는 사망전에 장기 등의 적출에 동의 또는 반대하였다는 사실이 확인되지 아니한 경우로서 그 가족 또는 유족이 장기 등의 적출에 동의한 경우에는 적출할 수 있으며, 다만 본인이 16세 미만의 미성년자인 경우에는 그 부모가 장기 등의 적출에 동의한 경우에 한하여 적출할 수 있도록 하고 있다(장기이식법 제18조 제2항 제2호). 그러나 이 같은 규정에 의하여 동의한 자라 하더라도 장기 등의 적출을 위한 수술이 시작되기 전까지는 언제든지 장기 등의 적출에 관한 동의의 의사표시를 철회할 수 있다(장기이식법 제18조 제3항). 이 같이 장기 등 이식법에 의한 생명연장이라는 긍정적인 측면이 있으나, 반대로 뇌사의 사망인정에 따른 장기이식이 악용될 소지가 없지 않다는 점에서 이는 법적인 문제이기 이전에 인간 생명의 존중에 대한 의식의 성숙이 전제

각국의 뇌사판정제도

기준 / 국가	영국 1976 (왕립의과대학)	미국 1981 (대통령위원회)	일본 1985 (후생성뇌사 연구반)	대만 1987 (행정위생서)	한국 1999 (장기 등 이식에 관한 법률)
깊은 혼수	○	○	○	○	○
자발호흡소실	○	○	○	○	○
양안동공상태 광반사소실	기재없음	기재없음	○	기재없음	○
뇌간반사소실	○	○	○	○	○
뇌파검사로 평탄뇌파증명	×	○	○	×	○
무호흡검사	○	○	○	○	○
뇌파판정시간	조건충족에 충분한 시간	6시간	6시간	12시간	6시간이상 (6세 미만은 24-48시간)
뇌사판정 의사	2명	규정없음	2명이상	3명	전문의3명이상이 조사한 후 뇌사판정 위원회의 결정
뇌사판정 시설기준	기재없음	기재없음	기재없음	있음	+(시행규칙)

출처: 국립의료원 장기이식센터(KONOS)의 자료를 재 편성함.
*Konos; Korean Network for Organ Sharing (http://www.konos.go.kr)

되지 않으면 안 된다.

2. 장기 수용자 측에서의 법률문제

장기수용자에 대한 이식수술은 윤리적으로 타당하고 의학적으로 인정된 방법에 의하여 행하여져야 하며, 이 같은 경우에 한하여 의료행위라 할 수 있다. 따라서 장기이식은 일반 외과수술에서 요구하는 적법요건을 갖추어야 하며, 치료목적을 위하여, 의학상 일반적으로 승인된 방법으로서 그리고 수용자의 승낙이 필요하다.

(1) 확립된 의료수준

수혈, 피부이식, 각막이식 등 조직이식의 경우에는 비교적 의료에 대한 기술수준이 확립되어 있다 할 수 있겠으나, 장기이식의 경우에는 많은 어려움이 따른다. 즉 장기이식에서 신장이식과 같은 경우 임상예가 많이 존재하며, 투석(透析)에 의한 치료 등도 가능하기 때문에 비교적 문제가 적으나 기타 장기이식에서, 특히 심장이식의 경우 거부반응의 예측과 억제의 방법이 불충분하고, 심장을 대체할 인공심장도 아직 미완성의 상태에 있음을 고려할 때 기술수준이 확립되어 있다고 단정할 수 없다. 이와 같은 의료의 기술수순이 확립되어 있지 못한 상태에서 행하여지는 심장이식수술은 적법한 의료행위의 요건을 결하게 되어, 정당행위라 할 수 없으며, 이 때에는 피해자 승낙의 법리에 의하여 적법화할 수 밖에 없는 문제가 남는다.

(2) 의학적 적응

의료수준이 확립되어 있지 못한 불완전한 영역에서는 의학적 적응에 대한 판단은 엄격해야 할 필요가 있다. 따라서 성공확률이 적거나, 위험성이 크다는 것만으로 의학적 적응을 판단해서는 안 된다. 위험성이 큰 실험적 이식수술 이외의 다른 방법으로 환자의 생명을 구할 수 밖에 없는 경우, 실패하는 경우 환자의 생명을 단축시킬 것이라는 위험성을 감수하고 성공가능성이 조금이라도 있는 한 환자의 승낙에 의하여 이를 실시하는 것은 허용할 수 있다고 본다. 이 때 어느 정도의 성공확률을 가져올지는 그 이식수술을 하지 않을 경우의 생명의 위험성과 상대적으로 비교 형량해야 하며, 죽음에 임박했을 때에는 그 확률이 매우 적다고 하더라도 허용되어야 할 것이다.

(3) 수용자의 승낙

장기이식수술은 수용자의 신체에 대해서 침습행위가 되기 때문에 수용자의 승낙이 필요하다. 나아가 그것이 상당히 위험도가 높은 수술일 경우, 그 수술의 필요성, 내용, 위험도, 수술 후 질병회복의 가능성, 합병증, 대체치료방법의 존재유무, 성질 등에 관하여 충분하게 환자에게 설명하고 환자가 이에 대하여 이해한 후에 승낙을 얻지 않으면 안 된다. 타인과 동물의 장기를 이식할 경우, 수용자에게 심리적인 영향을 줄 수 있음을 예측할 수 있으므로 이에 대한 설명도 필요하다.

수용자의 승낙능력에 관해서는 환자의 승낙에 관한 일반원칙에 의한다. 즉 본인이 승낙능력이 없을 때에는 친권자, 배우자 기타 보호자의 승낙이 필요하다. 일반적으로 의료에서 승낙능력이 인정되는 미성년자의 경우에도 이식수술의 중대성을 고려하여 본인 승낙 이외에 보호자의 승낙이 필요하다. 수용자에게 승낙능력이 없거나, 승낙할 수 없을 때 또 긴급의료의 경우 긴급피난, 사무관리 나아가 추정적 승낙의 법리를 생각할 수 있으나, 이에 대한 문제는 의료행위의 긴급성에 비추어 판단해야 한다.

3. 장기이식계약의 제 문제

(1) 생체장기 제공계약

수혈을 위한 혈액공급계약이나 이식을 위한 장기제공계약도 일종의 계약이라 할 수 있는가. 혈액관리법 제3조 제1항은 "누구든지 금전 재산상의 이익 기타 대가적 급부를 받거나 받기로 하고 자신의 혈액(제14조의 규정에 의한 혈액증서를 포함한다)을 제공하거나 이를 약속하여서는 아니된다"고 규정하고, 제2항은 "누구든지 금전 재산상의 이익 기타 대가적 급부를 주거나 주기로 하고 타인의 혈액(제14조의 규정에 의한 헌혈 증서를 포함한다)을 제공받거나 이를 약속하여서는 아니 된다"고 규정하고 있다. 따라서 혈액은 거래의 객체가 되지 못하며 금전적인 대가를 목적으로 혈액을 제공 하는 계약은 선량한 풍속 기타 사회질서에 반하는 행위로 무효가 된다. 반면에 법률의 규정에 의하여 헌혈은 보건복지부장관이 권장할 수 있도록 하고 있다(혈액관리법 제4조 제1항).

또 권리의 객체로서 물건이라 하기 위해서는 관리가능성, 비인격성, 독립성[19]이 요구되며, 특히 물건이라고 하기 위해서는 살아있는 사람의 신체 또는 그의 일부가 아니어야 한다. 따라서 사람의 신체 혹은 그의 일부는 물건이라 할 수 없으며, 따라서 이 같은 것은 거래의 객체가 되지 못한다. 결국 신체 일부의 장기를 제공하고 그 대가를 받기로 하는 계약은 공서양속에 반하는 것으로 무효가 된다. 장기이식과 관련하여 수요와 공급이 원활하지 못하여 일부 장기밀매가 이루어지고 있는 현실에

19) 명순구, 민법총칙, 2005, 267면.

서, 이는 궁박상태에 있는 환자에게 신체의 일부를 강매하여 이익을 얻는 것으로서 사회질서에 반하며, 이와 같은 거래를 묵시할 경우 밀매용 장기를 확보하기 위한 범죄가 성행할 수 있는 위험에 노출되게 된다.

(2) 사체장기의 제공계약

사체는 권리의 객체가 되는 물건인가. 우선 물건이기 위해서는 그것이 살아 있는 사람의 신체 또는 그 일부가 아니어야 한다. 일본의 학설은 i) 사망과 동시에 피상속인의 신체는 물건이 되며 이는 피상속인의 소유에 속한다는 견해,[20] ii) 생전 지배권의 객체인 신체는 사망과 동시에 물건이 되고, 그 지배권과 소유권은 상속인에게 승계되며 사체에 관하여 상속인에게도 공유된다는 견해,[21] iii) 사체의 소유권은 상속되는 것이 아니라 喪主되는 자에 귀속하고, 그 내용도 사용 · 수익 · 처분이 아니라 매장 · 제사 · 공양 등을 위한 것이라는 것[22]등의 견해가 있다. 이에 대하여 우리의 학설도 i) 소유권의 객체이기는 하나 이 때의 소유권은 오직 매장 · 제사 · 공양 등을 할 수 있는 권능과 의무를 내용으로 하는 특수한 소유권이라는 견해,[23] ii) 시체 · 유해에 대한 권리는 소유권이라 할 수 없으므로 관습법상의 관리권으로 이해하는 견해[24]등이 있다. 그러나 어느 견해이든 사체 · 유해에 대한 권리가 사용 · 수익 · 처분의 권능을 포함하는 완전물권으로서 소유권의 객체는 아니라는 점에서 구별의 실익은 없는 것 같다.

문제는 사체 및 장기제공계약과 관련하여 그의 일부인 장기의 처분권자는 누구인가 하는 점이다. 이에 대하여 장기이식을 예상하여 피상속인이 생전에 자기 사체의 처분을 유언에 의하여 정한 경우, 공서양속에 반하지 않은 한 유효한 법률행위가 된다. 이와 관련하여 장기 등 이식에 관한 법률 제18조에서 "본인이 뇌사 또는 사망 전에 장기 등의 적출에 동의한 경우에 행할 수 있으나, 그 가족 또는 유족이 장기 등의 적출을 명시적으로 거부하는 경우에는 예외로 하고 있으며(장기이식법 제18조 제2항 제1호), 또 본인이 뇌사 또는 사망 전에 장기 등의 적출에 동의 또는 반대하였다

20) 長島 毅,「人體は物なりやに關する質疑に付き一言す」, 日本法政新誌 17卷2號, 50面.
21) 丹橋諄,「民法總則」, 87面.
22) 我妻榮,「新訂民法總則」,1965, 203面.
23) 郭潤直, 民法總則, 242면.
24) 李太載, 民法總則, 183면.

는 사실이 확인되지 아니한 경우에 그 가족 또는 유족이 장기 등의 적출에 동의한 경우에는 적출할 수 있도록(장기이식법 제18조 제2항 제3호) 하고 있다.

4. 향후 전망

현대의학의 백미라 할 수 있는 장기이식은 과거에는 치유 불가능했던 질환으로부터 환자를 해방시킬 수 있다는 인간생명의 존중에 기인한다. 그러나 앞에서 밝힌 바와 같이 우리나라의 경우 장기이식대기자는 2006년 4월 말 현재 15,647명으로 나타나고 있으며, 이에 반해 장기기증 희망자는 2006년 4월 말 현재 77,193명으로, 이 가운데 사후기증자는 2004년 현재 84명으로 나타나고 있다. 생체장기 기증은 주로 인척관계 내지 밀접한 인간관계에 의하여 행하여지고 있는 가운데 수요와 공급의 불균형으로 인한 불법적인 장기매매가 과거에는 암암리에 이루어져온 것도 사실이다. 우리나라는 1999년 2월 8일「장기 등 이식에 관한 법률」을 제정 시행하고 있으나, 장기 수급불균형으로 인하여 나타나는 문제는 어제 오늘의 일이 아닌 채 표류하고 있다. 이와 관련하여 제외국의 경우, 미국은 UNOS(United Network for Organ Sharing), 유럽의 경우 네덜란드, 벨기에, 룩셈부르크, 독일, 오스트리아 등 5개국이 공동으로 설립한ET(Euro Transplant), 덴마아크, 노르웨이, 핀란드, 스웨덴 등 스칸디나비아 반도들의 장기이식네트워크인 Scandinavian Transplant, 구소련과 동구권 국가들의 Inter-Transplant가 있으며, 우리나라는 국내에 Konos(Korean Network for Organ Sharing)를 국립의료원 장기이식센터에 두고 있으나 장기조달을 위한 제도 기타 교육 프로그램은 전무한 가운데 오늘에 이르고 있다.

장기이식을 둘러싸고 나타나는 법적인 문제는 의학상의 문제와 사람들의 의식과 밀접한 관련을 맺고 있다. 일반적으로 장기이식은 이식적응성과 조직의 적합성, 그리고 거부반응, 합병증, 장기보존 등의 의학상의 난제 등도 안고 있다. 또 의료와 관련하여 장기 제공자와 장기를 수용하는 자 사이에는 그 이해상황이 다르기 때문에 이를 의료라 하기에는 법의학적 정의 또한 필요하다. 즉 장기를 수용하는 입장에서는 이식수술과 관련된 문제 이외에 질병의 치료라는 측면에서 볼 때 의료행위라 할 수 있으나, 제공자의 입장에서는 그 자체가 본래 치료가 아니므로 그 행위를 적법화하기 위한 법이론적 구성이 필요하다. 이를 위하여 피해자의 승낙과 선량한 풍속 기타 사회질서에 반하는 법률행위는 무효로 한다는 민법 제103조의 규정에 의한 범위

확정도 가능할 것으로 본다.

또 장기이식의 성공률 확보를 위하여 생체장기이식의 문제를 언급하지 않을 수 없는데, 이 때 권리능력의 주체인 사람의 시기와 종기와 관련하여 뇌사설을 둘러싼 갈등은 이미 오래전부터 법조계와 의료계의 논쟁을 통하여 다루어져 왔으며, 오늘날에는 「장기 등 이식에 관한 법률」을 제정 시행함으로써 문제해결의 실마리를 제공하였다고 할 수 있으나, 인간의 존엄성과 관련하여 나타나는 제반문제에 대한 검토와 연구는 아직 이루어지고 있지 못하는 실정임을 감안할 때 이에 대한 활발한 연구와 대책이 필요하다.

제 3 장

미용성형과 법률상의 제 문제

중요판결

- 대법원 2002. 10. 25. 선고 2002다48443판결 -

사실관계

원고는 1993.10.7경 피고가 운영하는 병원에 찾아와 미인대회에 출전하고자 하는데 이마와 턱을 높이고 눈 쌍꺼풀 수술을 하고 싶다며 성형수술에 관하여 상담한 후 1993.11.17 금6,000,000원을 피고에게 지급하고 턱과 이마 부위에 실리콘 보형물을 삽입하는 수술과 눈 쌍꺼풀 수술을 받았다. 그 뒤 원고는 국제미인대회에 한국대표로 출전하는 등 별 지장 없이 활동을 하다가 피고에게 재수술을 요구하여 1994.12.13일경 쌍꺼풀의 크기를 약간 줄이고 이마와 턱에 넣었던 보형물의 크기를 보다 얇은 것으로 교체하는 추가교정수술을 받았다. 그런데 1997.12.경부터 원고의 턱 부위에 삽입된 실리콘이 대각선으로 이동하기 시작하여 1998.10.경에는 실리콘 보형물이 입안 내부로 돌출되었고, 실리콘을 삽입하면서 머리부위에 생긴 5m의 반흔(瘢痕)에 부분적으로 머리털이 재생되지 않았다.

원고의 주장

1997년 겨울부터 이마 부위에 삽입된 실리콘이 제자리를 잡지 못하고 육안으로 쉽게 식별될 만큼 어긋나기 시작하고 물이 차는 등으로 인하여 피고의 처방대로 약을 사먹다가 호전되지 않아 결국 피고로부터 재수술을 받고 1주일 동안 통원치료를 받아 겨우 원상회복되었는데, 1997.12.경 턱 부위에 삽입된 실리콘이 대각선으로 이동함은 물론,

실리콘이 잇몸으로 돌출되어 잇몸 밖으로 튀어나오기 직전의 상태에 이르고, 이마 부위에 실리콘을 삽입하면서 생긴 5mm의 탈모된 흉터 자국에 머리털이 재생되지 않은 채 그대로 흉하게 남아 있어 앞가르마를 탈 수 없는 지경에 이르는 등 부작용이 생겼고, 피고는 사전에 원고에게 수술에 대한 이러한 부작용을 설명하지 아니하여 원고가 성형수술을 받을지 여부를 선택할 의사결정권을 침해하였으며, 수술과정에서도 부작용이 발생하지 않도록 최선을 다할 의무가 있음에도 이를 게을리 하여 위와 같은 부작용이 생겼으므로, 피고는 원고의 피해에 대하여 배상해야 할 책임이 있다.

대법원의 판단

의사는 환자에게 수술 등 침습을 가하는 과정 및 그 후에 나쁜 결과 발생의 개연성이 있는 의료행위를 하는 경우, 또는 사망 등의 중대한 결과 발생이 예측되는 의료행위를 하는 경우에 있어서 응급환자의 경우나 그 밖에 특단의 사정이 없는 한 진료계약상의 의무 내지 위 침습 등에 대한 승낙을 얻기 위한 전제로서 당해 환자나 그 법정대리인에게 질병의 증상, 치료방법의 내용 및 필요성, 발생이 예상되는 위험 등에 관하여 당시의 의료수준에 비추어 상당하다고 생각되는 사항을 설명하여 당해 환자가 그 필요성이나 위험성을 충분히 비교해 보고 그 의료행위를 받을 것인가의 여부를 선택할 수 있도록 할 의무가 있다. 의사의 설명의무는 그 의료행위에 따르는 후유증이나 부작용 등의 위험발생 가능성이 희소하다는 사정만으로 면제될 수 없으며, 그 후유증이나 부작용이 당해 치료행위에 전형적으로 발생하는 위험이거나 회복할 수 없는 중대한 것인 경우에는 그 발생가능성의 희소성에도 불구하고 설명의 대상이 되며, 의사가 설명의무를 위반한 채 수술 등을 하여 환자에게 예상치 못한 피해를 입히는 등의 중대한 결과가 발생하여 환자가 모든 손해를 청구하는 경우에는 그 중대한 결과와 의사의 설명의무위반 내지 승낙취득 과정에서의 잘못과의 사이에 상당인과관계가 존재하여야 하며, 이 경우 의사의 설명의무위반은 환자의 자기결정권 내지 치료행위에 대한 선택의 기회를 보호하기 위한 점에 비추어 환자의 생명·신체에 대한 의료적 침습과정에서 요구되는 의사의 주의의무위반과 동일시할 정도의 것이어야 할 것이지만, 환자 측에서 선택의 기회를 잃고 자기결정권을 행사할 수 없게 된데 대한 위자료만을 청구하는 경우에는 의사의 설명 결여 내지 부족으로 선택의 기회를 상실하였다는 사실만 입증하면 족하고, 설명을 받았더라면 사망 등의 결과는 생기지 않았을 것이라는 관계까지 입증할 필요는 없다.

그리고 의료행위라 함은 의학적 전문지식을 기초로 하는 경험과 기능으로 진찰 검안 처방 · 투약 또는 외과적 시술을 시행하여 하는 질병의 예방 또는 치료행위 및 그 밖에 의료인이 행하지 아니하면 보건위생상 위해가 생길 우려가 있는 행위를 의미하며(대법원 1974.11.26. 선고 74도1114 전원합의체 판결, 1992.5.22. 선고 91도3219 판결, 2002.6.20. 선고 2002도807 전원합의체 판결 등 참조), 성형수술행위도 질병의 치료행위의 범주에 속하는 의료행위므로(대법원 1974.11.26. 선고 74도1114 전원합의체 판결 참조) 이러한 성형수술 과정에서 의사가 환자에게 침습을 가하는 경우에 대하여도 위와 같은 설명의무에 관한 법리가 마찬가지로 적용된다.

I. 개 설

현대사회에서의 의료는 의학적 기술과 이론이 적용되는 범위가 광범위하게 확대됨으로서 과거에는 비교적 의료의 목적이 명확하였으나 오늘날에는 어떤 행위가 의료인가 명확하게 그 개념을 정의할 수 없게 되있다는 점에 대해서는 앞에서 언급되었다. 나아가 우리 의료법에서도 의료인(의료법 제2조) 및 의료행위(의료법 제27조)에 관한 규정이 있을 뿐 무엇이 의료행위이고 나아가 의료행위의 범위와 관련한 명문의 규정이 없으므로 무엇이 의료행위인지에 대하여 구체적이고도 명확한 개념을 정의할 수 없는 어려움에 대해서도 지적하였다.

특히 산업화 도시화의 진전에 따라 과거에는 예측할 수 없었던 새로운 질병이 나타나고 있는 가운데, 보다 나은 생활을 염원하는 사람들의 욕구와 함께 불가피한 사고의 후유증 등으로 인한 정형 및 아름다움을 추구하기 위한 미용성형 수술 등이 일반적으로 행해지고 있는 가운데 이를 둘러싸고 많은 문제들이 속출하고 있는 실정이다. 특히 외적인 아름다움만을 강조하여 미용성형을 부추기는 언론과 기타 매체를 통하여 의료의 기술을 상품화하려는 조짐도 나타나고 있는 실정을 감안할 때 이에 관한 문제는 심각한 수준에 있음을 쉽게 예측할 수 있다. 오늘날에는 인터넷 등을 통하여 미용성형에 대한 정보를 쉽게 접할 수 있으며, 나아가 미용성형 시술을 상품화 한 광고들도 쉽게 접할 수 있는 환경에 있다는 점에서 이로 인하여 나타나는 의료분쟁은 한 개인의 문제이기보다는 사회문제로 확산되고 있다 할 수 있다.

따라서 미용 성형의료와 관련하여 나타나는 제반 문제점들을 살펴봄으로써 발생할 수 있는 사고를 예방할 수 있고, 사고의 발생 가능성을 최대한 줄일 수 있다는 점에서 이에 대한 검토가 필요하다.

II. 미용성형의 특수성

1. 미용성형과 의료

미용성형(Cosmetic Surgery)이라 함은 정상인이 자신의 용모를 보다 더 아름답게 보이기 위한 목적으로 행하는 시술을 포함하여, 신체의 일부가 기형이거나, 질병 기타 사고로 인하여 변형된 신체의 일부를 교정 내지 재건을 목적으로 전문지식을 바탕으로 현대 의학적 지식과 의사의 경험을 바탕으로 행하는 성형외과(Plastic, Reconstructive Surgery)의 의료로서, 뼈 · 관절 형태 이상과 기능장애의 교정 · 예방을 목적으로 하는 정형외과(Orthopedic Surgery)와는 구별된다.

질병 및 사고로 인하여 변화한 모습을 교정하는 성형외과와 정형외과가 의료행위에 포함된다는 것에 대하여 반론은 없겠으나, 건강하고 정상적인 사람이 자신의 외모에 인위적으로 변화를 가하는 미용성형시술은 논란의 소지가 있을 수 있다. 즉 미용성형 시술을 의료행위로 볼 것인가의 여부는 의료행위의 개념을 어떻게 파악할 것인가에 따라 달라질 수 있다. 의료를 치료목적에 비중을 두는 사고방식에 의하게 되면, 정상적인 모습을 아름답게 보이기 위한 시술은 치료라 할 수 없으므로 미용성형시술을 의료라 할 수 없게 된다. 그러나 이 경우에도 의학적 전문지식과 의사의 경험 및 의료 기술에 의하지 않을 경우에는 위험한 행위로서 방법적인 면을 중시한다면 일반 의료행위와 구별할 필요가 없게 된다.

의료에 대하여 행정적인 해석을 하는 경우에 수술용 칼, 봉합 바늘 등을 사용하여 피부이식, 여드름, 피부의 반점 주근깨의 제거 등을 행하는 행위, 귀걸이 등을 착용하기 위하여 귀에 구멍을 뚫는 것도 의료행위가 되며, 따라서 의사 아닌 자가 이 같은 행위를 할 경우에는 의료법위반이 된다.

그러나 미용성형수술로 눈, 코, 피부 등의 모습에 기인하는 정신적 부담의 감소 내지는 제거, 나아가 개인의 정신적 열등감을 제거할 수 있고, 또 삶의 기쁨을 가져올 수 있다고 하는 정신적인 면의 개선 등의 효과를 지적하면서 이를 적극적으로 의료행위(醫療行爲)라 주장할 수도 있다. 이 같은 주장은 일본에서 유방확대수술과 관련하여 구체적으로 나타나고 있다. "......사람들이 가진 정신적 불만을 해결하기 위한 목적으로 행하는 것으로, 이는 사회적으로 유용한 것으로 그의 존재가치를 인정해야 할 광의의 의료행위에 속한다...."[1]는 입장으로 이 같은 미용성형수술은 의료행위에 속한다는 입장이다. 그러나 이같은 시각에 대하여 종래 개인의료에서 사회의료로 이행하는 시기에 의료관념의 확대를 정책적으로 결정한 것으로 적극적으로 평가하려는 입장과, 일반적으로 의료행위에는 외과적 침습뿐만 아니라 내과적 약물복용에도 위험이 내포되어 있기 때문에, 시술 때 일어날 수 있는 위험이 현재 환자가 기지고 있는 질환의 전이에 의하여 발생할 수 있는 위험보다 적은 것이어야 하며, 아무런 이상이 없는 보통 형태의 유방에 대하여 단지 크게 하기위해 이 같이 위험한 시술을 하는 것은 의료라 볼 수 없다고 하는 비판도 있다.

그러나 의료행위라 함은 2002다48443판결에서 밝힌 바와 같이 의학적 전문지식을 기초로 하는 경험과 기능으로 진찰 · 검안 · 처방 · 투약 또는 외과적 시술을 시행하여 질병의 예방 또는 치료행위 및 그 밖에 의료인이 행하지 아니하면 보건위생상 위해가 생길 우려가 있는 행위를 의미하므로, 성형수술행위도 질병의 치료행위의 범주에 속하는 의료행위임이 분명하다.[2]

(1) 미용성형의 적법요건

1) 환자의 동의

미용성형수술에 관한 초기 판례는 '질병의 예방 또는 치료행위가 아니므로 의학상 의료행위에 속하는 것이라 할 수 없고, 치과의사는 물론 일반의사도 위와 같은

1) 東京地判 昭和 47 · 5 · 19, 刑裁月報 4巻 5號 1007頁, 判例タイムズ 280號 355頁; 피고 Y는 의사로서 H 정형외과의원에 의사로 종사하는 자인데, 昭和 42年 2月 A女(26세)에 대하여 유방확대시술을 위하여 동녀 좌우 흉부에 통상의 주사기로 바세린이라는 보전액을 RR 130cc을 주입하고 약 1개월 후 두 번째로 동 바세린을 각각 60cc주입한 직후 A는 기분이 불쾌하고 구토를 호소하여, 약 7시간 후 좌우 양 폐의 栓塞症으로 사망한 사건이다.

2) 대법원 2002.10.25. 선고 2002다48443판결.

미용성형수술을 그들 본래의 의료행위로서 실시하는 것이 아님이 명백하다 할 것인즉, 이와 같이 의료행위에 속하지 않는 미용성형수술을 행한 자에 대하여는 품위손상 행위로서 치과의사나 일반의사의 업무의 정지등 행정조치를 함은 별론이거니와 이 사건 미용성형수술이 오직 일반의사에게만이 허용되는 의료법 제25조 소정의 의료행위에 속하는 것이라고 단정할 수 없다는 취지에서' [3] 미용성형수술은 의료법제25조 소정의 의료행위가 아니라는 입장이었다. 이 같이 미용성형수술이 의료행위라고 볼 수 없는 입장에서 이에 대한 적법성은 피해자의 승낙(consent of the victim)에 대한 법리가 적용된다. 즉 범죄로서 위법한 법익침해라 하더라도 승낙능력이 있는 피해자가 승낙했을 경우에는 범죄의 구성요건에 해당하지 않거나, 해당한다 하더라도 위법성이 조각된다는 법리이다. 이는 로마법의 Volenti non fit injuria(동의하는 자에 불법은 없다)에 淵源하는데, 승낙은 법익의 주체가 부여하는 것을 필요로 하므로, 실제 개인이 법익의 주체인 경우에 한하게 되는 것이 보통이다.

그러나 현대사회에서는 개인의 법익에 대하여 국가의 관여가 많이 행하여지고 있는데, 따라서 피해자의 승낙이 있다하더라도 피해가 발생하는 경우 위법시하는 경향이 많이 나타나고 있다. 최근 사회적으로 문제가 되고 있는 신체에 문신을 하여 병역을 기피하려는 자해행위에 대하여 국가가 그에 대한 처벌을 하는 것이 그 예가 된다. 그러나 환자가 수혈을 위해 건강한 사람으로부터 수혈을 받는다거나, 화상환자의 피부이식을 위하여 건강한 사람의 피부의 일부를 절개하는 등, 그것으로부터 얻을 수 있는 이익이 보다 큰 경우에는 예외적으로 위법성 조각이 인정된다. 그러나 자살의 방조, 결투로 인한 상해, 채무불이행로 인한 違約罰로 가슴의 살을 도려내는 것 등과 같은 방법은 공서양속에 반하는 행위임은 말할 필요도 없다. 공서양속에 반하는 동의상해인가 하는 것이 문제가 되는 경우는 조직폭력배로부터 단지를 의뢰받은 의사가 단절수술을 하는 경우 혹은 성전환수술을 하는 경우 등이 이에 해당한다. 전자는 의사 윤리의 문제로 국한되겠지만, 후자의 경우 이 같은 시술도 미용성형수술이라고 해야 할 것인가는 우리 사회의 정서와도 관련되어 나타나는 문제이다.

그러나 최근에 대법원은 그 입장을 바꾸어 '피고인의 코 높이기 수술인 미용성형수술이 의료기술의 시행방법으로 행하여지고 또 코의 절개과정이나 연골의 삽입

3) 대법원 1972.3.28 선고 72도342판결.

봉합과정에서 미균이 침입할 위험성을 내포하고 있는 것이어서 이러한 코 높이기 수술의 방법 및 행위의 모습 등을 함께 감안하면 코 높이기 성형수술 행위도 질병의 치료행위의 범주에 넣어 의료행위가 되는 것으로 해석'[4]하여야 한다고 하여 의료행위를 보다 넓은 의미로 파악하고 있다.

2) 미용성형의 의료성

최근 대법원 판례에서는 미용성형수술을 의료행위의 일환으로 이해하고 있다. 그러나 미용성형수술을 의료행위가 아니라고 가정한다면, 피해자 승낙의 법리와 침습과의 관계를 어떻게 이해 할 것인가 하는 문제가 남게 된다. 즉 의뢰자의 승낙에 의한 침습이므로 의료과오의 경우에 과실상계를 인정하여야 하는가 하는 문제가 제기된다. 미용성형의 적법성이 문제가 되는 경우는 수술이 실패한 경우로서, 그 실패는 위험성이 있는 수술의 감행으로 인한 경우가 되는데, 피해자의 승낙의 법리에 따르게되면, 피해자의 승낙만이 위법성이 조각되므로 그 승낙의 범위를 넘은 결과에 대해서만이 위법성이 존재하게 된다.

반대로 미용성형시술을 의료행위라 한다면 피해자 승낙 법리를 적용할 필요 없이, 이같은 시술은 적법한 행위가 된다. 또 미용성형이 본래 치료행위에 해당하는 것인가는 별론으로 하더라도, 미용성형의 가치가 사회적으로 인정되고 있는 현실을 감안하면, 피해자 승낙의 법리에 의하지 않더라도 이를 의료행위로서 적극적으로 그 존재의의를 긍정할 수 있으며, 따라서 의료행위로서의 기술적 기준의 합치에 대한 엄격성이 요구된다. 의료행위이기 때문에 적법하다고 하더라도 피해자 승낙의 법리에 의하여 위법성이 조각되므로, 실질적으로 차이가 없는 것 같지만 다음과 같은 차이가 있을 수도 있다. 미용성형을 의료행위로 이해할 때, ⅰ) 의사 아닌 자에 의한 미용성형시술은 의료법위반이 되며, ⅱ) 의료법상 각종의 의무에 대한 책임을 지게 되며, ⅲ) 의사의 재량권이 인정되고, ⅳ) 시술에서 의료의 기술적 수준에 대한 합치가 요구된다.

따라서 수술용 칼과 봉합 침 등의 기구를 사용하여 쌍꺼풀, 언청이, 코 높이기, 피부이식, 여드름, 검버섯, 주근깨 등을 제거하는 행위는 의료행위로서, 의사의 자

4) 대법원 1974.11.26. 전원합의부판결 74도1114.

격이 없는 자에 의한 시술은 의료법 제25조에 의하여 의료법 위반이 된다. 이와 관련하여 눈썹 등 부위의 피부에 자동문신용 기계로 색소를 주입하여 문신을 하여 주는 행위의 경우, 작업자의 실수 등으로 진피를 건드리거나 진피에 색소가 주입될 가능성이 있으며 문신용 침으로 인하여 질병의 전염 우려도 있다고 하여 이를 의료행위라고 한 예[5])도 있다. 이렇게 본다면 기구를 사용하여 귀에 구멍을 뚫어 귀걸이를 장착시키는 행위도 의료법 위반이 되는가 하는 문제도 제기될 수 있다. 의료에서 침습이 적법성을 갖는 것은 의료를 목적으로, 의학상 일반적으로 승인된 방법에 의하고, 환자의 승낙이 있는 경우에 한한다. 이 가운데 환자의 승낙은 의사의 재량권과의 관계에서 문제가 되는데, 미용성형과 같은 영역에서는 이를 어떻게 취급할 것인가 하는 문제가 남는다. 단지 미용에만 목적이 있고, 반드시 수술을 필요로 하지 않는 경우, 의사의 진료거부와 관련하여, 진료행위의 긴급성과 설명 · 승낙의 필요성과의 관계를 어떻게 이해할 것인가도 문제가 된다.

이에 대하여, 대법원은 미용성형시술에 대하여 "의료행위라 함은 의학적 전문지식을 기초로 하는 경험과 기능으로 진찰, 검안, 처방, 투약 또는 외과적 시술을 시행하여 하는 질병의 예방 또는 치료행위 이외에도 의료인이 행하지 아니하면 보건위생상 위해가 생길 우려가 있는 행위를 의미 한다"고 하여 미용성형의 경우에도 의사는 적절한 방법에 의하여 치료의 방법 및 후유증에 대하여 설명하지 않으면 안된다는 입장이다.

(2) 미용성형의 특이성

미용성형은 질병의 치료 및 예방을 목적으로 하는 일반적 의료행위와 비교할 때 몇 가지 특이성을 갖는다. 즉 미용성형의 특이성으로는 의학적 필요성이 적은 것과 긴급성이 거의 없다는 점을 들 수 있다.

1) 미용성형의 의학적 필요성

성형수술은 복구성형, 교정성형 기타 미용성형이 포함 된다. 즉 미용성형은 정상적인 외모를 가진 피시술자의 추상적 이익을 위한 아름다움을 목적으로 행하는

5) 대법원 1992.5.22. 선고 91도 3219판결.

시술로서, 이와 관련된 것으로 성형외과(기형 등의 병적인 변형 등의 재건 및 교정 등)와 정형외과(뼈, 관절의 형태 이상과 기능장애의 교정 및 예방)의 시술과는 다르며, 의학적 필요성도 매우 적다. 즉 아름다워지고 싶어 하는 아름다움에 대한 동경과 보기 흉한 외형에 대한 근심에 대한 사람들의 정신적 불만의 해소를 목적으로 사회적 유용성이 인정되더라도, 상황에 따라서는 생명의 위험이 고려될 수도 있을 것이다. 이 경우 의사는 환자가 요구하는 미용성형시술을 거부한다 하더라도 진료거부가 되지 않으며, 또 시술로서 신체 기능을 해할 위험이 있을 때에는 그 자체의 시술을 거부하는 정당한 사유가 될 수 있을 것이다. 이와 관련된 사례는 찾아볼 수 없으나, 미용성형시술을 할 때에는 신체상의 구조, 생명 안전의 확보가 우선 고려되어야 함은 물론, 시술로 인하여 생리적 · 기능적 장애가 남지 않도록 유의하여야 한다. 또 시술로 인한 부작용 내지 장애를 피할 수 없는 경우에는 그 시술의 목적이 되는 미용내지 정형의 가치와 균형을 고려하여 시술의 범위를 정해야 한다.

2) 진료의 긴급성유무

미용성형은 정형외과 기타 일반의료 환자에서 볼 수 있는 것과 같이 방치하면 악화될 수 있는 질환이 아니므로 시술에 있어 긴급성은 거의 없다. 질병의 치료를 목적으로 하는 고유의 의료행위의 경우에 정도의 차이는 있으나, 긴급피난의 성질을 갖고 있으므로 Necessitas non habet legem의 법원칙의 사고방식에 의하여, 위험한 의료침습도 법익의 형평성을 잃지 않는 한 적법화 될 수 있다. 그러나 긴급성이 없는 미용성형은 긴급피난에 의한 위법성조각, 사무관리에 의한 민사책임에 대한 감경도 있을 수 없다. 오직 피술자의 승낙으로 의료침습의 적법성을 확보할 수밖에 없으며, 따라서 승낙에 의하지 않은 미용을 목적으로 한 의료침습은 모두 위법성이 인정된다.

따라서 미용성형에 있어서는 다른 진료보다 피술자의 승낙이 한층 더 중요성을 갖는다. 즉 쌍꺼풀 미용시술의 결과 그 시술이 피술자의 의뢰에 의한 경우, 시술에 따른 부작용은 의뢰자가 수인(受忍)하여야 한다. 또 사시교정시술을 행한 경우, 사시교정수술로서 일정 기간 안에 없어져야 할 사시증상에 대하여, 환자가 재수술을 위탁하지 않는 한 복시증상완화의 재수술을 하지 않아도 의사의 과실이라 할 수 없으며, 이 같은 경우 모두 피술자의 의사를 중요시하여, 그 범위에서 처치를 행한 의사에 대하여 과실을 인정할 수 없는 것이다. 다만 여기에서 피술자의 의사는 사태를 인식한 상태에서의 의사여야 하며, '장애의 발생을 피할 수 없는 경우 환자에게 이 같은 사정을 설명' 하고 환자로부터 승낙을 얻지 않으면 안 된다. 또 이로 인한 책임을 면하기 위해서 의사는 환자에게 그에 따른 합병증 등에 관해서도 충분하게 설명을 하지 않으면 안 된다.

또 미용성형시술은 긴급성이 없으므로, 사전에 각종의 진단을 신중하게 행하지 않으면 안 되며, 시술에 있어서도 그의 진행에 따른 예측 가능한 부작용의 가능성과 그 정도를 충분히 고려하여, 최대한의 신중함과 이에 따른 주위의무가 있으며, 일정한 장애가 있을 때에는 즉시 시술을 중단하고, 그 장애를 제거한 후에 다시 치료를 진행하는 등과 같은 분할방식 등도 고려하여야 한다. 미용성형은 다른 의료에 비하여 이 같은 것들이 가능하고 용이하기 때문에, 이에 요구되는 주의의무의 정도는 상대적으로 높아진다.

3) 진료의 감행성

질병의 치료를 목적으로 하는 일반 의료에서 승인된 요법을 실시해도 효과가 없고 기타 다른 방법이 없는 경우, 승인되지 않은 방법과 아직 확립되어 있지 않은 기술을 적용하더라도 그의 위험성은 긍정될 수 있으며, 환자의 생명을 유지하기 위하여 꼭 필요한 경우, 만약 수술의 결과 사망할 가능성이 높다 하더라도 이 경우에는 허용될 수 있다. 즉 뇌종양과 만성중이염에 걸린 진주종과 같은 치료의 경우, 기존의 요법에 의하여 죽음을 기다리기보다는 결과로서 약간의 뇌신경마비의 후유증이 나타날 위험성이 있더라도 수술을 감행하여 그 생명을 구하는 것이 타당하다.

2. 미용성형에서 의사의 주의의무

미용성형을 의료행위에 준하는 것으로 이해하더라도 본래 의료행위와 비교하여 볼 때 긴급성과 의학적 적응성은 부족하다. 그러나 의사에게 요구되는 주의의무는 고도의 주의의무가 요구되며 의사는 환자를 진단함에 있어 서도 고도의 주의가 요구된다. 의사로서 고도의 전문적 지식에 의하여 시술 여부를 신중하게 판단하고 시기 · 방법 · 범위 등을 충분하게 검토한 후에 당해 미용성형시술의 진행에 따라서 점차 예측가능한 결과 가능성과 그 정도 등을 충분히 고려하여 수진자에게 생리적·기능적 장해가 남지 않도록 신중함과 동시에 충분한 배려를 하지 않으면 안 된다.[6] 또 본인의 승낙은 신체에 대한 침습을 적법시하는 근거가 되지만, 시술의 여부는 의사의 직무로서 고도의 전문적 지식에 의하여 판단하고, 만약 본인이 강한 요구와 의지가 있다 하더라도 이에 따른 시술을 가볍게 결정하여서는 안 된다. 이는 치료불가능 내지 곤란한 예후의 증상에 빠지는 결과를 회피하기 위한 것으로, 이같은 가능성이 있을 때에 환자의 승낙이 있더라도 의사는 시술을 거부해야 한다.

의사는 성형시술이 성질상 긴급을 요하지 않고 성형시술을 하더라도 외관상 다소간의 호전이 기대될 뿐, 다른 한편으로는 피부이식수술로 인한 피부제공처에 상당한 상처로 인한 후유증이 발생할 가능성이 있음을 고려하여 수술전에 충분한 검사를 거쳐 환자에게 수술 중 피부이식에 필요하거나 필요하게 될 피부의 부위 및 그 정도와 그 후유증에 대하여 구체적으로 설명을 한 후에 동의를 얻어 시술에 임해야 할 업무상 주의의무가 있으므로, 이에 의하지 아니하고 막연하게 두피 이동시술 및 식피술 등의 시술에 관한 동의만 받았을 뿐 양 대퇴부의 피부이식에 대한 내용 및 그 후유증에 대하여 구체적으로 설명하지 아니하고 시술에 이르렀다면 피해자가 입은 상해는 의사의 위와 같은 주의의무를 다하지 아니한 과실에 의한 것이라는 법원의 판결이 있다.[7]

이 때 주의의무의 정도는 결과 예견의무와 위험회피의무가 포함되며, 특히 의료에서 의사의 주의의무는 단순히 심리적인 것뿐만 아니라, 일정한 지식과 기술을 가지고 있을 것을 요한다. 즉 환자를 치료하는 의사가 부담하는 주의의무는 통상의 의사 또는 평균적으로 의사가 가져야 할 의학상의 지식과 기술에 의한 주의가 그 기준이 된다. 이 같은 주의의무의 구체적인 기준은 의학의 수준에서 찾아야 한다. 그리고 이에 영향을 미치는 제반사정으로는 의사의 경력, 신분, 지위, 전문분야 등 개인적 조건과 진료지, 진료시각, 응급상황 등과 같은 진료환경조건, 진료방법의 재량성이나 단행성, 의료행위의 특수성 및 의료과정에서의 의사의 성의(誠意) 유무와 같은 정신적인 조건 등도 고려되어야 한다.

---

6) 대판 1994.4.26. 선고 93다5930판결.
7) 대법원 1987.4.28. 선고 86다카1136판결, [집 35(1) 민, 331 ;공987. 6. 15(802), 873].

3. 미용성형에서 의사의 설명의무

의료행위는 의학적 전문지식을 기초로 경험과 기능 등으로 진찰 · 검안 · 처방 · 투약 또는 외과적 시술을 시행하여 질병의 예방 및 치료하는 행위로서 의료인이 행하지 아니하면 보건위생상 위해가 생길 우려가 있는 행위를 말한다.[8] 성형수술도 질병 치료의 범주에 속하는 의료행위로서[9] 성형시술과정에서 의사가 환자에게 침습을 가하는 경우에는 설명의무에 관한 법리가 적용된다. 즉 환자를 위한 의료의 성공적인 실현을 위하여 의사는 환자 자신의 최종결정권(자기결정권)을 존중하여야 하고, 환자의 동의 없는 의료행위는 불법행위를 구성하게 된다. 따라서 환자의 동의를 얻기 위한 전제로서 의사의 충분한 설명이 없이 행하는 의료행위는 위법성을 갖는다. 일반적으로 의사는 환자에 대하여 의료행위를 행함에 있어 환자가 당해 의료를 받을 것인가 여부의 판단 내지 결정을 위한 전제로서 i) 질병의 종류와 정도 및 그 원인, ii) 당 의료행위를 택하게 된 이유와 그에 대한 구체적인 내용, iii) 당해 의료행위를 통한 치유가능성, iv) 당 의료행위로 나타날 수 있는 위험, v) 당 의료행위 이외에 대체의료행위의 존부 및 당 의료행위에 의하여 나타나는 결과, vi) 당 의료행위 및 대체 의료행위를 수용하지 않을 경우에 나타날 수 있는 가능성 등을 당시 의료수준에 비추어 가능한한 구체적으로 설명해야하며, 이 같은 의사의 설명은 미용성형의 경우에도 예외가 될 수 없다. 특히 낙관적인 미용성형의 광고 기사 등으로 의뢰자가 이미 알고 있는 오해와 과도한 기대를 해소하기 위한 설명은 매우 중요하다. 따라서 의사가 환자에게 당해 수술의 한도와 수술 후에 일어날 수 있는 합병증 및 그 위험성에 관하여 기재한 서면 등을 제시하는 것도 하나의 방법이 될 수 있으며, 이 때 자간, 행간, 문자의 크기 등도 의뢰인의 입장에서 고려하여 명확하고 이해하기 쉽도록 기재하여야 한다. 또 의뢰인이 이해하지 못할 때에는 구두 및 사진 등으로 충분한 설명을 하지 않으면 안 된다.

---

8) 대법원 1974.11.26. 선고 74도1114 전원합의체판결, 1992.5.22. 선고 91도3219판결, 2002.6.20. 선고 2002도807 전원합의체 판결.

9) 대법원 1974.11.26 선고 74도1114.

III. 소 결

의료의 목적은 질병으로부터 환자를 치유하거나 고통을 감소시켜 환자를 건강한 상태로 복귀하게 하는 것을 그 목적으로 하나, 미용성형은 의학적 적응성과 의학적 필요성이 비교적 적기 때문에 환자의 생명유지와 건강의 회복 내지 증진을 1차 목적으로 하는 의료 본래의 목적과는 달리 특이성이 존재한다. 그렇다고 미용성형을 의료가 추구하는 본래의 목적이 아니라 가정한다면, 정상적인 형태와 기능을 가지고 있는 건강한 신체에 대한 침습의 적법성의 근거를 어떻게 구할 것인가 하는 문제가 남는다. 이 같은 미용성형 시술을 의료행위로 볼 것인가의 여부는 의료행위의 개념을 어떻게 파악할 것인가와 관련한 문제로서, 의료행위를 치료목적에 중점을 두는 경우에, 정상적인 모습을 아름답게 보이기 위한 미용성형은 의료라 할 수 없게 된다. 반대로 성형시술은 의사의 의학적 지식을 기초로 하여 경험과 기술에 의하지 않을 경우 위험을 초래할 수 있는 행위로서 그 방법적인 면을 중시할 경우 기타 의료행위와 구별할 필요가 없게 된다.

그러나 미용성형시술에서의 의료 과오라는 관점에서 당 행위의 목적여부가 아니라 미용성형의 이름으로 행하여지는 대부분이 신체의 침습을 다소 동반하게 되므로, 의뢰인의 신체 · 생명의 안전 및 이익보호를 위하여 의료인으로서의 최선의 노력을 하지 않으면 안된다. 미용성형 의료에서 의사는 환부의 조직과 장기의 일부에 그 초점을 맞추는 것이 아니라 인간으로서의 환자로 대하여야 한다는 시각에서 '사회 의학적 적응'이라는 개념을 받아들이지 않으면 안 된다. 실제 눈 쌍꺼풀, 언청이 시술, 콧날 세우기 시술, 반흔박리(瘢痕剝離), 식피(植皮), 식모(植毛) 나아가 여드름, 모반, 검버섯 등의 제거를 위하여 약품을 도포하는 등의 행위는 모두 당 행위를 할 때에 의사의 의학적 판단과 기술이 아니면 신체에 위해를 가져올 우려가 있는 행위이며 기구를 사용하여 귀에 구멍을 뚫어 귀걸이를 장착하는 행위, 모근에 침을 삽입하여 전기를 통하게 하여 모근부를 파손하는 방법으로 행하는 탈모술 등은 위생상 위험성이 있으므로 의료행위가 된다. 또 미용성형은 사람들이 아름다워지고 싶어하는 아름다움에 대한 동경과 추악함에 대한 근심이라고 하는 사람들의 정신적 고통의 해소를 그 목적으로 하는 소극적 의미의 의료행위로서 사회적으로 유용한 것이며 그 가치를 인정해야 한다는 점에서 넓은 의미에서의 의료행위이다.

이 같은 시각에서 볼 때 의사가 성형 시술할 때에는 고도의 주의의무가 요구되며, 의사는 고도의 전문적 지식에 입각하여 시술 여부 등을 신중하게 판단하고, 그 시기 · 방법 · 범위 등을 충분하게 검토한 후 당해 미용성형 시술에 있어서 그 진행에 따라 예측 가능한 결과 및 가능성과 정도 등을 충분히 고려하여 의뢰자에게 생리적 · 기능적 장애가 남지 않도록 신중함과 동시에 시술 후에도 충분한 배려를 하여야 할 주의의무가 있다.

제 **4** 장

의약품의 사용과 법률상의 제 문제

중요판결

감기약 '콘택600' 사건

- 대법원 2008. 2. 28. 선고. 2007다52287판결 -

사건의 주요내용

환자는 서울 은평구에서 간이주점을 운영하고 있는데, 2003년 12월 2일 새벽 술을 마시다가 뇌출혈로 쓰러져 서울 ○○병원으로 응급 후송되어 2003년 12월 2일 병원에 도착한 이후 병원 의료진이 환자에 대하여 응급 개두술을 시행하였으나 심한 뇌출혈과 뇌부종으로 인하여 환자는 2003년 12월 9일 사망하였다.

원고의 주장

• 제약사에 대한 주장

의약품을 제조하여 판매하는 제약회사는 소비자의 기대수준에 비추어 기대 가능한 범위 내의 안전성을 갖춘 의약품을 공급할 의무가 있고, 약사법에 의하더라도 국민보건에 위해를 끼칠 염려가 있는 의약품을 제조하지 않을 의무가 있으며, 의약품의 위험성이 발견되는 경우, 위험성을 방지하기 위하여 소비자들에게 합리적으로 설명, 경고를 하고, 다른 대체 의약품이 있는 경우 위험한 의약품의 제조, 판매를 중지하고 대체 의약품을 제조해야 할 의무가 있다.

제약회사는 2000년 11월 9일 식품의약품안전청으로부터 PPA함유 의약품의 제조, 판매를 자발적으로 중단하여 달라는 통지를 받았으므로, 그 무렵 PPA성분이 출혈성 뇌졸중의 발생을 증가시킨다는 위험성을 알고 있었음에도 그 같은 위험성에 대하여 적절한 조치를 취하지 않은 과실이 있다. 따라서 제약회사는 이 같은 과실로 환자가 콘택600을 복용하고 출혈성 뇌졸중으로 사망하였으므로 제약회사는 불법행위책임이 있으며, 과실이 없다 하더라도 제조물책임법상의 제조 · 판매자의 책임으로 환자 및 원고들이 입은 손해를 배상하여야 한다.

소비자보호법에 의하여 사업자는 소비자에게 제공한 물품 등의 결함으로 소비자의 생명, 신체 등에 위해를 끼치거나 끼칠 우려가 있는 경우, 당해 물품 등을 수거, 파기 등 필요한 조치를 취할 의무가 있으며, 제약회사는 국내외 연구결과 및 식역청의 권고 등을 통해 2000년 5월 PPA함유 의약품인 콘택600이 위험성을 인식하고도 콘택600을 계속적으로 제조하면서 수거, 파기하지 않은 위법행위를 하였다.

제약회사는 콘택600을 제조 · 판매함에 있어 "본 제품은 재정경제부고시에 의거 보상을 받을 수 있습니다"라고 표시하였고, 원고들의 이와 같이 표시된 콘택600을 구입함으로서 원고와 제약회사 간에는 콘택600을 정상적으로 사용할 경우에 아무런 해를 끼치지 않는다는 것을 보증한다는 취지의 보증계약이 성립하였다 할 것이므로 제약회사는 환자와 원고들이 입은 손해를 배상할 의무가 있다.

• 국가에 대한 주장

식약청은 외국에서 PPA함유 의약품의 위험성을 알고 그 제조, 판매를 금지하였음에도 PPA함유 의약품인 콘택600을 '오 · 남용 우려 의약품'으로 지정하지 않았고, '국민보건에 위해를 끼칠 염려가 있는 의약품 등의 제조'를 금지한 약사법 제56조 제11호를 위반하여 국민보건에 위해의 위험이 있는 콘택600의 제조, 판매를 허용한 과실이 있다. 또 미국 식품의약품안전청(FDA)에서 정한 기준인 1일 최대 75mg 복용금지 기준을 위반하여 1일 최대 복용량 100mg을 초과하지 않는 콘택600의 유통을 허용하여, 소비자보호법상 소비자들을 위한 위해방지의무를 해태하였고, 소비자의 생명, 신체에 위해를 끼칠 염려가 있는 콘택600에 대한 수거, 파기 등의 조치의무를 이행하지 않은 잘못이 있다.

식약청은 PPA가 출혈성 뇌졸중의 위험성을 증가시킨다는 예일대 연구 이후 PPA함유 감기약인 콘택600에 대하여 적절한 조치를 취하지 않았으며, 식약청이 약사법과 소비자보호법에서 요구되는 적절한 조치를 하였더라면 환자는 콘택600을 복용하지 않았을 것이고, 환자가 출혈성 뇌졸중으로 사망하지 않았을 것이다. 따라서 식약청의 약사법,

소비자보호법의 위반행위는 국가배상법 제2조 '공무원이 그 직무를 집행함에 있어 고의 또는 과실로 법령에 위반하여 타인에게 손해를 가한 경우'에 해당하므로 국가는 불법행위책임으로서 환자와 원고들이 입은 손해를 배상하여야 한다.

대법원의 판단

의약품은 일반적으로 합성화학물질로서 사람의 신체 내에서 화학반응을 일으켜 질병을 치유하는 작용을 하는 한편 정상적인 제조과정을 거쳐 제조된 것이라고 하더라도 본질적으로 신체에 유해한 부작용이 있다는 측면을 고려해야 한다. 합성 교감신경흥분제인 페닐프로판올아민(Phenylprophanolamine) 함유 일반의약품인 감기약 '콘택600'을 복용한 사람이 출혈성 뇌졸중으로 사망한 사안에서, 그 제조 및 공급 당시의 페닐프로판올아민과 출혈성 놔졸중의 상관관계에 관한 연구 결과와 기술 수준 및 경제성 등에 비추어 위 감기약이 이를 복용하였다가 피해를 입은 소비자에 대하여 불법행위를 부담하게 할 정도의 설계상의 결함이 있다고 보기 어렵다. 제약회사 등이 합리적인 설명, 지시, 경고 기타의 표시를 하였더라면 당해 제조물에 의하여 발생될 수 있는 피해나 위험을 피하거나 줄일 수 있었음에도 이를 하지 아니한 때에는 그와 같은 표시상의 결함에 대하여도 불법행위로 인한 책임을 인정할 수 있고, 그와 같은 결함이 존재하는지에 대한 판단은 제조물의 특성, 통상 사용되는 사용형태, 제조물에 대한 사용자의 기대의 내용, 예상되는 위험의 내용, 위험에 대한 사용자의 인식 및 사용자에 의한 위험회피의 가능성 등 여러 사정을 종합적으로 고려하여 사회통념에 비추어 판단하여야 한다.

합성 교감신경흥분제인 페닐프로판올아민 함유 일반의약품인 감기약 '콘택600'을 복용한 사람이 출혈성 뇌졸중으로 사망한 사안에서, 사용설명서에 부작용으로 출혈성 뇌졸중이 표시되어 있고, 병력이 있는 환자 등에게 투여하지 말라는 등의 지시사항이 기재되어 있는 점에 비추어 위 의약품에는 표시상의 결함이 없다. 또 '콘택600' 포장지에 제조자가 기재한 보상관련 문구인 "본 제품은 재정경제부 고시에 의거 보상을 받을 수 있습니다"는 위 감기약의 소비자와 제조자 사이에 보상합의가 이루어지지 않을 경우 구 소비자보호법 및 그 하위 법령 등에서 정한 절차와 보상기준에 따라 피해구제를 청구할 수 있음을 안내하는 의미를 가질 뿐, 그 제조자가 소비자들에게 위 감기약을 정상적으로 사용할 경우 아무런 해를 끼치지 않는다는 것을 보증하고 사고 발생시 무과실책임을 부담하겠다는 의사표시로 볼 수 없다.

소비자의 생명 · 신체의 안전에 위해를 끼치거나 끼칠 우려가 있는 의약품에 대한 의약품에 대한 국가기관의 책무 또는 조치권한 등을 정한 구 소비자보호법(2006. 9. 7. 법률 제7988호) 및 구 약사법(2007. 4. 11. 법률 제8365호)의 규정들이 오로지 공공일반 또는 국민 전체의 이익을 도모하기 위한 것이 아니라, 부수적으로라도 사회구성원 개인의 안전과 이익을 보호하기 위하여 설정된 것이라 보더라도, 의약품의 제조 · 공급 당시 페닐프로판올아민과 출혈성 뇌졸중의 상관관계에 관한 연구 결과 및 이에 따른 식품의약품안전청이 취한 조치의 내용 등에 비추어, 위 사고 당시 국민의 생명, 신체, 재산 등에 대하여 절박하고 중대한 위험상태가 발생하였거나 발생할 우려가 있음에도 식품의약품안전청 공무원 또는 소비자 문제 소관 행정기관의 공무원이 그 위험을 배제하기 위하여 관계법령에서 정한 조치를 취하지 아니한 과실이 있다고 할 수 없다.

I. 개 설

페닐프로판올아민(PPA: phenylpropanolamine)[1]성분이 함유된 일반 의약품인 '콘택600' 을 복용한 사람이 출혈성 뇌졸중으로 사망한 사건에서 대법원은 "의약품 제조업자 등이 합리적인 설명, 지시, 경고 기타의 표시를 하였더라면, 당해 의약품에 의하여 발생할 수 있는 피해나 위험을 줄일 수 있었음에도 이를 하지 아니한 때에는 표시상의 결함(지시 · 경고상의 결함)으로 불법행위로 인한 책임을 인정할 수 있고, 그 같은 결함의 존재여부에 대한 판단은 의약품의 특성, 일반적으로 사용되는 사용형태, 의약품에 대한 소비자들의 기대 내용, 예상되는 위험의 내용, 위험에 대한 사용자들의 인식 및 사용자에 의한 위험회피 가능성 등 여러 사정을 종합적으로 고려하여 사회통념에 비추어 판단하여야 한다"[2]고 하면서 합성 교감신경흥분제인 페

1) 이는 식욕억제제, 코 막힘을 풀어주는 충혈완화제 등으로 사용되는 물질로, 세계적으로 50년 이상 체중감량제로 흔히 사용되었던 물질로써 1996년 미국 예일대 연구팀이 출혈성 뇌졸중 유발 가능성을 제기하면서 이미 의학계에서는 PPA함유 의약품의 판매를 금지하여야 한다는 주장이 여러 차례 제기되어 왔었다(Phenylpropanolamine & Risk Hemorrhagic Stroke; Final Report of the Hemorrhagic Stroke Project, May 10, 2000참조).

2) 대법원 2008.2.28. 선고2007다52287판결.

닐프로판올아민 함유 일반의약품인 감기약 '콘택600'이 소비자에 대하여 불법행위책임을 부담하게 될 정도의 설계상의 결함이 있다고 보기 어렵다는 입장을 밝혔다.

의약품과 관련하여 나타나는 법률문제는 의약품이 하나의 상품으로서 대량으로 생산되고 약학 기술에 편승하여 환자들에게 대량으로 투약되기 시작하면서 부터이다. 의약품은 합성화학물질로 구성됨으로서 신체 내에서 화학반응을 일으켜 질병을 치유하고 건강을 보전시키는 작용을 하는 그 이면에는 치유부문 이외의 신체부분에 대해서 유해한 측면이 있다는 점이 문제가 된다.[3] 결국 의약품에는 아직 밝혀지지 않은 부작용이 있을 수 있으며, 이로 인한 피해는 전국적 또는 전 세계적으로 광범위하게 의약품이 사용된다는 점을 고려할 때 짧은 기간 안에 많은 피해를 야기할 수 있다는 점에서 문제의 심각성이 있다.

의약품은 질병에 대한 유효성과 부작용의 성질, 정도를 비교 형량(衡量)하여 그 결과에 따른 가치판단에 의하여 의약품으로 인정되게 된다는 점에서, 전 임상시험(물리화학적 시험, 동물시험)과 임상시험(인체시험)에 의하여 시판후의 부작용을 완전하게 예측함에 있어 한계가 있다. 의약품은 임상 전 및 시판 후에 이르기까지 엄격한 규제 하에 있고, 의료용 의약품(의약품 전체의 80%)은 의사에 의하여 사용되고 있으며, 일반의약품도 약국 등에서 약사의 관리 하에 판매되고 있는데, 특히 의약품은 물건(의약품)과 정보(설명서 등)가 일체되는 경우에 그 존재가 인정되게 되는데, 그 가운데 정보 특히 지시 · 경고는 매우 중요하다. 의약품의 유효성과 안전성의 확인은 사용량, 사용기간, 사용방법 등 일정한 조건을 전제로 하며, 이 같은 것을 일탈하여 건강상의 피해를 야기하는 경우에는 의료과오 및 의약품 부작용으로 인한 피해를 가져오게 된다. 따라서 유해한 부작용을 야기하는 의약품을 제조한 자의 법적책임을 생각하지 않을 수 없음에도, 지금까지 직접적으로 의약품으로 인한 피해로 인한 소송의 예는 찾아 볼 수 없었으며, 최근 2008. 2. 28. 선고 2007다52287판결이 가장 대표적인 의약품의 결함과 관련하여 제조자의 책임을 물었던 첫 번째 소송이

3) 金吳數, 의약품제조자의 민사책임, 재판자료 제27집, 법원행정처, 1985, 250면; Schwartz, V. E., A Products Liability Primer, 33 American Trial Lawyer Journal 64, 1970.

4) 식약청이 제약업체를 대상으로 KGMP 이행실태를 조사한 결과, 원료 등 시험미실시 17건, 제조관리기록서 미작성 3건, 제조관리, 위생관리, 품질관리기준서 미준서 4건, 제조지시서 미준서2건, 청정도 관리 미실시 및 작업실 기준미달 3건, 허가 이외의 효능 · 효과 기재 등 표시기재 위반 2건등으로 나타났다(조선일보,「제약사 품질관리기준 위반 무더기 행정처분」 제하의 기사, 2001. 1 19).

다. 물론 이전에도 의약품의 제조와 관련하여 내재된 위험에 대한 언급은 있었으며,[4] 외국에서는 제약회사들의 약품제조방식의 문제로 인한 리콜 등이 있었는데,[5] 그 하나의 예로서 미국의 FDA는 항전간제인 "조미사이드 제제"와 관련하여 동 제제의 미국 내 제조업자인 엘란사에 동 제제를 복용할 경우 어린이는 소한증을 일으킬 위험이 있다는 경고를 라벨에 기재하도록 한 예가 있으며,[6] 호주에서도 식물비타민(herbal vitamin)제조회사인 '팬 파머슈티콜'의 제품 219종에 대하여 리콜을 하고 이 회사의 제조면허를 6개월간 정지시키는 등의 조치를 취한 예가 있다.[7] 이하에서는 의약품의 사용과 부작용에 의한 법률문제를 어떻게 해결할 것인가를 살펴보도록 하겠다.

II. 의약품의 결함과 유형

의료용 의약품은 환자의 질병을 전제로, 건강을 유지 증진시키거나, 질병의 회복을 위하여 의사 또는 약사 등에 의하여 치료 등의 목적으로 사용되는 물질로서, 원칙적으로 의사 또는 의료기관에서 진료상의 필요, 질병에 대한 유효성을 판단하여 투약 공급되게 된다. 따라서 의약품은 의약품제조업자로부터 직접적으로 소비자인 환자에게 제공되지 않는다는 점에서 일반 상품의 경우와는 다른 유통구조를 갖는다.

나아가 의약품은 약제라는 일반적 특성을 가지며, 이에는 부작용이 반드시 수반되게 되는데, 이를 예측하면서도 그 사용량, 방법, 시기 등에 따라서는 환자에게 유용하다는 특성이 있어 의약품으로서의 가치를 가지며, 최대 효용의 발휘는 대개 사용자인 의사의 재량적 판단에 의존하게 된다. 따라서 의약품에 관하여 그 결함의 개념 내지 그 증명문제를 검토하기 위해서는 의약품이 가지는 이 같은 작용의 양면성과 그 사용에 있어 의사가 개입되어 있다는 사실을 고려하지 않으면 안 된다.[8]

---

5) 연합뉴스, 2002. 5. 19.

6) newsmp@newsmp.com.

7) 중앙일보, 「사상최대규모 의약품 리콜사태」 제하의 기사, 2003. 4. 29.

8) 제약회사와 의료기관은 환자의 건강 유지 · 증진이라는 목적을 위해 직접적 관련이 있으나, 제약회사는 의약품의 제공자로서, 의약품에 관하여 의사에게 적절한 지시 · 경고를 해야 하고, 의료기관은 첨부된 설명서를 기준으로 환자의 상황에 대하여 의약품을 통하여 나타나는 최소의 부작용으로 최대의 치료효과를 기해야

1. 의약품 결함의 개념

우선 의약품의 결함에 대한 개념을 도출하기 위하여 제조물책임법[9] 제2조의2의 내용을 잠시 살펴볼 필요가 있다. 동조에서, '결함'이라 함은 당해 제조물에 다음 각목의 1에 해당하는 제조 · 설계 또는 표시상의 결함이나 기타 통상적으로 기대할 수 있는 안전성이 결여된 것을 말한다고 하면서 세 가지의 결함에 대하여 규정하고 있다. 즉, '제조상의 결함', '설계상의 결함', '표시상의 결함'이 그것이다. 의약품의 결함으로 인한 피해에 대한 책임의 소재를 밝히기 위해서도 결함의 개념은 매우 중요하고도 핵심적인 내용이 된다. 왜냐하면 결함의 개념을 어떻게 정의하느냐에 따라서 그 책임의 소재와 범위가 밝혀지기 때문이다. 특히 의약품의 경우 사회적 효용은 의약품이 가진 유용성과 유효성, 그리고 그 부작용과의 상관관계에서 상대적으로 평가되는 특수성으로 인하여 의약품의 결함에 대한 개념정의는 더욱 어려울 수밖에 없다. 그럼에도 제조물책임법 제2조 규정의 불명확성으로 인하여 그 개념을 도출하기에는 어려움이 따른다. 따라서 제 외국의 입법 예를 살펴보면서 그 개념 정의를 하여야 할 것 같다.

미국에서는 Restatement of Torts (2d) 402 A,[10] comment (i)에서 "상품의 결함은 이용자 또는 소비자에 대하여 부당하게 위험한 상태(...in a defective condition unreasonably dangerous...)에 있는 경우"[11]라 하고 있다. 독일에서도 약사법 제84조의 위험책임(Gefährdungshaftung)에 의하여 i) 의약품을 규정에 따라 복용하였음에도 불구하고 의학적으로 인정되는 한계를 넘어 유해한 반응이 있거나, ii) 또

하며, 따라서 여기에서 제약과 의료의 책임분담의 문제가 나타난다. 이 같이 양자의 관계를 고려하면 의약품의 결함은 품질확보의 결여와 그 효능에 있어 지시를 제대로 하지 않은 것과 관련짓지 않으면 안 된다.

9) 2000년 1월 12일 법률 제6109호.

10) Restatement of Torts 2d, §402 A(Special liability of seller of product for physical harm to user or consumer)의 내용은 다음과 같다. (1) One who sells any product in defective condition unreasonably dangerous to the user or consumer or to his property is subject to liability for physical harm thereby caused to the ultimate user or consumer, or to his property, if (a) the seller is engaged in the business of selling such a product, and (b) it is expected to and does reach the user or consumer without substantial change in the condition in which it is sold. (2) The rule stated in subsection(1) applies although (a) the seller has exercised all possible care in the preparation and sale of his product, and (b) the user or consumer has not bought the product from or entered into any contractual relation with the seller.

그 원인이 개발 또는 제조과정에서 발생하였을 때, iii) 의학지식에 적합하지 않은 표시 또는 지시에 의하여 손해가 발생한 때에 의약품 제조업자는 과실책임이 있다는 입장이다.[12] 이 같은 내용들을 종합해 보면, 의약품에서의 결함이란 당해 의약품의 사용으로 환자에게 부당한 위험을 가져올 때(unreasonably dangerous to the user) 의약품에 결함이 있다고 할 수 있을 것 같다.

이와 같이 의약품은 앞에서 이미 언급한 것과 같이, 의약품이 가지고 있는 부작용 그 자체를 결함이라 단정하는 것은 의약품의 특성을 고려하지 않은 판단이므로 이는 타당하지 않다. 의약품은 첨부된 문서에 의하여 그의 작용과 반작용의 관계를 의사가 신중하게 선택하고 이를 비교 형량(衡量)하여, 그의 유용성의 평가가 우위를 차지하게 될 때 의약품으로서의 가치를 갖게 된다. 이에 의하여 치료의 성부를 결정하게 되고, 나아가 그 효과를 기대하게 되는 것으로, 의약품의 효용과 환자의 체질 등을 고려하여, 첨부된 문서의 지시·경고의 적절성이 의약품의 결함과 직접적인 관련성을 갖게 된다. 따라서 의약품의 결함은 다음과 같은 경우에 존재한다고 할 수 있다. 우선 의약품에 관한 설계·품질 등에 대하여, 객관적인 성능이, 의약품의 효용을 넘어, 건강의 증진 등에 역작용을 할 때, 즉 질적인 부담을 주는 요인을 갖는 의약품은 결함이 있다 할 수 있다. 이와 같이 품질의 확보에 있어서 불충분한 것을 결함으로 단정할 수 있겠으나, 문제는 의사의 판단과, 환자의 승낙(이 경우에는 위험의 인수라는 새로운 문제가 발생한다)에 의하여 시용된다는 점을 고려할 때, 단순히 위험성이 유용성을 상회한다는 비교만으로 이를 결함이라고 단정하는 것도 문제가 있다. 이 경우에 판단의 기준은 의료에 있어 임상의학의 실천에 따른 의료의 수준으로 하게 되는데, 의약품에서는 약사법등의 규정을 준수하는 외에 그 당시 최고의 의학, 약학 등의 학문적 기술수준이 기준이 되어야 하며, 최대한 위험의 발생이 없도록 하여야 하고, 이 같은 것을 충족하지 않음으로 인하여, 의약품이 일반적으로 가지고 있어야 할 안전성이 결여된 상태에 있을 때에는 의약품에 결함이 있다고 할 수 있다.

11) Restatement of Torts (2d) §402 A comment i에서 부당하게 위험한 상태를 다음과 같이 설명하고 있다. "The article sold must be dangerous to the extend beyond that which would be contemplated by the ordinary consumer who purchases it, with the knowledge common to the community as its characteristics".

12) Erwin Deutsch, Arztrecht und Arzneimitterecht, Springger-Verlag, Gefährdungshaftung wegen Arzneimittel- Herstellung, §84 S. 2 ziff. 1 AMG, S.421.

또 의약품의 효용은 주작용과 부작용의 상관관계에 의하여 결정되며, 이는 정보의 제공을 포함하여 첨부된 문서에 의한 지시 · 경고에 의하여 구체화 된다. 따라서 의약품의 효용과 관련하여 부작용을 줄일 수 있는 것은, 의약품에 첨부된 문서에 의하여 제공된 지시 · 경고 내용의 적절성과 관련하여 구체화된다. 따라서 의약품에 대한 지시 · 경고를 제대로 하지 않았거나, 그 내용이 누락되거나 불충분한 경고는 의약품 자체의 효용을 발휘하고 실현을 방해한다는 의미에서 결함이 있다고 할 수 있다. 이 같은 것은 의약품이 가지는 특수성에 기인하며, 나아가 제조업자들이 개발하여 판매한 의약품에 관하여 제조업자들이 전문적 지식과 기술을 독점하고 있으며, 개발 · 제조판매과정을 배타적으로 지배하고 있다는 점을 고려할 때 이는 당연한 판단이라 할 수 있다.

2. 의약품 결함의 유형

의약품의 결함과 관련하여 그 유형을 다양하게 분류할 수 있으나, 여기에서는 의약품의 결함과 관련하여 제조상의 결함, 경고상의 결함, 개발도상의 결함을 중심으로 살펴보겠다. 일반 제조물에 대하여는 디자인의 결함도 한 유형으로 파악하고 있으나 의약품에서는 아직 그 유형을 찾아볼 수 없고, 예측하기에도 어려움이 있으므로 이에 대해서는 생략하기로 한다.

(1) 제조상의 결함

의약품 제조상의 결함이라 함은 의약품의 제조과정에서 발생하는 결함으로, 제조공정 과정의 문제를 포함하여 시험 및 검사의 불충분 등으로 인하여 나타난다. 의약품의 경우 제조 과정에서 이물질이 들어가거나, 제품 자체에 유해한 성분이 포함되는 경우 등이 이에 해당한다. 식품의 경우 불순물(contamination)이 들어가거나, 조악품(粗惡品, adulteration), 부패한 제품을 제조한 것이 이에 해당하며, 의약품의 제조에서는 그 제조방법에 따르지 않고 제조된 의약품[13]의 경우 제조상의 결함이 있게 된다.

---

13) Richard A. Epsten, Modern Products Liability Law, Quorun Books, 1980, at 68.

(2) 경고상의 결함

의약품 경고상의 결함에 대하여는 다음과 같은 경우에 논하여 진다. 즉 i) 의약품을 사용할 때 숨겨진 위험과 유해성에 대한 경고 및 표시의 누락, ii) 의약품의 사용에 있어 숨겨진 위험과 유해성에 대한 '적절' 한 경고의 해태, iii) 제품의 안전사용을 위한 적절한 '지시' 의 해태 등이다. 그러나 의약품에서 경고상의 결함은 의약품 자체의 유통과정에서 적절한 사용방법 및 지시가 타당하게 이루어 졌는가 하는 점을 중점적으로 생각할 수 있다. 의약품은 적절한 사용방법(투여량, 기간 등)이 지시되어야 하고, 의약품으로 인한 부작용 등 신체에 유해한 반응 등이 있는 의약품에 대하여, 의약품 제조자는 당 의약품을 처방하는 의사, 약사 등에게 엄격한 경고가 이루어지지 않으면 안 된다. 따라서 의약품의 사용에 대하여 경고 · 지시를 제대로 하지 않았을 경우에 결함이 있다고 할 수 있다. 이 때 적절한 경고에 대한 판단은, 의약품 제조자가 의약품을 시장에 유통시킨 시점에서 원고가 입증하여야 한다. 이 같은 원칙은 결함의 입증책임의 문제로써 일반적으로 적용된다.

(3) 개발도상의 항변

미국의 경우 신약의 개발은 2단계를 거치게 되는데[14] 그 하나는 투여실험이 인가된 신약(IND; investigation new drug)이고, 다른 하나는 신약신청(NDA; new drug application)방법이다. 이는 의약품제조자가 신약을 개발할 때 FDA의 인가를 얻기 위한 전제로서 요청되는 절차이기도 하다. 치료약은 정해진 시험방법(동물시험 등)으로 유효성과 독성에 관하여 충분한 과학적 자료(data)를 필요로 하며, 임상시험계획안을 제출, 공시함으로써 처음 사람에게 임상시험이 의사를 통하여 이루어진다. 이에 불합리한 위험이 없음을 FDA에 고지하고, 신약계획허가 신청을 FDA에 제출하여야 하며, 보다 구체적으로 약품의 안전성과 유효성에 관한 정보 자료를 수집하여야 한다. 이 기간은 일반적으로 5년 동안 행하게 되는데, 이 개발단계에서 문제성 여부에 따라 의약품 결함의 문제가 논하여 진다. 문제는 개발도상의 항변에 대한 입증과 관련하여 어려운 문제점들이 있다는 점이다. 이에 관하여는 그 중요성에 비추어 의약품 개발과정에서의 위험과 항변에서 살펴보기로 하겠다.

---

14) Marden G. Dixon, Drug Products Liability, Matthew Bender, 1982, at 3-14.

III. 결함의 주장과 증명

이미 밝혀진 바와 같이 의약품의 결함과 그로인한 현실적 손해발생관계에 대한 증명은 매우 어려운 문제이다. 즉 의약품은 합성화학물질로 이루어져있어, 신체 내에서 화학반응을 일으켜 질병을 치유하고 건강을 보전 시키는 반면 신체부분에 대하여 유해한 측면이 있기 마련이다. 특히 의약품은 유효성과 안전성의 균형에 따라 의약품으로서의 가치가 결정되며, 인체에 대하여 의약품은 이물질인 점, 의약품은 그 사용에 있어 의사 등 제3자의 행위가 개입된다는 점을 고려할 때 이는 매우 어려운 문제임에 틀림없다. 즉 의약품이 체내에서 화학반응과 상승효과를 수반하는 경우에 대한 원인물질의 확정과 당해 원인물질에 의한 손해발생의 화학적 메카니즘의 구명이 곤란한 경우가 많이 있으며 당해 손해의 유발(誘發)에 이르기까지는 의약품 제조자의 위험영역 이외의 원인이 개입할 여지가 많고 대개의 경우 이 양자는 보충적으로 작용함으로써 여러 가지 많은 어려움을 갖게 한다. 이렇게 볼 때 의약품의 결함으로 인한 손해에 대한 인과관계의 확정은 원칙적으로 개별적 인과관계의 입증이 그 중심이 되므로 과학논쟁에 빠지기 쉬우며 그 결과 원고에게 불리하게 된다. 따라서 의약품의 결함으로 손해가 발생하였다고 하는 인과관계의 존재를 피해자가 입증한다는 것은 그 내용에 따라 용이하지 않은 경우가 많이 있다. 법률은 일정한 경우에 정책적인 시각에서 입증책임을 전환(법률상의 추정)하고 있다(민법 제755조 1항 단서, 제756조 1항 단서). 특히 고도의 과학적 · 전문적 지식을 요하는 경우에 원칙을 그 대로 적용한다는 것은 불합리하므로 피해자 측의 입증의 정도를 완화하거나 경감하여야 할 필요성이 생기며, 결함으로 인한 피해자의 입증의 정도를 완화하거나 경감할 필요성이 생긴다.

1. 입증책임의 감경이론

기본적으로 제조물책임에서의 인과관계의 증명은 과학적으로 엄밀한 증명을 필요로 하지 않으며 인과관계의 존재에 관하여 상당한 정도의 개연성(Wahrscheinlichkeit)만 입증하면 충분하고, 피고는 인과관계의 부존재의 반증을 한 경우에만 책임을 면한다는 것이 이른바 개연성이론이다. 이 이론에 의하면 인과관계의 증명은 개연성 정도의 심증을 형성시키면 족하게 되는데, "원고는 인과관계의 존재의 개연성 정도만을 증명하면 족하고 피고는 반증으로써 인과관계가 존재하지 아니함을 증명하지 않는 한"[15] 책임을 면할 수 없게 된다. 따라서 소비자들이 의약품으로 인하여 발생한 확대손해[16]에 대한 배상청구를 할 경우에는 소송상 그 전제로써 의약품의 안전성이 결여되어 있다는 내용을 객관적으로 주장할 수 있어야 하고, 그 손해와 인과관계에 있는 결함에 대하여 특정하지 않으면 안 된다. 특히 의약품의 특수성을 고려할 때 사회통념상 의약품의 품질상의 결점이나 지시 · 경고의 비적절성 등에 대한 결함의 원인을 명확하게 특정하고, 그에 대한 평가로서 결함을 주장하여야 한다. 이 때 의약품의 특성, 일반적으로 예상되는 사용형태, 인도시기 기타 의약품에 관한 모든 사정을 고려하여, 의약품이 갖는 통상의 안전성의 결여를 종합적으로 판단하여야 한다.

2. 입증책임의 전환이론

(1) 사실추정의 원칙(res ipsa loquitur)

사실추정의 원칙[17]이란 '사실 그 자체가 말한다' 라는 뜻으로 손해발생이 피고의 과실이 없이는 일어날 수 없는 상황 하에서 발생하였을 경우에 피고의 반증이 없는 한 피고에게 과실이 있다고 추정하는 원칙으로서 이는 입증책임을 전환한 중간책임이다. 그러나 이 법리는 제조물의 하자와 손해 사이에 인과관계의 존재가 확실한 경우에만 그 기능을 발휘할 수 있는 단점이 있다.

---

15) 대법원 1974.12.10. 선고, 72다 1744.

16) 배상의 대상인 손해로, 제조물에 통상적으로 기대되는 안전성을 결여한 제조물의 결함으로 인하여 피해자가 생명 · 신체나 제조물 그 자체 외의 다른 재산에 손해가 발생한 경우에 그 결함제품의 제조업자등에게 지우는 손해배상책임을 말한다.

17) Richard A. Epstein, Cases and Materials on Torts, 6d, Little, Brown and Company, (1995), p.292. Byrne v. Boadle 159 Eng. Rep. 299 (Ex. 1863)사건에서 Baron Pollock가 "There are certain cases of which it may be said res ipsa loquitur and this seems one of them. In some cases the court has held that the more fact of the accident having occurred is evidence of negligence...라 하여 처음 사용되었고, Scott v. London & St. Katherine Docks Co. 3H. & C.596, 601(Ex.1865)사건에서 재판장 Erle에 의해 일반화 되었다.

(2) 과실추정의 원칙(negligence per se)

피고의 행위에 과실이 존재한다는 것을 고정시키는 영미법상의 원칙으로서, 소비자를 보호하기 위한 법률에 위반하여 식품 또는 의약품이 유해성분으로 오염된 경우 그 위반은 허용될 수 없고 식품 또는 의약품 제조업자의 과실의 존재를 결정적인 것으로 간주하려고 하는 이론이다. 그러나 이 과실은 common law상의 과실과 같기 때문에 원고는 제정법위반과 침해와의 사이에 인과관계를 입증해야 하고 또 피고는 기여과실 및 위험인수의 항변을 활용할 수 있다.[18)]

이 같은 결함의 추정 내지 결함과 손해간의 인과관계의 추정에 관한 규정은 명문의 규정으로 존재하지는 않지만 이 같은 문제는 오래전부터 연구되어 왔던 소위 개연성이론 등에 의하여 입증책임의 경감이론으로 발전하여 왔다.

IV. 의약품의 개발과 위험의 항변

1. 개발위험의 항변과 기술수준

의약품 제조업자가 당해 의약품을 공급한 때의 과학 · 기술수준으로 결함의 존재를 발견할 수 없었다는 사실을 입증한 경우에는 제조물책임법에 의하여 책임을 면하게 된다(제조물책임법 제4조 제1항의 2). 즉 의약품 제조자는 당 의약품을 유통시켰을 당시의 과학 · 기술수준으로 당해 제조물에 내재한 결함을 발견하지 못했을 때의 위험성에 대하여 항변사유로서 예외적으로 손해배상책임이 없음을 인정하려는 것으로 이를 개발위험의 항변이라고 한다.[19)]

본 규정을 제조물책임법에 두게 된 이유는 제조업자에게 개발위험에 따른 책임을 물을 경우 과학, 기술연구개발에 저해가 될 수있으며, 그 결과 소비자에게 불이익을 가져올 수 있기 때문이다. 반대로 개발위험의 항변을 인정하지 않는다면 이는 해석상의 문제로서 예견가능성을 결함에 포함시켜야 하는가 하는 것이 논쟁의 대상이 된다. 따라서 의약품의 제조자가 개발위험에 의한 면책을 주장할 경우 피해의 발

18) 洪天龍, 소비자피해구제론, 108면.
19) 이의 상세는 졸고, 「제조물책임에서의 개발위험의 항변」, 민사법학, 제20호, 2001, 523면 이하 참조.

생에 대한 예견가능성을 다투는 결과가 되며, 이 같은 항변을 인정할 것인가 또 인정한다면 어느 정도에서 면책되는가 하는 것이 그 핵심이 된다. 그러나 개발위험의 항변을 규정함으로써 가능한 최고의 과학기술과 지식에 관한 증명책임을 제조자가 부담하게 됨으로써 이 같은 논쟁의 확산을 미연에 방지할 수 있고 그 결과 피해자에게는 신속한 구제를 도모할 수 있게 된다.

그러나 이 같은 규정에 대하여 부정적인 측면도 있다. 개발위험의 항변의 내용에 따라서는 예견가능성에 대한 입증책임을 피해자에게 과하게 되며, 과실 또는 예견가능성의 추정규정을 두는 것과 같이 되어 결과적으로 과실책임과 그다지 다르지 않게 된다. 개발위험의 판단기준에 따라 그 입증책임이 의약품 제조자에게 있다고 하지만 실질적으로 과실책임으로 될 수 있는 위험성도 제기될 수 있다. 제조물책임법은 과실의 증명곤란으로부터 피해자의 구제, 과실을 둘러싼 입증책임으로부터 신속한 피해의 구제 및 제조자의 개발의욕 강화 등 많은 이익을 도모하기 위한 목적이 있다는 점에서 개발위험의 항변은 그 조화를 도모하기 위한 것으로 평가할 수 있다. 그러나 의약품 "제조업자가 당해 의약품을 공급한 때의 과학 · 기술수준으로 결함의 존재를 발견할 수 없었다는 사실"에 대한 구체적인 의미와 판단기준이 어렵다는 점이다. 해석에 따라서는 사실상의 결함의 판단기준과 큰 차이가 없어질 수도 있으며, 개발위험의 항변이 인정될 경우 그의 인정범위가 매우 넓어질 수도 있다. 따라서 소비자보호 · 피해자구제에 있어 장해물이 될 수 있으며, 나아가 실제 소송에 있어 개발위험의 항변이 문제되는 경우 복잡한 법률문제가 제기될 수도 있다.

개발위험은 제조자가 입증책임을 지지만 소송상에서의 결함의 판단에 영향을 미쳐 사실상 과실책임으로 복귀할 위험성에 대하여 이미 앞에서 언급하였다. 또 개발위험의 항변을 둘러싼 해석과 운용은 실제 소송에서 제조물책임법의 취지를 실현함에 있어서도 매우 중요한 지위를 갖는다. 그럼에도 개발위험의 항변에 대한 개념이 아직 통일되어 있지 않다. 결국 1960년대 이후 미국에서는 엄격책임(strict liability)론을 도입하여 피해자의 입증책임의 경감을 추진해 왔음에도 불구하고 많은 미국의 주에서는 엄격책임을 채용하면서 예견불가능한 위험에 대해서는 제조자에게 책임을 과하지 않고 '기술 수준(state of the art)'의 개념을 인정하고 있다. 이 같은 문제를 중심으로 이하에서 의약품개발에 따른 기술수준과 개발위험에 대하여 살펴보겠다.

2. '기술수준'에 관한 비교법적 검토

(1) 미국의 경우

1) 엄격책임과 기술수준

엄격책임은 결함이 존재하면 과실의 유무에 관계없이 제조자의 책임을 인정하려는 법리로 1944 Escola사건 이후 처음 제기되었으며, 1963년 Greenman사건[21]에서 채택된 이후 발전하여 Restatement (2d) of Torts 402 A가 제정되는 계기가 되었다. 과실책임 하에서 기술수준에 관한 입증책임은 거의 전면적으로 인정되고 있음에 반하여 엄격책임 하에서는 과실에 대하여 제조물의 결함에 대한 입증이 요구된다. 따라서 엄격책임 하에서는 과실의 판단요소인 주의의무(예견가능성, 결과회피의무)는 문제가 되지 않는다. 그러나 엄격책임 하에서도 제조 · 판매시의 기술수준으로 당해 제조물에 발생할 수 있는 손해를 예방 또 회피하기 위한 조치를 다하였다고 인정될 경우 그 책임을 묻지 않고 있는 주가 많다. 문제는 기술수준의 개념과 개발위험의 개념이 같지 않다는 점이다. 기술수준에 대해서 제정법과 판례에서도 통일적으로 이해되지 않고 개발위험보다 더 광범위한 개념이다. 또 개발위험은 결함의 존재를 전제로 하고 있음에 대하여 기술수준의 문제는 제조물의 결함이 기술수준과 합치하고 있는가의 관점에서 논하고 있는 것 같다.

2) 기술수준의 개념

기술수준은 1956년 Day사건[22]에서 처음으로 문제가 제기된 이후 다양한 의미로 사용되고 있는데 미국의 법원에서도 마찬가지이다. 결국 그 개념에 대하여 각주들 사이에서 뿐만 아니라 같은 주 내의 법원 간에도 그 견해가 달라, 기술수준에 대해서는 아직 그 개념이 정립되어 있지 않다. 다만 학설과 판례에 의하여 다음 4가지로 분류하여 그 개념을 파악하고 있다. 즉 ⅰ) 동종의 제조물 제조에 관한 업계의 표준

---

20) Escola v. Coca Cola Bottling Co. of Fresno, 24 Cal, 2d 453, 1944.

21) Greenman v. Yuba Power Products., 377 P. 2d 897, Cal. 1962.

22) Day v. Barber-Colman Co., 10 Ill. App. 2d. 2d 494, 1956.

적인 관행, ii) 법률상, 행정상, 업계의 자주적인 품질 · 안전기준, iii) 과학 · 기술 분야에서의 지식의 도달수준, iv) 사실상 · 경제상의 실행가능성과 입수가능성이 그것이다.[23] 이에 대하여 동종의 제조물의 제조에 관한 업계의 표준적인 관행과 법률상, 행정상, 업계의 자주적인 품질 · 안전기준에 대해서는 상황증거의 일부가 될 수 있으나, 기술수준과는 구별되는 것 같다.

3) 기술수준의 증거채택

기술수준의 증거채택에 관하여 미국에서 각주의 입장은 다음과 같다.[24] 일정한 소송원인과 결함유형에 대하여 법규상 기술수준을 항변으로 인정한 주(단 경고상의 결함만[25])로는 Arizona, 또 Nebraska주[26] 등이 있다. New Jersey주는 설계상의 결함에 대한 항변만 인정하고,[27] Colorado,[28] Kentucky[29]주는 기술수준에 합치한다고 증명된 경우에만 결함이 없다고 추정하고 있다. 기술수준을 항변사유로 하고 있지는 않지만 결함의 존재여부를 결정하기 위하여 기술수준의 증거채택을 인정하는 주도 있다.[30] 반면에 Hawaii주는 기술수준을 항변으로서 인정하지 않고 있다.[31] 그러나 1984년 New Jersey주 대법원은 Feldman사건 판결[32]에서 의약품에 관하여 기술수준의 증거채택을 인정하였다. 이 판결로 이제까지의 입장은 바뀌게 되었으며 나아가 2년 뒤 Fischer사건 판결에서[33] 징벌적손해배상과 관련하여 기술수준의 증

---

23) Gray C. Robb, A Practical Approach to Use of state of the Art Evidence in Strict Products Liability Cases, 77 Nw. U. L. Rev. 1. 3, 1982; Garey B. Spradely, Defensive Use of State of the Art Evidence in Strict Products Liability, 67 MINN. L. Rev. 343, 344, 1982.

24) Louis R. Frumer & Melvin I. Friedman, Products Liability, Vol, 2A, § 18. 03 [4], 1982.

25) Arizona, Ariz. Rev. Stat, §12-683, Indiana, Ind. Code §33-1-1, 5-4(b), Iowa, Iowa, Iowa Code §668. 12, Louisiana, La. Rev. Stat. §9:2800, 59. B, Missouri, Mo. Rev. stat, §537.764.

26) Neb. Rev. Stat. §25-21, 182.

27) N.J. Rev. Stat. § 2A :58c-3(a)(1), 3b.

28) Colo. Rev. Stat. § 13-21-403(1) (a).

29) Ky. Rev. Stat, § 411. 310(2).

30) Tennessee, Tenn. Code Ann, §29-105(b).

31) in re Hawaii Fed. Asbestos Cases, 699 F. supp, 233, D. Hawaii 1988; Johnson v. Raybestos-Manhattan, Inc., 740 P. 2d 548, Hawaii, 1987.

32) Jerry . Phillips, Nicolas P. Terry, Frank L. Maraist, Frank M. McClellan, Torts Law, Cases, Materials, Problems, (2d), Contemporary Legal Education Series, Virginia: Charlottesville, 1977, pp. 522~529; Feldman v. Lederle Laboratories., 97 NJ. 429, 479 A. 2d 374, 1984.

33) Fischer v. Johns-Manville Corp., 103 NJ. 643, 512 A. 2d 466, 1986. James A. Henderson, Jr, Aaron D. Twerski, Products Liability,-Problems and Process, (2d), Little Brown and Company, 1992, p. 397.

거채택을 인정하였다.

반면에 O' Brien사건 판결에서[34] 제조물의 위험성과 유용성을 비교형량(比較衡量)하여 제조물에 내재하는 위험성의 정도가 유용성을 초과하는 것이 입증된 경우, 상당하지 않은 위험을 가져오는 결함이 존재한다고 하는 위험효용기준을 채용하였다. 또 기술수준이 위험효용분석으로부터 이탈하는 절대적 항변이 되는 것을 부정하면서도 그 가운데 고려해야 할 요소로 기술수준의 증거채택을 인정하고 있다.[35] 이 같이 기술수준은 많은 제정법, 판례, 엄격책임 하에서 증거채택으로 인정하고 있다.

(2) 유럽연합에서의 개발위험

1) 개발위험의 항변에 관한 규정

1976년과 1979년 EC지침[36] 수정안에서 개발위험에 대하여 배제하였으나, 가맹국간의 견해가 서로 달라 그 채택여부는 가맹국의 선택에 위임하였다(EC지침 15조 1항(b)). 그 가운데 EC지침 제7조 (e)는 "제조자가 그의 제조물을 유통시킨 시점에서의 과학 · 기술수준에 의하여, 결함의 존재를 확인할 수 없었다"는 것을 입증하는 경우 면책된다는 규정을 두고 있다. 개발위험의 판단의 시기는 손해발생시가 아니라 당 제조물을 유통시킨 때를 기준으로 하고 있다. 또 당 제조물을 유통시킨 후 개량된 새로운 제조물이 유통되었다 하더라도 그것은 개발위험을 인정함에 있어 문제가 되지 않는다.[37] 또 과학 · 기술수준을 판단할 때 중요한 것은 당해 제조자의 주관적 인식가능성이 아니라 객관적 인식가능성이다. 따라서 동 7조 (e)가 요구하는 과학 · 기술수준은 넓은 시각에서 그 어느 누구도 인식할 수 없었던 것이라 하고 있다.[38]

---

34) O' Brien v. Muskin Corp. 94 NJ. 169, 463 A. 2d 298, 1983.

35) Fischer v. Johns-Manville Corp., 103 NJ. 643, 512 A. 2d 466. 1986. James A. Henderson, Jr, Aaron D. Twerski, Products Liability, -Problems and Cases, (2d), Little, Brown and Company, 1992, pp.536~545.

36) 유럽에서는 1985년 7월 25일 EC각료이사회(The Council of Ministers)에서 채택된 EC지침에 의하여 제조물책임법의 제정을 권고하고 있다. 그러나 EC지침의 최대 목표였던 각국의 제조물책임법의 통일을 기하지 못하고 3개 항목에 대하여 가맹국의 선택에 의하는 option규정을 택하였고, 그 가운데 개발위험의 항변을 인정할 것인가의 여부도 포함되어 있다.

37) Taschner/Frietsh, Produktunghaftungsgesetz und EG-Produkthaftungsrichtline, 2 Aufl., 1990, Rich 시, Art, 7, Rn 37.

이에 대하여 가맹국의 과학 · 기술의 발전에 따른 다른 기준을 채택하는 것을 인정하는 견해도 있다.[39] 그러나 과학 · 기술수준에 대해서는 일반적으로 인식 가능하여야 하고 개인적인 조사와 견해, 지식의 단계에 그치지 않는다고 하면서[40] 비전문가의 의견과 소수설도 포함하여야 한다는 견해도 있다.[41]

2) 개발위험 항변의 한계

EC지침에서 개발위험에 따른 면책은 ⅰ) 제조물의 유통시기, ⅱ) 유통시 손해발생 가능성, ⅲ) 유통 시 안전에 관한 소비자의 기대와의 합치, ⅳ) 당시 과학 · 기술수준에 의한 인식가능성 여부에 따라 결정된다.[42] 따라서 개발위험의 요건으로는 제조물이 유통되었을 당시 일반인이 기대할 수 있는 안전성의 결여로 손해가 발생하였으나, 당 제조물이 유통되었을 때의 과학 · 기술수준으로 이 사실을 알 수 없었던 것을 들고 있다.

결국 개발위험의 항변은 결함이 존재함을 그 전제로 하게 되며, 이 때 판사는 당 제조물이 유통되었을 당시 일반인이 당 제조물에 대하여 안전성을 기대하고, 이 기대가 당시 정당한 것이었는가의 여부를 판단하게 되는데, 이 때에 원고가 입증의 책임을 진다(EC지침 4조). 또 제조물을 유통시켰을 당시의 과학 · 기술수준에 의하여 당해 제조물의 결함을 인식할 수 없었던 것에 대해서는 제조자가 이를 주장 · 입증하지 않으면 안 된다(EC지침 7조). 이 때에 과학 · 기술수준 자체에 대한 증명도 포함된다.[43] 당시의 과학 · 기술수준에 의한 인식불가능성에 대한 구체적인 입증방법은 당해 위험의 인식이 당 제조물이 유통된 후 또는 그 직전(정보조사를 위한 기간을 고려하여)에 공표된 것으로 제조 · 판매당시 당해 위험을 생각하기에 불가능했다는 것을 전문 간행물 등을 통하여 게재하는 것 등을 생각할 수 있다.[44] 제조물을 유통시켰을 때 결함이 없었거나, 결함을 인식할 수 없었다는 등에 대하여 의문이 있는 경우에는

---

38) Taschner, "Die EG-Richtline zur Produzentenhaftung und die deutsche Industrie" Eine Erwiderung, PHI 1986, S. 54.

39) Hollmann, Die EG-Produkthaftungsrichtline(I), DB 1985, S. 2389ff., S. 2396.

40) Taschner/Frietsch, a.a,O.(N.,32) S. 153.

41) Brüggemeier/Reich, a,a,O. (N.32) S.153.

42) Taschner/Frietsh, a,a,O. (N.33), Richtl. Art, 7, Rn, 52.

43) Rolland, Produkthaftungsrecht, 1990, ProdHaftG §1, Rn. 150.

44) Schmidt-Salzer/Hollmann, a,a,O.(N.40), Art, 7 Rn. 150.

개발위험의 항변이 인정되지 않는다.

또 개발위험의 증명을 위하여 제조자는 감정인의 조력을 받아야 한다. 따라서 개발위험의 항변을 법원 자체 판단에 의존하기에는 많은 문제가 따르며, 개발위험의 항변이 적용될 수 있는 것은 최첨단의 과학 · 기술수준이 반영되고 신체에 영향을 줄 수 있는 의약품, 화장품 등에 관하여 적용될 수 있다.

(3) EU가맹국들의 입장

1995년 12월 현재 프랑스를 제외한 모든 EU 가맹국이 EC지침에 의한 제조물책임에 관한 국내법 정비를 끝마쳤다. 그 가운데 개발위험의 항변은 룩셈부르크, 핀란드를 제외한 가맹국들이 채택하였고, 이에 대하여 EU위원회는 1995년 12월 제1차 보고서를 제출하였다. 이 보고서에 의하면 아직 이에 관한 판례는 많지 않으나 개발도상에 대하여 EC지침은 중요한 법제도로서 인식하고 있으며 제조물의 안전성에 대한 관심이 고조되고 있는 현실에서 현행 EC지침 하에서 특단의 문제가 발생하고 있지 않으므로 재고할 필요성은 없다[45]는 입장이다.

1) 영 국

영국은 EC지침을 채택하여 바로 소비자보호법에 대한 입법 작업을 개시하여 가맹국 가운데 가장 먼저 법제화를 마치고, 1988년 3월 1일부터 시행하고 있다. 입법 당시 영국 정부의 견해는 개발위험의 입증책임은 제조자에게 있고, 제조자는 당 결함을 발견함에 있어 합리적으로 기대 할 수 없었음을 입증하여야 한다는 입장이다. 따라서 제조자는 다른 제조자와 같은 충분한 시험을 했다거나, 그에 대하여 최저기준을 정한 정부의 규정에 따라 스스로 충분한 시험을 했다는 등의 증명만으로는 불충분하다는 입장이다.[46] 영국에서 개발위험의 항변에 대한 채택을 반대하는 이유는 개발위험의 문제는 복잡하고 제조물책임소송의 심리를 지연시킨다는 이유에서이다. 또 제조자가 개발위험의 항변을 주장할 경우, 당시 지식수준에 관하여 감정인

45) First Report on the Application of Council Directive on the Approximation of Laws, Regulations and Administrative Provisions of the Member States Concerning Liability for Defective Products(85/374/EEC), Com (95) 617 Final, p.2 (1995).

46) 飯塚和之,「イギリス製造物 責任法における開發危險の抗辯」, 木川統一郎 編著『製造物責任法の理論と實務』, 五三頁 以下, 五七頁以下, 東京(成文堂), 1994.

등 영향력 있는 전문가의 조력을 필요로 하는데, 어느 특정시점에서의 과학 · 기술수준이라는 문제에 대하여 원고의 주장과 전문가의 견해가 상반될 수 있다는 점을 들고 있으며, 피고가 개발위험의 항변을 주장할 경우, 패소에 따른 소송비용의 부담을 감안하여 피해자가 제소를 포기하는 것도 충분히 있을 수 있다는 점 등을 지적하고 있다[47].

2) 독 일

독일 약사법 제84조는 개발위험의 경우에 제조자는 무과실책임을 져야하기 때문에 약사법의 적용영역에서는 개발위험의 항변이 적용되지 않는다.

가. 개발위험에서의 과학 · 기술수준

일반적으로 과학 · 기술수준은 특정의 제조물의 제조에 관한 전문지식, 또는 과학 · 기술영역에 존재하는 전문지식의 총체로 이해되고 있다. 그러나 과학과 기술수준은 엄밀한 의미에서 차이가 있으나 양자의 이해를 꾀하기 위하여 일반적으로 이를 통일하여 취급하는 것 같다[48]. 독일에서 개발위험의 항변은 객관적 관점에서 결정되고, 제조자의 주관적이고 상대적 예견가능성은 문제가 되지 않는다. 따라서 제조자가 개인적으로 과학 · 기술지식이 부족하여 결함을 인식할 수 없었다는 등의 제조자 개인적인 이유는 개발위험의 항변을 인정할 만한 근거가 되지 못한다[49]. 과학 · 기술수준의 객관적인 기준은 독일 내에서의 과학 · 기술수준에 그치지 않고, 해외의 과학 · 기술수준이 그 기준이 될 수도 있다.[50]

과학 · 기술수준은 어느 특정 산업분야에서 사용되고 있는 기술과 일반적으로 승인된 기술, 승인된 과학상의 인식을 기준으로 한 것은 허용되지 않는다.[51] 그 구체적인 내용은 세계적으로 당해 결함을 인식할 수 없었다는 것과 같은 세계적인 고도의 기준을 요구한다는 견해가 있다.[52] 그리고 대학, 공과대학, 전문대학의 연구로서

---

47) 飯塚和之, 70面.

48) Taschner/ Frietsch, a,a,O.(N.33), ProdHaftG §1, Rn. 101; Westphalen, Produkthaftungshandbuch, Bd. 2, 1991, §60, Rn, 84ff.

49) Kullmann/Pfister, a,a,O.(N. 31), S. 20; Hullmann, a,a,O. (N563), S. 150.

50) Kullmann/Pfister, a,a,O. (N.31), S. 21; Taschner/Frietsch, a,a,O. (N.33), ProdHaftG §1, Rn. 103: Kort, "Stand der Wissenschaft und Techinik" im neuen deutschen und "state of the art" im amerikanischen Produkthaftungsrecht, VersR 1989, S. 1113ff., S.1114.

51) Kullmann/Pfister, a,a,O.(N.31), S.21.

아직 승인되지 않은 과학 · 기술수준도 이에 포함되며, 과학적인 소수의 의견도 경우에 따라서 과학의 수준을 결정하는 표준이 될 수 있다는 견해가 있다.[53] 또 과학 · 기술수준은 일반적으로 발표된 것이어야 하고, 개인적인 의견이나 지식 단계에 그치는 것은 제외하자는 견해도 있다.[54]

나. 소송에서 개발위험의 항변

소송에서 개발위험의 항변은, 유통시킨 시점에서 당 제조물에 결함이 있다고 인정될 경우에 개발위험의 항변에 대한 심리의 전제요건이 된다.[55] 이 때 결함의 증명은 원고가 하여야 하나 입증의 부담은 경감된다. 이 때 증명하여야 하는 과학 · 기술수준의 구체적인 내용은 이미 언급한 바와 같이 실체법상의 해석에 따라 다르며, 개발위험에 대해서는 완전한 증명이 요구되고 있다.[56] 그러나 독일 제조물책임법 제1조 4항 2문의 입증책임 규정에 의하여 손해배상소송에 있어서는 동조 2항의 면책사유의 부존재의 추정으로부터 출발해야 할 것으로 생각된다.

3) 기타 가맹국

1995년 12월 현재 EC지침에 의하여 국내법 정비를 마친 EU가맹국 가운데 룩셈부르크, 핀란드는 개발위험의 항변을 채택하지 않고 있다. 룩셈부르크의 제조물책임법인 「결함제조물의 민사책임에 관한 법률(Law of 21 April 1989 on the Civil Liability for Defective Products)」 4조(b)는 "모든 사정을 고려하여 제조자가 제조물을 유통시킨 시점에서 손해를 발생하게 한 결함이 존재하지 않고, 그 후에 당해 결함이 발생했다고 생각할 수 있는"것을 항변사유로 하고 있다. 이 같이 룩셈부르크가 개발위험의 항변을 택하지 않은 이유는 룩셈부르크가 농업국가인 것을 들 수 있을 것 같다. 또 핀란드도 제조물책임법(Product Liability Act No.694)에서 개발위험의 항변을 택하고 있지 않다.

한편 개발위험의 항변을 채택하면서 일부 제조물에 대하여 그 적용을 배척하고

---

52) Kulmann/Pfister, a,a,O.(N.31). S. 21.; Taschner, a,a,O.(N. 34).S.54; Kullmann, a,a,O. (N.56), S.150.

53) Kulmann/Pfister,a,a,O.(N.31), S. 21

54) Taschner/Frietsch,a,a,O. (N.33), ProdHaftG §1, Rn, 105; Kort, a,a,O. (N.59), S.1115.

55) Taschner/Frietsch, a,a,O.(N.33), ProdHaftG §1, Rn, 105: Kort, a,a,O.(N.59), S.1113.

56) Kulmann/Pfister, a,a,O. (N. 31), S. 28; Taschner/Frietsch, a,a,O.(N.33), ProdHaftG §1 Rn, 146f.

있는 국가로서는 독일 이외에 스페인이 있다. 스페인 제조물책임법인 제조물의 결함을 근거로 한 민사책임에 관한 법률(Law No. 22/1994 of July 1994 de responsabilidad civil por los danos causados por productos defectuosos) 제6조에서 시장에 유통된 시점에서 존재하는 과학 · 기술수준으로서 제조자가 결함의 존재를 분명히 알 수 없었던 것을 항변사유로 하면서, 의약품 식품 또 소비에 제공되는 식료가공품은 그 대상에서 제외하고 있다.

4) 사 견

우리나라 제조물책임법 제4조 제1항의 2의 규정은 신제품의 개발 · 기술의 혁신을 저해하지 않을까 하는 산업계의 우려를 배려한 규정이라 할 수 있다. 그러나 개발위험의 항변을 너무 쉽게 인정하게 되는 경우 실질적으로 과실책임으로 복귀하게 되는 결과를 가져오기 때문에 이를 판단함에 있어 그 기준을 엄격하게 제한할 필요가 있다. 이에 관한 기준이 불명확 경우 개발위험을 둘러싼 분쟁이 장기화되거나 남용됨으로써 피해자 구제의 목적을 달성할 수 없게 될 우려를 낳는다. 따라서 의약품 개발에 따른 위험의 항변이 되는 기준은 고도한 것으로 그 범위를 한정할 필요가 있을 것으로 본다. 따라서 의약품에서의 개발위험의 항변의 기준은 의약품을 인도할 당시의 과학 · 기술로서, 당 의약품을 제조하는 제약사의 수준이나 업계의 평균적인 수준이 아닌 그 시점에서 입수 가능한 세계 최고의 과학 · 기술지식의 수준으로 정해야 하고, 개발위험의 항변이 전제가 되는 과학 · 기술의 지식은 결함의 유무를 판단함에 있어서 영향을 줄 정도의 지식이면 모두 포함되어야 하며, 특정인의 지식을 문제로 하는 것이 아니라 객관적, 사회적으로 존재하는 지식의 총체를 의미한다 할 것이다. 또 개발위험의 항변의 인정여부는 법관이 하게 되는데, 이 경우 전문가의 감정 등에 의한 조력을 받아 이를 결정함이 타당할 것으로 본다.

V. 소 결

의약품은 질병에 대한 유효성과 부작용의 성질 및 그 정도를 비교형량(比較衡量)한 결과의 가치판단에 의하여 의약품으로서 인정되게 된다는 점에서 전임상시험과 임상시험에 의하여 시판후의 부작용을 완전하게 예측하기에는 한계가 있다. 의약품은 임상 전 및 시판 후에 이르기 까지 엄격한 규제 하에 있으며 의사에 의하여 사용되고, 그 이외의 일반의약품도 약국 등에서 약사의 관리 하에 판매되고 있다. 나아가 의약품은 물건과 정보가 일체가 되어 그 존재가 인정되게 되며, 그 가운데 정보 특히 지시와 경고는 매우 중요하다. 그러나 의약품이 가지고 있는 특수성으로 인하여 그 결함을 증명함에 있어 어려운 문제가 나타나고 있는데 이와 관련하여 의약품의 개발과 그에 따른 항변의 문제는 매우 중요하다.

결국 의약품은 현대의 과학과 의료기술을 모두 동원하더라도 완전한 의약품이란 있을 수 없으며, 신체 내에서 화학반응을 일으켜 질병을 치유하고 건강을 보전시키는 작용을 하는 그 이면에서는 신체에 유해한 작용을 하게 된다는 점에서, 의약품에는 아직 밝혀지지 않은 부작용도 있을 수 있으며, 그로 인한 피해는 국가를 초월하여 광범위한 지역에 걸쳐서 나타날 수 있다는 점에서 의약품의 사용에는 상당한 주의가 요구된다. 제 외국에서는 의약품으로 인하여 나타나는 문제를 예방하기 위하여 많은 비용을 투자하고 있으며, 특히 의약품으로 인한 피해를 줄이기 위한 노력에 많은 힘을 쏟고 있는 실정이다. 그럼에도 우리나라에서의 의약품과 관련된 정책들은 아직 원시적 탁상행정에서 벗어나지 못하고 있다는 점에서 의약품을 사용하고 있는 소비자들로서는 보다 많은 주의가 요구된다.

제 5 장

무의미한 연명치료의 중단과 법률문제

중요판결

- 대법원 2009. 5. 21. 선고 2009다17417사건 판결 -

사건의 개요

원고의 주장

원고 ○○○은 2008.2.18. 폐암발병 여부를 확인하기 위하여 피고 병원에서 기관지 내시경을 이용한 폐종양 조직 검사를 받던 중, 과다 출혈 등으로 인하여 심정지가 발생하였다. 이에 피고 병원의 주치의 등은 심장마사지 등을 시행하여 심박동기능을 회복시키고 인공호흡기를 부착하였으나 원고 ○○○은 저산소성 뇌손상을 입고 중환자실로 이송되었다. 이때부터 현재까지 원고 ○○○은 지속적 식물인간상태(persistent vegetative state)에 있으며, 피고 병원의 중환자실에서 인공호흡기를 부착한 상태로 항생제 투여, 인공영양 공급, 수액 공급 등의 치료를 받아오고 있으며 호흡기를 제거하면 곧 사망에 이르게 된다.

원고들은 헌법이 보장하고 있는 자기결정권에 기초하여 치료의 중단을 결정할 수 있는 바, 원고 ○○○은 이미 의식이 회복 불가능한 상태로서 현재 원고 ○○○에 대하여 이루어지고 있는 이 사건 치료는 원고 ○○○의 건강을 증진시키는 것이 아니라 생명 징후만을 단순히 연장시키는 것에 불과하여 의학적으로 의미가 없으며, 원고 ○○○는 독실한 기독교 신자로서 15년 전 교통사고로 팔에 상처가 남게 된 후부터는 이를 남에게 보이기 싫어하여 여름에도 긴팔의 옷과 치마를 입고 다닌 정도로 항상 정갈한 모습을 유지하고자 하였고, 텔레비전을 통해 병석에 누워 간호를 받으며 살아가는 사람의 모습을 보고 "나는 저렇게까지 남에게 누를 끼치며 살고 싶지 않고 깨끗이 이생을 떠나고 싶다"라고 말하는 등 신체적 건강을 잃고 타인의 도움 등에 의하여 연명되는 삶보다 자연스러운 죽음을 원한다는 취지의 견해를 밝혀왔으며, 특히 3년 전 남편의 임종 당시 며칠 더 생명을 연장할 수 있는 기관지절개술을 거부하고 그대로 임종을 맞게 하면서 "내가 병원에서 안 좋은 일이 생겨 소생하기 힘들 때 호흡기는 끼우지 말라. 기계에 의하여 연명하는 것은 바라지 않는다"고 말하는 등 이 사건과 유사한 실제 상황에서 남편에 대하여 연명치료의 시행을 거부하는 한편, 자신에 대하여도 그러한 연명치료를 바라지 않는다는 명시적인 의사를 표명한바 있으므로, 이 사건 치료의 중단으로 인공호흡기를 제거할 의사가 있다고 할 것이므로, 피고는 원고 ○○○에 대하여 인공호흡기를 제거하여야 한다고 주장하였다.

피고의 주장

이 같은 주장에 대하여 피고는 헌법 제10조는 "모든 국민은 인간으로서의 존엄과 가치를 가지며, 행복을 추구할 권리를 가진다. 국가는 개인이 가지는 불가침의 기본적 인권을 확인하고 이를 보장할 의무를 진다"라고 규정하여 모든 기본권의 종국적 목적이자 기본이념이라 할 수 있는 인간의 본질이자 고유한 가치인 개인의 인격권과 행복추구권을 보장하고 있다. 그리고 개인의 인격권 · 행복 추구권에는 개인의 자기운명결정권이 전제되어 있으며, 이 자기운명결정권에는 환자가 자기의 생명과 신체의 기능을 어떻게 유지하는가에 대하여 스스로 결정할 수 있는 권리 또한 포함되어 있다. 의사의 진단 또는 치료를 위한 의료행위는 환자가 위와 같이 결정권을 가지는 신체 및 기능에 대한 침해행위를 필수적으로 수반하게 되므로 환자는 자신의 질병에 대하여 치료를 받을 것인지 여부 및 치료의 범위에 관하여 스스로 결정할 권리를 갖는다. 그러므로 환자는 치료를 받지 않으면 질병이 계속 진행되어 장차 시간이 지나면 사망에 이르게 될 상황이라 하여도 자기결정권에 기초하여 치료를 시작하지 아니하거나 계속되어 온 치료를 중단하는 의사결정을 할 수 있으며, 의사는 환자가 치료에 관한 자기결정권을 유효하게 행사할 수 있도록 환자의 질병 및 치료에 관한 상세한 정보를 제공하여야 하고 이에 기초한 환자의 의사결정에 반하는 치료행위를 하여서는 아니된다고 할 것이므로, 환자의 자기결정에 기한 치료중단의 요구가 있는 경우 특별한 사정이 없는 한 의사는 이에 응하여야 할 의무가 있다.

그러나 생명권은 비록 헌법에 명문의 규정이 없다 하더라도 인간의 생존본능과 존재목적에 바탕을 두고 인간 존엄성의 기초를 이루는 선험적이고 자연법적인 권리로서 헌법에 규정된 모든 기본권의 전제로서 기능하는 기본권 중의 기본권으로, 국가는 헌법 제10조에 따라 생명을 보호할 의무가 있으며, 어느 누구도 타인의 생명을 침해하여서는 아니 될 의무가 있다. 따라서 치료에 관한 환자의 자기결정권의 행사는 생명권과 충돌하는 경우 생명의 보호를 위해 그 제한이 불가피하며 헌법 제37조 제2항에 따라 자기결정권의 본질적 내용을 침해하지 않는 한도에서 법률로서 제한된다는 주장이다.

대법원의 판단

• 연명치료중단의 허용기준

'생명과 관련된 진료의 거부 또는 중단' 에 대한 판단과 관련하여 '생명권은 헌법에 규정된 모든 기본권중의 기본권이라 할 것이므로, 환자의 생명과 직결되는 진료행위를 중단할 것인지 여부는 극히 제한적으로 신중하게 판단하여야 한다'. '환자가 회복 불가능한 사망의 단계에 진입한 경우, 환자는 전적으로 기계적인 장치에 의존하여 연명하게 되며, 전혀 회복가능성이 없는 상태에서 결국 신체의 다른 기능까지 상실되어 기계적인 장치에 의하더라도 연명할 수 없는 상태에 이르기를 기다리는 것으로, 이는 의학적 무의미성으로 인하여 치료를 중단해야 함에도 불구하고 신체에 대한 침해 행위가 계속적으로 이루어지는 것으로서 죽음의 과정이 시작되는 것을 막는 것이 아니라 자연적 죽음의 시작을 인위적으로 연장시키는 것이다.

생명권이 가장 중요한 기본권이라 하더라도 인간의 생명은 인간 존재의 근원적인 가치에 부합하는 방식으로 보호되어야 하며, 이미 의식의 회복가능성을 상실하여 인격체로서 활동을 기대할 수 없는 자연적 죽음의 과정이 시작되었다고 볼 수 있는 상태에서 의학적 무의미한 신체 침해에 해당하는 연명치료를 환자에게 강요하는 것은 오히려 인간의 존엄과 가치를 해하게 되므로 이 같은 경우에는 예외적으로 치료중단에 의하여 죽음을 맞이하려는 환자의 자기결정을 존중하는 것이 인간으로서의 존엄과 가치 및 행복추구권을 보호하는 것이 되며, 상회상규에 부합되고 헌법정신에도 어긋나지 않는다.

따라서 회복이 불가능한 질환 등에 이환되어 사망단계에 이른 환자가 인간으로서의 존엄과 가치 및 행복추구권에 기초하여 자기결정권을 행사하는 경우 특별한 사정이 없는 한 연명치료의 중단을 허용할 수 있다.

환자가 치유 불가능한 질환에 이환되고 불가역적 의식상실의 상태에 대비하여 사전에 의료인 등에게 자신의 연명치료 거부 내지 중단에 관한 의사를 밝힌 경우에는 사전의료지시를 한 후 환자의 의사가 바뀌었다고 볼 만한 특별한 사정이 없는 한 사전의료지시에 의하여 자기결정권을 행사한 것으로 인정할 수 있다. 다만 이 같은 사전의료지시는 진정한 환자의 자기결정권의 행사로 볼 수 있을 정도의 요건을 갖추어야 하는데, 의사결정능력이 있는 환자가 의료인으로부터 직접 충분한 의학적 정보를 제공받은 후 이를 바탕으로 자신의 가치관에 따라 진지하고 구체적 진료행위에 관한 의사를 결정하여야 하며, 이 같은 의사결정과정은 환자 자신이 직접 의료인을 상대방으로 하여 작성한 서면이나 의료인이 환자를 진료하는 과정에서 위와 같은 의사결정 내용을 기재한 진료기록 등에 의하여 진료 중단 시점에서 명확하게 입증될 수 있는 것이어야만 사전의료지시서로서의 효력을 인정할 수 있다. 따라서 환자 본인의 의사에 따라 작성된 문서라 하더라도 의료인이 직접 상대방으로 하여 작성하거나 의료인이 참여한 가운데 작성된 것이 아니면 이 같은 사전의료지시서의 구속력을 인정할 수 없고, 환자의 의사를 추정할 수 있는 객관적인 자료로서 취급할 수 있을 뿐이다.

그러나 환자가 사전의료지시서가 없는 상태에서 불가역적 의식 상실상태에 있는 경우에는 의사표시를 할 수 없으므로 환자의 평소 가치관이나 신념 등에 비추어 연명치료를 중단하는 것이 환자의 이익에 부합하고, 환자에게 자기결정권을 행사할 수 있는 기회가 주어지더라도 연명치료의 중단을 선택하였을 것이라고 볼 수 있는 경우에는 그 연명치료의 중단에 관한 환자의 의사를 추정할 수 있다고 인정하는 것이 합리적이고 사회상규에 부합한다. 환자의 의사 추정은 객관적으로 이루어져야 하며, 환자의 의사를 확인할 수 있는 객관적인 자료가 있는 경우에는 반드시 이를 참고하여야 하며, 환자가 평소 일상생활을 통하여 가족, 친구 등에게 하였던 의사표현, 타인에 대한 치료를 보고 환자가 보인 반응, 환자의 종교, 평소의 생활태도 등을 환자의 나이, 치료의 부작용, 환자가 고통을 겪을 가능성, 회복 불가능한 사망의 단계에 이르기까지의 치료 과정, 질병의 정도, 현재 환자의 상태 등 객관적인 사정을 종합하여 환자가 현재의 신체 상태에서 의학적으로 충분한 정보를 제공받은 경우 연명치료의 중단을 선택하였을 것이라고 인정되는 경우라야 그 의사를 추정할 수 있다.

환자 측이 직접 법원에 소를 제기한 경우가 아니라면, 환자가 회복 불가능한 사망의 단계에 이르렀는지 여부에 관하여는 전문 의사 등으로 구성된 위원회 등의 판단에 따르는 것이 바람직하다. 따라서 원심은 환자가 회생 가능성이 없는 회복 불가능한 사망과정에 진입한 경우에 환자의 진지하고 합리적인 치료중단 의사를 추정할 수 있다면 사망과정의 연장에 불과한 진료행위를 중단할 수 있다고 한 판단은 연명치료중단에 관한 법리와 같은 취지이므로 정당하다.

• 회복 불가능한 사망의 단계의 진입

환자의 추정적 의사에 의하여 연명치료의 중단이 허용될 수 있는 회복 불가능한 사망의 단계는 의식의 회복가능성이 없고 생명과 관련된 중요한 생체기능의 상실을 회복할 수 없으며 환자의 신체 상태에 비추어 짧은 시간 내에 사망에 이를 수 있음이 명백한 경우를 의미하는바, 그 단계에 이르렀는지 여부는 주치의의 소견 뿐 아니라 사실조회, 진료기록 감정 등에 나타난 다른 전문의사의 의학적 소견을 종합하여 신중하게 판단하여야 한다.

원심은 거시증거를 종합하여 원고에 대한 뇌 자기공명영상(MRI) 검사에서 뇌가 전반적으로 심한 위축을 보이고 대뇌피질의 요철이 단지 가느다란 띠 형상으로 보일 정도로 심하게 파괴되어 있으며 기저핵 시상(視床)의 구조가 보이지 아니하고 뇌간 및 소뇌도 심한 손상으로 위축되어 있는 사실, 원고의 담당 주치의는 원고에게 자발호흡은 없지만 뇌사상태는 아니며 지속적 식물인간상태로서 의식을 회복할 가능성은 매우 낮아 5% 미만이라는 견해를 피력하였으나, 진료기록' 감정의는 원고가 자발호흡이 없어 일반적인 식물인간상태보다 더 심각하여 뇌사상태에 가깝고 회복가능성은 거의 없다고 하고 있으며, 신체감정의 들도 모두 원고가 지속적 식물인간 상태로서 회생가능성이 희박하다는 취지의 견해를 밝히고 있는 사실, 자발호흡이 없어 인공호흡기에 의하여 생명이 유지되는 상태인 사실을 각 인정한 후, 원고가 회복 불가능한 사망의 단계에 진입하였다고 판단하였다. 이 같은 원심의 판단은 위의 법리에 따른 것으로 수긍할 수 있고, 상고 이유에서 주장하는 바와 같은 의료행위의 재량성에 대한 법리오해 등의 위법이 없다.

• 진료중단을 구하는 의사의 추정

원고는 독실한 기독교 신자로서 15년 전 교통사고로 팔에 상처가 남게 된 후부터는 이를 남에게 보이기 싫어하여 여름에도 긴 팔 옷과 치마를 입고 다닐 정도로 항상 정갈한 모습을 유지하고자 하였던 사실, 텔레비전을 통해 병석에 누워 간호를 받으며 살아가는 사람의 모습을 보고 "나는 저렇게까지 남에게 누를 끼치며 살고 싶지 않고 깨끗이 이 생을 떠나고 싶다"라고 말하였던 사실, 3년 전 남편의 임종 당시 며칠 더 생명을 연장할 수 있는 기관 절개술을 거부하고 그대로 임종을 맞게 하면서 "내가 병원에서 안 좋은 일이 생겨 소생하기 힘들 때 호흡기는 끼우지 말라. 기계에 의하여 연명하는 것은 바라지 않는다"고 말한 사실 등 일상생활에서의 대화 및 원고의 현 상태 등 여러 가지 사정을 종합하여, 원고가 현재의 상황에 관한 정보를 충분히 제공받았을 경우 현재 시행되고 있는 연명치료를 중단하고자 하는 의사가 있었을 것으로 추정하였다.

원심의 이 같은 조치는 앞에서 살펴본 회복 불가능한 사망의 단계에 이르렀을 경우 환자의 자기결정권 및 환자 의사 추정에 관한 법리에 부합되는 것으로 수긍할 수 있으며, 상고 이유에서 주장하는 바와 같은 헌법위반이나 법리오해 등의 위법이 없다.

I. 개 설

의료는 질병을 예방하고 환자의 질병치료 등을 통하여 국민보건향상에 이바지하려는데 그 목적이 있다. 여기서의 의료는 치료와 연명을 위한 부분적 행위로서 대상은 환자가 아니라 질병이다. 현대 의학은 불치병을 포함하여 난치병 등을 극복하기 위한 목적에서 출발하였으나 그 과정에서 예상하지 못하였던 문제들이 발생하였는데 그 가운데 하나가 바로 말기환자(terminal patient)의 전인적 의료와 관련한 것이 그것이다. 의료기술의 발전을 통하여 말기환자들에게 생명연장이 가능하게 되었다는 점에서는 큰 의미를 부여할 수 있겠으나, 연명치료를 통하여 환자들이 받게 되는 육체적 · 정신적인 고통은 생명연장의 기쁨보다는 인간으로서의 존엄까지 상실시킬 수 있다는 문제가 제기되기에 이르렀다. 이 같은 이유로 치유 불가능한 말기환자들에게 스스로 고통으로부터 해방할 수 있는 선택권을 부여할 수 있는가에 대한 논의가 학계를 중심으로 진행되어 왔는데,[1] 그 주요 내용은 환자의 자기결정에 따른 치

1) 김혁돈, 치료중단행위의 작위성에 관한 소고, 법학연구 제23집, 2006. 8; 김혁돈, 환자의 자기결정권과

료중단의 정당성 여부에 관한 것들이었다.

그러나 2009년 2월 10일 서울고등법원은 「무의미[2]한 연명만을 위한 치료 장치」를 제거해 줄 것을 청구한[3] 원고들의 주장에 대하여, 제1심 판결과 기본적 같은 견해를 표명하면서, 연명치료 중단의 가능성을 위한 4가지의 요건을 제시하였고, 대법원 2009. 5. 21. 선고 2009다17417사건 판결에서는 '생명권은 헌법에 규정된 모든 기본권중의 기본권이라 할 것이므로, 환자의 생명과 직결되는 진료행위를 중단할 것인지 여부는 극히 제한적으로 신중하게 판단하여야 한다' 고 하면서 '회복이 불가능한 질환 등에 이환되어 사망단계에 이른 환자가 인간으로서의 존엄과 가치 행복추구권에 기초하여 자기결정권을 행사하는 경우 특별한 사정이 없는 한 연명치료의 중단을 허용할 수 있다' 고 판결 함으로써 향후 관련 입법의 제정을 예고하고 있다. 즉 "고도의 생명유지 기술의 발달과 함께 앞으로도 이러한 기술은 계속 발전할 것으로 예상되는 가운데, 치유가 불가능한 말기환자의 경우 자기결정권에 의하여 연명치료를 중단할 수 있는가의 여부가 불분명한 현실에서 구체적인 법적 근거도 마련되어 있지 않는 현실에서 이에 대한 법적 청구가 가능한지의 여부도 불분명하며, 뿐만 아니라 무의미한 연명치료 장치를 중단한다는 명목으로 회생가능성이 있는 환자에 대해서도 고의 또는 오판으로 치료를 중단함으로서 환자의 사망을 초래할 수 있는 가능성이 있으므로 이와 관련한 개개의 사안마다 사건화 하여 법원의 판단을 받는 것도 비현실적이며, 따라서 사회 일반인이나 의사 등 이해관계인의 견해를 폭넓게 반영하여 연명치료중단 등에 관한 일정한 기준과 치료중단에 이르기까지의 절차, 방식, 남용에 대한 처벌과 대책 등을 규정하는 입법이 필요하다"[4]고 밝혔다.

그러나 이 같은 판결에 대하여 다음과 같은 문제들이 나타난다. 먼저 회생가능이 없는 비가역적 사망과정에의 진입과 관련하여 식물인간상태에 있는 환자도 갑자기 의식을 회복할 수 있으며, 새로운 치료법의 개발 등으로 회복의 가능성도 있을 수 있다는 점이다. 따라서 현대의학에 의한 회생가능성유무에 대한 판단도 전적으

치료중단, 형사법연구 제25호, 2006. 6; 장승일, 치료중단과 의사의 형사책임에 관한 고찰, 법학연구, 제29집, 한국법학회, 2008. 2.

2) '무의미' 에 대한 개념은 futile(무익한), meaningless(무의미한)로 나누어 살펴 볼 수 있으나, 고등법원의 판결은 이에 대한 구분이 없이 '무의미한' 이라는 개념을 사용하고 있다. 그러나 여기에서 사용하고 있는 '무의미' 의 개념은 futile에 가까운 개념이라고 생각한다.

3) 제1심 서울서부지방법원 2008.11.28, 2008가합6977 판결.

4) 서울고등법원 2009.2.10, 2008나116869 판결.

로 신뢰할 수 없는 문제가 남는다. 또 치료중단에 대한 의사표시와 관련하여 환자가 의식이 있을 때에는 자기결정권의 행사로서 치료중단이 가능하겠으나, 환자가 의식을 상실한 상태에 있는 경우 환자의 진정한 의사를 어떻게 파악할 것인가 하는 문제이다. 특히 환자의 의사결정도 상황에 따라 변할 수 있다는 점에서 한계가 있을 수 있으며, 권리는 권리주체의 존재를 전제로 하므로 권리주체를 소멸시키는 권리를 인정하는 것은 모순이 아닐 수 없다. 나아가 연명의료와 관련하여 중단의 대상이 되는 의료의 범위도 문제가 된다. 또 법원은 연명치료의 중단은 의사에 의하여 행하여야 한다는 입장인데, 의사가 종교적 신념 등으로 연명치료의 중단을 거부할 경우에 대한 문제 등이 나타나게 된다.

II. 생명의 보호와 자기결정권의 갈등

1. 자기결정권을 둘러싼 주요 국가들의 논의

생명을 가지고 태어난 모든 자연인은 인간으로서의 존엄과 가치를 가지며, 행복을 추구할 권리를 갖는다. 따라서 국가는 개인이 가지는 불가침의 기본적 인권을 확인하고 이를 보장해야 할 의무가 있다(헌법 제10조). 개인의 인격권과 행복추구권은 모든 기본권의 목적이자 이념이며 여기에는 자기 운명에 대한 결정권도 전제되어 있다. 문제는 자기운명에 대한 결정과 관련하여 환자가 자기의 생명과 신체의 기능을 어떻게 유지할 것인가에 대해서도 스스로 결정할 수 있는 권리를 포함 하는가 하는 것이다. 즉 환자는 자기의 생명을 포기하거나 단축하는 자기결정도 가능한가 하는 것으로 제3자의 권리를 침해하지 않는 한 자기생명에 대한 결정은 자기 스스로 자유롭게 할 수 있다고 하여 이를 확대 해석하는 경우에는 안락사는 물론 자살도 자유롭게 결정할 수 있으며, 반대로 '생명은 그 무엇과도 바꿀 수 없는 최고의 가치를 가지며 주체를 포함하여 그 어느 누구로 부터의 침해도 허용되지 않는다' 고 하는 생명의 불가침을 강조할 경우, 사형은 물론 안락사, 연명의료의 중단도 허용할 수 없게 된다.

이 같은 문제를 둘러싼 갈등은 일찍이 1995년 호주에서 적극적 안락사를 합법화하기 위하여 「말기환자의 권리에 관한 법률」 제정을 둘러싸고 사회적 논란을 야기한 적이 있으나, 연방의회에서 부결된 예가 있다. 네덜란드에서도 2001년 「생명의 중단을 위한 자살원조에 관한 심사법」을 제정하여 일정한 조건과 절차에 따른 적극적 안락사는 형사소추 되지 않도록 함으로서 세계적으로 많은 논란을 야기하기도 하였다. 2002년 벨기에도 이와 유사한 법률을 제정하였으며, 미국 오리건 주에서는 1997년 존엄사법(Oregon Death with Dignity Act)을 제정하였고, 2009년 3월 5일 미국 워싱턴 주에서도 안락사법이 발효 되었다. 이하에서 먼저 말기환자의 권리에 관한 주요 국가들의 법적 상황과 문제점 등을 살펴보겠다.

(1) 호 주

1) 주요내용

호주 Northern Territory의회는 1995년 의사에 의한 임의적 안락사와 조력자살을 포함한 말기환자의 권리에 관한 법(The Right of Terminally Ill, Act 1995)[5]을 제정하여 1996년 7월 1일 부터 시행하고 있다. 동법의 목적은 '말기환자의 권리를 확립하기 위하여 자기의 생명을 인간답게 중단하기 위하여 의사의 조력을 구할 수 있도록' 하려는데 있다. 즉 극심한 육체적, 정신적인 고통에 처한 18세 이상의 말기에 있는 환자가 인도적 방법으로 자기의 생명을 임의적으로 중단하기 위하여 의사(5년 이상 임상경험이 있는 2인의 개업의)의 조력을 구하는 경우, 일정한 조건하에 법적인 장애 없이 행할 수 있도록 허용하기 위한 것이다. 본법은 법률에 따라 환자를 조력한 의사는 민사책임과 형사책임 나아가 직업상 징계를 면하도록(동조 제20조) 하고 있으며, 본법에 의하여 승인되는 제 권리의 남용 가능성에 대한 절차적 보호에 대한 내용들로 구성되어 있다.

본법의 가장 큰 특징은 육체적, 정신적 고통에 처한 18세 이상의 말기환자의 요구에 대하여 일정한 조건에 따라 의사가 시행하는 경우에 제한적이지만 적극적 안락사를 세계에서 처음으로 명문으로 합법화 하였다는 점이다. 여기에서 일정한 조건(동법 제7조에서의 요건)은 ⅰ) 환자가 특별한 수단을 강구하지 않을 경우 사망하는

---

5) Peter Singer, A Report from Australia: The Legalisation of Voluntary Euthanasia in the Northern Territory, Bioethics Vol. 9, No. 5 (1995) pp. 419-436.

질환에 이환되어 있을 것, ii) 의학적 효과에 대하여 기대 가능성이 없을 것, iii) 환자에 대한 치료의 목적이 환자가 편안하게 죽기 위한 통증과 고통을 제거하는 것에 한정될 것 등이다. 이 때 의사는 질환으로 환자가 심각한 통증과 고통을 느끼고 있음을 확신하지 않으면 안 된다.[6)]

나아가 주치의와 관계없는 다른 2인의 의사(second medical practitioner)가 말기환자를 진찰하도록 하고 있는데, 이 때 말기환자를 치료한 경험이 있는 의사는 주치의가 진단한 예후를 확인하여야 하며, 정신과 의사는 환자가 치료 가능한 임상적 우울증에 이환되어 있지 않은지 확인하여야 한다.[7)] 그러나 환자의 통증과 고통에 대하여 환자가 인내할 수 있을 정도로 경감시키기 위하여 환자에 대해서 이용 가능한 통증완화 치료를 선택할 수 있는 선택의 여지가 있을 때에는 의사는 환자에 대하여 조력할 수 없도록 하였다. 본 법에서는 환자가 충분한 정보를 의사로부터 제공받고 조력자살을 선택할 수 있도록 7일 간의 cooling off period를 두고 있으며, 관련서류에 서명한 이후 그 시행까지는 약48시간이 경과할 것, 환자의 의사 철회는 언제든지 가능하도록 하는 조항 등을 포함하고 있다. 이 같은 요건이 충족되면 의사는 적정한 의료수준에 따라, 소정의 가이드라인이 있을 때에는 이에 따라 환자의 자살에 조력할 수 있도록 하였다.

2) 검 토

호주에서의 「말기환자의 권리에 관한 법」은 안락사(euthanasia)라는 단어를 사용하지 않고 있으며, 본법에서 사용하고 있는 조력(assist)은 약제(substance)를 준비하거나 이를 환자에게 인도하는 것 뿐만 아니라 이를 투여하는 것을 포함하고 있다.[8)] 그러나 이 같은 행위가 과연 법률적으로 수용 가능한가 하는 점이다. 또 본법에서는 정신적 고통도 그 대상에 포함하고 있는데 그 기준과 관련하여 다양한 법률적인 문제점들이 야기될 수 있다. 또 죽음이 임박했음을 그 요건으로 하지 않고, 단순히 말기증상이라는 넓은 개념으로 그 조건을 제시하고 있는데, 본법 제3조에서 말하는 말기의 병적상태(terminal illness)란 '합리적 판단에 의하여 특별한 수단이나

---

6) The Right of Terminally Ill, Act, Section 12, Regulation 7.
7) The Right of Terminally Ill, Act, Section 12, Regulation 7, 4. (a), (b).
8) The Right of Terminally Ill, Act § 3.

환자가 수용할 수 없는 처치를 사용하지 않을 경우 환자가 사망하게 되는 질환' 이라고만 하여 그 개념이 명확하지 않다는데 문제가 있다. 이 같은 문제점 등으로 인하여 남용을 방지하기 위한 규정은 있으나 남용을 방지하기 위한 억제기능을 충분하게 담당하게 될지에 대해서는 의문이 든다. 무엇보다 환자의 자기결정권을 적극적 생명 중단이라는 형태로 인정하는 것은 문제가 있다고 본다.

동법에 의하여 호주는 1997년 안락사법을 제정하여 연방의회에 제출 하였으나 부결로 폐지되었으며, 폐지 후에도 적극적 안락사를 합법화하려는 요구는 계속 이어지고 있는데 향후 이에 대한 동향을 지켜볼 필요가 있다.

(2) 네덜란드

1) 주요내용

네덜란드는 1973년에 여성인 의사가 자기 어머니의 요청에 따라 치사량의 모르핀을 주사하여 자기의 어머니를 안락사 시켜 유죄 선고를 받은 사건 이후에 안락사를 둘러싸고 많은 논의가 이어져 왔다.[9] 그 당시 간접적 안락사에 그쳤던 논의는 1983년에 93세 여성의 요청으로 치사량의 약제를 주사한 의사에 대한 무죄 판결이 공소심판결(1983. 11)에 의하여 파기된 예도 있었으나, 1984년 11월 네덜란드 대법원은 의사에 의한 적극적 안락사는 긴급피난으로서 정당화된다고 하여 공소심을 파기 환송함으로서,[10] 의사에 의한 적극적 안락사의 합법화 논의가 본격화 되는 계기가 되었다. 그러나 1986년 10월 다발성경화증에 이환되어 삶의 의미를 잃고 살아가고 있는 친구(당시 73세)로부터 안락사를 집요하게 의뢰받은 여성 의사가 치사량의 모르핀을 환자에게 주사하여 사망한 사건에서[11] 법원은 이전의 입장과는 달리 의사의 면책을 부정하고 의료상의 특례(형법 제293조)를 부정하였다. 그 이유는 본 사건에 대한 2차 상고심[12]에서 나타난 바와 같이 환자의 질환이 말기가 아니었다는 점이

---

9) *see*, David C. Thomasma/Thomasine Kimbrought-Kusgner/Gerrik K. Kimsma/ Chris Ciesielski Carlucci (ed.), Asking to Die: Inside the Dutch Debate about Euthanasia. 1998; Hans-Joseph Scholten, Zwischen Dogmatismus und Pragmatismus.-Rechtsvergleichende Anmerkungen zur Euthansiedebatte aus deutscher und niederlandischer Sicht-. 2000.

10) Nederlandse Jurisprudentie 1985, Nr. 106.

11) Nederlandse Jurisprudentie 1987, Nr. 607.

12) Nederlandse Jurisprudentie 1989, Nr. 391.

부각된 점으로 보아 심리적 불가항력에 대한 항변을 법원이 인정하지 않은 것 같다.

이와 같이 네덜란드의 판례는 안락사의 정당화와 면책성에 대하여 신중한 자세를 취하고 있는 가운데, 국가 차원에서 그 실태를 조사하는 등의 검토가 이루어졌으며 1991년에는 '생명의 중단에 관한 의학적 결정에 대한 조사'를 요약한 「Remmelink위원회 보고서」[13]가 제출됨으로서 각계에 걸쳐 큰 충격을 주었다. 본 위원회 보고서의 주요 내용은 생명의 중단과 자살방조에 대한 보고의 법적절차를 제안하기 위한 것으로, 검찰청에 보고서를 작성하여 제출하면 검찰청은 신청서에 있는 정보에 의하여 형법상의 범죄 성립여부를 판단하도록 하는 것이었다.[14] 이 같은 내용등의 영향으로 1993년 12월 유체처리법(The Burial Act, 1993) 제10조가 개정 되었는데,[15] 그 주요 내용은 자연사가 아닌 경우 검찰청 검시관의 신고서에 안락사를 실시한 의사가 답해야 할 항목이 구체화되어 있으며, 검찰청의 검시관은 질문항목의 내용에 대하여 의사로부터 충분한 설명을 들었는지 등에 관한 것 등을 포함하고 있다. 또 검찰청의 검시관은 제정법규와 판례 등에 비추어 생명 중단에 대한 행위를 재확인하고 문제가 있을 때에는 형사소추 하도록 하는 등의 내용이다. 그러나 유체처리법의 개정규정은 적극적 안락사를 형식상 일정범위로 정해 놓고, 이 조건이 충족되면 형사소추하지 않는다는 고육지책이었으나, 내용과 상관없이 이 같은 논의를 바탕으로 비교적 용이하게 합법화할 수 있었던 것으로 보인다.

유체처리법의 개정 전·후인 1994년 6월 Chabot사건 판결이 있었는데,[16] 이 사건은 남편으로부터 가정폭력을 받아 이혼한 여성이 자살과 악성종양 등으로 사망한 자식 등의 충격으로 정신병원에 입원하였으나 치료의 효과가 없었고, 자살도 실패하여 전문가등과 협의하여 정신과 의사(Chabot)에게 생명 중단을 의뢰하여 처방받은 약제를 복용하여 사망한 사건이다. 본 사건이 갖는 의미는 생명의 중단이 가능한 것은 말기에 있는 환자의 육체적 고통을 전제로 하였던 기존의 인식과는 달리, 정신적인 고통을 이유로 한 안락사라는 점에서 매우 놀라운 내용의 사건이다. 나아가 법원은 정신적 고통의 경우에도 긴급피난에 의한 정당성이 인정될 수 있음을 언급하

13) The Report of the remmelink Committee on Research of Medical Practice with Regard to Euthanasia, 1991.

14) Peter J. P. Tak, Essays on Dutch Criminal Policy. 2002, (n.6), p. 72.

15) *Ibid*, pp. 73-74.

16) Nederlandse Jurisprudentie 1994, Nr.656.

면서, 단서로 '신중함'은 인정할 수 있으나, 다른 정신과 전문의의 상담이 없었다 하여 의사의 유죄를 인정하였다.

본건과 관련하여 나타나는 문제는 정신질환자도 죽음을 결정할 수 있는 의사결정 능력이 있는가 하는 것인데, 이에 대한 네덜란드 왕립의학회(KNMG)는 의사능력의 판단기준으로 a. 자신의 의사표시, b. 제공된 정보의 이해와 그에 따른 결정, c. 상황의 성질과 제안된 내용의 인지, d. 선택에 대한 현실적인 이해, e. 현실적인 감각과 합리적 사고에 의한 결정 등을 들고 있다.[17] 이 같은 경위를 거쳐 2001년 4월 "요청에 따른 생명 중단과 자살원조에 관한 심사 및 형법과 유체처리법"의 개정[18](이하 안락사등 심사법)이 이루어졌다. 본법에서 당해 의사가 「안락사등 심사법」에서 규정한 요건을 충족함과 동시에 유체처리법의 규정에 따라 당해 행위를 해당 지역의 검시관(Coroner)에게 신고할 경우에는 처벌하지 않는 것을 내용으로 하고 있다. 특히 본법 제2조 1항의 요건이 되는 '주의 깊음'과 관련하여 동조 1항에서 형법 제293조 2항의 '주의 깊음'의 요건을 다음 각 호에 해당하는 의사의 행위로 규정하고 있다. 즉 a. 환자의 자발적이고 숙려 있는 요청임을 확신할 것, b. 환자의 질병이 회복가능성이 없고, 참을 수 없는 고통임을 확신할 것, c. 환자의 병상과 예후의 정보를 제공하고 있을 것, d. 환자의 병상에 대하여 다른 합리적 해결책이 없음을 환자와 같이 확신하고 있을 것, e. 적어도 독립된 의사 1인과 상담하고, 다른 의사는 환자를 만나 앞의 모든 요건에 대한 판단을 문서상으로 교부할 것. f. 생명 중단과 자살의 원조는 의료적인 방법으로 신중하게 실시할 것 등이다.

2) 검 토

주지한바와 같이 네덜란드에서의 안락사등 심사법에서 제시하고 있는 요건은 시각에 따라 차이는 있으나 비교적 납득할만한 내용이라고 본다. 그러나 법안심의과정에서 12세 이상 16세 미만의 미성년자에 대한 문제와 문서에 의한 의사표시 등이 문제가 되었는데, 제2조 2항에서 의사표시를 할 수 없는 16세 이상의 환자가 그 같은 상태에 빠지기 전에 이해(利害)를 합리적으로 판단할 수 있고, 생명 중단의 의사

17) Life-terminating acts in the case of seriously demented patients, Utrect 1993. Assistance in the case of psyciatric patients, Utrecht 1993.

18) Toetsing van lebensbe eidigung op verzoek en hulp bij zelfdoding en wijigung van het Wetboek van Strafrecht en van die Wet op de lijkbezorgung.

를 의미하는 문서를 소지하고 있을 때 의사는 이 같은 요청에 응할 수 있도록 하고 있다. 이 때 앞에서 언급한 내용을 준용하도록 규정하고 있으나 적극적 안락사의 경우에 이로서 충분한 의사표시가 될 수 있는지는 의문이다. 나아가 12세 이상 16세 미만의 미성년자인 환자가 자기의 이해를 합리적으로 판단할 수 있다고 인정되는 경우로서 친권자나 후견인이 생명 중단과 자살원조에 동의한 때에 의사는 환자의 요청에 응할 수 있도록 하였다. 이 때 제2항을 준용한다(제4항)고 하였는데, 친권자에게 이 같은 권한을 부여할 수 있는가도 의문이다.

네덜란드의 안락사 등 심사법에 대한 평가는 양분되어 있다할 수 있으며, 자기결정권의 과도한 존중이라는 비난과 함께 기타 남용에 대한 문제 등이 나타난다. 그러나 네덜란드는 우리의 경우와 달리 홈닥터제도가 있다는 점에서 오해로 인한 단순한 비판은 삼가야 할 것으로 본다.

(3) 미 국

미국은 1990년 미시건주에 거주하는 의사 Jack Kevorkian이 말기환자가 죽을 수 있도록 일산화탄소를 투여할 수 있는 장치를 만들어 환자에게 제공함으로써 자살방조로 기소된 사건에서 1996년 3월 무죄판결을 한 예가 있다. 이를 계기로 오리건 주, 워싱턴 주, 뉴욕 주 등을 중심으로, 주에 따라서는 주민투표에 의하여 말기환자에 대한 의사의 자살방조(physician assisted suicide)를 합법화하려는 움직임도 있었다.

오리건 주에서는 1994년 주민투표로 말기의 환자가 자기의 생명을 중단하기 위하여 약제를 처방받아서 자살할 수 있도록 한 존엄사법(The Oregon Death with Dignity Act)을 제정하였다. 법명은 존엄사법이지만 내용은 종래의 존엄사법보다 적극적으로 말기환자에 대한 의사의 자살방조를 합법화하려는 법률이다. 그러나 동 법률은 말기환자의 분류와 보호의 범위가 국가의 이익에 부합하지 않으며 미합중국 수정헌법 제14조에 반한다는 등의 이유로 동법의 집행정지를 요구하는 소송이 제기되기도 하였으나, 1996년 본법의 폐지를 묻는 주민투표에서 근소한 차이로 가결되어 오늘에 이르고 있다.

워싱턴 주에서는 의사, 말기환자 및 비영리단체인 Compassion in Dying이 의사의 자살방조의 합법성을 주장하고 자살방조죄를 규정한 동 주법의 위헌성을 둘러싸고 논의가 있었다.[19] 이 논의에 대하여 워싱턴 주 연방지방법원은 위헌이라 하였고, 공소심도 이를 지지하여 위헌이라 하였으나,[20] 연방 최고법원은 1997년 6월 26일 9대0으로 주법은 due process조항에 반하지 않는다고 하여 파기 환송하였다. 연방 최고법원은 '자살방조'에 관한 법률의 역사는 이를 인정하기 위한 노력에 대한 거절의 역사로서 이 같은 상황은 지금도 마찬가지라고 강조 하면서, 본 건에 대한 우리의 결정도 같은 시각으로서 자실방조의 권리는 due process조항에 의하여 보호되는 기본적 자유이익이 아니며, 자살방조에 관한한 자유이익(liberty interest)의 개념을 거절한 것으로, 미합중국의 헌법에서는 자살방조의 권리는 없다는 입장이다.[21] 나아가 연방최고법원은 州 이익으로서 a. 생명유지, b. 자살방지, c. 전문 의료기술의 고결성과 윤리의 보호, d. 사회적 약자의 보호 등을 들고 있다. 이 같은 내용들은 일련의 연명치료의 중단을 둘러싸고 나타나는 법률문제와 관련하여 종종 제기되는 문제들로서, 그렇다고 Cruzan사건[22]에서 채택한 ' 미합중국의 헌법은 의사능력 있는 자의 구명을 위하여 수분과 영양 보급을 거부할 수 있는 헌법상 보호된 권리를 인정하는 태도와 모순되는 것은 아니다.

뉴욕 주에서도 워싱턴 주와 유사한 소송이 있었는데, 3인의 의사와 3인의 말기환자가 자살방조를 범죄로 규정한 동 주법의 위헌성을 주장하면서 소송을 제기한 것이 있다. 뉴욕 주 연방지방법원은 주법이 due process조항과 평등보호조항에 반하지 않는다 하였으나[23], 이에 대하여 공소심은 연명치료의 중지와 죽음의 시기를(死期)를 앞당기는 약제를 처방하고 환자가 스스로 이를 복용하는 것과 차이가 없다고 하면서 의사에 의한 자살방조를 금한 주법은 평등보호 조항에 반하여 위헌이라 판시하였다.[24] 그러나 연방최고법원은 생명유지치료를 거부하는 것은 자살방조와 단순히 같다고 할 수 없으며, 동 주법은 평등보호조항에 반하지 않는다 하여 전원일치로 공소심판결을 파기하였다.[25]

19) Compassion in Dying v. Washington, 850 F. Supp. 1454.
20) 49 F. 3 d 586.
21) Washington v. Glucksberg, 117 S. Ct. 2258, 1997.
22) Cruzan v. Director Missouri Department of Health, 479 U.S. 261, 110 S. Ct. 2841.
23) Quill v. Koppel, 870 F. Supp. 78, 1994.
24) Quill v. Vacco, 80 F. 3d 716, 1966.
25) Vacco v. Quill, 521 U.S. , 1997.

(4) 우리나라

우리나라에서 연명치료에 관한 공식적인 통계는 정확하게 파악할 수 없는 실정이며, 다만 2009년 한국보건의료연구원에서 중환자실 운영 의료기관 308개소를 대상으로 행한 실태조사 및 2007년 사망자에 대한 의료보험심사평가원의 진료기록에 대한 분석을 통하여 '무의미한 연명치료 중단 관련, 실태 및 쟁점 조사결과'에 대한 자료를 발표한 것이 최근의 통계이다. 본 자료에 의하면 2007년 만성질환으로 사망한 182,307명에 대하여 1개월 전의 의료이용 실태를 조사한 결과, 임종과정에서 인공호흡기를 적용한 비율이 16,5%, 심폐소생술은 17,6%만 행한 것으로 나타나고 있다.[26] 질환별로는 말기 암 환자의 경우 인공호흡기를 사용한 것이 9,7%, 심폐소생술은 8,4%만 행하여 진 것으로 나타나고 있으며, 순환기계 말기환자의 경우 인공호흡기를 적용한 비율이 22,9%, 심폐소생술은 28,6% 행하여 진 것으로 파악되고 있다.[27]

나아가 한국보건의료연구원의 보도 자료에 의하면 중환자실을 운영하고 있는 전국 308개의 의료기관을 대상으로 연명치료를 받고 있는 환자의 수는 조사에 응한 256개 의료기관의 전체 입원환자의 1,64%에 해당하는 1,555명이 연명치료를 받고 있는 것으로 파악하고 있다. 환자 질환의 유형별로 살펴보면 말기 암 환자가 42,4%(659명), 지속적 식물상태에 있는 환자 18,4%(286명), 뇌질환 환자 12,3%(192명), 뇌사환자의 경우도 5%(77명)로 나타나고 있는 것으로 파악되고 있다.[28]

사망 전 6개월 내 총 입원 평균 일수는 39.6일, 중환자실 입원 평균 일수는 12.4일로 전체 사망자의 13.7%가 중환자실에서 1주일 이상 입원한 것으로 나타나고 있으며, 중환자실 이용자의 56.4%가 인공호흡기를 부착하였고, 30.3%가 심폐소생술을 받았으며, 인공호흡기와 심폐소생술을 같이 받은 경우도 22.8%인 것으로 파악하고 있다.[29] 말기 암환자의 경우 마약진통제의 사용은 62.7%로 WHO에서 권장하고 있는 90%보다 낮은 수준인 반면에 항암제 투여는 27.6%로 나타나고 있는 것이 우리나라에서의 말기의료와 관련하여 나타난 현황이다.

특히 우리나라에서 연명의료중단에 관한 사건은 2004년 6. 24. 선고 2002도995

26) 보도자료, 한국보건의료연구원, 「무의미한 연명치료 중단 관련, 실태 및 쟁점 조사결과」, 2009.9.22.

27) 상게 보도자료.

28) 상게 보도자료.

29) 전게 보도자료 4면.

판결에서 법원은 의사에게 '작위에 의한 살인방조'를 인정함으로써 치료중단에 대한 새로운 인식을 갖게 된 것으로 보인다. 이후 서울지방법원 2008.11.28. 2008가합6977사건의 항고심인 서울 고등법원 2008나116869사건에서 '연명치료 중단의 허용가능성'을 언급하였으며, 대법원 2009.5.21. 선고 2009다17417사건 판결에서는 '생명권은 헌법에 규정된 모든 기본권중의 기본권이라 할 것이므로, 환자의 생명과 직결되는 진료행위를 중단할 것인지 여부는 극히 제한적으로 신중하게 판단하여야 한다'고 하면서 '회복이 불가능한 질환 등에 이환되어 사망단계에 이른 환자가 인간으로서의 존엄과 가치 행복추구권에 기초하여 자기결정권을 행사하는 경우 특별한 사정이 없는 한 연명치료의 중단을 허용할 수 있다고 하였다.

이 같은 법원의 판결 이후 2009년 9월 28일 한국보건의료연구원은 「사회적 합의에 근거한 무의미한 연명치료 중단의 원칙」을 발표하였는데, "연명치료의 주된 대상인 말기 만성질환자의 경우 단순히 임종 과정만을 연장하는 무의미한 연명치료로서 중단할 수 있다"[30]는 입장을 밝히면서, 임상적으로 뇌사 상태, 지속적 식물인간 상태 등으로 판정되었음에도 연명치료가 계속되고 있는 환자 등에 대한 관련 법규의 정비가 필요하다는 견해를 밝혔다. 나아가 지속적 식물상태 환자의 경우 다양한 의학적 상황을 내포하고 있어 일률적인 규정으로 이를 인정하거나 금지를 명시하는 것은 혼란을 야기할 수 있다고 하면서, 연명치료 중단의 결정은 2명 이상의 의사의 의학적 판단과 환자의 자기결정권이 존중된 의사 결정이 중요한 근간이나 의사결정 과정에서 의견이 일치하지 않을 경우 병원윤리위원회가 조정역할을 할 수 있도록 하고, 사전의료지시서를 통한 환자의 의사 표현은 추천되나, 말기 환자의 사전의료지시서에 대한 공증을 의무화하는 것에는 반대한다는 견해를 표명하였다.

나아가 대한의사협회, 대한의학회, 대한병원협회의 연명치료 중지에 관한 지침 제정 특별위원회는 2009년 9월 「연명치료 중지에 관한 지침」에서 "회복가능성이 없는 환자의 품위있는 삶을 위하여 연명치료를 적용하거나 중지할 상황에 있는 의료인에게 행위의 범위와 기준을 제시할 목적"[31]으로 하는 연명치료 중지 결정의 원칙을 발표 하였는데, 회복가능성이 없는 환자 본인의 결정과 의사의 의학적 판단, 의사로부터 병상에 대한 정보의 제공에 따른 환자의 결정, 연명치료에 관한 의학적 판

30) 보도자료, 한국보건의료연구원, 2009.9.28.

31) 대한의사협회, 대한의학회, 대한병원협회, 「연명치료 중지에 관한 지침」의 목적, 2009.9.

연명치료를 받고 있는 환자에 관한 통계

(단위: 명, %)

<table>
<tr><th colspan="2" rowspan="2">유형</th><th colspan="2">전체병원</th><th colspan="2">대학병원</th><th colspan="2">기타병원</th></tr>
<tr><th>환자 수</th><th>비율 (%)</th><th>환자 수</th><th>비율 (%)</th><th>환자 수</th><th>비율</th></tr>
<tr><td colspan="2">뇌사(뇌사판정을 받지 않았으나 임상적으로 뇌사로 판정된 자</td><td>77</td><td>5.0</td><td>48</td><td>6.1</td><td>29</td><td>3.8</td></tr>
<tr><td colspan="2">3개월 이상 지속적 식물상태를 보이는 환자</td><td>286</td><td>18.4</td><td>125</td><td>15.8</td><td>161</td><td>21.0</td></tr>
<tr><td rowspan="7">기저 질병이 치료에 반응을 보이지 않는 말기환자로 연명치료로 생명을 유지하고 있으나 6개월 이내에 사망이 예상되는 환자 군으로 2주 이상 병원에서 입원 중인 환자</td><td>말기암 환자(여러 항암제 치료에 반응이 없음)로 합병증 동반</td><td>659</td><td>42.4</td><td>393</td><td>49.8</td><td>266</td><td>34.8</td></tr>
<tr><td>말기 호흡부전환자(인공호흡기 치료로 연명하고 있거나, 산소요법 치료 중)로 합병증 동반</td><td>157</td><td>10.1</td><td>62</td><td>7.8</td><td>95</td><td>12.4</td></tr>
<tr><td>말기 신부전 환자(신장이식 대상자 아님)로서 합병증 동반</td><td>83</td><td>5.3</td><td>43</td><td>5.4</td><td>40</td><td>5.2</td></tr>
<tr><td>말기 심부전환자(심장이식의 대상자가 아님)로서 합병증 동반</td><td>24</td><td>1.5</td><td>12</td><td>1.5</td><td>12</td><td>1.6</td></tr>
<tr><td>뇌졸증과 같은 심각한 뇌질환 환자로서 합병증 동반</td><td>192</td><td>12.3</td><td>60</td><td>7.6</td><td>132</td><td>17.3</td></tr>
<tr><td>말기 간부전환자(간이식부전의 대상이 아닌 환자)로 사망이 임박한 환자</td><td>54</td><td>3.5</td><td>36</td><td>4.6</td><td>18</td><td>2.3</td></tr>
<tr><td>기 타</td><td>23</td><td>1.5</td><td>11</td><td>1.4</td><td>12</td><td>1.6</td></tr>
<tr><td colspan="2">합 계</td><td>1,555</td><td>100.0</td><td>790</td><td>100.0</td><td>765</td><td>100.0</td></tr>
</table>

자료: 한국보건의료원, 2009. 9, 무의미한 연명치료 중단 관련, 실태 및 쟁점 조사결과

단은 반드시 다른 전문의사 또는 병원윤리위원회의 자문을 받아야 하며, 의사의 통증완화 의료등의 권유 및 의도적으로 환자의 생명을 단축하거나 자살을 돕는 행위의 금지 등[32]을 포함하는 지침을 발표하였다. 이 같이 무의미한 연명치료의 중단에 대한 사회적 관심과 문제해결을 위한 노력은 향후 말기환자의 의료를 둘러싸고 나타나는 사회적 갈등을 해결할 수 있다는 점에서 매우 고무적이라고 할 수 있으나, 이 같은 주장과 노력이 보다 설득력을 얻기 위해서는 무의미한 연명치료의 중단을 위한 환자의 자기결정권을 의료현장에서 어떻게 조화롭게 반영할 것인가에 따라서 그 수용여부가 정해질 것으로 본다.

(5) 소 결

상술한 바와 같이 안락사 및 의사의 조력에 의한 자살에 대한 입법을 시도한 국가를 중심으로 주요 입법의 내용과 논의 과정에 대하여 살펴보았으나, 우리나라에서는 최근에 들어서 사회적인 논란이 일고 있다. 특히 연명의료의 중단을 둘러싸고 나타나는 제반문제들을 입법화를 통하여 해결하려고 하는 것이 우리나라에서의 상황이라 할 수 있으나, 이 경우에는 실행을 위한 요건 및 운용과 관련하여 예기하지 못했던 문제들을 야기할 수 있다. 그 가운데 가장 염려가 되는 것은 법제화했을 경우에 그 적용의 범위를 점차 확대하게 됨으로서 사람 생명에 대한 경시풍조가 나타날 수 있으며, 법제화의 남용은 더 심각한 사회문제로 대두될 수도 있다. 특히 현재 우리나라의 의료체계에 대한 국민들의 신뢰가 없는 현실에 비추어 볼 때 문제의 해결보다는 환자와 의료관계자 사이의 혼란과 갈등만을 부추기게 된다. 따라서 제도화 이전에 의료관계자와 환자 사이의 신뢰구축을 위한 관계 설정이 무엇보다 중요하며, 환자의 생존권이 보장될 수 있는 제도적 기반이 우선적으로 마련되어야 할 것이다.

법제화를 통하여 환자 스스로 생사를 결정해야 하는 고뇌의 부담은 줄일 수 있다고 생각할 수 있을지 모르겠으나 역설적으로 고뇌 가운데 진정한 문제의 해결을 위한 길이 있을지도 모른다. 따라서 말기의료에 대한 적법성은 간접적 안락사와 소극적 안락사에 한정되어야 하며, 적극적 안락사 및 의사에 의한 조력자살은 위법성

32) 「연명치료 중지에 관한 지침」, 2009.

이 인정되어야 할 것이다. 또 말기환자 의료와 관련하여 연명의료의 중단을 위한 입법화도 충분한 논의와 국민적 공감대를 형성하여 추진하여야 할 과제라는 점에서 일부 제기되고 있는 입법화의 움직임은 시기적으로 바람직하지 않은 것이다.

2. 생명의 보호와 치료 중단의 허용

현대의 의료기술은 식물인간상태[33] · 뇌사로 인하여 동물적 제 기능을 상실하더라도 연명의료장치에 의존할 경우 한 동안 생명을 유지할 수 있게 됨으로서, 일반적인 의료만을 강조할 경우에 환자의 이익에 반하는 결과를 초래할 수도 있으며, 인간으로서의 존엄마저 상실시킬 수 있게 되었다. 따라서 제 외국에서는 말기의료(terminal care)와 관련하여 '70년대 이후 환자의 연명만을 위한 무의미한 의료를 거부할 권리를 판례를 통하여 제한적으로 인정하여 왔으며,[34] 나아가 의사의 조력에 의한 자살(physician assisted suicide), 존엄사(death with dignity), 자연사(natural death)에 대한 논의가 이어져 왔다. 이 같은 논의의 배경에는 1947년 뉘른베르그(Nürnberg) 강령과 유럽의 생명윤리협약을 통하여 "모든 의료적 침습은 의사의 설명에 따른 환자의 동의가 있을 때에 정당화 된다"는 기조로서, 특히 2004년 독일연방의회와 라인란트 팔쯔주의회 보고서에서는 환자의 자기결정권을 명시적으로 규정하고 있으며, 벨기에의 안락사법[35]과 프랑스의 '환자의 권리와 임종에 관한 법률'에서도 환자의 자기결정으로 인한 치료중단은 불가벌적인 것으로 받아들이고 있다.

그러나 "인간의 생명의 존엄에 대한 생물학적 기초이자 모든 개별 기본권의 주

33) 식물인간상태라 함은 思考와 운동을 지배하는 대뇌피질의 기능은 상실되었으나, 호흡 순환기 등 생명유지에 필요한 뇌간부는 기능을 하고 있는 상태로서 정확하게는 '천연성의식장애' 상태를 말한다. 뇌외상, 뇌졸증 등에 의하여 야기되며, 자력으로 움직임, 음식 기타 언어를 구사할 수 없으며 의사소통이 불가능한 상태가 3개월 이상 지속되는 경우에 식물인간상태라 판단한다. 평균 3년가량 생존하지만 10년 이상 생존하는 경우도 있다. 전기신호 외 자극을 주는 치료법으로 회복하는 예도 보고되고 있다.

34) see, Kenneth Cauthen, Physician-Assisted Suicide and Euthanasia (http://www.frontiernet.net/~kenc/asuici.htm. 2009. 2. 20.접속)

35) 「The Belgian Act on Euthanasia of May, 28th 2002」, 벨기에는 2001년 10월 상원이 안락사법을 승인하여 2002년 5월 16일 하원에서 많은 논쟁 끝에 찬성 86, 반대51, 기권10으로 법안이 통과하였다. 안락사법의 주요 내용은, 지속적이며 참기 힘든 육체적, 정신적 고통을 겪는 환자가 의식이 있는 상태에서 안락사를 요구할 경우에 한하여 허용하는 내용이다. 그러나 2002년 안락사법에서 미성년자의 안락사는 허용하지 않았으나, 2008년 6월 2일 벨기에 자유당은 어린이와 치매환자에게도 안락사를 인정하는 법을 확대하였다(Liberals in Belgium propose euthanasia for children and persons with dementia, http://www.catholicnewsagency.com/new.php?n=12811, 2009.2. 20접속).

체인 인간의 지위를 유지시켜주는 가장 핵심적인 법익이므로 인간의 생명은 최대한 존중되어야 하며, 따라서 그 어떤 침해로부터도 우선적으로 보호"[36]되지 않으면 안 된다. 따라서 의학적 적응성이 있는 한 의사는 환자를 인수하여 그 어떤 상태에 처한 경우라 하더라도 의료계약의 본지에 따라 연명을 위한 치료를 해야 할 법률상의 의무가 있다. 특히 인간의 생명이 존중받고 보호받아야 하는 것은 치료나 회생 가능성이 희박한 경우라 하더라도 생명이 유지되는 한 향후 의학이나 의료기술의 발달에 따라 그 치료가 가능하게 될 수도 있다는 점에서 더욱 그러하다. 이 때 의사는 의료계약의 내용에 따라 선량한 관리자의 주의로서 위임된 사무를 처리해야 하며(민법 제681조), 의사는 환자의 요구에 대하여 최고의 의료지식과 수준으로 환자에게 이익이 되도록 적정한 방법으로 진료를 해야 하고, 환자의 질환에 타당하다고 생각되는 방법을 선택하여 시술해야 할 의무, 환자에 대하여 고도의 주의로서 진료해야 할 주의의무, 환자의 이익에 반하지 않도록 진료의 내용을 설명하고 환자의 결정을 존중해야 할 의무 등이 있다.

치료행위는 질병의 치유를 통하여 생명을 유지하고 건강을 회복하기 위한 것이며 그 목적의 실현을 위하여 필요한 상당한 범위의 치료가 의사가 행하여야 할 의무가 될 수 있겠으나, 환자의 상태가 당해 치료의 적응증이 없는 경우, 즉 질병이 없거나 환자의 질환이 회복될 가능성이 없어 치료가 환자에게 이익 주지 못하는 경우에 의사는 의학적 판단에 의하여 치료를 개시하지 않거나 치료를 중단하는 것을 허용하지 않으면 안 된다.

3. 환자의 자기결정과 치료중단의 문제

의사의 의료행위는 환자의 자기결정에 따른 승낙이 있는 경우에 정당성을 가지며, 따라서 의사는 의료행위의 시작과 종료에 있어서도 환자의 자기결정권을 최대한 존중하지 않으면 안 되다. 그렇다면 환자의 의사(意思)와 의사(醫師)의 치료 의무는 어떠한 관계에 있는가. 지금까지 의사와 환자의 법률관계는 계약관계로 이해하여 왔으며, 따라서 환자가 의사표시를 할 수 없을 때에는 환자의 진정한 의사가 무

36) 서울고등법원 2009.2.10. 2008나116869판결.

엇인가를 둘러싸고 다양한 문제가 나타나게 된다. 한편 환자가 의사표시를 할 수 없는 경우에 환자의 가족에게 많은 희생을 요구하게 되므로 가족의 의사를 반영해야 한다 할 수도 있겠으나, 가족의 부담을 요하는 것은 이 같은 경우에 한하지 않으므로 이를 특별하게 취급하여야 할 필요는 없다. 이 같은 시각에서 진료계약의 주체가 친권자 등 대리인인 경우에도 그 대리권은 환자의 질병 완화 내지 생명보호의 범위 내에서 유효하게 인정되어야 하는 것이므로 환자에게 치료의 필요성이 존재하지 않을 경우 대리인의 의사표시에 의하여 치료의 개시와 중지는 허용될 수 있는 성질의 것이 아니다.

문제는 환자의 의사와 자기결정권의 존중이라는 시각에서 지속적 식물상태의 인간과 같이 불가역적으로 의식을 상실한 상태에 있는 환자의 경우에는 무의미한 치료를 중단할 수 있는가 하는 것이다. 이 같은 경우 앞에서 살펴본 바와 같이 치료가 의학적 적응을 결한 경우 의사의 의학적인 판단에 의하여 치료의 중단이 허용되지 않으면 안 되는데, 불가역적 의식을 상실한 상태에 있는 환자는 의사표시를 할 수 없으므로 의사가 환자를 인수한 이상 치료에 동의한 것으로 보아 무의미한 치료를 계속할 수밖에 없는 문제가 나타나게 된다. "인간의 생명은 최대한 보호되어야 하며 의사에게 환자의 생명을 보호 · 유지하기 위하여 최선의 조치를 다해야 할 의무가 있다고 해서 항상 가능한 모든 의술이나 의약품을 사용하여 꺼져가는 인간의 생명을 그 어떤 수단을 동원해서라도 연장시켜야 한다고 할 수는 없는 것이다. 인간은 생물학적 의미 그 자체만이 아니며 인간으로서의 존엄이라고 하는 인간 존재의 근원적 가치에 부합하는 방식으로 보호되지 않으면 안 된다. 따라서 환자에게 의학적으로 무용한 처치를 계속 받도록 하거나 의사로 하여금 그러한 치료를 계속하도록 강제하는 경우 인간으로서의 존엄이 훼손될 수도 있는 것이다".[37)]

37) 서울고등법원 2009.2.10. 2008나116869판결.

III. 무의미한 연명치료중단을 위한 요건

1. 회생 가능성 및 의학적 적응의 판단

환자의 추정적 의사로서 무의미한 연명치료 중단의 허용 요건인 회복 불가능한 사망의 단계라 함은, 의식의 회복가능성이 없고 생명과 관련된 중요한 생체기능의 상실을 회복할 수 없으며 환자의 신체 상태에 비추어 짧은 시간 내에 사망에 이를 수 있음이 명백한 경우를 말하는데, 이에 대한 판단은 주치의의 소견뿐만 아니라 사실조회, 진료기록 감정 등에 나타난 다른 전문의사의 의학적 소견을 종합하여 신중하게 판단해야 한다는 것이 법원[38]의 입장이다.

이에 대하여 대한의사협회 등의 연명치료 중지에 관한 지침에서는 '연명치료를 적용해야 하는 대상은 2명 이상의 의사가 회복 가능성이 없다고 판단한 말기 환자 또는 지속적 식물상태(PVS: persistent vegetative state)[39]의 환자로서, 심한 뇌 손상 등으로 지각능력이 완전히 소실되어 외부 자극에 대하여 의미 있는 반응이 없는 상태가 지속되는 경우에 가능하며, 말기환자란 원인 상병이 중증이고 회복할 수 없는 환자로서, 말기환자에 대한 의료는 주로 대증적(對症的) 연명치료로서, 원인에 대한 치료는 현재의 의료수준에 비추어 불가능하거나 미약하다'는 입장이다. 나아가 한국보건연구원의 말기환자의 무의미한 연명치료 중단의 원칙은, 말기상태의 판정은 담당주치의와 해당 분야 전문의 등 2인 이상의 수행을 요하고, 의사는 말기환자에게 호스피스, 완화의료의 선택과 사전의료지시서 작성 등에 대하여 설명 및 상담하여야 한다고 하면서, 의학적 판단 및 가치 등에서 불확실성으로 인한 문제를 최소화하기 위한 안전장치로 병원윤리위원회 역할의 중요성을 강조하고 있다.

그러나 회생가능이 없다는 의학적 무의미성에 대한 판단은 환자의 치료를 담당하는 병원 및 제3의 중립적 의료기관에 의한 의학적 진단을 기초로 하여 환자의 생명회복과 의식회복의 가능성 나아가 의학적 의미에 관한 규범적 판단이어야 하며,

38) 서울고등법원 2009.2.10. 2008나116869판결.

39) 심한 뇌손상 등으로 지각 능력이 완전히 소실되어 외부 자극에 대하여 의미 있는 반응이 없는 상태가 지속되는 경우를 말한다.

의학적 무의미성이란 말기환자의 경우 연명치료를 하더라도 회복이 불가능하여 죽음이 불가피하고, 잔여수명이 얼마 남지 않았음이 확실시되는 경우라 하겠으나 이에는 판단 상에서의 문제가 남는다. 특히 회생가능성이 없는 비가역적 사망과정에의 진입과 관련하여 식물인간 상태에 있는 환자도 갑자기 의식을 회복할 수도 있으며, 새로운 치료법의 개발 등으로 회복의 가능성도 있다는 점에서 현대의학에 의한 회생가능성 유무에 대한 판단도 전적으로 신뢰할 수 없다는데 문제가 있다. 따라서 이 같은 판단은 환자에 대하여 상당한 기간 동안의 신중한 관찰과 진단의 결과를 토대로 전문 의료인에 의하여 이루어져야 하며, 이 때 의학의 발전에 따른 치료방법의 발견 가능성 등도 고려해야 하는데,[40] 판단의 기준을 '죽음이 임박했음'으로 할 경우, 회복 가능성이 없이 장기간에 걸쳐 지속적 식물인간 상태에 있는 사람의 경우에는 죽음이 임박한 것이 아니므로 치료중단의 대상에서 제외되는 문제가 발생한다. 반면에 연명치료 장치와 같은 생명연장을 위한 보조 장치에 의존하여 연명을 하는 환자의 경우에는 인간의 존엄이 없는 상태라 할 수 있으므로 치료중단의 대상이 될 수도 있다. 또 치료중단이 가능하려면, 환자의 상태가 불가역적 사망과정에 진입하여야 하는데, 이 같은 요건으로 할 경우 어느 정도의 여명이 남아 있어야 죽음이 임박했다고 할 수 있는가 하는 문제가 남는다. 이와 관련하여 직접적인 관련성은 없겠으나, 미국 오리건 주에서의 존엄사법(The death with dignity act)은 잔여수명이 6개월 미만인 경우를 말기환자로 규정하고 있어 참고가 되며, 환자의 잔여수명에 대한 평가는 순수 의학적 기준에 따라 평가되어야 하며, 환자의 사망을 예측할 수 있는 객관적 지표(APACHE Ⅱ, APACHE Ⅲ 점수와 다기관 손상점수)에 의하여 판단해야 한다는 견해도 있다.[41]

또 환자가 회생가능성 없는 비가역적 사망과정에 진입한 상태에 대한 판단은 연명치료를 시행하면서 환자를 진료·관찰하여 온 담당의사의 의견이 존중되어야 하며, 신중하고 객관적 판단이어야 하나, 환자가 그러한 상태에 이르게 된 주요 원인이 담당 의료진의 과실에 의한 경우, 의사와 환자 간에는 신뢰관계가 존재할 수 없다는 점을 고려하여 담당의사의 견해만으로 이를 판단해서는 안 되며, 어떤 형태이든지 제3의 중립적 의료기관에 의한 판단을 고려하지 않으면 안 된다. 이 같은 조치

40) 대법원 2009.5.21. 2009다17417판결.

41) 박연옥, 말기환자의 연명치료 중단의 생명윤리적 고찰, 간호학탐구 제13집 제1호, 2004. 106면.

는 의사의 오진과 오판을 방지하기 위한 최소한의 요건이 될 수도 있으며, 이를 위하여 오랜 기간 동안 환자의 진료를 담당했던 의사가 담당의가 되는 것이 바람직하다고도 할 수 있겠으나, 의사에 대한 신뢰가 없음에도 담당의사에게 판단을 위임한다는 것은 향후 더 큰 문제를 야기할 수 있다고 본다. 나아가 담당의사의 진단을 받은 환자는 다시 전문성과 경험을 갖춘 전문의(consulting physician)의 진단을 받도록 해야 하며, 연명의료 중단의 요건을 충족하고 있는지의 여부도 재확인할 필요가 있다. 이는 의사 한사람의 부적절한 판단으로 행하게 되는 연명치료의 중단을 막기 위한 최소한의 조치로서 향후 관련제도를 마련할 때에는 담당의사와 전문의가 독립적으로 진단을 내릴 수 있는 환경의 확보도 필요하다고 본다.

2. 환자의 의사와 법률상의 문제

무의미한 연명치료의 중단은 환자의 자기결정권에 기초하므로 환자의 의사에 따라 결정되어야 하는 것이 원칙이나, 환자가 무의식 상태에 있어 환자의 의사를 확인할 수 없음에도 환자의 주관적 의사의 확인을 지나치게 강조할 경우에는 불가능한 요건을 요구하게 될 위험이 높아진다. 따라서 환자의 치료중단을 위한 환자의 자기결정적 의사는 원칙적으로 치료중단 당시의 질병과 치료에 관한 정확한 정보를 의사로부터 제공받은 것을 전제로 한 명시적인 표시여야 한다. 그러나 환자가 질병 기타 원인으로 의식을 상실했을 때에는 의사표시를 할 수 없으므로 환자의 의사표시를 어떻게 파악할 것인가 하는 문제가 남는다. 이에 대하여 법원은 의식불명의 환자가 현재 자신의 상태 및 치료에 대한 정보를 제공받았더라면 표시하였을 진정한 의사를 추정하여 환자의 자기결정권을 행사할 수 있다고 하면서, 의사표시가 서면에 의하여 명확하게 표시되어야 하는 것을 요구하는 입법이 없는 이상, 서면에 의한 표시가 없다고 하여 환자의 의사를 추정할 수 없다고 배척한다면 건강할 때 자신의 희망을 명확하게 지정해 둔 자만이 원치 않는 치료를 거부할 권리를 행사할 수 있게 되므로, 환자가 사전에 가족, 친구, 친지 등에 대한 구두의 의사표현, 타인에 대한 치료를 보고 환자가 평소 보였던 반응, 환자의 종교, 평소 생활태도와 환자의 현재 상태, 기대생존기간, 나이 등을 종합적으로 고려하여 현재 상황에서 환자의 인공호흡기 제거의 의사가 추정될 수 있는지 등을 판단하여야 한다는 입장이다.[42] 그러나 이와 관련하여 다음과 같은 문제들이 검토되어야 한다.

(1) 환자의 의사표시의 추정

환자가 정상인이었을 당시 사전에 유언으로 치료가 불가능한 질환에 이환되거나 기타 말기상태의 환자에 처하게 되는 경우에 연명의료를 하지 말아달라는 의사표시를 문서로 작성하고 실제 본인이 이 같은 상황에 처한 경우, 의사는 이 같은 의사표시에 따라 연명의료를 중단하더라도 면책되는가. 우선 환자의 의사가 명시적으로 명확하거나 추정이 가능한 경우에는 이를 인정하여 치료중단을 결정할 수 있을 것으로 본다. 그러나 의사가 불분명할 경우에는 환자의 의사를 추정하여야 하는데, 이때에는 환자의 의사와 관련된 모든 정황을 고려하여 판단하여야 하며 가족의 견해도 고려할 수 있다는 견해가 있다.[43] 그러나 치료중단을 결정하는 근거는 자기결정권이며 이는 인격권으로서 일신전속권이라는 점에서 본인 이외 타인이 이를 판단함에는 문제가 있다고 본다. 특히 가족에 의한 판단을 인정할 경우 경제적 비용 등을 고려하여 남용될 우려도 생각할 수 있으며, 따라서 환자의 단편적인 언급이 있는 정도였거나, 구체적 상황을 상정하지 않은 추상적인 견해 표명 정도가 있는 것에 불과하다면 이는 당해 환자에게 그가 처한 특정한 상황에서의 구체적이고 진지한 의사라 할 수 없다. 환자의 의사는 합리적인 것이어야 하며, 연명치료에 관한 환자의 자기결정권의 행사는 인간의 생명에 직접 관련된 것이므로 사회적 타당성이 있어야 한다. 이에 대하여 환자가 얻는 이익과 손실을 비교 형량하여 중단여부를 결정하는 것도 생각할 수 있겠으나, 이익형량의 의미가 불명확하다는데 문제가 있다. 생명은 그 어떤 이익과 비교 형량할 수 없으며 생명이외의 법익을 생명보다 우선시할 수도 없다. 그럼에도 환자의 고통과 존엄을 보장하기 위하여 치료중단이 불가피할 경우에는 환자에게 있어 최선의 이익이 무엇인가를 고려하여 중단여부를 결정하여야 한다고 본다.

환자의 추정적 의사와 관련하여 독일 연방법원은 1994년 9월 13일 "환자가 동의능력을 상실하기 이전의 언행, 서면에 의한 표현, 종교적 확신, 기타 개인의 가치관,

---

42) 서울고등법원 2009.1.10, 2008나 116869판결.

43) Möllering, Jürgen. Schutz des Leben; Recht auf Sterben, Zur Rechtlichen Problematik der Euthanasa, Enke Ferdinand. 1982. S. 55.

연령, 예상수명, 고통 등을 기준으로 환자의 추정적 의사를 확정하며, 이때에는 주변의 신뢰할만한 사람이나 친척과 증인의 진술도 함께 고려해야 한다"[44]는 입장이다.

(2) 환자의 생전처분의 효력

동의능력이 없는 환자라 하더라도 가능한 모든 방법을 동원하여 환자의 진정한 의사를 파악하는 것이 중요하다. 그럼에도 환자의 진정한 의사를 파악할 수 없을 때에는 환자의 생전유언(Living will)과 사전처분(Patientenverfügung)에 의한 치료중단을 생각할 수 있다. 생전유언은 환자가 건강했을 때 유언의 방식으로 본인이 치료불가능한 질환에 이환되거나 불가역적 식물인간상태에 처하게 되는 경우, 연명의료를 받지 않겠다는 의사표시를 문서로 작성하고, 실제 본인이 이 같은 상황에 처하게 되는 경우 민법상 유언의 효력과 달리 사망하지 않았음에도 효력을 인정하려는 것으로서, 이는 1969년 미국 안락사교육협회(Euthansia Education Council)에 의하여 발의되어 미국 캘리포니아 주에서의 자연사법(Natural Death Act, 1976)에서 생전유언에 대한 법적 효과를 인정[45]하였으며, 오늘날에는 미국의 대부분의 주에서 이와 유사한 내용의 법률을 제정하였거나 제정하려 하는 실정이다. 생전유언은 자신이 치료행위에 동의할 수 없는 경우를 예상하여 그 희망을 표시하는 형태로 이루어지는데, 생전유언이 유효하기 위해서는 외부의 사정을 배제하고 오직 자기 자신의 운명에 대한 결정에 한하며, 이때 의사표시는 자신의 자유의사로서 환자는 죽음에 임박한 말기상태여야 한다.

또 사전처분이란 진료과정에서 발생 가능한 것을 예상하여 의사에게 구두로 설명하는 것으로, 마취 후 발생 가능한 사태에 대비하여 환자가 의사에게 자신의 처분에 대한 의사를 표시하는 형태이다. 사전처분은 문서로 명확하게 장래의 치료에 동의하거나 거절하는 방법과 환자가 구두로 의료진이나 주변인에게 자신의 의사를 밝히는 것으로 구속력이 있는 의사가 아니라 환자가 자신의 상황을 추측하여 자신의 의사를 밝히는 것이다. 그러나 환자의 사전처분은 의료진을 구속할 뿐 환자 본인은 구속하지 않는다는데 문제가 있다. 독일에서는 환자의 사전처분에 대한 법적 유효

---

44) A, May, Ermittlung des Patientenwillens, in; Ärztliche Behandlung an der Grenze des Lebens, Herausgegenben von der Arbeitsgemeinschaft Rechtsawälte im Medizinrecht, Berlin, Springer, S. 59-78.

45) http://www.law.uh.edu/healthlaw/perspectives/Bioethics/990608New.html.

성에 대하여 오랜 기간에 걸쳐 논의가 이루어져 왔는데 그 주요 내용을 살펴보면, 환자의 사전처분은 문서로 작성할 것, 사전에 의사로부터의 설명과 법률적인 자문 그리고 공증 등을 요하고 있다.[46] 이 같은 취지는 사전처분에 대한 진지성과 명확성 그리고 그 내용을 용이하게 증명하기 위한 것으로 보인다.

3. 중단의 대상이 되는 연명치료의 내용

의사는 환자의 생명을 보호 · 유지하기 위하여 최선의 조치를 다해야 할 의무가 있다고 하여 항상 가능한 모든 의료 기타 의약품을 사용하여 꺼져가는 인간의 생명을 그 어떤 수단을 동원해서라도 연장시켜야 한다고는 할 수 없을 것이다. 인간은 생물학적 의미 그 자체만이 아니며 인간으로서의 존엄이라고 하는 인간 존재의 근원적 가치에 부합하도록 보호하여야 한다는 점에서 환자에게 의학적으로 무의미한 처치를 계속 받게 하거나 의사에게 그 같은 치료를 계속하도록 강제하는 경우 인간으로서의 존엄이 훼손될 수도 있다.[47] 그러나 의사가 환자의 상태에 대하여 가족 등에게 고지하였음에도 불구하고 가족 등이 모든 의료기술을 동원하여 소생술을 의사에게 요구하는 경우에 의사는 이 같은 요구에 따라 진료상의 의무를 부담하는가 하는 문제가 남는다. 이 경우에도 환자의 회복불가능성이 판명되었다면 이는 의학적 적응을 결한 것이 되므로 연명을 위한 상당한 범위를 일탈하여 소생시술을 해야 할 의무는 없다고 본다.

대한의사협회 등의 연명치료 중지에 관한 지침에서는 '연명치료 중단의 대상이 되는 환자로서 말기 암 환자, 말기 후천성면역결핍증 환자, 만성 질환의 말기 상태 환자, 뇌사 상태 환자, 임종 환자, 지속적 식물상태 환자 등으로서, 연명치료의 적용 또는 중지를 결정하기 위하여 말기 환자와 지속적 식물상태 환자를 제4수준으로 구별하고 있는데, 제1수준으로서 환자가 말기상태이나 의사결정능력이 있는 경우(암, 후천성면역결핍증후군을 비롯하여 만성 심부전, 만성 폐쇄성 폐질환, 간성혼수, 만성 신장질환, 진행성 신경 근육계통 질환 등의 말기 상태 환자로서 의사결정 능력이 있는 환자), 제2

46) Volker Lipp, Patientenautonomie und Lebensschutz (Zur Diskussion um eine gesetzliche Regelung der "Sterbehilfe", Universitätsdrucke Göttingen, 2005. S. 25.

47) 서울고등법원 2009.2.10. 선고 2008나116869판결.

수준, 의사결정 능력은 없으나 특수 연명치료 없이 생존할 수 있는 환자(제1수준의 말기환자 또는 지속적 식물상태의 환자로서 의사결정능력은 없지만 특수 연명치료 없이 생존할 수 있는 환자), 제3수준, 의사결정 능력은 없으며 특수 연명치료를 적용해야 할 환자(말기환자 또는 지속적 식물상태의 환자로서 의사결정능력이 없고, 특수 연명치료를 적용해야만 생존할 수 있는 환자), 제4수준, 임종환자 또는 뇌사 상태 환자(본 지침에서 정한 임종환자 또는 뇌사 상태의 환자)등이다.[48] 문제는 환자에 대한 치료중단의 범위로서, 한국보건의료연구원에서의 말기환자의 무의미한 연명치료 중단의 원칙에서는 '영양, 수액 공급과 통증조절 등 기본적인 의료행위는 유지되어야 한다'[49]는 입장이며, 대한의사협회 등의 연명치료 중지에 관한 지침은 '심폐소생술과 인공호흡기는 시행하지 않거나 중지할 수 있으며, 다른 특수한 연명치료는 환자의 원인 상병과 상태를 고려하여 같은 절차에 따라 중지할 수 있다'[50]는 입장이다. 그러나 치료중단의 범위는 전술한 바와 같이 환자의 결정에 따라야 할 것으로 보이나, 대법원2009다17417사건에 대한 판결로서 환자의 인공호흡기를 제거하였음에도 환자가 안정적 자기호흡으로 생명을 유지하게 되는 경우에는 연명중단과 관련하여 새로운 문제가 제기된다.

이 같은 문제에 대하여 우리와 비교할 때 많은 차이가 있으나, 네덜란드에서는 안락사와 관련하여 말기환자들의 완화care의 일부로서 난치성(refractory symptoms) 증상을 가진 환자의 경우, 의사의 설명에 따른 환자의 동의로서 완화적 진정(sedation)의료를 시행하고 있다는 점에서 참고가 된다. 이는 말기환자의 연명중단을 위하여 연명을 위한 의료장치의 제거는 물론 수분과 영양의 공급을 중지시켜 사망하게 하는 것으로 의료행위로 이해하고 있으며, 안락사에 대한 심사절차에 대한 최근의 평가조사 결과에서도 이 같은 의료가 자주 시행되고 있는 것으로 밝혀지고 있다.[51] 특히 완화적 진정 의료에 대한 가이드라인이 네덜란드 왕립의학회

48) 대한의사협회, 대한의학회, 대한병원협의회, 연명치료 중지에 관한 지침 제정 특별위원회, 2009. 9.

49) 보도자료, 한국보건의료연구원, 「무의미한 연명치료 중단 관련, 실태 및 쟁점 조사결과」, 2009. 9. 22.

50) 대한의사협회, 대한의학회, 대한병원협의회, 연명치료 중지에 관한 지침 제정 특별위원회, 2009. 9.

51) G. van der Wal, A van der Heide, B. D. Onwurteaka-Philipsen, Medische besluitvorming aan het einen van het leven. De praktijk en de toetsingsprocedure euthanasia (Medical decisions at the end of life. Practice and review procedure euthanasia), Utrecht, De Tijdstroom 2003, p. 75-101 and J. A. C, Rietjens, A. van der Heide, A. M. Vrakking et. Al., Physicians report of terminal sedation without hydration or nutrition for patients nearing deaths in the Netherlands, *Annals of Internal Medicine* 2004, no. 141, pp. 178-185.

(Royal Dutch Medical Association)에 의하여 발표된 2005년 12월 이후부터 연명중단에 대한 새로운 변화를 가져오고 있다는 점에서,[52] 향후 연구되어야 할 과제 가운데 하나라고 본다.

4. 의사의 치료중단 의무와 문제점

법원은 "연명치료의 중단은 의사에 의하여 시행하여야 한다"고 하면서 이 같은 요구를 받은 의사는 이에 응할 의무가 있으며, 실제 치료중단의 실행도 반드시 의사에 의하여 시행하여야 한다는 입장이다. 그 이유는 연명치료뿐 아니라 그 중단행위도 의료행위로서 이는 의료인이 아니면 행할 수 없는 것으로 그 가운데 연명치료의 중단은 그 의미의 중대성을 고려할 때 전문성과 자격을 갖춘 의사에 의하여 직접 시행할 필요가 있다는 입장이다.

그러나 이 같은 주장은 의사에게 있어 너무 가혹하다고 본다. 즉 의사는 환자의 죽음에 직접 관여할 의무는 없다고 보며, 양심에 따라 이에 관여하고 싶지 않을 때에는 이를 거부할 수 있도록 하지 않으면 안 된다. 반면에 오진과 오판을 방지하기 위하여 오랜 기간 동안 환자의 진료를 담당했던 의사가 연명치료의 중단의 주치의가 되는 것이 바람직하다고 생각할 수도 있으나, 이 같은 내용은 의사 자신의 신념 등을 고려하여 의사 자신의 판단에 맡겨야 할 문제이며 강제할 수 있는 내용의 성질의 것은 아니라고 생각한다. 참고로 오리건 주의 존엄사법에서 의사는 환자의 병상, 예후, 안락사 등과 관련한 위험과 그에 대한 대처방법 등에 관하여 충분한 정보(fully information)를 환자에게 제공하여야 하나, 환자의 죽음에 직접 관여할 의무는 없으며, 자신의 양심 따라 관여하고 싶지 않을 때에는 거부할 수 있도록 하고 있다.[53]

문제는 환자가 자기결정권의 행사로 연명치료의 중단을 의사에게 요구하였으나 의사가 이를 거부했을 경우, 환자의 자기결정권 침해의 문제가 발생할 수 있으나 이는 향후 논의를 통하여 확립해야 할 문제라고 생각하며, 미국 오리건 주의 존엄사법에서 주치의는 '환자의 보호(care of the patient)와 말기환자의 치료를 위한 책임을

52) Peter J. P. Tak, Palliative sedation and euthanasia, Jurist 2006, no. 1308, pp. 174–179.

53) THE OREGON DEATH WITH DIGNITY ACT, Oregon Revised Statutes, §127. 815 (1) (a), (c)., 800 (7).

진다'[54]고 규정하고 있을 뿐 주치의와 환자 사이에 구체적으로 확립된(established) 관계는 요구하지 않고 있다. 연명의료의 중단을 구하는 행위에 의사의 개입을 구하는 갈등의 문제는 향후 생명윤리와 관련하여 논의되어야 할 과제라고 본다.

5. 소 결

연명의료의 중단에 대해서는 시각에 따라서 차이는 있을 수 있겠으나 '회생가능성 없는 비가역적 사망과정에의 진입' 여부는 의학적 무의미성에 의한 판단에 따라 치료를 담당하는 병원의 의사 및 제3의 중립적 의료기관에 의한 의학적 진단에 따라 환자의 생명회복 및 의식의 회복 가능성 나아가 의학적 규범에 의한 판단이어야 한다. 의학적 무의미성이란 현대 의학으로서 회복이 불가능하여 죽음이 불가피하고 잔여수명이 불과 얼마 남지 않은 경우라 할 수 있으나 문제는 판단에 있어 어려움이 따른다. 따라서 이에 대한 판단은 전문 의료인이 상당한 기간 동안의 신중한 관찰과 진단의 결과를 토대로 의학의 발전에 따른 치료방법의 발견 가능성 등을 함께 고려하여 판단해야 할 것으로 본다.

환자의 자기결정에 의한 치료중단의 의사는 원칙적으로 당시의 질병과 치료에 관한 정확한 정보를 의사로부터 제공받은 것을 전제로 명시적이어야 한다. 그러나 환자가 의식을 상실하여 의사표시를 할 수 없는 경우에 대하여 제 외국에서는 환자의 의사표시의 추정과 생전처분의 효력에 대한 논의가 일찍이 있어 왔음은 앞에서 살펴보았다. 그러나 환자의 자기결정권은 일신전속권이라는 점에서 본인 이외의 타인이 이를 결정함에 있어 문제가 있으나, 환자의 고통과 존엄을 보장하기 위하여 치료중단이 불가피한 경우에는 환자에게 최선의 이익의 무엇인가를 고려하여 중단여부를 결정하여야 할 것으로 본다.

나아가 중단을 구하는 연명의료의 내용은 연장적 의료행위와 보존적 의료행위를 구분하여 판단하여야 하며, 특히 치료에 드는 비용의 문제 등을 고려하여 의료자원의 균형적 배분이라는 차원에서 그 중단여부를 결정함에 참작사유가 될 수 있다는 입장이나, 이 같은 시각은 연명의료 중단의 남용 나아가 생명에 대한 경시풍조를 조

---

54) *Id*, §127. 800 (2).

장할 수 있다는 면에서 동의할 수 없다. 마지막으로 연명치료의 중단은 의사에 의하여 행할 것을 요구하고 있으나, 의사는 환자의 죽음에 직접 관여할 의무는 없다고 보며, 양심에 따라 이에 관여하고 싶지 않을 때에는 이를 거부할 수 있는 제도적 장치를 마련하지 않으면 안 된다고 본다.

제 3 편 가족과 생활 법률

제 1 장

서 설

I. 가족법에서의 가족관계

1. 가족법의 의의

민법은 재산법과 가족법으로 구분할 수 있다. 우리 민법전의 구성은 민법전 제2편의 물권과 제3편의 채권을 묶어 재산법이라 하고, 가족법은 제4편 친족편과 제5편 상속편을 묶어 강학상(講學上)의 신분법이라 하고 있다. 재산법은 일정한 목적을 위한 인위적 결합체인 인간 개개인의 재화를 중심으로 하는 생활관계에 관한 법인데 반하여, 신분법은 인간의 자연적 결합체인 공동사회의 생활관계에 관한 법으로서, 재산법에 비하여 강한 윤리적 요소가 지배한다. 그러나 신분법에서의 신분은 봉건사회의 사회적 지위, 즉 사회적 지위 및 지배복종의 원리가 내포된 의미로도 이해할 수 있으므로, 현대 사회에서는 일반적으로 가족법이라는 말을 사용하고 있다.

가족법은 외국의 family law, Familienrecht를 번역한 것인데 구체적으로 우리나라의 친족법에 해당하는 부분만을 의미한다. 따라서 가족법이 재산법과 대립하는 의미의 친족 · 상속편을 모두 포괄할 수 있는가 하는 것이 문제될 수 있으나, 상속편도 가족 · 친족적 공동생활 속에서 일어나는 재산 귀속관계를 규율하기 때문에 가족법 속에 포함시켜 이해하더라도 큰 문제는 없으나, 명확한 용어라고 단정할 수는 없다. 하지만 민법 중 친족 · 상속편은 가족생활관계의 영역을 중심으로 규정하고 있으므로 가족법이라는 말이 극단적 표현은 아니므로 가족법이라는 말을 사용하여 친족 · 상속편의 주요 내용들을 설명하도록 하겠다.

2. 우리나라 가족법의 변천사

(1) 고 대

우리나라 고대 사회의 가족법은 성문법의 형태로 체계화되지 못하고, 관습의 형태로 존재하였으므로 그에 대한 구체적인 내용에 대해서는 확인할 수 없다. 그러나 삼국시대까지의 가족법의 모습은 삼국사기 및 삼국유사 등의 사서를 통하여 그 일부 내용을 짐작할 수 있을 뿐이며, 고려시대 또한 성문법규가 없었던 것은 아니지만, 이 역시 고래의 관습에 의존하였기 때문에 그 모든 내용을 파악함에는 어려움이 있다. 다만 고려시대에 중국의 종법적(宗法的) 가족제도가 일부 계수되어 우리 가족법에 상당한 영향을 미친 것으로 추측하고 있을 뿐이다.

(2) 조선시대

조선시대는 고려시대부터 계수되어오던 중국의 종법제(宗法制)를 본격적으로 계수함에 따라 가족법의 체계를 갖추게 되었다. 당시의 가족법은 친족법 · 혼인법 · 양자법 · 제사법 · 유언법 등으로 나눌 수 있으며, 이외에 친족의 범위와 관계, 제사 관계 등의 규정이 있었다. 법조문은 대명률이후 경국대전(1471) · 속대전(1746) · 대전통편(1786) · 대전회통(1865)의 기본법전과 그 이외의 각종 법령집 등이 있다.

그러나 모든 가족법상의 제도는 남계혈통중심 내지 제사본위로 재편되어, 혼인은 부부의 행복을 위한 것이 아니라, 오직 남계혈통을 중심으로 하는 '家'를 유지하고 계승하기 위한 것이며, 따라서 양자제도 역시 '家'의 계통을 잇기 위한 종법적인 목적을 위해서만 허용되었는데 그 주요 내용만 간단하게 살펴보겠다.

1) 혼인법

조선시대의 혼인에는 약혼 · 결혼 · 왕실혼인 · 불법혼인(처벌혼인) · 축첩혼인 · 이혼 · 재혼 등으로 나눌 수 있다. 혼전간음을 이혼 원인으로 하고,[1] 혼인계약을 불이행한 경우에는 이중혼인계약[2]과 혼인기한 불이행[3]으로 처벌하였다. 또 혼인법을

1) 백헌총요(1785), (未成婚男女有犯奸盜則 雖納采後 却婚勿論罪).

위반하면 처벌하고,[4] 약혼 및 혼인시의 연령도 허가를 받아야 하는 '허가혼'과 예외적으로 '신고혼'이 있었다. 사대부 가정과 일반국민, 그리고 왕족의 딸에게 보조를 하는 경우와 신부의 예물 · 혼인예복,[5] 혼인날 저녁 예식에 쓰이는 조명용 횃불 등도 일정한 신분[6]에 따라 숫자를 정하여 검소한 혼인을 법률로 정하였으며, 이를 어기는 사치스러운 혼인을 처벌하였다. 뿐만 아니라 선비의 딸로서 어려운 형편이 아님에도 나이가 30세가 되도록 결혼을 시키지 않으면 그 가장을 무겁게 처벌하였고,[7] 가난한 경우에는 누구의 딸이든 가리지 않고 시기를 놓친 여자에게 예조에서 임금에게 보고를 하고 처벌하지 않고 혼인비용을 국고금에서 지급하였으며, 혼기를 놓치면, 한양 및 각도에서 엄격히 조사하여 그 정도가 심한 사람은 호조나 영 · 읍에서 별도로 보조해 주도록 하였다.

신부가 신랑집의 시부모에게 처음 인사를 드릴 때의 예물은 술1동이 안주 5그릇, 데리고 가는 여자종은 3명, 남자종 10명으로 하고, 3급 이상의 고급 공무원인 딸이 결혼하는 경우에는 여자종 4명, 남자종 14명으로 제한하였다. 동성혼 간의 결혼일 경우 각각 곤장 60대에 처하고 이혼시켰으며,[8] 비록 본관이 다르다 해도 성이 같으면 결혼을 금지하였다.[9] 또 외가집 인척(姻戚)으로 8촌(상복을 입는 친척)간의 존속

---

2) 경국대전(1485) 형전금제항목에서 "혼서를 받으면 혼인이 성립하나, 그 뒤에 다른 사람과 혼인계약을 맺고 혼인을 하면, 그 혼인을 주관한 주혼자를 처벌하고, 이혼을 시킨다"는 규정이 있다(兩家明白通知 各從所願寫立婚書). 이 조문은 대전회통(1865)에도 명문화되어 있다.

3) 대명률 호율 혼인 남녀 혼인항목(其應爲婚者 雖己納 聘財 期約未至而 男家强娶 反期約己至而 女家故違期者 竝笞五十). 납폐를 보냈으나 결혼날짜가 도래하지 않았는데도 남자 집에 억지로 결혼한 경우와, 결혼약속이 되었는데도 여자 집에서 고의로 기일을 위반한 자는 모두 50태에 처한다.

4) 혼인법을 위반하면, 조부모 · 부모 · 백숙부모 · 고모 · 형매 · 외조부모가 주혼자이면 주혼자만 처벌한다. 그 밖의 친척이 혼인을 주관하는 경우에는, 주혼자가 위반하면 주혼자가 주범, 남녀는 종범으로 하고, 남녀가 위반한 경우에는, 남녀를 주범, 주혼자를 종범으로 하되, 사형을 받게 되면 주혼자도 함께 1등 감경한다. 주혼자의 강압에 의하여 남녀가 원하지 않는 경우와 남자의 나이가 20세 이하나 규중처녀의 경우는 주혼자만 처벌하며, 위법혼인을 이행하지 않은 경우는 이행한 경우보다 5등을 감경하고, 중매인이 위법한 혼인임을 안 악의의 경우 1등을 감하며, 알지 못한 경우에는 처벌하지 않는다. 예물은 위법혼인임을 안 자의 예물을 빼앗아 관청에서 몰수하고, 모르는 자는 받아서 소유자에게 돌려준다.

5) 경국대전 예전 혼가항목(男年十五女十四方許婚嫁 子女年滿十三歲許議婚. 若兩家父母中一人有宿疾或年滿五十而子女年十二以上者告官婚嫁;남자는 15세, 여자는 14세가 되어야만 혼인을 허락한다. 그리고 약혼은 남녀 각 13세가 되어야 허가한다. 예외적으로 양가 부모 중 한 사람이 지병이 있거나, 나이가 50이 되고, 아들딸의 나이가 12세만 되면 관청에 신고하고 결혼시킬 수 있다).

6) 경국대전 · 대전통편(1785) · 회통(1865) 예전 혼가항목(婚夕炬火 二品以上十柄 三品以下上六柄 竝從父職女家同)

7) 경국대전 · 백헌총요 · 전율통보 예전 혼가항목(士族 門戶不至窮乏 而年三十以上未嫁者 家長重論).

8) 직해 대명률 혼인 동성위혼(凡 同姓爲婚者 各杖六十離異).

9) 수교집록 혼례 · 속대전 · 백헌총요(혼취) · 대전통편 · 전율통보 · 대전회통 예전 혼가 항목(鄕實雖異 姓字

과 비속이 결혼을 하거나, 같은 어머니의 아버지가 다른 자매 또는 아내의 전 남편의 딸과 결혼을 한 자는 각각 간음죄로 처벌하고, 고부모의 고모 · 외삼촌 · 이종자매 및 이모 또는 종이모, 모의 고모 · 당고모, 자기 어머니의 사촌자매, 어머니의 재종자매, 종자매의 딸 또는 사위 및 며느리 · 손자며느리의 자매는 혼인할 수 없으며, 이를 어기면 곤장 100대의 형에 처하였다. 만약 자기 고모 · 외삼촌 · 이종자매와 결혼한 자는 곤장 80대의 형에 처하고 모두 이혼하게 하였다.[10)]

아버지 · 할아버지의 첩 및 백 · 숙모를 처나 첩으로 한 자, 형이 죽은 뒤 형수를 아내로 삼은 자, 동생이 죽은 뒤 제수를 아내로 삼은 자는 각각 목을 잘라 죽였다. 또한 그 첩을 아내로 한 자는 각각 2등 감경하며, 동일 혈족으로 8촌 이상의 고 · 조카 자매와 살면 각각 간음죄로 다스리며 이혼시켰으며, 시마복(8촌) 친척의 아내 및 외삼촌이나 생질의 아내를 처로 삼으면 각각 곤장 60대에 도형 1년에 처하고, 소공 이상은 각각 간음죄의 예로 처벌하였고, 같은 혈족의 8촌 이상의 남자나 무복친의 아내와 살면 각각 곤장 100대에 처하였다.[11)]

혼인관련 범죄에 대하여 공무원으로서 궁중에서 쫒겨난 시녀나 무수리와 결혼을 하면 곤장 100대, 일반인이 거주지 지정의 형벌을 받은 사람의 여자와 결혼을 하고 다른 도로 이사하여 살면 처벌하고 강제 송환토록 하였다. 또한 죄를 짓고 도망한 여자임을 알고 결혼한 남자는 같은 죄의 형벌을 받되 사형에 이르면 1등을 감하고, 선의의 경우에는 처벌하지 않았다.[12)] 또한 범죄로 도망한 부녀를 처 · 첩으로 삼으면 곤장 80에 처하고, 와주 및 도망한 여자임을 알고 결혼한 남녀는 같이 처벌하되 사형은 1등을 감경하였으나 선의의 자는 처벌하지 않았다.[13)]

사기혼, 즉 결혼을 하기 위하여 여자 집에서 속이면 곤장 80에 처하며, 예물을 받아서 돌려주었고, 남자집에서 속인 경우 1등을 가중 처벌하고, 예물로 보낸 재물

若同 則使不得婚娶 定爲禁制)

10) 대명률 호율 혼인 존비위혼 항목(凡外婚有服尊屬卑幼 其爲婚姻 及娶同母異父姊妹 若妻前夫之女者 各以奸論其父母之姑○兩姨姊妹及姨若堂姨: 母之姑堂姑己之堂姨及再從姨 堂外甥女 若女○及 子孫之姊妹 竝不得爲婚姻 違者各杖一百〈好悌〉若娶己之姑○ 兩姨妹者 杖八十竝離異).

11) 대명률 호율 혼인 취진속처첩 항목(若收父祖妾及伯叔母者 各斬 若兄亡收嫂 弟亡收弟婦者各絞 妾各減二等 · 若娶同宗緦以上 姑姪姊妹者 亦各以奸論 竝離異 · 若娶媤麻親之妾 及○甥妻各杖六十徒一年 小功以上 各以奸論 凡娶同宗無服親及 無服親之妻者 各杖一百).

12) 백헌총요 혼취항목(朝官娶放出待女水賜者杖百 · 凡人娶徒邊人女子 移居他道者 治罪刷還 娶犯罪逃女與知情同罪 至死者減一等 不知不坐 · 不知者不坐 若無夫會赦免罪者 不離).

13) 전율통보 예전혼가 항목(娶犯罪逃走婦女 爲妻妾 至情者與同罪(至減配一等)).

은 그대로 두도록 하였다.[14] 속인 후 결혼식을 치루지 않은 경우는 약혼할 때에 정한대로 하고 이미 결혼을 한 자는 이혼시키고,[15] 다른 사람과 혼인을 허락한 경우는 예외로 그냥 두었다.[16]

그 이외에 자기의 처 · 첩을 자기의 여자형제라고 속이고 남에게 혼인을 하게 한 자는 장100에 처하였고, 여자는 곤장80에 처하였다.[17] 세력이 있는 사람이 양가의 아내나 딸을 강탈하여 지배하고 자기의 처 · 첩으로 만들면 목졸라 죽이고 그 여자는 그 부모에 돌려보냈으며, 아들이나 손자 · 동생 · 조카에게 처나 첩으로 주어도 처벌하였다.[18] 남편의 상기를 끝낸 뒤 수절을 원하는 여자를 그 조부모 · 부모도 아니면서 강제로 재혼하게 한 사람은 곤장 80에 처하고, 기복친척이 강제로 재혼하게 한 자는 2등 감경하고, 남녀는 처벌하지 않고 예물을 찾아 돌려주었다.[19]

신분이 다른 자 간의 결혼은, 가장이 남자 종에게 양인의 여자를 아내로 맞이하게 하면 곤장 80대에 처하고, 여자 집에는 1등을 감경하되 선의의 자는 처벌하지 않았다. 남자종이 스스로 한 경우에도 곤장 80대이며, 악의의 가장은 2등을 감경하였고, 양민의 아내를 여자종으로 만든 자는 곤장 100대, 노비를 양민이라 속여 양인과 부부가 되게 한 자는 곤장 90대에 처하고 이혼시켰다.[20]

현대 가족법에서는 첩혼인 규정이 조선시대에는 존재하고 있었다. 종친이 남의 첩의 자식을 자기의 처로 삼으면 모두 첩으로 논하였고,[21] 일반 서민으로 나이가 40 이상이 되도록 자식을 두지 못한 경우에는 첩을 얻을 수 있으며, 이를 위반하면 태40의 형벌에 처하였다.[22] 또 처를 첩으로 삼으면 곤장 100대, 처가 있는데도 첩을 처로 삼으면 곤장 90대에 처하였다.[23] 그러나 처를 두고 또 처를 얻었으나, 본인이 죽은

---

14) 대명률 호혼 남녀혼인 · 경국대전 · 전율통보 예전혼가 항목(爲婚而女嫁妄冒杖八十 追還謝禮 男家妄冒加等 不追謝禮).

15) 대명률(其違律爲婚 各條稱離異改正者 雖會赦猶異改正 離異者婦女竝歸宗).

16) 경국대전 · 전율통보(已許他人 不在此限).

17) 대명률 호율 혼인 전고처첩 · 백헌총요 혼취항목(若將妻妾妄作娣妹嫁人者杖一百 妻妾杖八十).

18) 대명률 호율 혼인 강점양가처녀 항목(凡豪勢之人 强奪良家處女 奸占爲妻妾者絞 婦女給親 配與子孫弟姪家人者 罪亦如之 男女不坐).

19) 대명률 거상가취 항목(其夫喪服滿 願守志 非女之祖父母 父母而强嫁之者杖八十 期親强嫁者減二等 婦人不坐 追歸前夫之家 聽從守志 娶者亦不坐 追還財禮).

20) 대명률 호율 혼인 영천위혼(凡家長 與奴娶良人 爲妻者杖八十 女家減一等 不知者不坐 其奴自娶者 罪亦如之 家長知情者 減二等 因而入籍 爲婢者杖一百 若妄以奴婢爲良人 而與良人 爲夫妻者杖九十 各離異改正).

21) 대전 후속록 예전 혼례항목(辛酉以後 宗親 娶人妾産爲妻者 并以妾論 法前成婚者 只例降子職).

22) 대명률 호율 혼인 처 · 첩실서 항목(若有妻更娶妻者 亦杖九十離異 其民年四十以上無子 方聽娶妾 違者笞四十).

뒤에 자손들이 적 · 서를 다투는 경우에는 먼저 얻은 처를 본처로 하도록 하였다.[24)]

이혼에 대하여 부부가 서로 화합하지 못하고 이혼을 원하는 경우에는 처벌하지 않으며,[25)] 아내가 쫓겨나거나 법적 강제이혼을 당할 의절행위를 한 경우가 아님에도 쫓아내면 곤장 80에 처하고 아내가 비록 법률상의 이혼요건인 7거지악을 행하였다고 해도 세가지 이혼을 할 수 없는 3불거에 해당함에도 불구하고 이혼 시키면, 2등을 감경 · 처벌하고 돌아와 다시 부부생활을 하게 하나, 백헌총요 혼취항목에서 7거지악 중 악질과 무지는 논하지 않는다고 하고 있다.[26)] 그러나 강제이혼을 시켜야 하는 의절행위를 했는데도 이혼하지 않으면 곤장 80에 처하고,[27)] 역적집의 손녀(자손이나 딸)는 이혼을 금지한다.

재혼은 사대부의 경우 그의 아내가 사망한 후 3년이 지나야 재혼할 수 있으며, 다만 부모의 명령에 의하거나, 40세가 넘도록 자식이 없는 경우에는 1년이 지나면 재혼할 수 있으며,[28)] 도망한 처 · 첩이 기복친(1년간 상복을 입는 친족) 이상의 존속의 주제에 의하여 재혼을 하면 주혼자를 처벌하고, 처 · 첩은 도망죄만 처벌한다. 재혼을 함에 있어 주혼자에 의한 경우는 주혼자를 정범, 남녀를 종범으로 하고, 남녀의 뜻에 의한 경우에는 남녀를 주범으로 하고 주혼자는 종범으로 한다. 사형에 이르면 주혼자는 모두 1등 감한다.[29)] 아내가 남편을 배반하고 도망간 후에 재혼을 하면 목졸라 죽이고, 남편이 도망간 후 3년 이내에 관청에 신고하지 않고 도망하여 임의로 재혼하면 곤장 100에 처하고, 첩은 2등 감경하였다.[30)]

2) 양자법

양자는 동종양자와 부마(駙馬)의 후계자 · 서장자(庶長子) · 첩자봉사(妾子奉祀) 양

---

23) 대명률 처 · 첩실서, 전율통보 혼가항목(以妻爲妾 杖百 妾在以妾爲妻 杖九十).

24) 전율통보 예전 입후 항목(有妻娶妻 不卽發覺 新沒後 子孫爭嫡子 以先爲嫡經).

25) 대명률 혼인 출처 · 전율통보 예전혼가 항목(大明律 出妻: 若夫妻不相和諧 而兩願離者不坐(典律通補 婚嫁: 夫妻不相和 而兩願離者不坐)).

26) 대명률 혼인 출처 · 백헌총요 혼취 · 전율통보 예전혼가 항목(凡妻無應出及 義絕之狀 而出之者杖八十 雖犯七出 有三不法 而出之者減二等 追還完娶. 百憲總要 婚娶 ;七去中惡疾 無子 勿論).

27) 대명률 출처 · 백헌총요 혼취 · 전율통보 예전혼가 항목(若犯義絕應離 而不離者亦杖八十).

28) 경국대전 · 백헌총요(혼취) · 대전통편 · 전율통보 · 대전회통 예전혼가 항목(士大夫妻亡者 三年後改娶若因父母之命或年過四十異無子者 許期年後改娶).

29) 대명률 호율 혼인 출처 항목(若由期親以上 尊長主婚改嫁者 罪坐主婚 妻妾止得在逃之罪 餘親主婚者 餘親 謂期親卑幼及大功己下尊長卑主婚改嫁者 事由主婚 主婚爲首 男女爲從 至死者主婚人 竝減一等).

30) 대명률 호율 혼인 출처 · 백헌총요 혼취 · 전율통보 예전혼가 항목(若妻背夫在逃者杖一百 從夫嫁賣 因而

자후 친자 출생의 경우와 수양자(收養者), 지방인(地方人)이 양자신청을 임의로 한 양자의 처벌, 적자입후(適者立後)의 처벌, 서열(序列)을 위반한 양자와 노비를 양자로 삼는 경우의 처벌 등이 있었다.

동종자 양자는 본처와 첩 모두에게 아들이 없으면, 관청에 신고를 하여 동성동본의 친척 중에 장남이 아닌 아들을 양자로 하였고,[31] 본처의 장남에게 자식이 없으면, 동종의 가까운 친족으로 양자를 삼고, 그 자신이 따로 한 종가를 만들면, 비록 먼 친족을 양자로 삼아도 허가하였다.[32] 본처 장남의 본처나 첩에게도 아들이 없어서 양자를 두는 경우에는 반드시 동생의 아들로 양자를 둔 후에야 조부 이상의 제사를 받들 수 있고, 같은 혈족의 차남으로 양자를 삼아도 조부 이상의 제사는 받들지 못한다.

동종의 장자로써 양자를 삼거나 또는 부모중 일방이 사망한 경우에는 허가하지 않으나,[33] 그 내용이 불쌍한 경우 부모중 일방이나 문중의 최고 어른인 문장이 임금에게 청하는 경우에는 예조에서 임금에게 보고하여 양자를 허락하였다.[34] 또 적장자의 뒤를 이을 자식이 없으면, 첩의 자가 조상의 제사를 받들게 하였고, 양첩의 자식이 없으면 천첩의 자식으로 장자를 하고 처와 첩의 자식이 없을 경우에 동종의 지차 아들을 양자로 삼아 가문을 잇게 하였다.[35] 적자가 없고 첩의 자식만 있는 자가 본처의 친족의 촌수가 먼 자를 양자로 삼게되면, 첩에게만 자식이 있는 사람은 자식이 없는 사람과 같이 경국대전 적첩에 모두 아들이 없다는 조항에 의하여 허가하고,[36] 적장자에게 첩의 아들뿐인 경우에 동생의 아들로서 대를 잇기를 원한다면 허가하도록 하고, 스스로 첩의 아들과 함께 같은 한 파로 나누고자 하는 경우도 허가하도록 하였다.[37]

改嫁者絞 其因夫逃亡三年之內 不告官司而逃去杖八十 擅改嫁者杖一百 妾各減二等).

31) 경국대전 · 대전통편 · 백헌총요 · 전율통보 · 대전회통 예전 입후 항목(立後: (原)嫡妾俱無子者告官立同宗支子爲後 兩家父同命立之父沒則母告官尊屬與兄弟及孫不相爲後 (續)凡嫡長子無後者以同宗近屬許令立後).

32) 대전후속록 예전 입후 항목(凡嫡長子無後者 以同宗近屬立後 欲以新別爲一宗 則雖疎屬聽).

33) 속대전 · 대전통편 · 전율통보 · 대전회통 예전 입후 항목(嫡長子無後者 以同宗近屬 許立後(續 兩家父母命立之 父沒則母告官 尊屬於兄弟及孫 不相爲後 經. 以同宗長子爲後 及一邊父母俱沒者 勿聽 而情理可矜 則或因一邊父 及 門長上言 本曹回啓許之 續增).

34) 대전통편(以同宗長子爲後 及 一邊父母俱沒者 勿聽 而情理可 矜 則或因一邊父 及 門長上言 本曹回啓許之 續增. 繼後文書無長官時 次堂聯名).

35) 전율통보 예전 입후 항목(嫡長子無後則衆子 衆子無後則妾子奉祀(良妾子無後 則賤妾子承重 嫡妾俱無子者 立同宗支子爲後).

36) 백헌총요 권1 입후(嫡長子只有妾子 願以弟之子僞後者聽 欲自與妾子 別爲一支亦聽).

부마의 후계자는 임금의 사위인 부마에게 자손이 없으면, 동종의 장남이 아닌 아들로 양자를 삼았고,[38] 본처의 나이가 50세 이상이 되도록 자식이 없으면, 서장자(庶子出身의 長子)인 적자를 장자로 삼고, 만약 이를 위반하면 처벌하였다.[39] 첩자가 봉사(妾子奉祀)를 하는 경우에는 본처의 아들이 없고, 첩의 자식만 있으면, 첩의 아들이 없는 경우에만 양자를 들일 수 있도록 허가했고,[40] 첩의 아들이 적장자가 되어 있으면, 친동생의 아들이 아니면, 양자를 허가하지 않았다.[41] 또 본처의 아들이 없을 때 첩의 아들이 제사를 받든다는 규정은 명종 8년의 의결에 의하여 시행하였고,[42] 이같은 것은 임금의 허락을 받은 경우라 하더라도 고치지 못하며, 사대부 집에서 노비로 하여금 분묘를 지키게 하고, 제사를 주관하고자 하는 경우에는 재산 소유자의 의사에 따라서 관계 문서에 서명을 하고 제사를 받들게 하였다.[43]

양자를 둔 후에 친아들을 낳으면, 친자가 당연히 제사를 받들게 되고 계후자는 차남이 되어 파양하지 못한다.[44] 내버린 3살 이하의 어린 아이를 양자로 삼을 경우 비록 성이 다르다 하더라도 양자를 허가하고 성도 따르게 하나, 재산이 풍족한 부모가 이익을 노리고 자기 자식을 남의 집에 억지로 갖다 두는 유기소아는 풍속을 훼손하는 것이므로 이는 제외한다.[45] 또 성이 같은 남자를 수양아들로 삼은 경우에 양부모에게 아들이 없는데도 불구하고 배은하여 버리고 가면 곤장 100에 처하고, 수양부모에게 친아들이 있거나, 수양아들의 생부모가 자식이 없기 때문에 생가에 복적하고자 하는 경우에는 이를 허가하였다.

지방에 사는 사람이 양자를 들일 경우 해당 도의 도지사에게 양자허가서를 작성하여 신청하면, 도지사는 이를 예조에 보고하고,[46] 관찰사가 예조에 보고하면 예조

37) 전율통보 예전 입후 항목(嫡長子無後子 以同宗近屬 許立後).

38) 수교집록 · 속대전 · 대전통편 회통 예전 입후 항목(駙馬無子者 同宗支子 立以爲後 勿令再娶(康熙辛酉承傳)).

39) 대명률 호율 입적자위법 백헌총요 권1 입후 항목(其嫡妻年五十以上無子者 得立庶長子 罪亦同).

40) 수교집록 예전 입후 항목(無嫡子而有妾子者 以嫡族之疎遠者爲後 則有妾子者 與無後同 依大典嫡妾俱無子者 ○許繼後(嘉靖丙申承傳)).

41) 백헌총요 권1 입후(嫡長子 有妾子者 非同生弟之子 勿許立後(嘉靖癸丑承傳)嫡長子無後 妾子奉祀之法 依癸丑年議得施行 議得前 立後者勿改 雖在癸丑年立法後 如有宰相之人上言 特蒙判下者(嘉靖丙辰承傳)).

42) 백헌총요 권1입후(上言特蒙 判下者勿改).

43) 전율통보 예전 입후 항목(士夫無子女 欲以奴婢 墓植主祭者 從財主意 署文記奉祀 大夫六口 士以下四口經).

44) 백헌총요 권1입후 항목(立嗣後生者 親子堂奉祀 繼後子論以衆子 毋得紛縛罷繼 嘉靖 康熙己酉以繼後子奉祀事承傳).

45) 대명률 호율 입적자위법 항목(其遺棄小兒 年三歲以下 雖異姓 仍聽收養 卽從其姓).

에서 임금에게 보고한 뒤에 허가서를 발급해 주었다.[47]

그러나 임의로 양자를 둔 경우에는 벌을 주고 호적을 무효로 하며, 과거의 합격자에서 탈락시켰다.

이와 같이 조선시대의 가족법제는 중국의 종법제에 그 근원을 두고 있으며, 그 결과 남계혈통계속주의와 족외혼제(族外婚制)를 그 기조로 하고 있다. 그럼에도 조선시대의 가족법제는 조직적 법제로서 인정할 만한 단행법전은 존재하지 않았으며, 친족상속에 관한 사항은 여러 법전 중에 산재하여 있어, 그 운용은 거의 행정재량에 의존하였다.

조선시대의 우리 가족제도를 살펴보면 가족에 대한 가치의식은 주로 가(家)위주로, 가(家)는 과거의 시조로부터 조상과 현실의 가족집단을 거쳐 미래의 자손에게 연결된다는 개념이었다. 따라서 현실의 가족도 선조로부터 이어받은 지금의 家繼를 어떻게 존속 · 발전시켜 자손들에게 인계할 것인가가 주 관심사였다. 이 같은 사고방식은 오늘날 까지 우리의 가족제도에 많은 영향을 끼쳐왔다.

(3) 일제 강점기하의 가족법

1910년 8월 29일「한국병합에 관한 조약」의 공포 이후 1945년 8월 15일 일제의 패망에 이르기까지 35년간 계속된 식민지 피지배의 경험은, 다른 모든 영역에서와 마찬가지로, 우리의 법제에서도 암흑기였다.

일제의 강점하에 감행된 제국주의의 식민화 과정은 자본주의의 세계적 팽창과정에서 유발된 식민지 초과이윤의 극대화의 요청에 의하여, 식민지 사회는 제국주의의 경제적 욕구를 충족시키고 그에 대한 사회적 저항을 봉쇄할 수 있도록 재편되어야 했다. 더 나아가 '문명개화' 및 '근대화'라는 미명하에 강요된 법체계를 포함한 식민지 지배체제는 제국주의자들의 자기 이익의 실현을 위한 위로부터 부과된 것이었다.

일제의 지배법체계도 물론 그러한 것이었는데, 1904년 5월 30일 일제 원로회의에서 결정되고 천황의 결제를 걸친「제국의 대한방침」에서 "한국에 대해서 정치적

---

46) 신보수교집록 · 대전통편 예전 입후 항목(繼後文書 無長官時 次堂聯名 · 外方人呈 觀察便啓聞 本曺成立案下送 續).

47) 속대전 · 대전통편 · 대전회통 예전 입후 항목(外方人立後者呈狀本道觀察使開錄啓聞自本曺成立案下送繼後文書無長官時則次堂上二員聯名入啓).

및 군사적으로 보호의 실권을 확보하고, 경제적으로 일제의 이권의 발전을 한층 도모"하기 위하여 만들어 진 것이었다. 그 결과 1912년 3월 조선민사령을 제정하여 그 해 4월 1일부터 시행하였다. 동령에 의하여 조선인은 민사에 관한 사항은 민사령이나 또는 그 밖의 법령에 특별한 규정이 없는 한 일본 민법을 의용(민사령 제1조)하게 하고, 일본 민법 중 능력 · 친족 및 상속에 관한 규정은 조선인에게 이를 적용하지 아니하고 전면적으로 조선인의 관습에 의하도록 하였다(민사령 제11조).

1921년 조선민사령 제11조에 대한 제1차 개정으로, 친족 및 상속에 관한 사항은 조선인의 관습에 의한다고 하면서, 동조 단서를 신설하여 일본민법 규정 중 친족에 관한 규정, 후견과 보좌인에 관한 규정, 친족회 중 무능력자를 위하여 설치된 친족회 규정은 이를 우리나라에 의용(依用)한다 하였다. 이 같은 개정에 의하여 일부이기는 하지만 일본민법 가운데 친족상속편 규정이 우리나라에 적용되기 시작하였다. 조선민사령 제11조에 대한 제2차 개정(1922)에서 동조 단서에 혼인연령 · 재판상 이혼 · 認知 · 친족회(잔여 규정 전부) · 상속의 승인 및 재산의 분리를 추가함으로써 일본민법의 우리나라 적용의 범위를 확대하였다. 또 민사령 제11조 2항을 신설하여 分家 · 절가재흥(絕家再興) · 혼인 · 협의상 이혼 · 입양 · 협의상 파양에 대해서는 신고함으로써 그 효력을 발생하도록 함으로써, 종래 사실주의에서 신고주의로 전환하였다. 1939년 3차 개정에서 민사령 제11조 1항 단서에 몇 가지 사항을 더 추가하여 일본민법 규정 중 氏에 관한 규정, 재판상 파양에 관한 규정, 서양자입양의 무효 또는 취소에 관한 규정을 의용케 함과 동시에, 민사령 제11조의 2를 신설 이성양자(異姓養子)를 인정하는 규정을 두었다. 결국 3차 개정에 의하여 우리나라 중심의 신분관계가 일본화되었다 할 수 있겠다. 그러나 관습법의 영역은 여전히 광범위하였고, 가족법에 있어서의 관습법이 기본적 법원이 되었다.

(4) 미군정시대

1945년 8월 15일 광복을 맞이하여 그해 9월 7일부터 미군정이 시작되었다. 당시 우리 민족에게 당면한 최대의 현안은 일제식민지 잔재의 청산문제였다. 법제면에서는 일제의 억압적 법제와 권력행사기관의 개폐가 최우선 문제로 대두되었다. 그럼에도 국가기구가 미군정에 의해 3년간 접수되었고, 미군정은 종전후 독일과 일본에 진주한 미군정보다 훨씬 현상유지적인 태도로 유지함으로서 그 한계를 나타내고 있었다.

미군정은 1945년 9월 7일 재조선육군군정청을 설치하였고, 미군 총사령관 맥아더는 영어로 된 포고 제1호 '조선인민에게 고함' 에서 "북위 38도 이남의 주민은 본관과 본관의 권한 아래 발포된 명령에 즉각 복종할 것. 앞으로 공포되는 布告 · 규칙 · 고시 · 지시 · 조례는 본관 및 본관의 권한 아래서 발포하고 주민이 이행할 사항을 명시함"이라 선포하였다. 또 미군정은 "모든 법률 또는 朝鮮 舊政府가 발포하고 법률적 효력이 있는 규칙 · 명령 · 고시 기타 문서로서 1945년 8월 9일 시행중인 것은 그간 이미 폐지된 것을 제외하고 조선군정부의 특별명령으로 폐지할 때까지 그 효력이 존속한다"(1945년 11월 2일 군정법령 제21호)고 공포하여, 일제시 법령은 특별명령이 없는 한 그대로 효력을 지속하게 하였으며, 이에 따라 조선민사령은 군정 이후에도 민사에 관한 기본법령으로서의 지위에 아무런 변화도 없었으며, 다만 악명 높았던 탄압법령을 폐지하는데 그쳤다.

이 같이 미군정은 과거 일제법제를 철저히 단절시키지 못함으로써, '군정' 으로서 정상적인 법치주의 실현에 결정적인 한계를 지니게 되었다. 가족법과 관련하여 1946년 10월 23일 군정법령 제122호로 조선성명복구령(朝鮮姓名復舊令)이 공포되어 창씨제도가 철폐되어 선조전래의 성으로 복귀하였을 뿐이다.

(5) 정부수립과 법령의 정비

독립 국가를 건설하기 위한 기본적인 법인 헌법이 1948년 7월 17일 제정 공포되었다. 이후 기본법의 제정을 위한 특별기구로 법전편찬위원회가 1948년 9월 15일 구성되어, 민사 · 상사 · 형사 · 민사소송의 기초법전과 기타 소송 · 행형 등 사법법규의 자료를 수집 조사하여 그 초안을 기초 심의하였다. 그러나 6 · 25 사변으로 많은 지장을 받았으며, 그 이후에야 비로소 형법(1953), 형사소송법(1954), 민법(1958) 등의 기본법의 제정을 끝마칠 수 있었다.

법전편찬의 논의과정에서 잘 드러나는 것은 한국인의 가족제도 · 신분제도와 관련된 전통의 집착이다. 이 같은 것은 특히 간통죄를 둘러싼 형법전 제정에서는 호주제와 동성동본간의 혼인 허용여부를 둘러싼 민법전 제정에서 가장 압축적으로 표현된다. 즉 민법제정시 최대의 쟁점은 가족법편의 규정이었는데, 논란의 중심은 이른바 전통존중의 순풍미속론(淳風美俗論)과 남녀평등에 입각한 구습타파론(舊習打破論)

의 대립이었다. 극단적인 갈등은 호주제도, 동성금혼제(同姓禁婚制) 및 이성불양제(異姓不養制)의 규정을 둘러싼 심의에서 표출되었다. 동성불혼제는 '야만에 가까운 나라에서는 사촌끼리도 혼인을 한다' 고 하는 등의 반일감정과 결부된 표현에서 볼 수 있듯이 반일감정과 결부된 전통존중론이 대세를 점하게 되었다. 이 같은 민법전의 내용은 결국 3차례에 걸친 민법에서의 가족법 분야의 개정으로 나타나게 되었으며, 결국 1991녀에 이르러서야 남녀평등의 원칙을 실현할 수 있는 법제로 정비되었으나, 최근에 이르기까지 호주제도와 동성동본불혼제 모습은 남아있었는데, 이 같은 제도를 통하여 우리의 가족제도는 아직까지 강한 관습에 그 뿌리를 두고 있음을 알 수 있다.

II. 현행가족법의 주요 내용

1. 가족법의 기본원리

헌법 제36조 1항에서 "혼인과 가족생활은 개인의 존엄과 양성의 평등을 기초로 성립되고 유지되어야 하며 국가는 이를 보장한다"고 규정한다. 이는 민주적 가족제도에 대한 헌법적 보장을 의미하며, 따라서 개인의 존엄과 양성의 평등은 혼인과 가족생활에 대한 입법원리이자 가족법의 해석원리이다. 이 같은 의미에서 개인의 존엄과 양성의 평등은 가족법의 기본원리로서 지위를 갖는다.

혼인과 가족생활에 있어서 개인의 존엄과 양성의 평등이 그 기초로 된다는 것은, 이 조항이 없다 하더라도, 헌법 제10조의 인간의 존엄성 조항과 헌법 제11조의 평등권 조항의 적용을 받는다. 그럼에도 이 같은 규정을 헌법에 별도로 규정하고 있는 것은 민주적 가족제도를 보장하려는데 그 의의가 있다. 혼인과 가족제도에 대한 별도의 헌법적 보장은 제헌헌법 제20조의 "혼인은 남녀동권을 기본으로 하며 혼인의 순결과 가족의 건강은 국가의 특별한 보호를 받는다"는 규정으로부터 출발한다.

2. 가족법의 변천경위

1948년 7월 17일 헌법이 공포되고 대한민국정부가 수립되어, 정부는 방대한 민법초안을 완성하여, 이 초안이 국회법제사법위원회의 수정안과 더불어 국회 본회의에 상정되어 통과되기에 이르렀다. 이 민법전은 제4편 친족과 제5편 상속을 포함하여 총 조문 1111개조, 부칙 28개조로 구성된 우리나라 최초의 시민 사회적 민법으로 1958년 2월 22일 법률 제471호로 공포되고, 1960년 1월 1일부터 시행되었다.

그 후 가족법은 1962년 민법의 일부 개정을 통하여 법정분가제도를 신설하였고, 1977년 성년의제제도를 채택하고, 성년자의 혼인에는 부모의 동의를 필요로 하지 않았으며, 부부간의 소속불분명한 재산은 부부의 공유로 추정하였고, 협의상 이혼의 경우 가정법원의 확인을 얻도록 하였고, 친권의 공동행사를 인정하고, 법정상속분을 조정하였으며, 유류분(遺留分)을 신설하는 등 비교적 대단위의 개혁이 이루어졌다. 1977년 민법의 일부개정을 통하여 가부장적 요소가 줄어든 것은 사실이나 아직도 호주제도를 기반으로 한 가부장제 가족제도가 가족법의 근간을 이루고 있어, 급속히 변화하고 있는 산업화 · 도시화 속에서의 가족생활을 규율할 수 없는 문제점을 나타내고 있는 것 또한 사실이다.

이 같은 시대적 요청과 헌법이 보장하는 개인의 존엄과 양성의 평등을 실현하고, 가족구성원의 의사를 존중하고 복지를 보장함으로써 민주적 가정생활을 영위할 수 있도록 대대적인 가족법의 개정이 1990년에 이루어 졌는데 그 주요 내용은 다음과 같다.

3. 가족법의 주요내용

(1) 친족의 범위

과거에는 같은 혈족이라도 남녀를 차별하여 부계혈족은 8촌, 모계혈족은 4촌까지를 친족으로 하였다. 이는 남계 혈통만을 중시하는 낡은 관습으로, 개정된 가족법에서는 친가와 외가를 구분하지 않고 부계혈족 · 모계혈족을 각각 8촌 이내로 하고, 남녀가 혼인함으로 새로이 생기는 친족관계를 인척, 과거에는 여자가 혼인하면 남편의 부계 8촌, 남편의 모계 4촌까지가 새로운 인척이라 하였다. 그 반면에 남자가 혼인할 경우에는 처의 아버지(장인)와 어머니(장모)만 인척이 되고, 처남 · 처제 등은 친족이 되지 않는 남성위주의 친족규정을 두었다. 그러나 개정된 가족법은 4촌 이내의 인척은 모두 친족으로 규정하여 남녀간의 차별을 해소하게 되었다(민법 제777조). 따라서 과거 친족이었던 5촌 시당숙과 시당질은 친족의 범위에서 제외되고, 친족이 아니었던 4촌 동서는 새로운 친족의 범위에 포함 된다. 또 처가에 대해서도 친족이 아니었던 처제, 처남, 동서 처삼촌, 처사촌 동서까지 친족이 됨으로써 남자 중심의 가족제도를 양성평등의 가족제도로 바꾸어 놓았다.

또 과거에는 남편이 사망한 후 아내가 친정 호적으로 복귀하거나 재혼을 하면 시가와의 사이에 인척관계가 없어졌으나, 아내가 사망한 후 남편이 재혼한 경우에는 전처의 장인, 장모 사이의 인척관계는 사라지지 않았다. 그러나 개정 가족법은 부부 중 한쪽이 사망하여 재혼을 하면 남편도 종전 처가 쪽과의 인척관계가 없어지도록 하였다.

계모자 관계와 적모서자 관계도 폐지하였다(773조 및 774조). 즉 계모자관계란 계모와 전처소생의 자식과의 관계를 말하며, 적모서자관계는 남편이 처 아닌 다른 여자로부터 낳은 자식과 처와의 관계이다. 지금까지는 둘 다 법적으로 모자관계로 규정하여 부양, 상속, 친권등 권리의무가 발생하였다. 그러나 이 같은 내용은 여성의 의사를 무시하고 있다는 점에서 개정 가족법에서는 이를 단순한 인척관계로만 규정하고 특별히 모자관계를 맺기 위하여는 입양신고를 하여 양모자관계를 형성할 수 있도록 하였다.

(2) 부부중심의 평등한 가족관계의 정립

1) 과거에는 남편의 주소(거소)가 당연히 부부의 동거 장소가 되었으므로 여성은 혼인을 하면 반드시 남편의 집에 입적하는 불평등한 관계였다. 그러나 개정법에 의하여 부부가 협의하여 정하도록 함으로써 남편이 여자의 집으로 입적할 수 있는 길을 열어놓았다(민법 제826조 2항). 그러나 부부가 서로 협의가 되지 않을 경우에는 가정법원의 결정에 따르도록 하고 있다.

2) 부부사이의 공동생활비용에 관하여 특별한 약정이 없으면 남편이 부담하도록

하였으나, 오늘날 여성의 지위 및 경제적 능력의 향상과 가사노동의 가치를 인정하는 취지에 따라 개정 가족법에서는 부부가 공동으로 부담하도록 하였다(민법 제833조).

3) 친권이란 부모가 미성년자인 자녀를 보호 양육하는데 필요한 모든 권리의무를 말하는데, 과거에는 친권을 원칙적으로 부모가 공동으로 행사하되 부모의 의견이 일치되지 않을 때에는 父가 단독으로 행사할 수 있도록 하였다. 그러나 개정민법에서 친권은 반드시 부모가 공동으로 행사하도록 하였고, 그러나 의견이 맞지 않을 때에는 가정법원이 이를 정하도록 하였다(민법 제909조 2항).

4) 혼인 외의 자녀(서자)가 父의 호적에 올려진 경우, 친권은 父와 호적상의 母(적모)가 공동으로 행사하는 것을 원칙으로 하고 있었다. 다만 이들 모두가 친권을 행사할 수 없는 경우에만 모(생모)가 친권자가 될 수 있었다. 또 생모가 직접 자녀를 양육하고 있는 경우에도 父가 재혼하면 계모가 그 子에 대한 친권자가 되는 등 여성이 매우 불리한 입장에 있었다. 그러나 부부가 이혼한 경우 과거에는 父만이 친권자였으므로 협의에 의하여 母가 양육자가 되더라도 자녀를 데리고 사는 것 이외에 미성년자 자녀에 대한 교육문제, 생활장소, 재산관리, 수술이나 결혼에 대한 동의 등은 모두 父의 결정에 따르도록 되었다. 그러나 개정 가족법은 혼인외의 子의 생모와 이혼한 母도 당사자간의 협의로 친권자가 될 수 있게 하였고, 협의가 되지 않을 때에는 가정법원이 이를 결정하도록 하였다.

5) 부부가 이혼하면 양육권이 없는 父나 母는 자녀들을 만날 수 있는 권리가 없었다. 그러나 개정 가족법은 자녀를 직접 양육하고 있지 않은 父나 母에게 자녀를 만나거나 자녀와 편지를 교환하며 전화통화를 하는 등 면접교섭권을 새로이 신설하였다(민법 제837조의 1.2항). 그러나 방탕한 생활이나 심한 알콜 중독 등 자녀에게 악영향을 끼칠 우려가 있을 때에는 가정법원의 결정으로 면접교섭권을 제한하거나 배제할 수 있다(민법 제837조의 2.2항).

6) 부부관계가 원만할 때에는 그 재산이 누구의 명의로 되어 있든지 크게 문제

될 것이 없으나, 이혼으로 부부생활관계가 끝나게 되면 재산관계를 청산, 정리할 필요가 있다. 한 가정의 재산은 부부 중 어느 한 사람의 것이 아니며, 부부공동의 노력에 의하여 형성된 것이기 때문에 이혼시에는 그 재산형성의 기여도에 따라 각자의 몫에 해당하는 재산의 분할을 상대방에 대하여 청구할 수 있도록 이혼 배우자의 재산분할청구제도(민법 제839조의 2.1항)를 신설하였다. 그러나 서로간의 협의가 이루어지지 않을 때에는 가정법원에서 재산의 액수와 재산형성에 기여한 정도 등을 고려하여 구체적인 금액과 방법을 정하도록 하고 있다(민법 제839조의 2.2항).

(3) 호주제도의 폐지

2005년 3월 31일 민법의 일부를 개정을 통하여 2008년 1월 1일부터 민법상의 호주제도가 폐지되었다. 이제까지 우리민법은 순수한 가족제도의 입장에서 친족편 제2장에서 '호주와 가족'에 대하여 규정하고, 상속편 제1장에서 '호주상속'에 대하여 규정하여 호주의 지위를 상속하도록 하는 가족제도를 채택함으로서 가정창설의 자유(헌법 제36조 1항 · 동 34조 1항)를 억압하는 등 개인의 자유의사를 극도로 제한하는 등의 불합리한 점에 대한 비판이 있어왔다.

그럼에도 호주제도의 폐지와 관련하여 이제까지 많은 논의가 있어 왔는데, 1958년 공포된 민법의 입법방침은 가족제도의 미풍을 근본적으로 파괴하지 않는 한도 내에서 남녀를 원칙적으로 평등으로 하려 하였으나,[48] 당시 국회의원의 대다수가 보수인사였던 관계로 인하여 헌법 존중론 보다는 관습 존중론에 따라 시대감각에 맞지 않는 호주제도가 탄생되게 되었다. 이 같은 호주제도에 대하여 민법을 제정하는 과정은 물론 공포 이후에도 호주제도의 폐지론이 제기되었는데, 호주제도의 폐지 · 수정에 관한 가족법 개정안이 공포된 것만 해도 다섯 차례에 이른다. 즉 1974년 8월 5일 범여성가족법개정촉진회의 '개정원안',[49] 1974년 9월 28일 국회에 제출한 '修正案', 위 개정원안이 1977년 일부 개정된 후, 미개정 원안을 토대로 하여, 1982년 한국민사법학회에서 발표한 '가족법개정안', 1984년 가족법 개정을 위한 '여성연합회 명의의 개정안', 1986년 11월 18일 제12대 국회에 제출된 '민법(가족법)중 개정 법률안'이 그것이다.

---

48) 張暻根, 親族相續立法方針 乃至 要綱私案, 法政 48년 9월, 23호, 13면.

49) 凡女性家族法改正促進會「民法 第4編 親族 · 第5編 相續改正法案 및 理由書」, 1974.

우리나라 호주제도 폐지론의 논거는 다음과 같다. 즉 호주제도는 이념적으로 볼 때 헌법상의 가족정책이념인 가족생활에서의 '개인의 존엄과 양성평등 이념'과 조화될 수 없으며, 제도사적으로 볼 때 고래의 순풍양속이 아니라 종법제와 일본군국주의 천황제적 이데올로기의 소산물인 일본 구민법의 영향을 받은 외래적인 것이며, 사회발전적 관점에서 사회발전에 조화롭지 못하며, 민주적 발전을 저해하는 후진적인 제도이며, 규범실효적 관점에서는 호주제도와 호주의 권리의무 및 장남의 분가금지 규정 등은 허구성을 면치 못하고 있으며, 비교법적 관점에서도 우리나라와 같은 남계혈통을 대대로 계승하는 호주제도는 전세계적으로 존재하지 않는다는 점을 들 수 있다.

또 호주제도는 가족정책이념인 "가족생활에서의 개인의 존엄 · 양성 평등이념(헌법 제36조 1항, 11조, 37조)」과 조화되기 어려운 위헌적인 것이다. 즉 호주제도의 유지를 위한 민법상의 제 규정은 개개인의 기회균등과 가족 창설의 자유를 방해하고 있으며, 家와 호주권으로부터 가족원의 자유를 보장하고 있는헌법(헌법 제36조 1항, 37조 1항 · 2항)의 정신에 위배 된다". 나아가 모든 국민을 가족생활에서 호주와 가족이란 신분으로 구분하는 것은 '사회적 특수계급을 부인'하는 헌법정신(헌법 제11조)에 반하며, 남계혈통중심의 호주상속제도는「양성평등이념(헌법 제36조 제1항)」에 반하는 것이다.

(4) 상속제도의 전면적 개편

1) 과거에는 호주인 父가 유언없이 사망한 경우, 호주상속을 받을 장남은 1.5, 차남 이하의 아들과 미혼인 딸은 1, 결혼한 딸은 0.25, 母는 1.5(母가 사망한 경우에는 父 1)이었다. 그러나 이 같은 내용은 남녀불평등 및 과거 우리나라에서의 출가외인이라는 악습을 반영한 것으로, 개정법에서는 호주승계의 유무 및 혼인유무에 관계없이 균등하게 1로 하였고, 배우자인 경우 부 · 모의 구별을 두지 않고 1.5로 하였다(민법 제1009조 1 · 2항).

2) 상속재산은 재산을 형성하는데 공동 협력한 가까운 친척에게 물려주거나 유족들의 생활보장을 위해 상속되어야 함으로, 사망한 사람과 아무런 협력관계가 없을 뿐만 아니라, 경우에 따라 알지도 모르는 먼 친척에까지 상속권을 인정하는 것은

바람직하지 않으며, 우리의 전통적인 법과 관습에도 어긋난다. 따라서 과거 8촌의 방계혈족까지 상속하던 것을 4촌 이내의 방계혈족으로 대폭 축소하였다(민법 제1000조1항).

3) 개정 전에는 夫가 자녀없이 사망한 경우 婦는 시부모와 공동으로 상속을 받았지만, 배우자의 일방이 사망한 경우 직계비속이 없는 때에는 사망배우자의 직계존속과 공동으로 상속하도록 개정하였다(민법 제1003조1항).

4) 공동상속인 중에 피상속인의 재산의 유지 또는 증가에 특별히 기여한 자가 있을 때에는 상속개시 당시의 재산가액에서 공동상속인의 협의로 정한 그 자의 기여분(寄與分)을 공제한 것을 상속재산으로 보도록 하였다(민법 제1008조의 2·1항). 이 같은 취지는 상속인의 자녀 가운데 부모를 부양하였거나 상속재산의 형성과정과 유지관리에 특별히 공로가 있는 경우에 그 재산을 상속할 때 이를 고려하지 않는다면 형평에 어긋나므로 이를 위하여 기여분제도를 신설한 것이다.

5) 또 상속인 없는 재산의 청산의 경우 소정의 기간 내에 상속권을 주장한 자가 없을 때에는 가정법원은 피상속인과 생계를 같이하고 있던 자 등 피상속인과 특별한 연고가 있던 자의 청구에 의하여 상속재산을 분여할 수 있도록 하였다(민법 제1057조의 2). 개정법은 상속인이 아니면서도 사망한 자와 함께 살면서 봉양 또는 요양 및 간호하며 돌보아 주었거나 이와 비슷한 특별한 연고가 있었던 사람의 청구가 있으면 가정법원이 상속재산의 전부 또는 일부를 나누어 가질 수 있도록 하였다.

(5) 약혼 등 불합리한 점 등을 보완

1) 과거에는 폐병 등이 파혼의 사유가 되었으나 오늘날에는 의료기술의 발달로 인하여 완치가 가능하고, 결혼관계를 유지하는데 문제가 되지 않으므로 이를 삭제하였다. 그 대신 불치의 정신병으로 매우 악성인 경우에 결혼생활에 중대한 영향을 미칠 수 있으므로 이 경우에 약혼을 해제할 수 있고, 전에는 약혼자가 2년 이상 생사불명일 때에 약혼해제사유가 되었으나, 교통 및 통신 등의 발달을 감안하여 이를 1년으로 단축하였다.

2) 개정 전에는 미성년자의 입양시 부모 또는 다른 직계존속이 없을 때 후견인의 동의만으로 가능했으나, 개정법에서는 후견인의 동의 이외에 반드시 가정법원의 허가를 얻도록 하였다. 이는 후견인의 동의만으로는 미성년자의 입양이 인신매매 기타 개인적인 이득을 위하여 행하여질 위험이 있기 때문에 이를 사전에 방지하기 위한 것이다. 또 후견인이 자기가 돌보고 있는 미성년자를 양자로 하는 경우, 과거에는 친족회의의 동의를 받도록 하였으나, 후견인의 부정행위와 타산적인 목적으로 이루어지는 입양을 방지하고 미성년자를 보호하기 위하여 가정법원의 허가를 받도록 하는 등 입양절차를 강화하였다.

4. 가족법의 과제

2000년 이후 우리나라에서의 가족구조의 변화가 가속화되고 있다. 특히 가족해체의 조짐이 두드러지게 나타나고 있는데, 그 대표적인 징후가 이혼율의 증가와 혼인율의 감소, 나아가 출산율의 급격한 감소 등이 나타나고 있다. 1차 산업을 기반으로 이어져 내려온 전통적인 가족구조도 3차 산업의 발달 및 도시화에 편승하여 이미 핵가족화 되었고, 그에 따른 부작용 또한 속출하고 있다. 이에 따라 우리의 가족법은 가족의 변화를 반영할 수 있는 가족법으로의 새로운 변화를 요구하고 있다.

특히 우리나라의 가족의 변화 중 유의하여야 할 것은 이혼과 관련된 것이다. 2002년 현재 우리나라의 이혼율은 법정이혼이 하루 약 398쌍으로 나타나고 있으며, 향후 이혼율은 더욱 높아질 것으로 예상된다. 이에 따른 문제점으로는 이혼으로 인한 자녀양육과 자녀의 양육비부담 문제, 더 나아가 재혼 부부의 경우 부와 자의 성이 다름으로써 나타나는 재혼가정의 갈등문제 등은 호주제도와 관련된 것으로, 결론적으로 우리의 가족법은 가부장적 제도를 불식하고 자유 · 평등의 원리에 입각한 가족법으로, 이혼자녀의 가정폭력 등 소외된 가족의 문제에 관심을 갖는 가족법으로, 더 나아가 각종 복지와 관련성을 갖고 가족문제를 해결할 수 있는 가족법으로의 변신을 요구하고 있다.

제 2 장

우리나라의 혼인제도

I. 혼인의 정의

1. 혼인의 정의

혼인은 한 사람의 남자와 한 사람의 여자가 자발적으로 일생에 걸친 배타적인 결합으로써 다음과 같은 의미를 포함한다. 즉 혼인은 자발적인 의사를 바탕으로 하여야 하며, 따라서 당사자 일방 또는 쌍방에게 진정한 혼인의사가 없는 혼인은 있을 수 없다. 혼인은 일생에 걸친 배타적인 결합이어야 하며, 이를 위하여 혼인 당시에는 영속적인 결합의사가 있어야 한다. 또 혼인은 이성간의 결합이어야 하므로, 일부 동성간의 혼인여부가 논란이 되지만, 전통적 혼인은 이성간의 결합을 그 원칙으로 한다. 혼인은 一夫一妻婚이어야 한다. 따라서 一夫多妻婚은 인정할 수 없고, 더 나아가 妾制度 또한 인정할 수 없는 것이다. 뿐만 아니라 전혼이 유지되고 있는 한 이중적인 혼인은 허용되지 않는다.

민법은 제4편 제3장의 「혼인」에서 약혼 · 혼인 · 이혼에 관하여 규정하고 있다.

II. 약 혼

1. 약혼의 의의

약혼이라 함은 장차 혼인을 체결하려는 당사자 사이의 계약으로, 실질적인 혼인생활을 하면서 다만 혼인신고를 하지 않는 것과 구별된다. 민법은 우리 관습상의 약혼을 성문입법례에 따라 성문화하였다(800조~806조).

2. 약혼의 성립

약혼은 혼인하려는 양당사자의 합의로 성립한다. 따라서 이른바 정혼 등은 당연히 무효가 된다. 약혼이 성립하려면 남자는 만 18세, 여자는 만 16세에 달하여야 하며(801조 전단), 미성년자가 약혼할 때에는 부모의 동의를 얻어야 한다(801조 전단). 그러나 부모 중 일방이 동의권을 행사할 수 없을 때에는 다른 일방의 동의를 얻어야 하며(801조 후단에 의한 808조1항의 준용), 금치산자는 부모 또는 후견인의 동의를 얻어 약혼할 수 있다(802조). 이 같은 경우 부모 또는 후견인이 없거나 또는 동의를 할 수 없을 때에는 친족회의의 동의를 얻어 약혼할 수 있다(801조 · 802조 · 803조3항). 또 배우자 있는 자의 약혼이나 이중약혼은 원칙적으로 무효이며,[50] 혼인장애가 되는 근친관계에 있는 자 사이의 약혼은 불능을 목적으로 하는 것이므로 무효이다. 그러나 재혼금지기간을 경과하기 전에 약혼을 하였을 지라도 그 장애가 제거될 때에 혼인한 자는 확실한 합의가 있으면 이를 인정할 수 있고, 약혼에 조건이나 기한을 붙이는 것도 선량한 풍속 기타 사회질서에 반하지 않는 한 인정할 수 있다. 약혼은 낙성적(諾成的)이며 일정한 방식을 요하지 않으므로, 예물의 교환 등 기타 일정한 형식을 요하지 않으므로, 사기약혼, 위증 또는 상당한 기간이 경과한 후의 무의식적인 오술(誤述)의 염려가 될 수 있다.

3. 약혼의 효과

1) 약혼이 성립하면 당사자는 가까운 시기에 혼인해야 할 의무가 있다. 그러나 약혼 당사자의 일방이 이 의무를 이행하지 않더라도 혼인의 강제이행을 청구할 수 없으며(803조), 의무를 위반한 상대방에게 손해배상을 청구할 수 있을 뿐이다. 이 때

50) 법률상 혼인이 오랫동안 사실상 이혼상태에 있는 경우, 이혼 절차를 밟은 후 부부가 되자는 약혼은 사회질서에 반하지 않으므로 유효하나, 살고 있는 처를 내쫓고 혼인하겠다는 하는 것은 사회질서에 반하므로 인정할 수 없다(대판 1995.7.14, 4228 民上 156, 民集 I 589면(판례 가족법 386면;대판 1965.7.6, 65므 12, 집 13권 2집 民22면(판례가족법311면).

손해배상의 범위는 약혼의 파기로 인하여 발생한 재산적 손해와 정신적 손해가 포함된다.

2) 약혼 중에 제3자가 그 약혼관계를 침해하였을 경우 당연히 불법행위가 성립한다. 즉 "제3자가 약혼중의 여자를 간음하여 남자로 하여금 혼인할 수 없게 하였다면 약혼으로 인한 남자의 권리를 침해한 것으로 불법행위를 구성한다".[51)]

3) 약혼했다고 하여 가족법적인 친족관계는 성립하지 않으며, 약혼중에 子를 출산하더라도 이는 혼인 외의 子가 된다. 그러나 자의 출생 후 약혼당사자가 혼인을 하면 그 子는 準正(혼인에 의한 준정, 혼인중의 준정, 혼인해소후의 준정 모두 가능하다)이 되어 혼인중의 자(855조 2항)가 된다.

4. 약혼의 해제

(1) 요 건

약혼당사자는 가까운 장래에 혼인할 의무를 가지지만 이행을 강제할 수 없다. 따라서 정당한 사유가 있는 한 언제든지 약혼을 해제할 수 있다. 민법은 약혼해제의 사유를 다음과 같이 규정하고 있다(804조).

가. 약혼 후 자격정지 이상의 형의 선고를 받은 때

나. 약혼 후 금치산 또는 한정치산선고를 받은 때

다. 성병, 불치의 정신병 기타 불치의 악질이 있는 때

라. 약혼 후 타인과 약혼 또는 혼인을 한 때

마. 약혼 후 타인과 간음한 때

바. 약혼 후 1년 이상 그 생사가 불명한 때

사. 정당한 이유 없이 혼인을 거절하거나 그 시기를 지연하는 때

아. 기타 중대한 사유가 있는 때

51) 대판 1961.10.19, 4293 민상 531.

(2) 약혼해제의 방법

약혼의 해제는 상대방에 대한 의사표시로 한다(805조 본문). 이는 단독행위이며, 약혼 당사자만이 약혼을 해제할 수 있고, 상대방에 대하여 의사표시를 할 수 없는 경우(실종 등)에는 그 해제의 원인이 있음을 안 때에 해제된 것으로 본다(805조).

(3) 약혼해제의 효과

약혼을 해제한 때에는 당사자의 일방은 과실 있는 상대방에 대하여 이로 인한 손해배상을 청구할 수 있다(806조1항). 이때에는 우선 가정법원에 조정을 신청하여야 한다(가소2조 1항 다루사건1호 · 50조).

과실여부의 판단은 약혼의 파기에 이르는 경위와 책임, 당사자의 연령과 재산상태 등을 종합적으로 고려하여 판단하여야 한다. 그러나 당사자 쌍방에 과실이 있을 때에는 일반 과실상계(396조)의 규정을 준용 한다.

손해배상의 범위는 재산상의 손해와 정신상의 손해 모두를 포함한다(806조2항). 그러나 정신상 고통에 대한 배상청구권은 양도 또는 승계하지 못한다(806조3항). 단 당사자 사이에 이미 그 배상에 관한 계약이 성립되거나 소송을 제기한 후에 양도 또는 승계될 수 있다.

(4) 예물의 반환

약혼할 때 일반적으로 예물을 교환하게 되는데, 이 같은 예물은 혼인의 성립을 예정하고 행한 증여[52]로 이해할 수 있다. 따라서 약혼이 혼인에 이르지 못하면 약혼 당사자는 서로 교환한 예물의 반환을 부당이득의 법리에 의하여 청구할 수 있다. 그러나 당사자 일방의 사망으로 인하여 약혼이 해소되었을 경우에도 상대방에게 예물반환청구권을 인정하여야 한다는 견해가 있으나, 독일 민법(BGB§1301)은 이를 인정하지 않는다. 명문의 규정이 없는 우리에게 논란의 소지가 있으나, 독일 민법의 태도가 타당하다고 생각한다.

그러나 일방 당사자에게만 과실이 있는 경우에는, 과실이 없는 당사자가 준 예물의 반환청구권을 가지고, 받은 예물의 반환의무는 없다. 또 과실의 책임 당사자는

52) 대판 1976.12.28, 76므 41, 42.

받은 예물을 반환하여야 하고, 교부한 예물에 대한 반환청구권은 없다.

Ⅲ. 혼 인

1. 혼인의 성립

혼인이 유효하게 성립하기 위하여 형식적 요건과 실질적 요건이 구비되어야 하고, 그 이외에 당사자 간에 혼인의 합의가 있어야 한다.

2. 실질적 요건

(1) 당사자 간에 혼인의사의 합치가 있을 것(815조1호)

혼인할 의사란 부부관계를 성립시킨다는 의사를 말하며, 부부관계란 정신적, 육체적 결합관계를 의미한다. 따라서 정신적, 육체적 결합을 할 의사가 전혀 없는 혼인은 혼인이라 할 수 없으며, 혼인의사는 자유롭게 결정되어야 하고, 혼인할 의사는 그 성질상 조건부 또는 기한부는 있을 수 없다.

(2) 당사자가 혼인 적령기에 달하였을 것(807조)

혼인 적령은 남자 만18세 여자 만16세에 달하여야 하며, 부적령(不適齡)의 혼인은 각 당사자 또는 그 법정대리인이 취소할 수 있다(816조1호 · 817조). 이 경우에도 우선 가정법원에 우선 조정을 신청하여야 한다.

(3) 부모의 동의를 얻을 것(808조)

미성년자가 혼인을 할 때에는 부모의 동의를 얻어야 하며, 부모 중 일방이 동의권을 행사할 수 없을 없는 때에는 다른 일방의 동의를 얻어야 하고, 부모가 모두 동의권을 행사할 수 없는 때에는 후견인의 동의를 얻어야 한다. 금치산자는 부모 또는 후견인의 동의를 얻어 혼인 할 수 있으며, 부모 또는 후견인이 없거나 동의할 수 없는 때에는 친족회의 동의를 얻어 혼인 할 수 있다.

(4) 일정한 근친자간의 혼인이 아닐 것(809조)

동성동본인 혈족 사이 또 일정한 범위의 친족이거나 친족이었던 자 사이에서는 혼인하지 못한다. 그러나 혼인금지규정에 의한 금혼범위는 그 유례가 없을 정도로 광범위하여, 우생학적 견지에서는 물론 윤리적 견지에서도 그 합리적 근거나 의의를 찾아볼 수 없다.

(5) 중혼이 아닐 것(810조)

중혼이라 함은 이미 혼인이 유효하게 성립하여 있는데도 불구하고 또 다른 혼인을 성립시키는 것을 말한다. 따라서 배우자있는 자는 다시 혼인하지 못한다. 우리 민법은 일부일처혼을 혼인의 기본원리로 하고 있기 때문에 배우자 있는 자의 혼인을 인정하지 않는다.

3. 형식적 요건

민법이 규정하는 형식적 요건은 호적법이 정한 바에 따라 신고하는 것이다(812조1항). 실질적으로 혼인생활을 영위하고 사회적 · 관습적으로 혼인관계에 있다 하더라도 혼인신고가 없으면 법률상 혼인으로 인정되지 않는다.

(1) 혼인신고

혼인은 호적법에 규정한 바에 의하여 신고함으로써 법률상 혼인관계가 성립한다(812조1항, 호적법76조). 따라서 혼인신고를 하지 않고 부부관계를 오랫동안 계속해도 이는 법률상의 혼인으로 인정되지 않는데 이를 사실혼관계라 한다. 이 같이 혼인신고는 단순한 유효요건이 아닌 성립요건이다.

(2) 조정 · 재판에 의한 혼인신고

1) 조정에 의한 혼인신고

사실상 혼인생활을 하고 있으면서 일방의 비협조 내지 기타의 사유로 혼인신고가 되어있지 않은 경우, 사실상혼인관계존재확인청구를 통하여 혼인신고를 할 수 있다. 이 때 우선 조정을 신청하여야 한다(가소 2조 1항 나류 사건 1호 · 50조). 혼인에 관하여 조정이 이루어지면 그 사항을 조서에 기재함으로써 조정은 성립되고, 그 기재는 재판상 화해와 동일한 효력이 있어(가소 59조 1항 · 2항 본문) 혼인은 성립된다. 조정이 성립되면 신청자는 조정성립의 날로부터 1월 이내에 조정조서를 첨부하여 혼인신고를 하여야 한다(호76조의2).

2) 재판에 의한 혼인신고

조정에 의하여 합의가 이루어지지 않을 때에는 사실상혼인관계존재확인의 소를 제기할 수 있다(가소 2조 1항 나류사건 1호). 재판이 확정되면 사실혼관계는 법률상의 혼인이 되는데, 그것은 판결의 선고로 효력이 생긴다(가소 12조, 민소 190조). 소를 제기한 자는 재판확정일로부터 1월 이내에 재판서의 등본과 확정증명서를 첨부하여 신고를 하여야 한다(호 76조의2).

4. 혼인의 무효 · 취소

(1) 혼인의 무효

1) 혼인이 무효가 되는 경우(815조)

① 당사자 사이에 혼인의 합의가 없는 때

② 혼인신고 없이 호적에 혼인한 것으로 기재되었을 때

③ 당사자 사이에 직계혈족, 8촌 이내의 방계혈족 및 그 배우자인 친족관계가 있거나 또는 있었던 때와, 당사자 사이에 직계인척, 부의 8촌 이내의 혈족인 인척관계가 있거나 또는 있었던 때의 혼인은 무효가 된다. 이 같은 취지는 근친혼을 금하는 의미에서 무효로 하고 있는 것인데, 이 같이 광범위하게 무효원인으로 하는 것은 입법론상 고려의 여지가 있다.

2) 혼인무효의 효과

무효혼에는 아무런 효과도 발생하지 않는다. 상속 기타 권리의 변동은 무효로 돌아가고, 그 출생자는 혼인 외의 子가된다. 처는 호적정정신청을 하여 친가에 복적하며, 친가가 폐가 또는 무후 기타 사유로 복적할 수 없을 때에는 친가를 부흥할 수 있고(787조3항), 그것을 원하지 않을 때에는 一家를 창립할 수 있다. 처에게 부의 혈족이 아닌 직계비속이 있을 때에도 친가에 복적하여야 하며, 입부혼인을 한 부가 그의 친가로 복적하여야 할 경우에도 마찬가지이다.

혼인이 무효가 된 경우 당사자의 일방은 과실있는 상대방에 대하여 이로 인한 손해배상을 청구할 수 있으며, 그 범위는 재산상의 손해와 정신상의 고통을 포함하는 동시에, 정신상의 고통에 대한 배상청구권은 양도 또는 승계하지 못하는 것은 약혼의 경우와 같다.

(2) 혼인의 취소

혼인을 취소하려면 일정한 사유가 있는 경우에 일정한 자의 부부가 같은 가정법원의 관할구역 내에 보통재판 적이 있을 때에는 그 가정법원에 취소를 위한 조정신청을 우선 하여야 한다(가소 2조1항 나류사건 2호 · 50조 · 22조).

1) 혼인취소원인

가. 혼인적령에 미달한 혼인

혼인적령에 달하지 않은 혼인은 당사자 또는 그 법정대리인이 그 혼인을 취소할 수 있다(817조 전단 · 807조 · 816조 1호).

나. 동의가 결여된 혼인

동의를 얻지 않은 미성년자와 금치산자의 혼인은 당사자 또는 그 법정대리인이 취소할 수 있다(817조 전단 · 808조 · 816조 1호).

다. 근친간의 혼인

종래 9촌 이상의 동성동본인 혈족 사이의 혼인은 당사자, 그 직계존속 또는 8촌 이내의 방계혈족이 취소를 청구할 수 있었으나(817조 후단), 오늘날에는 유효한 혼인이라고 보아야 한다(헌결 1997. 7. 16.95헌가6-13). 따라서 809조 2항에 위반한 혼인 중에 취소할 수 있는 사유에 해당하는 것으로는 처의 8촌 이내의 혈족인 인척관계가 있거나 또는 있었던 때, 당사자간에 배우자의 혈족의 배우자관계가 있을 때 등이다(815조, 816조).

마. 재혼금지기간에 위반한 혼인

재혼금지기간을 위반한 혼인은 당사자 및 전배우자 또는 그 직계존속이 그 취소를 청구할 수 있으며(818조 후단), 취소청구권은 전혼이 종료한 날로부터 6월이 경과하거나 재혼 후 포태한 때에는 그 취소청구권이 소멸한다(821조).

바. 악질 등 중대한 사유가 있는 혼인

혼인 당사자 일방에 부부생활을 계속할 수 없는 악질 기타 중대한 사유가 있음을 알지 못하고 혼인한 때에는 상대방이 그 사유가 있음을 안 날로부터 6월 이내에 취소를 청구할 수 있다(816조 2호 · 822조).

사. 사기 · 강박에 의한 혼인

사기 또는 강박으로 인하여 혼인의 의사표시를 한 때에는 사기를 안 날 또는 강박을 면한 날로부터 3월 이내에 취소를 청구할 수 있다(816조 3호).

2) 혼인취소의 방법

혼인의 취소에 대하여 우리 민법은 조정전치주의(가소 2조 1항 나류사건 2호)를 채택하고 있으므로, 혼인을 취소하려고 하는 자는 우선 가정법원에 조정을 신청하여야 한다(가소 50조1항). 다만 배우자의 일방이 사망한 경우를 제외하고 혼인의 취소에 대하여 직접 소를 제기할 경우에는 가정법원은 그 사건을 조정에 회부하여야 한다(가소 50조 2항 본문). 다만 공시송달에 의하지 않고는 당사자를 소환할 수 없거나 조정에 회부되더라도 조정이 성립될 수 없다고 인정할 때에는 예외이다(가소 50조2항 단서).

3) 혼인취소의 효과

혼인의 취소의 효력은 기왕(旣往)에 소급하지 않는다(824조). 따라서 혼인취소의 판결이 확정되면 그 때부터 장래에 향하여 해소된다. 혼인취소의 사유가 당사자 일방의 책임있는 사유로 인한 손해배상청구권은, 혼인무효의 경우와 같이 약혼해제로 인한 손해배상책임에 관한 제806조가 준용된다(825조). 이 때에도 우선 가정법원에 조정을 신청하여야 한다.

5. 혼인의 효과

(1) 일반적 효과

1) 친족관계의 발생

혼인이 성립하면 부부는 서로 배우자인 신분을 가지고 친족이 된다(777조3호). 또 부부는 상대방 배우자의 4촌 이내의 혈족 및 그 배우자 사이에 서로 인척관계가 발생한다(777조2호).

2) 호적의 변동

혼인을 하면 妻는 夫의 家 에 입적한다(826조3항 본문). 다만 夫가 호주의 직계비속장남자가 아닌 때에는 당연히 분가하여 신호적을 편제하게 된다(789조). 그러나 入夫婚姻의 경우에는 夫가 妻의 家에 입적한다(826조 3항 단서).

3) 동거 · 협조 · 부양의 의무

가. 동거의무

동거의무란 거소를 같이하는 의무로서, 동거는 부부로서의 동거이며, 단순한 장소적인 의미가 아니다. 그러나 정당한 이유로 일시적으로 동거하지 않는 경우에는 서로 인용(忍容)하여야 한다(826조1항 단서). 부당한 동거의무 위반은 악의의 유기로서 이혼 원인이 되며(840조 2호) 부당하게 동거청구에 응하지 않을 때에는 다른 일방의 배우자가 부양 · 협조하지 않더라도 그의 책임이 되지 않는다.

동거의 장소는 부부의 협의에 의하여 정한다(826조2항). 그러나 협의가 이루어지지 않을 경우에는 당사자의 청구에 의하여 가정법원이 정하게 된다(동조 2항 단서).

나. 부양 · 협조의무

부양은 미성숙의 자녀를 포함한 부부일체로서의 공동생활에 필요한 것을 부부가 공여하는 것으로서, 상대방의 생활을 자기의 생활과 같은 정도로 보장하는 것을 말하며, 협조의무는 부부공동생활은 부부의 분업에 기초한 협조에 이루어진다. 그러나 혼인의 성질로 보아 부양 · 협조의 의무는 일체적인 것으로서, 부양 · 협조의무 위반에 있어서 그 불이행은 불법행위가 되어 손해배상책임이 생기는 경우가 있을 것이고, 또 악의의 유기로서 이혼원인이 될 수 있다.

4) 정조의무

부부는 서로 정조를 지킬 의무가 있다. 따라서 부정한 행위는 부부평등하게 이혼의 원인이 된다(840조1호).

5) 성년의제

미성년자가 혼인을 한 때에는 성년자로 본다(826조의 2). 이를 성년의제라 한다. 이 같은 취지는 미성년자는 친권 또는 후견에 복종하게 되므로, 혼인하더라도 부부의 일방 또는 쌍방이 미성년자일 경우 부부생활이 제3자의 간섭을 받게 됨으로써 혼인의 독립성을 방해할 염려가 있어 이를 막기 위한 제도이다. 따라서 혼인을 한 미성년자는 성년자와 같은 능력을 갖는다. 그러나 그 범위는 민법 제826조의 2의 입법취지에 비추어, 공직선거 및 선거부정방지법(15조), 미성년자 보호법, 근로기준법 제62조 이하의 연소근로자보호규정 등에서는 미성년자로 취급된다.

6) 부부간의 계약 취소권

부부사이의 계약은 언제든지 이를 취소할 수 있다(828조). 이 때 계약의 종류와 그 내용은 묻지 않는다. 그러나 이 취소권은 혼인의 효력으로서 부부간에 생기는 것이므로, 혼인전의 계약에는 적용되지 않는다(829조 이하).

(2) 혼인으로 인한 재산관계

민법은 부부간의 재산관계의 명확성을 기하기 위하여 부부재산계약제도와 법정재산제를 이원적으로 규정하고 있다. 부부재산계약제도는 부부가 혼인신고 전에 자유로운 계약으로 부부간의 재산관계를 정하는 제도이며, 법정재산제란 부부재산계약이 체결되지 않았을 때 자동적으로 민법의 규정에 의하게 되는 제도이다(829조 1항).

1) 부부재산계약

부부는 혼인의 성립에 즈음하여 그 재산관계에 관하여 자유로이 부부재산계약을 체결할 수 있다(829조1항). 부부재산계약의 방식에 대하여 민법은 아무런 규정을 하고 있지 않으나, 이는 혼인신고 전에 체결하여야 하고, 신고 전에 등기를 하지 않으면 부부의 승계인 및 제3자에게 대항할 수 없다.

2) 법정재산제

부부가 혼인신고 전에 부부재산계약을 체결하지 않는 한, 그 재산관계는 모두 제830조 내지 제833조의 법정재산제에 의한다(829조1항). 즉 현행 민법은 부부별산제를 채용하여 부부의 일방이 혼인 전부터 가진 고유재산과 혼인중 자기의 명의로 취득한 재산은 그 특유재산으로 하고(830조1항), 그 특유재산은 부부가 각자 관리 · 사용 · 수익하도록 하였다(831조). 또 부부의 누구에게 속한 것인지 분명하지 않은 재산은 부부의 공유재산으로 추정한다(830조2항).

3) 혼인생활비용의 부담

부부가 공동생활을 함에 필요한 비용의 부담은 부부 당사자 사이의 약정에 의하여 정할 수 있다. 그러나 이에 관하여 약정이 없을 때에는 부부가 공동으로 부담하여야 한다(833조). 이 같은 혼인생활비용의 부담은 혼인의 성립과 동시에 시작하고 혼인의 해소에 의해 소멸한다.

IV. 사실혼

1. 의 의

사실혼이란 사실상 혼인생활을 하고 있으면서 법률상의 방식, 즉 혼인신고를 하지 않음으로서 법률상 혼인으로 인정되지 않는 부부관계를 말한다. 이는 약혼과 다르며 첩 관계 및 사통관계와 구별되는 개념이다.

2. 사실혼의 법률관계

1) 사실혼의 성립요건

가. 주관적 요건

사실혼이기 위해서는 사실상의 혼인의사가 있어야 한다. 이 의사에는 신고를 하여 법률상으로도 부부가 되겠다는 합의가 따르지만, 이것이 없더라도 사회적 · 실질적으로 부부가 되겠다는 합의가 있으면 충분하다. 그렇다고 의식 · 증서 · 증인 등의 특정방법은 사실혼의 성립요건이 되지는 않는다.

나. 객관적 요건

당사자 사이에 사회관념상 부부공동생활이라고 인정할 만한 사회적 사실이 존재하여야 한다.[53] 그 내용은 법률상의 혼인의 경우와 같다.

2) 사실상혼인관계존재확인청구

사실혼이 성립되었으나 당사자의 일방이 혼인신고에 협력하지 않으면, 일방적으로 혼인신고를 할 수 없기 때문에 법률상의 혼인이 성립할 수 없다. 이 경우 혼인신고를 원하는 일방 당사자가 사실상혼인관계존재확인의 소를 청구할 수 있으며, 이를 위하여는 우선 가정법원에 조정을 신청하여야 한다(가소 2조 1항 나류사건 1호 · 50조).

3. 사실혼의 효과

1) 신분적 효과

혼인의 신분적 효과는 일반적으로 사실혼에 그대로 인정해도 무방하다. 다만 사실혼부부간의 계약취소권은 제도로서 타당하지 못하므로 인정하지 않는 것이 좋다. 또 사실혼당사자관계는 제3자에 대해서도 보호되어야 한다. 따라서 사실혼 배우자

---

53) 대판 1984.8.21, 84 므 45, 집 32권 3집 574면.

를 살해한 자,[54] 상해를 가한 자,[55] 정교관계를 맺은 자,[56] 사실혼관계의 파탄에 부당하게 가담함 자[57] 등은 불법행위로 인한 손해배상의 책임이 있다.

2) 재산적 효과

사실혼 부부사이에도 혼인생활비용부담의무(833조), 일상가사대리권(827조), 일상가사로 인한 채무의 연대책임(832조), 부부간의 특유재산 및 귀속불명재산(830조)에 관한 규정도 유추적용 된다.

부부재산계약을 맺는 것은 무방하나, 등기할 수 없으므로 제3자에게 대항할 수 없으며, 당사자사이에만 그 효력이 있다.

3) 신고를 전제로 하는 효과

혼인의 효과 중 신고를 전제로 하는 효과는 인정되지 않는다. 즉 사실혼관계에 있는 자가 혼인을 하더라도 이는 중혼이 되지 않으며, 호적의 변동이 일어나지 않는다. 또 미성년자가 사실혼관계에 있다 하더라도 이는 성년의제의 효과는 발생하지 않으며, 사실혼 배우자의 친족과의 사이에 인척관계도 발생하지 않는다. 나아가 사실혼의 부부는 서로 후견인이 될 권리의무도 없으며(934조 · 932조), 배우자로서의 상속권도 없다.

4) 특별법상의 효과

일부 특별법에서 사실혼 부부를 보호하기 위하여 법률상의 부부와 동일하게 취급하는 경우가 있다. 즉 고용보험법 제44조 1항, 공무원연금법 제3조 1항 및 제59조 1항, 국민연금법 제3조 2항, 군인연금법 제3조 1항, 범죄피해자구조법 제5조 1항, 사립학교교원연금법 제2조 1항, 근로기준법시행령 제44조, 산업재해보상보험법 제4조 등에서 유족의 범위에 사실상 혼인관계에 있던 자를 포함시키고 있으며, 주택임대차보호법 제9조에서 사실혼의 배우자에게 임차권을 승계시키는 예외를 허용하고 있다.

---

54) 대판 1962.4.26, 62다 72.
55) 대판 1969.7.22, 69다684.
56) 대판 1959.2.19, 4290 민상 749.
57) 대판 1983.9.27, 83 므 26.

5) 사실혼부부간의 자의 지위

사실혼 중에 포태하여 사실혼 중에 출생한 子는 혼인외의 子가된다. 따라서 父의 인지가 없는 한, 사실혼부부 사이의 자는 모의 성과 본을 따르며 모가에 입적하며(781조 2항), 모의 친권에 복종한다. 따라서 모와 그 혈족과의 사이에는 서로 부양의무가 발생한다(974조 이하). 또 상속권도 상호간에 발생한다(1000조). 부가 認知하면 부자간에 법적친자관계가 발생하므로, 부의 성과 본을 따르고 원칙적으로 부가에 입적한다(781조 1항 · 782조 1항).

4. 사실혼의 해소

1) 사망에 의한 해소

사실혼관계도 혼인의 경우와 마찬가지로 배우자 일방의 사망으로 해소된다. 이때 특별연고자에 대한 상속재산분여의 규정(1057조의 2)에 의하여 상속인부존재의 경우, 사실혼 당사자는 피상속인과 생계를 같이 하고 있던 자로서, 상속재산의 전부 또는 일부를 받을 수 있다.

2) 합의에 의한 해소

당사자는 언제든지 사실혼해소의 합의를 하고 사실혼관계를 종료하는데 대하여 법률상 아무런 제한이 없다. 따라서 부부공유재산의 청산방법 등에 대해서도 당사자의 합의에 의하여야 한다.

3) 사실혼의 일방적 해소

사실상 혼인관계는 사실상의 관계를 기초로 하여 존재하는 것이므로 당사자 일방의 의사에 의하여 해소할 수 있고, 당사자 일방의 파기로 인하여 공동생활의 사실이 없게 되면 사실상의 혼인관계는 해소되는 것이며, 다만 정당한 사유없이 해소된 때에는 유책자가 상대방에 대하여 손해배상의 책임을 지게 된다.[58] 이 때 정당한 사유가 있느냐의 여부에 관한 판단은 사실혼이 해소되기까지의 양당사자의 관계를 종

58) 대판 1977.3.22, 75 므 28.

합적으로 참작하여 판단하여야 한다.

손해배상의 범위는 재산상의 손해와 정신상의 고통을 포함한다(806조). 이 때 위자료의 액수를 정함에 있어서는 불법행위의 정도, 당사자의 사회적 지위, 재산, 동거생활의 기간 등 제반사정을 참작하여야 한다.[59]

4) 자의 양육문제

자의 양육문제에 대하여는 이혼의 경우를 유추적용 하여야 한다. 왜냐하면 사실혼의 해소는 이혼의 경우와 크게 다르지 않기 때문이다.

V. 혼인의 해소

1. 서 설

혼인의 해소란 일단 혼인이 완전 · 유효하게 성립하였으나, 그 후에 발생한 원인에 의하여 혼인관계가 종료하는 것을 말한다. 그 원인으로는 배우자의 사망과 이혼 두 가지가 있다.

2. 배우자의 사망에 의한 혼인의 해소

(1) 혼인관계의 소멸과 생존배우자의 상속

사망으로 혼인이 해소되면 부부의 신분관계는 소멸하므로 동거 · 부양 · 협조의무와 정조의무는 소멸하고 재혼도 자유로이 할 수 있으며(단 여성의 경우 재혼금지기간의 제한이 있다), 부부재산에 구속도 없어지고, 부부재산계약도 그 효력을 잃는다. 그러나 소급적인 소멸의 효과는 없으므로, 이미 발생한 일상가사로 인한 연대책임에는 영향이 없으며, 생존배우자는 사망자의 호주승계와 상속을 하게 된다(984조 · 1003조).

---

59) 대판 1998.8.21, 97 므 544 · 551.

(2) 친족관계의 해소

부부의 일방의 사망에 의하여 혼인은 당연히 소멸되지만, 혼인에 의하여 발생되었던 인척관계는 당연히 소멸하지 않는다. 그러나 생존배우자가 재혼한 때에 한하여 소멸한다(775조).

(3) 실종 및 기타의 혼인관계

실종선고는 사망을 의제하며(26조) 따라서 혼인도 실종기간이 만료한 때에 해소된다. 문제는 실종선고가 취소되었을 때, 취소 전에 잔존배우자가 재혼을 하였을 경우 민법 제29조 1항과 관련하여 여러 가지의 해석이 가능하게 된다. 그러나 실종선고 취소의 효과는 선고 후 취소 전에 선의로 행한 행위에 영향을 미치지 아니하므로(29조 1항 단서), 재혼 당사자의 쌍방이 선의이면 전혼은 부활하지 않고, 악의인 경우에는 전혼이 부활하여 중혼이 되고, 중혼상태에서는 전혼의 배우자의 입장에서는 이혼사유가 되고(840조 1호), 후혼의 입장에서는 혼인취소의 사유가 된다(818조 전단).

부재선고, 인정사망의 경우(호 90조)에도 혼인이 해소된다. 이 경우에도 사망으로 처리된 배우자가 살아서 돌아오면 실종선고의 취소에 준해서 처리해야 한다.

3. 이혼에 의한 혼인의 해소

혼인은 본래 연속적인 결합을 그 목적으로 하므로, 혼인의 본질에서 본다면 이혼은 정상적인 것이다. 그러나 많은 사유로 혼인관계를 더 이상 유지할 수 없음에도 이를 유지시키려 한다면 당사자의 행복은 물론 그 이상의 문제점들이 발생할 것이다. 따라서 오늘날에 있어서 거의 모든 국가는 법률로써 일정한 형식의 이혼을 인정하고 있는 실정이다. 이와 관련하여 우리나라는 재판에 의한 이혼과 협의이혼 제도가 있다.

(1) 협의상 이혼

부부는 협의하여 이혼할 수 있으며(834조), 그 원인은 묻지 않는다. 다만 협의이혼이 유효하게 성립하기 위해서는 실질적 요건과 형식적 요건이 필요하다.

가. 실질적 요건

① 당사자 사이에 이혼의사의 합의가 있을 것

이혼의사는 부부로서의 결합을 영구적으로 해소하는 것을 의미하며, 이혼신고에서의 서면을 작성할 때에 이혼의사의 합치가 있어야 한다.

② 금치산자는 부모 또는 후견인의 동의를 얻을 것

이혼의사의 합치에는 의사능력이 필요하다. 따라서 금치산자는 부모 또는 후견인의 동의를 얻어 이혼할 수 있으며, 부모 또는 후견인이 없거나 동의할 수 없을 때에는 친족회의 동의를 얻어 이혼할 수 있다(835조 · 808조2항 · 3항).

③ 기타

혼인에서 출생한 미성년자가 있을 경우 부모의 협의로 친권자를 정하여, 그것을 신고서에 기재하여야 한다(909조4항, 호79조).

나. 형식적 요건

① 이혼신고

협의이혼도 혼인과 마찬가지로 신고에 의하여 성립한다(836조1항). 신고의 방식은 혼인신고에 준한다.

② 가정법원의 확인

협의이혼을 하려고 하는 자는 본적지 또는 주소지를 관할하는 가정법원의 확인을 받아 신고하여야 한다(호 79조의 2 1항). 협의이혼의 의사확인신청은 가정법원에 서면 또는 구술로 할 수 있다(호 시행규칙 87조 1항).

이혼신고는 가정법원으로부터 확인서등본을 교부 또는 송달받은 날로부터 3월 이내에 그 등본을 첨부하여 신고인의 본적지 또는 주소지나 현재지에 하여야 한다.

다. 협의이혼의 무효와 취소

① 협의이혼의 무효

이혼의 실질적 요건인 이혼의사의 합치가 없으면 그 이혼은 무효이다(대판 1961.4.27, 4293 민상536). 또 진정한 이혼의사가 없음에도 채권자의 강제집행을 면하기 위한 목적, 혼인외의 자를 혼인중의 자로 하기 위한 목적으로의 이혼은 무효이다. 뿐만 아니라 가정법원의 확인서의 등본이 첨부되지 않은 신고 등은 당연 무효로서, 가정법원에 협의이혼 무효 확인의 소를 제기할 수 있다(가소 2조 1항 가류사건 2호).

② 협의이혼의 취소

사기 · 강박으로 인한 이혼으로 협의이혼의 성립과정에 하자가 있는 경우에는 이혼을 취소할 수 있다. 사기 · 강박으로 인하여 이혼의 의사표시를 한 자는 사기를 안 날 또는 강박을 면한 날로부터 3월 이내에 이혼의 취소를 청구할 수 있다(838조, 가소 2조 1항 나류사건 3호). 이 때에도 우선 가정법원에 조정을 신청하여야 하며(가소 2조 1항 나류 3호 · 50조), 조정이 성립되지 않으면 조정 신청시에 소를 제기한 것으로 본다(가소 49조 · 民.調 36조).

라. 사실상의 이혼

사실상의 이혼이란 혼인신고를 한 부부가 이혼의 합의를 하고 별거하여 양자 사이에 부부공동생활의 실체가 전연 존재하지 않으면서 이혼신고를 하지 않고 있는 상태를 말한다. 민법은 협의이혼을 하나의 요식행위로 하고 있기 때문에 협의이혼의 신고가 없는 한, 협의이혼 자체가 법률상 존재하지 않으며, 따라서 아무리 오랫동안 별거하여 혼인의 사실이 전혀 없어지더라도, 또 아무리 굳은 약속을 하더라도 이혼신고를 하지 않으면, 법률상 혼인이 유효하게 계속하고 있는 것으로 된다.

1) 재판상 이혼

가. 의 의

재판상의 이혼이란 법률상 정하여진 이혼원인에 입각하여 부부의 일방이 청구하는 이혼이다. 이때에도 우선 조정이 선행된다.

나. 이혼 원인

① 배우자의 부정한 행위(840조 1호)

여기에서의 부정은 간통을 포함하는 넓은 의미로서 간통에까지 이르지 않으나 부부의 정조의무에 충실하지 않은 일체의 행위가 포함된다.[60] 부정한 행위는 이를 안날로부터 6월, 그 사유 있은 날로부터 2년을 경과한 때에는 이혼을 청구하지 못한다(841조).

② 배우자의 악의의 유기(840조 2호)

정당한 이유 없이 동거 · 부양 · 협조의 의무(826조1항)를 포기하는 것을 말하며, 이 때 '악의'란 단순히 어떤 사실을 알고 있다는 것보다는 좀더 적극적인 의미로서 사회적으로 비난받을 만한 윤리적 요소를 포함한다. 또 '유기'란 상대방을 내 쫓거나 또는 두고 나가 버리든가, 상대방으로 하여금 나가지 않을 수 없게 만든 다음 돌아오지 못하게 함으로써 계속해서 동거에 응하지 않는 경우 같은 것이 포함된다.

③ 배우자 또는 그 직계존속에 의한 甚히 부당한 대우(9840조 3호)

'부당한 대우'란 신체 · 정신에 대한 학대 또는 명예에 대한 모욕을 의미하며,[61] '심히'란 배우자의 일방이 부부의 동거생활의 계속에 대하여 고통을 느낄 정도를 말한다.[62] 이 같은 '심히 부당한 대우'의 판단 기준은 사회의 통념과 당사자의 신분지위를 참작하여 각 경우에 구체적으로 판단하여야 한다.

④ 자기의 직계존속에 대한 배우자의 심히 부당한 대우

배우자의 직계존속과 생활을 공동으로 하느냐 등을 고려하는 것과 심히 부당한 대우로써 이혼원인으로 할 수 있는 정도에 대해서는 앞의 ③과 같다.[63]

⑤ 배우자의 3년 이상의 생사불명(840조 5호)

생사불명이란 생존도 사망도 증명할 수 없는 경우로써, 이는 3년 이상의 생사불명인 것과 현재도 생사불명일 것을 필요로 한다.

⑥ 기타 혼인을 계속하기 어려운 중대한 사실(840조 6호)

이는 상대적 이혼원인이며, 무엇이 이에 해당하는가는 구체적인 경우에 법원이 판단하게 된다. 기타 혼인을 계속하기 어려운 중대한 사유는 다른 일방이 이를 안

---

60) 대판 1992.11.10, 92 므 68.

61) 대판 1971.7.6, 71므 17.

62) 배우자로부터 심히 부당한 대우를 받았을 때라 함은 혼인관계의 지속을 강요하는 것이 참으로 가혹하다고 여겨질 정도의 폭행이나 학대 또는 모욕을 받았을 경우를 말하고 가정불화의 와중에 서로 격한 감정에서 오고간 몇 차례의 폭행 및 모역적인 언사는 그것이 비교적 경미한 것이라면, 이는 민법 제840조 제3호 소장의 심히 부당한 대우를 받았을 때에 해당되지 않는다고 판시하였다(대판 1986. 6. 24, 85 므 6).

63) 심히 부당한 대우가 되는 예로써, 夫가 폭행사실이 없음에도 妻의 친보를 상대하여 폭행죄로 경찰서에 처벌을 요구하는 고소장을 제출한 사실(대판 1958.10.16, 4290 민상 828), 피고가 원고 친생모의 뺨을 때리고 발로 찻다는 사실(대판 1947. 5. 6, 4280 민상 37)등이 있다.

날로부터 6월, 그 사유가 있은 날로부터 2년을 경과하면 이혼청구권이 소멸한다(824조).

2) 재판상 이혼의 절차

가. 조정에 의한 이혼

이혼을 하려고 하는 자는 배우자의 생사가 분명하지 않을 때(840조 5호)와 같이 공시송달에 의하지 아니하고는 당사자의 일방 또는 쌍방을 소환할 수 없는 경우나, 조정을 회부하더라도 조정이 성립될 수 없다고 인정되는 경우를 제외하고는 가정법원은 그 사건을 조정에 회부하여야 한다(가소 50조 2항).

나. 재판에 의한 이혼

당사자 사이에 이혼의 협의가 이루어지지 않거나 법원의 결정에 의해서 조정이 성립하지 않는 경우에 당사자는 조서정본이 송달된 날로부터 2주일 이내에 이의신청을 할 수 있으며, 이러한 이의신청은 조서정본의 송달 전에도 할 수 있다(民調 34조 1항). 이의 신청이 있으면 조정신청을 한 때에 소가 제기된 것으로 본다(民調 36조).

(2) 이혼의 효과

1) 신분상의 효과

부부라는 배우자관계가 소멸함으로 부부사이의 정조의무, 동거 · 부양 · 협조의 권리의무가 소멸하고, 배우자의 혈족 및 배우자의 혈족의 배우자간의 인척관계도 소멸되고, 재혼이 가능하게 된다. 처는 원칙적으로 친가에 복적(復籍)하거나 一家를 창립한다(787조1항). 단 이혼으로 인척관계가 소멸해도 배우자의 8촌 이내의 혈족이었던 자 또는 그 배우자와의 혼인은 금지된다(809조 2항).

2) 子에 대한 효과

부부 사이에 출생한 子는 부부가 이혼을 하더라도 혼인중의 출생자로서의 지위를 잃지 않는다. 그러나 子가 미성년자인 경우에는 양육권을 공동으로 행사하기 어렵게 되므로 양육권자를 결정할 필요가 있다.

가. 子의 친권자 결정

부모가 이혼한 경우에는 부모의 협의로 친권을 행사할 자를 정하고 협의를 할 수 없거나 협의가 이루어지지 않는 경우에는 당사자의 청구에 의하여 가정법원이 이를 결정한다. 또 친권자를 변경할 필요가 있는 경우에도 같다(909조 4항). 이 때에는 자의 복지가 우선적으로 고려되어야 하며(가소 58조 2항), 子가 15세 이상인 때에는 심판에 앞서 子의 의견을 들어야 한다(家訴規 100조).

나. 子의 양육자 결정

이혼하는 부부는 그 자의 양육에 관한 사항을 협의에 의하여 정하고(837조 1항), 협의가 되지 않거나 협의할 수 없을 때에는 가정법원이 당사자의 청구에 의하여 그 자의 연령, 부모의 재산상황 기타 사정을 참작하여 양육에 필요한 사항을 정한다(837조 2항 전단).

양육에 관한 사항이 결정된 후라도 자의 이익을 위하여 필요한 경우에는 가정법원은 당사자의 청구에 의하여 언제든지 양육에 관한 사항을 변경하거나 또는 다른 적당한 처분을 할 수 있다(837조 2항 후단). 이 때에도 미성년자의 복지가 우선적으로 고려되어야 하며(가소 58조 2항), 자가 15세 이상인 경우에는 양육에 관한 처분과 변경의 심판에 앞서 그 자의 의견을 들어야 한다(家訴規 99조 1항 · 100조).

양육비의 부담에 관하여 특별한 정함이 없는 경우에는 양육자는 양육자가 아닌 부모에 대하여 양육비를 청구할 수 있다.

다. 면접교섭권

면접교섭권이란 친권이나 양육권을 가지고 있지 않은 부모가 그 자와 직접 만나거나 전화 · 편지 등을 통하여 교섭하는 권리를 말하며 방문권이라고도 한다. 민법은 "子를 직접 양육하지 않는 부모 중 일방은 면접교섭권을 가진다"(837조의 2제1항)고 하고, "가정법원은 자의 복리를 위하여 필요한 때에는 당사자의 청구에 의하여 면접교섭을 제한하거나 배제할 수 있다"(837조의 2 제2항)고 규정하고 있다.

라. 子의 신분관계

부모가 이혼을 하더라도 子는 부와 모의 혼인중의 자의 신분을 잃지 않으며, 또 부계 · 모계혈족과의 친족관계도 종전대로 유지된다. 또 부양청구권 등에도 변함이 없으며, 부모의 이혼 후에 출생하더라도 혼인 중에 모가 포태한 경우에는 그 부모의 혼인중의 출생자가 되고(844조 1항), 또 모가 이혼 후 300일 이내에 출생하게 되면 혼인 중 포태한 것으로 된다.

(3) 재산상의 효과

가. 손해배상청구권

재판상 이혼을 하는 경우에 당사자의 일방은 과실있는 상대방에 대하여 재산상의 손해와 정신상의 고통에 대한 손해배상을 청구할 수 있다(843조 · 806조 1항, 2항). 이 때 정신적 고통에 대한 손해배상청구권은 원칙적으로 양도 또는 승계할 수 없다. 그러나 당사자 사이에 이미 배상에 관한 계약이 성립되었거나 또는 소를 제기한 후에는 양도 또는 승계가 가능하다(843조 · 806조 3항).

나. 재산분할 청구권

① 의 의

재산분할이란 이혼한 후에 배우자 사이에 있었던 혼인중의 재산관계를 청산 · 정리하는 것으로, 재산분할청구권이란 이혼으로 배우자의 일방이 다른 일방에 대하여 부부공동생활 중에 축적된 재산에 대하여 분할을 청구할 수 있는 권리(839조의 2)를 말한다.

② 재산분할의 대상

재산분할청구권의 대상이 되는 것은 당사자 쌍방의 협력으로 이룩한 재산이다. 또 일방 특유재산은 원칙적으로 분할의 대상이 되지 않지만, 다른 일방이 특유재산의 유지에 적극적으로 기여하여 그 감소를 방지한 경우에는 이것도 분할의 대상이 될 수 있다. 즉 일방이 이혼시에 이미 수령한 퇴직금은 물론 이혼시에 아직 수령하지 않은 퇴직금도 분할대상이 되며, 부부일방이 혼인 중에 장차 고액의 수입을 얻을 수 있는 의사, 변호사 등의 전문직 자격을 취득한 경우에는 이로 인한 장래의 수입도 분할대상이 된다. 그러나 혼인중에 받은 생명보험금, 손해보험금, 개인적인 손해배상, 근로자 산업재해보상 등은 여러 가지 사항을 고려하여 결정할 사항이다. 또 부부의 공동생활비용은 다른 특별한 약정이 없으면 부부가 공동으로 부담하여야 하는데(833조), 이혼에 이르기까지 일방이 그 비용을 부담하지 않을 경우에는 미지급된 생활비용부담금을 기타 사정으로 참작할 수 있으며, 당사자 일방이 혼인중 제3자에 대하여 부담한 채무는 원칙적으로 그 개인의 채무이므로 분할의 대상이 되지 않으나, 주택융자금이나 혼인생활비로 쓰기 위한 차용금과 같이 공동재산의 형성에 수반하여 부담한 채무는 개인의 명의로 되어 있더라도 분할의 대상이 된다.

제 3 장

부모와 자의 법률관계

I. 개 설

민법상 친자관계의 규정은 어떠한 사람 사이에 친자관계가 존재하는가에 관한 것으로 민법상 친자관계에는 자연의 혈연관계에 있는 친생친자관계와 법률상 친자관계가 의제되는 법정친자관계(양친자)가 있다. 친자관계는 사람들 사이에 어떤 법률적 효과가 생기는가를 중심으로, 친생자관계는 다시 혼인중의 출생자와 부모, 혼인외의 출생자와 부모와의 관계로 나누어진다.

민법상 친자관계를 결정하여야 하는 중요한 이유는 친권 · 부양 · 상속 등에서 나타난다.

II. 친자관계

1. 친생자

친생자는 혼인관계가 있는 부모로부터 낳은 경우(혼인중의 출생자)와 혼인관계가 없는 부모로부터 낳은 경우(혼인외의 출생자)에 따라 그 취급이 달라진다.

(1) 혼인 중의 출생자

혼인 중의 출생자란 혼인관계에 있는 남녀간의 출생자이다. 혼인 중의 출생자에는 생래적 혼인 중의 출생자와 준정에 의한 혼인 중의 출생자가 있고, 생래의 혼인중의 출생자에는 친생자 추정을 받는 혼인중의 출생자와 친생자 추정을 받지 않는 혼인중의 출생자가 있다. 혼인중의 출생자이기 위해서는 모가 혼인성립 후 출생한 자이어야 하고, 이 때에는 혼인해소 후에 출생하여도 상관없다. 또 夫와의 성적교섭에 의하여 포태한 자이어야 하며, 이 경우 포태가 혼인성립 전이라도 상관없다.

(2) 친생자의 추정을 받는 혼인중의 출생자

1) 친생자추정을 받기 위한 요건

子가 夫의 친생자 추정을 받기 위해서는 i) 母가 妻이어야 하며, ii) 혼인 중에 포태한 자여야 한다.

2) 친생자추정의 효과

친생자의 추정을 받아 취득한 혼인중의 출생자의 지위는 절대적인 것으로, 이에 대하여 다투는 경우에는 다투는 측에서 혼인중의 출생자가 아니라는 반증을 들어야 한다. 이것을 다투기 위해서는 친생자관계부존재확인의 소에 의할 수밖에 없으며(865조), 요건이 엄격한 친생부인의 소에 의하지 않으면 안된다(846조).

3) 사실혼에의 유추

사실혼관계에 의하여 출생한 子는 혼인중의 출생자가 아니므로, 친생자로 추정할 수 없지만, 그 자의 인지청구에 있어서는 위의 추정의 취지가 유추된다.

(3) 친생자의 추정을 받지 않는 혼인중의 출생자

혼인이 성립한 날로부터 200일이 되기 전에 출생한 夫의 子는 친생자의 추정을 받지 않는다. 그러나 신고 전에 사실혼관계가 선행하여, 출생이 사실혼성립의 날로부터 200일 후인 경우에는 친생자의 추정을 받는다.

(4) 친생자의 추정에 미치지 않는 子

夫의 子를 포태할 수 없는 것이 객관적으로 명백한 별거상태에서 포태된 子는 夫의 친생자로서의 추정을 받지 못한다. 즉 포태기간 중에 부가 실종선고를 받아서 실종중으로 되어 있을 때, 夫가 재감중이거나 외국체류중일 때, 사실상의 이혼이 성립되어 있을 경우 등에는 추정이 미치지 않으나, 夫의 생식불능 · 혈액형의 배치 등의 경우에는 추정된다.

(5) 父를 정하는 訴

여자가 재혼하려면 혼인관계의 종료의 날로부터 6개월을 경과한 후가 아니면 안 된다(811조). 그러나 이를 위반하여 재혼을 하였을 경우에는 前夫의 子로 및 後夫의 子로 추정되게 됨으로서 어느 쪽을 부로 정할 것인가 하는 문제가 발생한다. 민법은 이같은 문제를 가정법원이 이를 결정하도록 하고 있다(845조). 이 경우에도 우선 조정을 신청하여야 하며(가소 2조 1항 나류 사건 5호 · 50조), 조정이 성립되지 않으면 판결로서 한다(가소49조, 민조36조).

(6) 친생부인(親生否認)의 訴

친생자의 추정을 받는 혼인중의 출생자는 친생부인의 소에 의하지 않으면 친생자임을 부인할 수 없다. 친생부인을 하기 위해서는 우선 가정법원에 조정을 신청하고(가소 2조 1항 나류 사건 6호 · 50조), 조정이 성립되지 않으면 판결에 의한다(가소 49조, 민조36조).

이 訴는 원칙적으로 夫만이 제기할 수 있고(846조), 예외로 부가 금치산일 경우에는 그 후견인이 친족회의의 동의를 얻어 부인의 소를 제기할 수 있으며(848조1항), 후견인이 부인의 소를 제기하지 않은 때에는, 금치산자인 夫가 금치산선고의 취소가 있은 뒤에 부인의 소를 제기할 수 있다(848조2항). 또 夫가 유언으로 부인의 의사를 표시한 때에는 유언집행자는 부인의 소를 제기하여야 하고(850조), 夫가 子의 출생전 또는 출생을 안 날로부터 1년 내에 사망한 경우에는, 夫의 직계존속이나 직계비속에 한하여 부인의 소를 제기할 수 있다(851조).

2. 인지(認知)

(1) 의 의

인지란 혼인외에 출생한 자를 그 생부 또는 생모가 자기의 子라고 인정하는 행위이다. 혼인외의 출생자와 그 父의 법률상의 부자관계는 오로지 認知만에 의하여 생긴다.

(2) 인지의 종류

1) 임의인지

임의인지란 父 또는 母가 임의로 하는 인지를 임의인지라 한다. 인지는 父 또는 母만이 할 수 있으며(865조 1항 전단), 인지는 사실의 승인이므로 의사능력을 필요로 한다. 다만 금치산자는 후견인의 동의를 얻어야 한다(856조).

인지는 호적법에 정한 바에 의하여 신고함으로써 그 효력이 생기며(859조 1항), 인지는 유언으로도 할 수 있다(859조 2항). 그러나 父가 혼인전에 출생한 혼인외의 출생자에 대하여 친생자출생의 신고를 한 때에는 그 신고는 인지신고의 효력이 있으며, 혼인 후에는 이로 인하여 준정이 되어 혼인중의 출생자가 된다(호 62조). 또 父가 첩과의 사이의 子를 처와의 사이의 혼인중의 출생자로 신고한 경우에는 혼인중의 출생자는 되지 않지만, 인지의 효력은 있다. 더 나아가 부모의 혼인이 근친혼 등의 이유로 무효가 되면 출생자는 혼인외의 출생자가 되지만(855조 1항 후단), 생부에 의한 친생자 출생신고가 있었을 때에는 인지의 효력이 있다.

2) 강제인지

父 또는 母가 임의로 인지를 하지 않을 때에는 재판으로 인지를 강제할 수 있다(863조). 인지청구권의 포기를 인정할 것인가의 여부는 일반적으로 신분상의 권리포기는 인정되지 않는 것이고, 또 이것을 인정한다면 실제적으로 혼인외의 출생자의 불이익 등을 고려한다면 이를 인정하지 않는 것이 좋을 것이다.

(3) 인지청구

인지청구를 위하여 우선 가정법원에 조정을 신청하여야 하며(가소 2조 1항 나류 사건 9호 · 50조), 조정이 성립되면 재판상 화해와 동일한 효력이 발생하므로(가소 59조 2항 본문), 1월 이내에 조정을 신청한 자가 조정조서를 첨부하여 인지신고를 하여야 한다(호 63조).

재판의 경우, 소를 제기할 수 있는 자는 혼인외의 출생자, 그 직계비속, 자 또는 그 직계비속의 법정대리인이다(863조). 인지청구의 소는 부의 생존 중에는 출생 후 몇 년 후에도 인지청구의 소를 제기할 수 있으며, 그러나 부 또는 모가 사망하여 상대방이 없을 때에는, 그 사망을 안 날로부터 1년 내에 한하여 검사를 상대로 인지청구의 제기할 수 있다(864조).

(4) 부자관계의 증명

인지소송에 있어서 부자관계의 확인에 관해서는 혼인중의 출생자의 경우와 같은 추정규정이 없으므로, 법원은 직권조사에 의하여 자유로운 심증에 기초하여 판단하게 된다. 그러나 모의 포태시기에 父가 모와의 성적교섭이 있은 사실이 증명된다면 父性이 추정되며, 다만 혈액형이나 지문 · 장문 등의 인류학적 고찰에 의하여 부자관계의 존재가 완전히 부정되었을 때에는 이 추정은 깨어진다.

(5) 인지의 효과

인지신고에 의하여 父와 혼인외의 출생자 사이의 법률상의 친자관계가 출생시에 소급하여 발생한다(860조). 그러나 인지의 소급효는 제3자가 이미 취득한 권리를 해하지 못한다(860조 단서). 인지된 혼인외의 출생자는 원칙적으로 출생시부터 父의 家에 입적한 것이 된다(781조 1항 · 782조 2항). 그러나 혼인외의 출생자에게 배우자나 직계비속이 있을 때에는 父의 가에 입적하지 않고 신호적으로 편제한다.

생부의 인지를 받기 전에는 생모의 친권에 복종하게 되지만(909조1항), 생부의 인지를 받게 되면 부모의 협의로 친권을 행사할 자를 정하고 협의를 할 수 없거나 협의가 이루어지지 않을 경우에는 당사자의 청구에 의하여 가정법원이 이를 결정한다(909조4항). 또 상속개시 후 인지에 의하여 상속인이 된 자가 상속재산의 분할을 청구할 수 있는데, 이 경우 다른 공동상속인이 이미 분할 기타 처분을 한 때에는, 그 상속분에 상당한 가액의 지급을 청구할 수 있는 권리를 인정하고 있다(1014조).

(6) 인지의 무효와 취소

1) 인지의 무효

의사능력을 결여한 경우 및 인지자의 의사에 의하지 않고 인지신고가 된 경우, 사실에 반하는 경우에는 무효가 된다. 이 무효는 당연 무효로서 당사자 및 그 법정대리인 또는 4촌 이내의 친족은 선결문제로서 다른 소송에서 무효를 주장할 수 있고, 또한 무효확인의 소를 제기할 수도 있으며 그것에 의하여 무효가 확인되면 모든 사람에 대하여 무효의 효과가 생긴다.

2) 인지의 취소

인지를 한 자는 일단 인지한 이상 그 인지를 취소할 수 없으나, 사기 · 강박 또는 중대한 착오로 인하여 인지한 경우에는 취소할 수 있다(861조). 인지를 취소하려면 가정법원에 우선 조정을 신청하여야 하며, 조정이 성립되지 않으면 판결로서 한다.

3. 준정(準正)

(1) 의 의

준정이란 혼인외의 출생자가 부모의 혼인에 의하여 혼인중의 출생자가 되는 것을 준정이라 한다. 민법은 "혼인외의 출생자는 그 부모가 혼인한 때로부터 혼인중의 출생자로 본다"(855조)고 하여 혼인에 의한 준정을 규정하고 있다.

(2) 효 력

준정에 의하여 혼인외의 출생자는 혼인중의 출생자가 된다.

4. 친생자관계존부확인의 소

(1) 의 의

친생자관계존부확인의 소는 특정인 사이의 친생자관계의 존부를 주장하는 소이다(865조). 즉 자신이 허위의 출생신고를 한 경우, 혼인 성립의 날로부터 200일 전에 출생한 자, 형식상 친생자의 추정을 받으나 포태기간에 부부가 사실상 동거하지 않은 경우, 호적에 기재되어 있지만, 다른 부부와의 사이에 친생자관계가 존재하는 경우 등에는 친생자관계존부확인의 소를 제기할 수 있다. 그러나 친생자관계는 혼인외의 출생자와 그 부와의 부자관계를 제외하면 자연적으로 혈연으로 정해지므로, 호적의 기재여하에 불구하고 친생자관계의 존부를 주장할 수 있다.

(2) 소의 제기

친생자관계존부확인의 소는 부를 정하는 소(845조), 친생부인의 소(846조 · 848조 · 850조 · 851조), 인지에 대한 이의의 소(862조) 및 인지청구의 소(863조)의 목적과 저촉되지 않는 '다른 사유'를 원인으로 하여 호적상의 기재를 정정함으로써 신분관계를 명백히 할 수 있는 경우 등에 제기할 필요가 있다(865조).

(3) 당사자적격

친생자관계존부확인의 소를 제기할 수 있는 자는 부를 정하는 소(845조), 친생부인의 소(846조 · 848조 · 850조 · 851조), 인지에 대한 이의의 소(862조)와 인지청구권의 소(863조)의 규정에 의하여 소를 제기할 수 있는 자이므로(865조1항), 夫 · 夫의 후견인 · 夫의 유언집행자 · 夫의 직계존속 · 夫의 직계비속 · 母 · 子 · 자의 법정대리인 · 자의 직계비속 및 기타의 이해관계인이다.

III. 양자(養子)

1. 양자 제도의 의의

양자제도는 자연혈연적인 친생자관계가 없는 사람들 사이에서, 당사자들이 친자관계를 설정하려는 합의와 신고를 통하여 법률상 친자관계를 의제(擬制)하는 제도이다. 즉 양자제도의 근본 목적은 양부모와 양자 사이에 법률상 혼인중의 출생자와 마찬가지의 친자관계를 설정하는 것이다.

2. 양친자관계의 창설[入養]

양친자관계의 창설은 양친이 될 자와 양자가 될 자와의 입양 성립으로 양친자관계가 생기게 되는데, 이 때 실질적 요건과 형식적 요건이 구비되어야 한다.

(1) 실질적 요건

1) 당사자 사이의 입양의 합의(883조1호)

입양의사는 진실의 친자관계를 만들려는 의사를 말하며, 따라서 단순히 어떠한 방편을 위해서 하는 입양은 입양의사를 결여한 것이므로 무효이다.[17] 입양의사는 자유롭게 결정되어야 하며, 그 성질상 조건부 또는 기한부는 안 된다. 즉 입양의사는 입양당사자 자신의 독립의사에 의한 것이 원칙이다. 그러나 금치산자는 후견인의 동의를 얻어 입양당사자가 될 수 있으며(873조), 양자가 될 자가 15세 미만인 경우는 법정대리인의 대락에 의해서만 입양이 성립될 수 있다(869조).

2) 양친은 성년자일 것(866조)

양친은 기혼자일 필요는 없으며, 성년자이면 남녀, 기혼 · 미혼, 有子 · 無子를 불문하고 누구든지 양친이 될 수 있다.

3) 양자가 될 자는 부모의 동의를 얻을 것(870조1항)

양자가 될 자는 연령을 가리지 않고 부모의 동의를 얻어야 한다. 부모가 모두 사망하거나 기타의 사유로 동의할 수 없는 경우에는 다른 직계존속의 동의를 얻어야 한다(870조1항). 이 경우 직계존속이 수인인 때에는 최근 존속을 선순위로 하고, 동순위자가 수인인 때에는 연장자를 선순위로 한다(870조2항).

---

17) 대판 1995.9.29, 94 므 1553 · 94 므 1560.

4) 양자가 될 자가 성년에 달하지 못한 경우에, 부모 또는 다른 직계존속이 없으면 후견인의 동의를 얻을 것(871조)

이 경우의 미성년자는 15세 미만인 자를 말하며, 후견인이 동의를 할 경우에는 가정법원의 허가를 얻어야 한다.

5) 후견인이 피후견인을 양자로 하는 경우에는 가정법원의 허가를 얻을 것(872조, 가소 2조 1항 라류사건 7호)

후견인이 피후견인을 양자로 함으로써 재산관리에 관한 후견감독을 면하는 것을 방지하기 위하여, 후견인의 임무가 종료한 후라도 아직 후견의 관리계산을 끝내지 않았을 때에는 가정법원의 허가가 필요하다.

6) 배우자 있는 자는 공동으로 양자를 하여야 하며, 양자가 될 때에는 다른 일방의 동의를 얻을 것(874조)

배우자 있는 자가 양자를 함에 있어서는 배우자와 공동으로 하여야 하는데(874조 1항) 이를 부부공동입양이라 한다. 이 때 양자로 되는 자가 부부인 경우에는 공동으로 할 필요는 없고 다른 일방 배우자의 동의를 얻으면 된다(874조 2항).

7) 양자는 양친의 존속 또는 연장자가 아닐 것(877조 1항)

입양당사자가 부부인 경우에는 부부쌍방에 대하여 이 요건이 충족되어야 한다.

(2) 형식적 요건

1) 신 고

입양은 혼인의 경우와 마찬가지로 호적법에 정한 바에 의하여 당사자 쌍방과 성년자인 증인 2인이 연서한 서면으로 신고함으로써 효력이 생긴다(878조, 호 66조).

2) 허위출생신고에 의한 입양의 성부

이에 대하여 판례는 처음에는 입양의 효력발생을 인정하였다가 이를 부정하였으며, 그 후 전원합의체판결은 당사자간에 양친자관계를 성립시키려는 의사가 있고

기타 입양의 실질적 요건을 구비한 경우에는 입양의 효력을 인정하였다.[18)]

3. 입양의 무효와 취소

(1) 입양의 무효

입양은 다음과 같은 경우에 무효로 한다.

① 당사자간에 입양의 합의가 없는 때(883조 1호)

② 15세 미만인 자가 양자가 될 때에 대락권자의 승낙을 받지 않은 때와 양자가 양친의 존속이거나 연장자일 때(883조 2호)

입양무효의 성질은 혼인의 무효와 마찬가지로 당연무효로서, 당사자와 제3자는 판결이 없더라도 다른 소에서 그 입양이 무효라고 주장하여 그것을 그 소에 있어서의 주장의 한 근거로 할 수 있음과 동시에, 일정한 자는 입양무효확인의 소를 제기할 수 있으며(가소 2조 1항 가류사건 5호), 이에 기초한 판결의 효력은 제3자에게도 미친다(가소 21조).

(2) 입양의 취소

입양취소는 혼인의 취소와 마찬가지로 법정의 취소원인이 있는 경우에 특정의 취소청구권자가 가정법원에 우선 조정을 신청하여야 한다(884조, 가소 2조1항 나류사건 10호 · 50조). 취소의 방법은 혼인의 취소와 같다. 취소사유는 다음과 같다.

① 입양요건을 결여한 경우로써, 미성년자가 양자를 하였을 때(884조 1호 · 866조), 양자가 될 자가 부모 또는 기타 직계존속의 동의를 얻지 않았을 때 또는 동의권자의 순위에 위반하였을 때(884조 1호 · 870조), 미성년자를 양자로 할 때에 부모 또는 직계존속이 없는 경우 후견인의 동의를 얻지 않았을 때(884조 1호 · 871조), 후견인이 피후견인을 가정법원의 허가를 얻지 않고 양자로 하였을 때(884조 1호 · 872조), 금치산자가 후견인의 동의없이 양자를 하였거나 양자가 되었을 때(884조 1호 · 874조)에는 입양요건을 결여한 경우로서 취소할 수 있다.

② 입양당시에 양친자의 일방에게 악질 기타 중대한 사유가 있음을 알지 못한 때에는 취소할 수 있다(884조 2호).

18) 대판 2000.6.9, 므 1633 · 1640, 판례공보 2000.8.1, 1654.

③ 입양이 사기 또는 강박으로 인하여 된 때에는 혼인의 경우와 마찬가지로 취소할 수 있다(884조 3호). 취소권자는 사기 또는 강박으로 인하여 입양을 한 자이나, 사기를 안 날 또는 강박을 면한 날로부터 3월을 경과한 때에는 취소청구권은 소멸한다(987조에 의한 823조의 준용).

④ 재판이 확정되면 소를 제기한 자는 판결의 확정일로부터 1월 이내에 판결의 등본 및 확정증명서를 첨부하여 그 취지를 신고하여야 한다(호 71조에 의한 63조의 준용).

(3) 입양의 무효와 취소의 효과

입양취소의 효력은 입양성립일에 소급하지 않으며(897조에 의한 824조의 준용), 입양으로 인하여 발생한 친족관계는 무효나 취소로 인하여 소멸한다(776조). 양자는 원칙적으로 입양의 무효나 취소로 인하여 그 생가에 복적하고(786조 1항), 생가가 폐가 또는 무후된 때에는 생가를 부흥하거나 일가를 창립할 수 있다(동조 2항).

입양이 무효 또는 취소가 된 경우에 당사자 일방은 과실있는 상대방에 대하여 이로 인한 손해배상청구를 할 수 있으며 그 범위는 재산상의 손해이외에 정신상의 고통도 포함되며, 정신상의 고통에 대한 배상청구권은 양도 또는 승계할 수 없다. 이 때에도 우선 가정법원에 조정을 신청하여야 한다(가소 2조 1항 다류 사건 3호 · 50조).

4. 입양의 효과

입양으로 다음과 같은 효과가 생긴다.

① 양자와 양부모 및 그 혈족 · 인척 사이의 친계와 촌수는 입양한 때로부터 혼인중의 출생자와 동일한 것으로 보며(772조 1항), 양자의 배우자, 직계비속과 그 배우자는 양자의 친계를 기준으로 하여 촌수를 정하게 된다(772조 2항).

② 양자는 원칙적으로 양가에 입적한다(783조). 그러나 배우자나 직계비속이 있을 때에는 신호적을 편제한다(호 19조의2).

③ 양자는 친생부모의 친권을 벗어나서 양부모의 친권에 복종하게 된다(909조 후단).

④ 양자와 양부모 사이에는 서로 부양관계, 상속관계가 생긴다.

⑤ 양자와 양부모의 혈족 사이에도 서로 부양관계, 상속관계가 생긴다.

⑥ 입양은 양자의 종래의 친족관계에는 영향을 미치지 않는다. 즉 친생부모와 친자관계는 변경되지 않는다.

IV. 파 양

양친자관계는 파양에 의해서만 해소된다. 입양은 단지 당사자 관계만이 아니고 양자와 양친 및 양친을 통하여 그 혈족 사이에 친족관계가 생기므로, 이 같은 관계는 입양당사자의 사망만으로는 해소되지 않는다.

1. 협의상 파양

1) 실질적 요건

당사자 사이에 파양의사의 합치가 있어야 하며, 따라서 금치산자는 후견인의 동의를 얻어야 한다. 양자가 15세 미만인 경우에는 입양을 대락한 자가 이에 갈음하여 파양의 협의를 하여야 한다(899조 본문). 양자가 미성년자인 경우에는 입양할 때의 동의권자의 동의를 얻어야 한다(900조).

2) 형식적 요건

협의상 파양이 유효하게 성립하기 위해서는, 호적법에 정한 바에 의하여 신고함으로써 그 효력이 생긴다(904조에 의한 878조의 준용). 신고는 서면 또는 구술로 할 수 있으며(호27조), 신고서에는 당사자 쌍방과 증인 2인의 연서를 필요로 한다(904조에 의한 878조의 준용).

3) 협의상 파양의 무효와 취소

의사무능력자의 파양행위, 가장파양, 당사자가 모르는 사이에 제3자가 한 파양, 조건부 파양, 대락권이 없는 자가 협의한 파양, 신고가 수리되기 전에 파양의사를 철회한 경우 그 파양은 무효이다. 사기 또는 강박으로 인한 파양은 사기 또는 강박당한 자가 그 파양의 취소를 청구할 수 있으며, 그 취소권은 사기를 안 날 또는 강박을 면한 날로부터 3월 이내에 행사하지 않으면 안 된다(904조에 의한 823조의 준용).

2. 재판상 파양

1) 의 의

재판상 파양은 법률에 정하여진 파양원인에 의하여 재판상 청구하는 파양이다. 파양원인은 민법의 이혼원인과 같이 상대적 또는 추상적 파양원인을 택하고 있다. 따라서 이혼의 경우와 같이 우선 조정이 선행하여야 하고,(가소 2조 1항 나류 사건 12호 · 50조) 조정이 성립하면 파양의 효력이 생긴다.

2) 파양원인

가족의 명예를 오독하거나 재산을 경도한 중대한 과실이 있을 때(905조 1호), 다른 일방 또는 직계존속으로부터 심히 부당한 대우를 받았을 때(905조 2호), 자기의 직계존속이 다른 일방으로부터 심히 부당한 대우를 받았을 때(905조 3호), 양자의 생사가 3년 이상 분명하지 않은 때(905조 4호), 기타 양친자관계를 계속하기 어려운 중대한 사유가 있을 때(905조 5호)에는 파양의 원인이 된다.

3) 파양의 효과

파양에 의하여 입양으로 인한 친족관계는 소멸한다(776조). 따라서 양자는 원칙적으로 생가에 복적한다. 그러나 그 생가가 폐가 또는 무후된 때에는 생가를 부흥하거나 일가를 창립하고(786조), 배우자나 직계비속이 있는 자는 생가에 복적하지 않고 일가를 창립한다(호 19조의 2). 다만 생가의 호주승계를 하여야 할 지위에 있는 자는 호주승계인의 법정분가금지규정(789조)에 의하여 생가에 복적한다.

양자의 신분에서 생겼던 양친과의 사이의 법률효과, 즉 부양관계 · 상속관계 · 친권관계 등은 소멸한다. 양자가 미성년자이면 친생부모의 친권이 부활한다.

V. 친권(親權)

1. 친권의 의의

친권은 부모가 미성년 자녀를 보호 · 교양할 권리 · 의무를 말하며(913조), 상속, 부양 등과 더불어 친자관계에서 중요한 효과의 하나이다.

2. 친권관계의 당사자

(1) 친권자

1) 친권의 공동행사

미성년자에 대해서는 부모가 친권자가 되며(909조 1항 전단), 부모가 혼인중일 때에는 친권을 공동으로 행사하고(909조 2항 본문), 부모의 의견이 일치하지 않는 경우에는 당사자의 청구에 의하여 가정법원이 이를 정한다(909조 2항 단서). 그리고 부모의 일방이 친권을 행사할 수 없을 때에는 다른 일방이 이를 행사한다(909조 3항).

2) 혼인외의 출생자의 친권자

혼인외의 출생자가 인지되지 않은 경우에는 생모, 혼인외의 출생자가 인지된 경우에는 부와 생모의 협의로 친권을 행사할 자를 정하고, 협의를 할 수 없거나 협의가 이루어지지 않는 경우에는 당사자가 가정법원에 그 지정을 청구하여야 한다(909조4항, 가소 2조 1항 마류사건 5호).

혼인외의 출생자가 인지된 후 단독친권자로 결정된 자가 사망한 경우에는 원칙적으로 후견이 개시되며(928조), 미성년자 보호를 위하여 특별히 필요한 때에는 생존한 부모를 친권자로 변경할 수 있다(909조 4항 후단 준용).

3) 양자의 친권자

양자는 양부모의 친권에 복종하여야 한다(909조5항). 친생부모는 원칙적으로 친권을 행사할 수 없으며 양부모의 친권의 행사는 친부모의 경우와 동일하다.

양부와 친생모가 부부이거나 친생부와 양모가 부부인 경우에는 이들이 공동친권자가 되며, 그 후 이들이 이혼한 때에는 협의로 친권을 행사할 자를 정하고, 협의를 할 수 없거나 협의가 이루어 지지 않는 경우에는 당사자의 청구에 의하여 가정법원이 결정한다(909조 4항 전단).

4) 부모가 이혼하였을 때의 친권자

부모가 이혼한 때에는 부모의 협의로 친권을 행사할 자를 정하고, 협의를 할 수 없거나 협의가 이루어지지 않는 경우에는 당사자의 청구에 의하여 가정법원이 결정한다(909조 4항 전단). 재판상 이혼의 경우에는 가정법원이 미성년자인 자의 친권을 행사할 자에 관하여 부모에게 미리 협의하도록 권고하여야 한다(가소 25조).

혼인이 무효 · 취소된 경우의 친권자결정도 재판상 이혼의 경우와 동일하다(가소 25조).

5) 친권자의 변경

혼인외의 자의 인지, 이혼, 혼인의 무효 · 취소 등으로 부모 중 일방이 친권자로 정해져 있는 경우라 하더라도, 자의 이익과 복리를 위하여 필요하다고 인정할 때에는 부모의 협의로 친권자를 변경할 수 있으며, 협의를 할 수 없거나 협의가 이루어지지 않는 경우에는 가정법원이 당사자의 청구에 의하여 친권자를 다른 일방으로 변경할 수 있다.

6) 친권행사능력

친권의 내용은 미성년자의 법률행위의 대리 및 동의이므로, 미성년자의 정신능력을 보충하는 데 충분한 능력 즉 행위능력이 있어야 한다.

3. 친권의 효력

(1) 子의 신분에 관한 권리 · 의무

1) 보호 · 교양의 권리의무

친권자는 子를 보호하고 교양할 권리 · 의무가 있다(913조). 보호는 신체적 보호를 의미하고, 교양은 신체적 · 정신적 발달을 꾀하는 적극적 행위이다.

2) 거소지정

친권자는 미성년자인 子를 충분히 보호 · 양육하기 위하여 필요한 범위 내에서 자녀에 대하여 거소를 지정하여 그 장소에 거주시킬 수 있다(914조).

3) 징계권

친권자는 자의 보호 · 교양을 위하여 필요한 범위 내에서 징계권을 가진다. 징계는 친권자 자신이 할 수 있고, 친권자가 가정법원의 허가를 얻어 감화 또는 교정기관에 위탁할 수 있다(915조, 소년법 4조 1항 · 3항).

4) 영업허락

친권자는 법정대리인으로서 미성년자에게 특정한 영업을 허락할 수 있으며(8조 1항), 영업의 허락을 취소 또는 제한할 수 있다(8조2항).

5) 근로계약체결 동의권

친권자는 18세 미만의 미성년자의 근로계약을 대리하여 체결할 수 없으나(근로기준법 65조 1항), 근로계약체결에 대한 동의권이 있으며(근로기준법 64조, 민법 5조 1항), 동의를 얻지 않고 근로계약을 체결한 때에는 이를 취소할 수 있다(민5조 2항).

6) 子의 인도청구

타인이 의사능력이 없는 子를 부당하게 억류하고 있는 경우 내지 의사능력이 있는 子라도 타인이 그 의사에 반하여 부당하게 억류하고 있는 경우에는 자의 인도청구를 할 수 있다. 이러한 결정을 함에 있어서는 우선 자의 복리를 우선적으로 고려하여야 한다.

(2) 子의 재산에 대한 권리의무

1) 재산관리

친권자는 子가 자기명의로 취득한 특유재산을 관리하며(916조), 재산관리권을 행사함에는 '자기재산에 관한 행위와 동일한 주의' 로서 하여야 한다(922조).

2) 친권자의 재산수익권

'子의 재산으로부터 수취한 과실은 그 자의 양육 · 재산관리의 비용과 상계한 것으로 본다' (923조 2항 본문) 하여 자녀의 재산에 대한 친권자의 수익권을 인정하고 있다.

3) 子에 대한 대리권 · 동의권

친권자는 미성년인 자의 재산에 관한 법률행위에 대하여 그 자를 대리한다(920조 본문). 또 친권자의 대리행위가 子의 행위를 목적으로 하는 채무를 부담할 경우에는 子자신의 동의를 얻어야 한다(920조 단서). 그러나 미성년자인 子가 의사능력이 있으면 친권자의 동의를 얻어서 스스로가 재산행위를 할 수 있으며(5조~8조 · 140조 · 141조), 다만 권리만을 얻거나 의무만을 면하는 행위는 단독으로 할 수 있다(5조1항 단서). 동의없이 한 재산상의 행위는 취소할 수 있다(5조2항).

4) 친권대행

친권자 그 친권에 따르는 子에 갈음하여 그 子에 대한 권한을 대행한다(910조). 친권자 자신이 사망하면, 대행자의 권한도 소멸하여 자에 대하여 후견이 개시된다. 대리권 · 관리권의 사퇴도 대행자에 대해서는 허용되나(927조1항), 미성년친권자가 대리권 · 관리권을 사퇴하는 것은 허용되지 않는다.

5) 제3자에 의한 관리권의 배제

무상으로 子에게 재산을 수여한 제3자가 친권자의 관리에 반대하는 의사를 표시한 때에는 친권자는 그 재산을 관리하지 못하며(918조 1항), 제3자가 친권자의 관리에 반대하는 의사표시를 하면서 재산관리인을 지정하지 아니한 때에는 그 재산을 수여받은 子 또는 친족의 청구에 의하여 가정법원이 재산관리인을 선임한다(918조 2항).

가정법원이 선임한 재산관리인에 대해서는 부재자의 재산관리인에 관한 규정이 준용되며(918조 4항), 따라서 재산관리인은 관리할 재산목록을 작성하여야 하고(24조 1항), 담보를 제공하여야 하며(26조 1항), 상당한 보수를 지급받을 수 있다(26조 2항).

(3) 이해상반행위[19]에 대한 친권의 제한

친권자가 그 친권에 따르는 자녀와 이해가 상반되는 행위를 하거나, 또는 친권에 따르는 子와 그 친권에 따르는 다른 子와의 사이에 이해가 상반하는 경우에는 친권자가 가정법원에 특별대리인의 선임을 청구하도록 하여(921조), 친권자의 법정대리권을 제한하고, 가정법원이 선임한 특별대리인과 친권자가 법률행위를 하도록 하고 있다.

4. 친권의 소멸

(1) 친권의 소멸

친권의 소멸은 자연적 사실에 의한 소멸, 친권자의 의사에 의한 상실 및 의사에 의하지 않은 상실을 모두 포함한다. 절대적 친권관계의 소멸로써, 子 의 사망, 子가 성년이 된 때, 子가 혼인한 때 등이다. 또 상대적 친권관계의 소멸로, 친권자의 사망 · 실종, 子의 입양, 부모의 이혼 · 혼인의 무효 또는 취소된 후 부모 중 일방만이 친권자가 된 때(909조4항), 생모의 친권에 따르던 혼인외의 출생자가 부의 인지를 받아 父가 친권자로 정해진 때, 입양이 무효 또는 취소되거나 또는 양자가 파양되었

19) 친권자와 친권에 따르는 미성년의 자와의 이해가 상반되는 경우로써 친권자가 자신과 미성년의 자 사이에 상계계약, 매매계약 또는 소비대차계약을 체결하는 행위, 친권자가 자기의 채무에 관하여 미성년자인 자를 대리하여 병존적 채무인수계약을 한 행위, 친권자의 채무에 대하여 미성년자인 자를 연대채무자로 한 행위, 친권자가 자기의 채무를 위하여 미성년자인 자의 부동산을 담보에 제공한 행위, 친권자가 자의 재산으로써 자기의 채무를 변제하는 행위 등이 이에 해당한다.

을 때, 친권자가 협의나 심판으로 변경된 때, 친권자가 친권을 행사할 수 없게 된 때, 친권자가 대리권 또는 관리권을 사퇴하였을 때, 친권자가 친권상실의 선고를 받았을 때 등이다.

(2) 친권의 상실

친권은 자의 복리를 위한 의무적 성격을 그 내용으로 하므로, 친권자가 친권행사에 부적당하며 子의 이익을 해하는 경우에는, 이것을 강제적으로 박탈하는 것을 인정하고 있다.

VI. 후 견

1. 의 의

후견이라 함은 친권자가 없는 미성년자를 위하여 후견인을 선임하는 것을 말한다. 따라서 미성년자에게 친권자가 될 자가 없을 때에 비로소 후견이 개시된다. 이 같은 이유로 심신상실자와 심신박약자의 보호기능이 더하여져 오늘날 후견제도가 형성되기에 이르렀다. 이에 대하여 우리 민법에서도 미성년후견제도 외에 금치산자 및 한정치산자를 위한 후견제도를 두고 있다.

2. 미성년자후견의 개시

(1) 후견개시의 원인

미성년자 후견은 다음의 두 가지의 경우에 개시된다(928조).

① 미성년자에 대하여 친권자가 없을 때

② 친권자가 법률행위의 대리권 및 재산관리권을 행사할 수 없을 때

(2) 후견개시의 신고

후견개시의 신고는 호적법에 정한 바에 따라서 후견인이 그 취임일로부터 1월

이내에 하여야 한다(호 83조).

3. 미성년자 후견인

미성년자의 후견인은 후견임무를 집행하는 기관으로서 1인이어야 한다(930조). 후견인의 순위는 지정후견인, 법정후견인, 선임후견인 순이다. 지정후견인은 최후로 친권을 행사하는 자가 유언으로써 후견인을 지정할 수 있다. 그러나 법률행위의 대리권과 재산관리권이 없는 자는 그 지정을 할 수 없다(931조). 최후로 친권을 행사하는 자가 유언으로 후견인을 지정하지 않았을 때에는, 미성년자의 직계혈족, 3촌 이내의 방계혈족 순위로 후견인이 된다. 공설의 보호시설에 있는 미성년자인 고아와 고아가 아닌 자에 대해서는 그 보호시설의 장이 후견인의 직무를 수행한다.

법정후견인이 없을 때에는 가정법원이 제777조의 규정에 의한 피후견인의 친족 기타 이해관계인의 청구에 의하여 선임후견인을 선임한다.

4. 미성년자 후견인의 임무

(1) 초기의 임무

1) 재산의 조사와 그 목록작성

후견인은 취임 후 지체없이 피후견인의 재산을 조사하여 2월 이내에 그 목록을 작성하여야 한다(941조 1항 본문).

2) 피후견인의 친족회에 대한 채권 · 채무의 제시

후견인과 피후견인 사이에 채권 · 채무의 관계가 있는 때에는 후견인은 재산목록의 작성을 완료하기 전에 그 내용을 친족회 또는 친족회가 지정한 회원에 제시하여야 한다(942조 1항).

(2) 미성년자의 신분에 관한 권리의무

미성년자 후견은 친권의 연장이므로, 그 당연한 결과로서 피후견인의 신분에 대해서 친권자와 동일한 권리의무가 있으며, 후견인도 법률이 정하는 일정한 경우에는 피후견인의 신분상의 행위에 대하여 대리권과 동의권을 가진다.

(3) 미성년자의 재산에 관한 권리의무

후견인은 피후견인의 법정대리인이 되어(938조), 피후견인의 재산을 관리하고 그 재산에 관한 법률행위에 대하여 피후견인을 대리한다(949조). 또 후견인은 피후견인에 갈음하여 i) 영업을 하는 일, ii) 借財 또는 보증을 하는 일, iii) 부동산 또는 중요한 재산에 관한 권리의 득실변경을 목적으로 하는 행위를 하는 일, iv) 소송행위를 하는 일 등에 대하여 동의를 함에 있어 친족회의 동의를 얻어야 한다. 나아가 후견인이 피후견인에 대한 제3자의 권리를 양수함에 있어서도 친족회의 동의를 얻어야 한다(951조 1항).

(4) 친권의 대행

후견인도 피후견인에 갈음하여 그 자에 대한 친권을 행사한다(948조 1항). 그 관계는 친권자가 子에 갈음하여 친권을 행사하는 경우와 마찬가지이다.

(5) 재산관리에 관한 후견인

후견인이 친권자와 병립하여 친권자가 자의 신분에 대한 친권만을 가지고 법률행위의 대리권과 재산관리권을 가지지 않는 경우에는, 후견인은 재산에 관한 권한, 즉 피후견인의 재산관리 · 재산행위의 대리 및 동의의 권한만을 가진다(946조). 이 같은 후견인도 보호 · 교양권을 행사하는 친권자가 없어지면 당연히 보호 · 교양권도 취득한다(931조).

5. 후견의 종료

(1) 종료의 원인

1) 절대적 종료원인

미성년자에게 현재 후견인이 있다 하더라도 i) 피후견인의 사망, ii) 미성년자가 성년이 되거나 혼인을 하였을 때(성년의제), iii) 미성년자에게 친권자가 나타났을 경우, iv) 금치산자 · 한정치산자에 대한 선고취소가 있으면 후견은 종료한다.

2) 상대적 종료원인

미성년자에게 현재 후견인이 있을 때 i) 후견인의 사망, ii) 후견인이 사퇴 또는 해임 기타 결격사유가 발생한 경우에 그 후견인의 직무는 종료하지만, 미성년자를 위한 후견인의 존재자체는 계속된다. 또 iii) 금치산자나 한정치산자가 혼인을 하면 현재의 후견은 종료하고 그 배우자가 후견이 되며, iv) 배우자로서 후견인이 된 자가 이혼, 혼인의 취소 등으로 배우자로서의 신분을 잃거나, v) 기타 현재의 후견인이 그 지위를 상실한 경우에도 후견은 상대적으로 종료한다.

(2) 종료의 효과

후견이 종료하면 후견이었던 자 또는 그 상속인은 1월내에 피후견인의 재산에 관한 계산을 하여야 하며(957조 1항), 이 계산은 친족회가 지정한 회원의 참여하에 하여야 한다(957조2항). 또 1개월 이내에 계산을 할 수 없는 정당한 사유가 있는 때에는 가정법원의 허가를 얻어 그 기간을 연장할 수 있다(957조 1항 단서).

Ⅶ. 호주제도의 폐지에 따른 가족관계등록법의 시행

1. 가족관계의 등록법의 제정이유

민법의 일부 개정(법률 제7427호)으로 2008년 1월 1일부터 민법상의 호주제도가 폐지됨에 따라서 호적제도를 대체할 수 있는 새로운 가족관계 등록제도를 마련하여 국민 개개인의 출생 · 혼인 · 사망 등의 신분에 관한 변동사항을 전산정보처리조직에 따라 기록 · 관리 하도록 하고, 그 등록정보를 사용목적에 따라 증명서의 형태로 발급하도록 하였고, 가족관계등록 등의 사무를 국가 사무화하여 대법원이 관장하도록 하였다. 국적변동 사항이 있는 경우 국적 업무 관장기관인 법무부장관이 국적변동자의 등록기준지 시 · 구 · 읍 · 면장에게 이를 직접 통보하여 가족관계등록부에 국민의 국적변동사항을 정확하게 기재할 수 있도록 하는 등 국민의 편의를 도모하기 위한 목적으로 「가족관계의 등록 등에 관한 법률」을 제정하여 2008년 1월 1일부터 시행하고 있다.

2. 주요 내용

① 가족관계 등록사무를 국가의 사무로하여 대법원이 그 사무를 관장하고, 그 등록 사무처리에 관한 권한을 시 · 구 · 읍 · 면의 장에게 위임하며 사무처리에 소요되는 비용은 국가가 부담하도록 하였다(제2조 · 제3조 및 제7조).

② 호적부를 대신하여 국민 개인별로 등록 기준지에 따라 가족관계 등록부를 편제하고 사무의 전산화에 따라 각종 가족관계의 취득 · 발생 및 변동사항의 입력과 처리 및 관리를 전산정보처리에 의하도록 하였다(제9조, 제10조, 제11조).

③ 목적에 따라 다양한 증명서(가족관계증명, 기존증명 · 혼인관계 증명 · 입양관계증명 · 친양자임양관계증명 등)를 발급 받을 수 있도록 하고, 증명서 교부신청은 원칙적으로 본인 또는 본인의 배우자 · 직계혈족 · 형제자매만 할 수 있도록 하였으며, 친양자 입양증명은 친양자가 성년이 되어 신청하는 경우 등으로 한정적으로 인정하여 발급 요건을 강화하였다(제14조, 제15조).

④ 친양자를 입양하려는 자는 친양자 입양재판의 확정일로부터 1월 이내에 재판서의 등본 및 확정증명서를 첨부하여 신고하도록 하고, 혼인 중 출생한 자녀가 어머니의 성과 본을 따르기로 하는 경우에는 혼인신고서에 그 내용을 기재한 후 부모의 협의서를 첨부하여야 하며, 자녀의 성과 본을 변경하려는 사람은 재판 확정일부터 1개월 이내에 재판서의 등본 및 확정증명서를 첨부하여 신고하도록 하였다(제67조, 제71조, 제100조).

⑤ 가정법원의 이혼의사확인서 등본을 첨부한 경우에는 증인 2인의 연서가 있는 것으로 간주하여 이혼 신고를 할 수 있도록 하였으며, 사망신고를 동장이나 통장 내지 이장도 사망신고를 할 수 있도록 하였다(제76조, 제85조).

⑥ 국적변동사항이 있는 경우 국적업무의 관장기관인 법무부장관이 국적변동자의 등록 기준지 시 · 구 · 읍 · 면장에게 이를 직접 통보하여 가족관계등록부에 국민의 국적변동에 따른 가족관계에 관한 사항을 정확하게 기재할 수 있도록 하였다(제93조, 제98조).

⑦ 가족관계등록사무를 처리하는 사람이 법률에서 정하는 사유가 아닌 다른 사유로 등록전환정보자료를 이용하거나 타인에게 이를 제공하는 경우에는 3년 이하의 징역 또는 1천만원 이하의 벌금에 처하도록 하고 거짓으로 신고한 자는 1년 이하의 징역 또는 300만원 이하의 벌금에 처하도록 하였다(제117조, 제119조).

Ⅷ. 상 속

1. 서 설

(1) 상속의 의의

상속은 자연인의 재산법상의 지위 또는 권리의무를 그 자의 사망으로 인하여 법률이나 사망자의 최종의사에 의하여 특정인에게 승계시키는 것을 말한다. 이 때 사망한 자를 피상속인이라 하고, 사망한 자의 지위를 승계하는 자를 상속인이라 한다.

이 같이 자연인의 사망은 상속이라는 새로운 법적문제를 일으킴에도 불구하고 사망의 사실과 시기를 증명하는 것 또한 쉽지 않다. 일반적으로 호적의 사망신고에 첨부되는 사망진단서 또는 시체검안서에 의하여 확인되지만 이 또한 절대적 판단이 아닌 추정적 판단이라 할 수 있다. 따라서 민법은 이 같은 문제를 해결하기 위하여 사망을 의제하는 실종선고제도를 두고, 또 동시사망의 추정규정을 신설하고 있다(30조).

(2) 상속개시의 시기와 장소

1) 시 기

상속의 개시는 현실적으로 사망이라는 사실이 발생한 때이며, 호적상의 사망신고와는 관계가 없다. 사람의 사망 시기의 확정은 의사의 진단에 의하며(호87조), 사망시기가 불명확한 때에는 사망추정시각에 의해 확정한다. 그러나 수재 · 화재 기타 사변으로 사망의 개연성이 매우 커 확실하게 사망한 것으로 추정은 되지만 시체가 발견되지 않은 경우에는 조사한 관공서가 지체없이 사망지의 시 · 읍 · 면장에게 사망보고를 하도록 하고 있다(호90조). 또 자기의 주소를 떠나 생사불명이 일정한 기간을 경과한 자에 대하여 실종선고가 있으면 실종기간이 만료한 때에 사망한 것으로 본다.

2인 이상 동일한 위난으로 사망한 경우에 민법은 동시사망 추정주의를 채용하고 있다(30조).

2) 장 소

상속은 피상속인의 주소지에서 개시된다(998조). 피상속인의 주소를 알 수 없는 경우 또 국내에 주소를 두고 있지 않은 경우에는 그 거소를 주소로 본다(19조 · 20조).

3) 신 고

상속인은 상속개시를 안 날로부터 6월 이내에 상속세를 부과할 상속재산의 종류 · 수량 · 가액 · 재산가액에 가산할 증여의 가액 기타 대통령령으로 정하는 사항을 기재한 신고서와 공제될 금액의 명세서 및 증빙서류를 정부에 제출하여야 한다(상속세법 20조 참조).

4) 상속에 관한 비용

상속에 관한 비용이란 조세 기타의 공과, 관리비용, 청산비용, 소송비용, 재산목록작성비용, 유언집행비용 등으로 이 같은 비용은 상속재산 중에서 지급한다(998조의 2).

2. 법정상속

(1) 상속인

1) 서 설

가. 상속인의 범위

상속인은 피상속인이 사망하였을 때 피상속인이 가지고 있었던 재산상의 권리의무를 승계할 수 있는 법적 자격을 가진 자로써, 그 범위는 피상속인의 직계비속 · 직계존속 · 형제자매 · 4촌 이내의 방계혈족 및 배우자이다. 다만 피상속인은 상속인의 범위에 들지 않는 자라고 할지라도 유언으로 상속재산을 받을 자를 지정할 수 있는데, 이 포괄적 수유자는 상속인과 동일한 권리의무를 가지지만 엄격한 의미에서는 상속인이 아니다.

나. 상속능력

상속인이 될 수 있는 자격을 상속능력이라 하며, 우리 민법에서는 이에 대하여 명문의 규정이 없다. 그러나 상속은 재산권의 승계이므로 권리능력이 있는 자여야 한다. 또 상속은 상속인과 일정한 신분관계에 있는 자에게 인정되는 것이므로 법인은 재산권에 관한 권리능력이 있다하더라도 상속능력은 없다.

또 태아는 상속순위에 관하여는 이미 출생한 것으로 본다(100조 3항). 민법의 이 같은 규정은 태아의 권리를 보호하기 위한 취지이다.

2) 상속인의 순위

가. 혈족상속과 배우자상속

혈족상속인에는 직계비속 · 직계존속 · 형제자매 · 4촌 이내의 방계혈족이 있으며, 실제의 상속에 있어 그 순서에 따른다. 또 배우자상속은 혼인신고를 한 법률상의 배우자에 한한다는 견해가 있으나, 사실혼배우자의 상속에 대하여 이견이 있다. 그러나 사실혼배우자의 상속권을 인정함이 타당할 것이다.

나. 혈족상속의 순위

① 제1순위

직계비속(子, 孫이, 曾孫 포함)이 제1순위의 상속인이 되며, 직계비속인 의한 성별, 혼인여부, 호적, 국적의 동일서성 여부, 嫡 · 庶 , 父系 · 母系에 관계없이 모두 1순위가 된다.

그러나 제1순위의 상속인으로서 직계비속이 수인이 있을 때에는, 촌수가 다른 직계비속이 수인이 있는 경우에는 최근친이 선순위가 되고, 촌수가 같은 직계비속이 수인이 있을 때에는 공동상속인이 된다(1000조 2항).

② 제2순위

제1순위 상속인인 피상속인의 직계비속이 없을 때에는 피상속인의 직계존속이 상속인이 된다(1000조 1항 2호). 직계존속도 父系 · 母系, 養家 · 生家 · 남 · 여, 호적의 동일 여부에 관계없이 상속순위에 아무런 차별이 없는 것은 직계비속의 경우와 같다. 또 제2순위의 상속인인 직계존속이 수인이 있는 때에도 직계비속의 경우와 같다.

③ 제3순위

형제자매는 피상속인의 직계비속 · 직계존속 및 배우자가 없는 경우에만 상속인이 된다(1000조 1항 3호). 직계비속 · 직계존속 및 배우자가 전원 상속결격(相續缺格) 되거나 전원 상속포기를 한 경우에도 형제자매가 상속인이 된다. 형제자매는 자연혈족 · 법정혈족, 父系 · 母系, 同腹 · 異腹, 남 · 여, 기혼 · 미혼, 호적의 동일여부를 묻지 않는다.

형제자매가 수인인 때에는 모두 촌수가 동일하므로 공동상속인이 되며, 형제자매의 직계비속과 배우자에게는 대습상속이 인정된다(1001조).

④ 제4순위

4촌 이내의 방계혈족은 피상속인의 직계비속 · 직계존속 · 배우자 · 형제자매가 없는 경우에만 상속인이 된다. 선순위의 상속인이 있더라도 그들이 전원 상속결격되거나 전원 상속포기한 경우에도 4촌 이내의 방계혈족이 상속인이 된다. 4촌 이내의 방계혈족 중에서도 촌수가 다른 사람이 수인 있는 경우에는 최근친이 우선하여 상속인이 되고 촌수가 같은 사람이 수인 있는 경우에는 공동상속인이 된다(1000조 2항).

3) 배우자의 상속순위

혈족상속인과는 별도로 배우자는 피상속인의 직계비속과 공동으로 제1순위의 상속인이 되고, 직계비속이 없는 경우에는 피상속인의 직계존속과 동순위로 공동상속인이 되며, 피상속인의 직계비속과 직계존속도 없는 경우에는 단독상속인이 된다(1003조 1항). 여기에서의 배우자란 법률상의 배우자에 한정하는 것이 다수견해이다.

4) 국가의 귀속

상속인이 없는 재산의 최후 귀속주체는 국가이다.

(3) 대습상속(代襲相續)

1) 의 의

대습상속이란 상속인이 되어야 할 직계비속 또는 형제자매가 상속개시전에 사망하거나 상속결격으로 인하여 상속인이 되지 못하는 경우에 그 자의 직계비속이나 배우자가 그 사망자나 결격자에 갈음하여 그 순위에서 상속인이 되는 것을 말한다.

2) 대습상속이 인정되는 경우

가. 직계비속의 직계비속이 하는 대습상속

피상속인의 제1순위의 상속인이 될 직계비속이 상속개시전에 사망하거나 상속결격자가 된 때에는 그 직계비속이 사망 또는 결격된 자에 갈음하여 상속인이 된다(1001조).

나. 직계비속의 배우자가 하는 대습상속

피상속인의 제1순위의 상속인이 될 직계비속이 상속개시전에 사망하거나 상속결격자가 된 때에는 그 배우자가 사망 또는 결격된 자에 갈음하여 상속인이 된다.

다. 형제자매의 직계비속이 하는 대습상속

상속인이 피상속인의 형제자매인 경우에 그 자가 상속개시전에 사망하거나 상속결격자가 된 경우에도 그 형제자매의 직계비속이 사망 또는 결격된 자에 갈음하여 상속한다.

라. 형제자매의 배우자가 하는 대습상속

상속인인 형제자매가 상속개시전에 사망하거나 상속결격자가 된 때에는 그 배우자가 사망 또는 결격된 자에 갈음하여 상속인이 된다.

3) 대습상속의 성질

피대습자는 이미 권리능력을 상실하였거나, 상속받을 자격을 상실하였으므로, 대습상속인이 그를 대위하거나 승계하는 것은 불가능하기 때문에, 대습상속권은 법률의 규정에 의하여 대습상속인에게 부여되는 고유의 상속권이다.

4) 요 건

대습상속이 인정되기 위해서는 ⅰ. 추정상속인이 상속개시전에 사망하거나 결격자가 되어 상속권을 상실하여야 하며(1001조 · 1003조 2항), 그러나 상속개시 전의 사망에는 동시사망의 경우도 포함한다. ⅱ. 대습상속인은 피대습자의 직계비속이나 배우자여야 한다. ⅲ. 태아의 경우 민법 제1000조 3항을 유추적용하여 대습상속인이 될 수 있다. ⅳ. 대습상속인은 피상속인에 대하여 상속결격사유가 없어야 한다.

5) 재대습상속

피상속인의 子에게 대습상속의 원인이 있으면, 孫이 대습상속을 하게 되는데, 그 孫에 대해서도 대습원인이 발생하면 증손이 대습상속하게 되며, 증손 이하의 직계비속에 대해서도 마찬가지이다.

6) 대습상속의 효과

대습상속에 의하여 대습자는 피대습자에게 예정되고 있는 상속분을 상속한다.

(4) 상속결격(相續缺格)

1) 의 의

상속인에 대하여 법정사유가 발생하면 특별히 재판상의 절차에 의하지 않고 당연히 법률상 상속인이 피상속인을 상속하는 자격을 잃는 것을 상속결격이라 한다.

2) 상속결격사유

가. 피상속인 등에 대한 생명침해

고의로 직계존속, 피상속인, 그 배우자 또는 상속의 선순위나 동순위에 있는 자를 살해하거나 살해하려 한 자는 상속결격이 된다(1004조 1호). 또 고의로 직계존속, 피상속인과 그 배우자에게 상해를 가하여 사망에 이르게 한 자도 상속결격이 된다(1004조 2호).

나. 피상속인의 유언에 관한 부정행위

사기 · 강박으로 피상속인의 양자 기타 상속에 관한 유언 또는 그 철회를 방해(1004조 3호)하였을 때에는 사기 · 강박을 이유로 제110조에 의하여 취소할 수 있다. 또 피상속인의 양자 기타 상속에 관한 유언서를 위조 · 변조 · 파기 또는 은닉(10004조 5호)한 경우에도 상속결격 사유가 된다.

3) 상속결격의 효과

결격사유가 발생하면 그 결격자는 특별한 절차를 거치지 않고 당연히 법률의 규정에 의하여 상속권을 상실한다. 나아가 상속결격자는 당해 사건의 상속인이 될 수 없을 뿐만 아니라 수증결격자도 되므로(1064조) 유증을 받을 수 없다.

3. 상속재산

(1) 개 념

상속인은 피상속인에 속하는 일체의 재산상의 권리의무 가운데 일신전속에 속하는 것과 제사용 재산을 제외하고, 상속과 동시에 특별한 절차를 요하지 않고 포괄적 일체로서 승계한다. 이 같이 즉시 당연포괄승계를 인정하는 것은 피상속인에게 속한 재산이 주체를 잃고 무주물이 되는 것을 피하기 위한 것이다.

(2) 상속재산의 범위

1) 재산적 권리

가. 물 권

물권은 원칙적으로 모두 상속된다. 단 농지의 경우 상속에 의하여 그 소유가 인정되지만 농지법(6조)에 의하여 그 소유를 제한하고 있다(농 19조). 점유권은 피상속인의 점유권 그 자체이므로, 그 성질이나 하자도 그대로 승계한다. 유골의 소유권은 상속인에 의하여 상속되지 않으나 당연히 상속인의 소유에 속하며, 일반적 부동산물권의 득실변경은 등기를 하여야 그 효력이 발생하나(186조), 상속으로 인한 부동산물권의 취득은 등기를 필요로 하지 않는다.

나. 무체재산권

무체재산권은 원칙적으로 상속된다. 이 같은 권리에 대하여 양도 기타 처분이 금지 또는 제한되는 경우에도 상속은 할 수 있다.

다. 채권

채권도 원칙적으로 상속된다. 그러나 일신전속적인 채권은 그 성질상 상속이 되지 않는다(1005조). 즉 i) 채권자가 변경됨으로써 이행의 내용이 변경되는 것, ii) 부양청구권 등은 상속성이 없다.

라. 생명침해로 인한 손해배상청구권

손해배상청구권은 상속의 대상이 된다(1005조).

마. 형성권

법률행위의 취소권, 해제권, 해지권, 환매권, 채권자취소권, 예약완결권 등의 형성권도 피상속인에게 현실화되어 있는 한 상속된다.

바 사망퇴직금

사망퇴직금은 일반적으로 미지급금인 동시에 유족의 생활보장에 충당하는 것이라는 성격을 가진다. 즉 사망퇴직금은 상속재산이 아니고, 수급권자의 고유재산이다.

2) 재산적 의무

가. 일반채무

채무 기타 재산적 의무는 상속을 포기하지 않는 한 작위 · 부작위, 사법상 · 공법상 채무를 묻지 않고 상속된다. 상속재산 중 적극적인 재산은 없고 채무만 존재하는 경우에도 상속된다. 이 때에도 일신전속적인 것은 상속되지 않는다(1005조 단서).

나. 개인적 신뢰관계를 기초로 하는 채무

대표적인 채무가 보증채무로서 이 같은 보증채무는 주채무자와 보증인 사이의 신뢰관계에 기초를 두는 것인데, 이 신뢰관계에는 강약이 있으며, 또 보증채무는 주채무에 수반하여 그 성질에 지배되기 때문에, 상속성의 유무는 개별적 검토가 필요하다.

다. 연대보증

일률적으로 상속성을 결정하기는 어렵지만, 이는 보증채무에 준하여 생각하여야 한다.

라. 신원보증

신원보증은 신원보증인의 사망으로 그 효력을 상실한다(신원보증법 7조).

마. 근보증

포괄적 신용보증 등은 그 내용이 불확정하기 때문에 개인간의 특수한 신용관계를 기초로 하는 것이므로 상속성이 부정된다.

바. 위임관계

위임은 당사자 일방의 사망으로 인하여 종료한다(690조).

(3) 상속의 승인과 포기

1) 승인 · 포기의 의의

가. 당연승계와 개인의사의 자유

상속의 개시에 의하여 피상속인의 재산상의 모든 권리는 일신전속적인 것을 제외하고, 상속인의 의사와 관계없이 또 상속인이 그 사실을 알았는지 여부와 상관없이 법률상 당연히 포괄적으로 상속인에게 승계된다(1005조).

나. 상속채권자 등과의 이해조정

상속인이 상속개시 있음을 안 날로부터 원칙적으로 3월 이내에 승인 · 파기를 하도록 하고, 그 기간내에 결정을 하지 않으면 단순승인을 한 것으로 본다(1026조 2호). 그리고 상속재산의 전부 또는 일부를 처분하였을 때와 한정승인 또는 포기를 한 후에 배신행위를 한 때에는 단순승인을 한 것으로 본다(1026조 1호 · 3호).

2) 승인 · 포기의 기간

가. 고려기간

승인과 포기를 할 수 있는 기간은 상속인이 상속개시 있음을 안 날로부터 3월 이내이다(1019조 1항). 상속인이 이 법정기간 내에 적극적인 선택을 하지 않고 기간이 경과되면 단순승인이 된다(1026조 2호).

나. 고려기간의 연장

조사의 필요성 내지 상속인이 먼 곳에 있는 경우 등을 예상하여, 이해관계인 또는 검사의 청구에 의하여 가정법원이 3개월의 기간을 연장할 수 있도록 하였다(1019조 1항 단사, 가소 2조 1항 라류사건 26호). 이 기간 중에 천재 기타 불가항력으로 기간 연장의 청구를 할 수 없는 경우에는, 그것이 그친 후 2주간 내에 한하여 연장청구를 할 수 있다.

3) 승인 · 포기의 취소 · 무효

가. 승인 · 포기의 취소금지

상속의 승인과 포기를 일단 한 이상은 3개월의 기간 내에도 이것을 취소할 수 없다(1024조 1항).

나. 승인 · 포기의 취소

승인 또는 포기의 철회는 허용되지 않으나, 총칙편의 규정에 의한 승인 또는 포기의 취소에는 영향을 미치지 않는다(1024조 2항). 취소의 방법은 한정승인 또는 포기의 신고가 수리된 가정법원에 취소신고를 하여 가정법원이 전에 수리한 신고를 취소하는 심판을 한다(가소 2조 1항 라류사건 28호, 가소규 76조). 취소기간은 보통의 경우보다 단축시켜 추인할 수 있는 날로부터 3월, 승인 또는 포기한 날로부터 1년내에 취소권을 행사하지 않으면 시효로 인하여 소멸한다(1024조 2항 단서).

4. 단순승인

(1) 의 의

단순승인이란 상속인이 무한정으로 피상속인의 권리의무의 승계를 승인하는 것을 말한다. 단순승인은 일정한 절차를 필요하지 않고, 한정승인도 포기도 하지 않고 3월의 고려기간이 지난 경우나 또는 한정승인이나 포기에 반하는 행동을 취한 경우에는 단순승인을 한 것으로 본다(1026조).

(2) 법정단순승인

단순승인을 하겠다는 상속인의 의사표시가 없어도 다음과 같은 경우에는 단순승인을 한 것으로 본다(1026조).

1) 상속재산의 처분

상속인이 한정승인이나 포기를 하기 전에 상속재산의 일부 또는 전부를 처분한 때에는 단순승인을 한 것으로 본다(1026조 1호).

2) 고려기간의 경과

상속인이 3월의 고려기간 내에 한정승인 또는 포기를 하지 않은 때에는 단순승인을 한 것으로 본다(1026조 2호).

3) 한정승인 · 포기 후의 은닉 · 낭비 등

상속인이 일단 적법하게 한정승인이나 포기를 한 후에도, 상속재산을 은닉하거나 부정소비하거나 고의로 재산목록에 기입하지 않은 것과 같은 배신행위를 한 때에는 단순승인한 것으로 본다(1026조 3호).

(3) 단순승인의 효과

단순승인이 있으면 상속인은 일신전속권을 제외한 모든 권리의무를 제한없이 승계한다(1025조). 따라서 상속인은 상속재산에 대한 관리를 종결하고 자유로이 처분할 수 있다. 그러나 재산분리의 명령이 있으면 자기의 고유재산에 대하는 것과 동일한 주의의무가 계속한다(1048조).

5. 한정승인

(1) 의 의

한정승인이란 상속인이 상속으로 인하여 취득할 재산의 한도 내에서 피상속인의 채무와 유증을 변제할 것을 조건으로 상속을 승인하는 것을 말한다(1028조).

(2) 방 식

상속인이 한정승인을 하려면 상속개시 있음을 안 날로부터 3월의 기간내에 상속재산의 목록을 첨부하여 가정법원에 한정승인의 신고를 하여야 한다(1030조 1항). 민법은 상속인이 수인인 때에는 각 상속인은 그 상속분에 따라 취득할 재산의 한도에서 그 상속분의 비율에 상응하는 피상속인의 채무와 유증을 변제할 것을 조건으로 상속을 승인할 수 있다고 하고 있다(1029조).

(3) 한정승인의 효과

한정승인을 한 상속인은 상속에 의하여 취득한 재산의 한도 내에서만 상속채무와 유증의 책임을 진다.

(4) 상속재산의 관리

상속이 개시되면 상속인은 자기의 고유재산에 대하는 것과 동일한 주의의무를 가지고 상속재산을 관리하여야 하며(1022조), 그러나 상속인이 단순승인이나 상속포기를 하게 되면 그러하지 아니하다(1022조 단서).

6. 상속의 포기

(1) 의 의

상속의 포기란 상속개시로 인하여 불확정하기는 하나 일단 당연히 상속인을 위하여 생긴 상속의 효력, 즉 상속재산에 속한 모든 권리의무의 승계를 부인하고 처음부터 상속인이 아니었던 효력을 생기게 하려는 단독의 의사표시이다.

(2) 포기의 방식

포기를 하려는 자는 3개월의 고려기간 중에 가정법원에 포기의 신고를 하여야 한다(1041조). 포기는 반드시 가정법원에 대한 신고로써 하여야 하며, 사인에 대해서 하는 것은 무효이다.

(3) 포기의 효과

1) 포기의 소급효

상속의 포기는 처음부터 상속인이 아니었던 것으로 된다(1042조). 즉 상속재산은 상속인이 승인하면 상속인의 것이 된다는 상태로 상속인에게 귀속되지만, 상속인이 이를 포기하면 이 가정적 귀속은 없었던 것으로 된다.

2) 포기한 상속분의 귀속

상속인이 수인인 경우 어느 상속인이 상속을 포기한 때에는 그 상속분은 다른 상속인의 상속분의 비율로 그 상속인에게 귀속한다(1043조).

3) 특정인을 위한 포기

자기의 상속분을 특정인에게 주려는 경우에는 상속분의 양도로서 가능하다(1011조). 즉 공동상속인 중의 한 사람에게 양도하면 사실상 포기한 것과 동일한 효과를 가져 올 수 있다.

4) 포기한 상속재산의 관리계속의무

상속을 포기한 자는 그 포기로 인하여 상속인이 된 자가 상속재산을 관리할 수 있을 때까지 그 재산의 관리를 계속하여야 한다(1044조 1항).

7. 재산의 분리 및 상속인의 부존재

(1) 재산의 분리

1) 의 의

재산분리란 상속개시 후 상속채권자나 유증받은 자 또는 상속인의 채권자의 청구에 의하여 상속재산과 상속인의 고유재산과를 분리시키는 가정법원의 처분으로, 한정승인과 포기의 제도와 대비되는 것이다. 한정승인과 포기의 제도는 상속재산이 채무초과일 때에 상속인을 보호하는 제도이다.

2) 재산분리의 청구

가. 청구권자

재산분리의 청구권자는 상속채권자나 유증을 받은 자 또는 상속인의 채권자이다

(1045조).

나. 상대방

청구의 상대방은 상속인 또는 상속재산의 관리인, 파산관재인, 유언집행자이다.

다. 청구기간

청구기간은 상속이 개시된 날로부터 3월내이다(1045조1항). 그러나 상속인이 상속의 승인이나 포기를 하지 않은 동안은 3개월의 기간이 경과한 후라도 재산분리가 허용된다(1045조 2항).

라. 심 판

재산분리의 청구가 있으면 가정법원은 상속재산과 상속인의 고유재산의 상태 기타의 사정을 종합하여 그 필요성을 판단한 후에 재산분리를 명하는 심판을 하여야 한다(가소 2조 1항 라류사건 31호).

3) 재산분리의 효과

가. 재산분리의 공고와 최고

가정법원이 재산분리를 명하는 심판을 하면, 청구권자는 5일 내에 일반상속 채권자와 유증받은 자에 대하여 재산분리의 명령이 있은 사실과, 2개월 이상의 일정한 기간을 정하고 그 기간내에 그 채권 또는 수증을 신고할 것을 공고하여야 한다(1046조 1항). 또 분리청구자는 알고 있는 상속채권자 또는 유증받은 자에 대해서는 각각 별도로 채권신고를 최고하여야 한다(1046조 2항에 의한 89조의 준용).

나. 상속인의 권리의무의 계속

가정법원이 재산의 분리를 명한 때에는 피상속인에 대한 상속인의 재산상 권리의무는 소멸하지 않는다(1050조).

다. 상속재산의 관리

가정법원이 재산의 분리를 명한 때에는 재산분리를 청구한 자는 상속재산 보전을 위한 가처분신청을 할 수 있으나, 가정법원은 상속재산의 관리에 관하여 처분을 명할 수 있다(1047조 1항, 가소 2조 1할 라류사건 32호).

라. 상속인의 관리의무

상속인이 단순승인을 한 후에도 재산분리의 명령이 있는 때에는 상속재산에 대하여 자기의 고유재산과 동일한 주의로 관리하여야 한다(1048조 1항).

마. 재산분리의 대항요건

재산의 분리는 상속재산인 부동산에 관해서는 이를 등기하지 않으면 제3자에게 대항하지 못한다(1049조).

바. 변제의 거절과 배당변제

① 변제거절권

상속인은 상속재산의 분리청구기간(1045조)과 상속채권자와 유증받은 자에 대한 공고기간(1046조)이 만료하기 전에는 상속채권자와 유증받은 자에 대하여 변제를 거절할 수 있다(1051조 1항).

② 배당변제

재산분리의 청구기간과 상속채권자와 유증받은 자에 대한 공고기간이 만료한 후에는 상속인은 상속재산으로써 재산의 분리를 청구하였거나 또는 그 기간 내에 신고한 상속채권자, 유증받은 자와 상속인이 알고 있는 상속채권자, 유증받은 자에 대하여 각 채권액 또는 수증액의 비율로 변제하여야 한다(1051조 2항 본문). 그러나 질권 · 저당권 등의 우선권 있는 채권자에 대해서는 상속재산으로써 우선 변제하여야 한다(1051조 2항 단서).

사. 고유재산으로부터의 변제

재산의 분리를 청구하였거나 신고기간 내에 신고한 상속채권자는, 유증받은 자와 상속인이 알고 있는 상속채권자, 유증받은 자는 상속재산으로써 전액의 변제를 받을 수 없는 경우에 한하여, 상속인의 고유재산으로부터 그 변제를 받을 수 있다(1052조). 다만 상속채권자와 유증받은 자는 상속인의 채권자에 우선한다(1052조)

또 상속인의 채권자는 상속인의 고유재산으로부터 우선변제를 받을 권리가 있다(1052조 2항).

(2) 상속인의 부존재

1) 의 의

상속인의 부존재란 상속인의 존부가 분명하지 않은 것을 말한다. 민법에서 이 같은 상속인의 부존재 제도를 두게 된 것은, 한편으로 상속인을 수색하거나 또는 그 확정을 구하는 동시에, 다른 한편으로는 상속재산을 관리하고 상속채권자와 유증받은 자에게 변제하는 등의 법률관계를 처리하기 위해서이다.

2) 상속재산의 관리와 청산

가. 상속재산의 관리

상속인의 존부가 분명하지 않을 때에는 가정법원은 제777조의 규정에 의하여 피상속인의 친족 기타 이해관계인 또는 검사의 청구에 의하여 상속재산 관리인을 선임한다(1053조 1항 전단). 이 때 선임은 가정법원의 심판에 의하여야 한다(가소 2조 1항 라류사건).

나. 관리인의 권리의무

관리인은 원칙적으로 부재자의 재산관리인과 동일한 권리의무를 가진다(1053조 2항에 의한 24조 내지 26조의 준용). 그리고 상속채권자나 유증받은 자의 청구가 있을 때에는 언제든지 상속재산의 목록을 제시하고 그 상황을 보고하여야 한다(1054조).

3) 상속재산의 국가귀속

가정법원에 의한 상속인 수색의 공고에 정해진 기간내에 상속권을 주장하는 자가 없고 상속인 수색의 공고기간이 경과된 후 2월이 지나도 특별연고자가 상속재산 분여의 청구를 하지 않는 경우와 재산분여의 청구가 있었으나 각하 또는 일부분여를 인정하는 심판이 있은 경우에는, 상속재산, 즉 청산종료후의 잔여재산은 국가에 귀속한다(1058조 1항. 단 제267조의 예외 있음).

4) 특별연고자에 대한 상속재산의 분여

민법 제1057조의 기간내에 상속권을 주장하는 자가 없는 때에는 가정법원은 피상속인과 생계를 같이하고 있던 자, 피상속인의 요양간호를 한 자, 기타 피상속인과 특별한 연고가 있던 자의 청구에 의하여 상속재산의 전부 또는 일부를 분여할 수 있다. 이 때의 청구는 제1057조의 기간 만료 후 2개월 이내에 하여야 한다.

IX. 유언 · 유증 · 유류분

1. 유언제도

(1) 의 의

유언은 유언자의 사망과 동시에 일정한 법률효과를 발생시키는 것을 목적으로 일정한 방식에 따라서 하는 상대방 없는 단독행위이다.

(2) 유언의 방식

1) 자필증서에 의한 유언

가장 간단한 방식으로, 그 요건은 유언자가 그 전문과 연월일, 주소, 성명을 자서하고 날인한다(1066조 1항).

2) 녹음에 의한 유언

녹음에 의한 유언은 유언자의 육성을 사후에도 그대로 보존할 수 있다는 점과 녹음기만 있으면 간편하게 할 수 있다는 점 등이 장점이다. 녹음에 의한 유언의 요건은 유언자의 유언의 취지, 그 성명과 연월일을 구술하고, 이에 참여한 증인이 유언의 정확함과 그 성명을 구술하는 방식이다(1067조).

3) 공정증서에 의한 방법

공정증서에 의한 유언은 자기가 유언증서를 작성하지 않아도 할 수 있는 유언의 방식이며, 또한 유언의 존재를 명확히 하고 내용을 확보할 수 있는 점이 그 특징이다.

4) 비밀증서에 의한 유언

유언의 존재는 명확히 해 두고 싶으나, 그 내용을 자기의 생전에는 비밀로 해두고 싶은 경우에 비밀증서의 방식에 의할 수 있다. 비밀증서는 다른 사람이 쓴 것도 상관없으며, 유언자가 문자는 쓸 수 없으나 읽을 수만 있는 자가 서명할 수 있으면 된다.

5) 구수증서에 의한 유언

질병 기타 급박한 사유로 인하여 전술한 유언의 방식에 의하여 유언을 할 수 없는 특별한 경우에만 인정되는 방식이다.

(3) 유언의 효력 발생시기

유언은 유언자가 사망한 때로부터 그 효력이 생긴다(1073조 1항).

2. 유 증

(1) 의 의

유증이란 유언에 의한 재산의 무상증여이다. 이는 사인행위라는 점에서 성립과 동시에 효력이 생기는 생전증여와 다르며, 증여자의 사망에 의하여 효력이 생기지만 단독행위가 아니고 계약인 사인증여와도 다르다.

(2) 포괄적 유증

포괄적 유증이란 상속재산의 전부 또는 일정한 비율액의 유증이다. 사실혼의 처에게 4분의 1의 재산을 주는 것 등이 그 예이다.

(3) 특정적 유증

특정적 유증은 포괄적 유증과 달리 구체적인 재산을 목적으로 하는 유증이다. 즉 부동산을 장남에게 준다든가, 금 2억을 차남에게 주는 것과 같은 방식이다.

(4) 부담있는 유증

부담있는 유증이란 유언자가 유언증서 중에서 수증자에게 자기, 그 상속인 또는 제3자를 위하여 일정한 의무를 이행하는 부담을 과한 유증이다.

3. 유류분

(1) 개 념

민법의 유류분제도는 개인재산처분의 자유, 거래의 안전과 가족생활의 안정, 가족재산의 공평한 분배라는 서로 대립하는 요구의 타협 · 조정 위에 성립한다. 즉 상속이 개시되면 일정한 범위의 상속인이 피상속인의 재산의 일정한 비율을 확보할 수 있는 지위를 가지는데 이를 유류분권이라고 한다.

(2) 유류분의 범위

1) 유류분권자

유류분을 가지는 자는 피상속인의 직계비속 · 배우자 · 직계존속 · 형제자매이다(1112조). 태아도 살아서 출생하면 직계비속으로서 유류분을 가진다.

2) 유류분

상속인의 유류분은 다음과 같다. ⅰ) 피상속인의 직계비속은 그 법정상속분의 2분의 1, ⅱ) 피상속인의 배우자는 그 법정상속분의 2분의 1, ⅲ) 피상속인의 직계존속은 그 법정상속분의 3분의 1, ⅳ) 피상속인의 형제자매는 그 법정상속분의 3분의 1이다.

(3) 유류분의 보전

1) 유류분의 반환청구권

유류분 권리자가 받은 상속재산이 유류분을 침해하는 유증 또는 증여의 결과 유류분에 부족이 생긴 때에, 유류분 권리자는 유류분에 부족한 한도에서 유증 또는 증여된 재산의 반환을 청구할 수 있다(1115조 1항). 그러나 이 반환청구권은 반드시 행사하여야 하는 것은 아니며, 유류분의 보전은 유류분 권리자의 의사에 달려있다.

2) 반환청구의 방법

반환청구는 유류분 권리자가 유증받은 자와 증여받은 자에 대한 의사표시로 한다. 반환청구를 받는 상대방은 유증을 받은 자 또는 증여를 받은 자 및 그 상속인이 된다.

3) 반환청구권의 소멸

유류분의 반한청구권은 유류분 권리자가 상속의 개시와 반환하여야 할 증여 또는 유증을 한 사실을 안 때로부터 1년 이내에 행사하지 않으면 시효에 의하여 소멸한다(1117조 전단).

상속이 개시된 때로부터 10년을 경과하면 반환청구권은 소멸한다(민법 제1117조).

제 4 장

성희롱과 그로 인한 피해의 구제

중요판결

대학교수의 조교에 대한 성희롱

- 대법원 1998.2.10. 선고 95다39533판결 -

사건의 개요

○○교수는 1992년 6월 5일 경부터 2, 3주간 주로 오전 09:00부터 10:00사이에 ○○대학교 23동 108호 엔엠알(NMR) 기기실에서 위 기기의 조작 방법을 교육한다는 구실로 ××조교의 등 뒤에서 포옹하는 듯한 자세로 ××조교 앞의 컴퓨터 자판을 치면서 그의 가슴을 ××조교의 등에 의도적으로 접촉하고, ××조교의 어깨나 등에 손을 올려놓거나 쓰다듬기도 하는 등 ××조교가 기기를 작동하고 있을 때 옆에 있다가 교육을 한다는 구실로 ××조교의 팔을 손으로 잡기도 하고 의도적으로 신체의 일부분을 ××조교에게 접촉시키는 등의 행위를 20내지 30차례 자행 하였다.

××조교는 1992년 4월경부터 ○○교수로부터 화합물분석기의 일종인 엔엠알기기 담당조교 선발을 위한 면접 및 기기조작 테스트를 받고 같은 해 5월 29일부터 엔엠알기기실에 출근하여 위 기기의 관리 및 조작에 관한 교육을 받는 한편 선임 조교들의 도움을 받아 실제로 시료측정을 하기도 하는 등 업무를 수행하여 오다가, 같은 해 8월 10일자 ○○대학 총장으로부터 임기 1년의 위 엔앰알기기 담당 유급조교로서 정식 인용되었다.

○○교수는 1992년 6월경부터 8월경 사이 ○○대학교 23동 108호 앞 복도 등에서 ××조교와 마주칠 때면 의도적으로 ××조교의 등에 손을 대거나 어깨를 잡는 경우가 많았고, 같은 해 8월경에는 22동 309호실 실험실에서 요즘 누가 시골 처녀처럼 이렇게

머리를 땋고 다니느냐고 하면서 ××조교의 머리를 만지기도 하고, ××조교가 정식 임용된 동년 8월 10일경에는 단둘이서 입방식을 하자고 제의하기도 하고, 같은 무렵 23동 4층 교수연구실에서 ××조교를 심부름 기타 명목으로 수시로 불러들여 위아래를 훑어보면서 몸매를 감상하는 듯한 태도를 취하기도 하였다.

대법원의 판단

성적 표현행위의 위법성 여부는, 쌍방 당사자의 연령이나 관계, 행위가 행하여진 장소 및 상황, 성적 동기나 의도의 유무, 행위에 대한 상대방의 명시적 또는 추정적인 반응의 내용, 행위의 내용 및 정도, 행위가 일회적 또는 단기간의 것인지 아니면 계속적인 것인지 여부 등 구체적 사정을 종합하여, 그것이 사회공동체의 건전한 상식과 관행에 비추어 볼 때 용인될 수 있는 정도의 것인지 여부, 즉 선량한 풍속 또는 사회질서에 위반되는 것인지 여부에 따라 결정되어야 한다.

피해자가 엔엠알기기 담당 유급조교로서 정신 임명되기 전후 2, 3개월 동안 가해자가 기기의 조작 방법을 지도하는 과정에서 피해자의 어깨, 등, 손 등을 가해자의 손이나 팔로 무수히 접촉하였고, 복도 등에서 피해자와 마주칠 때면 피해자의 등에 손을 대거나 어깨를 잡았고, 실험실에서 "요즘 누가 시골 처녀처럼 이렇게 머리를 땋고 다니느냐"고 말하면서 피해자의 머리를 만지기도 하였으며, 피해자가 정식 임용된 후에는 단둘이서 입방식을 하자고 제의하기도 하고, 교수 연구실에서 피해자를 심부름 기타 명목으로 수시로 불러들여 위아래로 훑어보면서 몸매를 감상하는 듯한 태도를 취하여 피해자가 불쾌하고 곤혹스러운 느낌을 가졌다면, 화학과 교수겸 엔엠알기기의 총책임자로서 사실상 피해자에 대하여 지휘·감독관계에 있는 가해자의 위와 같은 언동은 분명한 성적인 동기와 의도를 가진 것으로 보여지고, 그러한 성적인 언동은 비록 일정기간 동안에 한하는 것이지만 그 기간 동안만큼은 집요하고 계속적인 까닭에 사회통념상 일상생활에서 허용되는 단순한 농담 또는 호의적이고 권유적인 언동으로 볼 수 없으며, 오히려 피해자로 하여금 성적 굴욕감이나 혐오감을 느끼게 하는 것으로 피해자의 인격권을 침해한 것으로, 이러한 침해는 선량한 풍속 또는 사회질서에 위반하는 위법한 행위로서, 피해자가 정신적으로 고통을 입었음은 경험칙 상 명백하다.

I. 성희롱의 개념과 판단의 기준

1. 성희롱의 법적 개념

성희롱의 개념은 「국가 인권위원회법」「남녀 고용과 일 · 가정 양립지원에 관한 법률」「여성발전 기본법」 등에서 찾아 볼 수 있다. 국가 인권위원회 법 제2조 제5호에서 규정하고 있는 성희롱이라 함은 "업무, 고용 그 밖의 관계에서 공공기관의 종사자, 사용자 또는 근로자가 그 직위를 이용하거나 업무 등과 관련해 성적 언동 등으로 성적 굴욕감 또는 혐오감을 느끼게 하거나 성적 언동 그 밖의 요구 등에 대한 불응을 이유로 고용상의 불이익을 주는 것"이라 정의하고 있으며, 남녀 고용과 일 · 가정 양립지원에 관한 법률 제2조 제2호에서 말하는 '직장 내 성희롱'이란 "사업주 · 상급자 또는 근로자가 직장 내의 지위를 이용하거나 업무와 관련하여 다른 근로자에게 성적 언동 등으로 성적 굴욕감 또는 혐오감을 느끼게 하거나 성적 언동 또는 그 밖의 요구 등에 따르지 않았다는 이유로 고용에서 불이익을 주는 것"이라고 정의하고 있다. 또 여성발전 기본법 제3조 제4호 및 여성발전기본법 시행령 제2조 제4항에서의 '성희롱'이란 업무, 고용, 그 밖의 관계에서 국가기관 · 지방자치단체 또는 각급학교 및 공직 유관 단체의 종사자, 사용자 또는 근로자가 다음의 어느 하나에 해당하는 행위로서, 지위를 이용하거나 업무 등과 관련하여 성적 언동 등으로 상대방에게 성적 굴욕감이나 혐오감을 느끼게 하는 행위, 상대방이 성적 언동이나 그 밖의 요구 등에 따르지 않았다는 이유로 고용상의 불이익을 주는 행위라 하고 있다.

여기에서의 '성적언동 등'의 의미는 남녀 간의 육체적 관계나 남성 또는 여성의 신체적 특징과 관련된 육체적, 언어적, 시각적인 행위로서 사회공동체의 건전한 상식과 관행에 비추어 객관적으로 상대방과 같은 처지에 있는 일반적이고도 평균적인 사람에게 성적 굴욕감이나 혐오감을 느끼게 할 수 있는 행위[1]로서, 성적언동이 아닌 여성을 비하하는 발언 기타 가부장적인 발언은 성희롱에 해당하지 않는다(여성에게만 차 심부름을 시키거나, "야"라고 부르는 행위 등). 또 "지위를 이용하거나 업무 등과

1) 대법원 2008.7.10. 선고 2007두22498판결.

관련하여"는 포괄적인 업무관련성을 나타낸 것으로 업무수행의 기회나 업무수행에 편승하여 성적인 언동이 이루어진 경우 뿐만 아니라 권한을 남용하거나 업무수행을 빙자하여 성적인 언동을 한 경우를 의미하게 되는데, 업무관련성 여부에 대한 판단은 당사자의 관계, 행위의 장소 및 상황, 행위의 내용과 정도 등 구체적인 사정을 고려하여 판단하여야 한다.[2] 따라서 지위를 이용하거나 업무관련성이 인정되는 경우에는 사업장 밖이나 근무시간 외의 행위라 하더라도 성희롱에 해당할 수 있다.

이와 같이 성희롱의 법적인 개념은 성(性)적인 언어와 행동으로 상대방에게 성적 굴욕감이나 혐오감을 느끼게 하는 것은 물론 그러한 행동에 대한 거부 등을 이유로 고용 등에서 불이익을 주는 것을 말한다.

2. 성희롱의 성립요건

성희롱이 성립하기 위해서는 지위를 이용하거나 업무와 관련성이 있어야 하고, 상대방이 원하지 않는 성적인 행위를 부과하여 굴욕감과 혐오감을 주어야 한다. 나아가 고용상의 불이익을 초래하거나 성적 굴욕감을 유발하여 고용환경을 악화시키는 것을 요한다. 따라서 사업장이나 공공기관의 안이나 밖 그 어디서나 성희롱 행위자가 자신의 지위를 이용하거나 업무와 관련한 행위를 하는 경우에는 성희롱이 성립한다.

성희롱은 행위의 유형에 따라서, 언어적 성희롱, 시각적 성희롱, 육체적 성희롱, 성적 봉사의 강요, 기타 굴욕감이나 불쾌감을 유발하는 행위로 나누어 살펴 볼 수 있는데, 언어적 성희롱이 현실적으로 가장 많이 나타나고 있는 유형 가운데 하나이며, 시각적 성희롱은 타인에게 불쾌감을 유발시켜 불쾌감을 표하여야 성립한다.

나아가 행위 결과에 따라서 고용조건형 성희롱, 노동환경형 성희롱 등으로 분류할 수 있는데, 고용조건형 성희롱은 성적 요구를 받아들이지 않을 경우 불이익을 준다고 강요하거나(해고, 감봉, 전보, 승진탈락, 채용탈락, 정직, 전직 등) 실제로 불이익을 주는 경우에 성립하며, 성적인 요구를 받아들이면 이익(승진 등)을 준다거나 실제 그 같은 이익을 제공하는 경우에는 고용조건형 성희롱이 성립한다. 노동환경형 성희롱

2) 대법원 2006.12.21. 선고 2005두13414판결.

은 심리적, 정서적, 신체적으로 불쾌감과 모욕감을 받아 노동생산성에 부정적인 영향을 받게 되는 경우에 성립하게 된다.

3. 성희롱의 판단기준

성희롱의 성립여부에 대한 판단은 피해자의 주관적인 사정을 고려하여, 사회통념상 합리적인 사람이 피해자의 입장에서 문제가 된 행위에 대하여 어떻게 판단하고 대응했을 것인지를 검토하여야 하며, 결과적으로 위협적이고 적대적 고용환경을 형성하여 업무능률의 저하를 야기하였는지 등을 검토하여야 한다. '피해자의 주관적인 사정'이란 행위자의 주관적인 동기가 아니라 피해자의 관점에서 문제된 행위를 원했는지의 여부를 중심으로 판단하며, 따라서 친밀감의 표시로 한 언동이라 하더라도 상대방이 성적인 굴욕감이나 혐오감을 느꼈다면 성희롱이 성립한다. 또 '사회통념의 고려'는 사회통념상 피해자가 합리적인 사람이라면 문제가 된 상황에서 어떻게 판단하고 대응 했을 것인지에 대한 추상적 개념이다. 이와 같이 성희롱의 성립 여부는 피해자의 주관적인 사정과 사회통념에 따라 판단하게 되는데, 이 때 성적 언동의 성격과 문제가 된 배경 등 모든 상황과 기록 등을 종합적으로 고려하여 사안에 따라 판단하게 된다. 이때 행위는 반복적이거나 계속적일 필요가 없다는 점에서 단 한 번의 성적인 언동으로도 성희롱은 성립할 수 있다. 또 피해자가 거부의 뜻을 분명히 표시하지 않았을 때에도 객관적인 사정 등을 고려하여 실제 피해자가 원하지 않았음을 알 수 있다면 성희롱이 성립하게 된다. 그러나 당시 서로 동의하였거나 성적인 언동에 자발적으로 참여한 경우에는 후에 이를 가지고 성희롱을 했다고 주장할 수 없다. 성희롱은 성적인 언동 등으로 피해자가 성적인 굴욕감을 느끼는 것을 그 기준으로 삼기 때문에 행위자가 성적 만족을 위한 것이었거나 성적인 만족감을 느껴야만 성희롱이 성립하는 것이 아니다. 따라서 정신장애를 가진 사람에 대한 언동도 성희롱에 해당하게 된다.

「남녀고용평등과 일 · 가정 양립지원에 관한 법률시행세칙」 제2조에서 성희롱에 대한 판단의 기준을 제시하고 있는데 그 내용은 다음과 같다.

- 육체적 행위
· 입맞춤, 포옹 또는 뒤에서 껴안는 등의 신체적 접촉행위
· 가슴 · 엉덩이 등 특정 신체부위를 만지는 행위
· 안마나 애무를 강요하는 행위

- 언어적 행위
· 음란한 농담을 하거나 음탕하고 상스러운 이야기를 하는 행위(전화통화 포함)
· 외모에 대한 성적인 비유나 평가를 하는 행위
· 성적인 사실 관계를 묻거나 성적인 내용의 정보를 의도적으로 퍼뜨리는 행위
· 성적인 관계를 강요하거나 회유하는 행위
· 회식자리 등에서 무리하게 옆에 앉혀 술을 따르도록 강요하는 행위

- 시각적 행위
· 음란한 사진 · 그림 · 낙서 · 출판물 등을 게시하거나 보여주는 행위(컴퓨터통신이나 팩시밀리 등을 이용하는 경우 포함)
· 성과 관련된 자신의 특정 신체부위를 고의적으로 노출하거나 만지는 행위

- 그 밖에 사회통념상 성적 굴욕감 또는 혐오감을 느끼게 하는 것으로 인정되는 언어나 행동

- 채용탈락, 감봉(減俸), 승진탈락, 전직(轉職), 정직(停職), 휴직, 해고 등과 같이 채용 또는 근로조건을 일방적으로 불리하게 하는 것

II. 성희롱 관련법규의 주요 내용

1. 직장내 성희롱

(1) 개　념

'직장 내 성희롱'이라 함은 사업주 · 상급자 또는 근로자가 직장 내의 지위를 이용하거나 업무와 관련하여 다른 근로자에게 성적 언동 등으로 성적 굴욕감 또는 혐

오감을 느끼게 하거나 성적 언동 또는 그 밖의 요구 등에 따르지 아니하였다는 이유로 고용에서 불이익을 주는 것으로(남녀고용평등과 일 · 가정 양립지원에 관한 법률 제2조 제2호), 사업주, 상급자 또는 근로자는 직장 내에서의 성희롱을 금지하고 있다.(남녀고용평등과 일 · 가정 양립지원에 관한 법률 제12조).

따라서 사업주가 이를 위반하여 직장내에서 성희롱을 한 경우에는 1천 만 원 이하의 과태료를 부과 받게 된다(남녀고용평등과 일 · 가정 양립지원에 관한 법률 제39조 제1항). 또 사업주는 고객 등 업무와 밀접한 관련이 있는 자가 업무수행 과정에서 성적인 언동 등을 통하여 근로자에게 성적 굴욕감 또는 혐오감 등을 느끼게 하여 해당 근로자가 그로 인한 고충 해소 등을 요청할 경우 근무장소 변경, 배치전환 등 가능한 조치를 취하여야 하며(남녀고용평등과 일 · 가정 양립지원에 관한 법률 제14조의2 제1항), 이 같은 피해를 주장하거나 고객 등으로부터의 성적 요구 등에 불응한 것을 이유로 해고나 그 밖의 불이익한 조치를 하여서는 아니 되며(남녀고용평등과 일 · 가정 양립지원에 관한 법률 제14조의 2 제2항), 이를 위반할 경우에는 500만 원 이하의 과태료를 부과 받게 된다(남녀고용평등과 일 · 가정 양립지원에 관한 법률 제39조 제2항).

과태료는 질서위반에 대한 제재조치로서 부과, 징수되는 금전으로 간접적으로 행정상의 질서에 장애를 줄 우려가 있는 정도의 단순한 의무태만에 대하여 과하게 된다는 점에서 형벌과 구분되며, 따라서 과태료는 전과(前科)로 되지 않고 다른 형벌과 누범관계도 발생하지 않는다. 그러나 '질서위반행위' 라 함은 법률(지방자치단체의 조례 포함)상의 의무를 위반하여 과태료가 부과되는 행위(질서위반행위 규제법 제2조 제1호 1본문)를 말하는데, 사법상 · 소송법상 의무를 위반하여 과태료가 부과되는 행위(민법 · 상법 등 사인간의 법률관계를 규율하는 법 또는 민사소송법 · 가사소송법 · 민사집행법 · 형사소송법 · 민사조종법 등 분쟁해결에 관한 절차를 규율하는 법률상의 의무를 위반하여 과태료가 부과되는 행위) 법률에 따른 징계사유에 해당하여 과태료를 부과 받는 행위(공증인법 · 법무사법 · 변리사법 · 변호사법 등 기관 · 단체 등이 질서유지를 목적으로 구성원의 의무위반에 대하여 제재할 수 있도록 규정하는 법률에 따른 징계사유에 해당하여 과태료를 부과 받는 행위) 등은 질서위반행위에 해당하지 않는다.

◎ 과태료와 구별되는 개념

· **벌금**(罰金) 형벌의 일종으로 그 금액이 많다는 점에서 과료(科料)와 다르고, 재산권을 일방적으로 국가에 이전시키는 효과를 수반하는 몰수(沒收)와 구별된다. 「형법」상 벌금은 5만 원 이상이며, 판결 확정일로 부터 30일 이내에 납입해야 한다. 이를 납입하지 않을 경우 노역장에 유치될 수 있다(형법 제45조 · 형법 제69조).

· **과료**(科料) 형법에서 정하고 있는 형벌의 일종으로서 형사소송절차에 따라 검사의 명령에 의해 집행된다(형법 제41조 · 형법 제47조 및 형사소송법 제477조제1항).

· **범칙금**(犯則金) 「도로교통법」을 위반한 범칙자가 통고처분에 의해 국고에 납부해야 할 금전을 말한다. 범칙금제도는 일정한 금액의 범칙금의 납부를 통고하고, 그 통고를 받은 자가 기간 내에 이를 납부한 경우에는 해당 범칙행위에 대하여 공소 제기가 되지 않고, 납부하지 않았을 경우에 형사 처벌 절차가 진행되는 「도로교통법」에 따른 제도이다.(도로교통법 제162조, 도로교통법 제163조, 도로교통법 제164조 및 도로교통법 제165조).

· **과징금**(課徵金) 행정법상의 의무불이행으로 인해 발생한 경제적 이익을 상쇄(相殺)하거나 의무불이행에 대해 행정처분에 갈음하여 부과하는 제재적 금전부담을 말한다.(예: 「독점규제 및 공정거래에 관한 법률」 제6조, 「수질 및 수생태계 보전에 관한 법률」 제43조)

(2) 피해자의 범위

남녀고용평등과 일 · 가정 양립 지원에 관한 법률에서 피해자라 함은 다른 근로자를 말한다고 하여, 사업주는 피해자가 될 수 없으며, 일반적으로 피해자는 주로 여성근로자가 되겠으나 성별을 구별하지 않는다. 또 정규직이 아닌 아르바이트, 파트타임 등 비정규적 근로자도 피해자가 될 수 있으며, 채용과정에 있는 구직자도 피해자의 범위에 포함된다. 나아가 업무의 연속성이 있고 같은 근로공간에서 근무하는 경우에는 협력업체 근로자도 피해자가 될 수 있으며, 퇴직한 경우에도 행위당시 근로자인 경우에는 성희롱 피해자에 해당한다.

근로청소년의 경우 사업주에게 고용된 자뿐만 아니라 취업할 의사를 가진 자도 포함되며(남녀고용평등과 일 · 가정 양립 지원에 관한 법률 제2조제4호) 따라서 모집 채용 과정 중에 있는 응시자도 직장 내 성희롱의 피해자가 될 수 있다. 직장 내 성희롱 피해를 입은 근로청소년 또는 피해 발생을 주장하는 근로청소년을 해고하거나 그 밖의 불리한 조치를 취한 사업주는 3년 이하의 징역이나 2천만 원 이하의 벌금에 처하도록 하고 있다(남녀고용평등과 일 · 가정 양립 지원에 관한 법률 제37조제2항 제2호).

직장 내 성희롱 피해를 당한 근로청소년이 성희롱 행위자를 고소, 고발하는 경우에 그에 관한 법령의 내용이나 절차 등에 대하여 대한법률구조공단에서 상담을 받을 수 있으며(법률구조법 제1조, 법률구조법 제21조), 차별행위를 이유로 하여 국가인권위원회에 진정할 수 있다(국가인권위원회법 제2조 제4호라목, 국가인권위원회법 제30조제1항 제2호).

(3) 성희롱이 발생한 경우 사업주의 의무

1) 피해자에 대한 불이익 조치의 금지

사업주는 직장 내 성희롱과 관련하여 피해를 입은 근로자나 성희롱의 피해를 주장하는 근로자를 해고하거나 그 밖의 불리한 조치를 해서는 안 되며(남녀고용평등과 일 · 가정 양립 지원에 관한 법률 제14조제2항), 이를 위반한 경우에는 3년 이하의 징역 또는 2천만 원 이하의 벌금에 처하도록 하고 있다(남녀고용평등과 일 · 가정 양립 지원에 관한 법률 제37조제2항 제2호). 따라서 사업주는 고객 등 업무와 밀접한 관련이 있는 자가 업무수행 과정에서 성적인 언동 등으로 근로자에게 성적 굴욕감 내지 혐오감 등을 느끼게 하여 해당 근로자가 고충 등의 해소를 요청하는 경우에는 근무 장소의 변경, 배치전환 등 가능한 조치를 하지 않으면 안 된다(남녀고용평등과 일 · 가정 양립 지원에 관한 법률 제14조의2제1항).

사업주는 근로자가 위에 해당하는 피해를 주장하거나 고객 등으로부터의 성적 요구 등에 불응한 것을 이유로 해고 기타 불이익이 되는 조치를 취해서는 안 되며(남녀고용평등과 일 · 가정 양립 지원에 관한 법률 제14조의2 제2항), 이를 위반할 경우에는 500만원의 과태료를 부과 받게 된다(남녀고용평등과 일 · 가정 양립 지원에 관한 법률 제39조 제2항 제2호, 남녀고용평등과 일 · 가정 양립 지원에 관한 법률 시행령 제22조제1항 및 별표 제3호).

만약 불이익한 조치를 받은 성희롱 피해자는 지방노동관서에 그 사실을 진정하거나, 고소 · 고발할 수 있으며, 불이익 조치 후 5년이 지나지 않은 성희롱 사건의 경우에 한하여 지방노동관서에 진정하거나 고소 · 고발 등을 제기할 수 있다. 이 경우 근로감독관은 「근로기준법」 그 밖의 노동관계 법령 위반에 대하여 「사법경찰관리의 직무를 행할 자와 그 직무범위에 관한 법률」에 따라 사법경찰관의 직무를 수행하게 된다(근로기준법 제102조제5항).

2) 부당해고 금지 등

사용자는 근로자를 정당한 이유 없이 해고, 휴직, 정직, 전직(轉職), 감봉, 그 밖의 징벌을 할 수 없으므로(근로기준법 제23조제1항), 사용자는 근로자가 성희롱 피해사실을 주장하는 것을 사유로 부당해고 등을 할 수 없다. 따라서 사용자가 근로자를 부당하게 해고 등을 할 경우 근로자는 노동위원회에 구제를 신청할 수 있다(근로기준법 제28조 제1항). 구제신청은 부당해고 등이 있는 날로 부터 3개월 이내에 해야 하며(근로기준법 제28조 제1항), 부당해고 등에 대한 구제명령을 이행하지 않은 사용자는 다음의 구분에 따라 이행강제 금을 부과 받게 된다(근로기준법 제33조제4항, 근로기준법 시행령 제13조 및 별표 3).

· 정당한 이유 없는 해고에 대한 구제명령을 이행하지 않은 자: 500만 원 이상 2,000만 원 이하
· 정당한 이유 없는 휴직, 정직에 대한 구제명령을 이행하지 않은 자: 250만 원 이상 1,000만 원 이하
· 정당한 이유 없는 전직(轉職), 감봉에 대한 구제명령을 이행하지 않은 자: 200만원 이상 500만 원 이하
· 정당한 이유 없는 그 밖의 징벌에 대한 구제명령을 이행하지 않은 자: 100만원 이상 500만 원 이하

근로자의 구제신청에 따라 확정된 구제명령 또는 행정소송을 제기하여 확정된 구제명령 또는 구제명령을 내용으로 하는 재심판정을 이행하지 않은 사업자는 1년 이하의 징역 또는 1천만원 이하의 벌금에 처하게 된다(근로기준법 제111조).

3) 국가인권위원회 진정에 대한 불이익 금지

누구든지 「국가인권위원회법」에 따라 국가인권위원회에 진정, 진술, 증언, 자료 등의 제출 또는 답변을 했다는 이유만으로 해고, 전보, 징계, 부당한 대우 그 밖에 신분이나 처우와 관련해 불이익을 받지 않는다(국가인권위원회법 제55조제1항).

4) 성희롱 예방교육

사업주는 직장 내 성희롱 예방을 위한 교육을 연 1회 이상 실시해야 한다(남녀고용평등과 일 · 가정 양립 지원에 관한 법률 제13조 제1항 및 남녀고용평등과 일 · 가정 양립 지원에 관한 법률 시행령 제3조제1항). 이를 위반한 자는 200만원의 과태료를 부과 받게 된다(남녀고용평등과 일 · 가정 양립 지원에 관한 법률 제39조제3항 제1호, 남녀고용평등과 일 · 가정 양립 지원에 관한 법률 시행령 제22조 제1항 및 별표 제7호).

성희롱 예방교육에는 다음의 내용이 포함되어야 한다(남녀고용평등과 일 · 가정 양립 지원에 관한 법률 제13조 제2항 및 남녀고용평등과 일 · 가정 양립 지원에 관한 법률 시행령 제3조 제2항).

· 직장 내 성희롱에 관한 법령
· 해당 사업장의 직장내 성희롱 발생시 처리 절차와 조치 기준
· 해당 사업장의 직장내 성희롱 피해 근로자의 고충상담 및 구제 절차
· 그 밖에 직장 내 성희롱 예방에 필요한 사항

성희롱 예방교육은 사업의 규모나 특성 등을 고려하여 직원연수 · 조회 · 회의, 인터넷 등 정보통신망을 이용한 사이버 교육 등을 통하여 할 수 있으나, 단순히 교육자료 등을 배포 · 게시하거나 전자우편을 보내거나 게시판에 공지하는 등과 같이 근로자에게 교육 내용이 제대로 전달되었는지 확인하기 곤란한 경우에는 예방교육을 한 것으로 보지 않는다(남녀고용평등과 일 · 가정 양립 지원에 관한 법률 시행령 제3조 제3항).

그러나 다음의 어느 하나에 해당하는 사업의 사업주는 성희롱 예방교육의 내용을 근로자가 알 수 있도록 홍보물을 게시하거나 배포하는 방법으로 직장 내 성희롱 예방교육을 할 수 있다(남녀고용평등과 일 · 가정 양립 지원에 관한 법률 시행령 제3조 제4항).

· 상시 10명 미만의 근로자를 고용하는 사업

· 사업주 및 근로자 모두가 남성 또는 여성 중 어느 한 성(性)으로 구성된 사업

· 사업주가 소속 근로자에게 「근로자직업능력 개발법」 제24조에 따라 인정받은 훈련과정 중 성희롱 예방 교육 내용이 포함되어 있는 훈련과정을 수료하게 한 경우에는 그 훈련과정을 마친 근로자에게는 성희롱 예방교육을 한 것으로 본다(남녀고용평등과 일 · 가정 양립 지원에 관한 법률 시행령 제3조 제5항).

(4) 피해자의 대응

성희롱의 경우 피해사실을 입증하기 매우 어려우며 신속한 처리가 필요하다는 점에서 즉각적인 대응이 필요하다. 또 피해자는 사업주 또는 고충처리위원에게 고충을 신고하거나 명예고용평등감독관이나 그 밖에 고용평등상담실 등을 이용하여 상담을 받을 수 있으며, 피해 근로자는 사업주가 성희롱을 하거나 성희롱 가해자에 대하여 적절한 조치를 취하지 않을 경우 지방노동관서에 신고하고, 성희롱 피해자나 이를 알고 있는 다른 사람은 국가인권위원회에서 상담을 받거나 국가인권위원회에 진정할 수 있다.

나아가 피해 근로자는 가해자 및 사용자를 상대로 하여 손해배상을 청구할 수 있다. 그러나 성범죄에 해당하거나 형사 처벌의 대상이 되는 경우, 가해자를 수사기관에 신고하고, 사업주가 피해 근로자에게 불리한 조치를 취한 경우에는 사업주를 신고할 수 있다.

1) 즉각적인 대응

상대방과의 인간관계를 고려하여 거부의사를 명확히 하지 않을 경우에는 성희롱을 용인하거나 이에 동조하는 의사로 받아들여질 수 있다는 점에서 즉각적인 거부의사를 밝힐 필요가 있다. 성희롱의 거부의사를 직접적으로 표시하기 어려운 경우에는 중단할 것을 요구하는 서신을 발송하는 것도 고려해 볼 수 있다. 이 같은 서신은 후에 증거자료가 될 수 있으므로 당시의 상황을 정확히 기록하고 내용증명의 우편으로 보내어 적법한 증거자료로 활용할 수 있도록 하는 것이 바람직하다. 아울러 그에 대한 사과와 손해를 배상할 것을 요구할 필요가 있다. 이를 위하여 증거자료의 확보가 중요하다.

성희롱을 거부했음에도 거부의사가 받아들여지지 않을 경우에는 법적으로 해결

하기 위하여 성희롱을 당한 날짜, 시간, 장소 등 구체적인 내용이나 목격자, 증인, 성적인 언어나 행동에 대한 느낌 등을 구체적으로 기록할 필요가 있다.

법적인 문제가 발생하면 상대방은 피해자의 직장에서 업무능력이나 실적 등을 문제 삼을 수 있는 가능성이 있으므로, 자신의 업무수행에 관한 기록이나 그 밖의 증거자료의 사본을 보관해 두는 것이 바람직하다.

2) 고충신고

근로자는 직장 내 성희롱의 금지 및 예방과 관련하여 사업주에게 고충신고를 할 수 있다(남녀고용평등과 일 · 가정 양립 지원에 관한 법률 제25조). 신고가 있을 경우에는 회사의 고충처리절차에 따라 고충처리기구의 담당자나 인사부서, 노무 담당 부서에서 고충을 접수하게 되며, 신고는 구두, 서면, 우편, 전화, 팩스 또는 인터넷 등의 방법으로 할 수 있도록 하고 있다(남녀고용평등과 일 · 가정 양립 지원에 관한 법률 시행령 제18조제1항).

또 근로자는 직장 내 성희롱의 금지 및 예방과 관련하여 고충사항이 있을 때에는 「근로자참여 및 협력증진에 관한 법률」 제26조에 따라 고충처리위원에게 구두 또는 서면으로 신고할 수 있다. 이 때 신고를 접수한 고충처리위원은 지체 없이 그 내용을 처리해야 하는데(근로자참여 및 협력증진에 관한 법률 시행령 제7조), 이를 위하여 모든 사업 또는 사업장에는 근로자의 고충을 듣고 이를 처리하기 위한 고충처리위원을 두어야 하며, 다만 상시 30명 미만의 근로자를 사용하는 사업이나 사업장은 고충처리위원을 두지 않아도 된다(근로자참여 및 협력증진에 관한 법률 제26조).

고충처리위원은 근로자로부터 고충사항을 접수한 때에는 10일 이내에 조치 사항과 그 밖의 처리결과에 대하여 해당 근로자에게 통보해야 한다(근로자참여 및 협력증진에 관한 법률 제28조제1항). 그러나 고충처리위원이 처리하기 곤란한 사항에 대해서는 노사협의회(근로자와 사용자가 참여와 협력을 통하여 근로자의 복지증진과 기업의 건전한 발전을 도모하기 위해 구성하는 협의기구)의 회의에 부쳐 협의하여 처리하여야 한다(근로자참여 및 협력증진에 관한 법률 제28조제2항).

뿐만 아니라 성희롱 피해를 입은 근로자 및 성희롱 피해를 주장하는 근로자는 사업주가 「남녀고용평등과 일 · 가정 양립 지원에 관한 법률」에 따른 직장 내 성희롱 금지의무, 가해자 조치 의무 및 피해 주장 근로자에 대한 불이익 금지의무를 위반한 경우에는 사업장을 관할하는 지방노동관서에 신고할 수 있다.

3) 국가인권위원회에 대한 구제신청

성희롱 피해자나 이를 알고 있는 다른 사람은 국가인권위원회에서 상담 및 진정할 수 있는데, 진정을 접수한 국가인권위원회는 사건을 조사하고, 합의권고 또는 구제조치나 고발 및 징계 권고를 할 수 있으며, 조정 절차를 시작하거나 조정에 갈음하는 결정을 할 수 있다. 진정은 차별행위를 당한 사람이나 그 사실을 알고 있는 사람 및 단체는 위원회에 그 내용을 진정할 수 있도록 하고 있는데(국가인권위원회법 제30조제1항), 국가기관, 지방자치단체 또는 구금 · 보호시설의 업무수행(국회의 입법 및 법원 · 헌법재판소의 재판은 제외)과 관련해 차별행위를 당한 경우, 법인, 단체 또는 사인(私人)에 의하여 차별행위를 당한 경우에는 전화, 방문, 우편, 팩스, 이메일을 이용하거나 홈페이지를 방문하여 진정할 수 있도록 하였다.

또 위원회는 필요하다고 인정되는 경우에는 당사자 또는 관계인 등의 생명 및 신체의 안전과 명예의 보호 또는 증거의 확보나 증거인멸의 방지를 위해 필요한 조치를 취하거나 관계인 및 그 소속기관 등의 장에게 그 조치를 권고할 수 있다(국가인권위원회법 제48조제2항). 위원회는 조사 중이거나 조사가 끝난 진정에 대하여 사건의 공정한 해결을 위하여 필요한 구제조치를 당사자에게 제시하고 합의를 권고할 수 있는데(국가인권위원회법 제40조), 그 내용은 조사대상 인권침해나 차별행위의 중지, 원상회복 · 손해배상 기타 필요한 구제조치, 동일 또는 유사한 인권침해나 차별행위의 재발을 방지하기 위하여 필요한 조치, 법령 · 제도 · 정책 · 관행의 시정 또는 개선 등이 그것이다.

위원회는 진정을 조사한 결과 진정의 내용이 범죄행위에 해당하고 이에 대하여 형사처벌이 필요하다고 인정되는 경우에는 검찰총장에게 그 내용을 고발할 수 있으며, 위원회가 진정을 조사한 결과 인권침해가 있다고 판단되는 경우에는 피진정인 또는 인권침해의 책임이 있는 자에 대한 징계를 소속기관 등의 장에게 권고할 수 있다(국가인권위원회법 제45조 제1항 및 제2항).

조정위원회는 인권침해나 차별행위와 관련해 당사자의 신청이나 위원회의 직권으로 조정위원회에 회부된 진정에 대하여 조정절차를 착수할 수 있는데(국가인권위원회법 제42조제1항), 조정은 조정절차의 개시 이후 당사자가 합의한 사항을 조정서에 기재한 후 당사자가 기명날인하고 조정위원회가 이를 확인함으로써 성립한다(국가인권위원회법 제42조제2항). 그러나 조정절차 중에 당사자 사이에 합의가 이루어지지 않는 경우 사건의 공정한 해결을 위하여 조정에 갈음하는 결정을 할 수 있다(국가인권위원회법 제42조제3항). 조정이 성립하거나 조정에 갈음하는 결정은 법원의 판결과 같은 효력을 가지므로 가해자(피진정인)는 조정의 내용이나 조정에 갈음하는 결정에 따르지 않으면 안 된다(국가인권위원회법 제43조, 국가인권위원회법 제42조제2항).

4) 상 담

직장 내 성희롱으로 고충이 있는 근로자는 명예고용평등감독관과 상담할 수 있다(남녀고용평등과 일 · 가정 양립 지원에 관한 법률 제24조제2항 제1호). 이를 위하여 지방 노동관서의 장은 사업장 소속 근로자 중 노사가 추천하는 자를 해당 사업장의 명예고용평등감독관으로 위촉(남녀고용평등과 일 · 가정 양립 지원에 관한 법률 제24조제1항, 제36조 및 남녀고용평등과 일 · 가정 양립 지원에 관한 법률 시행령 제21조 제7호)하여 근로자에 대한 상담업무 및 노사 자율개선을 추진하도록 하여야 한다.

나아가 성희롱 피해자는 민간단체 고용평등상담실을 통하여 상담을 받을 수 있는데, 이를 위하여 지방 노동관서의 장은 전국 주요 지역에서 민간단체를 선정하여 차별과 직장 내 성희롱, 모성보호 및 일 · 가정 양립 등에 관한 상담을 전담하는 고용평등상담실을 지원하도록 하고 있다(남녀고용평등과 일 · 가정 양립 지원에 관한 법률 제23조, 제36조 및 남녀고용평등과 일 · 가정 양립 지원에 관한 법률 시행규칙 제15조제2항). 그 밖에 성희롱 피해자는 다양한 민간단체나 언론기관, 여성근로자단체 등을 통하여 상담하거나 피해구제에 관한 정보를 얻을 수 있다.

5) 고소 및 고발

성희롱이 그 정도를 넘어 성범죄에 해당하거나 형사처벌의 대상이 되는 경우에는 「형법」, 「성폭력범죄의 처벌 및 피해자보호 등에 관한 법률」 및 「경범죄처벌법」에 따라 형사처벌의 대상이 된다. 이 경우에는 가해자를 수사기관에 신고할 수도 있다. 또 사업주가 성희롱 피해자에 대한 불이익 금지의무를 위반한 경우 피해자는 사업주를 수사기관에 신고할 수 있다. 고소는 피해자가 할 수 있으며, 고발은 피해자 아닌 사람도 할 수 있다. 업무상 위력 등에 의한 간음죄와 같이 친고죄(피해자의 고소가 있어야 공소를 제기할 수 있는 범죄)에 해당하는 범죄에 대하여 고소하려면 해당 사실이 있은 날로부터 6개월 이내에 하지 않으면 안 된다.

형법 규정에 반하여 업무, 고용 그 밖의 관계로 인해 자기의 보호 또는 감독을 받는 부녀(婦女)에게 위계(僞計) 또는 위력(威力)으로 간음(姦淫)한 자는 5년 이하의 징역 또는 1천500만 원 이하의 벌금에 처하게 되며(형법 제303조 제1항) 이 때에도 피해자의 고소가 있어야 공소를 제기할 수 있다(형법 제306조). 또 명예훼손죄(형법 제307조 제1항), 출판물 등에 의한 명예훼손죄(형법 제309조), 모욕죄(형법 제311조) 및 강요죄(형법 제324조) 등에 해당하는 경우에도 검찰이나 경찰에 신고할 수 있다.

「성폭력범죄의 처벌 및 피해자보호 등에 관한 법률」에 반하는 업무 · 고용 그 밖의 관계로 인해 자기의 보호 또는 감독을 받는 사람에게 위계 또는 위력으로써 추행한 자는 2년 이하의 징역 또는 500만 원 이하의 벌금에 처한다(성폭력범죄의 처벌 및 피해자보호 등에 관한 법률 제11조제1항). 또 자기 또는 다른 사람의 성적 욕망을 유발하거나 만족시킬 목적으로 전화 · 우편 · 컴퓨터 그 밖의 통신매체를 통해 성적 수치

주요 상담소의 연락처 및 상담 내용

상담소	홈페이지 · 전화번호	상담 내용
한국성폭력 상담소	http://www.sisters.or.kr 02) 338-5801-2	온라인상담. 사이버성폭력
한국여성민우회 성폭력 상담소	http://fc.womenlink.or.kr e-mail, fc@womenlink. or.kr 02) 739-1366-7	· 성폭력(강간, 성희롱, 성추행, 스토킹) · 성지식, 성적의사소통 등에 대한 상담
한국성폭력위기센터	http://www.iffeminist.or.kr e-mail, ifkfcc@unitel. co.kr 02)430-7448	· 성폭력 및 가정폭력에 대한 대처 방안과 심리상담프로그램 소개 · 가해자 상담 프로그램 소개
사이버명예훼손 성폭력상담센터	http://www/cyberhumanright.or.kr	정보통신망을 통한 명예훼손, 모욕, 성폭력, 스토킹 등의 문제와 관련 이용자의 정당한 권리침해에 대한 상담 및 구제 지원

심이나 혐오감을 일으키는 말이나 음향, 글이나 도화, 영상 또는 물건을 상대방에게 도달하게 한 자는 2년 이하의 징역 또는 500만 원 이하의 벌금에 처한다(성폭력범죄의 처벌 및 피해자보호 등에 관한 법률 제14조).

사업주가 「남녀고용평등과 일 · 가정 양립 지원에 관한 법률」 제14조 제2항을 위반하여 직장 내에서 성희롱 피해를 주장한 근로자 또는 피해를 입은 근로자를 해고하거나 기타 불이익한 조치를 취한 경우에는 지방노동관서 외에 검찰이나 경찰에 고소 · 고발할 수 있다. 고소 또는 고발은 서면 또는 구술로써 검사 또는 사법경찰관에게 하며(형사소송법 제237조 제1항), 그러나 과태료 부과처분의 대상이 되는 성희롱 금지의무 위반에 대한 고소 · 고발은 할 수 없다. 이 경우에도 피해자의 고소가 있어야 공소를 제기할 수 있다(성폭력범죄의 처벌 및 피해자보호 등에 관한 법률 제15조).

6) 손해배상의 청구

성희롱은 위법(違法)한 행위이므로 고의 또는 과실로 인한 불법행위로 타인에게 손해를 가한 경우에는 그 손해(적극적 손해, 소극적 손해 및 위자료)를 배상할 책임이 있다(민법 제750조). 또 직장에서 다른 근로자가 사무집행과 관련하여 성희롱을 한 경우에는 사용자에게 그 손해배상을 청구할 수 있다(민법 제756조). 이 때 불법행위의 성립을 주장하는 피해자는 가해자의 고의 또는 과실에 대해 증명하여야 한다.

성희롱에 대한 위법성 판단과 관련하여 성적 표현행위의 위법성 여부는 쌍방 당사자의 연령이나 관계, 행위가 행해진 장소 및 상황, 성적 동기나 의도의 유무, 행위에 대한 상대방의 명시적 또는 추정적인 반응의 내용, 행위의 내용 및 정도, 행위가 일회적 또는 단기간의 것인지 아니면 계속적인 것인지 여부 등의 구체적 사정을 종합하여, 그것이 사회공동체의 건전한 상식과 관행에 비추어 볼 때 용인될 수 있는 정도의 것인지, 즉 선량한 풍속 또는 사회질서에 위반되는 것인지 여부에 따라 결정되어야 한다.

또 피해자가 가해자의 성희롱을 거부하였다는 이유로 보복적으로 해고를 당하였든지 아니면 근로환경에 부당한 간섭을 당했다든지 하는 사정은 위자료를 산정하는 데에 참작사유가 되는 것에 불과할 뿐 불법행위의 성립 여부를 좌우하는 요소가 되는 것은 아니다.[3] 손해배상의 청구는 피해자나 그 법정대리인이 손해 및 가해자를 안 날로부터 3년 이내에, 성희롱이 있은 날로부터 10년 내에 청구해야 한다(민법 제

766조).

2. 공공기관 및 구금 · 보호시설 내의 성희롱금지

(1) 공공기관 내에서의 성희롱 금지

공공기관에서 근무하는 사람이나 공공기관의 이용자 또는 구금 · 보호시설 등의 수용자가 성희롱을 당한 경우에는 관련 법령에 따라 구제를 받을 수 있다. 여기에서의 공공기관이라 함은 국가인권위원회법 제2조 제6호에서 규정한 국가기관, 지방자치단체, 「초 · 중등교육법」 및 「고등교육법」그 밖의 다른 법률에 따라 설치된 각급학교, 「공직자윤리법」 제3조 제1항제12호에 따른 공직유관단체로서, 공직유관단체라 함은 공직자윤리법 제3조의 2 제1항에서 규정한 한국은행, 공기업, 정부의 출자 · 출연 · 보조를 받는 기관 · 단체(재출자 · 재출연 포함), 그 밖에 정부 업무를 위탁받아 수행하는 기관 · 단체, 「지방공기업법」에 따른 지방공사 · 지방공단 및 지방자치단체의 출자 · 출연 · 보조를 받는 기관 · 단체(재출자 · 재출연 포함), 그 밖에 지방자치단체의 업무를 위탁받아 수행하는 기관 · 단체, 임원 선임 시 중앙행정기관의 장 또는 지방자치단체 장의 승인 · 동의 · 추천 · 제청 등이 필요한 기관 · 단체나 중앙행정기관의 장 또는 지방자치단체의 장이 임원을 선임 · 임명 · 위촉하는 기관 · 단체를 말한다.

또 '구금 · 보호시설' 이라 함은 「국가인권위원회법」 제2조 제2호에서 규정한 교도소 · 소년교도소 · 구치소 및 그 지소, 보호감호소, 치료감호시설, 소년원 및 소년분류심사원, 경찰서 유치장 및 사법경찰관리가 그 직무수행을 위해 사람을 조사 · 유치 또는 수용하는 데 사용하는 시설, 군교도소(지소 · 미결수용실 및 헌병대영창 포함), 외국인보호소, 다수인보호시설 등을 말한다. 다수인 보호시설이라 함은 「국가인권위원회법」제2조 제3호 및 「국가인권위원회법 시행령」 제2조에 규정한 시설로서, 「아동복지법」 제16조 제1항 제1호에서 제6호까지의 규정에 따른 아동양육시설 · 아동일시보호시설 · 아동보호치료시설 · 아동직업훈련시설 · 자립지원시설 및 아동단기보호시설, 「장애인복지법」 제58조 제1항 제1호에 따른 장애인생활시설,

3) 대법원 1998.2.10. 선고 95다39533 판결.

「정신보건법」제3조 제3호부터 제5호까지의 규정에 따른 정신의료기관(수용시설을 갖추고 있는 것에 한함) · 정신질환자사회복귀시설 및 정신요양시설, 부랑인의 보호 및 재활을 목적으로 「사회복지사업법」 제34조 제1항 또는 제2항에 따라 설치된 사회복지시설, 노인주거복지시설로서 「노인복지법」 제32조 제1항 제1호 및 제2호에 따른 양로시설 및 실비양로시설, 노인의료복지시설로서 「노인복지법」 제34조 제1항 제1호 및 제2호에 따른 노인요양시설 및 실비노인요양시설, 「보호관찰 등에 관한 법률」 제67조에 따른 갱생보호사업의 허가를 받은 자가 갱생보호사업을 위해 설치한 시설(수용시설을 갖추고 있는 것에 한함) 등을 말한다.

(2) 성희롱 피해자의 대응

공공기관의 종사자나 구금 · 보호시설에서 업무수행을 하는 자는 다른 종사자나 구금 · 보호시설의 수용자 등 다른 사람에 대하여 성희롱을 해서는 안 되며, 공공기관의 종사자가 성희롱을 당했을 경우에는 해당 기관 내 설치된 고충상담창구를 통해 상담하고, 기관 내에 마련된 성희롱 고충처리 절차에 따라서 분쟁을 처리하여야 한다.

1) 국가인권위원회에 구제신청

국가기관, 지방자치단체 또는 구금 · 보호시설의 업무수행(국회의 입법 및 법원 · 헌법재판소의 재판은 제외)과 관련하여 성희롱을 당한 사람이거나 또는 그 사실을 알고 있는 사람이나 단체는 국가인권위원회에 진정할 수 있다(국가인권위원회법 제30조 제1항 제1호). 진정을 접수한 위원회는 사건을 조사하고 합의권고, 구제조치 등의 권고 또는 고발 및 징계권고를 하거나 조정 절차 또는 조정에 갈음하는 결정을 한다.

구금 · 보호시설의 수용자가 위원회에 진정하는 경우에는 그 시설에 소속된 공무원 또는 직원은 그 자에게 즉시 진정서 작성을 위한 시간과 장소 및 편의를 제공해야 한다(국가인권위원회법 제31조 제1항). 시설수용자가 위원회 위원 또는 소속 직원의 면전에서 진정하기를 원하는 경우, 소속 공무원 등은 즉시 그 뜻을 위원회에 통보해야 한다(국가인권위원회법 제31조 제2항). 소속 공무원 등으로부터 시설수용자가 진정을 원한다는 뜻의 통보를 받거나 시설수용자가 진정을 원한다고 믿을 만한 상당한 근거가 있을 경우에 위원회는 위원 등이 구금 · 보호시설을 방문하여 진정을 원하는 시설수용자로부터 구술 또는 서면으로 진정을 접수하도록 하고, 진정을 접수한 위원 등은 즉시 접수증명원을 작성하여 진정인에게 교부하도록 하였다(국가인권위원회법 제31조 제4항).

방문조사를 하는 위원 등은 시설수용자와 면담할 수 있으며 시설수용자에게 구술 또는 서면으로 사실 또는 의견을 진술하도록 할 수 있다(국가인권위원회법 제31조 제5항, 제24조 제4항). 이 때 시설에 수용되어 있는 진정인(진정을 하려는 자 포함)과 위원 등과의 면담에서는 구금 · 보호시설의 직원이 참여하거나 그 내용 등을 청취 내지 녹취할 수 없으며, 다만, 보이는 거리에서 시설수용자를 감시할 수 있다(국가인권위원회법 제31조 제6항).

조정이 성립하거나 조정에 갈음하는 결정이 있을 경우에는 성희롱의 가해자는 그 조정 내용에 따르지 않으면 안 된다.

2) 학교 내에서 성희롱 피해자의 진정

국가인권위원회법 제30조 제1항에 의하여 성희롱에 의한 피해 학생은 위원회에 구제신청을 할 수 있다(국가인권위원회법 제30조 제1항). 또 「초 · 중등교육법」및 「고등교육법」그 밖의 다른 법률에 따라 설치된 각급 학교도 공공기관에 포함되므로 공공기관 종사자가 자신의 지위를 이용하거나 업무와 관련해 성희롱을 했을 경우 성희롱 피해자는 위원회에 진정하여 구제받을 수 있다(국가인권위원회법 제2조 제6호 다목). 각 대학에서는 성희롱이 발생할 경우에 가해자의 처벌을 위한 학칙을 두는 경우가 많으므로, 이때 징계절차 등에 대해서는 학칙에 따르게 된다.

(3) 국가기관 등에 손해배상 청구

국가나 지방자치단체 등에서 직무를 집행 중인 공무원으로부터 직무를 집행하는 과정에서 성희롱으로 인하여 타인에게 손해를 입은 경우, 피해자는 국가나 지방자치단체에 대하여 그로 인한 손해배상을 청구할 수 있다(국가배상법 제2조 본문). 이 경우 직무집행행위는 그 자체 뿐만 아니라 외형상 직무와 관련이 있는 행위를 포함하며[4], 성희롱 가해자인 공무원의 범위는 행정부, 지방자치단체 소속 공무원뿐만

4) 대법원 2001.1.5. 선고 98다39060판결.

아니라 널리 입법부 및 사법부 소속의 공무원도 포함하며, 사인(私人)이라도 공무를 위탁받아 공무를 수행하는 경우, 일시적인 사무라 하더라도 공무원에 해당한다.

성희롱 피해자인 '타인'이라 함은 성희롱 행위를 한 자나 그 행위에 가담한 자를 제외한 모든 피해자로서 국가나 지방자치단체를 이용하거나 직무집행 중인 공무원과 접촉하고 있던 일반인을 포함한다. 그러나 다른 공무원이라도 성희롱 피해를 입은 이상 여기에서의 타인에 해당한다.

성희롱 피해자는 국가 등에 대한 손해배상청구 외에 성희롱 가해자인 공무원을 상대로 손해배상을 청구할 수 있다(민법 제750조). 이 경우 가해 공무원에게 고의 또는 중과실이 있을 경우에 한하여 당해 공무원 개인도 손해배상책임을 진다.

(4) 수사기관에 신고

피해자에 대한 행위가 성범죄 등 형사처벌의 대상이 되는 경우에는 수사기관에 신고할 수 있다. 즉 법률에 따라 구금(拘禁)된 부녀를 감호(監護)하는 자가 부녀를 간음(姦淫)한 때에는 7년 이하의 징역에 처하며(형법 제303조 제2항), 업무 · 고용 기타 관계로 인해 자기의 보호 또는 감독을 받는 사람에 대하여 위계(僞計) 또는 위력(威力)으로 추행한 자는 2년 이하의 징역 또는 500만원 이하의 벌금에 처한다(성폭력범죄의 처벌 및 피해자보호 등에 관한 법률 제11조 제1항).

법률에 따라 구금(拘禁)된 사람을 감호(監護)하는 자가 추행한 때에는 3년 이하의 징역 또는 1천500만원 이하의 벌금에 처해게 된다(성폭력범죄의 처벌 및 피해자보호 등에 관한 법률 제11조제2항). 추행(醜行)은 주관적인 목적이나 경향을 불문하고 객관적으로 일반인에게 성적(性的) 수치심(羞恥心)이나 혐오감(嫌惡感)을 느끼게 하는 일체의 행위를 말하는데, 이때에는 객관적으로 성적인 수치심이나 도덕감을 현저히 해할 수 있을 정도의 중요한 행위에 제한된다.

3. 공공장소에서의 성희롱

(1) 발생유형

대중교통수단이나 공연 · 집회장소 그 밖에 공중이 밀집하는 장소에서 다른 사람에게 성적(性的) 언동을 하여 수치심을 느끼게 하거나 불쾌감을 느끼게 하는 경우도 성희롱에 해당한다. 즉 가슴, 다리와 같이 성적 욕망이나 수치심을 일으킬 수 있는 신체를 상대방의 뜻에 반하여 촬영하는 경우가 그 예로서 대중교통수단이나 공연·집회장소 그 밖에 공중이 밀집한 장소에서 사람을 추행한 자는 1년 이하의 징역 또는 300만 원 이하의 벌금에 처하도록 하고 있다(성폭력범죄의 처벌 및 피해자보호 등에 관한 법률 제13조). 이 경우에는 피해자의 고소가 있어야 공소를 제기할 수 있다(성폭력범죄의 처벌 및 피해자보호 등에 관한 법률 제15조).

카메라 기타 이와 비슷한 기능을 갖춘 기계장치를 이용하여 성적 욕망 또는 수치심을 일으킬 수 있는 다른 사람의 신체를 그의 의사에 반해 촬영하거나 그 촬영물을 반포·판매·임대 또는 공연히 전시·상영한 자는 5년 이하의 징역 또는 1천만 원 이하의 벌금에 처한다(성폭력범죄의 처벌 및 피해자보호 등에 관한 법률 제14조의2 제1항).

(2) 피해자의 대응

1) 수사기관에 신고

대중교통 및 공연·집회장소 그 밖에 공중이 밀집하는 장소 등에서 다른 사람으로부터 추행을 당한 경우에는 가해자를 수사기관에 신고하고, 나아가 카메라 등을 이용해 욕망 또는 수치심을 유발할 수 있는 신체를 의사에 반하여 촬영당한 사람은 수사기관에 신고하여야 한다.

2) 손해배상청구

공공장소에서 성희롱으로 인하여 피해를 입은 경우에는 행위자에 대하여 그로 인한 손해배상을 청구할 수 있다(민법 제750조). 그러나 공공장소 등에서 성희롱을 당했더라도 가해자가 자신의 지위를 이용하거나 업무와 관련하여 성희롱 한 것이 아니라면 「국가인권위원회법」이나 「남녀고용평등과 일·가정 양립 지원에 관한 법률」에 따른 구제를 받을 수 없다.

4. 사회적 약자에 대한 성희롱

(1) 장애인에 대한 성희롱

1) 장애인에 대한 성희롱 금지

장애인의 신체적 · 정신적 상태를 이용한 희롱, 추행 등으로부터 장애인을 보호하기 위해 「장애인차별금지 및 권리구제 등에 관한 법률」은 장애인의 수치심을 자극하는 언어표현, 희롱 등을 금지하고 있다. 따라서 장애인의 성적 자기결정권을 침해하거나 수치심을 자극하는 언어적 표현, 희롱, 장애 상태를 이용한 추행 및 강간을 금지하고 있으며(장애인차별금지 및 권리구제 등에 관한 법률 제32조 제5항), 악의적으로 「장애인차별금지 및 권리구제 등에 관한 법률」에서 금지한 차별행위를 한 자는 3년 이하의 징역 또는 3천만원 이하의 벌금에 처하도록 규정하고 있다(장애인차별금지 및 권리구제 등에 관한 법률 제49조 제1항).

2) 피해자의 대응

가. 상 담

성적 괴롭힘 등의 피해를 입은 장애인은 장애인차별금지 및 권리구제에 관한 법률 제32조 제2항에 의하여 상담 및 치료, 법률구조 및 그 밖에 적절한 조치를 받을 수 있다. 이 경우 장애인은 괴롭힘 등의 피해를 신고했다는 이유로 불이익한 처우를 받지 않는다(장애인차별금지 및 권리구제 등에 관한 법률 제32조 제2항).

나. 국가인권위원회에 대한 구제신청

장애인에 대한 괴롭힘 등으로 피해를 입은 사람, 또는 그 사실을 알고 있는 사람이나 단체는 국가인권위원회에 그 내용을 진정할 수 있다(장애인차별금지 및 권리구제 등에 관한 법률 제38조). 「장애인차별금지 및 권리구제 등에 관한 법률」 제38조에 의하여 성희롱 피해를 입은 장애인이 인권위원회에 진정을 하게 되면 인권위원회는 「국가인권위원회법」제2조제5호에서의 성희롱 개념에 따라 지위를 이용하거나 업무와 관련한 성적 언동 여부와 성적 수치심을 느꼈는지 여부 등을 판단하게 된다.

다. 시정명령 신청

장애인에 대한 차별행위로 인권위원회의 권고를 받은 자가 정당한 사유 없이 권고를 이행하지 않고 다음의 어느 하나에 해당하는 경우 피해자는 법무부장관에게 시정명령을 신청할 수 있다(장애인차별금지 및 권리구제 등에 관한 법률 제43조 제1항). 즉 피해자가 다수인인 차별행위에 대한 권고 불이행, 반복적 차별행위에 대한 권고 불이행, 피해자에게 불이익을 주기 위한 고의적 불이행, 그 밖에 시정명령이 필요한 경우 법무부장관은 시정명령으로 차별행위자에게 다음의 조치를 명할 수 있다(장애인차별금지 및 권리구제 등에 관한 법률 제43조 제1항 및 제2항). 즉 차별행위의 중지, 피해의 원상회복, 차별행위의 재발방지를 위한 조치, 그 밖에 차별시정을 위해 필요한 조치 등이다.

법무부장관의 시정명령에 대하여 불복하는 관계 당사자는 그 명령서를 송달받은 날부터 30일 이내에 행정소송을 제기할 수 있으며(장애인차별금지 및 권리구제 등에 관한 법률 제44조 제1항), 기간 이내에 행정소송을 제기하지 않은 경우에 그 시정명령은 확정되게 된다(장애인차별금지 및 권리구제 등에 관한 법률 제44조 제2항).

라. 신 고

장애인에 대한 성희롱이 정도를 넘어 성폭력 또는 성범죄에 해당하는 경우에는 검찰이나 경찰에 신고할 수 있다. 형법과 성폭력범죄의 처벌 및 피해자보호 등에 관한 법률에서 정신장애 상태 등을 이용한 성범죄를 처벌하는 규정을 두고 있으며 장애인을 상대로 한 성범죄를 처벌하는 별도의 규정을 두고 있다. 즉 사람의 심신상실 또는 항거불능의 상태를 이용하여 간음 또는 추행을 한 사람은 간음, 강제추행죄의 의하여 처벌하게 되며(형법 제299조), 신체장애 또는 정신상의 장애로 항거불능인 상태를 이용해 여자를 간음하거나 사람을 추행한 자는 3년 이상의 유기징역(간음의 경우), 10년 이하의 징역 또는 1천500만원 이하의 벌금(강제추행의 경우)에 처하도록 규정하고 있다(성폭력범죄의 처벌 및 피해자보호 등에 관한 법률 제8조).

또 장애인의 보호 · 교육 등을 목적으로 하는 시설의 장 또는 종사자가 보호 · 감독의 대상이 되는 장애인에 대해 위계 또는 위력으로 간음한 자는 7년 이하의 징역에 처하며, 추행한 자는 5년 이하의 징역 또는 3천만원 이하의 벌금에 처한다(성폭력범죄의 처벌 및 피해자보호 등에 관한 법률 제11조 제3항).

마. 손해배상의 청구

누구든지 「장애인차별금지 및 권리구제 등에 관한 법률」을 위반하여 타인에게 손해를 가한 자는 그로 인하여 손해를 입은 자에 대하여 손해를 배상할 책임이 있다. 다만, 차별행위를 한 자가 고의 또는 과실이 없음을 증명한 경우에는 그렇지 아니하다(장애인차별금지 및 권리구제 등에 관한 법률 제46조 제1항). 이때 차별행위가 있었다는 사실을 주장하는 자가 입증해야 한다(장애인차별금지 및 권리구제 등에 관한 법률 제47조 제1항). 또 차별행위가 장애를 이유로 한 차별이 아니거나 정당한 사유가 있을 경우 차별행위를 당했다고 주장하는 자의 상대방이 이를 입증해야 한다(장애인차별금지 및 권리구제 등에 관한 법률 제47조 제2항).

손해가 발생한 것은 인정할 수 있으나 차별행위의 피해자가 재산상 손해를 입증할 수 없을 경우에는 차별행위를 한 자가 그로 인해 얻은 재산상 이익을 피해자가 입은 재산상 손해로 추정한다(장애인차별금지 및 권리구제 등에 관한 법률 제46조 제2항). 이때 피해자가 입은 재산상 손해액을 입증하기 위하여 필요한 사실을 입증하는 것이 성질상 곤란한 경우에 법원은 변론 전체의 취지와 증거조사의 결과를 고려하여 상당한 손해액을 인정할 수 있다(장애인차별금지 및 권리구제 등에 관한 법률 제46조 제3항).

바. 임시조치명령 신청

피해자는 이 법에 따라 금지된 차별행위에 관한 소송을 제기 전 또는 소송 제기 중이라 하더라도 피해자에 대한 차별을 소명하여 본안 판결 전까지 차별행위의 중지 등 그 밖의 적절한 임시조치를 명할 것을 법원에 신청할 수 있다(장애인차별금지 및 권리구제 등에 관한 법률 제48조 제1항).

3) 장애인 근로자에 대한 성희롱

직장 내에서 성희롱을 당한 장애인 근로자는 고용평등상담실 등을 통하여 상담하거나 사업주 또는 고충처리위원에게 성희롱에 관한 고충을 신고하고 인권위원회에 진정할 수 있다. 이 경우 사업주가 직장 내 성희롱에 관한 의무를 위반하게 될 경우 지방노동관서에 신고할 수 있다. 가해자나 사업주를 상대로 손해배상을 청구하거나 수사기관에 가해자나 불이익 조치의무를 위반한 사업주도 신고할 수 있다.

성희롱 피해를 입은 장애인 근로자가 부당해고 등 불이익을 받은 경우에는 노동위원회에 구제신청을 하거나 지방노동관서에 신고할 수 있다.

(2) 아동에 대한 성희롱

1) 아동에 대한 성희롱의 금지

18세 미만의 아동(아동복지법 제2조 제1호)에게 성적 수치심을 주는 성희롱, 성폭행 등의 학대행위, 아동의 정신건강 및 발달에 해를 끼치는 정서적 학대행위, 아동에게 음행을 시키거나 음행을 매개하는 행위를(아동복지법 제2조 제1호, 제29조 제2호 및 제3호)를 금하고, 이를 위반한 경우에는 5년 이하의 징역 또는 3천만원 이하의 벌금에 처한다(아동복지법 제40조 제2호). 상습적으로 이를 위반한 자는 형의 2분의 1을 가중하여 처벌한다(아동복지법 제40조의 2).

본 법에서 말하는 '아동학대'라 함은 보호자를 포함한 성인이 아동의 건강·복지를 해치거나 정상적 발달을 저해할 수 있는 신체적·정신적·성적 폭력 또는 가혹행위를 하거나 보호자가 아동을 유기(遺棄)하거나 방임(放任)하는 것을 의미한다(아동복지법 제2조 제4호).

2) 피해자의 대응

성희롱 피해 아동은 한국청소년상담원과 같은 상담소 등을 통해 상담을 받을 수 있으며,국가인권위원회법의 성희롱에 해당하는 경우에는 국가인권위원회에 진정할 수 있다. 또 성희롱 피해를 입은 아동은 검찰이나 경찰에 신고할 수 있는데, 이 경우 피해 아동의 부모 등이 법정 대리인으로서 고소할 수 있도록 하고 있다(형사소송법 제225조 제1항). 아울러 성희롱 피해 아동은 가해자에 대하여 손해배상을 청구할 수 있다(민법 제750조).

(3) 노인에 대한 성희롱

1) 노인에 대한 성희롱 금지

노인복지법 제39조의 9 제2호에서, 누구든지 노인에게 성적 수치심을 주는 성희롱을 해서는 안 된다고 규정하고 있으며, 이를 위반한 자는 5년 이하의 징역 또는 1천500만원 이하의 벌금에 처하도록 하고 있다(노인복지법 제55조의3 제1호).

2) 피해자의 대응

성희롱 피해를 입은 노인은 노인복지센터나 성폭력상담소 등을 통하여 상담을 받을 수 있으며, 공공기관 등에서 지위를 이용하거나 업무와 관련하여 노인을 성희롱한 경우에는 국가인권위원회에 진정하여 구제를 받을 수 있다(국가인권위원회법 제30조 제1항). 또 노인에 대한 행위가 성희롱에 해당하거나 그 밖에 형사 처벌의 대상이 되는 경우에는 검찰이나 경찰에 신고할 수 있다. 나아가 행위자에 대해서는 불법행위로 인한 손해배상을 청구할 수 있다(민법 제750조). 이 경우 행위자가 직무와 관련하여 노인에게 성희롱을 한 경우에는 사용자에 대하여 손해배상을 청구할 수도 있다(민법 제756조).

근로자인 노인이 직장 내 성희롱 피해를 입은 경우에는 고용평등상담실 등을 통해 상담하거나 사업주 또는 고충처리위원에게 성희롱에 관한 고충을 신고할 수 있으며, 나아가 인권위원회에 진정할 수 있다. 또 사업주가 직장 내 성희롱에 관한 의무를 위반한 경우에는 지방노동관서에 신고할 수 있다. 성희롱 피해를 입은 노인이 부당해고 등 불이익을 받았을 경우에는 노동위원회에 구제신청을 하거나 지방노동관서에 신고할 수 있다.

III. 사이버 성희롱

1. 사이버 성희롱의 개념

사이버 성희롱이라 함은 휴대전화, PC통신 기타 인터넷 등을 통하여 음란한 대화를 요청하거나 채팅 중에 갑자기 음란한 언어 등을 사용함으로서 불쾌감이나 모욕감을 느끼게 하는 행위를 말한다. 사이버 성희롱은 오프라인에서의 성희롱과 달리 고용관계 기타 업무와의 관련성이 없으며, 직접적인 신체적 접촉 등이 이루어지지 않는 새로운 유형으로서의 성희롱이다.

즉 온라인상에서 타인에게 성적 수치심이나 혐오감 또는 불쾌감을 주거나 인터넷 상에서의 음담패설 기타 성적인 언사로 타인을 희롱하거나, 상대방의 동의 없이 음란물을 전송하거나 성적 메시지(음란대화의 강요, 음란물의 전송)를 전달하는 행위, 원하지 않는 성적대화를 강요하여 성적인 모욕을 느끼게 하는 경우가 그 예가 되는데, 사이버 성희롱의 유형으로 ㉠ 음란한 농담이나 음담패설, ㉡ 외모에 대한 성적 비유나 평가, ㉢ 성적인 사실관계를 묻거나 성적인 내용의 정보를 의도적으로 유포하는 행위, ㉣ 성적관계를 강요하거나 회유 ㉤ 아이디나 닉네임이 성과 관련된 내용을 암시하여 불쾌감을 유발하는 행위, ㉥ 여성의 능력이나 성역활 등을 비하 ㉦ 고용상 불이익을 주기 위하여 외모나 능력 등을 인터넷에 공개하여 성적굴욕감을 유발하는 행위 ㉧ 오프라인의 성희롱을 온라인으로 옮기는 경우, ㉨ 성적인 욕설 등이 그것이다.

2. 관련법규

음란한 사진을 담은 이메일을 발송한 경우 「성폭력 범죄의 처벌 및 피해자 보호 등에 관한 법률」 제14조에 의하여 통신매체이용음란죄가 적용될 수 있으며, 합성된 음란사진을 정보통신망을 통하여 유포시킨 경우에는 「정보통신망이용촉진 및 정보보호에 관한 법률」 제74조 제2호에 의하여 형사처벌의 대상이 될 수 있다. 「성폭력 범죄의 처벌 및 피해자 보호 등에 관한 법률」 제14조는 "자기 또는 다른 사람의 성적 욕망을 유발하거나 만족시킬 목적으로 전화 · 우편 · 컴퓨터 기타 통신 매체를 통하여 성적 수치심이나 혐오감을 일으키는 말이나 음향, 글이나, 도화, 영상 또는 물건을 상대방에게 도달하게 한 자는 2년 이하의 징역 또는 500만원 이하의 벌금에 처하도록 하고 있다. 또 「성폭력 범죄의 처벌 및 피해자 보호 등에 관한 법률」 제14조의 2에서 "카메라나 이와 유사한 기능을 갖춘 기계장치를 이용하여 성적욕망 또는 수치심을 유발할 수 있는 타인의 신체를 그 의사에 반하여 촬영한 자"는 5년 이하의 징역 또는 1천 만 원 이하의 벌금에 처하도록 하고 있다.

「정보통신망 이용 촉진 및 정보보호에 관한 법률」 제74조는 본법 제8조 제4항의 규정을 위반하여 표시 · 판매 또는 판매할 목적으로 진열한 자, 정보통신망을 통하여 음란한 부호 · 음향 · 화상 또는 영상을 배포 · 판매 · 임대하거나 공연히 전시한 자, 정보망을 통하여 공포심이나 불안감을 유발하는 말, 음향, 글, 화상 또는 영상을 반복적으로 상대방에게 도달하게 한 자 등은 1년 이하의 징역 또는 1천만원 이하의 벌금에 처하도록 하고 있다.

'사이버음란'에 관한 관련법규는 「정보통신망 이용촉진 및 정보보호 등에 관한 법률」 제42조, 제42조의2, 제73조, 제74조 제1항 제2호, 성폭력범죄의 처벌 및 피해자 보호 등에 관한 법률 제14조 등을 들 수 있으며, "통신사업자의 전기통신역무를 이용하여 일반에게 공개를 목적으로 정보를 제공하는 자 가운데 청소년보호법 제7조 제4호의 규정에 의한 매체물로서 동법 제2조 제3호의 규정에 의한 청소년 유해매체물을 제공하고자 하는 자는 대통령령이 정하는 표시방법에 따라 당해 정보가 청소년 유해 매체물임을 표시"하여야 한다(정보통신망 이용촉진 및 정보보호 등에 관한 법률 제42조).

"누구든지 청소년보호법 제7조 제4호의 규정에 의한 매체물로서 동법 제2조 제3호의 규정에 의한 청소년 유해 매체물을 광고하는 내용의 정보를 정보통신망을 이용하여 부호 · 문자 · 음성 · 음향 · 화상 또는 영상 등의 형태로 동법 제2조 제1호의 규정에 의한 청소년에게 전송하거나 청소년 접근을 제한하는 조치 없이 공개적으로 전시하여서는 안 된다(정보통신망 이용촉진 및 정보보호 등에 관한 법률 제42조의2). 또 제42조의 규정을 위반하여 청소년 유해 매체물임을 표시하지 아니하고 영리를 목적으로 제공한 자와 제42조의2의 규정을 위반하여 청소년 유해 매체물을 광고하는 내용의 정보를 청소년에게 전송하거나 청소년 접근을 제한하는 조치 없이 공개적으로 전시한 자는 2년 이하의 징역 또는 1천만원 이하의 벌금에 처하도록 하고 있다(정보통신망 이용촉진 및 정보보호 등에 관한 법률 제73조). "정보통신망을 통하여 음란한 부호 · 문언 · 음향 · 화상 또는 영상을 배포 · 판매 · 임대하거나 공연히 전시한 자는 1년 이하의 징역 또는 1천만 원 이하의 벌금에 처한다(정보통신망 이용촉진 및 정보보호 등에 관한 법률 제74조 제1항 제2호). 또 "통신매체를 통한 음란물 배포죄에 대하여 2년 이하의 징역 또는 5백만 원 이하의 벌금에 처한다(성폭력범죄의 처벌 및 피해자 보호 등에 관한 법률 제14조).

배포란 불특정 또는 다수인에게 무상으로 교부하는 행위를 말하며, 불특정 또는 다수인에게 교부될 것을 예견하고 특정인에게 교부한 때에도 배포에 해당한다. 판매라 함은 유상으로 양도하는 행위를 말하며, 임대는 유상으로 대여하는 행위를 의미한다. 공연전시란 다수인이 직접 관람할 수 있는 상태에 두는 것으로, 다수인인 한 특정 · 불특정을 가리지 않는 다는 점에서 명예훼손죄나 모욕죄의 공연성과는 다르다. '청소년 유해 매체물'이란 보건복지가족부가 청소년에게 유해한 것으로 결정하거나 확인한 청소년 유해 매체물과 방송통신심의위원회가 의결하거나 결정한 청소년 유해 매체물로 크게 나눌 수 있는데, 매체물의 제작 · 발행자, 유통행위자 또는 매체물과 관련된 단체가 자율적으로 청소년 유해 표시 또는 포장을 한 매체물은 보건복지가족부 또는 각 심의기관의 최종결정이 있을 때까지 청소년 유해 매체물로 본다.

IV. 사이버 스토킹

1. 개 념

가상공간을 통한 정보의 수집과 활용은 21세기 현대인들에게 있어서 생활의 일부로 자리를 잡아가고 있는 반면에 이에 따른 부작용으로 인한 우려는 학계는 물론 그와 관련된 제반 산업을 중심으로 고조되고 있다. 특히 정보통심 기술을 이용하여 타인을 반복적으로 괴롭히는 사이버스토킹과 같은 문제는 90년대 중반 미국을 시작으로 우리나라에서도 문제가 야기되고 있음에도 불구하고 이에 대한 대책을 수립하지 못하고 있는 것이 우리의 현실이다. 즉 사이버스토킹이라 함은 개인이나 개인의 집단 또는 조직이 다른 개인이나 개인의 집단 또는 조직을 괴롭히기 위하여 정보통신기술을 이용하여 행하는 고의적인 일련의 행위로서, 이 같은 행위에는 위협 기타 허위의 주장을 전송하거나, 신분도용, 데이터 절취, 데이터 및 장비의 손상, 컴퓨터 모니터링, 미성년자에 대한 성적 유인 등을 포함하는 넓은 개념이다. 또 괴롭힘이란 동일한 정보를 가진 합리적인 사람이라면 다른 합리적인 사람에게 감정상의 고통을 초래하는 원인이 된다고 판단하게 되는 일련의 행위를 포함한다.

즉 이메일이나 즉석 메시지, 팩스나 문서메시지 등의 방법을 통하여 피해자나 그 가족, 동료에게 위협(making threats)을 가하거나, 피해자에 대한 허위정보를 전송하여 피해자의 명예를 훼손하는 행위, 피해자들에게 학대적이거나 도발적인 메시지 내지 포르노물 등 음란물을 이메일이나 즉석 메시지를 통하여 전송하는 행위, 컴퓨터 바이러스 기타 파괴적인 프로그램을 전송하여 피해자의 컴퓨터 시스템을 손상시키는 행위, 피해자에 대한 정보를 수집하기 위하여 해킹이나 특별한 소프트웨어를 이용하여 피해자의 컴퓨터에 접근하는 행위, 피해자에게 굴욕감을 주거나 다른 사람들로 하여금 피해자를 괴롭히는데 동참하도록 조장하기 위하여 피해자로 위장하여 대화방이나 토론광장에 잠입하는 경우, 피해자의 전화번호 등 연락처와 함께 성적인 제의를 하는 광고를 올려 이를 본 제3자들로 하여금 전화 기타 이 메일을 받게 하거나, 자신에게 피해를 입혔다고 하여 이를 믿은 사람들이 피해자를 괴롭히도록 유도하는 행위, 피해자를 대신하여 주문함으로서 피해자에게 성가심이나 고통을 가하는 행위, 피해자를 만나기 위하여 사이버 스토커가 여행을 가거나, 피해자로 하여금 사이버스토커를 찾아오도록 하는 경우 등이 이에 해당한다.

사이버스토킹은 팩스 내지 휴대전화 등을 통하여 이루어지기도 하며, 가족이나 동류집단 또는 회사와 같은 조직에 의하여 실행되기도 하는데, 가족이나 지지자 집단 내지 회사, 정부기관과 같은 조직이 피해를 입기도 한다.

2. 발생요인

(1) 기술적인 요인

정보통신기술의 발전에 따라서 통신기기를 이용하는 기회가 많아졌으며, 나아가 정보통신기기에 접근 가능성도 그 만큼 많아졌다. 나아가 컴퓨터를 통한 문서 및 이 메일의 작성 등이 일반화 되었으며 컴퓨터 응용기술의 발전 등이 사이버스토킹의 발생을 증가시키게 된다. 나아가 익명의 이메일을 쉽게 보낼 수 있는 QuickSilver, 파일을 암호화하여 자신의 인터넷 사용의 흔적을 지울 수 있게 하는 Pretty Good Privacy, 웹사이트 방문 흔적을 지울 수 있는 Evidence Eliminator 등과 같은 소프트웨어가 인터넷상에서 무상으로 제공되고 있어 사용자 신분 노출의 위험이 없이 익명으로 활동하면서 그 흔적까지 지울 수 있게 된 점이 사이버스토킹의 발생 증가를 조장하는 요인이 된다.

(2) 사회적 요인

인터넷 사용의 익명성으로 인하여 사용자는 자신의 신분을 알지 못하는 상대방과의 거리감 기타 물리적으로 안전한 거리에 있다는 안정감 등으로 제어되는 기능 없이 자유롭게 활동할 수 있다. 이와 같이 인터넷 상에서는 개인의 특성이 약화되고 군중의 일원으로 쉽게 동화되기 때문에 집단적 이메일 공격, 소수자에 대한 괴롭힘 등의 행위가 쉽게 발생 할 수 있다. 나아가 인터넷의 사용으로 모든 것이 가상공간에서 이루어지게 되므로 타인을 비인간화하여 대면하기 쉬우며, 먼 거리에서 적은 노력으로 피해자에게 커다란 고통을 가할 수 있으며, 제3자에게 영향력을 행사하여 집단적 괴롭힘을 가하는 등 가해자의 지배통제가 가능하다는 점에서 사이버스토킹을 발생을 증가시키게 된다.

3. 사이버스토킹에 대한 법적 대응

우리나라에서는 1999년 스토킹 문제의 심각성을 인식하여 스토킹의 범죄를 예방하고 피해자를 보호함으로서 국민의 사생활을 보장하고 안정된 사회질서의 확립에 이바지하기 위하여 「스토킹 처벌에 관한 특례법안」이 국회에 제출되었으나 통과하지 못하여 폐기되었다. 본 특례법안에서 '스토킹이라 함은 특정한 사람을 그 의사에 반하여 반복적으로 미행하거나 편지, 전화, 모사전송기, 컴퓨터통신 등을 통하여 반복, 일방적으로 말이나 글 또는 사진이나 그림을 전달함으로서 심각한 공포심이나 불안감을 유발하는 행위(제2조)라 정의하고, 이 같은 행위를 한 자에 대하여 2년 이하의 징역 또는 500만 원 이하의 벌금에 처하도록 규정하였다. 그러나 국회를 통과하지 못하고 폐기됨으로서 현행 법률에 의하여 해결하여야 하는데 그 규정들을 살펴보면 다음과 같다.

(1) 정보통신망 이용촉진 및 정보보호에 관한 법률

본 법률 제65조 제1항 제3호에서 "정보통신망을 통하여 공포심이나 불안감을 유발하는 말, 음향, 글, 화상 또는 영상을 반복적으로 상대방에게 도달하게 한 자"는 1년 이하의 징역 또는 1천만 원 이하의 벌금에 처한다고 하여 이메일 등에 의한 사이버스토킹의 일부를 규제하고 있다. 그러나 본 규정은 특정 피해자에게 말이나 영상 등을 전달하는 행위만을 그 대상으로 하고 있다는 점에서 규제 범위가 좁으며, 공포심이나 불안감의 유발에 대한 판단 기준이나 공포심 등의 정도, 상대방이 실제로 공포심 등을 느꼈어야 하는지 등에 관한 규정이 없어 범죄의 구성요건을 규정하고 있는 형사처벌 법규로서는 타당하지 않다.

(2) 성폭력범죄의 처벌 및 피해자 보호 등에 관한 법률

본 법률 제14조는 '자기 또는 다른 사람의 성적 욕망을 유발하거나 만족시킬 목적으로 전화, 우편 · 컴퓨터 기타 통신매체를 통하여 성적 수치심이나 혐오감을 일으키는 말이나 음향, 글이나 도화, 영상 또는 물건을 상대방에게 도달하게 한 자는 1년 이하의 징역 또는 300만 원 이하의 벌금에 처한다' 고 규정하여 '통신매체이용음란죄' 를 규정하였다. 그러나 본 조항은 "자기 또는 다른 사람의 성적 욕망을 유발하거나 만족시킬 목적"을 가진 행위에 대해서만 규제를 하고 있어 사이버성희롱 일반에 대하여 대응하기에 문제가 있다.

(3) 가정폭력범죄의 처벌 등에 관한 특례법

본 특례법은 가족 구성원 사이의 신체적, 정신적 또는 재산상의 피해를 수반하는 행위를 가정폭력으로 규정하고(제2조 제1호), 가족 구성원에는 배우자(사실혼 관계 포함)나 배우자 관계에 있었던 자 등이 포함되는 것으로 규정하고 있다(동조 제2호).

가정폭력범죄라 함은 가정폭력으로서 동법 제2조 제3호에 규정한 각목의 1에 해당하는 범죄로 그 가운데 스토킹과 관련될 수 있는 것으로는 협박죄(형법 제283조), 특수협박죄(형법 제284조), 명예훼손죄(형법 제307조), 모욕죄(형법 제311조), 주거 · 신체 수색죄(형법 제321조), 강요죄(형법 제324조), 공갈죄(형법 제350조), 재물 손괴죄(형법 제366조)를 들을 수 있다. 이 같은 가정폭력범죄의 처벌 등에 관항 특례법은 스토킹행위 그 자체를 규제하는 것이 아니라 스토킹행위자가 형사상의 범죄인 가정폭력범죄에 이르른 후에 사후적으로 그 범죄에 대처하는 것에 불과하므로, 보다 극단적인 범죄로 발전하기 전 단계에서 스토킹을 적절히 규제함으로써 피해자에게 위해가 발생하지 않도록 할 수 있는 법제정이 필요하다.

(4) 민사적 규제

우리 민법 제750조는 '고의 또는 과실로 인한 위법행위로 타인에게 손해를 가한 자는 그 손해를 배상할 책임이 있다' 고 규정하고 있으며, 민법 제751조는 '타인의 생명, 신체, 자유 또는 명예를 해하거나 기타 정신상 고통을 가한 자는 재산 이외의 손해에 대하여도 배상할 책임이 있다' 고 규정함으로써 민법상의 불법행위의 규정에 따라 사이버스토킹을 포함한 스토킹 피해자는 가해자를 상대로 불법행위에 기한 손해를 청구할 수 있다.

제 5 장

가정폭력과 피해자의 보호

I. 가정폭력의 개념과 발생원인

1. 가정폭력의 개념

여성부가 행한 최근의 가정폭력실태조사 보고서에 의하면 한 해 동안에 발생하는 배우자에 의한 폭력발생률은 매우 높게 나타나고 있는 가운데,[1] 전국의 부부 6쌍 중 1쌍이 부부간의 신체적 폭력을 경험한 것으로 밝혀지고 있다. 폭력의 유형으로 정신적 폭력이 가장 많았으며, 구타나 흉기 위협 등의 신체적 폭력, 강제적 성폭력 등의 순으로 나타나고 있는 가운데, 남편으로부터 가정폭력을 경험한 많은 여성들이 가정폭력에 동반한 성폭력이 있는 것으로 나타나고 있다.

'가정폭력' 이라 함은 「가정폭력범죄의 처벌 등에 관한 특례법」 제2조 제1호에서 규정하고 있는, 가정 구성원사이의 신체적, 정신적 또는 재산상 피해를 수반하는 행위로서(가정폭력범죄의 처벌 등에 관한 특례법 제2조 제1호), '가정구성원' 이라 함은 배우자(사실상 혼인관계에 있는 자를 포함한다) 또는 배우자관계에 있었던 자, 자기 또는 배우자와 직계존비속 관계(사실상의 양친자관계를 포함한다)에 있거나 있었던 자, 계부모와 자의 관계 또는 적모와 서자의 관계에 있거나 있었던 자, 동거하는 친족관계에 있는 자(가정폭력범죄의 처벌 등에 관한 특례법 제2조 제2호)를 의미한다.

즉 가정폭력은 가족 구성원 가운데 한 사람이 다른 가족 구성원에게 의도적으로 물리적인 힘을 사용하거나 정신적 학대를 통하여 고통을 주는 행위로서, 동거 가족

1) 여성부(2005) 2004 전국 가정폭력 실태조사보고서, 141면.

을 포함한 가족 구성원 간에 발생하는 폭력으로서 배우자, 부모자식, 형제, 동거가족 등에서 발생하게 되며, 또 아내, 아동, 노인 등 사회 경제적 약자를 대상으로 발생하고 있다는 점에서 가정폭력은 단순히 물리적 강압은 물론, 사회, 경제적 제 권력관계에서도 발생할 수 있다. 특히 가정폭력은 가해자의 계획적, 반복적 의도적으로 발생한다는 점에서 피해자에게는 신체적 및 정신적, 나아가 재산상의 피해를 수반하게 된다.

2. 가정폭력의 발생원인

(1) 이론적 논의

가정폭력의 발생원인은 단적으로 정의할 수 없으며, 매우 복합적이고도 다양한 원인에 의하여 발생한다. 즉 가정폭력의 발생원인과 관련하여 사회학, 심리학, 정신분석학, 여성학 등의 분야에서 다양한 논의가 이루어지고 있는 가운데, 가정폭력의 발생 원인을 다음 세 가지로 요약할 수 있다. 즉 선천적으로 공격적 성향이 있거나, 술, 마약 중독 등 개인적 차원의 정신 병리학적 요인과 사회학습, 교환 상호작용 등에 의한 사회 심리적 요인, 사회적 자원, 갈등체계 내지 문화적 규범 등으로 설명되는 사회문화적 요인 등이 그것이다. 즉 개인내적인 이론, 사회 심리적 이론, 사회 문화적 이론으로 요약할 수 있는데, 개인내적인 이론은 아동 및 아내학대와 관련한 연구에서 나타나는 개념적 모형으로서 가해자의 경우 어떤 개인적 특성을 가지고 있다고 설명한다. 가정폭력은 선천적으로 신체적 불구, 정신 · 성격적인 결함이나 후천적인 심신장애 기타 사고 등으로 정신적 질환이 있는 사람이나 알코올, 마약 중독 등 개인의 병리적 속성에 의하여 야기되는 가학적인 행위로 이해하고 있다. 다시 말하면 자신의 내부에서 야기되는 비정상, 내적인 이탈, 결함과 알코올 중독, 마약중독에 의하여 폭력적이 된다는 입장이다.

사회 심리학적 이론은 사회 환경, 타인, 집단, 조직 및 개인과의 상호작용을 통하여 가정폭력을 설명하려는 입장으로 특정개인이 대인관계에서의 좌절이나 학습과정, 타인의 태도, 집단 및 조직에 반영되는 자신의 태도 등에서 가정폭력의 발생원인을 모색하려는 입장이다. 즉 특정인이 목적을 가진 행동이 좌절되거나 방해받았을 때 가정폭력을 야기하게 되며, 개인적 심리상태뿐만 아니라 실직, 빈곤 등과 같은 사회경제적 차원의 기회구조 불평등 및 부당성에 대한 집단적 반응까지 문제 영역에 포함시킨다.

사회학습 및 역할모형이론은 본래 개인의 학습은 백지상태라는 가정에서 출발하여, 개인이 타인의 폭력행위를 관찰, 모방함으로서 폭력행위의 기술을 습득한다고 하여 '학습된 현상'으로 설명하고 있다. 즉 문제해결의 수단으로서 부 또는 모가 폭력을 행사하는 것을 보고 배워, 그들 자신이 부모가 되었을 때 같은 폭력의 역할을 모형화 한다는 이론이다.

기타 자원이론은 가족 내에서 지배권과 관련하여 이를 뒷받침할 경제력, 사회적 지위, 인간관계 기술 등의 자원이 불충분하거나 부족할 때 이를 충족하기 위하여 폭력이나 위협 등 강압적 방법에 의존하게 된다는 이론과 자신이 투자한 것에 대하여 적절한 보상을 받고 있다는 자각을 할 때 공정성이 있다고 생각하나, 개인이 기대한 보상을 받지 못하거나 기대와 달리 벌을 받았을 때 보상의 한 형태로서 공격적인 행동을 하게 된다는 교환이론, 권위와 권력이 불일치를 보일 때 가정폭력이 야기된다는 갈등이론 등이 있다.

사회문화적 이론은 가정폭력을 가치, 제도, 체계운영 등과 같은 사회적 구조나 질서 등과 같이 거시적 수준에서 설명하는데, 빈곤계층, 다자녀가정, 인구밀집지역에서 폭력이 만연한다는 구조적 이론, 박탈감이나 스트레스를 강하게 느끼거나 갈등을 해결할 자원이 부족한 가정보다 사회적 실천이 폭력문화에 젖어 있거나 하위문화에 속하는 가족에게서 가정폭력이 빈번하게 발생한다는 문화적 이론, 남성의 폭력은 여성에 대한 통제의 기본이며, 남성을 논쟁을 해결하기 위하여 폭력을 사용하는 것이 익숙하므로 폭력과 性性(sexuality)은 사회구조적으로 형성된 것이라는 여권론적 이론 등이 있다.

(2) 검 토

개인적 이론은 가정폭력의 원인을 규명하고 대응방안을 모색하기 위하여 유용하나, 과학적 증거가 충분하지 않고 정상적인 인격을 가진 사람도 가정폭력을 행사하는 사람이 많다는 점에 대하여 적절하게 설명하지 못하는 단점이 있으며, 좌절 공격이론은 공격적이 되게 하는 행위가 어떤 경우인지 정확하게 설명할 수 없는 문제가 있다. 그러나 사회학습 및 역할모형이론의 경우 가족은 역할모형을 제공하며, 어린

시절의 경험은 장래 적절한 부모 및 부부의 역할개발에 이용된다는 것으로 가족 간 또는 세대 간의 가정폭력 전이에 있어 설득력이 있어 보인다.

자원이론은 가정폭력의 핵심을 가족구성원들 사이의 세력과 지배에 관한 것으로 이해한다는 점에서 여권론적 입장과 같으나, 가정폭력의 발생 원인이 영향력을 행사할 자원이 상대적으로 빈약한 성원이면 남편뿐만 아니라 그 누구에 의해서도 발생할 수 있다는 점에서 문제가 있어 보인다. 또 갈등이론은 개인, 집단 및 조직의 합의와 화해보다 갈등의 관리에 초점을 두고 있다는 점에서, 가정폭력은 갈등관리를 위한 다른 방안이 실패했을 때 개인의 이익을 증대시키기 위해 자행되는 하나의 적합한 결과이며, 강력한 양식으로 보기 때문에 갈등 이론적 관점은 대결과 갈등적 이익의 영역으로 볼 수 있는 가족체제에 적절히 적용될 수 있을 것으로 본다.

사회문화적 이론 가운데 구조적 이론은 가정폭력에 대한 정교한 설명 및 예측이 가능하도록 하는 가족관계의 주요 측면을 포함하지 못하는 단점이 있으며, 문화적 이론은 폭력 내지 폭력의 위협은 사회체제에 기본적으로 편재해 있으므로 중 · 상류층보다 하류층 사람이 폭력을 더 많이 행사한 다는 근거는 설득력이 없으며, 가정폭력은 모든 사회계층에 널리 분포된다는 점에서 설득력이 없어 보인다. 마지막 여권론적 이론은 계급으로서 남성은 여성에 대해 통제를 행사하는가에 대한 적절한 해답을 주지 못하는 비판이 있다.

이와 같이 그 어떤 이론에 의하더라도 폭력의 발생 원인을 특정이론으로 정확하게 규명할 수 없으며, 다양한 이론에서 제시하는 복합적인 요인에 의하여 발생하고 있음을 확인할 수 있다. 이와 같이 가정폭력의 발생원인은 사회 환경 및 시대적 요건에 따라 변화한다는 점을 고려하지 않으면 안 된다.

II. 가정폭력의 유형

1. 부부폭력

부부폭력이란 일방의 배우자가 상대 배우자에게 신체적으로 위협하거나 손상을 일으키는 행위로서 정서적, 신체적, 경제적 학대, 방임, 유기, 성폭력 등에 의하여 피해를 야기하는 것을 의미한다. 우리나라에서 가정폭력에 대한 문제는 1980년대 여성단체를 중심으로 제기되기 시작하였는데, 남편의 아내에 대한 폭력이 여성 인권적 차원에서의 접근이 필요했기 때문인 것으로 이해할 수 있다. 이후 가정폭력이 심각한 사회문제로 대두되면서 1997년 「가정폭력범죄 처벌 등에 관한 특례법」과 「가정폭력방지 및 피해자보호 등에 관한 법률」을 제정하고, 가정폭력의 예방을 위한 종합대책 수립, 피해자 보호를 위한 상담소 및 보호시설의 설립이 추진되었다. 그럼에도 불구하고 한국사회에서의 부부폭력은 아직도 심각한 수준이며, 부부폭력은 배우자로부터 정서적 · 신체적 · 경제적 학대행위, 방임 및 유기, 성학대 등의 피해의 유형으로 나타나고 있는 가운데, 발생원인도 시대와 사회상황에 따라 다르게 나타난다는 점에서 부부폭력은 복잡하고 다양하게 발생하고 있음을 예측할 수 있다.

최근에 부부폭력의 발생 원인에 대하여 조사한 결과에 의하면 남편의 아내폭력과 아내의 남편 폭력 모두 '사소한 말다툼 · 잘못', '성격차이', '상호 이해부족' 등이 큰 것으로 나타나고 있으며, 남편의 아내폭력의 발생원인은 '배우자의 술버릇' 과 '자격지심' 그 외 발생원인으로 '경제문제', '배우자의 오해', '본인의 잘못', '시가 · 처가의 문제', '이성문제' 등 다양한 모습으로 나타나고 있다.[2)]

(1) 남편에 의한 아내의 폭력

남편에 의한 아내의 폭력이 남편에 대한 이해부족 내지 불복종 기타 시댁과의 관계 문제 때문에 발생한다는 조사결과가 있다.[3)] 이외에도 술버릇, 사사건건 트집, 아내 때문에 일이 풀리지 않음, 아내의 품행이 좋지 않음 등의 원인이 제기되고 있다. 이 같은 조사결과는 한국가정법률상담소에서의 가정폭력 피해 여성을 대상으로 조사한 결과에서도 그다지 다르지 않게 나타나고 있다. 이를 통하여 남성의 성적 우월의식과 가부장적 의식구조가 가정폭력의 가장 근본적인 원인임을 알 수 있다. 그 이외에도 성장과정에서 형성된 가해자의 폭력적 성품도 가정폭력이 발생하게 되는 하나의 원인으로 지적할 수 있다.

최근의 조사결과에서도 남편에 의한 아내 폭력의 원인으로 술버릇, 경제적 문제, 남편의 자격지심 및 열등감, 부부간의 성격차 등이 큰 비중을 차지하고 있는 가

2) 김승권 외, 2007 전국 가정폭력 실태조사, 여성가족부 · 한국보건사회연구원, 2008.
3) 김승권, 가정폭력 발생원인의 이론과 실제, 74면.

운데, 남편의 오해, 의처증, 사소한 말다툼의 확대, 시댁문제, 남편의 이성 문제, 상호 이해부족 기타 실직, 경제적 빈곤, 가족간의 갈등에 의한 폭력 등이 상당히 나타나고 있다.[4] 또 가해자인 남편의 교육수준이 피해자인 아내보다 낮은 경우에 나타나고 있다는 연구결과가 있어 주목된다.[5]

(2) 아내에 의한 남편 폭력

아내가 남편에게 폭력을 가하는 주요 이유로 성격차이, 경제적 문제, 가해자인 아내의 이성문제, 기타 아내의 오해와 잘못, 아내의 술버릇, 부부간의 사소한 말다툼, 아내의 자격지심과 열등감 등을 원인으로 발생한다. 특히 아내에 의한 남편의 폭력은 대부분 남편의 폭력에 대한 아내의 맞대응에 의한 것으로 남편의 폭력을 시작으로 그에 대한 대응의 형태로서 나타나고 있다.[6]

아내의 남편폭력과 관련하여 아내의 이성에 대한 문제는 남편의 이성으로 인한 문제로 아내를 폭력하는 경우보다 더 심한 갈등을 겪고 있는 것으로 파악되고 있으며, 아내의 술버릇으로 인한 남편에 대한 폭력이 가해지고 있다는 점에서 여성의 음주가 오늘날 가족 문제에도 영향을 주고 있다.

(3) 부부폭력의 대응방식

최근의 부부폭력에 관한 실태조사 결과에서 부부폭력이 발생할 경우의 대처방식은 남편의 폭력에 대응하여 아내 역시 폭력을 행사하는 경우가 가장 많으며, 그 다음으로 대응하지 않거나, 끝날 때까지 참는 경우, 무조건 피하는 경우 등으로 주위의 도움을 요청하는 예는 그리 많지 않다. 따라서 아직까지 우리 사회는 전통적 가족주의가 강하게 잔존하고 있는 것으로 파악되고 있다. 부부의 문제는 가정 내의 문제로 이를 외부에 알리거나 도움을 청하는 것은 바람직하지 않은 것으로 이해하고 있다. 따라서 부부싸움이나 자녀양육을 위한 체벌은 가족 내의 문제로 간주되고 있으며, 사회적으로 표출되거나 문제시 되는 경우는 매우 극단적인 경우에 국한되고 있다.

---

4) 김승권 · 조애저, 한국 가정폭력의 개념정립과 실태에 관한 연구, 한국보건사회연구원, 1998.
5) 김승권, 전게서.
6) 김승권 · 조애저, 한국 가정폭력의 개념정립과 실태에 관한 연구, 한국보건사회연구원, 1998.

(4) 부부폭력의 후유증

부부간의 폭력은 부부간은 물론 그들이 속한 가족에게 심각한 후유증을 가져오게 된다. 폭력의 가해자와 피해자가 한 가정을 책임지고 있는 경우에는 더 심각하다. 부부폭력에 의하여 야기되는 신체적 증상으로는 두통, 타박상, 중 · 경상 등이 있으며, 신체적 증상보다는 대부분 정신적 고통이 더 심각하다. 즉 자신에 대한 실망감, 무력감, 자아상실 등이 그것이며, 모든 것에 대한 불안감, 우울, 학대한 사람이 죽었으면 하는 생각, 자신이 죽고 싶다는 생각, 가해자를 죽이고 싶다는 충동, 사람 만나는 것을 기피하거나 폭력에 의하여 죽을 것 같다는 생각 등으로 정서적으로 미치는 영향은 매우 크다고 할 수 있다.

2. 아동학대

(1) 아동학대의 발생과 원인

아동문제에 대한 우리의 관심은 '90년대 후반 유엔에 아동권리협약에 대한 국가보고서를 제출하여 유엔으로부터 아동학대에 대한 법 · 제도에 대한 권고를 받으면서 정책적 관심을 갖기 시작한 것으로 보인다. 이후 2000년 아동복지법의 전면 개정에 따라서 아동학대를 방지하기 위한 법적 근거를 마련하였는데, "아동학대라 함은 보호자를 포함한 성인에 의하여 18세 미만 아동의 건강 · 복지를 해치거나 정상적인 발달을 저해할 수 있는 신체적 · 정신적 · 성적 폭력, 가혹행위 및 아동의 보호자에 의하여 이루어지는 유기와 방임을 의미(아동복지법 제2조 제4호) 한다. 이 같은 아동학대는 급속한 도시화, 산업화 등으로 인하여 전통적인 가족주의가 점차적으로 쇠퇴하고, 핵가족화에 따른 개인주의적 가치관의 팽배, 경제력의 양극화로 인한 가족구성원간의 갈등, 이혼, 별거 등과 같은 가족의 해체가 심화되고 있는 과정에서 이혼모의 증가 기타 여성들의 사회 참여 등으로 인하여 아동 보호의 기능이 약화됨으로서, 가정 내에서 아동의 방임, 유기가 발생할 가능성이 높아지게 되었다.

특히 가정폭력의 중요한 특징 가운데 하나는 보통 아내에 대한 폭력이 가해지는 가정에서 자녀에 대한 학대도 동시에 야기되는 경우가 많으며, 아내에 대한 폭력의 심각성 정도는 가정에서 아이들에게 가하는 학대의 정도와도 관계가 있다는 점이다. 특히 남편이 가부장적 지배권을 행사하는 가정일수록 아동이 학대받는 경우가 많아지게 된다.

부모의 아동에 대한 폭력의 원인을 단적으로 정의할 수 없으나 음주, 가부장적 요인, 부모의 생활만족도와 사회적 스트레스, 부모의 교육수준 등도 관련성을 갖는다. 즉 음주인 경우가 비음주인 경우 보다 폭력 양상이 높아질 수 있으며, 가부장적 가치관으로 인하여 발생하는 갈등을 대처하지 못할 때 아동학대가 발생할 수도 있다. 또 생활의 만족도와 관련해서도 가정 내에서 아동학대가 발생할 수 있으며, 사회적 스트레스로 인한 갈등을 완화할 만한 적절한 대응책을 강구하지 못할 경우에 아동학대가 발생하게 된다. 특히 부모의 소득수준이 높고, 고학력자 일수록 자녀의 학업에 대한 기대 등으로 자녀와의 갈등이 많아질 수밖에 없다.

(2) 아동학대에 대한 대응

아동의 학대는 아동에게 고통을 주어 인격발달을 저해하게 되고 아동의 생존을 위협할 수 있으며, 학대를 받고 성장한 아동의 일부는 일탈행위 등 각종 사회 문제를 야기할 가능성이 높으며, 이들이 성장하여 부모가 되었을 경우에 다시 아동을 학대하는 등의 악순환이 될 수 있다. 인간의 존엄은 아동의 경우라도 성인과 같이 보장되어야 하며 특히 아동의 경우에는 자신의 존엄과 권리를 스스로 지킬 능력이 없다는 점에서 아동 보호를 위한 대책은 매우 절실하다 할 수 있다. 이를 위하여 외국에서는 아동보호법을 제정하여 아동학대 방지 및 아동보호를 위한 기관을 설립하는 등 구체적인 예방책을 마련하고 있으며, 나아가 친권을 박탈하는 등 아동보호를 위하여 국가가 직접 개입하여 상담, 관리, 지원, 처벌 등의 대책을 마련하여 시행하고 있으나, 우리나라는 '아동복지법'에서 아동 학대방지 및 처벌을 위한 일부 조항을 규정하여 운영하고 있어, 피학대 아동의 보호 와 학대한 자에 대한 처벌 및 재발방지를 위한 조치가 충분하지 않은 실정이다.

아동복지법에서 아동학대 신고는 24시간 운영하고 있는 112, 지정전화 1577-1391 또 보건복지 콜센터 129번에 고소, 서신 등에 의하여 누구나 할 수 있으며, 교사, 의료인, 사회복지시설에서 종사하고 있는 자 등을 신고의무자로 지정하고 있다(아동복지법 제26조). 아동보호전문기관에서 아동학대 신고를 접수한 경우에는 응급조치의 필요성, 시급성 여부를 판단할 수 있는 전문상담원을 배치하여 학대받는 아동에 대한 적절한 보호를 하도록 하고 있다. 조사결과 아동학대의 위험성이 긴급하다고 판단되고 보호자로부터 격리 또는 치료 등의 긴급조치가 필요하다고 판단되거나, 피해아동이 격리를 원하는 경우에는 아동을 수용할 수 있는 아동복지시설 기타 의료기관에 지체 없이 응급조치를 의뢰하여야 한다(아동복지법 시행령 제18조 제2항).

아동의 격리는 가정 내의 학대가 지속적으로 일어나고 있다고 의심되는 경우, 아동의 영양상태가 극히 불량하여 신속한 응급처치를 받을 필요가 있는 경우에 이루어지며, 의료기관, 시, 군의 아동상담소, 학대받는 아동을 위한 쉼터, 위탁가정, 그룹 홈 등에서 일시적으로 보호하게 된다. 장기 격리는 부모 또는 친척이 어동을 보호하지 못할 경우에 행하며 위탁가정, 보호시설 등에서 보호된다. 또 아동학대 심각성의 정도에 따라서 경찰의 수사가 이루어 지게 되며, 이후 아동보호 전문기관의 사례개입이 진행되게 되는데 이때에는 피해아동과 보호자의 동의가 필요하다. 사례개입은 학대의 정도에 따라서 응급조치프로그램, 가족보조프로그램, 가정복귀 프로그램, 장기보호조치 프로그램 등이 진행된다.

(3) 아동학대를 규율하는 법률

1) 아동복지법

아동복지법에서는 아동의 건강한 발육과 권익을 보장하기 위한 복지정책을 규정하고 있는 가운데, 아동학대 금지와 학대행위자에 대한 처벌규정을 담고 있다. 즉 아동복지법 제29조에서 누구든지 다음 각 호의 1에 해당하는 행위를 해서는 안 된다고 규정하고 있다. 즉

· 아동의 신체에 손상을 주는 학대행위
· 아동에게 성적 수치심을 주는 성희롱, 성폭행 등의 학대행위
· 아동의 정신건강 및 발달에 해를 끼치는 정서적 학대행위
· 자신의 보호 · 감독을 받는 아동을 유기하거나 의식주를 포함한 기본적 보호 · 양육 및 치료를 소홀히 하는 방임행위
· 아동을 타인에게 매매하는 행위
· 아동에게 음행을 시키거나 음행을 매개하는 행위
· 장애를 가진 아동을 공중에 관람시키는 행위
· 아동에게 구걸을 시키거나 아동을 이용하여 구걸하는 행위

· 공중의 오락 또는 흥행을 목적으로 아동의 건강 또는 안전에 유해한 곡예를 시키는 행위
· 정당한 권한을 가진 알선기관 외의 자가 아동의 양육을 알선하고 금품을 취득하는 행위
· 아동을 위하여 증여 또는 급여된 금품을 그 목적 외의 용도에 사용하는 행위

위와 같은 규정에 위반한 자는 다음과 같이 처벌한다(아동복지법 제40조). 즉 아동을 타인에게 매매 하거나 음행 내지 음행을 매개하는 자는 10년 이하의 징역 또는 5천만 원 이하의 벌금에 처하며(아동복지법 제40조 제1호), 아동의 신체에 손상을 주는 학대 및 자신의 보호 · 감독을 받는 아동을 유기하거나 의식주를 포함한 기본적 보호 · 양육 기타 치료를 소홀히 하는 방임행위, 장애를 가진 아동을 공중에 관람시키는 행위 및 아동에게 구걸을 시키거나 아동을 이용하여 구걸하게 하는 행위를 한 자는 5년 이하의 징역 또는 3천만 원 이하의 벌금에 처한다(아동복지법 제40조 제2호). 또 정당한 권한을 가진 알선기관 외의 자가 아동의 양육을 알선하고 금품을 취득 하거나 아동을 위하여 증여 또는 급여된 금품을 그 목적 외의 용도에 사용한 자는 3년 이하의 징역 또는 2천만 원 이하의 벌금에 처하게 된다(아동복지법 제40조 제3호). 나아가 공중의 오락 또는 흥행을 목적으로 아동의 건강 또는 안전에 유해한 곡예를 시키는 행위를 한 자는 1년 이하의 징역 또는 500만 원 이하의 벌금에 처한다(아동복지법 제0조 제4호). 상습적으로 이 같은 죄를 범한 자는 그 죄에서 정한 형의 2분의 1을 가중하여 처벌한다(아동복지법 제40조의 2).

2) 가정폭력범죄의 처벌 등에 관한 특례법

아동의 학대행위가 가정폭력범죄의 처벌 등에 관한 특례법 제2조 제3호에서 규정한 '가정폭력 범죄' 에 해당하는 경우에는 가정폭력 특례법이 적용된다. 그러나 가정구성원 사이의 범죄만이 가정폭력 특례법의 적용을 받게 되므로, 가정 구성원 이외 교사, 학원강사, 시설종사자 등에 의한 아동학대에 대해서는 가정폭력 특례법을 적용할 수 없다. 또 아동에 대한 신체적 학대, 정서적 학대, 유기 · 방임 행위는 가정폭력 범죄에 해당하지만 '방임' 의 경우 아동복지법에서 "의식주를 포함한 기본적인 보호 · 양육 및 치료를 소홀히 하는" 것으로 규정하고 있으므로 형법상의 유기보다

더 넓은 개념으로서 방임행위가 항상 가정폭력 특례법의 적용을 받는 유기죄에 해당한다고 단정할 수 없는 문제가 있다.

또 가정폭력 특례법은 가정폭력범죄에 아동복지법 제29조 제8호(아동에게 구걸을 시키거나 아동을 이용하여 구걸하는 행위)를 위반한 죄에 대하여 특별히 규정하고 있다. 따라서 그 이외의 행위 즉 성적학대, 아동매매, 음행매개, 장애아동의 공중관람, 곡예행위, 금품취득, 금품의 용도외 사용과 같은 행위는 가정폭력 특례법의 적용대상이 되지 않는 한계가 있다. 가정폭력 특례법은 아내폭력 문제에 대응하기 위하여 제정된 것이므로, 내용적으로 아동학대에 대한 것도 부분적으로 포함하고 있으나 학대를 받는 아동의 보호를 위해서는 부족한 것이 많다. 나아가 학대 행위자가 친권자인 경우 친권행사를 제한할 수 있는 규정이 있으나, 기간이 6월을 초과할 수 없고 연장하더라도 1년을 초과할 수 없다. 나아가 가정폭력 특례법은 범죄자에 대한 형사제재의 목적이 있으므로 피학대 아동을 포함하여 가정폭력 범죄 피해자를 보호하기 위해서는 한계가 있다.

3) 형사소송법

아동학대에 대한 고소 · 고발이 있는 경우, 그 행위가 가정폭력특례법의 적용대상 인가 여부에 따라 행위자에 대한 형사절차가 달라진다. 가정폭력특례법의 적용대상이 되는 경우 검사는 형사사건으로 기소하거나 가정보호사건으로 가정법원에 사건을 송치할 수 있다. 그러나 아동학대 행위가 가정폭력특례법의 적용대상이 되지 않을 경우 일반형사사건으로 처리가 된다.

학대 행위자가 친권자나 가정구성원이 아닌 경우 가정폭력 특례법이 적용되지 않아 크게 문제가 되지 않으나, 친권자가 학대하는 경우 일부는 가정폭력 특례법의 적용대상이 되는 반면에 일부는 그렇지 않은 경우도 있다. 즉 아동에 대한 성적학대의 경우 가정폭력범죄에 해당하지 않는다. 이 경우 아동복지법 제29조 제2호 내지 형법 제305조, 성폭력범죄처벌 및 피해자 보호 등에 관한 법률 제7조, 제8조의 2의 규정을 적용할 수 있을 것이다.

4) 형 법

기타 사정으로 인하여 부조를 요하는 자를 보호할 법률상 또는 계약상 의무 있는 자가 유기한 때에는 3년 이하의 징역 또는 500만 원 이하의 벌금에 처하도록 규정하고 있으며(형법 제271조 제1항), 자기의 보호 또는 감독을 받는 16세 미만의 자를 그 생명 또는 신체에 위험한 업무에 사용할 영업자 또는 그 종업자에게 인도한 자는 5년 이하의 징역에 처하도록 규정하고 있다(형법 제274조). 아동복지법상의 처벌규정은 형법상의 본 규정에 대한 가중처벌 규정 내지 흠결을 보완해 주는 규정으로 이해할 수 있다.

(4) 문제점

아동학대에 대한 법적 조치는 크게 피해아동의 보호조치, 친권의 제한 및 제재조치 등이 있으나, 이 세 가지 조치가 서로 유기적으로 결합되어 있지 못하다는 점이다. 즉 아동에 대한 보호조치는 아동복지법에 의하게 되나, 실제적인 보호는 아동보호전문기관 등이 담당하고 아동에 대한 격리 및 치료조치는 아동보호전문기관의 신청에 의하여 지방자치단체장의 행정처분에 의하게 된다. 이 같이 아동의 보호는 행정절차에 의하여 이루어지는 반면에 아동을 학대한 친권자에 대한 친권의 제한은 사법절차에 의하게 된다. 현행법상 친권을 제한할 수 있는 방법으로서 아동복지법에 의하여 자방자치단체장의 청구에 의하여 가정법원이 친권의 제한 내지 상실을 명하는 방법이 있다. 이 경우 아동보호기관은 직접 법원에 아동학대를 한 부모의 친권제한 내지 상실을 청구할 수 없으며, 지방자치단체의 장에게 법원에 친권제한 내지 상실을 청구하여 줄 것을 신청할 수 있을 뿐이다. 또 민법 제924조에 의하여 "부 또는 모가 친권을 남용하거나 현저한 비행 기타 친권을 행사할 수 없는 중대한 사유가 있을 때" 법원은 민법 제777조의 친족 또는 검사의 청구에 의하여 친권의 상실을 선고할 수 있는 방법이다. 그러나 이 경우 친권의 일부제한은 불가능하며, 친권상실의 선고만이 가능하다. 마지막으로 가정폭력 특례법에 의하여 법원이 친권행사의 제한을 보호처분의 하나로 부과할 수 있는 방법이다. 이는 형사제재로서의 성격을 가지나 6월(연장의 경우 1년) 이라는 기간의 제한이 있다. 이 같은 친권제한 조치는 아동보호를 위하여 유기적으로 결합되어야 하는데 사정을 그러하지 못하다. 나아가 친권의 제한이나 상실은 친권을 박탈할 뿐 피학대아동의 보호를 위한 개입과는 거리가 있으며, 피학대아동의 보호와 지원을 위한 제도적 장치가 없는 상태에서 친권의 박탈과 제한은 오히려 많은 부작용이 있을 수 있다.

또 아동보호와 관련하여 학대행위자에 대한 형사제재제도와 유기적으로 결합되어 있지 못하다는 점이다. 아동학대 사건의 대부분은 부모에 의하여 이루어지고 있는데 이 경우 학대행위자인 부 내지 모에 대한 형사처벌은 오히려 가정파탄으로 이어지며 결과적으로 아동의 복지에 대하여 역행하는 결과가 될 수 있다. 나아가 아동보호전문기관에서 아동학대자를 고소, 고발 한다고 하더라도 가해자에 대한 형사처벌을 보장할 수 없다는 점에서 기관의 고소, 고발을 신중하게 하는 요인이 된다. 또 고소, 고발을 한 경우에도 가해자로부터 아동을 격리하지 않는 이상 가해자가 아동을 위협하거나 아동의 행동과 진술을 왜곡할 수 있으며, 피학대아동은 수사기관의 조사에서 심리적 · 정서적 지원을 받지 못한 채 사실관계를 제대로 진술하지 못할 가능성이 크게 된다. 이와 같이 연계성의 부재는 아동학대를 방지하는데 한계가 있으며 이에 대한 제도적 모색이 필요하다.

3. 노인에 대한 가정폭력

(1) 노인인구의 증가와 사회문제

2006년 현재 우리나라 65세 이상 노인인구의 비율은 전체인구 9.5%로서 2000년 고령화사회 이후 6년 만에 2.3% 증가하여, 우리나라는 다른 나라들과 비교할 때 매우 빠른 속도로 고령사회에 접어들고 있다.

이 같은 추세라면 2018년 고령사회, 2026년에는 초고령사회에 진입할 것으로 예상되며, 나아가 세계 최저의 출산율과 빠른 인구의 고령화에 비추어 볼 때 2050년에는 부양인구 대비 세계에서 가장 높은 노인인구 비율을 나타낼 것으로 예상되며, 따라서 노인복지 등을 중심으로 하는 새로운 사회적인 문제 등이 제기될 것으로 예상된다. 그 가운데 하나는 노인에 대한 학대를 들 수 있는데, 대부분의 노인학대는 가정 내에서 발생하고 있다는 점에서 노인학대의 행위자는 피해 노인과 가까운 동거가족임을 쉽게 예측할 수 있다. 2006년 서울시 노인학대 예방센터에 접수된 사례들을 분석해 보더라도 대부분 피학대 노인과 학대행위자가 동거하고 있으며, 남성 노인이 여성노인보다 학대받는 경우가 많으며, 가해자의 연령은 주로 40~50대 연령층으로, 주로 주부양자 연령층이 학대행위를 하고 있음이 밝혀지고 있다.

노인인구는 신체적, 경제적으로 의존성이 높은 취약집단으로 가족이나 사회적

고령화속도

	도달연도			증가소요 년수	
	7% (고령화)	14% (고령)	20% (초고령)	7%→14%	14%→20%
일본	1970	1994	2006	24	12
프랑스	1864	1979	2018	115	39
영국	1929	1976	2026	47	50
미국	1942	2015	2036	73	21
한국	2000	2018	2026	18	8

자료: 일본 국립사회보장. 인구문제연구소, 「인구통계자료집」, 2005.

부담을 증가시키는 요인이 되고 있는데, 특히 고령노인들의 증가는 신체적 질병, 일상생활에서의 수행능력의 저하, 치매 등 인지기능의 장애, 경제능력 등의 빈약 등으로 신체적, 심리적, 경제적으로 의존할 수밖에 없다는 점에서 부양자의 부양부담을 증가시키게 된다.

이 같은 노인학대에 관한 사회적 관심은 부부폭력이나 아동학대에 비하여 상대적으로 늦게 시작되었다고 할 수 있으며, 최근에는 우리사회에서 노인부양을 주로 담당하여 왔던 여성들의 취업률의 상승 및 자아실현 등을 위한 사회참여로 가족 내 부모부양의 기능이 약화되고 있는 가운데, 핵가족화, 가족가치관의 변화 등에 따른 가족의 결속력의 약화 등으로 노후를 자녀에게 의지하던 노인들이 가족에게 부담을 주는 존재로 인식되기 시작하면서 노인학대의 가능성을 증가시킨 것으로 보이며 아직까지 우리사회는 노인학대의 심각성에 대한 인식과 그에 대한 대책이 미흡한 실정이다.

(2) 노인학대의 요인

1) 가족의 구조적 요인

노인보호 전문기관의 노인학대 보고서에 따르면 전체 노인인구에서 학대를 받는 피해노인의 경우 배우자가 있는 노인이 학대받는 비율이 낮게 나타나고 있다는 보고가 있다.[7] 노인에 대한 신체적 부양과 심리적 부양의 주된 부양자가 배우자임을 감안할 때 노인들이 배우자를 상실할 경우, 신체 및 심리적 의존요구의 충족은 자녀를 비롯한 가족체계에 대한 의존으로 전환되게 되며, 사별한 노인을 부양하는 가족은 이제까지 경험하지 못한 노인부양의 부담을 안게 된다. 특히 사멸한 여성고령노인의 경우에는 자녀나 타인에 대한 의존성이 더욱 높아지게 되며, 자녀와의 동거를 선택할 경우 원치 않는 부양을 책임지게 된 부양자의 부양부담과 부양자와의 갈등 등으로 신체 · 언어 · 정서적인 학대의 발생 가능성이 더욱 커지게 된다. 전체 노인인구에 있어 월평균 소득수준이 낮을수록 노인학대 발생율이 높게 나타나고 있다는 점에서 설득력이 있다.[8] 또 별거를 선택할 경우 방임이나 자기방임의 가능성이 커진다는 점에서 이 같은 문제를 해결할 수 있는 제도적 장치가 마련되지 않을 경우 노인들에게 있어 배우자의 상실로 인한 학대의 문제는 해결할 수 없는 것이다.

2) 가족의 기능적 요인

가족의 기능으로는 정서적 기능, 자녀양육과 교육적 기능, 경제적 협력기능, 구성원의 보호 및 부양기능, 여가 기회부여의 기능 등 매우 다양하다. 그러나 학대가족의 경우 이 같은 기능을 찾을 수 없으며, 특히 노인 가족의 경우 보호 부양기능은 매우 중요하다. 그러나 학대가족의 경우 노인부양을 기피하거나 부양부담 등으로 학대가 발생할 가능성이 크며, 이 같은 학대가 있을 경우 보호 및 부양기능은 상실하게 된다. 이 같은 가족의 보호 및 부양기능의 약화와 상실은 노인학대의 주요 원인이 되며, 특히 노인의 경우 생산 기능을 상실한 소비자로서의 기능만을 하게 되므로 부양자에게 경제적 부담을 가중시키게 된다. 또 일정 수준의 재산이 있더라도 분배를 둘러싸고 나타나는 갈등이 학대의 주요 원인이 된다는 점에서 제도적 마련이 필요하다.

3) 가족관계적 요인

가족의 유대감이 낮은 경우 가족의 유대감이 높은 경우보다 노인학대가 더 많이 발생한다. 즉 가족구성원간의 유대감이 높을수록 가족 간의 원만한 관계를 유지하

---

7) 권중돈, 가족체계 관점에서 노인학대의 이해와 해결, 2007. 6. 14, 제2회 세계 노인학대 인식의 날 기념세미나 자료집.

8) 조애저, 노인학대 실태와 정책방안, 보건복지포럼, 2008. 9, 18면.

게 됨으로서 노인학대의 발생율이 낮아지게 된다. 노인학대가 가장 많이 발생하는 가족관계는 주로 부모-자녀관계이며, 그 다음이 부부관계, 조손관계, 친척관계 등이다. 가족은 서로 상호의존적인 관계로 부부의 갈등은 전체 가족의 갈등으로 확산될 수 있으며, 확산된 가족의 갈등이 노인학대를 유발하는 요인이 되기도 한다.

4) 생활주기상의 요인

노인가족의 경우 대부분 시기적으로 자녀는 독립기 내지 노년기에 속하게 된다. 즉 자녀 독립기에 처해있는 노인가족의 경우 자녀의 혼인 등을 둘러싸고 나타나는 갈등이 학대문제로 이어질 가능성이 있다. 특히 결혼 적령기의 자녀가 의존적 노인을 부양해야 하는 등의 문제로 결혼이 지연되거나 결혼의 반대에 직면하게 되는 경우에 그 원인이 노부모에 귀착되고 결과적으로 노인학대로 이어질 가능성이 있다. 학대가족의 경우 관심있게 살펴야 할 부문은 이혼, 별거, 재혼, 가출 등과 같은 가족의 변화에 처해있는 경우에는 긴장관계가 형성되며, 긴장관계를 적절하게 해소할 수 있는 돌파구를 찾지 못하는 경우에는 노부모에 대한 학대를 통하여 긴장관계를 해소하려 할 수도 있다는 점이다.

(3) 노인 학대 방지를 위한 대책마련

노인을 학대하는 가해자는 주로 노인을 부양하는 가족에 의하여 행해지고 있는데 이들이 주로 부양자이면서 동시에 가해자이다. 노인 학대는 부양자의 경제적 부담과 부양에 따르는 스트레스 등과 밀접한 관련을 갖는다. 따라서 부양가족의 경제적 부담을 경감시킬 수 있는 제도적 장치의 마련이 필요하다. 이를 위하여 2008년부터 시행하고 있는 노인장기요양보험에 따라서 요양이 필요한 모든 노인에게 장기요양서비스를 제공하도록 하고 있다. 노인장기요양보험은 치매, 중풍 등으로 거동이 불편한 노인들에게 장기간에 걸친 간병, 장기요양 비용 등을 경감하기 위한 제도로서 노인을 부양하는 가족에게 부담을 완화시켜 노인 학대 예방에 간접적으로 기여할 수 있을 것으로 본다.

또 노인학대의 발생원인 으로서 경제적 문제를 지적할 수 있는데, 노인들의 자녀에 대한 경제적 의존이 노인 학대 발생에 기여하고 있다는 점에서 노인들의 경제적 자립을 제고할 수 있는 정책이 요구된다. 특히 우리나라의 경우 대부분 노부모의 부양은 자녀들에 의하여 이루어짐으로서 부양자의 부담과 스트레스는 노인 학대를 발생시키는 요인이 되고 있다. 또 대부분의 노인학대가 가정에서 이루어지고 있으며 결과적으로 노인 학대는 은폐되고 반복적으로 발생하게 된다. 따라서 노인 학대 피해자를 보호할 수 있는 보호시설의 확충이 필요하다.

나아가 노인학대는 가족 구성원 간의 상호작용의 문제에 의하여 발생하고 있다는 점에서 가족관계가 원만하게 유지할 수 있도록 지역사회 관련 기관을 통하여 상담 및 지원이 필요하다. 특히 가해자에 대한 형사처벌 뿐만 아니라 관계회복을 위한 프로그램의 개발 등도 필요하다.

Ⅲ. 부부간의 성폭력과 법적문제

과거 부부간의 강간 및 강제추행죄 성립여부를 둘러싸고 많은 논란이 있었으나 통설과 판례는 '부부간에는 강간죄나 강제추행죄가 성립하지 않는다'는 입장이었다.[9] 당시 법원은 처가 다른 여자와 동거하고 있는 남편을 상대로 간통죄로 고소함과 동시에 이혼소송을 제기하였으나, 이후 부부간에 새로운 출발을 약정하고 간통죄 고소를 취하한 경우 설령 남편이 폭력을 동원하여 강제로 처를 간음하였다 하더라도 강간죄는 성립하지 않는다는 것이 법원의 입장이었다. 본 판결 이후 통설과 판례는 '부부간의 강간죄는 성립하지 않는다'는 입장을 지지하여 왔다.

본 판결 당시에는 외국(미국, 영국, 독일 등)의 경우에도 명문으로 '아내에 대한 강간 면제조항'을 두고 있었던 시기로, 제 외국의 명문 조항 등이 본 판결에 영향을 주었던 것으로 본다. 그러나 오늘날 제 외국의 경우 명문의 아내에 대한 강간 면제조항을 폐지하였으며, 따라서 우리나라에서도 부부간에도 강간이 성립하고, 법적 처벌이 필요하다는 의식이 고조되기에 이르렀다. 이 같은 의식의 변화를 반영하여 2004년 법원은 부부강제추행치사죄를 인정하는 판결을 하였다. 재판부는 이제까지 우리나라는 부부관계에 있어 강간죄를 부정하였으나, 부부간의 강제추행과 관련하여 지난 판결의 내용에 대하여 재검토 할 필요성이 있다고 지적하면서 '70년대 법원

9) 대법원 1970.3.10, 70도 29판결.

의 판결은 더 이상 부부강간이나 강제추행치상죄의 판단 기준이 될 수 없다는 입장을 밝히고 있다. 나아가 법원은 부부의 일방이 폭력을 행사하여 성폭행을 하는 행위는 타방의 성적 자기결정권을 침해하는 행위로서 형사처벌의 대상이 된다고 하면서' 부부간의 관계는 타인이 간섭하기 어려운 특성이 있고, 그 범행이 반복될 수 있다는 점에서 엄한 처벌이 필요하다는 입장을 밝히고 있다.[10)]

기타 사실혼 관계에 있는 부부사이에 발생한 강제적 성행위에 대하여 서울고등법원이 강간죄의 성립을 인정하였으며,[11)] 아내를 강간한 혐의로 고소된 남편에 대한 서울지방검찰청의 무혐의 결정문,[12)] 등을 통하여 이제까지 부부사이에 발생하는 강간이나 강제추행에 대하여 기존 면죄부의 기준은 더 이상 존재할 수 없게 되었다. 결국 부부간에도 강간죄 및 강제추행 등 성폭력범죄가 성립할 수 있다는 점에 대해서 앞으로 논란의 소지는 없어진 것 같다.

IV. 우리나라에서의 가정폭력 관련법률

1997년 11월 18일 가정폭력에 관한 문제 해결을 위한 두 가지의 법률안이 국회를 통과 하여 1998년 7월 1일 부터 「가정폭력범죄의 처벌 등에 관한 특례법」, 「가정폭력방지 및 피해자 보호 등에 관한 법률」이 시행되었다. 우리나라에서 가정폭력의 문제는 1983년 '한국여성의 전화' 가 처음 설치되고 이들의 활동을 통하여 아내학대는 한 가정의 문제가 아니라 사회문제라는 인식의 전환을 가져오게 되었으며 가정폭력 피해자들을 위한 상담전화가 개설되고, 쉼터가 제공되고 민간단체를 중심으로 상담소가 설치되는 등 일련의 움직임 등이 입법을 위한 여건을 조성하게 되었다.

1994년 '가정폭력 방지법' 제정을 위한 전국연대가 결성되었으며 한국여성단체연합 등이 주체가 되어 입법을 위한 운동 등을 전개하여, 1995년 「여성발전기본법」 (1995.12.30, 법률 제5236호)을 제정하여 남녀평등과 여성발전을 위한 기반을 구축하였으며, 본 법 제25조 제2항에 국가 등이 '가정에서 발생하는 폭력' 문제에 대한

10) 서울중앙지방법원 2004.8.20. 2003고합1178 판결. 당시 아내를 강제추행한 남편에게 징역 2년 6월, 집행유예3년을 선고하였다.

11) 서울고등법원 1997.11.4. 97노1626.

12) 서울지방검찰청 2003형제77287호.

시책을 강구할 것을 촉구하는 규정을 두게 되었으며, 1997년 11월 18일「가정폭력범죄의 처벌 등에 관한 특례법」,「가정폭력방지 및 피해자 보호 등에 관한 법률」이 국회를 통과하였는데 그 내용은 다음과 같다.

1. 가정폭력범죄의 처벌 등에 관한 특례법[13)]

제1장 총 칙

제1조(목적) 이 법은 가정폭력범죄의 형사처벌 절차에 관한 특례를 정하고 가정폭력범죄를 범한 자에 대하여 환경의 조정과 성행의 교정을 위한 보호처분을 행함으로써 가정폭력 범죄로 파괴된 가정의 평화와 안정을 회복하고 건강한 가정을 가꾸며 피해자와 가족구성원의 인권을 보호함을 목적으로 한다.〈개정 2002.12.18〉

제2조(정의) 이 법에서 사용하는 용어의 정의는 다음과 같다.〈개정 1999.1.21, 2000.1.12〉

1. "가정폭력"이라 함은 가정구성원사이의 신체적, 정신적 또는 재산상 피해를 수반하는 행위를 말한다.

2. "가정구성원"이라 함은 다음 각목의 1에 해당하는 자를 말한다.

가. 배우자(사실상 혼인관계에 있는 자를 포함한다. 이하 같다) 또는 배우자관계에 있었던 자

나. 자기 또는 배우자와 직계존비속 관계(사실상의 양친자관계를 포함한다. 이하 같다)에 있거나 있었던 자

다. 계부모와 자의 관계 또는 적모와 서자의 관계에 있거나 있었던 자

라. 동거하는 친족관계에 있는 자

3. "가정폭력범죄"라 함은 가정폭력으로서 다음 각목의 1에 해당하는 죄를 말한다.

가. 형법 제2편 제25장 상해와 폭행의 죄중 제257조(상해, 존속상해), 제258조(중상해, 존속중상해), 제260조(폭행, 존속폭행)제1항 · 제2항, 제261조(특수폭행) 및 제264조(상습범)의 죄

나. 형법 제2편 제28장 유기와 학대의 죄중 제271조(유기, 존속유기)제1항 · 제2항, 제272조(영아유기), 제273조(학대, 존속학대) 및 제274조(아동혹사)의 죄

다. 형법 제2편 제29장 체포와 감금의 죄 중 제276조(체포, 감금, 존속체포, 존속감금), 제

13) 시행 2007.8.3] [법률 제8580호, 2007.8.3, 일부개정.

277조(중체포, 중감금, 존속중체포, 존속중감금), 제278조(특수체포, 특수감금), 제279조(상습범)(제276조, 제277조의 죄에 한한다) 및 제280조(미수범)(제276조 내지 제279조의 죄에 한한다)의 죄

라. 형법 제2편 제30장 협박의 죄중 제283조(협박, 존속협박)제1항 · 제2항, 제284조(특수협박), 제285조(상습범)(제283조의 죄에 한한다) 및 제286조(미수범)의 죄

마. 형법 제2편 제33장 명예에 관한 죄 중 제307조(명예훼손), 제308조(사자의 명예훼손), 제309조(출판물 등에 의한 명예훼손) 및 제311조(모욕)의 죄

바. 형법 제2편 제36장 주거침입의 죄 중 제321조(주거 · 신체 수색)의 죄

사. 형법 제2편 제37장 권리행사를 방해하는 죄 중 제324조(강요) 및 제324조의 5(미수범)(제324조의 죄에 한한다)의 죄

아. 형법 제2편 제39장 사기와 공갈의 죄중 제350조(공갈) 및 제352조(미수범)(제350조의 죄에 한한다)의 죄

자. 형법 제2편 제42장 손괴의 죄 중 제366조(재물손괴 등)의 죄

차. 삭제 〈2007.8.3〉

카. 가목 내지 자목의 죄로서 다른 법률에 의하여 가중 처벌되는 죄

4. "가정폭력행위자"라 함은 가정폭력범죄를 범한 자 및 가정구성원인 공범(이하 "행위자"라 한다)을 말한다.

5. "피해자"라 함은 가정폭력범죄로 인하여 직접적으로 피해를 입은 자를 말한다.

6. "가정보호사건"이라 함은 가정폭력범죄로 인하여 이 법에 의한 보호처분의 대상이 되는 사건을 말한다.

7. "보호처분"이라 함은 법원이 가정 보호사건에 대하여 심리를 거쳐 행위자에게 과하는 제40조의 규정에 의한 처분을 말한다.

8. "아동"이라 함은 아동복지법 제2조제1호에 규정된 자를 말한다.

제3조 (다른 법률과의 관계) 가정폭력범죄에 대하여는 이 법을 우선 적용한다.

제2장 가정보호사건

제1절 통 칙

제4조(신고의무 등) ①누구든지 가정폭력범죄를 알게 된 때에는 이를 수사기관에 신고할

수 있다.

② 다음 각호의 1에 해당하는 자가 직무를 수행하면서 가정폭력범죄를 알게 된 경우에는 정당한 사유가 없는 한 이를 즉시 수사기관에 신고하여야 한다.

1. 아동의 교육과 보호를 담당하는 기관의 종사자와 그 장

2. 아동, 60세 이상의 노인 기타 정상적인 판단능력이 결여된 자의 치료 등을 담당하는 의료인 및 의료기관의 장

3. 노인복지법에 따른 노인복지시설, 아동복지법에 따른 아동복지시설, 장애인복지법에 따른 장애인복지시설의 종사자와 그 장

③ 아동복지법에 따른 아동상담소, 가정폭력방지 및 피해자보호 등에 관한 법률에 따른 가정폭력관련 상담소 및 보호시설, 성폭력범죄의처벌및피해자보호등에관한법률에 따른 성폭력피해상담소 및 보호시설(이하 "상담소등"이라 한다)에 근무하는 상담원과 그 장은 피해자 또는 피해자의 법정대리인등과의 상담을 통하여 가정폭력범죄를 알게된 경우에는 이를 즉시 신고하여야 한다.

④ 누구든지 제1항 내지 제3항의 규정에 의하여 가정폭력범죄를 신고한 자(이하 "신고자"라 한다)에 대하여 그 신고행위를 이유로 불이익을 주어서는 아니 된다.

제5조(가정폭력범죄에 대한 응급조치) 진행 중인 가정폭력범죄에 대하여 신고를 받은 사법경찰관리는 즉시 현장에 임하여 다음 각 호의 조치를 취하여야 한다.〈개정2002.12.18〉

1. 폭력행위의 제지, 행위자 · 피해자의 분리 및 범죄수사

2. 피해자의 가정폭력관련 상담소 또는 보호시설 인도(피해자의 동의가 있는 경우에 한 한다)

3. 긴급치료가 필요한 피해자의 의료기관 인도

4. 폭력행위의 재발시 제8조의 규정에 의하여 임시조치를 신청할 수 있음을 통보

제6조(고소에 관한 특례) ① 피해자 또는 그 법정대리인은 행위자를 고소할 수 있다. 피해자의 법정대리인이 행위자인 경우 또는 행위자와 공동하여 가정폭력범죄를 범한 경우에는 피해자의 친족이 고소할 수 있다.

② 피해자는 형사소송법 제224조의 규정에 불구하고 행위자가 자기 또는 배우자의 직계존속인 경우에도 고소할 수 있다. 법정대리인이 고소하는 경우에도 또한 같다.

③ 피해자에게 고소할 법정대리인이나 친족이 없는 경우에 이해관계인의 신청이 있으면 검사는 10일 이내에 고소할 수 있는 자를 지정하여야 한다.

제7조(사법경찰관의 사건송치) 사법경찰관은 가정폭력범죄를 신속히 수사하여 사건을 검사

에게 송치하여야 한다. 이 경우 사법경찰관은 당해 사건이 가정보호사건으로 처리함이 상당한지 여부에 관한 의견을 제시할 수 있다.

제8조(임시조치의 청구 등) ① 검사는 가정폭력범죄가 재발될 우려가 있다고 인정하는 때에는 직권 또는 사법경찰관의 신청에 의하여 법원에 제29조제1항 제1호, 제2호 또는 제3호의 임시조치를 청구할 수 있다. 〈개정 2007.8.3〉

② 검사는 행위자가 제1항의 청구에 의하여 결정된 임시조치를 위반하여 가정폭력범죄가 재발될 우려가 있다고 인정하는 때에는 직권 또는 사법경찰관의 신청에 의하여 법원에 제29조제1항제5호의 임시조치를 청구할 수 있다. 〈개정 2007.8.3〉

③ 제1항 및 제2항의 경우 피해자 또는 그 법정대리인은 검사 또는 사법경찰관에게 제1항 및 제2항의 규정에 의한 임시조치의 청구 또는 그 신청을 요청하거나 이에 관하여 의견을 진술할 수 있다. 〈개정 2007.8.3〉

④ 제3항에 따른 요청을 받은 사법경찰관이 제1항 및 제2항에 따른 임시조치를 신청하지 아니하는 경우에는 검사에게 그 사유를 보고하여야 한다. 〈신설 2007.8.3〉

[전문개정 2002.12.18]

제9조(가정보호사건의 처리) ① 검사는 가정폭력범죄로서 사건의 성질·동기 및 결과, 행위자의 성행 등을 고려하여 이 법에 의한 보호처분에 처함이 상당하다고 인정할 때에는 가정보호 사건으로 처리할 수 있다. 이 경우 검사는 피해자의 의사를 존중하여야 한다.

② 제1항의 규정은 다음 각 호의 경우 이를 적용할 수 있다. 〈신설 2005.1.27〉

1. 피해자의 고소가 있어야 공소를 제기 할 수 있는 가정폭력범죄에서 고소가 없거나 취소된 경우

2. 피해자의 명시한 의사에 반하여 공소를 제기할 수 없는 가정폭력범죄에서 피해자가 처벌을 희망하지 아니하는 명시적 의사표시가 있거나 처벌을 희망하는 의사표시가 철회된 경우

제9조의2(상담조건부 기소유예) 검사는 가정폭력사건을 수사한 결과 행위자의 성행교정을 위하여 필요하다고 인정하는 때에는 상담조건부 기소유예를 할 수 있다.

[본조신설 2007.8.3]

제10조(관할) ① 가정보호사건의 관할은 행위자의 행위지·거주지 또는 현재지를 관할하는 가정법원으로 한다. 다만, 가정법원이 설치되지 아니한 지역에 있어서는 해당지역의 지방법원(지원을 포함한다. 이하 같다)으로 한다.

② 가정보호사건의 심리와 결정은 단독판사(이하 "판사"라 한다)가 행한다.

제11조 (검사의 송치) ①검사는 제9조의 규정에 의하여 가정보호사건으로 처리하는 경우에는 그 사건을 관할 가정법원 또는 지방법원(이하 "법원"이라 한다)에 송치하여야 한다.

② 검사는 가정폭력범죄와 그 외의 범죄가 경합하는 때에는 가정폭력범죄에 대한 사건만을 분리하여 관할 법원에 송치할 수 있다.

제12조(법원의 송치) 법원은 행위자에 대한 피고사건을 심리한 결과 이 법에 의한 보호처분에 처함이 상당하다고 인정하는 때에는 결정으로 사건을 가정보호사건의 관할 법원에 송치할 수 있다. 이 경우 법원은 피해자의 의사를 존중하여야 한다.

제13조(송치시의 신병처리) ①제11조제1항 또는 제12조의 규정에 의한 송치결정이 있는 경우 행위자를 구금하고 있는 시설의 장은 검사의 이송지휘를 받은 때로부터 제10조의 규정에 의한 관할 법원이 있는 시(특별시 및 광역시를 포함한다. 이하 같다) · 군에서는 24시간 이내에, 기타 시 · 군에서는 48시간 이내에 행위자를 관할 법원에 인도하여야 한다. 이 경우 법원은 행위자에 대하여 제29조의 규정에 의한 임시조치 여부를 결정하여야 한다.

② 제1항의 규정에 의한 인도와 결정은 형사소송법 제92조, 제203조 또는 제205조의 구속 기간 내에 이루어져야 한다.

③ 구속영장의 효력은 제1항 후단의 규정에 의하여 임시조치 여부를 결정한 때에 상실된 것으로 본다.

제14조(송치서) ① 제11조 및 제12조의 규정에 의하여 사건을 가정보호사건으로 송치하는 경우에는 송치서를 보내야 한다.

② 제1항의 송치서에는 행위자의 성명 · 주소 · 생년월일 · 직업 · 피해자와의 관계 및 행위의 개요와 가정상황을 기재하고 기타 참고자료를 첨부하여야 한다.

제15조(이송) ①가정보호사건을 송치받은 법원은 사건이 그 관할에 속하지 아니하거나 적정한 조사 · 심리를 위하여 필요하다고 인정한 때에는 결정으로 당해 사건을 즉시 다른 관할 법원에 이송하여야 한다.

② 법원은 제1항 규정에 의한 이송결정을 한 때에는 지체없이 그 사유를 첨부하여 행위자와 피해자 및 검사에게 통지하여야 한다.

제16조(보호처분의 효력) 제40조의 규정에 의한 보호처분이 확정된 때에는 그 행위자에 대하여 동일한 범죄사실로 다시 공소를 제기할 수 없다. 다만, 제46조의 규정에 의하여 송치된 경우에는 그러하지 아니하다.

제17조(공소시효의 정지와 효력) ①가정폭력범죄에 대한 공소시효는 당해 가정보호사건이 법원에 송치된 때로부터 시효진행이 정지되고 그 사건에 대한 제37조제1항의 불처분의 결정(제1호 및 제2호의 사유에 의한 결정에 한한다)이 확정된 때 또는 제27조제2항 · 제37조제2항 및 제46조의 규정에 의하여 송치된 때로부터 진행한다.

② 공범의 1인에 대한 제1항의 시효정지는 다른 공범자에 대하여 효력을 미친다.

제18조(비밀엄수등의 의무) ①가정폭력범죄의 수사 또는 가정보호사건의 조사 · 심리 및 그 집행을 담당하거나 이에 관여하는 공무원, 보조인 또는 상담소등에 근무하는 상담원과 그 장 및 제4조제2항제1호에 규정된 자(그 직에 있었던 자를 포함한다)는 그 직무상 알게 된 비밀을 누설하여서는 아니된다.〈개정 1999.1.21〉

② 이 법에 의한 가정보호사건에 대하여는 행위자, 피해자, 고소인 · 고발인 또는 신고인의 주소 · 성명 · 연령 · 직업 · 용모 기타 이들을 특정하여 파악할 수 있는 인적사항이나 사진등을 신문 등 출판물에 게재하거나 방송매체를 통하여 방송할 수 없다.

③ 피해자의 보호하에 있는 아동이나 피해자인 아동의 교육 또는 보육을 담당하는 학교의 교직원 또는 보육시설의 종사자는 정당한 사유가 없는 한 해당 아동의 취학 · 진학 · 전학 또는 입소(그 변경을 포함한다)의 사실을 행위자인 친권자를 포함하여 누구에게든지 누설하여서는 아니된다.〈신설 2002.12.18〉

제18조의2 (형사소송법」의 준용) 이 장에서 따로 정하지 아니한 사항에 대하여는 가정보호사건의 성질에 위반되지 아니하는 범위 내에서 형사소송법의 규정을 준용한다.

[본조신설 2007.8.3]

제2절 조사 · 심리

제19조(조사 · 심리의 방향) 법원이 가정보호사건을 조사 · 심리함에 있어서는 의학 · 심리학 · 사회학 · 사회복지학 기타 전문적인 지식을 활용하여 행위자 · 피해자 기타 가정구성원의 성행 · 경력 · 가정상황과 가정폭력범죄의 동기 · 원인 및 실태등을 밝혀서 이 법의 목적을 달성할 수 있는 적정한 처분이 이루어지도록 노력하여야 한다.

제20조(가정보호사건조사관) ① 가정보호사건의 조사 · 심리를 위하여 법원에 가정보호사건조사관(이하 "조사관"이라 한다)을 둔다.

② 조사관의 자격 · 임면 기타 필요한 사항은 대법원규칙으로 정한다.

제21조(조사명령 등) ① 판사는 조사관, 그 법원의 소재지 또는 행위자의 주거지를 관할하는 보호관찰소의 장에게 행위자, 피해자 및 가정구성원에 대한 심문이나 그들의 정신 · 심리상태, 가정폭력범죄의 동기 · 원인 및 실태 등의 조사를 명하거나 요구할 수 있다.

② 제1항에 따른 판사의 보호관찰소의 장에 대한 조사요구에 관하여는 「보호관찰 등에 관한 법률」 제19조제2항 및 제3항을 준용한다.[전문개정 2007.8.3]

제22조(전문가의 의견조회) ① 법원은 정신과의사 · 심리학자 · 사회학자 · 사회복지학자 기타 관련 전문가에게 행위자 · 피해자 또는 가정구성원의 정신 · 심리상태에 대한 진단소견 및 가정폭력범죄의 원인에 관한 의견을 조회할 수 있다.

② 법원은 가정보호사건을 조사 · 심리함에 있어서 제1항의 규정에 의한 의견조회의 결과를 참작하여야 한다.

제23조(진술거부권의 고지) 판사 또는 조사관은 가정보호사건을 조사할 때에 미리 행위자에 대하여 불리한 진술을 거부할 수 있음을 알려야 한다.

제24조(소환 및 동행영장) ①판사는 조사 · 심리에 필요하다고 인정한 때에는 기일을 지정하여 행위자 · 피해자 · 가정구성원 기타 참고인을 소환할 수 있다.

② 판사는 행위자가 정당한 이유없이 제1항의 규정에 의한 소환에 응하지 아니한 때에는 동행영장을 발부할 수 있다.

제25조(긴급동행영장) 판사는 행위자가 소환에 응하지 아니할 우려가 있거나 피해자의 보호를 위하여 긴급히 필요하다고 인정하는 경우에는 제24조제1항의 규정에 의한 소환없이 동행영장을 발부할 수 있다.

제26조(동행영장의 방식) 동행영장에는 행위자의 성명 · 생년월일 · 주거, 행위의 개요, 인치 또는 수용할 장소, 유효기간 및 그 기간 경과후에는 집행에 착수하지 못하며 영장을 반환하여야 한다는 취지와 발부년월일을 기재하고 판사가 서명 · 날인 하여야 한다.

제27조(동행영장의 집행 등) ①동행영장은 조사관이나 법원의 법원서기관 · 법원사무관 · 법원주사 · 법원주사보(이하 "법원공무원"이라 한다) 또는 사법경찰관리로 하여금 이를 집행하게 할 수 있다.

② 법원은 행위자의 소재불명으로 인하여 1년 이상 동행영장을 집행하지 못한 경우 사건을 관할 법원에 대응하는 검찰청 검사에게 송치할 수 있다.

③ 법원은 동행영장을 집행한 때에는 그 사실을 즉시 행위자의 법정대리인 또는 보조인에게 통지하여야 한다.

제28조(보조인) ① 행위자는 자신의 가정보호사건에 대하여 보조인을 선임할 수 있다.

② 변호사, 행위자의 법정대리인 · 배우자 · 직계친족 · 형제자매, 상담소등의 상담원과 그 장은 보조인이 될 수 있다. 다만, 변호사가 아닌 자를 보조인으로 선임하고자 할 때에는 법원의 허가를 얻어야 한다. 〈개정 2005.3.31〉

③ 제2항의 규정에 의하여 선임된 변호사가 아닌 보조인은 금품 · 향응 기타 이익을 받거나 받을 것을 약속하거나 또는 제삼자에게 이를 공여하게 하거나 공여하게 할 것을 약속하여서는 아니 된다.

④ 법원은 행위자가 형사소송법 제33조 각호의 1에 해당하는 때에는 직권으로 변호사를 행위자의 보조인으로 선임할 수 있다.

⑤ 제4항의 규정에 의하여 선임된 보조인에게 지급하는 비용에 대하여는 형사소송비용등에관한법률을 준용한다.〈개정 1999.12.31〉

제29조(임시조치) ① 판사는 가정보호사건의 원활한 조사 · 심리 또는 피해자의 보호를 위하여 필요하다고 인정한 때에는 결정으로 행위자에게 다음 각호의 1에 해당하는 임시조치를 할 수 있다. 〈개정 2006.2.21, 2007.8.3〉

1. 피해자 또는 가정구성원의 주거 또는 점유하는 방실로부터의 퇴거등 격리
2. 피해자 또는 가정구성원의 주거, 직장등에서 100미터 이내의 접근금지
3. 피해자 또는 가정구성원에 대한「전기통신기본법」제2조제1호의 전기통신을 이용한 접근금지
4. 의료기관 기타 요양소에의 위탁
5. 국가경찰관서의 유치장 또는 구치소에의 유치

② 동행영장에 의하여 동행된 행위자 또는 제13조의 규정에 의하여 인도된 행위자에 대하여는 행위자가 법원에 인치된 때로부터 24시간 이내에 제1항의 조치여부를 결정하여야 한다.

③ 법원은 제1항의 규정에 의한 조치를 결정한 때에는 이를 검사 및 피해자에게 통지하여야 한다. 〈개정 2002.12.18〉

④ 법원은 제1항제4호 또는 제5호의 조치를 한 때에는 그 사실을 행위자의 보조인이 있는 경우에는 보조인에게, 보조인이 없는 경우에는 법정대리인 또는 행위자가 지정한 자에게 통지하여야 한다. 이 경우 제1항제5호의 조치를 한 때에는 행위자에게 변호사 등 보조인을 선임할 수 있으며 제49조제1항의 항고를 제기할 수 있음을 고지하여야 한다. 〈개정 2007.8.3〉

⑤ 제1항 제1호부터 제3호까지의 임시조치기간은 2개월, 같은 항 제4호 및 제5호의 임시조치기간은 1개월을 초과할 수 없다. 다만, 피해자의 보호를 위하여 그 기간의 연장이 필요하다고 인정하는 경우에는 결정으로 제1항제1호부터 제3호까지의 임시조치는 2회에 한하여, 같은 항 제4호 및 제5호의 임시조치는 1회에 한하여 각 기간의 범위 내에서 이를 연장할 수 있다. 〈개정 2007.8.3〉

⑥ 제1항 제4호의 위탁을 하는 경우에는 의료기관등의 장에게 행위자를 보호하는데 필요한 사항을 부과할 수 있다. 〈개정 2007.8.3〉

⑦ 민간이 운영하는 의료기관등에 대하여 위탁하고자 하는 때에는 제6항의 규정에 의하여 부과할 사항을 그 의료기관등의 장에게 미리 고지하고 동의를 얻어야 한다.

⑧ 판사는 제1항 각호에 규정된 임시조치의 결정을 한 때에는 조사관, 법원공무원, 사법경찰관리 또는 구치소 소속 교정직공무원으로 하여금 이를 집행하게 할 수 있다.

⑨ 행위자, 그 법정대리인이나 보조인은 제1항의 규정에 의한 임시조치결정의 취소 또는 그 종류의 변경을 신청할 수 있다.

⑩ 판사는 직권 또는 제9항의 규정에 의한 신청에 상당한 이유가 있다고 인정하는 때에는 결정으로 당해 임시조치를 취소하거나 그 종류를 변경할 수 있다.

⑪ 제1항 제4호의 위탁의 대상이 되는 의료기관 및 요양소의 기준 기타 필요한 사항은 대법원규칙으로 정한다. 〈개정 2007.8.3〉

제29조의2(임시조치의 집행 등) ① 제29조제8항에 따라 임시조치결정을 집행하는 자는 행위자에게 임시조치의 내용, 불복방법 등을 고지하여야 한다.

② 피해자 또는 가정구성원은 제29조제1항제1호 및 제2호의 임시조치 후 주거나 직장 등을 옮긴 때에는 관할 법원에 임시조치결정의 변경을 신청할 수 있다.

[본조신설 2007.8.3]

제30조(심리기일의 지정) ① 판사는 심리기일을 지정하고 행위자를 소환하여야 한다. 이 경우 판사는 가정보호사건의 요지 및 보조인을 선임할 수 있다는 취지를 미리 고지하여야 한다.

② 제1항의 심리기일은 보조인과 피해자에게 통지하여야 한다.

제31조(심리기일의 변경) 판사는 직권 또는 행위자나 보조인의 청구에 의하여 심리기일을 변경할 수 있다. 이 경우 변경된 기일을 행위자 · 피해자 및 보조인에게 통지하여야 한다.

제32조(심리의 비공개) ① 판사는 가정보호사건을 심리함에 있어서 사생활보호나 가정의 평화와 안정을 위하여 필요하거나 선량한 풍속을 해할 우려가 있다고 인정할 때에는 결정으

로 이를 공개하지 아니할 수 있다.

② 증인으로 소환된 피해자 또는 가정구성원은 사생활보호나 가정의 평화와 안정의 회복을 이유로 하여 판사에 대하여 증인신문의 비공개를 신청할 수 있다. 이 경우 판사는 그 허가여부와 공개법정외의 장소에서의 신문등 증인신문의 방식 및 장소에 관하여 결정을 할 수 있다.

제33조(피해자의 진술권 등) ① 법원은 피해자의 신청이 있는 경우에는 그 피해자를 증인으로 신문하여야 한다. 다만, 다음 각 호의 1에 해당하는 경우에는 그러하지 아니하다.

1. 신청인이 이미 심리절차에서 충분히 진술하여 다시 진술할 필요가 없다고 인정되는 경우

2. 신청인의 진술로 인하여 심리절차가 현저하게 지연될 우려가 있는 경우

② 법원은 제1항의 규정에 의하여 피해자를 신문하는 경우에는 당해 가정보호사건에 관한 의견을 진술할 기회를 주어야 한다.

③ 법원은 심리에 있어서 필요하다고 인정한 때에는 피해자 또는 조사관에게 의견을 진술하거나 자료의 제출을 요구할 수 있다. 이 경우 판사는 공정한 의견진술등을 위하여 필요하다고 인정한 때에는 행위자의 퇴장을 명할 수 있다.

④ 제1항 내지 제3항의 경우 피해자는 변호사, 법정대리인 · 배우자 · 직계친족 · 형제자매, 상담소 등의 상담원 또는 그 장으로 하여금 대리하여 의견을 진술하게 할 수 있다. 〈개정 2005.3.31〉

⑤ 제1항의 규정에 의한 신청인이 소환을 받고도 정당한 이유없이 출석하지 아니한 때에는 그 신청을 철회한 것으로 본다.

제34조(증인신문 · 감정 · 통역 · 번역) ① 법원은 증인을 신문하고 감정을 명하며 통역 또는 번역을 하게 할 수 있다.

② 형사소송법중 법원의 증인신문과 감정 · 통역 및 번역에 관한 규정은 가정보호사건의 성질에 위반되지 아니하는 범위 내에서 제1항의 경우에 이를 준용한다.

③ 증인 · 감정인 · 통역인 · 번역인에게 지급하는 비용 · 숙박료 기타 비용에 대하여는 형사소송법중 비용에 관한 규정 및 형사소송비용등에관한법률을 준용한다.〈개정1999.12.31〉

제35조(검증 · 압수 · 수색) ①법원은 검증 · 압수 및 수색을 할 수 있다.

② 형사소송법 중 법원의 검증 · 압수 및 수색에 관한 규정은 가정보호사건의 성질에 위반하지 아니하는 범위 내에서 제1항의 경우에 이를 준용한다.

第36조(협조 · 원조) ① 법원은 가정보호사건의 조사 · 심리에 필요한 경우 관계 행정기관, 상담소등 또는 의료기관 기타 단체에 대하여 협조와 원조를 요청할 수 있다.

② 제1항의 요청을 받은 관계 행정기관, 상담소등 또는 의료기관 기타 단체가 그 요청을 거부할 때에는 정당한 이유를 제시하여야 한다.

第37조(불처분의 결정) ① 판사는 가정보호사건을 심리한 결과 다음 각호의 1에 해당하는 때에는 처분을 하지 아니한다는 결정을 하여야 한다.

1. 삭제 〈2005.1.27〉

2. 보호처분을 할 수 없거나 할 필요가 없다고 인정한 때

3. 사건의 성질 · 동기 및 결과, 행위자의 성행 · 습벽등에 비추어 가정보호사건으로 처리함이 적당하지 아니하다고 인정한 때

② 법원은 제1항제3호의 사유에 의하여 불처분의 결정을 한 때에는 다음 각호의 구분에 따라 처리하여야 한다.〈개정 2002.12.18〉

1. 제11조의 규정에 의하여 검사가 송치한 사건인 경우에는 관할 법원에 대응하는 검찰청의 검사에게 송치

2. 제12조의 규정에 의하여 법원이 송치한 사건인 경우에는 송치한 법원에 이송

③ 제1항의 규정에 의한 결정을 한 때에는 이를 행위자, 피해자 및 검사에게 통지하여야 한다.

第38조(처분의 기간 등) 가정보호사건에 대하여는 다른 쟁송에 우선하여 신속히 처리하여야 한다. 이 경우 처분의 결정은 특별한 사유가 없는 한 송치받은 날부터 3월 이내에, 이송받은 경우에는 이송받은 날부터 3월 이내에 하여야 한다.

第39조(위임규정) 가정보호사건의 조사 · 심리에 관하여 필요한 사항은 대법원규칙으로 정한다.

제3절 보호처분

第40조(보호처분의 결정 등) ①판사는 심리의 결과 보호처분이 필요하다고 인정한 때에는 결정으로 다음 각 호의 1에 해당하는 처분을 할 수 있다. 〈개정 2007.8.3〉

1. 행위자가 피해자 또는 가정구성원에게 접근하는 행위의 제한

2. 행위자가 피해자 또는 가정구성원에게 「전기통신기본법」 제2조제1호의 전기통신을

이용하여 접근하는 행위의 제한

3. 친권자인 행위자의 피해자에 대한 친권행사의 제한
4. 보호관찰 등에 관한 법률에 의한 사회봉사 · 수강명령
5. 보호관찰 등에 관한 법률에 의한 보호관찰
6. 가정폭력방지 및 피해자 보호 등에 관한 법률이 정하는 보호시설에의 감호위탁
7. 의료기관에의 치료위탁
8. 상담소등에의 상담위탁

② 제1항 각호의 처분은 이를 병과 할 수 있다.

③ 제1항 제3호의 처분을 하는 경우에는 피해자를 다른 친권자나 친족 또는 적당한 시설로 인도할 수 있다. 〈개정 2007.8.3〉

④ 법원은 보호처분의 결정을 한 때에는 지체없이 그 사실을 검사, 행위자, 피해자, 보호관찰관 및 보호처분을 위탁받아 행하는 보호시설, 의료기관 또는 상담소등(이하 "수탁기관"이라 한다)의 장에게 통지하여야 한다. 다만, 수탁기관이 민간에 의하여 운영되는 기관인 경우에는 그 기관의 장으로부터 수탁에 대한 동의를 얻어야 한다.

⑤ 제1항 제4호부터 제8호까지의 처분을 한 때에는 행위자의 교정에 필요한 참고자료를 보호관찰관 또는 수탁기관의 장에게 송부하여야 한다. 〈개정 2007.8.3〉

⑥ 제1항 제6호의 감호위탁기관은 행위자에 대하여 그 성행의 교정을 위한 교육을 실시하여야 한다. 〈신설 2007.8.3〉

제41조(보호처분의 기간) 제40조제1항제1호부터 제3호까지 및 제5호부터 제8호까지의 보호처분의 기간은 6개월을 초과할 수 없으며, 같은 항 제4호의 사회봉사 · 수강명령의 시간은 200시간을 각각 초과할 수 없다. [전문개정 2007.8.3]

제42조(몰수) 판사는 보호처분을 하는 경우에 결정으로 가정폭력범죄에 제공하거나 제공하려고 한 물건으로서 행위자외의 자의 소유에 속하지 아니하는 물건을 몰수할 수 있다.

제43조(보호처분결정의 집행) ① 법원은 조사관, 법원공무원, 사법경찰관리, 보호관찰관 또는 수탁기관소속 직원으로 하여금 보호처분의 결정을 집행하게 할 수 있다.

② 보호처분의 집행에 있어 이 법에서 정하지 아니한 사항에 대하여는 가정보호사건의 성질에 위반되지 아니하는 범위내에서 형사소송법, 보호관찰등에관한법률 및 정신보건법을 준용한다.

제44조(보고와 의견제출 등) 법원은 제40조제1항제4호부터 제8호까지의 보호처분을 결정

한 때에는 보호관찰관 또는 수탁기관의 장에 대하여 행위자에 관한 보고서 또는 의견서의 제출을 요구할 수 있고, 그 집행에 대하여 필요한 지시를 할 수 있다. 〈개정 2007.8.3〉

제45조(보호처분의 변경) ① 법원은 보호처분이 진행되는 동안 필요하다고 인정하는 때에는 직권, 검사 · 보호관찰관 또는 수탁기관의 장의 청구에 따라 결정으로 1회에 한하여 보호처분의 종류와 기간을 변경할 수 있다.〈개정 2002.12.18〉

② 제1항의 규정에 의하여 보호처분의 종류와 기간을 변경하는 경우 종전의 처분기간을 합산하여 제40조제1항제1호부터 제3호까지 및 제5호부터 제8호까지의 보호처분의 기간은 1년을, 같은 항 제4호의 사회봉사 · 수강명령의 시간은 400시간을 각각 초과할 수 없다. 〈개정 2007.8.3〉

③ 제1항의 처분변경의 결정이 있는 때에는 지체없이 그 사실을 검사, 행위자, 법정대리인, 보조인, 피해자, 보호관찰관 및 수탁기관에 통지하여야 한다.〈개정 2002.12.18〉

제46조(보호처분의 취소) 법원은 보호처분을 받은 행위자가 제40조제1항제4호부터 제8호까지의 보호처분의 결정을 이행하지 아니하거나 그 집행에 따르지 아니하는 때에는 직권, 검사 · 피해자 · 보호관찰관 또는 수탁기관의 장의 청구에 의하여 결정으로 그 보호처분을 취소하고 다음 각호의 구분에 따라 처리하여야 한다. 〈개정 2007.8.3〉

1. 제11조의 규정에 의하여 검사가 송치한 사건인 경우에는 관할 법원에 대응하는 검찰청의 검사에게 송치

2. 제12조의 규정에 의하여 법원이 송치한 사건인 경우에는 송치한 법원에 이송

[전문개정 2002.12.18]

제47조(보호처분의 종료) 법원은 행위자의 성행이 교정되어 정상적인 가정생활이 유지될 수 있다고 판단되거나 기타 보호처분을 계속할 필요가 없다고 인정한 때에는 직권, 검사 · 피해자 · 보호관찰관 또는 수탁기관의 장의 청구에 의하여 결정으로 보호처분의 전부 또는 일부를 종료할 수 있다.〈개정 2002.12.18〉

제48조(비용의 부담) ①제29조제1항제4호의 위탁결정 또는 제40조제1항제7호 및 제8호의 보호처분을 받은 행위자는 위탁 또는 보호처분에 필요한 비용을 부담한다. 다만, 행위자가 지급할 능력이 없는 때에는 국가가 이를 부담할 수 있다. 〈개정 2007.8.3〉

② 판사는 행위자에 대하여 제1항 본문의 규정에 의한 비용의 예납을 명할 수 있다.

③ 제1항의 규정에 의하여 행위자가 부담할 비용의 계산, 청구 및 지급 절차 기타 필요한 사항은 대법원규칙으로 정한다.

제4절 항고와 재항고

제49조(항고) ① 제8조 또는 제29조의 규정에 의한 임시조치(연장 또는 변경의 결정을 포함한다. 이하 같다), 제40조의 보호처분, 제45조의 보호처분의 변경 및 제46조의 보호처분의 취소에 있어서 그 결정에 영향을 미칠 법령위반이 있거나 중대한 사실오인이 있는 때 또는 그 결정이 현저히 부당한 때에는 검사, 행위자, 법정대리인 또는 보조인은 가정법원본원합의부에 항고할 수 있다. 다만, 가정법원이 설치되지 아니한 지역에서는 지방법원본원합의부에 하여야 한다.〈개정 2002.12.18〉

② 법원이 제37조의 규정에 의하여 불처분의 결정을 한 경우 그 결정이 현저히 부당한 때에는 검사, 피해자 또는 그 법정대리인은 항고할 수 있다. 이 경우 항고법원에 관하 여는 제1항의 규정을 준용한다.〈개정 2002.12.18〉

③ 항고의 제기기간은 그 결정을 고지받은 날부터 7일로 한다.

제50조(항고장의 제출) ① 항고를 함에 있어서는 항고장을 원심 법원에 제출하여야 한다.

② 항고장을 제출받은 법원은 3일 이내에 의견서를 첨부하여 기록을 항고법원에 송부하여야 한다.

제51조(항고의 재판) ① 항고법원은 항고의 절차가 법률에 위반되거나 항고가 이유없다고 인정한 때에는 결정으로 항고를 기각하여야 한다.

② 항고법원은 항고가 이유있다고 인정한 때에는 원결정을 취소하고 사건을 원심법원에 환송하거나 다른 관할 법원에 이송하여야 한다. 이 경우 환송 또는 이송하기에 급박 하거나 기타 필요하다고 인정한 때에는 원결정을 파기하고 스스로 상당한 임시조치, 불처분 또는 보호처분의 결정을 할 수 있다.

제52조(재항고) ① 항고의 기각 결정에 대하여는 그 결정이 법령에 위반된 때에 한하여 대 법원에 재항고를 할 수 있다.

② 제49조제3항의 규정은 제1항의 재항고에 이를 준용한다.

제53조(집행의 부정지) 항고와 재항고는 결정의 집행을 정지하는 효력이 없다.

제54조(종결된 사건 기록등의 송부) 법원은 가정보호사건이 종결된 때에는 지체없이 사건기 록과 결정서를 대응하는 검찰청 검사에게 송부하여야 한다.

제55조 삭제 〈2007.8.3〉

제3장 민사처리에 관한 특례

제56조(배상신청) ① 피해자는 가정보호사건이 계속된 제1심 법원에 제57조의 배상명령을 신청할 수 있다. 이 경우 인지의 첩부는 요하지 아니한다.

② 소송촉진등에관한특례법 제26조제2항 내지 제8항은 제1항의 경우 이를 준용한다.

제57조(배상명령) ① 법원은 제1심의 가정보호사건 심리절차에서 보호처분을 선고할 경우 직권 또는 피해자의 신청에 의하여 다음 각호의 금전지급이나 배상(이하 "배상"이라 한다)을 명할 수 있다.

1. 피해자 또는 가정구성원의 부양에 필요한 금전의 지급
2. 가정보호사건으로 인하여 발생한 직접적인 물적 피해 및 치료비손해의 배상

② 법원은 가정보호사건에 있어서 행위자와 피해자 사이에 합의된 배상액에 관하여도 제1항의 규정에 따라 배상을 명할 수 있다.

③ 소송촉진등에관한특례법 제25조제3항(제2호의 경우를 제외한다)은 제1항의 경우 이를 준용한다.

제58조(배상명령의 선고) ① 배상명령은 보호처분의 결정과 동시에 하여야 한다.

② 배상명령은 일정액의 금전지급을 명함으로써 하고 배상의 대상과 금액을 보호처분결정서의 주문에 표시하여야 한다. 이 경우 배상명령의 이유는 특히 필요하다고 인정되 는 경우가 아니면 이를 기재하지 아니할 수 있다.

③ 배상명령은 가집행할 수 있음을 선고할 수 있다.

④ 민사소송법 제213조제3항 · 제215조 · 제500조 및 제501조의 규정은 제3항의 경우에 이를 준용한다. 〈개정 2002.1.26〉

⑤ 배상명령을 한 때에는 보호처분결정서의 정본을 행위자 및 피해자에게 지체없이 송달하여야 한다.

제59조(신청의 각하) ① 배상신청이 부적법한 때 또는 그 신청이 이유없거나 배상명령을 함이 상당하지 아니하다고 인정될 때에는 결정으로 이를 각하하여야 한다.

② 보호처분의 결정과 동시에 제1항의 재판을 할 때에는 이를 보호처분결정서의 주문에 표시할 수 있다.

③ 신청을 각하하거나 그 일부를 인용한 재판에 대하여 신청인은 불복을 신청하지 못하며 다시 동일한 배상신청을 할 수 없다.

제60조(불복) ① 보호처분에 대한 항고제기가 있는 때에는 배상명령은 가정보호사건과 함께 항고심에 이심된, 보호처분에 대한 재항고가 있는 경우에도 또한 같다.

② 항고심에서 제1심 결정을 유지하는 경우에도 배상명령에 대하여는 이를 취소 · 변경할 수 있다.

③ 행위자는 보호처분결정에 대하여 항고를 제기함이 없이 배상명령에 대하여만 항고할 수 있다. 이 경우 항고는 7일 이내에 제기하여야 한다.

④ 제3항의 규정에 의한 항고의 기각결정에 대하여는 그 결정이 법령에 위반된 때에 한하여 대법원에 7일 이내에 재항고할 수 있다. 제1항 전단의 규정에 의한 항고심결정 에 대하여 배상명령에 대하여만 재항고하는 경우에도 또한 같다.

⑤ 제1항, 제3항 및 제4항에 의한 항고와 재항고는 배상명령의 집행을 정지하는 효력이 없다.

제61조(배상명령의 효력과 강제집행) ① 확정된 배상명령 또는 가집행선고 있는 배상명령이 기재된 보호처분결정서의 정본은 민사집행법에 의한 강제집행에 관하여는 집행력 있는 민사판결 정본과 동일한 효력이 있다. 〈개정 2002.1.26〉

② 이 법에 의한 배상명령이 확정된 때에는 그 인용금액의 범위안에서 피해자는 다른 절차에 의한 손해배상을 청구할 수 없다.

제62조(다른 법률의 준용) 이 장에서 정하지 아니한 사항에 대하여는 소송촉진 등에 관한 특례법과 민사소송법의 관련 규정(「민사소송법」 제162조제2항을 제외한다)을 준용한다. 〈개정 2007.5.17〉

제4장 벌 칙

제63조(보호처분의 불이행 죄) 제40조제1항제1호, 제2호 또는 제3호의 보호처분이 확정된 후에 이를 이행하지 아니한 행위자는 2년 이하의 징역이나 2천만원 이하의 벌금 또는 구류에 처한다. 〈개정 2007.8.3〉

제64조(비밀엄수 등 의무의 위반죄) ① 제18조제1항의 규정에 의한 비밀엄수의무를 위반한 보조인(변호사를 제외한다), 상담소등의 상담원 또는 그 장(그 직에 있었던 자를 포함한다)은 1년 이하 징역이나 2년 이하 자격정지 또는 1천만 원 이하의 벌금에 처한다.

② 제18조제2항의 보도금지의무를 위반한 신문의 편집인, 발행인 또는 그 종사자, 방송

사의 편집책임자, 그 장 또는 종사자 기타 출판물의 저작자와 발행인은 500만원 이하의 벌금에 처한다.

제65조(과태료) 다음 각 호의 1에 해당하는 자는 500만 원 이하의 과태료에 처한다. 〈개정 2007.8.3〉

1. 정당한 사유 없이 제24조제1항의 규정에 의한 소환에 불응한 자
2. 정당한 사유 없이 제44조의 규정에 의한 보고서 또는 의견서의 제출요구에 불응한 자
3. 정당한 사유 없이 검사나 법원이 가정보호사건으로 송치한 제9조 또는 제12조의 규정에 의한 가정보호사건으로서 제40조제1항제4호부터 제8호까지의 보호처분이 확정된 후 이를 이행하지 아니하거나 집행에 따르지 아니한 자 [전문개정 2005.1.27].

부칙 〈제5436호, 1997.12.13〉

이 법은 1998년 7월 1일부터 시행한다.

2. 가정폭력방지 및 피해자보호 등에 관한 법률[14)]

제1조(목적) 이 법은 가정폭력을 예방하고 가정폭력의 피해자를 보호 · 지원함을 목적으로 한다.[전문개정 2006.4.28]

제2조(정의) 이 법에서 사용하는 용어의 뜻은 다음과 같다.

1. "가정폭력"이란 「가정폭력범죄의 처벌 등에 관한 특례법」 제2조제1호의 행위를 말한다.
2. "가정폭력행위자"란 「가정폭력범죄의 처벌 등에 관한 특례법」 제2조제4호의 자를 말한다.
3. "피해자"란 가정폭력으로 인하여 직접적으로 피해를 입은 자를 말한다.
4. "아동"이란 18세 미만인 자를 말한다. [전문개정 2007.10.17]

제3조 삭제 〈2006.4.28〉

제4조(국가 등의 책무) ① 국가와 지방자치단체는 가정폭력의 예방 · 방지와 피해자의 보호 · 지원을 위하여 다음 각 호의 조치를 취하여야 한다. 〈개정 2009.5.8〉

---

14) 시행 2009.11.9] [법률 제9668호, 2009.5.8, 일부개정.

1. 가정폭력 신고체계의 구축 및 운영

2. 가정폭력의 예방과 방지를 위한 조사 · 연구 · 교육 및 홍보

3. 피해자를 위한 보호시설의 설치 · 운영, 임대주택의 우선 입주권 부여와 그 밖에 피해자에 대한 지원 서비스의 제공

4. 피해자의 보호와 지원을 원활히 하기 위한 관련 기관 간의 협력 체계 구축 및 운영

5. 가정폭력의 예방 · 방지와 피해자의 보호 · 지원을 위한 관계 법령의 정비와 각종 정책의 수립 · 시행 및 평가

② 국가와 지방자치단체는 제1항에 따른 책무를 다하기 위하여 이에 따르는 예산상의 조치를 취하여야 한다.

③ 특별시 · 광역시 · 도 · 특별자치도 및 시 · 군 · 구(자치구를 말한다. 이하 같다)에 가정폭력의 예방 · 방지 및 피해자의 보호 · 지원을 담당할 기구와 공무원을 두어야 한다.

④ 국가와 지방자치단체는 제5조제2항과 제7조제2항에 따라 설치 · 운영하는 가정폭력 관련 상담소와 가정폭력피해자 보호시설에 대하여 경비(經費)를 보조하는 등 이를 육성 · 지원하여야 한다.[전문개정 2007.10.17]

제4조의2(가정폭력 실태조사) ① 여성부장관은 3년마다 가정폭력에 대한 실태조사를 실시하여 그 결과를 발표하고, 이를 가정폭력을 예방하기 위한 정책수립의 기초자료로 활용하여야 한다. 〈개정 2008.2.29〉

② 제1항에 따른 가정폭력 실태조사의 방법과 내용 등에 필요한 사항은 여성부령으로 정한다. 〈개정 2008.2.29〉

[전문개정 2007.10.17]

제4조의3(가정폭력 예방교육의 실시) 「초 · 중등교육법」에 따른 각 급 학교의 장은 대통령령으로 정하는 바에 따라 가정폭력의 예방과 방지를 위하여 필요한 교육을 실시하여야 한다. [전문개정 2007.10.17]

제4조의4(아동의 취학 지원) ① 국가나 지방자치단체는 피해자나 피해자가 동반한 가정구성원 (「가정폭력범죄의 처벌 등에 관한 특례법」 제2조제2호의 자 중 피해자의 보호나 양육을 받고 있는 자를 말한다. 이하 같다)이 아동인 경우 주소지 외의 지역에서 취학(입학 · 재입학 · 전학 및 편입학을 포함한다. 이하 같다)할 필요가 있을 때에는 그 취학이원활히 이루어지도록 지원하여야 한다.

② 제1항에 따른 취학에 필요한 사항은 대통령령으로 정한다.

[전문개정 2007.10.17]

제4조의5(피해자에 대한 불이익처분의 금지) 피해자를 고용하고 있는 자는 누구든지 「가정폭력범죄의 처벌 등에 관한 특례법」에 따른 가정폭력범죄와 관련하여 피해자를 해고(解雇)하거나 그 밖의 불이익을 주어서는 아니 된다.

[전문개정 2007.10.17]

제4조의6(긴급전화센터의 설치 · 운영 등) ① 여성부장관 또는 특별시장 · 광역시장 · 도지사 · 특별자치도지사(이하 "시 · 도지사"라 한다)는 다음 각 호의 업무 등을 수행하기 위하여 긴급전화 센터를 설치 · 운영하여야 한다. 이 경우 외국어 서비스를 제공하는 긴급전화센터를 따로 설치 · 운영할 수 있다.

1. 피해자의 신고접수 및 상담
2. 관련 기관 · 시설과의 연계
3. 피해자에 대한 긴급한 구조의 지원

② 여성부장관 또는 시 · 도지사는 제1항에 따른 긴급전화센터의 설치 · 운영을 대통령령으로 정하는 기관 또는 단체에 위탁할 수 있다.

③ 여성부장관 또는 시 · 도지사는 제2항에 따라 긴급전화센터의 설치 · 운영을 위탁할 경우 그에 필요한 경비를 지원하여야 한다.

④ 제1항에 따른 긴급전화센터의 설치 · 운영에 필요한 사항은 여성부령으로 정한다.

[본조신설 2009.5.8]

제5조(상담소의 설치 · 운영) ① 국가나 지방자치단체는 가정폭력 관련 상담소(이하 "상담소"라 한다)를 설치 · 운영할 수 있다.

② 국가나 지방자치단체 외의 자가 상담소를 설치 · 운영하려면 특별자치도지사 · 시장 · 군수 · 구청장(구청장은 자치구의 구청장을 말하며, 이하 "시장 · 군수 · 구청장"이라 한다)에게 신고하여야 한다.

③ 상담소의 설치 · 운영기준, 상담소에 두는 상담원의 수와 신고절차 등에 필요한 사항은 여성부령으로 정한다. 〈개정 2008.2.29〉

[전문개정 2007.10.17]

제6조 (상담소의 업무) 상담소의 업무는 다음 각 호와 같다.

1. 가정폭력을 신고받거나 이에 관한 상담에 응하는 일
2. 가정폭력으로 정상적인 가정생활과 사회생활이 어렵거나 그 밖에 긴급히 보호를 필요로 하는 피해자 및 피해자가 동반한 가정구성원(이하 "피해자등"이라 한다)을 임시로 보호하거

나 의료기관 또는 제7조제1항에 따른 가정폭력피해자 보호시설로 인도(引渡) 하는 일

3. 행위자에 대한 고발 등 법률적 사항에 관하여 자문하기 위한 대한변호사협회 또는 지방변호사회 및 「법률구조법」에 따른 법률 구조법인(이하 "법률구조법인"이라 한다) 등에 대한 필요한 협조와 지원의 요청

4. 경찰관서 등으로부터 인도받은 피해자등의 임시 보호

5. 가정폭력의 예방과 방지에 관한 홍보

6. 그 밖에 가정폭력과 그 피해에 관한 조사 · 연구

[전문개정 2007.10.17]

第7조(보호시설의 설치) ① 국가나 지방자치단체는 가정폭력피해자 보호시설(이하 "보호시설"이라 한다)을 설치 · 운영할 수 있다.

②「사회복지사업법」에 따른 사회복지법인(이하 "사회복지법인"이라 한다)과 그 밖의 비영리법인은 시장 · 군수 · 구청장의 인가(認可)를 받아 보호시설을 설치 · 운영할 수 있다.

③ 보호시설에는 상담원을 두어야 하고, 보호시설의 규모에 따라 생활지도원, 취사원, 관리원 등의 종사자를 둘 수 있다.

④ 보호시설의 설치 · 운영의 기준, 보호시설에 두는 상담원 등 종사자의 직종(職種)과 수(數) 및 인가기준(認可基準)등에 필요한 사항은 여성부령으로 정한다. 〈개정 2008.2.29〉

[전문개정 2007.10.17]

第7조의2 (보호시설의 종류) ① 보호시설의 종류는 다음 각 호와 같다.

1. 단기보호시설: 피해자등을 6개월의 범위에서 보호하는 시설

2. 장기보호시설: 피해자등에 대하여 2년의 범위에서 자립을 위한 주거편의(住居便宜) 등을 제공하는 시설

3. 외국인보호시설: 배우자가 대한민국 국민인 외국인 피해자등을 2년의 범위에서 보호하는 시설

4. 장애인보호시설: 「장애인복지법」의 적용을 받는 장애인인 피해자등을 2년의 범위에서 보호하는 시설

② 단기보호시설의 장은 그 단기보호시설에 입소한 피해자등에 대한 보호기간을 여성부령으로 정하는 바에 따라 3개월의 범위에서 한 차례만 연장할 수 있다. 〈개정 2008.2.29〉

[전문개정 2007.10.17]

第7조의3(보호시설의 입소대상 등) ① 보호시설의 입소대상은 피해자등으로서 다음 각 호

의 어느 하나에 해당하는 경우로 한다.

1. 본인이 입소를 희망하거나 입소에 동의하는 경우

2.「장애인복지법」 제2조에 따른 지적장애인이나 정신장애인, 그 밖에 의사능력이 불완전한 자로서 가정폭력행위자가 아닌 보호자가 입소에 동의하는 경우

3. 「장애인복지법」 제2조에 따른 지적장애인이나 정신장애인, 그 밖에 의사능력이 불완전한 자로서 상담원의 상담 결과 입소가 필요하나 보호자의 입소 동의를 받는 것이 적절하지 못하다고 인정되는 경우

② 제7조제2항에 따라 인가받은 보호시설의 장은 제1항에 따라 보호시설에 입소한 입소자의 인적사항 및 입소 사유 등을 시장·군수·구청장에게 지체 없이 보고하여야 하며, 제1항 제3호에 해당하는 자를 입소시킨 경우에는 지체 없이 관할 시장·군수·구청장의 승인을 받아야 한다.

[본조신설 2009.5.8]

제7조의4(보호시설의 퇴소) 제7조의3에 따라 보호시설에 입소한 자는 본인의 의사 또는 같은 조 제1항 제2호에 따라 입소 동의를 한 보호자의 요청에 따라 보호시설을 퇴소할 수 있으며, 보호시설의 장은 입소한 자가 다음 각 호의 어느 하나에 해당하는 경우에는 퇴소를 명할 수 있다.

1. 보호의 목적이 달성된 경우

2. 보호기간이 끝난 경우

3. 입소자가 거짓이나 그 밖의 부정한 방법으로 입소한 경우

4. 보호시설 안에서 현저한 질서문란 행위를 한 경우

[본조신설 2009.5.8]

제8조(보호시설의 업무) ① 보호시설은 피해자등에 대하여 다음 각 호의 업무를 행한다. 다만, 피해자가 동반한 가정 구성원에게는 제1호 외의 업무 일부를 하지 아니할 수 있고, 장기보호시설은 피해자등에 대하여 제1호부터 제5호까지에 규정된 업무(주거편의를 제공하는 업무는 제외한다)를 하지 아니할 수 있다.

1. 숙식의 제공

2. 심리적 안정과 사회적응을 위한 상담 및 치료

3. 질병치료와 건강관리를 위한 의료기관에의 인도 등 의료지원

4. 수사기관의 조사와 법원의 증인신문(證人訊問)에의 동행

5. 법률구조기관 등에 필요한 협조와 지원의 요청

6. 자립자활교육의 실시와 취업정보의 제공

7. 다른 법률에 따라 보호시설에 위탁된 사항

8. 그 밖에 피해자등의 보호를 위하여 필요한 일

② 장애인보호시설을 설치 · 운영하는 자가 제1항 각 호의 업무를 할 때에는 장애인의 특성을 고려하여 적절하게 지원할 수 있도록 하여야 한다.

③ 보호시설의 장은 제1항 각 호로 인한 비용의 전부 또는 일부를 가정폭력행위자로부터 구상(求償)할 수 있다. 이 경우 그 구상절차는 국세 또는 지방세 체납처분절차의 예에 따른다.

[전문개정 2007.10.17]

제8조의2(긴급전화 센터, 상담소 및 보호시설 종사자의 자격기준 〈개정 2009.5.8〉) ① 다음 각 호의 어느 하나에 해당하는 자는 긴급전화센터의 장, 상담소의 장, 보호시설의 장 또는 그 밖에 긴급전화센터 · 상담소 및 보호시설 종사자가 될 수 없다. 〈개정 2009.5.8〉

1. 미성년자, 금치산자 또는 한정치산자

2. 파산선고를 받은 자로서 복권(復權)되지 아니한 자

3. 금고 이상의 형을 선고받고 그 집행이 끝나지(집행이 끝난 것으로 보는 경우를 포함한다) 아니하거나 집행이 면제되지 아니한 자

② 긴급전화 센터, 상담소 및 보호시설에 근무하는 상담원은 여성부령으로 정하는 요건에 해당하는 자로서 제8조의3에 따른 가정폭력 관련 상담원 교육훈련시설에서 여성부령으로 정하는 상담원 교육훈련과정을 마친 자로 한다. 〈개정 2008.2.29, 2009.5.8〉

③ 그 밖에 긴급전화 센터, 상담소 및 보호시설에 종사하는 종사자의 자격기준에 필요한 사항은 여성부령으로 정한다. 〈개정 2008.2.29, 2009.5.8〉

[전문개정 2007.10.17]

제8조의3(가정폭력 관련 상담원 교육훈련시설) ① 국가나 지방자치단체는 상담원(상담원이 되려는 자를 포함한다)에 대하여 교육 · 훈련을 실시하기 위하여 가정폭력 관련 상담원 교육훈련시설(이하 "교육훈련시설"이라 한다)을 설치 · 운영할 수 있다.

② 다음 각 호의 자로서 교육훈련시설을 설치하려는 자는 시장 · 군수 · 구청장에게 신고하여야 한다.

1. 「고등교육법」에 따른 학교를 설립 · 운영하는 학교법인

2. 법률구조법인

3. 사회복지법인

4. 그 밖의 비영리법인

③ 교육훈련시설의 설치기준, 교육훈련시설에 두는 강사의 자격과 수, 상담원 교육훈련과 정의 운영기준 및 신고절차 등에 필요한 사항은 여성부령으로 정한다. 〈개정 2008.2.29〉

[전문개정 2007.10.17]

제8조의4(보수교육의 실시) ① 여성부장관 또는 시·도지사는 긴급전화 센터·상담소 및 보호시설 종사자의 자질을 향상시키기 위하여 보수교육을 실시하여야 한다.

② 여성부장관 또는 시·도지사는 제1항에 따른 교육에 관한 업무를 「고등교육법」 제2조에 따른 대학, 전문대학 또는 대통령령으로 정하는 전문기관에 위탁할 수 있다.

③ 제1항에 따른 보수교육의 기간·방법 및 내용 등에 필요한 세부사항은 여성부령으로 정한다.

[본조신설 2009.5.8]

제8조의5(임대주택의 우선 입주권 부여) 제4조제1항 제3호에서 정하는 임대주택의 우선 입주권 부여의 대상자 선정기준 및 선정방법 등에 필요한 사항은 대통령령으로 정한다.

[본조신설 2009.5.8]

제9조(피해자 의사의 존중 의무) 상담소나 보호시설의 장은 피해자 등의 명시한 의사에 반하여 제8조제1항과 제18조의 보호를 할 수 없다.

[전문개정 2007.10.17]

제10조(상담소·보호시설 또는 교육훈련시설의 폐지 등) 제5조제2항, 제7조제2항 또는 제8조의3 제2항에 따른 상담소·보호시설 또는 교육훈련시설의 장이 그 시설의 운영을 일시적으로 중단하거나 폐지(廢止)하려면 여성부령으로 정하는 바에 따라 시장·군수·구청장에게 신고하여야 한다. 〈개정 2008.2.29〉

[전문개정 2007.10.17]

제11조(감독) ① 여성부장관 또는 시장·군수·구청장은 상담소·보호시설 또는 교육훈련시설의 장에게 그 시설에 관하여 필요한 보고를 하게 할 수 있으며, 관계 공무원으로 하여금 그 시설의 운영 상황을 조사하게 하거나 장부나 그 밖의 서류를 검사하게 할 수 있다. 〈개정 2008.2.29〉

② 제1항에 따라 그 직무를 수행하는 관계 공무원은 그 권한을 표시하는 증표를 지니고 이를 관계인에게 내보여야 한다.

[전문개정 2007.10.17]

제12조(인가의 취소 등) ① 시장 · 군수 · 구청장은 상담소 · 보호시설 또는 교육훈련시설이 다음 각 호의 어느 하나에 해당하면 시설의 폐쇄, 업무의 폐지 또는 6개월의 범위에서 업무의 정지를 명하거나 인가를 취소할 수 있다.

1. 제5조제3항, 제7조제4항 또는 제8조의3제3항에 따른 설치기준이나 운영기준에 미달하게 된 경우

2. 제5조 제3항, 제7조제4항, 제8조의2 또는 제8조의3제3항에 따른 상담원이나 강사의 수가 부족하거나 자격이 없는 자를 채용한 경우

3. 정당한 사유 없이 제11조제1항에 따른 보고를 하지 아니하거나 거짓으로 보고를 한 경우 또는 관계 공무원의 조사 · 검사를 거부하거나 기피한 경우

4. 제15조를 위반하여 영리를 목적으로 상담소 · 보호시설 또는 교육 훈련시설을 설치 · 운영한 경우

② 제1항에 따른 업무의 정지 · 폐지 또는 시설의 폐쇄명령이나 인가취소에 관한 세부 기준은 여성부령으로 정한다. 〈개정 2008.2.29〉

[전문개정 2007.10.17]

제12조의2(청문) 시장 · 군수 · 구청장은 제12조에 따라 업무의 정지 · 폐지 또는 그 시설의 폐쇄를 명하거나 인가를 취소하려면 청문을 하여야 한다.

[전문개정 2007.10.17]

제13조(경비의 보조) ① 국가나 지방자치단체는 제5조제2항 또는 제7조제2항에 따른 상담소나 보호시설의 설치 · 운영에 드는 경비의 일부를 보조할 수 있다.

② 국가나 지방자치단체는 장애인보호시설이 여성부장관이 정하는 기준에 맞는 시설과 설비를 설치할 수 있도록 그 비용을 지원하여야 한다. 〈개정 2008.2.29〉

[전문개정 2007.10.17]

제14조(상담소 또는 보호시설의 통합 설치 및 운영 〈개정 2009.5.8〉) 국가나 지방자치단체는 이 법에 따라 설치 · 운영하는 상담소나 보호시설을 대통령령으로 정하는 유사한 성격의 상담소나 보호시설과 통합하여 설치 · 운영하거나 설치 · 운영할 것을 권고할 수 있다.[전문개정 2007.10.17]

제15조(영리목적 운영의 금지) 누구든지 영리를 목적으로 상담소 · 보호시설 또는 교육훈련시설을 설치 · 운영하여서는 아니 된다. 다만, 교육훈련시설의 장은 상담원교육훈련과정을

수강하는 자에게 여성부장관이 정하는 바에 따라 수강료를 받을 수 있다. 〈개정 2008.2.29〉 [전문개정 2006.4.28]

제16조(비밀 엄수의 의무) 긴급전화 센터, 상담소 또는 보호시설의 장이나 이를 보조하는 자 또는 그 직에 있었던 자는 그 직무상 알게 된 비밀을 누설하여서는 아니 된다.

[전문개정 2009.5.8]

제17조(유사 명칭의 사용 금지) 이 법에 따른 긴급전화 센터 · 상담소 · 보호시설 또는 교육훈련시설이 아니면 가정폭력 관련 긴급전화 센터, 상담소, 가정폭력피해자 보호시설 또는 가정폭력 관련 상담원 교육훈련시설이나 그 밖에 이와 유사한 명칭을 사용하지 못한다. 〈개정 2009.5.8〉 [전문개정 2007.10.17]

제18조(치료보호) ① 의료기관은 피해자 본인, 가족, 친지나 긴급전화센터, 상담소 또는 보호시설의 장 등이 요청하면 피해자에 대하여 다음 각 호의 치료보호를 실시하여야 한 다. 〈개정 2009.5.8〉

1. 보건에 관한 상담 및 지도
2. 신체적 · 정신적 피해에 대한 치료
3. 그 밖에 대통령령으로 정하는 의료에 관한 사항

② 제1항의 치료보호에 필요한 일체의 비용은 가정폭력행위자가 부담한다.

③ 제2항에도 불구하고 피해자가 치료보호 비를 신청하는 경우에는 국가나 지방자치단체는 가정폭력행위자를 대신하여 제1항의 치료보호에 필요한 비용을 의료기관에 지급하여야 한다.

④ 국가나 지방자치단체가 제3항에 따라 비용을 지급한 경우에는 가정폭력행위자에 대하여 구상권(求償權)을 행사할 수 있다. 다만, 피해자가 보호시설 입소 중에 제1항의 치료보호를 받은 경우나 가정폭력행위자가 다음 각 호의 어느 하나에 해당하는 경우에는 그러하지 아니하다.

1. 「국민기초생활보장법」 제2조에 따른 수급자(受給者)
2. 「장애인복지법」 제32조에 따라 등록된 장애인

⑤ 제3항의 비용을 지급하기 위한 절차, 제4항의 구상권 행사(行使)의 절차 등에 필요한 사항은 여성부령으로 정한다. 〈개정 2008.2.29〉[전문개정 2007.10.17]

제19조(권한의 위임) 이 법에 따른 여성부장관의 권한은 대통령령으로 정하는 바에 따라 그 일부를 시 · 도지사 또는 시 장 · 군수 · 구청장에게 위임할 수 있다. 〈개정 2008.2.29,

2009.5.8〉 [전문개정 2007.10.17]

제20조(벌칙) 다음 각 호의 어느 하나에 해당하는 자는 1년 이하의 징역 또는 500만원 이하의 벌금에 처한다.

1. 제5조 제2항 · 제7조제2항 또는 제8조의3제2항에 따른 신고를 하지 아니하거나 인가를 받지 아니하고 상담소 · 보호시설 또는 교육훈련시설을 설치 · 운영한 자

2. 제12조에 따른 업무의 정지 · 폐지 또는 시설의 폐쇄 명령을 받고도 상담소 · 보호시설 또는 교육훈련시설을 계속 운영한 자

3. 제16조에 따른 비밀 엄수의 의무를 위반한 자

[전문개정 2007.10.17]

제21조(양벌규정) 법인의 대표자나 법인 또는 개인의 대리인, 사용인, 그 밖의 종업원이 그 법인 또는 개인의 업무에 관하여 제20조의 위반행위를 하면 그 행위자를 벌하는 외에 그 법인 또는 개인에게도 해당 조문의 벌금형을 과(科)한다. 다만, 법인 또는 개인이 그 위반행위를 방지하기 위하여 해당 업무에 관하여 상당한 주의와 감독을 게을리하지 아니한 경우에는 그러하지 아니하다. [전문개정 2009.5.8]

제22조(과태료) ① 다음 각 호의 어느 하나에 해당하는 자에게는 300만원 이하의 과태료를 부과한다.

1. 정당한 사유 없이 제11조제1항에 따른 보고를 하지 아니하거나 거짓으로 보고한 자 또는 조사 · 검사를 거부하거나 기피한 자

2. 제17조에 따른 유사 명칭 사용 금지를 위반한 자

② 제1항에 따른 과태료는 대통령령으로 정하는 바에 따라 여성부장관 또는 시장 · 군수 · 구청장이 부과 · 징수한다. 〈개정 2008.2.29〉

③ 삭제 〈2009.5.8〉

④ 삭제 〈2009.5.8〉

⑤ 삭제 〈2009.5.8〉

附則 〈제5487호, 1997.12.31〉

이 法은 1998年 7月 1日부터 施行한다.

V. 가족권의 침해에 대한 법적 책임

1. 개 설

가족은 혼인에 의하여 생성, 발전하여 사회 안정이라는 중요한 기능을 수행하고 있다는 점에서 가족관계의 평온을 깨는 경우 그에 대한 책임의 문제도 생각하지 않으면 안 된다. 이를 위하여 우선 문제가 되는 것은 가족이란 무엇인가 하는 것이다. 일반적으로 가족이 무엇인지 모르는 사람은 없을 것이나, 가족의 개념을 정의함에 있어서는 그리 간단한 일이 아니다. 가족이란 부부, 부모자녀, 형제 내지 조부모 등으로 구성된 가족 구성원이라 생각할 수도 있으며, 나아가 구성원들 간에 보살핌이 있고 안식처가 되어주는 곳이라고 정의할 수도 있을 것이다. 이와 같이 가족의 개념은 객관적 시각에서 또 주관적 시각에서 다양하게 정의할 수 있으며, 법적인 가족의 개념, 사회적 가족의 개념, 사회 문화적인 개념 등으로도 정의 할 수도 있다. 그 가운데 부부간의 불법행위 책임에 대한 법률관계를 살펴보기 위하여 가족에 대한 법적인 개념을 중심으로 살펴보도록 하겠다.

가족은 혼인 · 혈연 · 입양의 형태로 결합하여 동거, 상호 협동하는 생활공동체로서 사회의 구성원으로서 자녀를 양육하고 교육하며, 구성원의 경제적 수요를 공동으로 해결하며, 정서적 유대를 충족시키는 기능을 수행한다. 이 같이 가족과 혼인은 밀접하게 관련을 맺고 있으며, 헌법에서도 민주주주의의 기본이념인 개인의 존엄과 양성평등에 기초한 혼인과 가족생활의 보장을 강조하고 있다(헌법 제36조 제1항). 우리 헌법에서 규정하고 있는 가족제도는 기본권적 성격과 제도보장에 대한 것으로 가족의 성격 및 객관적 가치를 포함하여, 가족에 대한 차별이나 침해로부터의 보장, 입법에 의하여 가족제도의 본질 보장을 함으로써 가족제도가 요구하는 최소한의 보장내용 등을 담고 있다.

또 가족의 개념은 시대에 따라서 변하게 되는데, 가족의 고전적인 개념은 '주거를 공유하고 경제적 협동과 출산으로 특징 지워지는 집단'이라 한다면 이 집단은 사회적으로 인정된 성관계를 갖는 최소한 2인의 남녀를 포함한 성인들과 그들이 출산한 자녀나 입양한 자녀들이 포함되는 것으로 파악할 수 있다.[15] 우리 민법 제779조에서도 가족은 ㉠ 배우자, 직계혈족 및 형제자매, ㉡ 직계혈족의 배우자, 배우자의 직계혈족 및 배우자의 형제자매가 생계를 같이하는 경우에 가족으로 보고 있다. 이와 같이 가족이란 혼인, 혈연 및 입양을 통하여 이루어진 집단으로서 공동으로 의식주를 해결하고 정서적 및 정신적 유대와 공동체적 생활방식을 갖는 집단이라 할 수 있겠으나, 최근에는 구성원의 필요에 따라 기타 관계의 사람들이 지속적 연대의식으로 일상생활을 함께 영위하는 집단까지 포함시키는 광의의 가족의 개념으로서 '자신들 스스로 가족으로 생각하면서 전형적인 가족임무를 수행하는 2인 이상의 사람들' 로 넓게 그 개념을 정의하기도 한다.[16)]

특히 현대사회에서는 가족의 변화를 어떻게 보느냐에 따라 정상가족과 비정상가족으로 분류하여 부부와 자녀로 구성된 핵가족을 '정상가족' 으로, 반면에 이혼 저출산 등에 의한 이혼가족, 한 부모가족, 재혼가족의 증가 등을 가족의 다양화로 이해하면서 '경험적 실체' 로 정의해야 한다고 하면서, 가족유형의 다양화는 사회적 변화에 적응한 가족의 적응기제로서 가족 개념의 수정을 요구하는 것이라 주장하면서, 정상가족과 비정상가족의 구분의 잘못을 지적하기도 한다.

최근 우리나라에서도 맞벌이 가족, 독신가족, 기러기 가족, 무자녀가족, 이혼가족 등 다양한 형태의 가족이 나타나고 있는 실정이며, 그 이유로 들 수 있는 것은 출산율의 저하와 이에 따르는 노인인구의 증가, 여성들의 사회참여, 결혼을 기피하는 풍조와 이혼율의 증가, 가족에 대한 가치관의 변화 등을 들 수 있을 것 같다. 이하에서는 부부관계를 중심으로 나타나는 법률관계를 살펴보도록 하겠다.

2. 부부간의 불법행위

(1) 신체의 침해와 인격의 침해

부부의 일방이 상대방을 폭행하거나 인격권을 침해하는 행위를 한 경우에는 가해 배우자는 피해배우자에 대한 불법행위가 성립한다. 즉 우리 민법 제750조는 "고의 또는 과실로 인한 위법행위로 타인에게 손해를 가한 자는 그 손해를 배상할 책임이 있다"고 규정하고 있다. 따라서 「가정폭력범죄의 처벌 등에 관한 특례법」에 의한

15) 가족과 한국사회, 여성한국사회연구회 편, 경문사, 1995

16) 상게서.

가정폭력범죄 이외에 민법상 불법행위가 성립하여, "타인의 신체, 자유 또는 명예를 해하거나 기타 정신상고통을 가한 자는 재산 이외의 손해에 대해서도 배상해야 한다"(민법 제751조).

(2) 배우자 지위의 침해

부부는 동거하며 서로 부양하고 협조하여야 하며, 정당한 이유로 일시적으로 동거하지 못할 경우에는 서로 인용하여야 한다(민법 제826조 제1항). 나아가 부부의 공동생활에 필요한 비용은 당사자 간에 특별한 약정이 없으면 부부가 공동으로 부담하여야 한다(민법 제833조). 따라서 배우자의 일방이 동거 · 협조 · 부양의무를 위반하거나, 부부공동생활에 필요한 비용부담의 내용에 반하는 경우에는 채무불이행이 성립한다. 그러나 이 같은 위반이 배우자 신분권의 침해로 받아들이는 경우에는 불법행위를 구성하며 따라서 손해배상의 책임을 인정하는 것도 가능하다고 본다. 혼인관계가 지속되는 동안에 이 같은 의무를 위반한 경우에 대한 구제로서 「가사소송법」 제64조에 의한 이행명령제도가 있으나, 이것으로서 불법행위책임이 배제되는 것은 아니다. 또 혼인관계가 지속되는 동안 배우자로서의 지위의 침해가 이혼의 사유가 되는 경우, 원인이 된 사유는 위자료산정에 있어 반영할 수 있다.

(3) 이혼에 의한 가족관계 지위의 침해

재판상의 이혼에 있어 상대방의 책임있는 사유로 이혼하게 된 경우에는 신체 · 자유 · 명예에 대한 침해가 없었더라도, 이는 배우자로서의 지위를 침해한 것으로 위자료 산정에 있어 참고할 수 있다. 우리 민법에서 재판상 이혼의 원인(민법 제840조)으로서 다음과 같은 것이 있다. ① 배우자에 부정한 행위가 있었을 때, ② 배우자가 악의로 다른 일방을 유기한 때, ③ 배우자 또는 그 직계존속으로부터 심히 부당한 대우를 받았을 때, ④ 자기의 직계존속이 배우자로부터 심히 부당한 대우를 받았을 때, ⑤ 배우자의 생사가 3년 이상 분명하지 아니한 때, ⑥ 기타 혼인을 계속하기 어려운 중대한 사유가 있을 때 등이다.

위자료는 배우자로서의 지위를 보호법익으로 하여 이혼에 의한 정신적 고통에 대한 배상이 그 목적이다. 위자료의 산정도 불법행위를 이유로 위자료를 산정하는 것이므로 위자료 산정에서 고려하게 되는 것은 이혼 시 상대방 배우자에 대하여 고의 또는 과실이 있는 경우에 한하게 된다. 이에 대하여 위자료를 산정할 경우, 이혼 후 상대방의 경제적 불이익을 고려(소득능력, 자활능력의 보상까지 고려함으로서 이혼 후의 생활보장) 하여야 한다는 주장도 있으나(유책성에 관계없이 파탄 위자료로서의 이혼 위자료), 이 같은 경제적 불이익의 조정은 재산분할에서 고려해야 하며, 이혼에 따른 위자료에 산정하면 안 된다.

3. 부정행위와 제3자의 불법행위

(1) 타방 배우자에 대한 책임

배우자 있는 부녀와 간통행위를 하고, 이로 인하여 그 부녀가 배우자와 별거하거나 이혼하는 등으로 혼인관계를 파탄에 이르게 한 경우 그 부녀와 간통행위를 한 제3자(상간자)는 그 부녀의 배우자에 대하여 불법행위에 의한 손해배상을 청구할 수 있다.[17] 이 경우 배우자 일방과 간통한 자는 타방 배우자에 대하여 위자료를 청구할 수 있으며, 따라서 타인의 처와 간통한 경우에는 남편이 그 남자에게 위자료를 청구를 할 수 있으며, 남편이 다른 여자와 간통한 경우에는 남편의 처가 위자료를 청구를 할 수 있다. 또 혼인관계가 존속중인 사실을 알면서 남의 첩이 되어 부첩행위를 계속한 경우에는 본처의 사전승인이 있었다 하더라도 장래의 부첩관계의 사전승인이라는 것은 선량한 풍속에 위배되는 행위이므로 본처에 대하여 불법행위가 성립한다.[18]

또 소위 첩 계약은 본처의 동의 유무를 불문하고 선량한 풍속에 반하는 사항을 내용으로 하는 법률행위로서 무효이고, 위법한 행위이므로, 부첩관계에 있는 부 및 첩은 특별한 사정이 없는 한 그로 인하여 본처가 입은 정신상의 고통에 대하여 배상할 의무가 있으며, 이 같은 손해배상책임이 성립하기 위하여 반드시 부첩관계로 인하여 혼인관계가 파탄에 이를 필요까지는 없다“.[19]

---

17) 대법원 2005.5.13. 선고 2004다1899.
18) 대법원 1967.10.6. 선고 67다1134 판결.
19) 대법원 1998.4.10. 선고 96므1434 판결

(2) 부정행위 상대방의 미성년 자에 대한 책임

배우자가 상대방 배우자의 간통을 이유로 상대방 배우자 및 상간자를 상대로 이혼 및 위자료청구를 함에 있어 자녀 등 가족들이 함께 상간자를 상대로 위자료청구를 청구할 수 있는가. 이에 대하여 법원은 "여성이 자녀가 있는 남성과 동거생활을 함으로써 그 자녀들이 일상생활에 있어서 부친으로부터 애정을 품고 그 감호교육을 받을 수 없게 되었다 하여도 그 여성이 악의로써 부친의 자녀에 대한 감호 등을 적극적으로 저지하는 등 특단의 사정이 없는 한, 위 여성의 행위는 자녀에 대하여 불법행위를 구성하지 않는다"[20]는 입장이다. 왜냐하면, 부친이 그 자녀에 대하여 애정을 품고 감호교육을 행하는 것은 타의 여성과 동거하느냐의 여부에 불구하고 부친 스스로의 의사에 의하여 행하여지는 것이므로 타의 여성과 동거의 결과 자녀가 사실상 부친의 애정감호교육을 받을 수 없어 그로 인하여 불이익을 입었다고 하여도 그것과 여성의 행위 간에는 상당인과관계가 없다는 것이 그 이유이다. 즉 부부의 동거 · 부양 · 협조 의무가 부모가 자녀에 대한 관계에서 가족관계를 원만하게 유지하기 위하여 부담하는 것이라 해석하기 어려우며, 부부가 이혼하더라도 원칙적으로 자녀에 대한 친권 및 양육권과 이에 따르는 양육과 보호, 교양의 의무가 변동 없이 그대로 유지되는 것이 우리 민법의 기본구조이므로 자녀에게 상간자에 대한 손해배상 청구를 인정한다면 간통행위를 한 부모 본인에 대한 자녀의 손해배상청구를 허용하여야 하는 문제가 발생하며, 나아가 배우자의 직계존속의 부당한 대우로 인하여 이혼하는 경우 자녀가 자신의 조부모에 대하여 손해배상청구를 하는 것까지 허용할 수밖에 없게 되므로 우리의 가족구조와 가족 윤리상 이 같은 것은 받아들이기 어렵다.

4. 약혼의 법률적 지위와 침해

(1) 민법상의 규정과 지위

민법 제800조 이하에서 약혼에 대한 규정을 두고 있는데 약혼이란 장래 혼인을 전제로하는 계약관계로서, 혼인을 한 당사자는 성실하게 교제하고, 빠른 시일 내에

20) 대법원 2005.5.13 선고, 2004다1899판결.

혼인해야 할 의무를 부담한다. 민법에서는 약혼의 방식을 명문으로 정하지 않았으며, 따라서 약혼은 특별한 형식을 거칠 필요 없이 장차 혼인을 체결하려는 당사자 사이에 합의가 있으면 족하다. 문제는 당사자가 예물을 교환하고 혼인에 이르지 못한 경우 예물의 법적성질을 둘러싸고 문제가 발생하게 된다.

(2) 예물교환 행위의 법적 성질

약혼은 장차 혼인을 하려는 당사자 사이의 계약이라 할 수 있다. 약혼의 방식은 자유이나 일반적으로 약혼할 때 쌍방당사자는 반지, 목걸이, 시계 등 예물을 교환하는 것이 통례이다. 이 같은 예물은 약혼의 성립을 확증한다 할 수 있으며 그 예물의 목적은 후일 혼인으로 인하여 결합되는 양가의 정을 두텁게 하려는데 목적이 있다. 그러나 약혼이 해소되는 경우 이미 수수된 예물을 반환하여야 하는가 하는 문제가 발생한다. 약혼이 합의로 해소되는 경우에는 그 합의에 따라 예물반환의 문제도 해결되는 것이 통상이겠으나, 이 같은 합의가 없을 때에는 반환의 문제가 대두되게 된다. 이와 관련하여 독일 법에서는 '다른 약정이 없는 한 약혼이 당사자 일방의 사망으로 인하여 해소되었을 때에는 예물반환청구권은 발생하지 않는 것으로 추정하게 된다. 그러나 우리 민법에서는 아무런 규정이 없으므로 그 법적 성질과 약혼해소의 책임 있는 상대방에게도 예물 반환청구권을 인정할 것인가의 여부를 두고 견해가 대립한다. 그러나 약혼예물은 혼인의 불성립을 해제조건으로 하는 증여라고 보아야 하므로, 약혼이 해제되어 혼인의 불성립이 확정되게 되면 약혼예물은 반환하여야 하며, 혼인이 성립한 이상 해제조건은 성취 불가능하므로 혼인이 성립한 후 혼인이 해소되더라도 예물반환청구권은 없다. 다만 혼인 성립 후 극히 단기간 내에 이혼을 한 경우에는 반환청구권을 인정하여야 하며, 약혼에 대한 유책 당사자에게는 반환청구권이 없다.[21)]

(3) 약혼해제와 손해배상

약혼을 해제한 때에 당사자의 일방은 과실 있는 상대방에 대하여 이로 인한 손해배상을 청구할 수 있다. 이 경우 재산상의 손해 이외에 정신상의 고통에 대한 손

21) 대법원 1976.12.28. 선고 76므42; 대법원 1994.12.27. 선고 94므895판결.

해배상의 책임이 있으며, 정신상 고통에 대한 배상청구권은 양도 또는 승계하지 못한다. 그러나 당사자 간에 이미 그 배상에 관한 계약이 있거나 소를 제기한 경우에는 그러하지 아니하다(민법 제806조). 이 경우에 약혼해제로 인한 손해배상을 청구함에 있어 약혼을 부당히 파기한 약혼 당사자뿐만 아니라 약혼 당사자의 부모된 자가 부당파기에 가담한 경우에는 그들도 포함하여 가사심판법 소정의 절차에 따라 손해배상을 청구할 수 있으며, 약혼을 부당히 파기당한 자뿐만 아니라 당연히 정신적 고통을 받게 되는 동인의 부모 또한 같은 법 소정의 절차에 따라 손해배상을 청구할 수 있다.[22)]

5. 동거 및 사실혼 관계의 부당 파기

(1) 동거와 사실혼과의 관계

법률상 부부는 아니지만 사실혼 관계에 있는 경우 법률혼에 준하는 보호를 받기 위해서는 단순한 동거 또는 간헐적인 정교관계를 맺고 있다는 사정만으로는 부족하며, 당사자 사이에 주관적인 혼인의 의사가 있고, 객관적으로도 사회 관념상 가족질서적인 면에서 부부공동생활을 인정할 만한 혼인생활의 실체가 존재하여야 한다.[23)] 따라서 사실혼이 성립하려면 혼인 의사의 합치가 있고 당사자는 혼인 적령기에 달하여야 하며, 근친관계가 아니고, 중혼이 아닌 실질적인 요건은 모두 갖추었으나 혼인신고라는 형식적인 요건을 갖추지 않고 혼인 생활을 지속하는 관계를 의미한다.

우리나라의 혼인제도는 법률혼주의를 택하고 있으므로 법률상의 부부로 인정받기 위하여는 혼인의 실질적 요건과 형식적 요건을 갖추어야 한다. 그러나 사실혼의 경우 혼인의사의 합치, 혼인적령, 근친혼금지, 중혼금지 등 혼인의 실질적 요건을 충족하였다 하더라도, 형식적 요건인 혼인신고를 하지 않고 부부로서의 공동생활을 하게 되므로 법률혼의 경우와는 달리 부부로서의 권리와 의무 가운데 일부만을 법률에 의하여 보호받을 수 있다. 따라서 사실혼 관계는 동거 · 부양 · 협조 · 정조의무, 일상가사채무의 연대책임 등 부부공동생활을 전제로 하는 일반적인 혼인의 효

22) 대법원 1975.1.14. 선고 74므11판결.

23) 대법원 2008.2.14. 선고 2007도3952판결.

과가 인정되지만, 인척관계의 발생 등 혼인신고를 전제로 하는 혼인의 효과는 발생하지 않는다.

또 사실혼 부부는 법률상의 부부가 아니므로 사실혼 관계를 해소할 때 법원의 이혼확인, 이혼신고 등의 법적 절차를 요하지 않으며 당사자 사이의 합의 내지 일방의 통보에 의하여 사실혼 관계를 해소할 수 있으며, 나아가 일정한 형식을 요하지 않으므로 구두, 전화, 서신 등 자유로운 방법에 의한 의사표시로서 해소할 수 있으나 다음과 같은 문제가 남는다.

(2) 사실혼관계의 해소와 법률문제

1) 재산상의 법률문제

사실혼관계의 경우에도 부부는 민법 제826조 제1항이 규정한 소정의 동거하며 서로 부양하고 협조하여야 할 의무가 있으며, 혼인생활을 함에 있어 부부는 서로 협조하고 애정과 인내로써 상대방을 이해하며 보호하여 혼인생활의 유지를 위하여 최선의 노력을 기울여야 한다. 따라서 사실혼 관계에 있는 배우자의 일방이 정당한 이유 없이 서로 동거, 부양, 협조하여야 할 부부로서의 의무를 포기하거나 유기한 경우에는 악의의 유기에 의하여 사실혼관계를 부당하게 파기한 것이 되므로 상대방 배우자에게 재판상 이혼원인에 상당하는 귀책사유가 있음이 밝혀지지 않는 한 원칙적으로 사실혼관계 부당파기로 인한 손해배상책임을 부담한다.[24)]

또 사실혼 기간 동안 부부가 협력하여 축적한 재산은 두 사람 공동소유로 추정되며, 사실혼이 해소되면 부부재산을 청산한다는 의미에서 법률혼 부부가 이혼을 하는 경우와 마찬가지로 재산분할을 청구할 수 있다.[25)]

2) 자녀의 양육문제

사실혼 부부사이에서 태어난 자녀는 '혼인 외의 자'가 되므로 어머니의 성(姓)과 본(本)을 따르게 되며(민법 제781조 제3항), 母子관계는 존재하나 父子관계는 존재하지 않게 된다. 따라서 사실혼관계가 해소되는 경우 부로부터 양육비를 청구할 수 없

24) 대법원 1998.8.21. 선고 97므544, 551판결; 대법원 1998.12.8. 선고 98므961판결.
25) 대법원 1995.3.10. 선고 94므1379, 1386판결.

는 것이 원칙이다.

현행법상 이혼당사자의 신청이 있는 경우, 혼인의 무효 또는 취소 판결 시 그 당사자의 신청이 있는 경우 이외에는 자의 양육자 지정이나 양육에 관한 사항을 정하여 달라는 신청을 할 수 있는 법률상 근거가 없으므로, 사실혼관계나 일시적 정교관계로 출생한 자의 생모는 그 자의 생부를 상대로 그와 같은 청구를 할 수 없다. 따라서 부에게 양육비를 청구하기 위해서는 법적인 부자관계가 존재하여야 하는데, ① 父가 그의 子를 인지(認知)하여 친생자로 신고하거나(민법 제855조, 미법 제859조 제1항 및 가족관계의 등록 등에 관한 법률 제57조) ② 子가 父를 상대로 인지청구소송을 제기하고 인용판결이 확정된 경우에 청구할 수 있다(민법 제863조 및 민법 제864조).

인지청구소송은 부모가 혼인외의 출생자를 자신의 자녀로 인지(認知)하지 않는 경우, 혼인 외의 출생자를 친생자(親生子)로 인지해 줄 것을 법원에 청구하는 것으로 자녀와 그 직계비속 또는 법정대리인이 제기할 수 있다(민법 제863조). 그러나 부 또는 모가 사망한 경우 그 사망을 안 날로부터 2년이 경과하면 소송을 제가할 수 없다(민법 제864조). 소송의 상대방은 부(父) 또는 모(母)이며(민법 제863조), 부 또는 모가 사망한 경우에는 검사가 된다(민법 제864조).

인지청구소송의 판결이 확정되면 확정일로부터 1개월 이내에 판결문 등본 및 확정증명서를 첨부하여 시 · 읍 · 면에 신고하여야 한다(가족관계의 등록 등에 관한 법률 제58조). 인지청구를 인용하는 판결이 확정되면 출생한 때로부터 소급하여 친자관계가 있는 것으로 보아(민법 제860조) 자녀의 양육책임을 부담하게 되고, 면접교섭권 등이 인정된다(민법 제864조의2). 그러나 인지에 이의가 있을 경우에는 자녀 또 그 밖의 이해관계인은 인지신고가 있음을 안 날로부터 1년 내에 이의의 소를 제기할 수 있다(민법 제862조).

3) 위자료청구

사실혼 관계는 사실혼 부부간의 합의 또는 부부 일방의 일방적인 파기에 의하여 해소할 수 있다. 그러나 정당한 사유 없이(민법 제840조) 일방적으로 사실혼을 파기한 배우자는 상대방에 대하여 사실혼 파기로 인한 손해를 배상하여야 한다.(민법 제750조, 민법 제751조). 이 때 위자료와 관련하여 부부사이에 합의가 이루어 지지 않을 경우에는 법원에 청구할 수 있다(가사소송법 제2조 제1항 가목 (3) 제1호). 즉 사실혼관계에 있어서도 부부는 민법 제826조 제1항에서 규정한 바와 같이 동거하며 서로 부양하고 협조하여야 할 의무가 있으며, 혼인생활을 함에 있어 부부는 서로 협조하고 애정과 인내로써 상대방을 이해하며 보호하여 혼인생활의 유지를 위하여 최선의 노력을 기울여야 하고, 사실혼 배우자의 일방이 정당한 이유 없이 서로 동거, 부양, 협조하여야 할 부부로서의 의무를 포기한 경우에는 그 배우자는 악의의 유기에 의하여 사실혼관계를 부당하게 파기한 것이 되므로, 상대방 배우자에게 재판상 이혼원인에 상당하는 귀책사유 있음이 밝혀지지 아니하는 한 원칙적으로 사실혼관계의 부당파기로 인한 손해배상책임이 있다.[26] 이 때 사실혼 파탄의 원인이 배우자가 아닌 제3자(예를 들어 배우자의 부모 등)에게 있는 경우에는 그 제3자에 대해서도 위자료를 청구할 수 있다(가사소송법 제2조 제1항 가목 (3) 제1호).

또 정당한 사유라 함은 사실혼 배우자가 부정행위를 한 경우,[27] 사실혼 배우자가 악의로 다른 일방을 유기한 경우,[28] 사실혼 배우자 또는 그 직계존속으로부터 심히 부당한 대우를 받은 경우[29]등이다.

(3) 형사상의 법률문제

1) 혼인빙자간음죄의 성립여부

혼인빙자간음죄란 혼인을 빙자하거나 그 밖의 위계(僞計)로써 음행(淫行)의 상습이 없는 부녀를 기망하여 간음(姦淫)한 경우에 성립하는 범죄이다(형법 제304조). 혼인빙자간음죄는 혼인할 의사가 없으면서 혼인을 빙자하여 성관계를 맺은 경우 성립하는 범죄이므로 사실혼 부부 사이에 혼인의사의 합치는 있었지만 혼인신고를 하지 않은 상태이므로, 혼인의사 없음을 요건으로 하는 혼인빙자간음죄는 성립할 여지가 없다.

또 음행의 상습이 없는 부녀라 함은 불특정 다수를 상대로 성생활을 하는 습벽이 없는 여성으로서 첩(妾)이라도 불특정 다스를 상대로 하지 않는 한 음행의 상습이 없는 부녀로 본다.

---

26) 대법원 1998.8.21. 선고 97므544, 551판결.
27) 대법원 1967.1.24. 선고 66므39판결.
28) 대법원 1998. 8. 21. 선고 97므544, 551판결.
29) 대법원 1983.9.27. 선고 83므26판결.

혼인빙자간음죄는 혼인을 빙자하여 음행의 상습 없는 부녀를 기망하여 간음함으로써 성립하는 범죄이며, 혼인빙자간음죄가 성립하기 위해서는 범인이 부녀와 정교를 할 당시 상대방과 혼인할 의사가 없는데도 정교의 수단으로 혼인을 빙자하여야 하고, 정교할 당시에는 혼인할 의사가 있었으나 그 후 사정의 변화로 변심하여 혼인할 의사가 없게 되었다고 하더라도 혼인빙자간음죄는 성립하지 아니한다.

혼인빙자간음죄의 구성요건은 혼인을 빙자하는 위계로써 음행의 상습 없는 부녀를 기망하여 간음함으로써 이루어지며 이때의 기망은 그 기망행위의 내용이 진실이라고 가정할 때 음행의 상습 없는 평균적 사리 판단력을 가진 부녀의 수준에서 간음에 응하기로 하는 자기 결정을 할 만한 정도여야 한다. 즉, 기망의 수단으로 혼인을 빙자하는 위계를 이용했을 때에는 음행의 상습 없는 평균적 사리 판단력을 가진 부녀의 수준에서 간음 당시의 제반 정황상 그 행위자가 혼인할 의사를 갖고 있음이 진실이라고 믿게 될 만한 경우라야 기망에 의한 간음이 인정된다. 따라서 혼인의 빙자에 의하여 기망되었는지의 여부는 혼인하자는 언사로 핑계 댄 일이 한번이라도 있었다고 하여 바로 긍정되는 것이 아니라, 간음에 이르기까지의 언사와 행위 등 관련되는 모든 정황을 종합 대비하여 우리 사회의 통상적인 혼인 풍속에 비추어서 판단하여야 한다. 그런데 우리 사회의 혼인풍속으로는 혼인할 남자의 나이와 미혼인 여부, 다른 부녀와의 혼인을 위한 교제 유무, 건강상태, 종교, 학력, 재력, 직업, 성격, 취미, 부모 등 가족관계, 그들의 그 혼인에의 찬성 여부 등을 알아보고 정혼하는 것이 통상적이라고 할 것이므로, 그러한 사항을 거의 모르는 상태였다거나 알았었다고 하더라도 그 관련 사항들이 그 부녀의 혼인기준과는 현저히 달라 혼인의 성립이 불가능하다고 일반적으로 여겨지는 상태에서 혼인을 빙자하는 말이나 글만을 믿고 바로 간음에 응했던 경우라면 특별한 사정이 없는 한, 그 부녀는 그 혼인빙자에 기망되어 간음한 것이라고 인정할 수 없다.

2) 간통죄의 성립여부

간통죄는 배우자 있는 자가 배우자 아닌 다른 사람과 간통(姦通)했을 경우에 성립하는 범죄이다(형법 제241조 제1항). 간통죄는 친고죄(親告罪)로서 배우자의 고소가 있어야 하며(형법 제241조 제2항), 이때의 배우자라 함은 법률상의 배우자를 의미하므로 사실혼 배우자가 간통하더라도 고소할 수 없다. 다만 사실혼 관계를 부당하게 침해하였음을 이유로 간통한 사실혼 배우자와 그 상간자(相姦者)에게 불법행위를 이유로 손해배상을 청구할 수 있다(민법 제750조, 민법 제751조).

제 4 편 정보화 사회에서의 생활과 법률

제 1 장

개인정보의 침해와 법적 보호

I. 개 설

가상공간을 통한 정보의 수집과 활용은 21세기에 살아가고 있는 현대인에게 있어 유익한 삶의 방법으로 자리를 잡아가고 있다. 그러나 그 이면에 나타나고 있는 문제점 등으로 인하여 학계를 비롯하여 정보와 관련된 제반업계의 우려는 물론, 현대인의 삶의 방식마저 바꾸어 놓기에 이르렀다. 즉 가상공간을 통한 정보의 수집과 활용은 소비자는 물론 사업자에게도 매우 유익한 통신수단 및 거래매체로 활용할 수 있으며, 비용과 시간의 절감은 물론 세계 모든 종류의 상품과 정보, 서비스를 신청하고 제공받을 수 있는 편리함이 있는 반면에 PC이용자들에 대한 다양한 정보를 수집하고, 축적된 개인의 정보 등을 동의없이 유출시키거나 오 · 남용되는 경우가 있다. 따라서 법익에 있어서도 과거에는 생명 · 신체 등의 침해에 대한 보호를 중심으로 하였으나, 오늘날에는 명예, 사생활 비밀 침해의 보호 등으로 변화하고 있는 가운데, 매스컴의 발달과 통신기술의 진보에 따른 고도의 정보수집기술에 의하여 명예와 개인의 사생활이 침해될 수 있는 위험이 높아지고 있음을 그 이유로 들 수 있을 것 같다.

특히 '정보'는 공간과 시간의 틀 속에서 유형 · 실체적으로 존재하는 것이 아니라, 무형으로서 물리적 실체가 없는 재화이며 가상공간을 통하여 국경을 초월하여 광범위하게 유통되는 특성을 갖는다.[1] 따라서 이 같은 재화를 보호하기 위하여 적절하고, 실천적인 법의 원리를 찾는 것도 그리 쉬운 일이 아니며, 지금까지 이 같은 문

1) Vgl. *Jürgen Helle*, Schweigepflict und Datenschutz in der Medizinschen Forschung, MedR, 1966, S. 14.

제에 대하여 법의 지배영역에 편입시키지도 않았었던 것도 사실이다. 결국 현행법에서는 이 같은 문제에 대하여 충분하고 적절한 모델의 법적 개념을 도출하지 못하였으며, 제정된 법규범 역시 충분하지 못한 것이 오늘의 실정이라는 점에서 법 이론의 전개 또한 유동적이며 불완전한 상태라 말할 수 있다.[2] 결과적으로 정보침해로 인하여 개인의 피해 기타 불이익이 발생 하였을 경우 문제 해결을 위한 법규정은 물론, 민법전에도 아직 '정보'에 관한 명문 규정이 없으며, 다만 계약법 이론을 적용하여 정보 거래에 대한 내용이 의사표시에 의하여 행하여 졌을 경우 계약법적 법리로 해결할 수 있는가에 대한 의문을 가지고 있을 뿐이다.

개인정보침해로 인하여 손해가 발생한 경우에 대하여 「정보통신망 이용촉진 및 정보보호 등에 관한 법률」 제24조 제2항에서는 "정보통신서비스제공자로부터 이용자의 개인정보를 제공받은 자는 당해 이용자의 동의가 있거나 다른 법률에 특별한 규정이 있는 경우를 제외하고는 개인정보를 제공받은 목적 외의 용도로 이를 이용하거나 제3자에게 제공하여서는 아니 된다"고 규정함하여 특별히 법률적으로 규정하는 경우를 제외하고 정보를 제3자에게 제공하는 것을 금하고 있는데, 반면에 정보를 제3자에게 제공하여 개인정보를 침해한 경우에는 민법상의 구제방법을 생각하지 않으면 안 된다. 이에 관한 구제방법으로는 두 가지를 생각할 수 있다. 첫째, 개인정보를 침해하여 피해가 발생한 것에 대하여 금전적으로 환가하여 배상받는 방법과 둘째, 이 같은 피해를 예상하여 피해의 발생을 사전적으로 예방하는 것이 그것이다. 첫째의 방법은 불법행위법상의 "타인의 신체, 자유 또는 명예를 해하거나 기타 정신상의 고통을 가한 자는 재산 이외의 손해에 대하여 배상할 책임이 있다"(민법 제751조 제1항)는 민법 규정에 의하여, 이 같은 정신적 고통이 고의 또는 과실에 의한 경우에는 불법행위법을 적용하여 피해에 대한 구제를 받을 수 있다. 둘째의 방법은 불법행위법의 목적으로 피해가 발생한 후에 이를 금전배상 또는 원상회복(명예침해의 경우 제746조)하는데 목적이 있으므로, 사전적 예방을 위해서는 불법행위와는 다른 법적 구성이 필요하다. 그런데 우리의 판례의 입장은 주로 종래의 언론 · 출판과 관련하여 명예 기타의 인격적 이익의 침해에 대한 구제를 목적으로 "인격권"이라는 권리개념을 사용하여 구제하고 있다. 그러나 오늘날과 같이 정보화된 사회에서는 인

2) Vgl. Helle, a, a, O. (Anm. 1), S. 15.

격적 이익의 침해에 대하여 프라이버시의 침해라는 개념을 활용하고 있다.

이와 같이 우리 민법을 제정할 당시에는 정보와 같은 무체물(無體物)[3]은 재산적 가치가 있는 재화로 생각할 수 없었으나, 오늘날에는 정보 그 자체로서 충분히 중요한 재산적 가치를 갖는 거래의 대상이 되기에 이르렀다는 점에서 새로운 접근이 필요하다[4]. 이를 위하여 현행 법 규정의 비밀침해(형법 제316조) 및 업무상 비밀누설금지(형법 제317조) 규정 등을 생각할 수 있으나, 이는 사생활 · 사적영역에 있어서 privacy를 보호하기 위한 것임에 반하여, 헌법상 보호 규정인 주거불가침(헌법 제16조), 사생활의 비밀과 자유(헌법 제17조), 통신의 비밀(헌법 제18조), 양심의 자유(헌법 제19조), 종교의 자유(헌법 제20조) 등은 개인의 사적 영역에서 국가로부터의 불간섭, 즉 국가의 불개입을 보장하는 규정이다. 이 같은 보장은 사적영역에서의 privacy의 보호이지만 공통된 것은 사적인 공간영역이 아니라 인격적 영역에서서의 탐색(探索), 관찰, 인식 등 다양한 방법에 의한 정보의 수집을 그 대상으로 하며, 결국 사적 영역에서의 privacy의 보호는 개인정보보호가 된다. 이 같은 법익을 보호하기 위한 우리의 법 제도는 「공공기관의 개인정보보호에 관한 법률」[5], 「정보통신망 이용촉진 및 정보보호 등에 관한 법률」[6](이하 정보보호법), 및 「신용정보의 이용 및 보호에 관한 법률」[7] 등이 있다. 그러나 이미 언급한 바와 같이 개인정보와 관련된 privacy보호를 위하여 계약법적 접근에 의한 해결 역시 그 가능성만 열어놓은 채 침묵하고 있는 것이 현실이다.

어느 특정목적을 위하여 수집된 정보는 정보주체의 동의 없이 당해 목적 이외에 이용되거나 공개되어서는 안 된다. 따라서 정보주체의 동의 없이 개인정보를 제3자에게 판매 및 제공하였을 경우 계약 법리에 의한 접근도 가능할 것이다.

3) 민법 제98조에서 '물건'이라 함은 유체물 및 전기 기타 관리할 수 있는 자연력이라 정의하고 있으므로 무체물에 대한 재산적 정의를 어떻게 내릴 것인가의 문제가 남는다.

4) 野村豊弘,「情報 -總論」, ジュリスト 1126號, 175頁 以下.

5) 일부개정 1999. 1. 29 법률 제5715호 행정자치부.

6) 일부개정 2004, 12. 30 법률 제7262호.

7) 일부개정 2005. 3. 31 법률 제7428호.

II. 정보의 개념과 보호의 필요성

1. 정보의 개념

정보의 개념과 관련된 법률 규정은 헌법 제127조 제1항에서 '국가의 정보개발의무' 를 규정하고 있으며, 이외에 정보관련 규정들이 있으나 구체적으로 무엇이 정보인지에 대한 개념에 대한 규정은 없는 실정이고, 단지 정보화법에서 추상적인 규정이 있을 뿐이다. 그러나 법률적인 책임을 논하기 위해서 먼저 정보의 개념에 대한 정의가 필요하다.

정보는 사실적 의미의 정보, 사전적 의미의 정보, 법률적 의미의 정보로 나누어 설명할 수 있다. 우선 사실적 의미에서의 정보라 함은 미디어로부터 송출되는 정보로서 실체가 없으며, 마음으로 존재하는 경우를 제외하고 이를 형상화하는 미디어 없이는 전달할 수 없는 정보를 말한다. 따라서 사실적 의미의 정보는 미디어 자체에 내재하는 정보라 할 수 있으며 발신자와 수신자를 연결하는 입력장치, 송신장치, 전송로, 수신 장치, 출력장치 등 다섯 가지 요소로 이루어진다. 이 요소 사이에는 발신자가 송신장치에 입력하는 행위, 송신장치가 입력정보를 신호로 변환해서 송신하는 기능, 송신장치와 수신 장치 사이에 전송로를 설정하는 통신회선의 기능, 수신 장치가 신호를 복원해서 정보를 출력하는 기능, 수신자가 수신 장치로부터 출력을 수령하게 된다. 따라서 특정의 발신원으로부터 특정의 수신처에 첫 번째 의미로의 정보를 원활하게 소통시키는 뒷면에는 미디어가 양단의 가입자를 식별한 후에, 요소간의 인터페이스를 합치시켜 신호를 연결시키기 위한 접속절차의 체계가 필요하게 되어, 첨단기술의 집적체인 현대의 전자미디어 내부에서는 고도로 복잡한 기술정보가 왕래하게 된다[8].

사전적 의미의 정보라 함은 상식적으로는 특정한 내용에 대한 알림 기타 판단을 위하거나 행동을 위한 필요한 지식이라 할 수 있다. 사전적 의미의 정보에는 일반적으로 형식, 표상, 신호, 기호, 발언, 전언(message)의 6가지의 정보가 있으며, 형식

8) 白允喆, 정보화사회에 따른 법적과제, 인터넷법률 제15호, 42면.

정보란 인간이 관념하기 전 단계로서 사물이 놓여있거나, 또 주체내부에 구비되어 있는 다양한 형식으로서의 정보로 주로 자연과학의 관심대상이 되는 정보이다. 표상정보는 인간이 외계의 사물을 관찰하거나, 또는 주체내부를 관념한 표상의 정보로서, 마음속의 학습 · 사색의 영역이다. 신호정보는 다른 표상을 환기 · 지시하기 위하여 지정된 별도의 표상이며, 기호정보는 사물과 관념을 지시하기 위하여 인간이 인공적으로 만들어 낸 형식의 정보이다. 발언정보는 인간의 지식, 감정, 의사라 할 수 있는 일련의 기호에 의해 표현하려고 하는 사물과 관념의 상태와의 관계로서의 정보이며, 전언정보는 일반적으로 인식되는 정보를 말한다.

그런데 법률적의미의 정보라 함은 '자연인 또는 법인이 특정 목적을 위하여 광(光) 또는 전자적 방식으로 처리하여 부호 · 문자 · 음성 · 음향 및 영상 등으로 표현한 모든 종류의 자료 또는 지식이라고 정의[9]할 수 있다. 또 정보화법 제2조 제2호에서 '정보화란 정보를 생산 · 유통 또는 활용하여 사회 각 분야의 활동을 가능하게 하거나 효율화를 도모하는 것' 이로 정의하여 정보처리장치를 활용하여 정보를 처리함으로써 사회활동 전반의 비효율과 낭비를 제거하여 국가전체의 효율화를 도모하는 것으로 규정하고 있다. 다시 말하면 정보처리장치를 통하여 정보를 처리하는 일련의 절차를 말하는데, 여기에서의 정보처리장치는 인터넷이 그 대표적인 장치가 된다. 이 같은 의미에서 볼 때 정보법은 좁은 의미에서 인터넷이라는 매체를 통하여 발생되는 제반 법률문제를 연구하는 분야가 된다.[10]

이에 대하여 미국에 서는 정보의 내용이 각기 법률제정 목적에 따라 세부적으로 분류되어 있다. 즉 전자통신 사생활보호법(Electronic Communication Privacy Act 1986) 제 119편 제2510(8)에서 정보의 개념이 내용(contents)의 의미 안에 포함되어 있으며,[11] 정보 자유법(Freedom of Information Act; FOIA) 면제조항 제4조에서 정보보호의 대상에 있어서 무역비밀(Trade Secrets)과 정보로 나누어 다시 후자를 개인으로부터 획득된 정보 상업적 또는 재정적 정보와 그리고 면책된 또는 신뢰받는 정보로 구분하고 있다.[12] 「공정 신용보고 개선에 관한 법률(The Fair Credit

---

9) 정보화촉진기존법 제2조 제1호.

10) 白允喆, 상게논문, 44면.

11) s.2510(8) Contents means that when used with respect to any wire, oral, or electronic communication, includes any information concerning the substance, purport, or meaning of that communication.

Reporting Reform Act 1996)」에서는 정보 또는 획득된 기록을 의학정보로 보고 있으며, 신용구좌정보(Credit account information)와 공공기록정보(Public record information)로 구분하기도 한다.[13)]

2. 개인정보보호의 필요성

의사결정을 위하여 과거에는 주로 고유한 경험이 의사결정의 중요한 요인이 되었으나, 오늘날에는 구체적이고 정확한 정보를 기반으로 하여 의사를 결정하게 된다. 다시 말하면 과거에는 물질적이고 유형적인 것이 무형의 것보다 중요시되었으나 오늘날에는 무형의 정보가 보다 중요한 부의 원천이자 권력의 중심이 되고 있다.[14)] 즉 정보사회에서는 정보의 가공 · 처리 및 전달을 위하여 사회 전반에 걸쳐 컴퓨터가 보급되고 정보통신망이 구축되었으며, 그 결과 정보 그 자체가 중요한 가치를 가지게 되었을 뿐만 아니라, 지식산업 내지 새로운 산업으로 발달하게 되었다.[15)] 그 결과 개인정보보호를 일종의 재산권적 차원에서 다루는 경향이 강해졌으며, 이 같은 시각에서 정보프라이버시, 즉 자기의 정보를 통제할 수 있는 권리도 자신의 재산에 대한 권리행사와 같은 가치를 부여하게 되었다. 여기에서의 '개인정보'라 함은 생존하는 개인에 관한 정보로서 성명 · 주민등록번호 등에 의하여 당해 개인을 알아볼 수 있는 부호 · 문자 · 음성 · 음향 및 영상 등의 정보(당해 정보만으로 특정 개인을 알아볼 수 없는 경우에는 다른 정보와 용이하게 결합하여 알아볼 수 있는 것을 포함한다)를 말하는데(정보통신망이용촉진 및 정보보호 등에 관한 법률 제2조 제6호), 이 같은 정보를 보호하기 위한 법 이론으로서 이제까지 프라이버시 보호를 위하여 불법행위법 · 재산법적 접근방법에 의하여 문제를 해결하였으므로 이 같은 논리는 새로운 접근 방법이라고 할 수 없다. 나아가 개인 정보와 관련하여 프라이버시를 재산법적 접근으로 파악하는 것은 인격권으로서의 사회규범의 형성을 부정하는 결과를 초래할 수

12) Exemption 4 of Freedom of Information Act 1974.

13) 15 U.S.C Section 603 subsection 1681a(1) (ⅰ) Medical Information에 대하여 다음과 같이 규정하고 있다. The term medical information means information or records obtained, with the consent of the individual to whom it relates, form licensed physicians or medical practitioners, hospitals, clinics, or other medical or medically related facilities. opt subsection 1681a(1) (p).

14) 김일환, 미국의 개인정보보호법제에 관한 연구, 미국헌법연구, 1999, 327면.

15) 변재옥, 정보화 사회의 프라이버시와 표현의 자유, 커뮤니케이션북스, 1999, 6. 142면.

있으며, 나아가 피해에 대한 배상이 부정될 수 있음으로서 개인정보에 대한 무분별한 침해행위를 조장할 우려가 있다. 다시 말하면 개인정보의 재산권적 측면을 강조할 경우, 무분별한 침해행위를 야기하게 됨으로서 인간의 존엄이라는 헌법적 가치를 손상시키게 되며, 나아가 민주적 사회발전을 저해할 수 있는 원인을 제공할 수 있다.

미국에서는 경우 개인정보보호가 사생활 보호의 영역에서부터 출발하여, 사생활 보호법의 발전은 두 가지 사법적 영역에서 진행되었는데 하나는 보통법 영역에서 법관에 의한 사생활 특별침해에 대한 구제이고, 다른 하나는 미국헌법에서 사생활 보호 규정의 위반에 대한 법원의 판결에 의한 구제이다. 그 가운데 연방법은 사생활보호를 위하여 중요한 역할을 담당하고 있는데 「정보자유법(The Freedom of Information Act 1974)」이 그것이다. 또 새로운 형식의 전자 통신의 발전은 사생활을 보호하기 위한 관련입법의 창출을 가져왔는데 바로 「전자통신 사생활 보호법(Electronic Communication Privacy Act 1986; 이하 ECPA라 함)」[16]이 그것이다. 본 법에 의한 보호대상은 외국이나 국내 간에 영향을 주는 전선, 라디오, 전자기학, 광전자, 사진시각 시스템에 의해 부분 또는 전체가 이전되는 어떤 성질의 정보나 표시, 표식, 서면, 영상, 음향, 자료의 이전,[17] 전자우편과 관련하여 타인의 이름으로 메시지를 송부하는 행위, 또 익명으로 타국에서 전송하는 행위 등이 본 법률에 의한 규제대상이 되는데, 전자적 통신으로 외국의 한 기관과 국가 간의 정보를 교환하는 경우에도 본 법이 적용 된다.[18] 또 「공정신용 보고개선에 관한 법률(The Fair Credit Reporting Reform Act 1996; FCRRA)」은 소비자 보고서에 포함시켜서는 안 되는 정보에 대하여 규정하고 있는데, 원칙적으로 $150,000을 초과하는 신용거래 외에는 어떠한 소비자 및 영업인도 소비자보호 정보에 관한 보고서를 작성할 수 없도록 하고 있다.[19]

---

16) 18 USC (ECPA 1986).

17) S. 2510(12)of ECPA 1986.

18) 관련법률; The Foreign Intelligence Surveillance Act of 1978, The Communication Act 1934.

19) S. 605 of FCRRA "......No consumer reporting agency may make any consumer report containing any of the following items of information ;

Cases under title 11 of USC or under the Bankruptcy Act that from the date of entry of the order for relief or the date of adjudication, as the case may be, antedate the report by more than 10 years. Suits and judgment which, from date of entry, antedate the report by more than seven years or until the

3. 무형의 재화로서의 개인정보

정보를 재화라 하기 위해서는 우선 배타성이 있어야 한다. 재화와 관련한 법 규정으로는 민법 제98조에서 '물건' 이라 함은 '유체물 및 전기 기타 관리할 수 있는 자연력' 이라 하고 있으며, 형법 제346조에서 '재물' 의 개념을 '관리할 수 있는 동력' 이라 한정함으로서 물건, 유체물, 관리할 수 있는 자연력 등을 재화가 된다. 따라서 '관리할 수 있는 자연력' 이나 '동력' 으로 볼 수 없는 '정보' 는 재화로 인정할 수 없는 것이 지금까지의 지배적인 견해이며,[20] 따라서 정보를 소유하고 있는 자에 대하여 재산권을 부정하는 것이 고전적인 사고이다.[21] 지금까지 민법상의 재산권으로 인정하기 위해서는 배타성이 인정되어야 하는데 정보는 무형으로써 배타성을 인정할 수 없다는 것과, '정보' 는 타인을 배제시키지 않고서도 자유롭게 이용할 수 없기 때문에 재산권으로 인정함에 있어 무리가 있다고 하는 시각이다.[22] 나아가 재산권의 객체인 유체재산이 분할될 경우, 그 가치가 감소하는 것이 보통이지만, 정보는 분할되더라도 그 가치가 감소하지 않는 특성이 있으므로 정보의 재산성을 부정할 수 있는 근거가 될 수도 있다. 그러나 정보화 사회에서 정보의 경제적 가치가 중요시되고 있는 현실을 고려할 때, 더 나아가 정보에 부의 집중이 늘어나고 있는 현실을 감안하더라도, 정보의 매체물과 별도로 정보 그 자체에 대한 재산권으로서 보호하기 위한 법적 장치가 필요한 실정임은 부인할 수 없다.

이를 위하여 정보의 가치를 재산의 개념에 포함시켜 해석 할 경우에는 그에 대한 법적 근거를 마련할 수 있는 기초가 될 수 있다. 그러나 정보를 재산의 개념에 포함시키지 않는 오늘의 현실을 감안하여 정보를 재산으로 인정하기 전까지는 저작권 및 특허권의 법리를 적용하여 정보를 보호할 수는 있으나, 오늘의 현실을 감안할 때 그것만으로는 정보의 재산적 가치와 권리를 보호하기에는 부족하다고 할 수 있다. 왜냐하면 저작권이나 특허권은 창작이나 발명을 통하여 문화, 예술이나 기술의 수

governing statute of limitations has expired, whichever is longer period. Paid tax liens which, from date of payment, antedate the report by more than seven years..."

20) 법률신문 1994. 11. 21, 13면; 이재상, 형법각론(신정판), 박영사, 1996. 228~229면.

21) International News Service v. Associated Press, 248 U. S. 215 (1918).

22) Jeff Dodd, Rights in Information; Conversion and Misappropriation Causes of Action in Intellectual Property Cases, 32 Hous, L. Rev 459, 473 (1995).

준을 향상시키는 반대급부로 일정기간동안 금전적 이익을 얻을 수 있도록 하는 한도에서 그 보호가 인정되기 때문이다. 그러나 대부분의 정보는 창작물보다는 발견한 무형의 재화라 할 수 있으며, 발견물에 대해서는 그러한 보호가 인정되지 않는다는 한계가 있다. 결국 정보는 특허법에서 요구하는 신규성이나 저작권법에서 요구하는 창작성이 결여되기 때문에 그에 의한 보호의 대상이 되지 못하는 한계가 있다.[23)]

그러나 이 같은 문제에 대하여 미국에서 디지털화된 정보를 재산으로 간주할 필요성이 있음을 언급한 판결이 있다.[24)] 1986년 Computer Fraud and Abuse Act[25)]에 관한 상원보고서에서 위원회는 컴퓨터와 관련된 범죄에 관하여 집행상 많은 문제점이 있음을 지적하면서, 동 위원회는 "컴퓨터 기술은 과거 전통적인 절도 또는 재산권의 남용 등 법적 접근방식과 맞지 않는다. 컴퓨터 자료는 원시자료가 그대로 남아 있기는 하지만 사용허락을 얻지 않은 사용자에 의하여 복제될 수 있다는 의미에서 절도의 대상이 될 수 있다"고 언급하면서, 이 같은 문제점들은 컴퓨터 내의 정보를 '재산' 으로 파악할 경우 해결할 수 있다고 한 사례[26)]가 있다. 그러나 이 같이 정보를 재산으로 간주할 경우에는 표현의 자유와 상충된다고 볼 수도 있다. 표현의 자유를 내세울 경우 개인의 정보가 개인만이 독점적으로 소유하는 재산과는 구별되는 것으로서 공공재산이라고 파악할 수 있으므로, 표현의 자유가 보장되는 한도에서 재산권의 행사가 제한될 수 있다.

그러나 정보를 재산권의 객체로 파악하는 경우 불법행위에 의한 법리보다 정보의 보호에 있어서 보다 명확하고 적용에 용이한 근거를 제시할 수 있다. 따라서 정보화 사회에서 정보는 유체재산과 동등하거나 그 이상의 재산적 가치가 있음에도

23) J. Thomas McCarthy, The Rights of Publicity and Privacy, 1-7 (1996); McCarthy에 의하면 "정보주체는 데이터를 소유하는 것이 아니며, 다만 정보의 상업적 이용을 통제할 수 있는 권리를 갖는 것"이라 하고 있다.

24) Ruckelhaus v. Monsanto Co,. 467 U.S. 986 (1984).

25) Title 18 - CRIMES AND CRIMINAL PROCEDURE, PART 1 - CRIMES, CHAPTER 47 - FRAUD AND FALSE STATEMENTS),

26) Ruckelhaus v. Monsanto Co. 467 U. S. 986 (1984), 정부기관에 제출된 '연구자료' 가 미국 연방헌법 수정 제5조에서 말하는 '재산' 으로 간주된다고 한 판결,; Carpenter v. United States (484 U. S. 19. 1987), 신문사는 '컬럼의 내용' 에 관하여 공개하기 이전에는 비밀로 간직하고 독점적으로 사용할 수 있는 재산권을 갖는다고 한 판결,; Warshall v. Price, 629 So. 2d 903 904 - 05 (Fla. Dist. Ct. App. 1993), 의사가 과거 동업자의 환자리스트를 복제한 다음 새 환자들을 유치하기 위해 사용한 경우 동산의 횡령(conver sign)이라고 한 판결.

이를 재화로 간주하지 않는다는 것은 법률과 제도가 시대의 변화에 적응하지 못하는 것이며, 따라서 재화의 개념에 정보를 포함시켜 법해석을 하든가, 아니면 새로운 법률을 제정하여 '정보'와 관련된 제반문제에 대한 해결의 방향성을 제시하지 않으면 안 된다.

III. 개인정보의 제3자 제공으로 인한 법률문제

1. 제3자의 범위와 제공 및 이용

정보통신망이용촉진및정보보호등에관한법률 제24조 제2항은 "정보통신서비스제공자로부터 이용자의 개인정보를 제공받은 자는 당해 이용자의 동의가 있거나 다른 법률에 특별한 규정이 있는 경우를 제외하고는 개인정보를 제공받은 목적 외의 용도로 이를 이용하거나 제3자에게 제공하여서는 아니 된다"고 규정하고 있다. 본 규정에서 우선 제3자 제공에 있어서 '제3자'의 범위와 관련하여 문제가 된다. 본 법에서 제3자라 함은 개인정보를 제공하려고 하는 개인정보취급사업자 및 당해 개인정보에 관계된 본인에 해당되지 않는 자로서 공동이용의 요건을 가지고 있는 공동이용자 등을 의미한다. 즉 법인인 경우 제3자 해당성은 법인격을 기준으로 판단하게 되므로 개인정보취급사업자로서 모회사 · 자회사 등의 그룹회사도 공동이용의 요건을 갖추지 않는 한 제3자에 해당하게 된다. 반대로 같은 법인 내에서도 타 지점, 부서 등은 제3자에 해당하지 않기 때문에, 타 지점 등에 개인정보를 제공하는 경우에는, 제3제공자로서 본인의 동의를 얻을 필요가 없다. 다만 타 지점 등에 있어 개인정보의 이용이 미리 특정된 이용목적을 위하여 필요한 범위를 넘은 경우에는 목적 외의 용도가 되므로 본인의 동의를 얻지 않으면 안 된다.

제3자 제공의 대상은 개인정보에 한정한다고 본다. 따라서 개인정보취급사업자가 검색 가능한 상태의 database화 되어있지 않은 개인정보를 제3자에게 제공할 경우에는 개인정보보호법상 본인의 동의를 얻지 않아도 된다. 그러나 database화되어 있지 않은 개인정보를 제공하더라도 그 비밀에 대한 중요성에 비추어 개인정보보호법과 별도로 Privacy가 침해될 가능성이 있다. 또 계약 내지 법률규정에 의하여 비밀을 유지하여야 할 의무가 있는 경우에는 채무불이행책임 내지 각종 법률이 규정하고 있는 비밀유지 의무 위반의 효과 발생이 가능하다. 즉 그룹회사 간에 영업보고에 의하여 자기 또는 거래 상대방의 법인 고객정보를 제공한 경우와 같이 법인정보를 제공한 경우, 이는 개인정보제공이 아니므로 개인정보보호법상 제3자 제공의 제한에 해당하지 않는다. 그러나 법인의 임원, 사원의 정보는 개인정보에 해당하게 된다.

'제공' 이라 함은 개인정보를 이용 가능한 상태에 두는 것을 말한다. 따라서 개인정보가 물리적으로 제공되지 않은 경우라도 network등을 통하여, 개인정보를 이용할 수 있는 상태에 두게 될 경우에는 제공에 해당하게 된다. 그러나 사업자가 고객에게 보내는 메일에 타 사업자의 상품 · 서비스 안내문을 동봉하는 경우에는 개인정보를 제3자에게 제공한 것이라 할 수 없다.

그러나 개인정보보호법은 제3자 제공의 제한의 예외로써 i) 정보통신서비스의 제공에 따른 요금정산을 위하여 필요한 경우, ii) 통계작성 · 학술연구 또는 시장조사를 위하여 필요한 경우로서 특정 개인을 알아볼 수 없는 형태로 가공하여 제공하는 경우, iii) 다른 법률에 특별한 규정이 있는 경우에는 개인정보를 제22조 제2항의 규정에 의한 고지의 범위 또는 정보통신 서비스이용약관에 명시한 범위를 넘어 이용하거나 제3자에게 제공하여서는 아니 된다(제24조 제1항). 이 같이 본인의 동의 없이 개인정보를 제공할 수 있는 경우를 예외 조항으로 규정하고 있으나 구별의 실익은 없는 것 같다. 오히려 실무상 제3자 제공의 경우를 검토함에 있어, 법률행위의 성질상 예외로 되는 경우와 일정한 조치를 구하는 것을 조건으로 하여 예외로 할 수 있는 경우로 나누어 살펴보는 것이 타당하다고 본다.

2. 개인정보 제3자 제공의 성질상의 제한

성질상 제3자 제공의 제한의 예로 들 수 있는 것으로 '다른 법률에 특별한 규정이 있는 경우(정보통신망이용촉진 및 정보보호 등에 관한 법률 제24조 제2항)' 를 들 수 있다. 즉 법률에 의하여 제3자에게 개인정보를 제공하는 경우에는 본인의 동의를 얻을 필요가 없다. 개인정보 제공의 근거가 될 수 있는 법률은 매우 다양하게 나타나고 있으므로 이 들 모두를 소개할 수는 없으나, 몇 가지 소개한다면 i) 법률적으로 제공하는 것이 의무로 규정되어 있는 경우 ii) 제공하는 것은 임의지만, 제3자가 제공

법률에 의한 제공

<table>
<tr><td rowspan="2">법률상 제공할 의무가 있는 경우</td><td>법률상 제공의무가 규정되어 있는 경우</td><td>법원의 문서제출명령에 응한 경우</td></tr>
<tr><td>제공하는 것이 간접적으로 강제되는 경우</td><td>세무직원 등이 행하는 검사에 대응 등</td></tr>
<tr><td colspan="2">제공하는 것은 임의지만 제3자가 제공받는 것에 관하여 법률에 특별한 규정이 있는 경우</td><td>수사기관에 의한 임의수사</td></tr>
</table>

받는 것에 관하여 법률에 특별한 규정이 있는 경우의 예를 살펴보겠다.

개인정보의 제3자 제공의 문제는 위에서와 같이 두 가지 시각으로 나누어 살펴보는 것이 타당하다. 그러나 privacy침해, 비밀누설금지위반 등 기타 법률과의 관계에서, i) 법률적으로 제공하는 것이 의무로 규정되어 있는 경우 제공하는 것이 의무가 되므로 원칙적으로 privacy침해의 문제는 발생하지 않으나 ii) 제공하는 것은 임의이고, 제3자가 제공받는 것과 관련하여 법률에 특별한 규정이 있음에도 불구하고 개인정보를 제공하게 되면 privacy 침해 등의 문제가 발생할 수 있다. 이에 대하여 일본에서는 과거 법원에서 개인정보를 제출하여야 하는 법률적인 규정이 없음에도 불구하고 제출하였다는 사건에서, 제3자가 제출받은 것에 대한 법률상의 근거가 있을 때에는 privacy침해로서 위법이라는 판결이 있다.[27]

국가기관 등이 행하는 업무는 일반적으로 법령에 의한 것이라 할 수 있겠으나, 그 실행에 필요한 정보수집에 관한 제공의무와 수집절차 등이 구체적으로 모두 법령에 규정되어 있다고 할 수 없다. 따라서 국기기관 등에 대한 임의의 협력을 요하는 경우에 대한 요건에 대하여 별도의 규정이 필요하다. 즉 국기기관 등이 행하는 업무에 일반기업의 협력을 구할 필요가 있으며, 동시에 제3자 제공에 관하여 본인의 동의를 얻는 것이 당해 업무 수행에 지장이 있는 경우에는 개인정보보호법 제24조 제2항을 근거로 개인정보를 제공할 수 있을 것으로 본다.

이와 같이 국기기관 등으로부터 개인정보의 제공을 요구받은 경우 실무적 대응으로서 우선 제출해야 하는 것이 의무인가 여부를 판단하지 않으면 안 된다. 제출이

27) 最判平成15・9・21判時1837호 3頁.

의무인 경우에는 '법령에 의한 경우' 로써 제출할 수 있다. 그러나 제출이 임의인 경우에는 제출행위에 대한 법령상의 근거유무를 검토하여야 한다. 이에 따라서 법령상의 근거가 있는 경우에는 '법률에 특별한 규정이 있는 경우' 가 되며, 법령상 명확한 근거가 없는 경우에는 '본인의 동의를 얻는 것이 국가 사무 수행에 지장을 줄 우려가 있다' 는 조건으로 제출할 수 있다. 그러나 '지장을 줄 우려' 의 여부는 사업자가 판단하여야 하므로, 결과적으로 지장을 줄 우려가 없는데도 불구하고 개인정보를 제공했을 경우 사업자는 본인과의 관계에서 privacy 침해(또는 계약 · 비밀누설금지위반 등)로 인한 손해배상책임을 부담하게 되므로 판단에 있어 신중을 기하여야 한다.

3. 위탁에 의한 정보수집 및 제공

정보통신서비스제공자등이 타인에게 이용자의 개인정보의 수집 · 취급 · 관리 등을 위탁하는 경우에는 미리 그 사실을 이용자에게 고지하지 않으면 안 된다(제25조 제1항). 또 정보통신서비스제공자 등은 개인정보의 수집 · 취급 · 관리 등을 위탁받은 자에 대하여 규정에 위반하지 아니하도록 관리 · 감독하지 않으면 안 된다. 수탁자가 위탁받은 업무와 관련하여 규정을 위반하여 이용자에게 손해를 야기한 경우에는 그 수탁자를 손해배상책임과 관련하여 정보통신서비스제공자 등의 소속직원으로 보아 그 책임을 묻고 있다. 이 같은 취지는 민법 제756조의 사용자배상책임을 물어 그 손해를 배상하게 하려는 취지와 같다.

그러나 개인정보의 이용목적에 필요한 범위에서 개인정보 취급의 전부 내지 일부를 위탁하는 경우에 수탁자는 제3자에 해당하지 않으며, 따라서 본인의 동의를 요하지 않는다. 즉 위탁의 경우에도 성질상 제3자 제공의 제한에 해당하지 않는 예외로서의 위치를 부여할 수 있다. 그렇다면 어느 경우에 개인정보의 취급을 위탁하는 즉 제3자 제공에서의 제한이 예외가 되는가. 위탁의 경우 제3자로 보지 않는다는 것은 수탁자가 사업자의 개인정보를 이용목적에 필요한 범위에서 개인정보를 취급하는 한 본인의 권리 내지 이익을 해할 가능성이 낮다는 점을 들 수 있다. 따라서 위탁으로서 본인의 동의를 얻을 필요가 없다고 인정할 것인가의 여부를 판단할 때에는, 위탁계약에 따라 개인정보를 제공했는가하는 형식적인 판단이 아니라 정보를 제공한 자의 개인정보가 이용목적을 위하여 제공되었는가 또 수탁자에 있어서 기타의 이용목적도 존재하는 것은 아닌가 하는 실질적인 내용의 판단이 필요하다.

예를 들면 직접메일 송부업무에 관한 위탁계약에 따라 甲회사가 乙회사에 개인정보를 제공할 경우, 甲회사의 상품에 관하여 단순히 직접메일의 송부업무를 위탁한 경우는 본인의 동의를 얻을 필요는 없다. 그러나 甲회사의 물건일 뿐만 아니라 乙회사에 상품을 소개하기 위하여, 乙회사에 직접메일의 발송을 위탁한 경우, 甲회사의 이용목적의 범위를 넘어 乙회사가 개인정보를 이용하는 것이 되므로 甲회사는 제3자 제공에 관한 규정에 의하여 본인의 동의를 얻어야 한다. 이 같은 행위의 구체적인 예로써 개인정보의 입력, 편집, 가공 등의 처리를 외부 정보처리회사 등에 위탁하는 경우에 많이 나타난다. 그렇다고 위탁업무의 내용이 개인정보의 처리 그 자체일 필요는 없다. 사무처리를 위탁하면서 개인정보가 제공되는 경우에도 본인의 동의없이 개인정보를 제공할 수 있다. 또 변호사, 공인회계사 등이 법률사무 · 감사업무 등의 위탁을 받아, 개인정보의 제공을 받을 경우에도 본인의 동의는 필요하지 않다.

4. 영업양수 등에 의한 경우

개인정보보호법 제26조는 '정보통신서비스제공자등이 영업의 전부 또는 일부를 양도하거나 합병 · 상속 등으로 그 권리 · 의무를 이전하는 경우 이용자에게 다음 각 호의 사항을 대통령령이 정하는 바에 의하여 통지하여야 한다(제26조 제1항)' 고 규정하고 있는데, 그 내용으로 ⅰ) 영업의 전부 또는 일부의 양도, 합병 또는 상속 등의 사실, ⅱ) 정보통신서비스제공자 등의 권리 · 의무를 승계한 자의 성명(법인인 경우 법인의 명칭을 말한다), 주소, 전화번호 기타 연락처 등을 들고 있다. 또 '정보통신서비스제공자등으로부터 영업의 전부 또는 일부를 양수받거나 합병 · 상속 등으로 정보통신서비스제공자의 권리 · 의무를 승계한 자(이하 영업양수자 등)는 다음 각 호의 사항을 대통령령이 정하는 바에 의하여 이용자에게 통지하여야 한다' (제2항). 즉 ⅰ) 정보통신서비스제공자등의 권리 · 의무를 승계한 사실 및 해당 정보통신서비스제공자등의 성명, ⅱ) 개인정보관리책임자의 성명 · 소속부서 · 지위 및 전화번호 기타 연락처, ⅲ) 개인정보의 이용목적, ⅳ) 제30조 제1항 및 제2항의 규정에 의한 이용자의 권리 및 그 행사방법, ⅴ) 그 밖에 개인정보 보호를 위하여 필요한 사항으로서 대통령령이 정하는 사항 등을 규정하고 있다.

이와 같이 합병 기타 사유로 영업의 양수에 따라 개인정보가 제공될 경우에는 일의 성질상 그 내용을 대통령령에 의하여 통지하도록 하고 있다. 그러나 개인정보 보호법에서는 영업의 양수인을 제3자로 볼 것인가에 대한 명문 규정이 없으며, 단지 대통령령에 의하여 이용자에게 통지하도록 함으로써, 개인정보를 영업의 양수인에게 제공하는 것을 허용하고 있다. 이를 구체적 살펴보면 합병이외의 회사의 분할, 영업양도, 영업의 현물출자, 영업을 상속한 경우, 개인사업자가 법인을 구성할 경우 등에 있어서 일반 사업에 관한 고객정보 등의 개인정보를 통지함으로써 승계되게 된다. 그러나 단순히 업무제휴나 합병에 의하여 자회사설립에 따라 상대방 기업에 개인정보를 제공하는 경우에는 문제가 된다. 이 때 상대방 기업의 개인정보를 제공하기 위해서는 동의를 요한다. 단 사업을 승계하면서 개인정보를 취득한 사업자는 미리 본인의 동의를 얻지 않는 한 개인정보가 승계되기 전 개인정보의 이용목적의 범위 내에서만 이용되어야 한다. 따라서 합병 등 M&A에 의한 synergy효과로서 개개 사업자가 보유한 고객정보를 상호 이용할 것을 계획하는 경우, 서로 계획하는 새로운 이용목적이 상대방에 있어 종전의 이용 목적의 범위내로 한정되는 것인지를 검토할 필요가 있다.

종전의 개인정보가 이용 목적에 필요한 범위를 넘는다고 판단되는 경우, 원칙적으로 본인의 동의를 얻지 않으면 안 된다. 그러나 새로운 이용목적이 본인이 예측할 수 있는 범위로서, 종전의 이용목적에 상당한 관련성이 있다고 합리적으로 인정할 수 있는 경우에는 이용목적을 변경할 수 있을 것으로 본다.

5. 이용자의 동의 취득

정보통신서비스제공자는 제3자 제공 제한의 예외에 해당하지 않은 경우에는, 개인정보를 제3자에 제공할 때 사전에 본인의 동의를 얻어야 한다. 여기에서 사전이라는 것은 제3자에 개인정보를 제공하는 시점보다 그 이전을 의미하는데, 실무적으로 어떤 방법에 의하여 사전에 본인의 동의를 얻을 것인가를 검토할 필요가 있다.

일반적으로 "본인의 동의를 얻어야 한다"는 법률의 규정이 있을 경우에는 서면에 의하지 않고 구두로 동의를 구한 경우에도 유효한 동의로서 인정된다. 그러나 후에 동의유무를 둘러싼 분쟁이 발생할 가능성이 있으므로, 원칙적으로 본인으로부터 서면에 의한 명시적 동의를 얻는 것이 바람직하다. 이를 위하여 구체적으로 다음과 같은 방법을 예상할 수 있다.

(1) 본인으로부터 제3자 제공에 관한 동의서 교부를 요구

(2) 개인정보를 취득한 시점에서 제3자 제공을 예정한 경우에는 계약서 등에 동의 문언을 기재하고, 이에 본인의 서명을 요구

(3) 전화, 상담 등 본인으로부터 구두로 동의를 얻은 경우, 사업자는 신속하게 서면을 작성하여 본인의 의사를 확인 한다.

web- site상에서 본인의 동의를 얻는 경우에도 위와 같이 확인란에서 확인하는 방법과 본인이 동의하는 요지의 전자메일을 수신하는 방법 등을 통하여 증거를 확보한 상태에서 운용하는 것이 바람직하다. 또 계약의 약관과 이용조건 등의 서면에, 제3자 제공에 동의하는 문언을 넣을 경우, 이용목적의 명시와 같은 동의 문언이 기재된 것을 쉽게 알 수 없도록 장문으로 구성된 경우에는 논란의 소지가 있으므로, 본인이 실제로 동의의 내용을 알 수 있도록 배려하는 것이 필요하다. 실무적으로 신청서 등 이면의 계약약관 등에 개인정보의 이용목적을 기재하는 경우에는 글자의 크기를 다르게 하거나 다른 색을 사용하는 등의 조치가 필요하다.

이와 관계없이 서면으로 명시적으로 동의를 얻지 않아도, 묵시적으로 본인의 동의가 있다고 인정되는 경우도 있다. 그러나 묵시의 동의가 인정되기 위해서는 그 상황에 대응하기 위하여 본인이 실질적으로 동의했다고 판단할 수 있는 자료 등이 필요하다. 실질적으로 묵시의 동의는 최후의 수단이라고 생각할 수 있다.

IV. 개인정보침해에 대한 사법적 구제

1. 정보화 사회에서 Privacy의 문제

'90년대 이후 정보기술의 급격한 발전과 인터넷 보급의 확산 등으로 인하여 새로운 법적인 문제에 직면하고 있다. 즉 정보의 흐름이 대량화, 가속화됨에 따라서 각종의 개인정보가 노출될 위험성이 그 만큼 커지게 되었고 개인의 프라이버시 침

해에 대한 위협은 더 증가하고 있다. 즉 통신기술의 발달은 컴퓨터에 의하여 개인정보의 수집에 있어 보다 용이하게 되었으며, 출생, 혼인, 자격증의 취득, 진료정보 더 나아가 납세, 은행거래, 보험가입정보 등 우리의 일반적인 모든 생활들이 기록되게 되어 정보로 남게 되었다. 이 같은 정보는 대부분 컴퓨터에 의하여 저장되며, 적은 비용으로 많은 개인정보를 저장하고 복원 · 검색할 수 있도록 하고 있다[28]. 또 컴퓨터를 통하여 개인정보의 대량처리가 가능하게 되었으며, 종합적으로 분석된 개인정보는 상품이나 서비스를 제공하는 사업자에게 있어 매우 유용한 정보가 되게 된다. 사업자들은 판매촉진 및 장래 수요파악 등의 목적으로 개별 소비자의 이름, 주소, 자산상태, 취미, 기호, 행동양식 등의 정보를 적극적으로 수집하게 되고, 수집된 정보를 분석하여 각 개인들의 식품에 대한 기호나 취향 등을 알 수 있으며, 병원의 진료기록을 통하여 건강상태를 알 수 있고, 전화 회사들은 통화의 내용을 공개하지 않더라도 통화기록 그 자체만으로도 상당한 정보를 수집할 수 있게 되었다[29]. 나아가 컴퓨터를 통하여 개인정보를 쉽고 간편하게 전송할 수 있음으로써 경제적으로도 매우 유익한 통신매체로서 그 기능을 담당하고 있으나, 그 이면에는 누군가에 의하여 수집된 개인정보가 가상공간 등을 통하여 유통될 수 있는 위험성을 안고 있다. 특히 신용 및 금융정보의 무단유출은 정신적인 손해를 넘어 재산상의 손해로 까지 확대될 수 있다는 점에 심각성이 있다.

이 같은 문제점에 대하여 '60～'70년대에 미국에서는 정보화 사회로 진전되기 시작하면서 프라이버시의 개념도 과거 개인의 사생활을 보호하기 위한 개인적인 시각[30]에서 벗어나 사회적 가치를 가진 것으로 이해하기에 이르렀다. 특히 컴퓨터 기술의 발전과 관련하여 개인정보에 관한 보호의 필요성이 부각되면서,[31] 이 부문과

---

28) Jonathan P. Graham. Privacy, Computers and the Commercial Dissemination of Personal Informations, 65 Tex. L. Rev. 1395, 1399 (1987).

29) Smith v. Maryland, 442 U.S. 735, 748.

30) 개인의 사생활을 보호하기 위한 시각은 1960년 Prosser교수가 불법행위 측면에서 사생활에의 침입(intrusion upon seclusion), 사생활의 공표(public disclosure of private facts), 오해를 낳게하는 공표(false light), 개인식별요소의 영리적 이용(appropriation of one's name or likeness for commercial gain)의 네 가지 프라이버시 침해유형을 제시하면서 학계 및 법원의 지지를 받았다(William L. Prosser, Handbook of the Law of Torts section 117(4th ed. 1971).

31) Arthur R. Miller, Personal Privacy in the Computer Age: The Challenge of a New Technology in an Information - Oriented Society, 67 Mich. L. Rev. 1089 (1969); U. S. Privacy Protection Study Commission, Personal Privacy in an Information Society(1977).

관련된 privacy문제를 별도로 정보프라이버시(Information Privacy)[32]또는 데이터 프라이버시(Data Privacy)라는 개념도 탄생하였다. 즉 개인, 그룹 또는 조직이 자기에 관한 정보를 언제, 어떻게, 또 어느 정도 타인에게 전달 할 것인가를 스스로 결정할 수 있는 권리도 privacy의 범주에 포함하도록 하였다.[33] 이에 따라 오늘날의 privacy, 즉 적극적 의미에서의 자기정보통제권이라는 개념이 나타나게 되었다. 이 같이 정보프라이버시[34]는 "개개인이 자신이나 자신이 속한 그룹과 관련된 정보를 통제할 수 있는 권리"라 정의하고 있는데, 이 같은 근거는 타인에게 개인정보가 유출될 경우에 정보주체에 해가 될 수 있다는 가능성과 개인정보가 원래 의도된 목적과 달리 부당하게 이용될 수 있는 가능성이 있기 때문이라 하고 있다.[35] 나아가 사회적 의미에서 정보프라이버시를 보호하는 것이 사회의 다양성을 촉진시키기 위한 것이라 주장하는 견해도 있다. 즉 개인에 관한 모든 정보가 수집되고, 영구저장, 보존, 공개될 경우 각 개인은 자연히 좋은 기록을 유지하려고 하므로 자신의 신념이나 감정에 상관없이 일탈되거나 논쟁의 대상이 되는 행동을 꺼리게 되며 결국 독창적인 행동이나 생각이 줄어들게 되어 사회의 다양성은 현저하게 손상되게 되므로, 인류가 우려하는 기계화 획일화된 미래정보 사회로부터 인류를 구원하기 위하여 프라이버시를 보호해야 한다는 것이 그것이다.[36]

이 같이 정보프라이버시의 개념이 대두됨에 따라 이를 보호하기 위한 방안으로

---

32) Griswold v. Connecticut, 381 U. S. 479 (1965)에서「자기에 대한 정보를 선택적으로 통제하는 권리」로 확인되고 있다.

33) Gerety, Redefining Privacy, 12 Harv. C. R.-C. L. L. Rev. 233 (1977).; 이에 대하여 지나치게 광범위하다는 이유로 비판하고 있다.

34) Whalen v. Roe, 429 U. S. 589 (1977): 뉴욕주법은 약사 및 의사들에게 특정 약품에 관한 모든 처방내용을 주 정부에 보고할 의무를 규정하였다. 그리하여 주정부에서는 의사의 처방에 따라 특정 약품을 구입한 모든 사람의 성명 및 주소를 담은 데이터베이스가 형성되었다. 주법은 그러한 개인정보를 공개하는 것을 금지하는 규정을 두고 있지만, 그럼에도 불구하고 환자나 의사들은 그러한 처방기록을 남기는 것 자체가 헌법상 프라이버시권을 침해하는 것이라 주장하였다. 이에 대하여 연방대법원은 위 주법은 주의 적법한 경찰권을 행사하는 것으로서 헌법상 보호되는 자유 또는 권리를 침해한 것이 아니며 프라이버시의 보호에 관하여 적절한 보호장치를 마련하고 있기 때문에 헌법상 합치한다고 판시하였다. 위 연방대법원 판결에서 비록 프라이버시권이 인정되지 아니하였지만 위 판결이 내려진 이후 대부분의 판결에서 위 판결을 프라이버시권이 정보프라이버시권을 포함하는 것임을 전제로 하는 것으로 해석하였고, 프라이버시 침해여부를 판단함에 있어서 개인의 이익과 공공의 이익을 비교형량하는 기준을 채택하게 되었다는 점에 의의를 두고 있다.

35) Office of Policy Analysis and Development of U. S. Department of Commerce, Privacy and the NII; Safeguarding Telecommunications-Related Personal Information, October, 1995 (http://www.ntia.doc. gov/ntiahome/policy/privwhitepaper.html).

36) Jonathan P. Graham 전게 논문.

불법행위법을 통한 사법적 구제수단과 달리 미국의 경우 1974년 세계 최초로 Privacy Act를 제정하기에 이르렀으며 1977년과 1978년에는 독일[37], 프랑스[38], 오스트리아[39], 노르웨이[40], 덴마크[41]등이 데이터 보호법을 제정하였으며, 1981년에는 OECD에서 프라이버시보호와 개인정보의 국가간 유통에 관한 가이드라인(Guidelines on the Protection of Privacy and Trans border Flows of Personal Data)이 제정되었다[42].

2. 불법행위법의 적용

개인정보와 관련하여 불법행위의 법리를 적용하기 위해서는 먼저 Prosser에 의하여 주창된 4가지 프라이버시 침해 유형을 살펴볼 필요가 있다. 그는 사생활의 침입(intrusion upon seclusion), 사생활의 공표(public disclosure of private facts), 잘못된 공표(false light), 개인을 식별할 수 있는 요소의 영리적 이용(appropriation of one's name or likeness for commercial gain)이라고 하는 네 가지의 침해유형을 제시하였다.[43] 이 같은 Prosser의 4가지 프라이버시 침해 유형을 중심으로 살펴보면, 사생활의 공표가 정보프라이버시 침해에 가장 가깝다고 할 수 있으며, 여기서의 사생활의 공표란 개인정보를 부당하게 일반적인 범위를 넘어(highly offensive to a reasonable person)공개하는 것으로 이는 공공의 이익에도 부합하지 않으며, 이 경우 공개한 내용이 진실이라 하더라도 면책되지 않는다. 그러나 공공의 기록 등으로부터 개인정보를 얻은 경우에는 이에 해당하지 않는다.[44] 이를 정보프라이버시보호

---

37) 연방데이터보호법(1977); 민간부문의 데이터베이스에 저장된 정보를 통지받고 그 자료를 정정 또는 삭제할 수 있는 권리를 개인에게 인정하였다.

38) La loi relative I' informatique, aux fickers et aux liberts. 1978(정보처리, 축적 및 자유에 관한 법률; 정보처리 개시 이전에 민감한(sensitive)정보에 관해서 접근 및 교정할 권리를 인정하며, 성명과 관련된 자료의 수집, 기록 및 저장을 규제하고 있다.

39) 데이터보호법(1978).

40) 개인데이터 파일법(1978).

41) 공적기관데이터파일법, 민간기관데이터파일법(1978).

42) 이에 관하여는 拙稿, 「환자의 진료정보와 통제권에 관한 소고」 참조, 민사법학 제29호, 2005. 9. 363면 이하.

43) William L. Prosser, The Right to Privacy, 48 Cal. L. Rev. 383 (1960), p. 389; William L. Prosser. Handbook of the Law of Torts section 117(4th ed.1971). 이 같은 분류는 1977년 Restatement of Torts(2d) 652A에 채택되었다.: 반대견해 Bloustein, Privacy as an Aspect of Human Dignity; An Answer to Dean Prosser. 39 N.Y.U. L. Rev. 962 (1964).

에 적용할 경우, 공공의 기록 등을 통하여 일반인의 접근이 가능한 개인정보를 제3자에게 유출시키는 경우 이를 공표(publicity)라 할 수 있는가 하는 문제[45]와 일반대중이 아닌 특정그룹 사이에서만 개인정보가 유통되었을 경우에도 이를 공표[46]라 할 수 있는가 하는 문제가 남는다.

즉 정보프라이버시는 먼저 정보주체가 스스로 공개한 정보를 본래 목적과 달리 제3자에게 유출시켰을 경우에 문제가 되는데, 제3자에게 유출시키는 단계에서 그의 침입이 이루어졌다고는 볼 수 없다.[47] 또 '개인 식별요소의 영리적 이용' (appropriation of one's name or likeness for commercial gain)은 프라이버시권을 재산권적 측면에서 고찰할 수 있으나,[48] 타인이 특정 개인의 정보를 소유하고 있다는 사실만으로는 침해라 하기에 무리가 있으며,[49] 개인을 식별할 수 있는 요소의 영리적 이용을 금하려는 것은 사업자들이 이 같은 정보를 광고 등 상업적 목적에 사용하려는 것이므로 개인정보의 무단유출을 막으려는 본 취지에 적당하지 않다. 또 잘못된 공표(false light)와 관련하여 개인정보는 일반적으로 거짓이 아니며, 정보제공자가 잘못된 정보를 유출시켰다 하더라도, 개인정보를 유출시킨 것만으로는 공표라 할 수 없으므로, 위 네 가지 요건에 적용범위가 한정되게 되므로 정보프라이버시를 보호하기에는 부적합하다.[50]

결국 미국의 법원은 개인정보를 무단으로 이전 또는 공개(transfer of personal information)하는 것에 대하여 불법행위의 책임을 귀속시키는 것을 꺼려왔는데, 그 이유는 개인정보의 무단유출만으로는 위 침해유형에서 공통으로 요구하는 공개(publicity)의 요건을 충족했다 보기 어려우며, 또 표현의 자유에 기하여 프라이버시

---

44) Duran v. The Detroit News. Inc., 504 N. W, 2d 715, 720(Mich. 1993).

45) Gill v. Hearst Publishing Co., 253 p.2d 441 (Cal. 1953). 아내를 포옹하며 입 맞춘 사실을 공개하였더라도 그러한 입맞춤이 공공장소에서 일어났기 때문에 사생활이라고 볼 수 없다는 판결.

46) Restatement of Torts(2d), ss 652E comment. a, 공표는 반드시 '불특정 다수의 사람(to the public at large)"을 대상으로 하여야 한다고 하고 있다.

47) Ault v. Hustler Magazine, Inc., 860 F. 2d 877, 822 (9th Cir. 1988). 사진을 찍는데 동의가 있었다면 더 이상 사적인 문제로 볼 수 없고, 이를 출판한 것은 '사생활 침입을 구성하지 않는다'.

48) James R. Maxeiner. Data Protection Law and the European Union' s Directive: The Challenge for the United States; Business Information and "Personal Data"; Some Common Law observation about the EU Draft Data Protection Directive. 80 Iowa L. Rev. 619. p. 624.

49) Jonathan P. Graham. Privacy, Computers and the Commercial Dissemination of Personal Informations, 65 Tex. L. Rev.1412 (1987).

50) Jonathan P. Graham, p. 1412.

침해를 인정하려는 범위를 좁게 해석하고 있으며, 공공기록에서 얻을 수 있는 개인정보가 '개인적(private)' 인 것인지의 여부에 대해서도 명백하게 결론을 내리지 않고 있다. '사생활의 공표(public disclosure of private facts) '에서 요구되는 '통상의 범위를 넘을 것(highly offensive)' 이 라는 요건도 대부분 데이터베이스에 수록되어 있는 종류의 개인정보에는 적용하기 어렵다는 것을 이유로 들고 있다.[51)]

우리 민법도 자신이 알지 못하는 제3자에게 자신의 개인정보를 무단으로 유출시키는 행위에 대하여 불법행위책임을 물을 수는 있겠으나, 이 같은 사실을 실제적으로 적용하기에는 무리가 따른다. 즉 공공기록에서 구할 수 있는 개인정보를 유통시키는 행위에 대하여 위법성을 인정할 수 있는가의 문제가 있으며, 위법하다고 하더라도 상당인과관계에 있는 손해를 어떻게 증명할 것인가 하는 문제이다. 나아가 개인정보의 재산적 가치를 어떻게 산정할 것인가하는 문제와 집단소송제도가 정비되지 않은 현실에서 다수의 개인정보주체가 각각 소송을 제기할 경우에 대한 문제 등이 있다. 또 민법 제751조의 정신적 손해를 청구할 경우 징벌적 손해배상이 아닌 우리의 법 현실에 비추어 볼 때 그 액수는 그다지 크지 않을 것으로 본다. 따라서 결론적으로 불법행위에 의한 정보프라이버시 보호는 충분한 구제책이 되지 못한다고 본다.

3. 계약 법리의 적용

정보화 사회에서 나타나는 문제 가운데 하나로서 수집된 개인정보가 쉽게 유통될 수 있다는 점을 지적할 수 있다. 특히 신용 및 금융정보의 무단 유출은 정신적인 손해의 범위를 넘어 재산적인 손해도 야기할 수 있다는 점에 문제의 심각성이 있다. 따라서 특정계약을 통하여 수집된 정보는 정보주체의 동의 없이 당해 계약 이외 기타 다른 목적을 위하여 이용되거나 공개되어서는 안 된다. 즉 소비자가 물건을 구입하거나 서비스를 제공받으면서 정보를 제공하게 되는 경우에 당사자 사이에 묵시적인 계약관계가 성립한다. 즉 소비자가 물건을 구입하는 경우, 그 물건이 우송될 주소를 제공하게 되는데 이 때 상대방은 소비자의 주소 이름 등의 정보를 물건을 우송

51) George B. Trubow, Protecting Information Privacy in the Information Society, 10 N. Ill. UL. Rev. 521 (1990).

하는 목적 이외의 다른 목적에 사용하여서는 안 된다. 따라서 상대방이 소비자의 주소 및 이름 등 소비자에 대한 정보를 제3자에 제공하였을 경우에는 계약위반이 된다. 이와 같은 정보를 바탕으로 상대방은 소비자의 구매정보 및 기타의 정보, 나아가 소비자의 재정상태, 사회적 습관, 및 기호 등도 추측할 수 있다. 그러나 소비자는 당해 물건을 구입하면서 자신의 주소, 성명 등을 판매하는 것에 묵시적으로 동의했다고 볼 수 없으므로, 상대방은 계약을 위반한 것으로 그에 대한 채무불이행책임을 지지 않으면 안 된다.

그러나 개인정보보호의 근거를 계약이론에 전적으로 의지하는 것도 문제가 있다. 왜냐하면 거래의 당사자사이의 교섭력(bargaining power)이 균형을 잃은 경우, 즉 신용카드 이용을 신청할 때에 신용카드 회사가 신청자에게 "카드회사가 보유하는 신용정보를 다른 우편물 광고업자에게 제공할 경우에도 이의를 제기하지 않는다"는 규정에 서명을 요구하는 경우, 신청자는 이에 서명할 수밖에 없으며, 이 같은 경우에 계약이론을 도입하여 소비자의 개인정보를 보호한다는 것은 한계가 있다는 점에서 대책이 필요하다.

4. 검 토

정보는 공간과 시간의 틀 속에서 유형 · 실체적으로 존재하는 것이 아니라 무형의 존재로서 물리적 실체가 없는 재화이며 법적 규제의 대상이 될 수 있다. 그러나 인류는 이제까지 이 대상을 재산법의 지배영역에 편입시키지 않았으며, 지금까지 이 같은 새로운 법 대상의 특성에 따라 적절하고, 실천적인 법의 원칙을 찾는 노력도 하지 않았다. 결과적으로 현행법에서는 이 같은 종류의 법 대상에 대하여 충분하고도 적절한 사고 모델과 법의 개념을 도출하지 못하였으며, 오늘날 이 분야에 대하여 제정된 법규범 역시 충분하지 못한 실정이다. 단지 정보 그 자체로 인하여 사람에게 손해를 야기한 경우에는 "정보통신망이용촉진 및 정보 보호 등에 관한 법률" 제24조 제2항에서 "정보통신서비스제공자로부터 이용자의 개인정보를 제공받은 자는 당해 이용자의 동의가 있거나 다른 법률에 특별한 규정이 있는 경우를 제외하고 개인정보를 제공받은 목적 이외의 용도로 이를 이용하거나 제3자에게 제공하여서는 아니 된다"고 하여 원칙적으로 정보를 제3자에 제공하는 것을 금하고 있을 뿐이다.

그러나 본법에서는 이와 같은 추상적인 규정을 하고 있을 뿐, 제3자의 범위 기타 제3자 제공의 성질상의 제한 등에 대한 규정이 없으므로 법의 해석에 의존할 수밖에 없는 것이 현실이다. 더 나아가 이 같은 규정에 위반하여 개인정보의 침해가 있는 경우에 "정보통신망이용촉진및정보보호등에관한법률" 제61조 이하의 벌칙 규정에 의하여 그 구제를 도모하고 있을 뿐, 민사상 동원할 수 있는 구제방법에 대한 연구는 아직 부족한 실정이다. 따라서 민사상 구제방법으로서 두 가지를 생각할 수 있는데, 첫째 개인정보의 침해에 의하여 피해가 발생한 후에 입은 피해를 금전적으로 환가하여 배상받는 방법, 둘째, 이 같은 피해가 예상되는 상황에서 피해의 발생을 막을 수 있는 사전적인 예방이 그것이다. 첫째의 방법은 우리의 불법행위법에서 전통적으로 활용하는 것으로 "타인의 신체, 자유 또는 명예를 해하거나 기타 정신상의 고통을 가한 자는 재산 이외의 손해에 대하여 배상할 책임이 있다"(민법 제751조 제1항)는 규정을 적용하여, 이 같은 정신적 고통이 고의 또는 과실에 의한 위법행위에서 유래하였다면 불법행위로 인한 구제를 받을 수 있는 방법이며, 둘째의 방법은 불법행위법이 원칙적으로 피해가 발생한 후에 이를 금전배상 또는 원상회복(명예침해의 경우 제746조)의무와 관련하여 문제가 있으므로 사전적인 예방을 위한 새로운 법적 구성이 요구되는 영역이다.

그러나 앞에서 살펴 본 바와 같이 불법행위, 또는 계약의 법리에 의하여 개인정보를 보호하는 데에는 한계가 있으므로 조직적이고 일관된 보호를 못하는 단점이 있다. 따라서 정보프라이버시를 포괄적으로 보호할 수 있는 대체적 방안이 요구된다. 이 같은 프라이버시보호를 위하여 유럽의 국가들은 포괄적인 입법을 통해 행정기관에 의한 감시나 독립적인 기구(data protection agency)를 설치하여 개인정보의 취급을 통제하고 있으며 이를 위반할 때에는 강력한 집행수단을 동원하는 방식을 택하고 있음에 반하여 미국은 행정 감시기구를 설치하지 않고 업계의 자율규제를 허용하거나, 정보주체인 개인에게 사법적 구제수단을 부여함으로써 프라이버시를 보호하는 방식을 택하고 있다. 이에 대하여 미국내 학자들은 프라이버시보호를 위한 독립적인 행적감시기구를 설치하지 않은 것에 대하여 비판을 가하고 있다.[52]

이같이 볼 때 우리나라에서는 어떤 규제방식이 우리의 실정에 맞는지를 충분한 검토 후에 결정하여야 할 것인가 하는 숙제가 남아있다. 정보프라이버시보호 보호에 있어 사후적 구제수단이라 할 수 있는 사법적 심사방식은 이미 앞에서 살펴본 바와 같이 충분하다고 할 수 없으며, 따라서 대륙법 국가에서와 마찬가지로 성문화된 입법을 통하여 개인정보 제공에 대한 사전적인 규제가 이루어져야 한다고 본다. 결국 사법적 개입은 보완적인 방법이 될 수 있으며, 사법적 구제방식에서의 어려운 현실임을 감안하여, 입법에 의한 규제를 고려하지 않으면 안 된다.

52) David H. Flaherty, Protecting Primacy In Surveillance Societies Xxii (1989). p. 382.; Paul Schwartz, Data Processing and Governmental Administration; The Failure of the American Legal Response to the Computer, 43 Hasting L. J. 1321, 1383 (1992).

제 2 장

인터넷의 사용과 법률상의 문제

I. 개 설

오늘날 인터넷의 사용은 인터넷만이 가지는 많은 장점[1] 등으로 인터넷의 사용이 증가하고 있는 가운데 인터넷 사용자의 개인정보가 유출됨으로서 악용되는 문제점 등으로 인하여 다양한 법적 규제의 필요성이 강조되고 있다. 특히 인터넷 사용에 있어 안전성이 보장되지 않을 경우, 개인정보의 유출 등으로 인하여 신뢰관계가 깨어짐으로서 차세대 통신은 물론 전자상거래의 주요 수단이 될 수 있는 인터넷의 활용이 활성화 되지 못하게 됨으로서 장기적으로는 경제발전을 저해할 수 있는 요인이 될 수도 있다.

인터넷의 사용에 있어 주체의 측면에서는 이용자(User), 정보제공자(Information-Provider), 통신사업자(Access-Provider)가 있으며, 급부제공의 방법에 따라서 인터넷정보 제공계약(Internet-Daten-bankvertrag), 인터넷서비스 이용계약(Internet-Servicevertrag), 인터넷 통신계약(Internet-Kommunikationsvertrag) 등으로 나누어진다. 인터넷 정보제공 계약이라 함은 법률정보은행과 같이 온라인에 의한 정보의 제공이 계약의 목적이 되며, 온라인서비스 이용계약은 항공권 예약 등과 같이 급부가 네트워크 내에서 완전히 이행될 수 있는 계약을 말하며, 인터넷 통신계약은 홈쇼핑과 같이 계약상의 급부가 네트워크 밖에서 별도로 이루어지는 계약이다.

이 같은 관계를 크게 나누어 살펴보면 인터넷과 관련된 문제는 인터넷 정보제공 계약으로부터 계약과 관련한 문제와 네트워크 사용에 있어서 정보와 관련된 법률문

1) 인터넷의 특성으로는 확장성, 국제성, 쌍방향성, 정보의 다양성, 익명성 등을 들 수 있다.

제가 있으나, 여기에서는 법률문제를 중심으로 살펴보도록 하겠다.

일반적으로 인터넷 서비스 제공자[2)]들의 중요한 역할은 가입자들에게 인터넷에의 접속을 제공하는 것이다. 이 때 인터넷을 사용하는 자들은 인터넷 서비스 제공자가 운영하는 인터넷과 연결되어 있는 호스트컴퓨터(host computer)에 접속하게 된다. 이 같은 관계에서 인터넷 서비스 제공자와 인터넷을 사용하는 자를 중심으로 생각할 수 있는 법률문제는 저작권의 침해와 명예훼손에 관한 것이다. 특히 인터넷을 사용하는 자에 의한 불법행위에 대하여 인터넷 서비스 제공자들이 어느 정도 책임을 져야 하는가 하는 문제도 있다. 따라서 인터넷 서비스 제공자는 인터넷 사용자(User)에게 물을 수 있는 책임을 생각하지 않을 수 있으며, 특히 인터넷 서비스 제공자의 경우 인터넷 게시판이나 유즈-넷, 뉴스 그룹에 게시되는 정보의 양을 사전에 인터넷 서비스제공자들이 실질적으로 검사하기에 어려움이 없으며, 이 같은 문제에 대하여 영 · 미국에서는 인터넷 서비스 제공자들이 자신들이 다시 배포하는 자료들에 대하여 효과적으로 통제 할 수 없다고 하면서 출판자(publisher)로서의 책임을 질 수 없다고 주장하기도 한다.

그렇다면 단순히 인터넷 서비스를 제공하고 그 시스템에 게시되는 메시지를 아무런 filtering없이 제공했을 때 적용할 수 있는 법리는 무엇인가에 대하여 우선 불법행위법을 적용할 경우 몇 가지의 유추가 가능하다. Network상의 Digital화된 data는 복제와 송신을 용이하게 할 수 있는 특징이 있다. 따라서 제3자의 저작물 등 지적재산에 대한 침해가 쉽게 발생할 수 있으며, 미국의 Cyber법학에서 이와 관련된 사례가 나타나고 있는데, 이 같은 사례의 고찰은 전자상거래에서 Cyber民事責任을 검토하는데 있어서 참고가 되고 있다. 이러한 사례들을 종합하여 볼 때, Cyber상에서 사용자(User)의 침해행위에 대하여 인터넷 서비스 제공자가 물을 수 있는 민사책임으로서는 저작권의 침해와 명예훼손을 들 수 있다.

---

2) 인터넷 서비스 제공자라 함은 America Online사가 그 대표적인 예이다.

II. 인터넷 사용에 대한 책임의 유형

1. 저작권의 침해

(1) 직접적인 침해(Direct Infringement)

직접적인 침해라 함은 인터넷 서비스 제공자 자신이 직접 저작권을 침해한 경우이다. 그러나 직접침해가 인정되기 위해서는 일반적으로 피해자가 문제가 된 저작물에 대해서 저작권이 있어야 하며, 그것을 인터넷 서비스 제공자가 침해하여야 한다.[3] 일반적 직접침해의 법리에서는 침해사실에 대한 인식여부, 즉 고의 · 과실(故意 · 過失)은 문제가 되지 않으므로 이는 엄격책임이라 할 수 있다.

그러나 인터넷상에서 인터넷 서비스 제공자는 사용자가 보내온 대량의 정보를 일시적으로 컴퓨터에 저장할 수 있으므로, 이와 같은 현실적인 요건을 적용시킬 경우, 인터넷 서비스 제공자는 사용자 저작권이 침해된 복제물을 전송한 사실을 모르는 경우에도 '직접침해'의 문제가 발생할 수 있다. "인터넷"은 전 세계의 모든 컴퓨터를 서로 연결시켜 주는 통일된 네트워크의 집합체로서, 인터넷에서 Gateway를 통한 다른 네트워크의 접속에 대하여 법적 구속력이 있는 약정을 기초로 하지 않으며, 인터넷의 접속은 단지 네트워크에 대한 하나의 '구속력 없는 연결'에 불과하다.[4] 이 같이 네트워크의 네트워크라고 불리는 인터넷의 속성 때문에 사용자는 인터넷을 통하여 필요한 정보를 다양한 방식으로 교류할 수 있고, 이를 가공할 수 있음에도 불구하고, 저작권을 침해한 복제물을 전송한 인터넷 서비스 제공자에게 직접침해의 책임을 귀속시키는 것은 매우 불합리 할 수밖에 없다.[5]

따라서 Cyberspace상에서는 앞에서 밝힌 2가지의 요건만 가지고는 '직접적인 침해'에 해당한다고 단정할 수 없으며, 이외의 다른 요건을 충족하지 않으면 안 된

3) Sega Enterprises Ltd. and Sega of America, Inc., v. MAPHIA, 857 F. Supp. 679 (N.D.Cal 1994). Sega사는 자신의 프로그램 저작권이 침해되었음을 이유로 Maphia사를 상대로 예비적 금지명령(prelimenary injunction)을 청구하였다. 이에 대하여 Maphia사는 저작권침해에 대한 항변으로써 공정이용의 법리를 주장하였다.

4) Müller-Henstenberg, "Nationale und internationale Rechtsprobleme im Internet", NJW 1996, S.1780.

5) Religious Technology Center (R.T.C) v. Netcom, 907 F. Supp. 1361, 1372-73 (N.D. Cal 1994).

다.[6] 구체적으로Religious Technology Center, and Bridge Publications, Inc. v. Netcom On-line Communication Service Inc(후술) 사건에서도 단순히 저작물을 복제한 것만으로 직접적인 침해가 되지 않는다는 입장을 밝히고 있다.[7] 이 같은 시각은 Sega Enterprises Ltd. v. MAPHIA 사건에서도 같은 입장이다. 즉 사용자는 저작물을 서비스 제공자가 "올려놓기(uploading)[8] 및 내려 받기(downloading)[9]하거나, 이 같은 upload 또는 download를 직접했다"는 것을 사용자가 증명하지 않으면, 직접적인 침해는 성립하지 않으며. 만약 사용자가 저작권을 침해한 것을 알고 있었거나, 사용자가 침해를 유도한 경우라도 그것은 인터넷 서비스 제공자가 '침해가 되는, 복제를 직접했는가의 여부와는 무관한 것이다...... '인터넷 서비스 제공자' 가 복제를 직접 했다는 것을 사용자가 증명하지 않았으므로, '인터넷 서비스 제공자' 는 직접적인 침해에 대한 책임이 없다는 입장을 밝히고 있다. 이를 종합하면, 직접적인 침해가 되기 위해서는, 당 침해를 스스로 하거나, 또는 직접 행하도록 하였다는 증명이 필요하다.

(2) 간접적 침해(Indirect Infringement)

'직접' 적인 침해에는 이르지 않았으나, 이용자의 침해행위에 대하여 인터넷 서비스 제공자도 그 어떤 책임을 져야 한다는 책임법리가 간접적 침해이다. 간접침해는 '기여책임' 과 '대위책임' 으로 나누어 설명할 수 있다.

1) 기여책임(Contributory Liuability)

기여책임이란 타인의 침해사실을 알면서도 그 같은 침해행위를 유인하여 침해가 되도록 하거나, 그 같은 침해에 기여하는 경우에 인정되는 책임이다. 기여책임이 성립하기 위해서는 i) 타인의 침해 사실을 알고 있을 것, ii) 그 같은 침해행위를 유인하여 침해가 발생하도록 하거나 침해에 기여할 것을 요하는데, 기여책임이 인터넷

6) 그 이외의 다른 요건에 대하여는 R.T.C v. Netcom case에서 잘 설명되고 있다.

7) Netcom, 907 F. Supp. at 1372 (quoting Gershwin Publishing Corp. v. Columbia Artists Management, Inc., 443 F. 2d 1159, 1162).

8) 정보제공자는 자신의 주컴퓨터에 정보를 올려놓아야 하며, 이러한 정보는 하부제공자인 개별이용자(예컨대, 전자우편의 발송)내지 콘텐츠제공자(예컨대, 인터넷에 홈페이지의 게시)에 의해 제공되기도 한다.

9) 정보제공자의 주컴퓨터에 올려 진 정보를 이용자가 자신의 컴퓨터에 이전 받는 것으로, 이러한 정보는 개별이용자(예컨대, 전자우편의 수신) 내지 콘텐츠제공자(예컨대, 고유한 청약의 유인)에 의하여 이용된다.

서비스 제공자에게 인정되기 위해서는 사용자가 먼저 직접적인 침해 사실이 있어야 한다. 따라서 fair use(정당한 사용)등의 항변이 인정되어 사용자의 직접적인 피해가 존재하지 않을 경우, 인터넷 서비스 제공자의 기여책임도 발생하지 않는다.

앞에서 잠시 언급한 'Netcom' 및 'MAPHIA' 事件 판결에서 마찬가지로 인터넷 서비스 제공자의 직접적인 책임은 부정하였으나 기여책임은 인정하고 있다. 이와 같이 기여책임은 이용자의 지적재산권의 침해와 관련한 인터넷 서비스 제공자의 민사책임을 검토할 때에 중요한 법리로 활용 된다.

'MAPHIA' 사건은 인터넷 서비스 제공자가 게임 프로그램의 복제물을 사용자에게 upload, download하도록 하여 사용자가 이득을 얻게 한 것으로, 인터넷 서비스 제공자의 기여책임을 인정함에 무리는 없으나, 'Netcom' 사건의 경우에는 귀책사유가 인터넷 서비스 제공자에게 있지 않음에도 저작권자의 청구에 의하여 침해 가능성을 이미 알고 있었기 때문에 기여책임을 인정하였다는 점에서 의의를 갖는다. 특히 본 사건에서 법원은 근거 없는 침해사실의 주장만으로는 '타인의 침해사실의 인식' 의 내용을 충족시킬 수 있는 것이 아니라고 함으로서 기여책임의 존재여부 판단에 있어 어려움이 있다. 특히 사용자에 의한 행위가 정당하게 사용된(Fair Use) 경우, 인터넷 서비스 제공자가 그 침해여부를 판단기 어려우며, 따라서 이 같은 경우에는 기여책임에 해당하지 않는다는 것이 법원의 입장이다.[10)]

2) 대위책임(Vicarious Infringement)

'代位責任' 은, 인터넷 서비스 제공자가 다음 두 가지의 요건을 갖추게 되면 대위책임이 인정된다. 즉 ⅰ) 침해행위를 감독하는 권리와 능력이 인터넷서비스 제공자에게 있고, ⅱ) 당해 침해행위에 의하여 직접적으로 경제적 이익을 인터넷 서비스 제공자가 얻는 경우이다. Netcom 사건에서는 인터넷 서비스 제공자의 대위책임을 부정하고 있으며, MAPHIA사건에서는 기여책임을 인정하면서 대위책임에 대한 언급은 회피하고 있다. 결과적으로 사이버 민사책임에서 알려진 대위책임의 예는 매우 드물며, 이 같은 법리가 인정된 판결 예로는 일본의 명예훼손사건 판결에서 찾아 볼 수 있다.[11)]

---

10) 본 사건에 대한 내용은 후술한다.

11) 東京地裁平成 9年 5月 26日判決, 平成6年(ワ) 第7784號損害賠償請求事件.

(3) Netcom 사건[12)]을 통하여 살펴본 침해의 유형

1) 사건의 개요

본 사건은 사용자의 저작권침해에 대하여 인터넷 서비스 제공자의 책임(무과실책임)을 부정한 판결로, 미국 연방지방법원 California州 북부지구에서 담당하였다. 본 사건의 개요는 다음과 같다.

원고 교단의 소속이었으나, 교단의 반대파가 된 피고 Erlich은 피고 Klemesrud의 전자 게시판(BBS)[13)]을 통하여 원고의 저작물을 게시하였다. 그의 접속은 피고 Netcom의 설비를 통하여 인터넷에 접속하였다. 원고는 피고 Klemesrud, Netcom에 대해서도 저작권침해 소송을 제기하여, 직접적인 저작물 침해가 BBS와 인터넷 서비스 제공자가 아니라도, 인터넷 서비스 제공자는 저작권의 직접적인 침해, 기여책임, 또는 대위책임이 있다고 주장하였다. 이에 대하여 피고 Netcom 과 Klemesrud는 원고가 제시하지 못했다는 것 등을 주장하면서 피고 승소의 판결을 구하였다.

본 사건은 회원 가입자에 의하여 저작권이 침해되었을 경우 인터넷 서비스 제공자 및 BBS의 책임유무에 대한 것이 그 쟁점으로서, 법원은 인터넷 서비스 제공자 및 BBS는 저작권의 직접침해와 대위책임은 없지만, 기여책임이 인정된다고 하면서, 기여책임에 대한 사실심리를 하도록 하였다.[14)]

2) 판결의 주요내용

가. 직접침해와 관련하여

Netcom은 저작권을 직접 침해하였다 할 수 없다. 만약 가입자의 정보를 자동으

---

12) Religious Technology Center v. Netcom On-Line Communications Services. Inc. & Dennis Erlich 907 F. Supp. 1361 (N.D. cal.1995).

13) Klemesrud의 전자게시판은 인터넷에 직접 연결되는 것이 아니고 인터넷 접속서비스 사업자인 Netcom사의 시스템을 통하여 연결되고 있었다.

14) 본 판결의 적용법리는 다음과 같다. 17 U.C.S. §501 (1976年 著作權法), Playboy Enterprises, Inc. v. Frena, 839 F. Supp. 1552 (M.D. FLA. 1993), SEGA Enterprises Ltd. v. MAPHIA, 857 F. Supp. 679 (N.D. Cal. 1993), Sony Corp. v. Universal Studio, Inc., 464 U.S. 417 (1984). SEGA Enterprised Ltd. v. Accolade, 977 F. 2d 1510 (9th Cir. 1992). Melville B. Nimmer & David Nimmer, Nimmer on Copyright (1995).

로 전달하는 Netcom시스템이 원고 저작물의 복제 전달과정에서 우발적으로 이루어졌다 하더라도, 이는 복제업자와는 달리 직접침해가 되지 않는다. 만약 그것이 직접침해가 된다면, 피고 Erlich의 message를 전달한 세계의 모든 컴퓨터 서버도 저작권을 직접적으로 침해하는 결과가 된다. 비록 저작권의 침해가 무과실책임이라 하더라도, 단순히 Netcom의 설비가 제3자에 의하여 이용되었다고 하는 것만으로 침해와 법적 인과관계에 있어 흠이 있다고 할 수 없다. 이것은 Netcom이 주장한 바와 같이 "그 같은 서버를 책임있는 것으로 간주하는 것은, 고속도로에서 발생한 범죄에 대한 책임을 고속도로에 있는 요금소 운영자에게 묻는 것과 같은"[15]결과이기 때문이다. 원고는 저작권침해를 통지한 이후에도 침해 file을 삭제하지 않은 자의 책임을 묻는다고 주장하고 있지만, 인식했는가의 여부는 직접침해와는 무관하다. 따라서 당해 판결은 타당하며, 통제할 수 없는 인터넷상의 모든 활동에 대하여 책임이 있는 것으로 단정하는 것은 직접적인 침해이론에 부합하지 않는다. 왜냐하면, 수십억bit에 달하는 데이터가 인터넷을 통하여 유입되고 동시에 서버에 축적되기 때문에 침해 데이터를 검색한다는 것은 사실상 불가능하기 때문이다.

나. 기여책임에 대하여

'침해 사실'을 알면서도 침해행위를 유인하여 침해가 발생하게 하거나 이에 기여한 경우에는, 침해에 관여했다는 것만으로도 책임을 물을 수 있다. '침해 사실을 알면서......'에 대한 요건에 대하여 BBS 운영자와 관련하여 설명하면, 정당한 사용(fair use)이라고 주장하는 경우에 가입자의 사용이 저작권침해에 해당하는지의 여부를 정확하게 판단하는 것은 사실상 불가능하다. 정당한 사용에 대한 항변 가능성이 있거나, 문제의 복제물에 저작권 표시가 없을 경우, 저작권자가 침해의 개연성을 시사하지 않아, BBS운영자가 침해의 사실을 확인할 수 없는 경우, BBS 운영자에게 '침해'의 인식이 없었다 하더라도 이는 문제가 되지 않으며, 따라서 저작물을 계속 頒布하는 것을 허용하더라도 기여책임으로써의 책임을 물을 수 없다. 그러나 본 사건에서 인터넷 서비스 제공자인 Netcom은 Erlich가 침해행위를 종료하기 이전에 침해사실을 고지하였으므로, 실제적으로 Erlich의 행위가 침해행위에 해당하는지의 여부에 대한 인식 내지 인식해야 했는가에 관한 사실인정의 문제(a question of fact)

15) Religious Technology Center (R.T.C) v. Netcom, 907 F. Supp. 1372-73 (N.D. Cal 1994).

가 남는다.

한편, 원고 교단과 그를 비판한 피고 Erlich은 이제까지의 관계 및 경위를 살펴보면, 피고 Netcom은 Erlich의 행위는 정당한 사용이었으므로 침해가 아니라는 것이 타당한 것 같아 보인다. 그러나 그 이면에 침해의 청구를 받아들이더라도 문제가 된 게시의 내용을 확인하지 않았고, 또 이를 확인하였다면 저작권의 표시를 발견하였을 것이므로, 따라서 침해 유무에 관하여 조사했을 것이라 Netcom은 주장하고 있다. 따라서 문제의 청구를 받은 이후, 침해의 사실을 알고 있었는가의 여부에 대한 사실심리는 충분히 가치 있는 쟁점이 될 수 있다.

또 "……타인의 침해를 유인하여, 손해 발생을 야기하거나, 기여했다"는 요건에 대하여, Netcom은 자신의 시스템에 Elrich의 저작권이 침해되는message를 유지하고, '침해 청구' 사실에 대한 고지(告知)를 받은 후에도 그대로 배로하는 것을 허락하였다. 즉 Netcom은 자신의 시스템 이용방법에 대한 권리를 포기하였다고 볼 수 없으며, 따라서 원고 저작권에 대한 추가 손해 발생의 저지를 위한 조치를 취할 수 있었으며, 나아가 Erlich의 침해사실을 알고 있었다면 Netcom에 대하여 기여책임을 물을 수 있다.

다. 대위침해에 대하여

피고는 침해 사실을 관리할 능력이 있으며, 동시에 당 침해에 의하여 직접 경제적 이익을 얻는 경우에는 침해자 행위에 대한 대위책임을 진다. 여기에서 '침해사실에 대한 관리 능력'에 대하여, 가입자 행위에 대하여 Netcom은 그에 필요한 조취를 취하였는데, 가입자가 동의하여야 하고, 가입자의 침해행위 등을 금하도록 하였다. 나아가 Netcom은 과거 1000회 이상 가입자의 사용허가를 취소한 적도 있었다. 이 같은 원고의 증거에 의하여 '침해 사실을 관리할 수 있는 능력'에 대한 '사실 심리'의 가치가 있는 중요한 쟁점이 제시되었다고 본다. 그러나 '직접적 경제적' 이익과 관련해서는, 피고가 사이버공간과 서비스를 고정된 가격으로 제공한 것과 관련하여 법원은 대위책임을 부정하였다. 그러나 Netcom은 가입자로부터 고정 서비스료를 받고 있었으며, Netcom은 다른 인터넷 서비스 제공자에 비하여 크게 규제하지 않고 서비스를 제공하고 있다고 광고하여, 사용자들을 유인하여 경제적 이익을 얻었다고 주장하였다. 이 같은 원고의 주장에 대하여 충분한 증거가 되지 못한 것으로 결론을 내렸다.

2. 명예훼손

인터넷 사용과 관련하여 익명성을 바탕으로 자신의 견해에 대하여 책임을 지지 않으려는 경우가 흔히 발생한다. 명예를 훼손할 수 있는 발언을 한 者의 경우 그에 대한 책임이 있음에도 익명 등으로 인하여 발신자의 신원을 알 수 없는 경우 이 같은 문제를 어떻게 해결할 것인가에 대한 논의가 있어 왔다.

명예훼손이 되기 위해서는 당사자의 명성에 실제적인 피해가 있음을 요하지 않으며, 특정 message로 인해 제3자가 당사자와 실제적인 거래 기타 교제를 거부하는 등의 결과가 발생할 필요도 없다. 그 같은 message가 효과를 야기할 가능성만 있으면 충분하다.[16] 그러나 원고의 명예가 커뮤니티에서 더 이상 악화될 수 없거나 비방적인 메시지가 신빙성이 전혀 없는 사람에 의하여 이루어 진 때에는 명예훼손의 가능성은 희박하다.[17]

타인의 명예를 훼손한 자를 확인할 수 있는 경우에는 당연히 그 자에게 불법행위로 인한 책임을 귀속시킬 수 있겠으나, 타인의 명예를 훼손하는 내용을 게시한 발신자를 알 수 없을 때 그에 대한 책임의 추급은 인터넷 서비스 제공자에 귀속될 수도 있다. 반면에 인터넷과 이를 담당하고 있는 인터넷 서비스 제공자는 언론의 자유와 민주주의 발전이라는 공공역할을 하고 있음을 생각할 때, 인터넷 서비스 제공자에게 안이하게 책임을 전가시키는 것도 문제가 있을 수 있다. 이 같은 현상은 인터넷 서비스 제공자의 공공성을 중요시고 있는 미국에서 뚜렷하게 찾아볼 수 있다. 그러나 반대로 피해자의 이익을 고려할 때, 특히 결백한(innocent) 피해자인 경우에는 불법행위 본래의 목적을 검토하여 그 책임을 추궁할 수 있는 방법이 모색되지 않으면 안 된다. 불법행위법의 본래의 목적은 피해방지를 위한 '억제기능(deterrence)'과 발생한 손해에 대한 '賠償(compensation)'에 있다. 이와 같이 억제기능과 손해배상이라는 2가지의 기능을 고려할 때, 귀책성 없는 인터넷 서비스 제공자에게 가볍게 그의 책임을 귀속시킬 수 없으며, 나아가 언론의 자유와 민주주의의 발전이라는

16) Restatement of Torts 2d, §559 cmt. d.

17) David J. Loundy, Computer Information System Law and System Operator Liability, 21 Seattle L. Rev. 1075, 1108 (1998).

공공성을 고려할 때에 더욱 그러하다.

미국에서 사이버 불법행위법과 관련된 판례의 동향은 대부분 사용자의 명예훼손에 대하여 인터넷 서비스 제공자는 면책되는 입장인 것 같다. 명예훼손에 대한 불법행위책임에 대하여 미국에서는 publisher의 책임과 distributor의 책임으로 분류하고 있는데 그 내용은 다음과 같다.

(1) 공표자(publisher)의 책임

출판사와 방송국 등과 같이 그 공표하는 정보의 내용(contents)에 대해서 '편집권'을 행사하는 자는 공표자(publisher)로서 이들에 대하여 엄격책임을 물을 수 있다. 공표자는 공표한 정보에 의하여 명예훼손을 침해한다는 사실을 모르더라도 편집권을 행사하고 있으므로 책임을 면할 수 없다. 그러나 미국의 불법행위법은[18] 공표자라 할지라도 귀책사유가 없음에도 책임을 묻는 것은 아니라는 점에서 무과실책임이라 할 수도 없다. 또 공표자의 책임을 후술하는 배포자(distributor)와 구분하기 위하여 출판사와 방송국 같은 경우를 일차적 공표자(primary publisher)라 부르기도 한다.

(2) 배포자(distributor)의 책임

서적을 판매하는 자, 소매점 등과 같은 중개업자 등은 판매하고 있는 정보의 내용을 편집할 수 없다. 결국 배포자에게 공표자와 같은 책임을 물을 수 없으며, 다만 배포자가 명예훼손의 사실을 알았거나 합리적으로 알았어야 할 경우(過失責任)에 한정되게 된다. 따라서 배포자도 명예훼손에 대한 내용에 대한 사실을 알았을 때에 이를 공개하지 않아야 할 의무가 있으며, 배포자에게도 게재 내지 비 게재를 결정할 수 있는 편집권이 있는 한 출판자와 같은 책임을 부담한다고 본다. 이 경우 배포자도 넓은 의미에서는 공표자와 같은 지위에 있으므로 이를 2차적 출판자(secondary publisher)라 할 수 있다.

전자상거래와 관련하여 사용자가 전송한 message 내용을 편집하는 인터넷 서비스 제공자에게 무과실책임에 준하는 책임을 물을 수 있으며, 반대로 편집하지 않고 송신을 자유롭게 하는 인터넷 서비스 제공자에게는 과실책임만을 물을 수 있게 된

18) W. Page Keeton ET AL, Prosser &Keeton on the Law of Torts (5th ed. 1984).

다. 따라서 미성년 또는 가정에 유해한 정보를 적극적으로 심사하거나 삭제할 수 있는 편집권을 행사하는 인터넷 서비스 제공자가, 이 같은 노력을 해태할 경우에 그로 인한 책임을 부담한다. 이와 관련한 몇 가지 사건이 나타나고 있는데 다음과 같다.

Ⅲ. Prodigy 사건과 미국 통신품위법 제230조의 제정

1. Stratton Oakmont, Inc. v. Prodigy Services Company[19] 사건

입법부의 의사에 반하는 판결이 있었는데, 1995년 New York 대법원(Supreme Court)의 Stratton Oakmont 對 Prodigy Service사의 사건판결이 그것이다. 인터넷 서비스 제공자인 피고 Prodigy사는 가입자들에게 다양한 데이터베이스와 전자 게시판의 접속을 제공하는 온라인 서비스 사업자이며 原告 Stratton Oakmont사는 증권투자회사이다. Prodigy사가 제공하는 전자게시판 가운데 금융관련 전자게시판인 Money Talk에 익명으로 원고인 증권회사인 Stratton Oakmont는 범죄적이고 사기적인 행동을 저질렀으며 Stratton Oakmont사의 사장이 범죄자임이 곧 증명될 것이며, Stratton Oakmont사는 살기위해 거짓말을 하지 않으면 해고되는 브로커 집단이라는 비난의 글이 게시판에 게시되었다. 이에 대하여 Stratton Oakmont사는 Prodigy사를 상대로 명예훼손과 그로 인한 손해액 2억 달러의 배상을 청구하는 소송을 제기하였다.

이에 대하여 원고 Stratton Oakmont사는 Prodigy가 가족적인 환경을 제공하기 위하여 자신의 게시판에 올리는 메시지들의 내용을 편집하는 친근한 경향의 온라인 서비스라고 선전하고, 전자게시판에 올라오는 내용에 관한 지침을 제정하여, 내용을 검사하는 소프트웨어 프로그램을 사용하였으며, 게시판 리더들을 이용하여 긴급삭제 기능을 갖추고 있었다는 증거를 제시하면서 Prodigy사는 그의 게시판에 오른 명예훼손적인 글에 대해 공표자로서의 책임을 져야 한다고 주장하였다.

이에 대하여 Prodigy사는 게시판 리더들이 지침을 위반하는 메시지를 제거할 수

19) Stratton Oakmont, Inc. v. Prodigy Services Company, 23 Media Law Rep. (BNA) 1794, 5 CCH Computer Cases 47, 291 (N.Y. Sup. Ct. 1995).

있지만 이것이 그들이 편집자로서 행한 것이 아니므로 자신들은 배포자와 같은 입장이라고 항변 하였다. 이에 대하여 뉴욕주 법원은 원고 Stratton Oakmont사의 주장을 받아들여 피고 Prodigy사는 부적당한 글을 올려 그 컴퓨터 게시판에서 삭제하기 위해 기술과 인력을 적극적으로 사용하여 Prodigy는 그 게시판에 올려진 메시지의 내용을 심사하였고 이는 편집상의 통제에 해당하는 것이므로 Prodigy는 배포자이기 보다는 공표자로서 그 지위와 연관된 통상적인 수준의 책임을 져야 한다고 판결 하였다.

2. 미국 통신품위법 제230조의 제정

Prodigy 판결은 입법부의 의사에 반할 뿐만 아니라 Cyberspace의 자유를 중요시하는 자유 토론자들에 의하여 비판이 가해졌는데, "호의로 행하는 인터넷 서비스 제공자의 편집 작업에 대하여 책임을 과하는 사법부의 판단은 바람직하지 않은 것으로 인터넷에서의 정보를 정화하려 하는 인터넷 서비스 제공자를 무시한 행위이며...... 편리한 통신수단을 모든 사용자들에게 제공하려 하는 인터넷 서비스 제공자에 대하여 정보 내용의 여하에 따라서 책임을 과하려고 하는 사법부의 판단은 자유민주주의에 반한다..."는 등의 비판이 가해졌다.

그 결과 Prodigy사건 판결과는 달리, 명예를 훼손한 사용자의 message에 대하여 인터넷 서비스 제공자를 면책하려는 특별법이 미연방의회에서 제정되었는데, 1996년 통신품위법 제230조[20]가 그것으로, 전기통신법 가운데 제5편 '통신품위법' 내용[21]이 그것이다.[22]

---

20) 47 U.S.C.A §230 (1996).

21) 미국의 전기통신법통신법 가운데 제5조 '통신품입법' 에 대한 상세는 洪天龍 · 文聖嶍, 放送市場 開放에 따른 諸 外國의 放送法制와 우리의 放送法制의 比較, 慶南法學16輯 2000 참조.

22) 1996년 통신품위법 제230조에서의 인터넷과 관련된 내용을 요약하면 다음과 같다.

A. 인터넷 관련 조항(미성년자 보호에 관하여)

1. 州사이 혹은 국제통신에서 다음에 해당하는 행위는 2만 5000＄의 벌금형, 2년 이하의 징역, 또는 이러한 벌금형과 징역에 처할 수 있다.

a. 전기통신장치로 고의로 타인을 욕되게 하거나, 학대, 위협, 괴롭힐 목적으로 외설적, 음란, 상스럽거나 품위가 떨어지는 어떠한 발언, 요구, 제안, 권유, 그림, 사진 등의 내용을 제작 배포하는 행위.

b. 전기통신장치로 고의로써 18세 미만의 미성년자들에게 외설적이거나 품위가 떨어지는 어떠한 형식의 발언, 요구, 제안, 권유, 그림, 사진 등의 내용을 제작하여 제공하거나 이러한 내용을 그들이 볼 수 있는 곳에 방치하는 행위.

이 같은 개정통신법 제5편의 '통신품위법'은 18세 이하의 미성년자가 사용할 가능성이 있는 인터넷 공간에 '품위가 떨어지거나' 혹은 '불쾌감을 주는' 내용을 게재

---

c. 수신자를 욕되게 하거나 학대, 위협, 괴롭힐 목적으로 자신의 신분을 밝히지 않고 전화 또는 다른 전기통신을 이용하여 통신을 시도하는 행위(이 때 통화 또는 통신의사와 관계없다)

d. 수신자를 괴롭힐 목적으로 반복, 또는 계속적으로 전화벨을 울리게하는 행위

e. 수신자를 괴롭힐 목적으로 반복적으로 전화 또는 다른 전기통신장치를 이용하여 통신을 시도하는 행위(통화 또는 통신이 성사된 경우)

f. 자신이 통제하고 있는 전기통신 시설이 위에 열거한 행위에 이용됨을 알고도 이를 방치하는 행위.

2. 다음 1에 해당하는 행위로서 州사이 또는 국제통신에서 고의적으로 현대사회 도덕 기준의 시각에서 판단할 때 명백히 불쾌감을 줄 수 있다고 판단되는 성기, 배설기관에 관한 발언, 요구, 제안, 권유, 그림, 사진 등의 내용을 행하는 경우에는 2만5000＄의 벌금형, 2년 이하의 징역, 이 두 가지를 모두 처벌할 수 있다.

a. 미성년자에게 인터액티브 컴퓨터 서비스를 통해 전송하는 행위

b. 불특정 미성년자들이 볼 수 있는 곳에 방치하는 행위

c. 자신이 통제하고 있는 전기통신 시설이 2-a에 열거한 행위에 이용됨을 알고도 이를 방치하는 행위.

3-1. 단순히 통신시설만을 제공하는 전기통신 서비스 사업자들은 자신이 통제할 수 없는 사용자들 간의 정보전송, 다운로딩, 저장 등의 행위들이 위의 1. 2의 조항에 해당된다고 해서 처벌의 대상이 될 수 없다.

3-2. 위의 3-1의 처벌면제 조항은 위의1 또는 2의 조항에 해당되는 행위를 공모했거나 이러한 종류의 정보가 존재함을 알고 이를 알린 사업자들에게는 적용되지 않는다.

3-3. 위의 3-1의 처벌면제 조항은 전기통신 서비스 사업자가 위의 1 또는 2의 조항에 해당되는 종류의 정보를 제공하는 사업체를 동시에 소유하고 있는 경우에는 적용되지 않는다.

3-4. 어떠한 종류의 사업체를 소유하고 있는 사업자들도 그들의 직원이 1 또는 2의 조항에 해당하는 행위를 함에 있어, 이러한 행위가 직원의 업무의 일부로 포함되어 있음과 동시에 이러한 직원들의 행위를 미리 알고도 이를 인정하거나 발견 할 수 있는 최소한의 통제를 게을리 한 경우를 제외하고는 어떠한 책임도지지 않는다.

3-5. 1의 b와 2의 적용에 있어 당해 행위관련자가 다음과 같을 경우에는 처벌을 면한다.

a. 선의로 미성년자들의 수신을 막기 위한 가능한 최선의 기술을 이용하여 합리적, 효과적으로 적절한 조치를 취했다고 판단되는 경우

b. 신용카드 사용, 성인 등록번호 등을 의무화하여 미성년자의 수신을 제한하였다고 판단되는 경우

3-6. FCC(Cable Communications Policy Act)는 조항 2에 나열된 행위들을 제한하기위한 합리적이고 효과적인 적절한 절차를 마련할 수 있으나 마련된 절차를 직접 집행하거나 관리할 수 있는 권한을 갖지는 않는다. 또 FCC는 필요한 절차를 위해 사용되는 어떠한 종류의 상품을 보증하거나 추천할 수 없다. 이러한 조항들은 인터액티브 컴퓨터 서비스를 전화, 우편과 동등한 일반 통신 수단으로 인정하는 것으로 해석될 수 없다.

4. 지방정부도 조항 2, 3에 해당하는 행위와 관련하여 관련 사업자, 비영리 도서관, 대학교에 대하여 위의 조항에 반하는 어떠한 종류의 추가책임 조항을 부가할 수 없다. 그러나 지방정부는 위의 두 조항의 기본 원리에 부합하고 집행상 필요시되는 세부 실행 법규를 마련하고 이를 집행할 수 있는 고유의 권한을 갖고 있다.

B. 불쾌감을 주는 통신의 개인적 차단과 선별행위에 대한 보호규정

1. 국회는 다음과 같은 사실을 확인하였다.

a. 급속도로 발전하는 인터넷과 기타 인터엑티브 컴퓨터 서비스는 국민들에게 막대한 양의 교육적이며 유익한 정보를 제공하고 있다.

b. 이러한 서비스들은 사용자들에게 정보의 취사 선별에 대한 상당한 정도의 통제력을 갖고 기술의 발전은 이 통제력의 범위를 더욱 확대시킬 것이다.

c. 인터넷과 기타 인터액티브 컴퓨터 서비스는 다양한 정치적 견해들을 위한 토론의 장을 마련해주고 있으며, 문화적 발전을 도모함에 있어 타 통신 수단이 제공 할 수 없는 특유의 기회를 제공하고 있으며, 지적 활동을 위한 무수한 통로를 열어 주고 있다.

d. 인터넷과 기타 인터액티브 컴퓨터 서비스는 최소한의 정부 규제속에서 모든 국민들에게 유익한 방향으로 번성해 오고 있다.

e. 점증하는 수의 국민들이 다양한 정치, 교육, 문화, 오락적 서비스를 위해 인터액티브 미디어를 이용하고 있다.

하는 경우 2만 5000＄이하의 벌금과 최고 2년 이하의 징역에 처한다는 내용이다.

또 통신품위법은 1873년 발효된 Comstock법을 수정하는 의미를 갖기도 한다. 제정 당시 통신품위법은 피임이나 낙태 등에 관하여 품위가 떨어지는 내용의 우편물을 우송하는 것을 규제하는 내용이었는데, 후에 '피임'에 관한 내용의 우편물에 대해서만 그 적용을 취소하였다. 이는 1973년 미국대법원이 낙태를 허용하는 판결을 하였음에도 불구하고, 콤스톡법의 낙태에 관한 내용의 우편물에 대한 금지 규정은 아직도 삭제되지 않고 있다. 국회는 콤스톡법에 명시된 금지조항을 제한하거나 폐지하지 않는다는 항목을 제5편 제507조(c)항을 법안 발표전 개정통신법에 삽입함으로써 사실상 낙태에 대한 정보를 인터넷에 게재 행위를 형사 처벌한다는 의도를 밝혔다.

3. 통신품위법 제230조에 의한 면책의 범위

통신품위법 제230조의 공표자의 책임과 관련하여 인터넷 서비스 제공자의 책임을 면하게 하려는 것은 법 제정의 과정에서도 나타나고 있다. 통신품위법 제230조의 제정 논의에서 연방의회 입법자들은 전술한 Prodigy사건 판결과는 다른 견해를 제시하고 있다. 즉 편집권을 적극적으로 행사하더라도 인터넷 서비스 제공자는 면

---

2. 이에 다음과 같은 국가정책을 수립한다.

a. 인터넷과 인터액티브 컴퓨터 서비스를 비롯한 다양한 형식의 인터액티브 미디어의 지속적인 발전을 촉진시킨다.

b. 현재 인터넷과 인터액티브 컴퓨터 서비스의 역동적이고 경쟁적인 자유시장의 형태를 연방 정부나 주 정부의 규제로 속박하지 않고 보호 유지한다.

c. 인터넷과 인터액티브 컴퓨터 서비스를 사용하는 개인, 가정, 학교들의 정보 선별에 대한 통제력을 최대화하기 위한 각종 기술의 개발을 권장한다.

d. 부모들로 하여금 그들의 자녀에게 적합하지 못하다고 판단되는 내용의 통신을 차단하기 위한 기회를 제공해 주는 정보 차단 선별기술의 개발과 적용을 저해하는 각종 요소들을 제거한다.

e. 외설, 추적, 학대 등의 불법적 행위들이 컴퓨터를 통해 행해지는 경우, 이를 억제하고 처벌하는 연방정부 형법의 엄격한 적용을 재확인한다.

3. 불쾌감을 주는 통신 내용의 개인적 차단과 선별행위에 대한 보호를 위해 다음과같이 규정한다.

a. 어느 인터액티브 컴퓨터 서비스 제공자나 그 이용자도 타 정보 제공자에 의해 제작, 배포되는 통신 내용의 출판자 또는 발언자로 취급되지 않는다.

b. 어느 인터 액티브 컴퓨터 서비스 사업자나 그 이용자도 그들이 외설적, 음란, 지나치게 폭력적이거나, 수신자를 괴롭힐 가능성이 있거나, 기타 거부감을 줄 수 있다고 자체적으로 판단한 내용의 통신에 대해 선의에 의해 자체적으로 그 수단을 통제할 수 있고, 이러한 통제행위에 이용되는 기술적 수단을 정보제공자들과 서비스 이용자들에게 알릴 수 있다.

－중략』

책된다는 것으로, 인터넷 사용자의 부적절한 message에 대하여 인터넷 서비스 제공자에게 이를 삭제하도록 하려는 것이 의회의 입장인 것 같다.[23] 그렇다면 통신품위법 제230조에 의하여 배포자(distributor)의 책임으로서의 인터넷 서비스 제공자의 책임이 면책되는가. 즉 명예를 훼손하는 정보의 내용을 알았거나, 합리적으로 알아야만 했던 경우에 이르기까지 인터넷 서비스 제공자는 면책되어야 하는가. 그러나 통신품위법 제230조에 의하여 1차 공표자의 책임(명예훼손에 대한 내용을 모르고 있었을 경우에도 책임을 과하는 무과실책임에 준하는 책임)은 면책되나. 그 내용을 알고 있었음에도 불구하고 그에 대한 적절한 조치를 취하지 않은 배포자(distributor)의 책임은 면책되지 않는다고 해석하여야 하는데, 이같은 입장을 택한 판결예가 Zeran[24] 사건 판결이다.

본 사건은 원고가 오클라호마 주 연방빌딩 폭탄테러 사건을 찬미하는 셔츠와 열쇠 고리 등을 판매한다……는 등의 message와 함께 원고의 전화번호가 인터넷 서비스 제공자인 AOL사(America Online)의 전자게시판 서비스를 통하여 Net상 자주 게시되었고, 그 결과 원고는 많은 전화에 의하여 어려움을 당하였다. 뿐만 아니라 이에 대한 비난message를 발신한 많은 발언자들은 신원을 확인할 수 없었다. 원고는 처음 이러한 message게시되었을 때 AOL사에 삭제를 요구했으나, 일련의 과정에서 삭제가 늦어졌고, 이같은 message는 허위이므로 철회한다는 요지의 표시도 하지 않았으며, message의 삭제도 되지 않았다 하여 AOL사를 상대로 손해배상의 소를 제기하였다.

이에 대하여 AOL사는 통신품위법 제230조를 이유로 면책을 주장하였으며, 원고는 통신품위법 제230조에 의하여 명예가 훼손된 정보의 내용을 알고, 또 합리적으로 알아야 했던 배포자(distributor)인 인터넷 서비스 제공자도 면책되지 않는다는 등의 반론을 했다. 원고는 인터넷을 사용하지 않은 혐의가 없는 사람임에도 불구하고 1심법원, 공소심도 같이 원고의 소를 기각하지 않았으며, 인터넷 서비스 제공자는 배포자(distributor)로써의 책임이 면책된다고 판시하였다. 본 판결에 불복한 원고는 연방대법원에 상고하였으나 기각되었다.[25] 이후 인터넷 사용자에 의한 명예훼

23) Zeran v. AOL, 129 F.3d 327(4th Cir.1977), affirming 958 F. Supp. 1124 (E.D. Va., 1977), cert. denied. 118 S. Ct. 2341(1988).

24) Kenneth M. Zeran v. America Online Inc., 958 F. Supp. 1124(E.D. Va. 1997); Kenneth M. Zeran v. America Online Inc., No 97-1523, 1977 WL 701309 (4th Cir. Va. Nov. 12, 1977).

손에 대한 인터넷 서비스 제공자의 책임을 묻는 訴는 Zeran사건 판결을 지지하는 법원에 의하여 유지되었는데 그의 내용은 다음과 같다.

4. Zeran 사건(Kenneth M. Zeran v. America Online Incorporated)

인터넷 사용자의 명예훼손에 대하여 인터넷 서비스 제공자가 알았거나, 또 합리적으로 알아야 했던 경우에도 면책된다고 한 Zeran사건 판결은, 인터넷 서비스 제공자를 두텁게 보호한 예로써 유명하다. 본 판결은 주로 헌법상의 이유(언론의 자유 보장)를 들어 인터넷 서비스 제공자의 명예훼손에 대한 책임을 면하게 한 것 같다. 이 사례는 오늘날 전자상거래와 관련한 인터넷 서비스 제공자의 불법행위책임을 논함에 있어 참고가 될 만한 내용이다.

(1) 사건개요

Zeran이라고 사칭한 가명의 AOL회원이 미국 오클라호마(Oklahoma)시 연방빌딩 폭파 사건을 기념하고, 폭탄 테러범 맵베이를 칭송하는 취지의 극히 공격적이고 저속한 셔츠를 판매하면서 그 판매촉진 홍보물에 원고 Zeran의 이름과 집 전화번호를 함께 표시했다. 원고는 그같은 홍보물이 AOL사에 게재 된 당일 그 사실을 알았으며, 즉시 AOL사에 통지하여, AOL사는 즉시 이 같은 내용의 불법적 홍보물을 삭제하였다. 원고는 그 사이에 많은 항의 전화를 받아야만 했는데, 이같은 홍보물이 삭제된 그 다음날 다시 동일한 내용의 새로운 홍보물이 AOL사의 게시판에 게재되었다. 원고는 그 같은 사실을 다시 AOL사에 통지하면서, AOL사에 홍보물의 삭제뿐만 아니라 그 가명의 온라인 계정을 폐쇄해 줄 것을 요청하였다. 그러나 AOL사는 그 광고는 삭제하겠지만 自社의 규정에 의하여 온라인 계정은 폐쇄하지 않을 것이라고 하였다. 그러는 사이 그 같은 불법적인 홍보물은 계속 5일간 반복하여 등장하였으며, 나아가 어느 오클라호마 방송국 음악 진행자가 이 같은 홍보물을 낭독하여 방송을 하였고, 그 결과 원고에게는 2분에 한 통 정도의 전화가 걸려오기에 이르렀

25) 118 S. Ct. 2341 (1998); 1998 U.S. LEXIS 4070; 66 U.S.L.W. 3799(June 22. 1998).

다. 결국 원고는 FBI에 이 사실을 통고하여 보호를 받게 되었는데, 이후에도 약 15일 동안 항의 전화를 받았다. 이에 원고 Zeran은 정보의 배포자(distributor)들은 그들이 명예를 훼손하는 내용이 있거나, 있다는 것을 당연히 알았어야 할 자료의 배포에 대하여 책임을 져야 한다는 주 법(state law)에 근거하여 AOL을 상대로 명예를 훼손하였다는 소송을 (the United states District Court for the Western District of Oklahoma)제기하였다.

(2) 쟁 점

원고 Zeran은 AOL이 명예를 훼손하는 내용의 게시를 제거함에 있어 불합리하게 지연하였으며, 가명의 게시자의 계정의 취소를 거부하였으며, 통지에도 불구하고 비슷한 게시물들에 대해 적격여부도 심사하지 못했다고 주장하였다. 즉, 처음 기사가 게시된 이후 Zeran이 고지하고 이의를 제기하였음에도 게시된 내용들이 AOL 전자 게시판에 그대로 남아있었으며 다시 개제하고 다시 등장 하도록 허용한 것에 AOL의 과실이라고 주장하였다.

이에 대하여 AOL은 1996년 통신품위법 제230조(c)(1)[26]를 들어 Zeran 사건은 주법에 근거한 불법행위소송으로서 금지되는 것으로 기각되어야 한다고 주장하였다. 이 사건은 1996년 통신품위법 제230조(c)의 제정으로 온라인 서비스 또는 다른 쌍방향의 컴퓨터 서비스(interactive computer service)의 경우 당해 서비스를 경유하여 제3자가 저지른 명예를 훼손한 것에 대한 면책유무가 그 쟁점이 되었다.

(3) 판 결

원고의 청구는 주법상의 청구로 1996년 연방통신법과 합치되지 않으므로 인용

26) '善한 사마리아인 조항'이라 불리우는 제230조(c)의 주요 내용은 다음과 같다.

(1) 출판업자 또는 발신자 취급(Treatment of publisher or speaker) 쌍방향정보통신(interactive computer service)의 사업자(provider) 또는 이용자는 다른 정보제공 및 관리사업자(Information content provider)가 제공하는 정보의 출판업자(publisher) 또는 발신자(speaker)로서 취급해서는 아니된다.

(2) 민사책임(Civil Liability)

쌍방향정보통신 서비스의 어떤 사업자나 이용자도 다음과 같은 행위에 대하여 민사책임을 지지 않는다.

(a) 해당 정보가 헌법상 보호되거나 또는 보호되지 않거나에 상관없이 사업자 혹은 이용자가 외설적이고, 음란, 선정적이고 과도하게 폭력적이고, 혐오스럽고, 또 납득하기 어렵다고 생각되는 정보에 대한 접근 또는 그 이용을 제한하기 위하여 선의로 행한 행위; 또는

(b) 제1항에서 규정한 정보에 대한 접근을 제한하기 위한 기술적 수단을 정보발신자 또는 기타의 사람에게 이용 가능하게 하기 위해서 행한 행위.

될 수 없다고 하여 원고의 청구를 기각하였다. 즉 통신품위법 제320조에 의하여 온라인 서비스 제공자는 공표자의 지위에 있는 것으로 볼 수 없음을 명백하므로, 명예를 훼손하는 홍보물이 가명의 회원에 의해 게재되더라도 그에 대하여 적절한 조치를 취한 피고는 책임이 없다. 즉 내용을 공표, 철회, 연기 또는 변경여부의 판단에 대한 공표자로서의 기능을 인터넷 서비스 제공자가 행사하는 것에 대한 민사소송은 통신품위법 제230조(c)(1)에 의하여 금하고 있는데, 통신품위법 제230조에 의하면 그 목적을 다음의 2가지로 요약할 수 있다.

1) 불법행위책임을 인터넷 서비스 제공자에게 과함으로써 발생하는 언론의 자유에 대한 위축효과

즉 대량의 message를 심사하는 것은 곤란하므로 인터넷 서비스 제공자에게 책임을 묻는 경우 message의 양과 종류를 인터넷 서비스 제공자가 제한하게 되는 결과가 된다. 제3자의 유해한 message에 대한 책임을 인터넷 서비스 제공자에게 물음으로써 발생하는 이와 같은 위축효과(chilling effect)를 제거하기 위하여 인터넷상에서의 자유로운 언론이 유지되기를 원하는 의회가 인터넷 서비스 제공자의 책임을 면책했다.

2) 불쾌한 message를 인터넷 서비스 제공자가 자주적으로 규제할 것을 장려하는 것

Stratton사건 판결에서, 심사 등의 편집권의 행사 등으로 인하여 인터넷 서비스 제공자에게 공표자로서의 엄격책임을 과함으로써, 오늘날 인터넷 서비스 제공자는 그의 책임을 피하기 위하여 심사 등을 꺼리게 된다. 이러한 문제점들을 해결하기 위하여 의회는 blocking 및 filtering을 장려하면서 편집권행사에 대한 면책을 부여하였다. 그러나 명예를 훼손하는message의 내용을 알고 있었을 경우 책임을 과할 수 있는 배포자(distributor)의 책임에 대해서까지 통신품위법 제230조에 의하여 면책되지 않으므로, 원고의 통지를 받은 피고는 책임이 있다고 원고는 주장하나, 일단 명예훼손에 대한 의심이 있는 경우에는 바로 인터넷 서비스 제공자는 당해 message를 공개, 편집 또 삭제할 것인가의 판단을 강요받게 되는데, 이것이 바로 통신품위법 제230조의 공표자로서의 역할이다. 더 나아가 원고는 인터넷 서비스 제공자가 명예훼손적 성명을 제3자에게 통신한 것으로 인하여 책임을 추급하고 있는데 이는 본래의 발언자와 같이 공표자로서의 책임을 인터넷 서비스 제공자에게 물으려고 하는 것이다. 나아가 원고가 이 사실을 알고 있었을 경우 책임을 과하게 되면 전술한 2가지의 목적에 적합하다고 주장하나 반대로 당해 법원은 이 두 가지의 목적에 반한다고 해석한다. 우선, 1)의 위축효과를 제거하기 위한 목적에 대해서는 인터넷 서비스 제공자가 명예를 훼손하는message의 청구를 받은 경우 신속하게 이를 조사하여 명예훼손 여부에 대한 법적인 판단이 필요하다. 전통적 미디어에서는 그것이 가능했으나 인터넷의 경우, 대량의 정보 및 message로 인하여 인터넷 서비스 제공자에게 많은 부담을 강요할 뿐만 아니라, 인터넷 서비스 제공자는 배상책임을 회피하기 위하여 message를 제한 하려하기 때문에 엄격책임과 같이 배포자로서의 책임도 위축효과를 발생하게 한다.

2) 불쾌한 message에 대하여 인터넷 서비스 제공자에 의한 자주적인 규제의 권장에 대해서도, 사실을 알고 있었을 경우에 대해서 책임을 과하게 되면 그러한 규제를 억지하게 된다. 왜냐하면 게재된 자료를 조사하고 심사하는 인터넷 서비스 제공자의 시도는 명예훼손과 관련된 자료를 발견할 수 있는 기회가 증가하여, 그에 따른 책임 또한 많아지게 되기 때문에 심사 등의 자주적인 규제를 삼가려고 하는 결과가 된다.

나아가 침해 사실을 알고 있었을 경우에 대하여 인터넷 서비스 제공자에게 책임을 과하는 경우 많은 소송이 제기될 수 있다. 왜냐하면 언론이 마음에 들지 않은 자는 그것을 명예훼손이라고 통지하면 인터넷 서비스 제공자는 문제의 언론을 삭제하든지 아니면 그에 대한 책임을 져야하는 선택을 하여야 하기 때문이다. 인터넷 서비스 제공자를 통한 언론의 발전을 고려할 때, 이는 인터넷 서비스 제공자에게는 심각한 부담이 되지 않을 수 없다. 배포자로서 침해를 알고 있었을 경우에 대하여 책임을 과하면, 위와 같이 인터넷상에서 언론의 발전을 저해함과 동시에 그러한 해석은 통신품위법 제230조의 제정법의 목적에도 반한다. 따라서 의회는 '침해사실을 알고 있었을 경우' 배포자의 책임을 면제하려고 하는 입장을 취하고 있다.

이와 같이 이용자의 명예훼손에 대하여 인터넷 서비스 제공자가 면책된다는 미국 사법의 경향에 대한 예가 바로 Zeran사건 판결이다. 미국 불법행위법의 전반적인 경향은, 원고의 방향으로(pro-plaintiff) 사법적 판단이 내려지고 있음에도 불구하고, 특히 명예훼손과 관련한 불법행위에 관하여는 피고에게 유리한 판단이 많이 내려지고 있다.[27] 그 이유는 Zeran사건 판결에서 살펴본 바와 같이, 언론의 자유에 대한 헌법상의 보장을 위한 배려이다. 민주주의의 발전에 많은 기여를 할 수 있는 인터넷이라는 매체에서의 인터넷 서비스 제공자의 중요한 역할을 생각할 때, 미국의 사법은 불법행위법상의 이익(손해의 억제 및 배상)보다, 헌법상의 이익을 중요시하는 경향인 것 같다.

IV. 우리나라에서의 상황

우리나라에서 인터넷상에서 명예훼손이 처음으로 문제로 제기된 것은 1997년 8월 엘렉스컴퓨터사 인터넷 홈페이지에 자사를 비방하는 욕설을 게재한 것을 이유로, 명예를 훼손하였다고 하여 유공 해운사를 상대로 1억원의 손해배상을 제기한 것이 있다. 이후 1998년 한국통신(주)사건[28]을 들 수가 있는데 그 내용은 다음과 같다.

1. 한국통신(주)사건

(1) 사건의 개요

원고 한국통신 노조가 피고 한국통신(주)와 임금협상과 단체협약 갱신을 위한 단체교섭중 한국PC통신(주)이 운영 중인 HITEL 전용 게시판에 대통령, 정부기관, 한국전기통신공사, 한국전기통신공사 회사의 경영진과 직원 등이 마치 노동조합과 조합원들의 정당한 노조활동을 탄압하고 있는 것처럼 상스럽고, 저질스러운 표현으로 일방적으로 비방하고 매도하는 내용이 다수 포함된 게시물과 원고 노동조합원을 선동하는 내용의 게시물이 게재되어 있는 것을 안 원고 한국PC통신 하이텔이 게시물을 삭제하고 노조 전용게시판을 폐쇄하자 한국PC통신 하이텔을 상대로 손해배상 청구를 한 사건이다.

27) Richard A. Epstein, Charles O. Gregory, & Harry Kalven, Jr., Cases and Materials on Torts 1085-86 (5th ed. 1984).

28) 대법원 1998.2.13. 선고 97다37210 판결.

(2) 당사자의 주장

한국PC통신 하이텔에 게시된 게시물이 약관에서 정한 삭제 사유에 해당하는 지의 여부에 대하여 원고 한국통신(주) 노조는 피고 한국PC통신 하이텔과의 사이에 이용계약을 체결한 이용자에게 적용되는 한국PC통신 정보서비스 이용약관 제21조[29]는 약관규제에 관한 법률 제6조 제2항 제1호 소정의 '고객에게 부당하게 불리한 조항' 이나 위 법 제10조 제2호 소정의 '상당한 이유 없이 사업자가 이행하여야 할 급부를 일방적으로 중지할 수 있도록 한 조항' 에 해당 한다 볼 수 없으므로, 이를 근거로 노조가 PC통신 하이텔에 올린 통신게시물을 한국PC통신측이 이를 임의로 삭제한 것은 잘못이라 주장하였다. 이에 대하여 한국PC통신 하이텔은 이용자와 체결한 정보서비스이용약관 제21조의 규정에 의하여 약관에 위반하는 내용의 게시물을 삭제하고 노조의 전용게시판을 폐쇄한 행위는 정당하다고 주장하였다.

(3) 판 결

컴퓨터통신에 게시된 게시물의 내용이 약관에 정한 삭제 사유에 해당하는지 여부를 판단함에 있어서는 게시물의 문구만을 판단할 것은 아니고 그 게시물이 게재될 당시의 상황, 게재자의 지위, 게시물을 게재하게 된 동기와 목적, 게시물의 표현방법과 내용 등 여러 가지 사정을 종합하여 판단하여야 하는데, 대체로 타인을 비방하고 중상 모략하거나 명예를 훼손하며 불법적인 노조활동을 선동하거나 교사하는 등 사회질서를 해하는 내용과 건전한 미풍양속을 해할 염려가 많은 상스럽고 저질스러운 표현을 담고 있는, 노조활동과 관련된 컴퓨터통신 게시물을 삭제하거나 그 전용게시판 서비스를 일시 중지시킨 컴퓨터통신 사업자의 행위는 채무불이행 또는 불법행위가 되지 않는다.

(4) 검 토

본 사안은 미국의 경우와 같이 인터넷 서비스 제공자가 제공하는 서비스에 대하여 이용자가 타인의 명예를 훼손하는 글 등을 게재했을 경우 인터넷서비스제공자의

29) 1. 다른 이용자 또는 제3자를 비방하거나 중상 모략으로 명예를 손상시키는 내용인 경우, 2. 공공질서 및 미풍양속에 위반되는 내용의 정보, 문장, 도형 등을 유포하는 내용인 경우, 3. 범죄적 행위와 결부된다고 판단되는 내용인 경우, 4. 다른 이용자 또는 제3자의 저작권 등 기타 권리를 침해하는 내용인 경우, 5. 게시 시간이 규정된 기간을 초과한 경우, 6. 기타 관계법령에 위배된다고 판단되는 내용인 경우.

법적 책임을 다룬 사건이라고는 할 수 없다. 다만 인터넷 서비스제공자와 이용자간에 체결한 정보서비스 이용약관을 위반한 이용자의 명예를 훼손한 내용물을 약관을 근거로하여 삭제한 것에 대한 내용이라 할 수 있다. 그러나 이 사건이 갖고있는 의미 또한 매우 중요하다. 즉, 대법원의 입장은 인터넷상에서 행한 발언에 대해서도 명예훼손이 성립한다는 것과 이용자 약관에 위반하는 통신게재물을 이용자에게 사전 통지하지 않고 삭제한 행위에 대하여 그의 행위는 정당하다고 한 법원의 판결은 향후 우리나라에서도 전개될 인터넷관련 사건 사고에서 참조가 될 것으로 본다.

2. 구제방법

(1) 명예훼손에 대한 구제

명예가 훼손되었을 경우에는 불법행위가 성립하고 피해자는 정신적 손해배상을 포함한 손해배상청구권 외에 명예회복을 위한 처분을 법원에 구할 수 있다. 또 명예가 훼손될 가능성이 있거나 명예훼손이 진행되고 있는 경우에는 침해 가능성에 대한 사전적 억제 즉, 방해예방청구 및 방해제거 청구권이 있다.

1) 손해배상청구

타인에 의하여 명예가 훼손되었을 경우에는 민법 제750조, 제751조에 의하여 손해배상을 청구할 수 있다. 손해의 범위는 재산상의 손해 및 정신적 손해에 대한 위자료까지 포함한다.[30] 명예훼손은 일반적으로 무형의 손해가 발생함으로 재산상의 손해액을 증명함에 있어서 어려움이 있으므로, 일반적으로 위자료만을 청구하게 되며, 이것이 명예훼손으로 인한 손해배상청구소송의 핵심이 된다.

그러나 위자료의 산정기준은 일률적으로 정하여져 있는 것이 아니므로, 이를 산정할 때에는 피해자가 사회로부터 받는 평가 및 그 훼손된 정도, 명예를 훼손하게 된 동기 및 경위[31] 및 사실여부[32]기타 제반 사정을 참작하여 그 액수를 정하여야 한다.[33]

---

30) 위자료를 포함하는 것에 대한 반대의견 이은영 채권각론, 박영사, 1999, 984면.

31) 서울민사지방법원 1991.12.27. 선고 91가합52649 판결.

32) 대법원 1990.2.27, 선고 89다카12775 판결.

2) 원상회복청구권

타인의 명예를 훼손한 자에 대하여는 법원은 피해자의 청구에 의하여 손해배상에 갈음하거나 손해배상과 함께 명예회복에 필요한 적당한 처분을 명할 수 있다(민764조). 이는 금전배상만으로는 피해자의 구제가 충분하게 이루어 지지않은 문제점을 해소하기 위하여 적절한 원상회복처분을 명하도록 규정한 것이다. 이의 대표적인 것이 사죄광고를 들 수 있는데 이 또한 위헌결정[34]으로 오늘날 거의 행하여지고 있지 않으며, 법원은 가해자의 비용으로 그가 패소한 민사손해배상판결 및 형사명예훼손죄의 유죄판결의 요지를 신문 등에 게재하거나,[35] 명예훼손기사를 정정 또는 취소하게 하는 처분[36]등을 내리고 있다.

3) 반론 및 정정보도청구권

정기간행물 및 방송등을 통하여 비난 · 비판 · 공격 등을 받은 자가 그에 대하여 그가 집필한 반박문을 당해 대중매체에 원문기사 또는 방송과 적어도 동일한 형태로 무료로서 게재 · 방송하도록 요구할 수 있는 권리를 반론권이라 하고, 정정보도청구권이란 정기간행물 및 방송 등의 대중매체에서 이미 공표된 사실이 진실이 아님을 주장, 입증하여 공표내용의 시정을 청구할 수 있는 권리를 말한다. 이러한 청구권은 「정기간행물의 등록 등에 관한 법률」과 「방송법」은 명예훼손행위를 정기간행물이나 방송에 한정하고 있기 때문에, 이러한 대중매체를 통하여 명예가 침해되었을 경우에는, 민법 제764조에 의한 일반불법행위의 요건에 의하지 않고, 정기간행물의 등록 등에 관한 법률과 방송법에 규정된 절차에 의하고, 그 외에 의하여 명예를 훼손한 경우에는 민법 제764조에 의하여 반론권을 인정할 수 있다.

4) 금지청구권

금지청구권은 사전적인 구제방법으로서 인격권 또는 기업권을 침해하는 표현행위가 이루어지는 경우 그 중지를 청구할 수 있고, 또 침해의 우려가 있는 경우에 그

33) 서울민사지방법원 1992.12.15 선고 91가합38193 판결;서울민사지방법원서부지원 1996.1.26. 선고 94가합5021판결.

34) 1991.4.1. 선고 89헌마160결정.

35) 서울고등법원 1994.1.21. 선고 92나35846 판결.

36) 서울지방법원서부지원 1996.1.26. 선고 94가합5021 판결.

행위에 대한 중지를 청구할 수 있는 권리이다. 이러한 금지청구권은 손해의 발생을 근원적으로 제거한다는 면에서 원상회복과 비슷하지만, 원상회복은 과거의 손해에 대한 것인데 대하여 금지청구는 장래의 위험에 관한 것이다. 원상회복은 피해자측에 발생한 손해를 복구하는데 그 중심이 있는 반면, 금지청구는 미래 손해발생 원인을 제거하는데 주목적이 있고, 또 원상회복은 손해배상의 방법으로서 그 발생요건으로서 불법행위의 성립이 요구되지만 금지청구는 그렇지 아니하다는 데 차이가 있다. 금지청구권의 행사는 부작위청구이며, 청구인용이 확정된 경우 그 집행방법으로는 부작위를 목적으로 하는 집행방법에 의한다.[37)]

(2) 프라이버시 침해에 대한 구제

1) 손해배상청구권

프라이버시의 침해가 불법행위의 요건을 갖추면 손해배상청구권이 인정된다. 그러나 우리나라의 경우, 인격권침해에 대한 손해배상청구에 관한 명문의 규정이 없으므로 이를 인정하기에는 많은 어려움이 따른다. 다만 프라이버시 침해로 인한 손해에 대하여 위자료의 산정에 있어서 최근 과거에 비해 고액화하는 경향이 있을 뿐이다.[38)]

2) 원상회복청구권

법원은 피해자의 청구에 의하여 손해배상에 갈음하거나 손해배상과 함께 명예회복을 위한 처분을 명할 수 있다(민764조). 이에 대한 내용과 명예훼손의 경우와 거의 같다.

3) 금지청구권

민법에는 인격권침해에 대한 사전적 구제로서 금지청구권에 대한 명문의 규정은 없으나, 학설을 통하여 이를 인정하고 있다.[39)] 인격권침해와 관련하여 사전적 구제

---

37) 민법 제389조 제3항과 민사소송법 제692조에 의하여 그 위반된 것을 제거하고 기타 의무위반의 반복적인 발생을 예방하기 위하여 그에 대한 처분을 할 수 있다.

38) 서울민사지방법원 1992.12.15. 선고 91가합38193 판결; 서울민사지방법원 1992.6.9. 선고 90카116924 판결.

를 인정한 예[40]는 그다지 많지 않으나 학설과 판례가 인정하고 있는 바와 같이 인격권보호를 위하여 사전적인 금지청구권을 인정할 경우에 언론 · 출판의 경우 표현의 자유와 충돌이 있게 된다. 따라서 인격권에 기한 사전적 금지청구권을 인정하는 경우에는 인격권의 보호와 표현의 자유에 대한 적절한 조화가 요구된다.

(3) 저작권침해에 대한 구제

저작권법 제91조 제1항에서 "저작권자는 그 권리를 침해하는 자에 대하여 침해의 정지를 청구할 수 있으며, 그 권리를 침해할 우려가 있는 자에 대하여 침해의 예방 또는 손해배상의 담보를 청구할 수 있다"고 규정하고, 제2항에서 "제1항의 청구를 하는 경우에 침해행위에 의하여 만들어진 물건의 폐기(廢棄)나 그 밖의 필요한 조치를 청구할 수 있다"고 규정하고 있다. 또 제3항에서는 "임시처분을 청구할 수 있다"고 하고 있다.

그 이외에 제93조 제1항에서 저작재산권자는 고의 또는 과실로 그 권리를 침해한 자에 대하여 손해배상을 청구할 수 있도록 규정하고, 제2항에서 제1항에 의한 손해배상을 구하는 경우 권리를 침해한 자가 침해행위에 의하여 이익을 받았을 때에는 그 이익의 액을 저작재산권자 등이 입은 손해액으로 추정하고, 제3항은 저작재산권자 등은 "제2항의 규정에 의하여 추정되는 손해액 외에 그 권리의 행사로 통상 얻을 수 있는 금액에 상당하는 액을 손해액으로하여 그 배상을 청구할 수 있다"고 하고 있다.

또 제95조에서 "저작자는 고의 또는 과실로 저작인격권을 침해한 자에 대하여 손해배상에 갈음하거나 손해배상과 함께 명예회복을 위하여 필요한 조치를 취할 수 있다"고 규정함으로써 저작권침해로 인한 구제수단 등을 밝히고 있다.

---

39) 서울민사지방법원 1982.7.21. 선고 82카19263 판결; 서울민사지방법원 1989.1.18. 선고 88가합20604 판결; 서울고등법원 1989.11.29. 선고 89나8158 판결; 서울고등법원 1990.5.4. 선고 89나36528 판결; 서울민사지방법원 1992.5.16. 선고 92카44613 판결.

40) 서울민사지방법원 1982.7.21. 선고 82카19263 판결; 서울민사지방법원 1989.1.18. 선고 88가합20604 판결; 서울고등법원 1989.11.29. 선고 89나36528 판결; 서울민사지방법원 1992.5.16. 선고 92카44613 판결.

제 3 장

진료정보의 보호와 통제권

I. 개 설

의료에서 개인정보와 관련하여 나타나는 문제는 환자의 질환에 대한 진료정보가 그 중심이 된다. 진료정보라 함은 의료행위의 필요성과 진료의 내용을 판단하기 위한 목적으로 진찰 등을 통하여 얻은 환자의 건강상태 등에 관한 정보로서, 이 같은 정보를 지면 등에 기록한 것을 진료기록이라 하며, 기타 간호사가 기록하는 간호기록, 처방전, 검사기록, X-선 사진 등이 포함된다. 이 같은 의료정보는 의료인 등이 적절한 의료를 제공하기 위하여 그 과정을 기록하고 자신의 의료행위에 대한 적절하고 명확한 관리를 통하여 환자에게 적정한 의료를 제공하기 위한 것임과 동시에 보험, 소송, 교육, 연구, 손해보험 등의 업무와 관련하여 활용할 수 있다. 따라서 의료정보는 병상(기왕력 포함), 치료과정, 개개인의 체질, 경우에 따라서는 유전적인 질환과 같은 것을 포함하는 민감한 정보로서, 진료정보를 유출하여 해당하는 사람에게 손해를 야기한 경우에는 불법행위 내지 채무불이행으로 인한 손해배상을 청구할 수 있으며, 정보를 경제적 가치로 평가할 수 있을 때에는 거래의 대상이 될 수도 있다.[1)]

진료정보와 관련한 우리의 법 규정은 의료법[2)] 제18조 제1항 "의료업에 종사하

1) Ruckelhaus v. Monsanto Co. 467 U. S. 986 (1984), 정부기관에 제출된 '연구자료'가 미국 연방헌법 수정 제5조에서 말하는 '재산'으로 간주된다고 한 판결; Carpenter v. United States (484 U. S. 19. 1987), 신문사는 '컬럼의 내용'에 관하여 공개하기 이전에는 비밀로 간직하고 독점적으로 사용할 수 있는 재산권을 갖는다고 한 판결; Warshall v. Price, 629 So, 2d 903 904 -05 9(Fla. Dist. Ct. App. 1993) 의사가 과거 동업자의 환자리스트를 복사한 다음 새로운 환자들을 유치하기 위해 사용한 경우 동산의 횡령(conver sign)이라 한 판결.

2) 일부개정 2005.3.31. 법률 7453호.

고 자신이 진찰 또는 검안한 의사 · 치과의사 또는 한의사가 아니면 진단서 · 검안서 · 증명서 또는 처방전[의사 또는 치과의사가 전자서명법에 의한 전자서명이 기재된 전자문서의 형태로 작성한 처방전(이하 "전자처방전"이라 한다)을 포함한다] 을 작성하여 환자에게 교부하거나 발송(전자처방전에 한한다)하지 못한다. 다만, 진료 중이던 환자가 최종 진료시 부터 48시간 이내에 사망한 경우에는 다시 진료하지 아니하더라도 진단서 또는 증명서를 교부할 수 있으며, 환자를 직접 진찰 또는 검안한 의사 · 치과의사 또는 한의사가 부득이한 사유로 진단서 · 검안서 또는 증명서를 교부할 수 없을 때에는 같은 의료기관에 종사하는 다른 의사 · 치과의사 또는 한의사가 환자의 진료기록부등에 의하여 이를 교부할 수 있다"고 규정하고 있으며, 제3항은 "의사 · 치과의사 또는 한의사는 그가 진찰 또는 검안한 것에 대한 진단서 · 검안서 또는 증명서의 교부요구를 받은 때에는 정당한 이유 없이 이를 거부하지 못하도록" 하였다. 또 "누구든지 정당한 사유 없이 전자처방전에 저장된 개인정보를 탐지하거나 누출 · 변조 또는 훼손하여서는 아니 되며"(제18조의 2 제3항), "의료인은 이 법 또는 다른 법령에서 특히 규정된 경우를 제외하고는 그 의료 · 조산 또는 간호에 있어서 지득한 타인의 비밀을 누설하거나 발표하지 못하도록"(제19조) 하고 있다. 나아가 의료인은 각각 진료기록부 · 조산기록부 · 간호기록부 그 밖의 진료에 관한 기록(이하 "진료기록부등"이라 한다)을 비치하여 그 의료행위에 관한 사항과 소견을 상세히 기록하고 서명하여야 하며(제21조 제1항), "의료인 또는 의료기관의 개설자는 진료기록부등(제21조의2 제1항의 규정에 의한 전자의무기록을 포함한다. 이하 제33조 제2항에서 같다)을 보건복지부령이 정하는 바에 의하여 보존"하여야 한다. 또 형법 제317조 제1항에서 규정한 '의사, 한의사, 치과의사, 약제사, 약종상, 조산사 등의 의료종사자에게 업무상 비밀누설금지의무' 를 과함으로써 형법상으로도 보호의 필요성이 인정되고 있으나, 우리나라에서는 아직 진료정보와 관련하여 문제가 된 사례는 찾아보기 어려우며, 환자의 privacy보호 등을 위하여 진료정보의 활용과 보호에 대한 연구와 검토가 필요하다.

II. 정보화 사회에서의 진료정보와 그에 따른 제 문제

1. 진료정보의 개념

정보통신망이용촉진 및 정보 보호 등에 관한법률[3] 제2조 제1항 제6호에서 "개인정보라 함은 생존하는 개인에 관한 정보로서 성명 · 주민등록번호 등에 의하여 당해 개인을 알아볼 수 있는 부호 · 문자 · 음성 · 음향 및 영상 등의 정보(당해 정보만으로는 특정 개인을 알아볼 수 없는 경우에는 다른 정보와 용이하게 결합하여 알아볼 수 있는 것을 포함한다)를 말한다"고 하여 개인정보의 개념을 밝히고 있다. 그러나 진료정보는 이와 다른 개념이다. 이와 유사한 개념으로 '의료정보'가 있으나 이 또한 진료정보와 차이가 있다. 즉 의료정보라 함은 '의료에 관한 정보 전반'을 의미하는데 '의료제공의 필요성을 판단하거나 제공을 위하여 의사가 진찰 등을 통하여 얻은 환자의 건강상태 및 그에 대한 평가 나아가 의료제공에 따른 경과 등에 관한 정보'를 말한다.

이 같은 정보는 의료법[4] 제21조 제1항에서는 "의료인은 각각 진료기록부 · 조산기록부 · 간호기록부 그 밖의 진료에 관한 기록(이하 '진료기록부'라 한다)을 비치하여 그 의료행위에 관한 사항과 소견을 상세히 기록하고 서명하여야 한다"고 하여, 일반적으로 진료정보는 진료기록부에 기록하도록 하고 있다. 그런데 진료기록부의 형식은 병원과 진료과목에 따라 다르며 통일된 기준은 없다. 일반적으로 진료기록부에 기록되는 환자의 정보는 성명, 생년월일, 연령, 성별, 주소, 직업, 전화번호, 보험자번호, 사업소, 보험자, 상병자 이름, 직책, 진료개시일, 종료일, 퇴원일, 경제상태, life style, 현재의 병력, 기왕력, 가족력, 유전성질환 등을 들 수 있다. 또 의사의 진단에 의한 환자에 대한 정보는 신체소견, 감별진단, 진단계획, 확정 진단, 치료계획, 처방내용, 수술기록, 환자의 학력, 설명내용, 의사의 판단, 의사의 지시 내용 등을 들 수 있다.

검사 자료로는 혈액, 소변, 체액, 병리조직의 임상검사, X-선, CT, MRI, 초음파 등의 화상진단, 심전도 등의 생리검사 등이 있으며, 경과기록으로 관찰소견, 간호기

3) 일부개정 2004.12.30. 법률 제7262호.

4) 일부개정 2004.1.29. 법률 제7148호.

록, vital signs, 처치, 치료 실시, 반응, 식사, 복약지도, 영양지도, counseling, case work기록 등, 기타 동의서, 증명서, 진단서, 사망진단서, 소개장, 의뢰서, 정보제공자, 입원시 진료계획서, 타 시설 소개서, summary 등이 있다. 그리고 기본적으로 환자 자신의 설명을 통하여 병상의 경과 등에 대한 정보를 자세하게 얻을 수도 있으며, 환자의 가족으로부터 관련정보를 물어 알아낼 수도 있다.

따라서 '개인정보'를 생존하는 개인에 관한 정보로서 성명 · 주민등록번호 등에 의하여 당해 개인을 알아볼 수 있는 부호 · 문자 · 음성 · 음향 및 영상 등의 정보(당해 정보만으로는 특정 개인을 알아볼 수 없는 경우에는 다른 정보와 용이하게 결합하여 알아볼 수 있는 것을 포함한다)라 정의한다면, 진료정보는 개인정보의 일부가 되며, 또 진료정보는 의료정보의 일부가 되기도 한다.

진료정보는 그 취급에 있어서 개인의 존엄과 더불어 직접적으로 생명 · 신체에 이르기까지 많은 영향을 미칠 수 있는 예민한 정보이므로 개인정보 가운데에서도 가장 민감한 정보인 반면에 정보 주체의 치료를 위하여 적정하고도 신속한 소통이 요구되기 때문에 그 취급에 있어서 특수성을 갖는다. 다음은 의료정보의 보호라는 차원 그 이면에 진료정보를 활용할 경우에 나타나는 장점을 들면 다음과 같다.

(1) 민감한 의료정보의 고지의무

의학의 발달에 따라 의료정보와 관련한 법률문제도 많이 나타나게 되었다. 2000년 6월 미국에서 Genome지도(draft sequence)가 완성되었다고 발표[5]되어 유전공학을 중심으로 첨단 의료영역에서 의료정보를 둘러싸고 새로운 문제가 야기되기에 이르렀다. 즉 인간 유전자에 포함된 정보와 그에 따른 privacy침해 나아가 이에 대한 보호법익을 둘러싸고 새로운 갈등이 나타날 것으로 보인다. 특히 현대과학의 발달로 인하여 사람 개개인에 대한 질병유전자의 존재 유무에 대한 정보 등을 알 수 있게 됨으로써, 특정 가계(家系)의 유전적 질환(질병유전자)의 존재가능성 등도 확인할 수 있게 됨으로서 지금까지 논의되었던 진료정보와 다른 새로운 차원에서의 privacy 침해에 대한 문제가 제기될 것으로 예상된다. 하나의 예로 Chorea(舞蹈病)[6]

---

5) See Lander ES, Linton LM, Birren B et al, Initial sequencing and analysis of the human genome, Nature 2001, 409; 860-921., Venter JC, Adams MD, Myers EW, et al, The sequence of the human genome, Science 2001, 291; 1304-51.

는 발병 후 10년에서 15년 사이에 사망하는 지발성(遲發性) 유전질환으로서 현대의학에 의한 치료법을 개발하지 못하고 있는 실정이다. 이 같은 유전적 질환은 환자 자신만이 아니라 유전적으로 자손에까지 미칠 가능성이 높게 되는데, 이 같은 경우, 그 같은 정보를 피보험자와 가족에 대하여 고지하여야 하는가 하는 문제와, 진단의 결과에 대하여 '알 권리'와 '모를 권리' 간의 갈등의 문제, 또 진료정보의 처분권자가 누구인가 하는 등의 문제 등을 생각할 수 있다. 또 유전정보에 대해서는 privacy의 보호만으로는 충분한 해결책을 찾을 수 없다는 점에서 유전정보에 대한 보호와 관련하여 문제(우생학적 문제와 밀접불가분한 문제)가 제기될 수 있다. 그러나 유전정보에 대한 강제적 공표는 국가나 개인에게 있어 허락되지 않으므로 그 처분권에 대하여도 상당한 고려를 하지 않으면 안 된다. 나아가 정보화 사회의 진전에 따라 data화된 이 같은 유전정보에 접속할 수 있는 가능성이 크다는 점에서도[7] 이에 대한 대책을 수립하지 않으면 안 된다.

(2) 진료정보의 공유와 유용성

의학의 경우 그 자체가 정보가 되며, 의료서비스의 대부분은 정보교환에 의하여 이루어지게 된다. 따라서 진료정보의 소통은 의료정보의 소통이 되며, 이 같은 소통은 의료의 목적을 위하여 필요불가결한 것이다. 대학병원에서 환자 진료 결과에 대한 진료정보를 통합하여 전산망을 구축하게 되는 경우, 다른 영역에서 처방된 의약품 기타 복약했던 정보를 쉽게 알 수 있게 됨으로써 중복투약과 금기투여를 피할 수 있는 장점이 있다. 또 검사의 중복을 피할 수 있음으로서 의료비의 절감을 가져올 수도 있다. 즉 환자가 여러 의료기관에서 진료를 받았을 때, 엑스레이사진의 경우 모든 의료기관마다 촬영되게 되는 것을 전산망을 구축하여 정보를 여러 의료기관이 공유할 경우에는 재촬영 하는 것을 피하게 됨으로서 의료비의 절감은 물론 환자에게 다량의 방사선에 노출되는 위험을 줄일 수 있으며, 기타 검사 등으로 인한 침습

6) 일종의 불수의(不隨意)운동이 나타나는 상태로서, 돌연히 시작하고 비교적 빠른 운동이다. 불규칙성으로서 같은 운동을 되풀이 하는 것은 아니고 복잡한 협동(協同)운동의 일부분이 되는 형체를 갖기도 한다. 그러나 서로 같은 목적을 가진 것은 아니다. 전신의 어떤 근육에도 일으킬 수 있지만 사지의 말단과 안면, 혀 등에 많이 오게 된다. 뇌의 선상체(線狀體) 등의 병변에 의한 것으로 생각하고 있다. 무도병으로 알려져 있는 것 중에서 중요한 것은 소무도병(chorea minor)과 헌팅톤 무도병(Huntington' s chorea) 두 가지가 있다.

7) BverfGE, 65, 1, 45., Vgl. Franziska Lang, Das Recht auf informationelle Selbstbestimmung des Patienten und die ärztliche Schweigepflicht in der gesetzlichen Krankenversicherung, 1996, S. 31.

을 막을 수 있다. 국가적 차원에서 의료정보를 시스템화 할 경우 각 의료 기관으로부터 진료에 대한 객관적인 정보를 얻을 수 있으며, 불가능했던 치료 결과와 기타 평가에 대한 통계, 시설간의 비교도 가능하게 될 것이다. 이 같은 시스템을 구축함으로서 의료질의 정량화에 기여할 수 있으며, 의료의 질적 향상을 위한 지표 작성도 가능하게 될 것이다.

의료법 제21조의 2 제1항에서 의료인 또는 의료기관의 개설자는 제21조의 규정에도 불구하고 진료기록부 등을 전자서명법에 의한 전자서명이 기재된 전자문서(이하"전자의무기록"이라 한다)로 작성 · 보관할 수 있다고 규정하고 있으며, 의료인 또는 의료기관의 개설자는 보건복지부령이 정하는 바에 따라 전자의무기록을 안전하게 관리 · 보존하는데 필요한 시설 및 장비를 갖추도록 규정하고 있다(동조 2항), 반면에 누구든지 정당한 사유 없이 전자의무기록에 저장된 개인정보를 탐지하거나 누출 · 변조 또는 훼손하여서는 아니 된다(동조 제3항). 이와 같이 전자의무기록에 의하여 진정성 확보, 판독성 확보, 보존성의 확보라는 3가지 기준을 확보할 수 있다는 점에서 앞으로 전자의무기록의 확대를 통한 전산망의 구축이 가속화 될 것으로 본다. 결국 '보건의료분야의 정보화'에 따른 전자의무기록은 의료종사자간에 있어서도 진료정보를 공유할 수 있게 됨으로써 진료에 관한 정보를 화면상으로도 즉시 받을 수 있게 되며, 이를 통하여 진료과정이 지원될 수 있음으로써 의료의 질을 향상시킬 수 있는 장점 등으로 활성화될 것으로 예상할 수 있으므로 진료정보의 보호를 위한 대응책이 필요하다.

(3) 시스템화된 진료정보의 활용

전자처방전과 ordering system을 중심으로 병원 내의 시스템을 정비할 경우, 병원 내에서의 원활한 communication을 도모할 수 있으며, 의약품의 과잉투여와 중복, 금기된 의약품의 처방 등과 같은 실수를 검색할 수 있음으로서 의료에서의 안전성을 기할 수 있다. 또 진료정보를 공유할 경우, 타 의료기관에 환자를 轉院해야 할 경우 용이하게 처리할 수 있으며, 검사의 중복도 피할 수 있을 것이다. 나아가 보건사업실시주체와 의료기관과의 network를 통한 정보를 공유할 경우에는 과거의 진료 정보를 진료 현장에서 활용할 수 있으며, 보건전염병의 예방을 통한 생활의 질을 향상시킬 수 있을 것으로 본다.

의료에서의 정보화의 진전은 산간벽지 내지 육지로부터 멀리 떨어진 도서 지방에 대한 의료지원을 위한 목적인 것으로 인식할 수도 있겠으나, 정보화의 발전은 오늘날 의료영역에 있어서도 많은 변화를 가져오고 있다. 즉 원격진료가 보급됨으로써 재택의료를 선택한 환자는 자택에서 화상전송 등을 통하여 담당의사로부터 진단을 받을 수 있게 됨으로서 안전한 자택요양이 가능하게 된다. 또 높은 의료기술을 제공하는 의료기관으로부터 떨어진 지역에 거주하는 경우에도, 벽지의 의료기관에서 X-레이 화상 등 검사의 결과를 높은 의료시술을 행하는 의료기관에 전송하여 전문의로부터의 판독을 의뢰할 수도 있다. 또 전문적 의료를 제공하는 의료기관과 지역의 의료기관과 연결되는 제휴와 기능분담이 가능하게 되며, 원격지의 의료기관에서 수진하는 환자의 부담을 덜어줄 수 있으며, 전문적 의료기관에 환자가 집중하는 것을 방지할 수 있음으로서 환자의 대기시간을 단축할 수 있게 된다.

정보화의 진전은 일부의료기관의 경우 인터넷을 통하여 자택에서 전자처방전을 환자가 직접 받아볼 수도 있다. 이와 같은 전자처방전의 보급을 통하여 의사의 설명에 따른 환자의 동의(Informed consent)의 문제를 쉽게 해결할 수 있으며, 의무기록의 열람을 용이하게 할 수 있게 된다. 이와 같이 보건의료분야에서의 정보화는 진료정보를 보호할 수 있는 안전성 확보에 유의하면서 서비스 이용자의 입장에서 정보처리 · 통신 기술을 활용하여 정보에 대한 고도의 이용을 도모하는 것을 이념으로 보건의료서비스 질의 향상과 자원의 유효활용에 의한 합리적 · 효율적인 서비스 제공체제의 구축을 목적으로 할 때 가져올 수 있는 효과는 기대 이상이 될 것이다.

하나의 예로 1993년부터 1995년에 걸쳐 미국 하버드대학 관련 병원의 보고서에 집중치료실(intensive care unit)에서 의사의 약제처방에 약제사가 참여함으로써, 그 과오를 방지하고, 약제사와의 협의를 통하여 약제비를 절감했다는 보고가[8])이 있다. 본래 집중치료실에서 약제처방에 약제사의 참여가 약물유해로 인한 피해를 감소시킬 수 있는가와 관련한 조사였는데, 본 조사에서 약제사가 참여함으로써 약물 유해성 발생 율이 10.4건/일 천명(95% 신뢰구간 7-14)에서 3.5건/1일 천명(95% 신뢰구간 1-5)으로 현저히 감소하였다는 보고의 내용이다. 본 보고서에서 약제사가 의사에

8) Lape LL, Cullen DJ, Clapp MD, Burdick E, Demonaco HJ, Erickson JI, Bates DW., Pharmacist participation on physician rounds and adverse drug events in the intensive care unit, JAMA 1999, 282 (3); 267-270.

의한 약제처방에 대하여 366건의 조언을 하였고, 그 가운데 362건(99%)이 의사에 의하여 승인되었다고 한다. 약제사 조언의 46%는 불완전한 처방, 처방양의 잘못, 처방 횟수의 잘못, 부적절한 약제의 선택, 중복처방과 같은 약제처방의 해명과 정정 등이었다. 이와 같이 진료정보의 공유는 다양한 면에서 긍정적인 효과를 야기할 수 있다.

2. 과학적 의료정보와 임상판단

최근 의료영역에서 '과학적 의료(evidence-based medicine)' 에 대한 논의가 활발하게 이루어지고 있다. 과학적 의료는 캐나다의 D. Sackett박사를 중심으로 한 연구 그룹에 의하여 그 방법론과 개념이 정리되어 보급되었는데, 과학적 의료라 함은 환자의 임상적 배경, 외부로부터의 과학적 근거(evidence), 각 전문의의 전문기술 등 3가지가 통합하여 이루어지게 된다.[9] 환자의 임상적 배경은 기왕력, 유전, 경제적 배경 등에 관한 환자의 임상적 배경과 특성에 관한 환자의 진료정보를 말하며, 외부로부터의 과학적 근거(evidence)란 통계분석, 대규모 시험 등으로부터 얻은 신뢰성이 높은 과학적 근거, 즉 익명 환자의 진료정보의 통계학적 해석으로부터 제공된 정보를 말한다. 그리고 경험과 기술을 습득한 의사의 기량이 합쳐져 과학적 의료가 보장되게 되는데, 실제로는 과학적 부분만이 강조되는 경향이 있어 과학적 의료에 편중되는 경향도 있다. 오래전부터 진료는 지역과 의사에 따라 많은 차이가 있음이 지적되어 왔으며, 과학적 의료의 도입에 의하여 객관적 통계에 의한 진료 guide line이 완성된다면 과거 경험적 의료(experience-based medicine)에 비하여 의료수급자 누구에게나 평등하게 높은 질의 의료가 보장될 수 있다.

과학적 근거는 통계분석과 대규모 시험 등을 통하여 얻을 수 있으며, 통계분석은 특정 치료법의 효과를 평가할 경우, 같은 목적으로 행하는 몇 가지의 연구결과를 병합하는 통계학적 방법으로서 대규모의 시험을 통하여 특정 치료법의 효과에 대하여 다수의 예를 평균적으로 검토하게 된다. 통계분석과 대규모 시험을 위하여 익명의 환자진료에 대한 정보가 필요하며, 그 성과는 실명의 개인에게 제공되는 의료의

9) See Sackett DL, edited, Evidence-based medicine: how to practice and teach EBM, Churchill Livingstone, 1997. 1.

질과 관계된다. 따라서 의료의 잠재적 수급자인 개인에 대한 정보를 가능하다면 그 대상자를 늘려 신뢰도가 높은 결과를 바라게 된다. 동시에 개인은 잠재적 피험자이기 때문에 개인이 대상자로서 연구에 참여를 요청받았을 때에는 그 목적의 중요성과 연구를 통하여 받게 될 불이익을 생각하여 그 참여여부를 결정하게 된다. 이 때 개인 의료수급자로서는 조금이라도 질이 높은 의료가 보장된다면 개인 진료정보에 대한 비밀이 지켜지는 한 유효하게 활용될 수 있기를 바라게 된다.

본래 과학적 의료는 임상판단을 하는 임상의를 위한 행동지침이었다. 그 과정은 우선 임상을 판단함에 있어 의문점을 추출하여 인터넷 등을 통하여 MEDLINE 등에 접속하여 문헌검색을 하고, 문헌의 신뢰성을 평가하고, 개개 문헌의 결론을 신뢰할 수 있는가의 여부에 관하여 판단하게 된다. 이 때 무작위 비교시험으로 얻은 결과를 통계 분석한 연구가 신뢰성이 높게 된다. 이 같은 평가에 의하여 우연성과 선입견이 배제되며, 마지막으로 문헌의 결과를 환자에 적응할 것인가에 대한 타당성의 평가, 문헌의 결론을 당해 문제에 직면한 환자에 적응(適應)함에 있어 대상 환자의 병태생리의 차이, 약물대사 등 인종 차 · 개인 차, 환자의 의사지시 순종 여부, 의료인의 치료내용, 진단정도의 상위(相違), 합병증의 평가, baseline · risk의 평가가 고려된 이후에 informed consent를 행하여 임상판단을 하게 된다.

3. 진료정보에 대한 자기결정권

의료와 관련하여 환자는 자신의 정신과 신체에 발생한 사실과 발생 가능한 사실에 대하여 알 권리가 있다. 따라서 의사는 환자가 의식불명, 청취능력이 없거나 고지 자체가 역기능을 초래하는 경우, 고지 자체의 시간적 여유가 없는 경우를 제외하고 환자에게 이 같은 내용을 고지하여야 한다. 또 환자는 자신의 신체 기타 정신적으로 발생 가능한 모든 것에 대하여 스스로 결정할 수 있는 자기결정권을 갖는다. 따라서 어느 누구도 환자의 의사에 반하여 환자의 정신 기타 신체의 침습 등에 개입할 수 없는 것이 원칙이다.

그러나 진료정보는 민감한 정보로서 쇠사슬과 같이 이어지는 특징이 있다. 환자로부터 제공된 주관적인 정보와 의사의 진료에 의한 객관적인 정보에 대하여 의사 기타 의료인에 의한 부가적인 분석 및 절차에 따른 가치판단의 정보가 합쳐지게 되는데, 여기에 진료기록이 누구의 것인가 하는 진료정보 소유에 관한 문제도 제기될 수도 있다. 진료기록 용지의 소유권, 진료기록 가운데 의사에 의하여 창출된 독자적인 정보는 누구의 소유인가, 나아가 기록 · 보존의무 등에 관한 논의가 있을 수도 있다. 진료기록을 위한 기록용지는 의료기관의 소유물이기 때문에 진료정보도 의료기관의 것이라고 생각할 수 있으나, 진료기록의 진료기록용지의 비용도 환자가 부담하므로 진료정보는 환자의 소유라고 할 수도 있다. 또 가치판단정보는 의사가 행하게 되므로 의사의 소유라 생각할 수도 있고, 주관적인 정보와 객관적인 정보는 환자의 것이라고 생각할 수도 있다. 그러나 진료기록의 최대 이해관계인은 환자 본인이므로 환자본인의 통제 하에 두는 것이 타당하다고 본다.

더 나아가 진료계약은 의사와 환자간의 준위임계약이므로, 위임자인 환자에 관한 정보는 환자에게 제공되어야 한다. 또 환자의 자기정보 통제권을 고려하여, 의료종사자와 환자의 신뢰관계의 강화, 정보의 공유에 의하여 의료의 질을 향상시키기 위해서도, 환자의 진료정보는 환자자신의 통제 하에 있다고 하여야 한다. 실제 의료현장에서 진료정보를 환자의 소유로 이해하기도 하나, 문제는 정신적으로 불안정한 환자에게 암이나 정신장애 등 심각한 발병을 고지함으로써 환자에게 더 중대한 상해를 가져오게 되는 경우에 문제가 된다. 그리하여 의사는 환자의 자기결정권과 환자의 상해 회피의무를 비교 형량하여 진료내용에 대한 설명범위를 정하지 않으면 안 된다.[10) 이에 대하여 독일에서는 의사에 의한 설명의 범위를 법률적으로 결정할 수 있다는 입장이며, 특정 정보를 환자에게 치료에 앞서서 제공되어야 하는가의 문제는 의학적 전문지식의 문제로 보지 않는다.[11)] 뿐만 아니라 독일의 경우 환자의 자기결정권의 의의를 정당하게 평가하고 있는데,[12)] 이 같은 입장은 고지의 범위가 의사의 재량에 의한다는 입장에 비하여 구체적인 기준을 제시한 예로서 시사하는 바가 크다.

10) Lang, a, a. O. (Anm.15), S. 62.
11) 김천수, 환자의 자기결정권과 의사의 설명의무, 서울대학교 박사학위논문, 197면.
12) Lang, a, a, O. (Anm. 15), S. 63.

III. 진료정보보호와 환자의 자기정보통제권

1. 진료정보와 privacy 보호

진료정보는 개인의 신체 및 건강과 관련된 개인정보로서, 이와 관련한 개인정보는 환자 자신의 신체뿐만 아니라 심리, 사회적 생활배경도 포함될 수 있다. 따라서 건강과 관련된 개인정보는 다른 어떤 정보와 비교하더라도 매우 민감한 개인정보 가운데 하나이므로 진료정보는 인격권으로서 충분한 보호가 필요하다.[13] 이와 관련한 법 규정은 형법 제317조에서 "의사, 한의사, 치과의사, 약제사, 약종상 등이 지득한 타인의 비밀을 누설한 때에는 3년 이하의 징역이나 금고, 10년 이하의 자격정지 또는 700만 원 이하의 벌금에 처한다" 고 규정하여 의사 등에게 업무상 비밀누설 금지 의무를 부과하여 환자의 privacy를 보호하고 있다. 그러나 오늘날 의료에서는 전술한 바와 같이 진료의 목적을 달성하기 위하여 환자에 관하여 보다 많은 정보를 필요로 하므로 진료정보를 보다 쉽게 의료진들이 이용할 수 있도록 하는 제도적 장치가 필요하다. 즉 의료정보는 보호해야 할 필요성이 있음과 동시에 진료와 관련하여 양질의 서비스를 위하여 정보의 유통이 필요하다고 하는 양면성을 갖는다. 결국 진료정보는 의료에서는 그 목적을 달성하기 위하여 진료정보의 활용이 요구되는 한편 다른 영역에서는 엄격한 보호가 요구되고 있다.

Privacy의 개념은 역사적으로 볼 때 정보기술의 발달과 함께, media와 개인, computer와 개인, computer net-work와 개인과의 관계에서 주로 논의되어 왔다. 초기 privacy에 대한 논의는 1890년 미국에서 시작되었으며,[14] 언론에 의한 침해는 명예훼손의 여부만이 문제되었으나, 워렌(Samuel D. Warren)과 브렌다이스(Louis D. Brendeis)가 발표한 논문 '프라이버시권(The Right to Privacy)'[15]에서 당시 미국 황색언론이 유명인사의 사생활을 폭로하는 기사를 자주 게재하였으나 이에 대하여 명예훼손 법리만으로 그 구제가 곤란한 경우가 많다고 하여 새롭게 프라이버시

13) Lang, a. a. O. (Anm. 15), S. 29.
14) S. D. Warren and L. D Brandeis, The Right to Privacy, 4 Harvard Law Review 1890, 193-220.
15) Harvard Lae Review, p. 193, (1980).

권을 인정할 필요가 있다고 주장한 것을 시작으로 20세기 들어 미국의 각주에 걸쳐 판례 또는 입법에 의하여 프라이버시권이 인정되기 시작하였다.[16)]

우리나라에서 언론에 의한 프라이버시권의 침해가 재판상 문제로 제기되기 시작한 것은 1990년대 초기이며, 그 근거로서 법원은[17)] "헌법 제10조 '모든 국민은 사생활의 비밀과 자유를 침해받지 아니 한다.' 동법 제21조 제4항 '언론 · 출판은 타인의 명예나 권리 또는 공중도덕이나 사회윤리를 침해하여서는 아니 된다. 언론 · 출판이 타인의 명예나 권리를 침해한 때에는 피해자는 이에 대한 피해의 배상을 청구할 수 있다' 는 규정, 형법 제316조, 제317조에서 개인 사생활의 비밀과 평온을 보호하기 위하여 일정한 개인의 비밀을 침해하거나 누설하는 행위를 처벌하는 규정을 두고 있는데, 이 같은 규정들을 종합해 보면, 사람은 자신의 사생활의 비밀에 관한 사항을 함부로 타인에게 공개당하지 아니할 법적 이익을 갖는다.

문제는 privacy의 개념이 불명확하다는 점이다. 초기에는 '혼자 있을 권리(right to let be alone)', '사생활이 멋대로 공개되지 않을 권리' 와 같은 소극적인 개념이었으나, 최근 정보화 사회에 이르러서는 정부 또는 전문조사기관의 정보 수집활동의 확대 및 이의 유출 등이 문제가 되자 '자기정보를 통제할 수 있는 권리' 라는 적극적인 개념으로 주장되고 있으며[18)], 나아가 미국에서는 일정한 사적 결정(낙태, 포르노그라피의 소지 등)을 정부로부터 방해받지 아니할 자유라는 의미에서의 자율권 내지 자기결정권의 내용까지 포함하며, 언론에 의한 프라이버시침해와 관련해서는 소극적인 의미에서의 프라이버시의 개념이 주로 문제가 되기도 한다. 이 같은 의미에서 미국에서의 프라이버시권은 i) 사적인 공간과 생활의 침범(intrusion), ii) 사생활을 공표당하지 않을 권리(public disclosure of private facts), iii) 타인에게 잘못된 인상을 심어줄 공표(False light invasion of privacy)를 당하지 아니할 권리, iv. 초상, 성명 등이 상업적으로 이용당하지 아니할 권리(the right of publicity of appropriation) 로 이해하고 있으며[19)], 우리나라에서 "프라이버시란 우리 헌법 제17조에 표현된 '사생활의 비밀과 자유' 를 의미하는 것으로, 프라이버시권이란 자기만이 간직한 비밀을 공개당하거나 사생활의 간섭을 받아 정신적 타격을 받지 아니할

16) 염규호,「미국에서의 프라이버시침해와 언론의 자유」, 언론중재, 1994, 겨울호, 52면 이하.

17) 대법원 1998.9.4. 선고 96다 11327 판결(공1998하, 2377).

18) 대법원 1998.7.24. 선고 96다42789 판결(공1998하, 2200).

19) William L. Prosser, "Privacy", 48 Calif. L. Rev. 383 (1960); Restatement of Torts(2d) §652B-652E.

권리[20]"로 이해하고, 프라이버시권이라는 명시적 언급은 없었으나, "사람은 자신의 사생활의 비밀에 관한 사항을 함부로 타인에게 공개당하지 아니할 법적 이익을 가진다[21]"는 입장으로 초상권, 성명권 등을 프라이버시권과 별개의 개념으로 다루고 있다. 그러나 진료정보는 매우 민감한 정보이며 이는 인격권이라는 점에서 privacy와는 차이가 있다.

2. 진료정보와 자기통제권

의료인은 환자의 진료정보 누설을 금지하고 있다(의료법 제19조. 형법 제317조). 이 같은 금지 규정들은 '의료에서 환자의 privacy를 보호하기 위한 법률'이라 해석할 수 있다. 즉 의료법 제19조는 "의료인은 이 법 또는 다른 법령에서 특별히 규정된 경우를 제외하고 의료 · 조산 또는 간호에 있어서 지득한 타인의 비밀을 누설하거나 발표하지 못 한다"고 규정하여 의료인에게 비밀누설의 금지의무를 부과하고 있다. 이와 같이 의료관계자에 대하여 형법, 기타 의료법에서 환자의 의료정보에 관한 비밀누설을 금지하는 것은, 환자의 privacy를 제3자로부터 침해받는 것으로부터 보호하려는 규정이다. 그러나 최근 독일에서는 이 같은 비밀누설금지의무를 정보화 사회의 실정에 맞게 새로운 시각에서 privacy를 보호 하여야 한다는 견해가 Sabine Michalowski에 의하여 주장되었다. 즉 독일형법 제203조, 독일 형사소송법 제53조 1항 3호, 제97조 1항에 대한 보호목적에 대한 재 고찰과 관련하여 '이제까지 의사 등의 비밀누설금지의무에 대한 보호법익으로서의 privacy는, "진료를 통한 자신에 관한 정보를 정당한 이유 없이 공개되지 않을 권리"에서 "투병 중의 사생활과 사적인 일에 대하여 공개되지 않을 권리"로 해석하여야 한다는 입장이다[22]. 그러나 고도로 정보화된 현대사회에서는 이 같은 해석에 있어서도 한계가 있어 보인다. 즉 환자의 진료정보에 대한 비밀누설금지의무의 보호법익을 현대 사회에서의 privacy권, 즉 자기정보통제권으로 이해하면서, 진료에 있어 자기에 관한 정보에 대하여 자기의 판단에 따라 통제할 수 있는 권리라고 이해할 때 그 의미가 있을 것이다.

20) 서울지방법원 1997.2.26. 선고 96가합31227 판결.

21) 대법원 1998. 9. 4. 선고 96다11327판결(공1998하, 2377).

22) Vgl. Sabine Michalowski, Schutz der Vertraulichkeit strafrechtlich relevanter Patienteninformationen, ZStw Bd. 109, 1997, SS. 519-544.

진료정보에 대하여 Lang은 "인격권의 특별한 형성에서 일반적 인격권은 자기정보 통제권으로 사인간의 관계에서 유효하므로 의사 · 환자간의 법적관계에서도 유효하다. 따라서 의사의 계약상의 부수의무는 민법상의 신의성실의 원칙에 따라 자기정보통제권에 따라야 하며, 민법상의 의무에 더하여 독일형법 제203조에 따라서 형법상 제재되는 의사의 비밀누설금지의무로서 강화된다[23)]"고 하여 환자의 자기정보통제권과 의사 등의 비밀누설금지의무의 관계를 설명하고 있다. 그러나 제3자와의 관계에 대한 법적인 문제에 대한 언급은 없으며, 판결 예를 찾아보기도 어렵다.

개개인간의 자기정보통제권에 의한 정보의 보호는 단순히 기본권을 보장받을 수 있으나, 타인의 기본권을 제한할 경우에는 위험에 빠뜨릴 수 있는 가능성이 있으므로, 타인의 기본권을 고려하지 않으면 안 된다. 이 같은 정보주체 이익의 우월성이 어느 경우에 발생하는가하는 문제는 비교형량의 결과에 의하여 정할 수밖에 없으므로, 이는 사안에 따라 달리 정할 수밖에 없을 것이다. 이미 많은 의료기관들이 행정을 위하여 컴퓨터를 도입하여 환자의 의료정보를 처리하고 있는 가운데, 환자에 관한 의료정보 처리와 그 활용에 있어 다소 문제점을 내포하고 있다. 즉 개개 환자에 대한 자기 정보이용의 범위와 목적이 불명확하고, 과거 의사의 비밀누설금지의무는 일반적인 정보보호와 관련할 때 충분하게 대응을 할 수 없으며, 의사와 환자의 신뢰관계 및 환자의 인격권을 보호하기 위하여 새로운 규정이 요구되고 있다.

3. 진료정보보호의 필요성

(1) 정보보호에 관한 법률

컴퓨터와 통신기술의 발전은 개인정보 처리의 고속화, 대량화가 가능하게 되었으며 이에따라 개인정보가 가상공간을 통하여 유출되어 남용될 수 있는 가능성도 높아짐에 따라서 개인정보 보호를 위한 법제의 제정 요구도 그 만큼 높아지게 되었다. 이 같은 요구를 반영하여 1999년 2월 8일 「정보통신망이용촉진 등에 관한 법률」이 제정되었는데, 이는 과거 「전산망보급확장의 이용촉진에 관한 법률」을 전면 개정한 것으로서 오늘에 이르러서는 「정보통신망이용촉진 및 정보보호 등에 관한 법률」

23) Lang, a, a, O. (Anm. 15), S.42.

로 일부 개정하였는데, 본 법률 가운데 개인정보호호관련 규정이 포함되어 있다.

본 법제화의 배경에는 i) 1980년대 인터넷의 보급에 따른 정보화 사회의 진전에 따른 privacy보호를 위한 문제의 인식, ii) 개인정보보호법제정의 세계적인 추세, iii) OECD이사회의 privacy 보호 권고, iv) 구미제국에서의 개인정보보호지침, v) 전자상거래의 발전과 그에 따른 privacy의 보호, vi) 주민등록 전산화 및 토지대장 등의 전산화에 따른 개인정보보호법제정의 요청 등을 들 수 있다.

Computer net-work의 구축으로 정보의 유통은 이제 시공을 초월하여 우리 생활의 일부가 되었다. 그 결과 구미제국에서는 1970년대부터 privacy보호법[24]과 정보보호법등을 제정하였는데, 그 주요국들의 대부분은 유럽연합의 국가들이다.[25] 1974년 미국의 privacy보호법은 정부에 의하여 수집 · 축적되는 개인정보의 보호에 그 초점이 맞추어져 있었으나, 오늘날에는 전자상거래 등을 통한 개인정보의 보호가 주요 목적이 되고 있다. 초기 미국에서의 개인정보보호의 시각은 자국 내에서의 privacy 보호는 유익하지만, 국경을 넘어서까지 자유로운 정보의 유통은 그 이익을 침해한다는 시각이었다. 미국에서의 자국민을 중심으로하는 privacy 보호정책에 대하여 OECD에서 문제 삼게 되었으며, 이 같은 결과로 인하여 유럽연합에서는 1980년 'privacy 보호와 개인정보의 국제유통을 규율하는 가이드라인에 관한 이사회권고'[26]를 1980년 9월 23일 채택하였다. 이 권고안은 정보의 자유로운 흐름과 privacy의 보호와 조화를 꾀하려 것이 그 목적이다.

(2) 권고안의 내용

EU집행위원회는 1993년 마스트리히트 조약을 발효하여 유럽연합이 출범하였으나, 각 회원국의 입법수준이 달라 각 가맹국간에는 개인정보의 원활한 유통에 많은 지장을 받고 있었다. 그 결과 EU집행위원회는 1990년 9월부터 개인정보의 자유로

24) See, e. g., Online Privacy Alliance, Commentary to the mission statement and guideline, Nov. 19, 1998, at Annex 1 Elements of effective self-regulation for protection of privacy, A. principles of fair information practices (The first paragraph of the principles refers to the history of the fair information practices).

25) 문성제,「온라인상에서의 개인정보보호에 관한 국제 동향」, 비교법학연구 제3집, 한국비교사법학회, 2004, 59면 이하,

26) Recommendation of the Council concerning Guideline Governing the Protection of Privacy and Transborder Flows of Personal data, Sept. 23, 1980.

운 유통을 촉진하는 지침안 제정에 착수하여 1995년 10월 24일 EU의회와 각료이사회에 의하여 개인정보보호지침을 채택하게 되었다. 나아가 EU집행위원회는 1998년 12월 「범세계적 네트워크상의 프라이버시보호에 관한 각료선언(Ministerial Declaration on the Protection of Privacy on Global Networks)」에서 1980년에 채택한 8원칙이 인터넷환경에 적합하다는 점에 동의하고 각국이 네트워크 환경에서 효율적인 프라이버시보호조치를 취할 것을 촉구하였다. 즉 OECD는 1980년 9월 23일 이사회권고(Recommendation of the Council)에 의하여 가맹국은 프라이버시와 개인의 자유보호에 관한 가이드라인에 따라 국내 입법화하도록 권장하였다. 이 가이드라인에서 개인정보보호에 관한 8원칙을 제시하였는데, 이것이 오늘날 개인정보보호의 주요 원칙이 되고 있는데 그 주요 내용은 다음과 같다.

1) 수집제한의 원칙(Collection Limitation Principle)

개인정보의 수집에는 제한이 있어야 하며, 어떠한 개인 정보라 하더라도, 적법 · 공정한 방법임과 동시에 필요한 경우에는 정보주체에게 알리거나, 동의를 얻어 수집하여야 한다(§7).

2) 정보 질의 원칙(Data Quality Principle)

개인정보는 그 이용의 목적에 따라서 이용하여야 하고, 이용목적의 범위에 필요한 범위 내에서 정확, 완전하고, 최근의 정보가 되도록 up to date되어야 한다(§8).

3) 목적명확성의 원칙(Purpose Specification Principle)

개인정보의 수집목적은 정보 수집 이전에 특정되어야 하며, 이 후에 정보의 이용은 당해 수집 목적 달성, 당해 수집목적에 반하므로 이용해서는 안 되고, 그 목적이 변경된 때에는 명확하게 그 목적의 달성에 한정되어야 한다(§9).

4) 이용제한의 원칙(Use Limitation Principle)

개인정보는 제9조에 의한 명확한 목적 이외의 목적을 위하여 전시, 이용 기타 사용에 제공되어서 아니 되나, 다음의 경우에는 예외로 한다.

(a) 정보주체의 동의가 있는 경우

(b) 법률의 규정이 있는 경우

5) 안전보호의 원칙(Security Safeguards Principle)

정보는 그의 분실이나 부당한 접속 · 파괴 · 사용 · 수정 · 전시의 위험에 대하여 합리적인 안전보장조치에 의하여 보호되어야 한다(§11).

6) 공개의 원칙(Openness Principle)

개인정보와 관련한 개발, 운용 및 정책에 관한 것은 공개하여야 한다. 개인정보의 존재, 성질 및 그 주요 이용 목적과 함께 정보관리자의 직별, 통상의 주소 등을 확인할 수 있는 수단을 쉽게 이용할 수 있도록 하여야 한다(§12).

7) 개인 참가의 원칙(Individual Participation Principle)

개인은 다음과 같은 권리를 갖는다.

(a) 정보 관리자가 자기에 관한 정보를 가지고 있는가의 여부에 관하여 정보관리자 기타 관여자로부터 확인을 할 수 있다.

(b) 자기에 관한 정보를

ⅰ. 상당한 기간 내에

ⅱ. 필요할 때 과도하지 않은 비용으로

ⅲ. 합리적인 방법으로

ⅳ. 알기 쉬운 방법으로 고지를 요구 할 수 있다.

(c) 상기 (a) 및 (b)의 요구가 거부된 경우에는 그 이유, 거부에 대한 이의를 제기할 수 있으며, 이에 따라 정보의 소각, 수정, 완성, 보정을 할 수 있다(§13).

8) 책임의 원칙(Accountability Principle)

정보 관리자는 상기 제 원칙을 실시하기 위한 조치에 따른 책임이 있다(§14).

4. 진료정보의 보호

진료정보는 환자의 사적영역에 속하는 민감한 정보로서, 환자의 자기정보통제권을 존중하여 보호 할 필요가 있다. 이 같은 정보보호를 위하여 현행법에 의하여 정보를 재물로 간주할 수 있다면 재산에 관한 죄의 규정에 의하여 보호를 받을 수 있겠으나 아직 재산법에서는 무형의 정보를 재화로 간주고 있지 않으며, 정보 그 자체에 관하여 형법을 적용하여 보호받을 수 있는 법익은 비밀, 명예, 신용에 한정된다. 또 비밀누설죄는 신분범으로, 비밀누설금지의무가 없는 관계자에 의한 누설행위는 처벌할 수 없다는 점에서 한계가 있다. 결국 「정보통신망이용촉진 및 정보보호 등에 관한 법률」에 의하여 진료정보의 보호를 꾀하지 않으면 안 되는데, 본법 제2조 제6호에서 "개인정보라 함은 생존하는 개인에 관한 정보로서 성명 · 주민등록번호 등에 의하여 당해 개인을 알아볼 수 있는 부호 · 문자 · 음성 · 음향 및 영상 등의 정보(당해 정보만으로는 특정 개인을 알아볼 수 없는 경우에는 다른 정보와 용이하게 결합하여 알아볼 수 있는 것을 포함한다)를 말한다"하여 앞에서 언급한바와 같이 진료정보는 개인정보의 범위 속에 포함된다고 할 수 있다. 결국 의료정보의 보호는 정보통신망이용촉진 및 정보보호 등에 관한 법률에 의하여 보호된다 해석할 수 있다. 또 본 법 제61조(벌칙)에서 "사람을 비방할 목적으로 정보통신망을 통하여 공연히 사실을 적시하여 타인의 명예를 훼손한 자는 3년 이하의 징역이나 금고 또는 2천만 원 이하의 벌금에 처한다(1항)고 규정함으로써, 사람을 비방할 목적으로 정보통신망을 이용하여 공연히 허위의 사실을 적시하여 타인의 명예를 훼손한 자는 7년 이하의 징역, 10년 이하의 자격정지 또는 5천만 원 이하의 벌금에 처하도록 규정하였다(2항). 또 제62조(벌칙)에서 다음 각 호의 1에 해당하는 자는 5년 이하의 징역 또는 5천만 원 이하의 벌금에 처한다고 규정하였는데, 즉 ⅰ) 제24조 제1항(제58조의 규정에 의하여 준용되는 경우에 해당되는 자를 포함한다)의 규정을 위반하여 개인정보를 제22조 제2항의 규정에 의한 고지의 범위 또는 서비스 이용약관에 명시한 범위를 넘어 이용하거나 제3자에게 제공한 자 및 그 정을 알고 영리 또는 부정한 목적으로 개인정보를 제공받은 자, ⅱ) 제24조 제2항(제58조의 규정에 의하여 준용되는 경우에 해당하는 자를 포함한다)의 규정을 위반하여 이용자의 개인정보를 제공받은 목적 외의 용도로 이용하거나 제3자에게 제공한 자 및 그 정을 알고 영리 또는 부정한 목적으로 개인정보를 제공받은 자, iii) 제24조 제4항(제58조의 규정에 의하여 준용되는 경우에 해당되는 자를 포함한다)의 규정을 위반하여 이용자의 개인정보를 훼손 · 침해 또는 누설한 자, iv) 제48조 제2항의 규정을 위반하여 악성프로그램을 전달 또는 유포한 자, v) 제48조 제3항의 규정을 위반하여 정보통신망에 장애를 발생하게 한 자, vi. 제49조의 규정을 위반하여 타인의 정보를 훼손하거나 타인의 비밀을 침해 · 도용 또는 누설한 자 등이다. 제48조 1항의 규정을 위반하여 정보통신망에 침입한 자, 제57조의 규정을 위반하여 직무상 알게 된 비밀을 타인에게 누설하거나 직무상 목적 외에 이를 사용한 자는 3년 이하의 징역 또는 3천만 원 이하의 벌금에 처하도록 하고 있다.

이와 같이 '정보통신망이용촉진 및 정보보호 등에 관한 법률'은 개인정보보호를 위한 기본원칙을 구체화한 법률로 적용 제외 규정과 대상 등이 규정되어 있으나, 그 해석에 따른 적용에 있어 환자의 자기정보통제권을 보장하기 위하여 본 법률을 적용할 수 있는가 하는 의문이 남는다. 환자의 인격적이고 사적인 진료정보의 경우 그 사용 방법에 따라서는 환자의 생명 · 신체에 대하여 중대한 영향을 갖는 것임에도 불구하고, 진료 중에는 비밀누설금지의무자인 의료관계자의 누설의 위험을 받을 있으며, 진료 후에도 고도정보화 사회에서 의료관계자의 범위를 떠나서, 진료정보를 보관하는 가운데 외부로부터의 침해에 위협을 받기도 한다. 따라서 의료에서의 진료정보에 대한 안전한 관리를 위한 대책을 수립하지 못하고 있는 우리의 현실에서 관련 법률의 제정을 통한 대책의 수립이 절실히 필요한 시점에 있다.

오늘날의 의료는 이미 사회의 시스템으로 성장하였으며, net-work는 현대사회의 중심 시스템으로 성장하였다. 현대사회의 중심시스템에 의한 위협으로 이어지고 있는 진료정보의 침해는 사회에 대한 침해로서 법적보호가 필요하다. 특히 환자는 의료의 객체가 아니라, 의사와 같이 질병을 극복하여야 하는 의료에서의 주체라는 점에서, 나아가 오늘날의 의료에서 의료인이 환자에게 진료정보를 제공하는 것을 중요시하여 왔다는 점에서 이를 안정적으로 운용하기 위한 대책의 수립이 필요하다. 한편으로는 진료정보의 활용을 위한 정보의 제공을 넓게 보급하고 추진하기 위해서도 이를 위한 대책이 필요하다.

Ⅳ. 검 토

정보는 공간과 시간의 틀 속에서 유형·실체적으로 존재하는 것이 아니라, 무형의 실체로서 이 같은 새로운 법대상의 특성에 따라서 적절하고, 실천적인 법의 원칙을 찾는다는 것은 그리 쉬운 일이 아니다. 이 같은 이유로 법학의 영역에서도 지금까지 이 대상을 법의 지배영역에 편입시키지 못하였음이 사실이다. 단지 정보를 경제적 가치에 착안하여 거래의 대상으로 취급할 수 있는 몇 가지의 가능성만을 열어놓고 있을 뿐이다. 그러나 오늘 정보화시대에 있어서는 이 같은 무형의 가치가 21세기의 혁명이라 할 만큼 중요한 재화로서의 가치를 가지고 있음에도 이에 관한 연구는 부족한 것이 현실이다.

현재 우리는 「정보통신망이용촉진 및 정보보호 등에 관한 법률」을 제정하여 시행하고 있으나, 본 법의 실행에 따른 구체적인 절차와 그에 따른 제반 문제들에 대한 검토는 부족한 실정이다. 「정보통신망이용촉진 및 정보보호 등에 관한 법률」제2조 제1항 6호에서 "'개인정보'라 함은 생존하는 개인에 관한 정보로서 성명·주민등록번호 등에 의하여 당해 개인을 알아 볼 수 있는 부호·문자·음성·음향· 및 영상 등의 정보(당해 정보만으로는 특정 개인을 알아볼 수 없는 경우에는 다른 정보와 용이하게 결합하여 알아 볼 수 있는 것을 포함한다)를 말 한다"하여 개인정보에 대한 개념을 밝히고 있다. 이에 대하여 '의료정보'라 함은 의료에 관한 정보전반을 의미하며, 그 가운데 '진료정보'란 의료제공의 필요성을 판단하거나, 의료제공을 위하여 진료 등을 통하여 얻은 환자의 건강상태 및 그에 대한 평가, 의료제공에 따른 경과 등에 관한 정보라고 정의할 수 있다.

의료는 환자의 생명과 신체에 직접 관련된 것으로, 본래 환자의 자율적인 자기결정에 의하여 행하여지기 때문에 그 배경에는 인간의 존엄이 고려되지 않으면 안된다. 따라서 인간의 존엄성을 고려할 경우 환자는 의료의 객체가 될 수 없으며, 진료정보와 관련된 제반문제들은 의사와 환자와의 신뢰관계가 있을 때 그 유지 활용이 가능하다.

의사 등 의료종사자는 의료법 기타 의료관계직종의 자격을 정한 법률 등에 의하여 의료인으로서의 자격을 갖추게 되며, 의료인은 환자의 진료정보를 권한이 없는 제3자에게 제공하지 못하도록 금지하고 있다. 그러나 환자의 진료정보에 대한 보호가 보장되지 않을 경우 환자는 향후 진료를 거부하게 될 것이며, 이는 사회 의료 시스템, 나아가 공중위생을 위협하게 되며, 그 결과 현대사회의 새로운 갈등 요인으로 작용하게 될 수도 있다. 진료정보는 환자의 가장 민감한 정보 가운데 하나로서, 특히 유전자 연구, 유전자 진단, 유전자 치료와 같은 생명공학과 관련하여 새로운 의술에 의한 진료가 현실화될 경우에 그 심각성은 더 커질 수밖에 없을 것이다. 결과적으로 진료정보의 보호는 미래 의학의 발전을 보장하게 되고 따라서 환자의 진료정보의 보호는 시대적 요청임을 부인할 수 없다. 나아가 환자로서는 양질의 의료서비스를 받기 위한 진료정보의 활용을 위한 의사와 환자의 신뢰관계 구축과 환자의 진료정보보호를 위한 법 제도의 정비는 인간의 존엄성을 보호하기 위해서도 반드시 필요하다.

제 4 장

정보통신기술의 발전에 따른 새로운 법률문제

I. 개 설

한국인터넷진흥원의 「2006년도 하반기 정보화실태조사」 결과에 의하면 2006년 12월 말 현재 만6세 이상 우리나라 인구 가운데 인터넷을 이용하는 비율은 74.8%, 이용자 수 3,412만 명으로서,[1] 우리나라에서 인터넷은 중요한 정보매체로서 정치 · 경제 · 사회 · 문화 등에 걸쳐 많은 변화를 주도하고 있다. 그러나 PC의 보급과 인터넷 사용이 일반화되면서 과거에는 예상하지 못했던 문제들이 나타나고 있는데, 컴퓨터 바이러스[2]에 의한 PC의 이용의 장애, spam mail[3] 등으로 인한 스트레스, phishing사기[4] 등이 그것이다. 이 같은 문제에 대하여 과거에는 실질적으로 발생하는 재산적인 손해 보다는 불쾌감 기타 능률 저하 등을 중심으로 하는 대책마련이 주요한 논의의 대상이었으나, 오늘에는 재산적인 피해로 확산[5]되고 있다는 점에서 문제의 심각성이 있다.

---

1) http://isis.nic.or.kr,(2007년 5월 14일 접속).

2) 컴퓨터 바이러스는 생물학적 바이러스와 비슷한 방식으로 작동하는 일종의 프로그램 코드를 일컫는데, 컴퓨터 바이러스는 컴퓨터 시스템을 파괴하도록 개발된 악성 프로그램으로서, 생물학적 바이러스와 마찬가지로 높은 자기증식력과 전염성을 가지고, 숙주가 되는 컴퓨터의 작동이나 안전성에 심각한 영향을 미친다(U시대의 인터넷 윤리, 정보통신윤리위원회 · 한국정보처리학회, 이한출판사,2006. 454면).

3) 광고 등 상업적 목적으로 불특정 다수인에 대해 무차별적으로 발송되는 메일을 말한다. 이 같은 메일은 이용자의 스트레스와 시간적 손실을 가져오며 네트워크 대역을 소비하여 네트워크 상태를 악화시키고, 메일서버로 하여금 대량의 메일을 처리하느라 성능이 크게 저하되는 등 많은 경제적 손실을 가져오고 있다(2006 국가정보보호백서, 국가정보원 · 정보통신부. 27면).

4) 인터넷 이용자들에게 유명한 포털사이트, 금융기관 등을 사칭하는 e-mail을 보내고, 위장된 홈페이지로 접속을 유도하여 계좌번호 · 주민등록번호 비밀번호 등을 입력하게 하여 취득한 개인정보를 이용하여 금융사기를 일으키는 신종 사기수법이다. phishing에는 voice phishing과 pharming등이 있다. 특히 이 같은 수법은 사이버범죄와 연결되어 금전적인 피해로 이어진다는데 문제의 심각성이 있다.

5) Ruckelhaus v. Monsanto Co. 467 U.S. 986 (1984), 정부기관에 제출된 '연구자료'가 미국연방수정헌법

정보화 사회의 선진국인 미국에서도 spam mail, 개인정보의 도난(identity theft) 등에 대하여 대책을 수립하고 있는 가운데, 엔터테이먼트(entertainment)업계와 온라인 파일 교환서비스 이용자 간의 사건 사고 등도 속출하고 있다.[6] 그 가운데 phishing의 문제는 2003년 이후 주요한 사회적 문제로 대두되고 있다.[7] phishing은 소비자 개개인을 상대로 하는 일종의 사기로서, 그로 인한 피해는 개인에 한하지 않으며 기업 재무 기타 명예와 관련하여 손해를 야기하기도 하고, 나아가 전자상거래에서의 안전성에 대한 소비자의 신뢰를 깨뜨릴 수 도 있다.

2004년 미국 연방거래위원회(Federal Trade Commission)에서 발표한 연차보고서(National and State in Fraud and Identity Theft)[8]에서도, 2003년 소비자가 연방거래위원회에 보낸 net관련 범죄 피해 신고는 약 50만 건 이상으로 나타나고 있는 가운데 그 내용으로 개인정보의 도난이 가장 많았으며, 다음으로는 인터넷과 관련한 사기사건[9] 등이었다. 동 보고서에 의하면 개인정보의 도용과 인터넷 사기로 인한 피해액은 약4억 3천 7백만 달러에 달하는 것으로, 개인정보의 도용으로 인한 피해는 전년 대비 33%증가하여 21만 5천 건, 인터넷관련 사기 사건은 전년도 대비 약 51%가 증가한 것으로 파악하고 있는 가운데, 이 같은 수치는 개인정보 도난 이외의 피해 건수의 반을 차지하는 것이다.

이 같이 privacy 및 개인정보보호, 온-라인(on-line) 거래 등에서 안전성의 강화, 저작권보호 등에 관한 법적인 규제가 요구되고 있는 가운데 Amazon.com, eBay, Microsoft사 등은 2003년 9월 2일 온라인상에서의 개인정보 도난방지를 위한 연합(Coalition on Online Identity Theft)을 결성하여, 범죄단속을 위한 사법당국과

제5조에서 말하는 '재산' 으로 간주한 판결; Carpenter v. United States (484 U.S. 19. 1987) 신문사는 '컬럼의 내용' 에 관하여 공개하기 이전에는 비밀로 간직하고 독점적으로 사용할 수 있는 재산권을 갖는다고 한 판결; Warshall v. Price, 629 So. 2d 903, 904-05(Fla. Dist. Ct. App. 1993) 의사가 과거 동업자의 환자리스트를 복제한 다음 자기가 환자를 유치하기 위하여 사용한 경우 동산의 횡령이라고 한 판결(이에 관한 상세는 졸고, '개인정보의 제3자 제공으로 인한 피해에 대한 사법적 구제', 성균관법학 제17권 제2권 190면 이하 참조).

6) http://www.spamlaws.com/federal/108s877.shtml.

7) 2003년 1년 동안 불법으로 접속한 통계를 보면 약 198만 명으로 나타났으며, 이로 인한 피해액은 24억 달러에 달했다고 한다(http://www4.gartner.com/5_about/press_releases/asset_71087_11.jps.).

8) http://www.consumer.gov/sentinel/pubs/Top10Fraud2003.pdf.

9) 기존의 사기죄가 사람을 속여서 불법하게 재산상의 이익을 취득하는 행위를 대상으로 하였던 것과는 달리 '허위정보나 부정한 명령, 권한 없는 자의 정보입력' 등을 사람이 아닌 정보처리장치인 기계를 대상으로 행하여 재산상의 이익을 nl하는 점에 차이가 있다. 사기죄와 외형적 구조는 비슷하지만 범죄자가 설정하는 행위대상과 그에 따른 방법상의 차이에서 특별한 범죄를 새롭게 규정하는 결과이다(U시대의 인터넷 윤리, 정보통신윤리위원회 · 한국정보처리학회, 이한출판사, 2006. 392면).

의 연대를 강화하였고, 이를 기조로 정보통신기술연합(Information Technology Association; ITA)이 조직되었다.[10]

최근 우리나라에서도 인터넷상에서 privacy와 관련한 스파이웨어의 위협이 현재화되고 있으며, 구체적인 통계는 파악할 수 없으나, 정보통신부 보도 자료에 따르면 2006년 5월 현재 스파이웨어 관련 피해 접수 건수는 1,178건으로서, 스파이웨어는 설치 후 그 존재를 드러내지 않는 특성을 감안할 때 실질적인 피해는 접수된 것보다 많은 것으로 추정된다.

스파이웨어는 인터넷상에서 컴퓨터 사용자의 행동을 모니터링하며, 시스템안의 쿠키파일을 읽거나 웹브라우저의 기본페이지를 바꾸는 등, 시스템 배후에서 사용자 모르게 e-메일 주소, 패스워드, 신용카드번호 등과 같은 개인정보를 제3자에게 전송하는 방법으로 컴퓨터 이용자에게 많은 피해를 야기한다. 미국의 컴퓨터 보안업체인 McAfee Co의 발표에 따르면 2003년 8월 종류가 2백만 개에 미치지 못했던 스파이웨어의 숫자가 2004년 3월에는 그 수가 급증하여 1,400만개 이상으로 폭증했다고 밝힌[11]것만 보아도 스파이웨어로 인한 피해는 우리의 예상을 초월할 것으로 본다. 이 같이 스파이웨어로 인한 피해의 심각성이 고조되고 있는 가운데, 우리나라 정보통신부는 「정보통신망이용촉진 및 정보보호 등에 관한 법률」제48조 제2항에 의하여 스파이웨어의 기준을 확정 발표하였다. 즉 "이용자의 동의 없이 또는 이용자를 속여 설치되어, 웹브라우저의 홈페이지 설정이나 검색설정을 변경하는 행위를 수행하는 프로그램" 등 7가지 유형[12]을 발표한 바 있으나, 이를 둘러싼 법적 문제와 제반 연구는 아직 저조한 실정이다. 특히 스파이웨어 및 애드웨어에 대한 개념 조차 정립하지 못하고 있는 가운데 이하에서는 net상에서 새로운 위협으로 닦아오고 있는 스파이웨어 및 애드웨어를 둘러싸고 나타나는 문제점들을 살펴보도록 하겠다.

---

10) http://www.consumer.gov/sentinel/pubs/Top10Fraud2003.pdf.

11) 2004 ICEC국제협력 종합자료집. 2004. 12, 정보통신윤리위원회, 6면.

12) 정보통신부보도자료, 2005. 8. 30(twkim@mic.go.kr)참조.

II. 스파이웨어 · 애드웨어에 관한 법률문제

1. 스파이웨어의 위험과 피해

스파이웨어는 인터넷 이용자의 동의 없이 인터넷 접속을 가능하게 하는 소프트웨어로서, 악성 스파이웨어 기능을 포함한 애드웨어가 기승을 부리기 시작하면서 용어의 혼란이 가중된 것으로 보인다. 스파이웨어에 관한 국내법적인 개념은 통일되어 있지 않으며, 외국의 경우에도 입법례를 통하여 설명적 정의에 의존하고 있는 것 같다[13]. 주로 스파이웨어는 인터넷 게시판, P2P(개인간 정보공유)파일공유 프로그램, 프리웨어 제공 등 다양한 경로를 통하여 악성프로그램을 정상적인 프로그램인 것처럼 위장하여 상대방의 동의 없이 또는 착오를 일으켜 실행하도록 유도하거나, 이용자의 동의가 없거나 착오로 동의하게 하여 최초 설치 또는 업데이트(up date)하게 함으로써 프로그램의 제거를 곤란하게 하고, 개인정보의 유출, 레지스트 등 시스템 조작, URL Hooking, 검색결과를 조작하거나, 다른 프로그램의 실행을 방해 하는 등의 문제를 야기한다.

이 같은 문제의 심각성이 있음에도 불구하고, 미국 Secure Computing Co에서 2004년 8월 31일 기업 IT관리자를 대상으로 실시한 스파이웨어, peer-to peer file-sharing software, instant messaging, 및 직원에게 허가되지 않은 행위로부터 야기되는 personal e-mail accounts와 같은 인터넷사용과 관련하여 보안성(security)의 위험에 대한 관리자 태도를 기록한 조사 보고서(Hidden Hazards: Business Attitudes Toward New Internet Security Threats)[14]에서 문제의 심각성을 언급하고 있다. 동 보고서에서 이용자가 인터넷 접속을 통하여 이용자 모르게 이용자의 정보를 수집하는 소프트웨어의 경고가 있음에도 불구하고 스파이웨어를 중대한 문제라고 인식하고 있는 관리자는 25%에 불과[15]하다고 지적하고 있다. 이 같은 인식은 Earthlink Co[16]의 조사결과에서도 PC 1대당 평균 116개의 스파이웨어가 존재하고

13) 캘리포니아 컴퓨터스파이웨어로부터의 고객보호법 참조.

14) http://www.securecomputing.com/pdf/hiddenhazards.pdf.

15) http://www.securecomputing.com/news_display.cfm?nid=467/.

16) Arvada Co 80002. U.S.A.

있다[17]고 밝히고 있으며, Dell Co의 보고서는 데스크 탑 PC support전화 가운데 12% 정도가 스파이웨어에 관한 내용에 관한 고지가 있음에도[18], 문제가 없거나 그다지 문제가 되지 않는다고 답한 관리자가 70%나 되었던 것으로 나타났다.

그러나 최근 Secure Computing Co[19]는 Running to Keep Up: Business Address the New Security[20]를 발표하였는데, 1년 전과 비교할 때, 보안(security)대책수립을 위한 투자 시간이 현저하게 증가했다고 답한 관리자가 24%, 증가하는 경향이라 답한 관리자는 48%로서 security환경이 악화되고 있음을 밝히고 있다. 특히 회사 내 PC의 스파이웨어 감염 우려를 언급한 관리자가 79%로, 과거 스파이웨어에 대하여 낙관적이었던 관리자들이 오늘날에는 스파이웨어와 관련하여 보안상의 문제점에 대하여 고심하고 있음을 알 수 있다.

특히 2005년 미국 회계검사원(Government Accountability Office :GAO)은 미 정부기관의 정보 보안상황을 조사한 보고서(GAO: United States Government Accountability Office. Report to Congressional Requesters, Information Security: Emerging Cybersecurity Issues Threaten Federal Information Systems. May 2005)에서[21], 스팸(spam), 피싱(phishing), 스파이웨어(spyware)의 3대 위협에 대하여 대다수의 정부기관들이 충분한 대책을 수립하지 않은 것에 대하여 심각한 우려를 밝히고 있다[22]. 특히 스파이웨어에 대한 위험성에 대한 인식이 부족하다고 지적하면서, 일부 응답자들 가운데에는 스파이웨어는 보안상(security)의 문제를 야기하지 않으므로 그에 대한 대책은 고려할 필요 없다고 한 사람도 있다고 언급하고 있다. GAO는 일반기업과 가정의 인터넷 이용자가 오히려 정부기관의 공무원보다 높은 보안(security)의식을 가지고 있는 경우도 적지 않다[23]고 하면서, 향후 정부기관을

17) http://www.earthlink.com/about/press/pr_spyuditpress_1004/.

18) http://www1.us.dell.com/content/topics/global.aspx/corp/pressoffice/en/2004/2004_10_15_dc_00....

19) http://www.icongrouponline.com/PR/Secure_Computing_Corporation_US/PR.html.

20) http://www.securecomputing.com/search.cfm?query=Business+address+the+new+security+risk.

21) http://gao.gov/new.items/d05231.pdf.

21) GAO: United States Government Accountability Office. Report to Congressional Requesters, Information Security: Emerging Cybersecurity Issues Threaten Federal Information Systems. May 13, 2005, p.8.

23) GAO: United States Government Accountability Office. Report to Congressional Requesters, Information Security: Emerging Cybersecurity Issues Threaten Federal Information Systems. May 13, 2005, p. 7.

표적으로 스팸 · 피싱 · 스파이웨어의 공격이 증가할 수 있음을 경고하였다. 이에 따라 각 정부기관은 보안대책을 수립함과 동시에 연방정보관리법(Federal Information Security Management Act of 2002)[24)]에 의하여 행정관리 예산처(Office of Management and Budget), 기타 미국 국토안전보장국(U.S. department of Homeland Security)등에 사이버 공격에 대하여 자세하고 신속한 보고체제를 정비해 나아갈 필요성을 강조하였다. 이와 같이 스파이웨어에 대한 대책과 관심은 미국을 중심으로 IT산업의 발전에 편승하여 그 위험성이 고조되고 있는 가운데 대책 마련을 위한 경제적 손실도 증가하고 있는 실정이다.

(1) 스파이웨어의 정의

스파이웨어는 악의적 기능이 다양하다는 점을 고려할 때 그 개념을 정의함에 있어서도 어려움이 따른다. 미국 ASC(American Society for Cybernetics)[25)]는 스파이웨어는 이용자가 컴퓨터를 통제할 수 있는 권리를 침해하는 소프트웨어라고 하면서, 이용자의 웹 접속에 관한 정보, privacy, 시스템 보안 등에 영향을 주는 데이터 변경과 같은 악의적 기능과, 시스템의 자원을 사용하거나 개인의 정보 및 민감한 정보를 이용자의 동의 없이 수집, 사용, 배포하는 기능을 가진 소프트웨어라 정의하고 있다.[26)] 이에 대하여 미국 마이크로소프트사는 스파이웨어 판단 기준[27)]을 다음과 같이 유형별로 나누고 있다.

· 목적 · 출처 · 작동 등에 대하여 정확한 정보를 제공하지 않는 소프트웨어
· 실행시작, 중지 등 이용자가 작동하기 어려운 소프트웨어
· 설치 및 제거가 용이하지 않은 소프트웨어
· 이용자 모르게, 이용자 개인정보를 타인이 수집 · 전달 · 사용하도록 하는 소프트웨어
· 사용자 컴퓨터의 보안 위험을 발생시키는 소프트웨어
· 이용자 컴퓨터의 컴퓨팅 성능을 심각하게 저하시키는 소프트웨어 등이다.

우리나라는 「정보통신망이용촉진 및 정보보호 등에 관한 법률」 제48조 제2항의

24) http://en.wikipedia.org/wiki/Federal_Information_security_Management_Act_of_2002.
25) http://www.asc-cybernetics.org/.
26) Anti-Spyware Coalition, "anti-Spyware Coalitions and Supporting Document," 2005. 7.
27) Microsoft, "Windows AntiSpyware: Analysis approach and categories," 2005. 3.

규정에 의하여 '이용자의 동의 없이 또는 이용자를 속여 설치하거나, 웹브라우저의 홈페이지 설정이나 검색설정을 변경하는 행위를 수행하는 프로그램 등 7가지 유형의 프로그램을 스파이웨어라 하여 그 기준(안)을 발표하였는데[28] 그 내용은 다음과 같다.

1) 이용자 동의 없이, 웹브라우저의 홈페이지 설정이나 검색설정을 변경하거나 또는 시스템 설정을 변경하는 행위.

2) 이용자의 동의 없이, 정상 프로그램의 운영을 방해 · 중지 또는 삭제하는 행위

3) 이용자의 동의 없이, 정상프로그램의 설치를 방해하는 행위

4) 이용자의 동의 없이, 다른 프로그램을 다운로드하여 설치하게 하는 행위

5) 이용자의 동의 없이, 운영체계 또는 타 프로그램의 보안설정을 제거하거나 낮게 변경하는 행위

6) 이용자가 프로그램을 제거하거나 종료시켜도 당해 프로그램이 자동적으로 재설치 또는 재 동작 되는 행위

7) 이용자의 동의 없이, 컴퓨터 키보드 입력 내용이나 화면 표시 내용을 수집 · 전송하는 행위(다만, 정보통신서비스 제공자가 이용자의 개인정보를 수집하는 경우는 정보통신망법 제50조의 5의 규정을 적용한다).

이 같은 기준안은 미국 마이크로소프트사의 것과 다소 차이는 있어 보인다. 구체적으로 정보통신부의 기준안은 컴퓨터의 기능에 중점을 두었다면, 마이크로소프트사는 이용자 보호를 위한 제도적 차원에 그 초점이 맞추어져 있다 할 수 있다. 따라서 우리나라 정보통신부의 기준안은 향후 스파이웨어와 관련한 법률문제에 있어 이용자를 보호함에 있어 한계가 있어 보이며 이에 대한 개선이 이루어져야 할 것으로 본다.

특히 미연방거래위원회(Fedreal Trade Commission)[29]는 2000년 Monitoring Software on Your PC: Spyware, Adware, and Other Software[30]라는 제목의 보고

28) 정보통신부 보도자료, 2005. 8. 30.

29) 미연방거래위원회의 조직과 활동에 관한 내용은 김병진, 미국 연방거래위원회(Federal Trade Commission)의 조직과 활동에 관한 연구, 경희법학 1983 12. 173면 이하 참조.

30) http://www.ftc.gov/bcp/workshops/spyware/agenda.pdf. 2004년 4월 19일 Fedreal Trade Commission 주최로 개막된 spyware관련 문제에 관한 고찰이라는 회의에서의 토론 내용을 중심으로 하여 그 후 업계 관계자 등의 의견 등을 집약되었다.

서에서 스파이웨어의 문제점을 지적하고 있는데, 스파이웨어는 컴퓨터 기능을 손상시키고, 소비자정보와 관련하여 privacy의 침해 및 보안상(security)의 위험을 야기할 수 있다고 강조하고 있다. 또 동 보고서에서 스파이웨어에 관한 명확한 정의가 없음을 지적 하고, 스파이웨어를 "이용자(user)의 동의를 구함이 없이 작동하게 하는 악질프로그램"이라 하여, 그에 대한 규제의 필요성을 강조하고 있다. 특히 스파이웨어에 대한 대책을 수립하기 위한 단체인 Anti-Spyware Coalition[31]은 보안(security)업체를 포함하여 많은 인터넷사업자와 대학, 비영리단체 등이 결집하여[32] 2006년 1월 12일 스파이웨어의 판단기준을 요약한 「ASC Risk Model Description」[33]을 발표한 바 있다.

스파이웨어의 정의에 관한 초안은 2005년 10월 Anti-Spyware Coalition에 의하여 발표된바 있으나, 동 보고서에서 일반 이용자들의 의견을 종합하여 spyware를 정의하였다는 점에 그 의의가 있다. 즉, 스파이웨어 판단여부는, 어떻게 인스톨 되는가, privacy는 보호 되는가, 보안상 안전한가, 이용자의 사용 환경에는 어떤 영향을 미치는 가하는 것 등을 고려하도록 하고 있다. 스파이웨어라고 판단되는 경우에 그 위험의 정도에 따라 고 · 중 · 저 3단계로 나누어 분류하고, 이용자의 승낙 없이 인스톨하는 프로그램은, Instant message, 개인정보를 유출하거나, privacy를 침해하는 프로그램은 위험성이 높은 것으로 분류하고 있다. 뿐만 아니라 특정 프로그램이 시스템과 브라우저의 보안설정을 변경하여 컴퓨터 기능을 저하시키거나, 쉽게 삭제할 수 없게 하는 것도 위험성이 높은 스파이웨어로 분류하고 있다.[34]

(2) 스파이웨어로 인한 피해의 내용

2003년 미국증권거래위원회(U.S Securities and Exchange Commission)는 트로이목마라는 해킹프로그램을 응용하여 타인의 증권거래계좌에서 예금을 인출한 혐의로 펜실베니아(Pennsylvania)주에 거주하는 19세의 남성을 기소하였다. 이 남성

---

31) http://www.antispywarecoalition.org.

32) Current ASC Members; AhnLab, Aluria Software, an Earthlink company, Anchiva System, AOL. Berkman Center For Internet & Society, Harvard Law School, Big9, Blue Coast System, Canadian Coalition Against Unsolicited Commercial Email, Google, Grisoft, HP등.

33) http://www.antispywarecoalition.org/documents/RiskModeldescription.

34) Anti-Spyware Coalition Risk Model Description, http://www.antispywarecoalition.org/documents/RiskModeldescription, 참조.

은 키보드 입력을 기록할 수 있도록 프로그램을 개조하여 TD Waterhouse Co의 온라인증권회계 시스템 이용자정보를 도용하여 많은 손해를 야기하였다. 이 남성은 모 주식 증권 포럼 회원의 최신 주식거래 정보를 확인하고 증권정보를 무료로 다운받아 사용하라는 권유의 메일을 발송한 후, 이에 따라 다운로드할 경우 PC에 키보드 입력기록이 자세하게 기록되도록 하는 시스템을 구축하였다. 그 결과 본 프로그램을 다운로드하는 이용자 PC에서 온라인증권 거래에 필요한 계좌번호 및 패스워드 등의 개인정보를 수집하고 이를 도용하여 개인 용도로 증권거래를 하여 약 47,000 달러의 손실을 입혔다.[35)]

유사한 사건으로 일본에서는 2003년 3월 인터넷금융거래를 할 수 있도록 하는 넷 뱅킹을 이용하여 미국 은행의 고객 계좌에서 16,000,000円을 인출한 혐의로, 일본 경시청은 전 싱크탱크(Think Tank) 사원 등 2명의 용의자를 컴퓨터 부정 접속금지 위반 및 절도 등의 혐의로 체포한 사건이 있다. 용의자들은 2년 전부터 PC키보드를 이용한 상황을 모두 기록할 수 있는 소프트웨어를 신주쿠(新宿) 등 약 13개 점포 100여대의 PC에 스파이웨어를 침투시켜, 인터넷 뱅킹을 이용하는 고객 약 900여명의 ID 및 패스워드 등을 부정한 방법으로 수집하였다. 일본 경시청은 하이테크범죄대책종합센터와 중앙서 공동조사에 의하여 2명은 2002년 9월 1일 부정한 방법으로 동경 시내 소재의 자영업 남성의 넷-뱅킹용 ID, 패스워드 등을 사용하여 동경 소재 인터넷 PC방에서 미국 City Bank컴퓨터 서버에 접속하여 예금 약 1,600만 円을 다른 도시 은행에 개설한 가명의 자신의 계좌에 입금시키고 인출한 혐의로 체포되었다.[36)]

스파이웨어와 관련하여 기술적인 문제로 지적할 수 있는 것은 스파이웨어는 이용자(user)의 동의없이 자동적으로 인스톨 되게 하거나, 보안상 취약점을 악용하여 운영됨으로서 보안(security)성이 약화되며, 스파이웨어 프로그램의 운영이 이용자 모르게 행하여지고, 시스템 및 브라우저가 의도하지 않게 설정 · 변경됨으로써 이용자는 컴퓨터를 통제할 수 있는 권리를 박탈당하게 된다. 따라서 제3자가 spam발신용 컴퓨터로 사용할 수도 있으며, 이 때 스파이웨어를 침투시킨 컴퓨터를 둘러싼 책임의 귀속 문제가 발생할 수 있다. 또 스파이웨어가 자동으로 인스톨될 경우 일반

---

35) http://pcweb.mycom.co.jp/news/2003/10/14/18.html.

36) 朝日新聞, 2003. 3. 6. 제4면.

이용자들은 이 프로그램을 삭제함에 있어 매우 어려움을 겪게 된다. 경우에 따라서는 스파이웨어 전문삭제 프로그램을 구입하거나, 스파이웨어 침투을 방어하기위하여 새로운 컴퓨터 환경을 구축하여야 하는데 이를 통하여 경제적 손실이 발생한다.

또 스파이웨어는 이용자(user)의 승낙이 없거나, 이용자가 인식하지 못하는 가운데 이용자 정보를 수집할 수 있는 소프트웨어를 인스톨하여 이용자의 정보를 수집하여 악용함으로써, 개인정보 누설과 privacy 기타 개인정보에 대한 자기 통제권을 침해받을 뿐만 아니라, 금융기관의 예금계좌 및 패스워드 등을 도용하여 악용할 경우에는 금전적인 피해의 발생도 나타난다. 기업의 경우에는 기업비밀이 유출될 가능성이 있으며, 스파이웨어로 인하여 PC 및 인터넷상의 문제가 발생하면 많은 이용자는 이 같은 문제에 대한 해결을 구하는 과정에서 생산성이 저하되고, 기업은 영업상의 손실을 입게 되는 등의 손해가 있게 된다는 점에 문제의 심각성이 있다.

2. 애드웨어의 개념과 문제점

(1) 애드웨어의 의의

애드웨어(adware)는 이용자의 동의를 얻어 광고를 보여주는 소프트웨어를 통칭하는 것으로, 우리나라에서는 이에 관한 개념 정의는 없으며, 외국에서도 설명적 정의에 의존하고 있는 것 같다(캘리포니아 컴퓨터 스파이웨어로 부터의 고객보호법 참조). 주로 애드웨어는 Freeware에 포함된 광고 배너를 클릭하면 광고대상 사이트로 이동하게 되거나, 인터넷 게시판, P2P 파일 공유 프로그램, 프리웨어 제공 등 다양한 경로를 통해서 악성프로그램을 정상적인 것처럼 위장하여 상대방의 동의를 구하거나, 또는 착오를 일으켜 실행하도록 유도하며, MS Active -X 기술을 이용하여 악성프로그램을 클릭 하도록 유도하기도 한다. 더 나아가 특정 키워드로 검색할 경우, 자신이 파트너 쉽으로 광고를 하자고 하는 타켓이 검색되도록 조작하기도 하며, 음란 팝업 광고가 주기적으로 나타나게 하기도 한다. 뿐만 아니라 악성 애드웨어 제거프로그램 제공 사이트에 접속하려는 경우에는 인터넷 검색창이 자동 종료되어 제거 프로그램 실행을 방해하기도 한다.

이 같은 애드웨어는 미국의 인터넷 광고회사가 컴퓨터 이용자의 취향을 파악하기 위하여 개발한 것으로, 대개 인터넷에서 무료로 제공되는 소프트웨어를 다운로드할 때 함께 설치되며, 무료로 사용하는 대신 설치하여 사용하게 한다는 점에서 이에 대한 대가라는 주장도 있다.[37] 애드웨어는 이용자의 동의를 얻어 설치하게 된다는 점에서 이용자 정보를 몰래 빼어가는 스파이웨어와 구별하기도 한다. 스파이웨어는 일부 웹사이트에서 광고를 목적으로 시작페이지를 고정시키거나, 원하지 않는 사이트로 링크되어 무작위로 익스플로러 창을 뜨게 하는 코드를 레지스트리나 엑티브엑스, 쿠키, 일부 실행파일에 심어놓는 악성코드임에 반하여, 애드웨어는 이용자 모르게 개인용 컴퓨터에 들어와 IP주소와 즐겨찾는 웹사이트 ID 및 패스워드 등을 수집하는 점에 차이가 있다.

(2) 애드웨어로 인한 피해

애드웨어와 관련된 구체적인 사례로 다음과 같은 것이 있다. 광고 소프트웨어 개발 사업자인 Gator Co[38]는 기업의 이미지를 개선하기 위한 방법으로 스파이웨어의 나쁜 이미지와 차별화하기 위하여 스파이웨어 대책 기업 PC Pitstop Co[39]를 캘리포니아(California)주 연방지방법원에 명예훼손에 의한 소를 제기 하였다. Gator Co 소프트웨어는 자사 어플리케이션을 KaZaa 및 P2P 파일 등을 무료 소프트웨어를 통하여 배포되도록 하여 이용자 등이 同社가 제공하는 소프트웨어를 다운로드할 경우 Web 서핑 내지 특정 사이트에 접속할 때, pop up 등의 광고 표시가 되도록 하였다. 애드웨어는 보다 효과적으로 광고를 게시하기 위하여 소프트웨어를 개발할 때, 이용자의 Web 서핑에 관한 습관 등의 정보를 수집하도록 하고 있다. 그러나 스파이웨어도 Web 서핑 습관 등을 감시하고 그에 관한 정보를 전송한다는 점에서 애드웨어와 스파이웨어를 명확하게 구별하기에 어려움이 따르는데, Gator Co의 소프트웨어는 다운로드 전 이용자에게 명확하게 그 내용을 고지하고, P2P소프트웨어 등의 서비스와 교환하는 방식으로 배포하였기 때문에 스파이웨어와는 다르다는 주장하였다. 그러나 어느 정도 고지가 행하여졌는지는 알 수 없었으며 수집된 개인정보의 이용방법에 대하여도 충분한 설명은 없었다.

본 소송에서 피고 PC Pitstop Co.는 Gator Co.와 화해를 통하여, 同社의 행위와

---

37) http://news.goo.ne.jp/news/wired/it/20041208/20041208i05.html.

38) http://Claria.com/index.html(2007년 6월 27일 접속).

39) http://www.pcpitstop.com/welcome.asp(2007년 6월 27일 접속).

소프트웨어를 비난하는 Web 페이지를 삭제하기로 하였는데[40] 이것이 바로 스파이웨어의 정의 · 범위와 관련하여 제기된 첫 소송이라 할 수 있다.

또 미국 Seismic Co. 와 Smartbot Co.는 2003년 2월부터 Internet Explorer브라우저의 취약성을 악용하여 컴퓨터에 재설정함으로써 이용자 모르게 소프트웨어 코드를 인스톨하여 팝업 광고로 양사가 관리하는 Web사이트 이용자에게 제품을 광고하였다[41]. 이에 대하여 2004년 10월 연방거래위원회(Federal Trade Commission)는 뉴햄프셔(New Hampshire)지구 연방지방법원에 1990년 스파이웨어 배포업자인 Stanford Wales와 그가 경영하는 Smart Bot.net Co.Seismic Entertainment Productions Co.에 대하여 스파이웨어와 관련한 불공정 거래(사기)행위를 하였다고 소를 제기하였다.[42] 피고는 Microsoft Co.의 Internet Explorer 브라우저의 취약성을 악용하여 이용자 모르는 사이에 이용자의 컴퓨터에 소프트웨어 코드를 인스톨한 혐의이다. 이 같은 프로그램은 일단 인스톨되면 Web 브라우저의 설정을 바꾸어 인터넷을 통하여 이용자의 동향을 추적하고 팝업 광고표시를 계속함으로써 스파이웨어에 대한 대책프로그램 등을 구입 하도록 고객을 유도하게 된다.

연방거래위원회에 의하면 Seismic Co.와 Smartbot Co.는 2003년 12월부터 'Spy Wiper' 와 'Spy Deleter' 라는 스파이웨어 방지 프로그램을 30달러에 판매하였다. 兩社에 의하여 몰래 인스톨된 소프트웨어 코드는 이용자가 홈페이지에 주소를 입력했을 때 양사 가운데 한 회사의 Web사이트에 접속되도록 이용자 홈페이지와 브라우저 검색엔진의 설정을 변경하도록 하고 있다.

2004년 12월 연방지방법원은 피고에 대하여 연방거래위원회는 소송이 종료 될 때까지 이용자 컴퓨터에 애드웨어, 스파이웨어 등을 인스톨하는 행위를 금지(preliminary injunction)하는 명을 내린 예가 있었다. 이 같이 애드웨어를 통하여 이용자의 개인정보와 인터넷 열람 이력 등의 정보를 자유롭게 수집할 수 있게 됨으로써, 이를 통하여 얻은 정보를 기초로 하여 이용자 컴퓨터상에 이용자의 취향에 맞는 광고를 발송하게 된다. 더 나아가 이용자가 작업 중 원하지 않는 광고 등을 일방 또는 강제적으로 디스플레이 상에 표시하기도 하며, 컴퓨터의 전원을 넣을 때 애드웨

40) http://www.itmedia.co.jp/news/0310/23/ne00_gator.html.

41) http://japan.cnet.com/news/media/story.

42) Federal Trade Commission v. Seismic Entm't Prods., Inc., No. Civ.04-377-Jd, 2004 WL 2403124 (D.N. H).

어도 자동적으로 작동되게 함으로써 컴퓨터의 기능이 불안정하게 되는 경우도 있다. 또 인터넷 브라우저를 사용하거나 의도한 web page에 접속하려 할 때 인터넷 브라우저의 설정이 스스로 바뀌도록 하여 특정 web page에 접속하게 하기도 한다. 이 때 대부분의 이용자들은 길고 복잡한 사용 동의서를 신중하게 읽지 않으며, 읽는다 하더라도 애드웨어에 관한 지식이 없으므로 이용자는 어떤 정보가 수집되는지 알 수 없다는데 문제가 있다. 따라서 보안이 잘된 웹 사이트에 입력된 정보인 pass word, 신용카드 번호, 은행 계좌번호와 같이 발신자와 소정의 수신자 밖에 볼 수 없는 정보 등도 애드웨어를 이용하는 광고회사는 정보를 쉽게 수집할 수 있다. 결국 개인정보의 수집과 누설의 가능성은 매우 높을 수밖에 없는데, 애드웨어와 관련하여 나타나는 주요 문제점은 다음과 같이 요약할 수 있다. 즉 이용자의 동의가 없거나 착오를 일으켜 동의하게 하여 최초 설치하거나 업데이트를 하게 하며, 일단 설치된 후에는 제거하기가 어렵다. 또 애드웨어 프로그램에 의한 개인정보의 유출을 예상할 수 있으며, 레지스트리 등 시스템의 조작, URL Hooking, 검색결과를 조작하고, 다른 프로그램의 실행을 방해할 수 있다는 점 등이다. 그럼에도 현행법으로는 이 같은 문제점에 대한 대처가 어렵다는 점에 문제가 있다.

3. 검 토

스파이웨어 · 애드웨어와 관련하여 나타나는 문제점은 개인정보와 개개인의 컴퓨터를 어떻게 보호할 것인가, 또 합법적으로 애드웨어를 정의할 수 있는가 하는 것이다. 그러나 주지한바 스파이웨어와 애드웨어에 대한 개념을 명확하게 정의할 수 없다는 점에서 법제정에 있어서도 한계가 있을 수밖에 없다. 이 같은 문제와 관련된 최근 우리 하급심 판결이 있어 주목된다. 즉 "일반적으로 컴퓨터 이용자의 동의 없이 키보드 입력 내용이나 화면표시 내용을 수집하여 전송하는 기능을 가진 프로그램, 컴퓨터 이용자의 동의 없이 시스템설정을 변경하거나 정상적인 프로그램의 운영을 방해하는 프로그램, 또는 이용자의 동의 없이 다른 프로그램을 다운로드하여 설치하게 하거나 프로그램을 제거하여도 자동적으로 재설치 되도록 수행하는 프로그램 등으로 다양하게 정의될 수 있는 스파이웨어는 그 법적 개념 자체가 명확히 정립되지 않은 상태이므로 비록 이 사건 프로그램 구성부분이 삭제된 이 사건 프로그램을 자동적으로 재설치하는 작업을 수행한다 하더라도 이를 스파이웨어로 인정할 수 있는지에 관하여서는 견해가 나뉠 수 있다. 그러나 i) 컴퓨터 유해환경의 차단을 위한 백신 혹은 보안프로그램의 개발 분야에서 전문적인 지식을 가졌다고 널리 인정되는 피 신청인이 사용자의 동의 없이 설치되어 작동하는 프로그램 혹은 사용자가 수동으로 제거할 수 없는 경로를 생성하여 불편을 야기하거나 백신프로그램 등을 이용하여 제거할 수 없도록 한 기능을 담은 프로그램 등을 스파이웨어로 정의하고, 신청인은 그 이용약관을 통하여 이 사건 프로그램 구성 부분의 기능 및 자동적 재 설치에 관한 충분한 설명을 이행하지 않았을 뿐만 아니라 이 사건 프로그램의 삭제과정에도 통상적이지 않은 어려움이 있다고 보아 이 사건 프로그램 구성부분을 스파이웨어로 규정한 그 기준이나 과정 및 판단 자체에 현저한 잘못이 있다고 보이지 않는 점, ii) 또한 보안프로그램의 개발 및 판매업을 영위하는 사업자인 피 신청인이 컴퓨터 이용환경의 개선과 보안 유지 목적으로 그 전문지식과 기술을 활용하여 개발한 '스파이제로'를 제공하는 것은 어디까지나 피 신청인의 정당한 업무활동에 속한다고 볼 수 있는 점, iii) 게다가 '스파이제로'를 이용하여 이 사건 프로그램 구성 부분을 포함한 여러 프로그램을 삭제하는 것은 결국 컴퓨터 이용자의 몫일 뿐이므로 피 신청인이 이러한 의사결정과정에까지 직접 관여한다고 할 수 없는 점, iv) 무엇보다도 이 사건 프로그램 구성부분이 삭제되더라도 이 사건 프로그램의 기능에는 아무런 영향이 없는 점 등 기록상 나타난 여러 사정을 종합하면, 설사 '스파이제로' 혹은 피 신청인의 정보제공으로 인하여 이 사건 프로그램 구성부분이 삭제되었다 하더라도 이를 가리켜 피 신청인의 불법 또는 부당한 행위로 말미암아 신청인에게 손해가 발생한 경우라고 단정할 수 없다"[43]하고 있다.

본 사건 판결의 내용을 분석하더라도 스파이웨어와 애드웨어의 개념에 대한 혼란이 있는데, 스파이웨어는 "이용자의 동의 없이 또는 이용자를 속여 설치하거나, 웹브라우저의 홈페이지 설정이나 검색설정을 변경하는 행위를 수행하는 프로그램"이라 할 수 있으며, 애드웨어는 "이용자의 동의를 얻거나 착오를 유도하여 동의하게 하여 이용자에게 광고를 보여주는 소프트웨어의 총체"를 의미한다. 문제는 이로 인하여 야기될 수 있는 법률문제를 어떻게 해결할 것인가 하는 점으로 스파이웨어에 대한 법률적 개념 정의가 없다는 점을 감안할 때 이에 대해서도 한계가 있어 보인다.

43) 서울 남부지방법원 제51민사부 2005카합1354판결.

4. 미국에서의 스파이웨어의 법적 규제

(1) 유타 주와 캘리포니아 주

2004년 3월 3일, 유타(Utah)주 의회는 미국에서는 처음으로 광고 소프트웨어를 직접 규제하는 법안인 「스파이웨어 규제법」(Spyware Control Act; H.B.323[44])을 통과시켰다.[45] 동법에서 사용자가 방문한 Web브라우저를 통하여 행하는 팝업 광고를 금하도록 하고 있다. 다만 인스톨할 때 전송된 데이터에 관한 모든 정보가 이용자에게 사전에 고지된 경우에는 예외로 하고 있다. 그러나 쿠키와 무해가능성이 있는 소프트웨어를 제외한 모든 소프트웨어는 간단하게 삭제할 수 있어야 하며, 특히 사용자에게 고지하지 않고 개인정보를 수집하는 것을 금하고 있다. 또 다운로드 소프트웨어를 통하여 사용자의 행동을 추적하거나 광고를 표시 하는 것도 금하고 있다. 동법에서는 소비자 · 광고자 Web사이트에 소권을 부여하여, 이 같은 행위의 금지와 1만 달러 또는 현실의 손해배상을 인정하도록 하였다. 그러나 스파이웨어 규제법은 2005년 초반부터 그 적용범위를 유타 주에 한하도록 개정하고 있다[46]. 2004년 3월 Center for Democracy and Technology는 본 법안은 소비자를 해할 수 있는 문제를 안고 있다고 하여 주법이 아닌 연방법에 의한 해결이 바람직하다는 취지의 성명을 발표하기도 하였다.[47]

2004년 유타 주 지방법원은 웹 서핑을 추적하여, 스파이웨어 광고를 뉴욕을 거점으로 하는 WhenU.com Co[48]의 가집행정지처분 신청을 받아들여, 스파이웨어 규제법(Spyware Control Act)의 시행을 일시 정지하였다. WhenU.com Co.는 사용자는 무료 소프트웨어를 공급받는 대신 WhenU.com사의 소프트웨어가 인스톨되어 광고가 표시되는 것에 대한 동의라 주장하면서, 自社는 엄격한 프라이버시 보호를 위하여, 개개인 사용자의 정보를 추적하거나 이용자의 시스템에 cookie를 설치하는

---

44) codefield at Utah Code Ann. § 13-39-101 to 13-39-401 (West 2004).

45) http://www.bespacitic.com/mt/archives/005397.html(2007년 6월 27일 접속).

46) Revision, H.B. 104, 2005 leg., 56th. Sess. (Utah 2005), codifield at Utah Code Ann. §13-39-102 (8) (a) (West 2005).

47) http://www.cdt.org.

48) http://www.whenu.com/index.html.

등 이용자의 프로파일 작성은 하지 않는다고 주장하였다. 또 스파이웨어 규제법은 언론의 자유를 보장하는 미합중국수정헌법 제1조와, 헌법의 일반조항인 "州間 거래를 규제하는 권리는 연방의회에 있고 법원은 州間 거래에 있어 간섭하는 주법을 무효로 할 수 있는 권한이 있다고 한[49] 규정에 반한다"고 주장하였다.

캘리포나아 주 의회는2004년 「소비자보호를 위한 스파이웨어규제법」(Consumer Protection Against Computer Spyware Act)[50]이 상원 사법위원회에서 승인되어, 「A.B 2787 법안」[51]으로 하원 사법위원회에서 승인되었다. 본법의 주요 내용은, 사전 고지 없이 타인의 컴퓨터에 스파이웨어를 인스톨하는 행위를 불법으로 규정하였고, 소프트웨어 제조자와 web 사이트 운영자에 대하여 이용자 컴퓨터에 소프트웨어를 인스톨할 것인가의 여부를 제시하고, 당 소프트웨어의 기능을 설명하도록 하는 의무규정을 두고 있다. 또 이 법안에서 소송을 제기할 수 있는 권리를 규정하여 이용자는 본 규정에 반할 경우에는 1건 당 1000달러의 현실손해의 배상을 청구할 수 있도록 하였다.[52]

이 같이 스파이웨어에 대한 연방차원의 규제에도 불구하고 스파이웨어의 위협이 증가하고 있다는 지적에 따라, 스파이웨어 규제를 위한 특별법을 새롭게 제정하거나[53], 제정을 검토하는 주[54]가 증가하고 있다.

(2) 미 연방차원에서의 규제

연방차원에서는 2003년 7월 H.R. 2929[55]법안인 「Safeguard Against Privacy Invasion Act」, 「Security Protect Yourself Against Cyber Trespass Act」을 제출하였다. 이 법안에서 스파이웨어와 관련하여 불공정, 사행적인 행위을 금하고, 소비자

49) http://www.itmedia.co.jp/news/articles/0406/24/news020.html.

50) S.B.1436, 2003-04 Reg. Sess. (Cal. 2004), codified at Cal. Bus. & Prof. Code §22947-22947.6.

51) http://www.ncl.org/programs/lis/spyware04.htm; A.B. 2787, 2003-04 Reg, Sess. (Cal. 2004); 타인의 컴퓨터를 감시 기타 프로그램을 종료할 수 없도록 하는 것 등을 금지하는 법안이다.

52) http://www.itmedia.co.jp/news/articles/0406/24/news020.html.

53) Ariz. Rev. Stat. Ann. §44-7301~7304 (West, Westlaw through 1st Reg. Sess. 2005); Consumer Protection Against Computer Spyware Act, Ann. Code Ann. §4-110-101~105(West, Westlaw through Reg. Sess. 2005); Consumer Protection Against Computer Spyware Act, Cal. Bus. & Prof. Code § 22947-22947.6 (West Supp. 2005); Georgia Computer Security Act of 2005, Ga. Code Ann. § 16-9-150~16-9-157 (Internet Update Serv. 2005); Computer Spyware Protection Act, 2005 Iowa Legis. Serv. 266-69 (West) (codified at Iowa Code § 714 F. 1714F.8 (2005); Spyware Control Act, Utah Code Ann. § 13-40-101 ~ 401 (Supp. 2004).

개개인의 특정정보를 수집하는 소프트웨어의 경우, 사전에 이 같은 내용을 고지하여 승낙을 얻도록 하는 의무를 규정하였다. 그러나 이용자가 소프트웨어의 사용허가를 얻기 위한 것일 때에는, 소프트웨어 회사는 통지, 승낙이 없어도 이용자의 컴퓨터와 통신하도록 허용하고 있다. 네트워크의 감시와 관련하여 보안, 진단, 기술, 수리, 부정행위 색출을 방지하기 위한 목적인 경우에는 통지 · 승낙을 면하도록 하였다. Cookie도 사용자에 의하여 Web사이트에 접속 가능하게 하기 위한 경우에는 면하도록 하고 있으며, 금지하고 있는 스파이웨어 행위는 피싱, 키 입력 내용의 기록, 홈페이지의 탈취, 컴퓨터를 끄지 않으면 지울 수 없도록 하는 광고 등이 포함되어 있다. 이 같은 내용에 대하여 위반한 경우에는 최대 3000만 달러의 벌금에 처할 수 있도록 하였다.

그 이외에 안티 스파이웨어 법으로 I-SPY Act라 하는 「Internet Spyware (I-SPY) Prevention Act of 2004」[56], 「SPY BLOCK ACT」이라고 하는「Software Principles Yielding Better Levels of Consumer Knowledge Act」[57] 이 있다.

이 법안들은 2004년 6월 24일 House Energy and Commerce Committee에서 IT업계로부터 비판이 있는 가운데 승인되었다. 이 법안에서 소프트웨어를 통하여 할 수 있는 것과 할 수 없는 것, 그리고 특정 행위의 경우 이용자의 동의를 요하는 것 등에 대하여 자세하게 규정하고 있다. 규제의 대상이 되는 것으로, 컴퓨터 통제권을 박탈당하거나 브라우저 설정의 변경, 키 스트로크, 자동 인스톨, 바이러스 방지 프로그램의 우회 설정 등이 포함되어 있다.

---

54) California . A.B.2787 Status: 6/30/04 Re-referred to Judiciary Committee. S.B. 1436 Status; 9/28/04 Signed by Governor. Chap. 843. S.B. 1530 Status; 3/4/04. To Senate Committee on Rules. Iowa, S.F. 2200 Status; March 1. 2004 Introduced, Referred to Judiciary. (Legislature adjourned April 20. 2004. Michigan S.B. 1315 Status; 6/22/04 Referred to Senate Committee on Technology and Energy. S.B.1316 Status; 6/22/04 Referred to Senate Committee on Technology and Energy. S.B. 1361 Status; 9/8/04 Referred to Judiciary Committee. New York A.B.11531 Status; 6/15/04 Referred to Senate Committee on Codes. S.B.7141 Status: 6/17/04 Passed Senate; 6/17/04 Referred to Assembly on Codes. Pennsylvania H.B.2788 Status; 7/1/04 Referred to House Committee on Consumer Affairs. Utah H.B.323 Status; 3/23/04. Signed by Governor. Virginia H.B. 1304 Status; 1?26/04 House; Continued to 2005 in Science & Technology.

55) H.R. 2929 Security Protect Yourself Against Cyber Trespass Act. As order reported by the House Committee on Energy and Commerce on June 24. 2004.

56) H.R. 4661 Internet Spyware(I-SPY) Prevention Act of 2004,; http://www.cbo.gov/ftpdocs/58×× /doc5811/hr4661.pdf.

57) http://www.securitymanagement.com/library/HR2145_campus0901/pdf.

House Energy and Commerce Committee는 소비자상거래보호에 관한 소위원회에 의하여 승인된 법안을 다수 수정하였는데, 사이트제공자는 네트워크의 보안·사기대책 등의 목적을 위한 감시 소프트웨어의 사용이 허용되며, 소프트웨어의 제공자(vendor)는 이용자의 동의를 구할 때에는 규정된 복수의 경고문 가운데 선택할 수 있도록 하여야 하며, 스파이웨어 대책 규정은 가상공간(cyber)내의 소프트웨어에는 적용되지 않는다는 것 등이다. 이에 위반할 때에는 최고 300만 달러의 벌금 등을 과할 수 있다는 내용 등이 포한되어 있다. 동 법안이 가결되면 유타 주 등 각 주에서 시행되고 있는 스파이웨어 규제법은 무효가 되며, 미연방거래위원회는 위반자에 대하여 소송을 제기할 수 있음을 규정하고 있다.

2004년 10월 하원 본회의에 의하여 Securely Protect Yourself Against Cyber Trespass Act(H.R.2929)[58]가 가결되었는데, 동 법안은 스파이웨어와 관련한 부정행위와 사기행위를 금지하는 법률로서, 개인의 특정정보를 이용자로부터 합법적으로 수집하기 위한 프로그램을 인스톨할 경우에도 특정한 방법에 의하여 이용자의 동의를 구할 것을 규정하고 있다. 수정안에서는 바이러스, 스파이웨어 대책 프로그램 등을 규제하는 내용을 제한하고, 이용자의 동의에 의한 정보취득 방법의 개선, 기타 인터넷서비스제공자(Internet Service Provider; ISP)의 보안목적의 모니터링, 연방정보기관에 의한 정보수집 등은 예외로 하고 있다. 동 법안이 입법화 될 경우에는 인터넷상 정보송신이 가능한 소프트웨어를 규제할 수 있는 법률이 제정되는 것으로 미연방거래위원회는 동법의 위반행위에 대하여 단속할 권한이 있으며, 악의의 경우 300만 달러의 벌금을 과할 수 있도록 하고 있다.

2004년 10월 7일 Internet Spyware Prevention Act of 2004[59]가 하원에서 가결되었는데, 동 법안에서 허가 없이 타인의 컴퓨터에 의도적으로 접속하거나, 허가된 접속범위를 의도적으로 초월하는 것을 범죄로 규정하여, 이에 반할 경우에는 형사처벌을 할 수 있도록 규정하였으나 상원에서 부결되었다.

또 2004년 9월 Software Principles Yielding Better Levels of Consumer Knowledge Act 이 상원을 통과하였다. 이 법안에도 스파이웨어에 대한 개념 정의

---

58) To protect user of the Internet from unknowing transmission of their personally identifiable information spyware programs, and for other purposes.(http://www.govtrack.us/congress/bill.xpd?bill=h109-2929).

59) Computer Fraud and Abuse Act of 1984를 개정.

규정은 찾아볼 수 없다. 2005년 1월 4일에는 제109회 연방의회에서 2003년에 제출했던 Securely Protect Yourself Against Cyber Trespass Act을 수정한 H.R.29법안[60]을 제출하였다. 본 법안에서 소프트웨어 회사는 사용자로부터 소프트웨어의 사용동의를 얻기 위한 통지는 승낙이 없어도 가능하도록 하고 있다. 네트워크의 감시와 관련하여, 보안, 진단, 기술의 제공, 수리, 부정행위의 색출 및 방지를 목적으로 하는 경우에는 통지 · 승낙 조항을 면하도록 하고 있다. 뿐만 아니라 Cookie의 경우에도 이용자에 의하여 web사이트에 접속 가능하게 하기 위해서 사용된 경우에는 면하도록 하고 있다. 이 같은 규정에 대하여 Business Software Alliance, Dell, eBay, Microsoft, Time Warner, Yahoo! Earthlink사는 지지하고 있다. 그러나 이 새로운 법안은 광고게재 사이트가 제휴 사이트등과 쿠키정보를 공유하는 것을 인정하지 않으므로 이용자의 행동분석에 의한 표적이 좁아질 수 있으며, cross site의 광고표시 횟수 제어, 기타 네트워크의 문제분석 등과 같이 광범위하게 사용되는 마케팅 방법 등의 경우에는 위법이 된다. 이에 따라 2005년 1월 26일 하원 House Energy and Commerce Committee에서는 H.R.29에 관한 공청회를 개최하여 Key Lock, phishing등에 대한 벌칙 및 대책에 대한 논의 결과 CDT, Microsoft, Earthlink 등은 동 법안에 대한 찬성의사를 밝혔다.

H.R.29법안은 프로그램을 이용자의 컴퓨터에 인스톨할 때 일정한 형식으로 이용자의 동의를 구할 것을 요구하고 있다. 그러나 프로그램에는 이용자에게 득이 되는 정당한 기능을 가진 프로그램도 있다는 점을 고려하여 IT업계는 이 같은 기능을 제공하는 기업에 대한 부담의 증가를 우려하는 목소리도 있다. 이에 대하여 2005년 2월 House Energy and Commerce Committee의 「Commerce, Trade and Consumer Protection」에 관한 소위원회에서 H.R.29에 관하여 트래킹쿠키를 포함한 쿠키는 제외하기로 하는 일부수정안을 가결하였다.[61] 동 법안에서 이용자가 스파이웨어 프로그램을 다운로드하기 전에 명시적으로 그 내용을 고지하도록 하고 있는데, 이는 다운로드하는 위험으로부터 소비자를 보호하기 위한 것이다. 그 이외 불공정 · 사기행위를 금하는 조항을 포함하고 있으며, 2005년 3월 9일 H.R.29 법안은 House Energy and Commerce Committee에서 그 내용을 일부 수정한 후 가결되었다.

---

60) http://www.securitymanagement.com/library/hr29_spyware0205.pdf.

61) http://www.house.gov/apps/list/press/ca45_bono/spyware_mar_sub_109.html.

2005년 2월 10일 스파이웨어 범죄와 관련하여 최고 5년의 형벌을 과하는 H.R.744[62](Internet Spyware(I-SPY) Prevention Act of 2005)이 사법위원회의 검토를 거쳐 2005년 5월 19일 하원 사법위원회는 본 법안을 승인하였다. 이에 대하여 Information Technology Association of America는 의회에 제출한 의견서에서 "현 법안은 법적 의무로 규정한 팝 업의 고지를 대량으로 발생하게 하여 변호사들에게만 유리할 뿐이며, 이용자의 컴퓨터 내에 항상 머물면서 프로그램의 업데이트, 갱신, 감시를 행하는 모든 유틸리티가 부당하게 그 표적이 된다" 비판하기도 하였다.

그러나 미연방거래위원회는, H · R.744는 합법적인 소프트웨어 제품에도 악영향을 미칠 수 있다는 우려를 표명하면서, 미 상공회의소는 상원에서 심의되고 있는 법안은 그 적용범위가 너무 광범위하여, E-Commerce를 저해함과 동시에 합법적인 활동을 하고 있는 기업에 무거운 법적 책임을 부담시킬 수 있다는 우려를 표명하였다. 더 나아가 일부기업들은 H.R.744는 졸속규정으로서 인터넷 서비스제공자[63]를 위험에 빠뜨릴 수 있으며, operating system의 합법적인 적용(application)까지 규제의 대상이 될 우려가 있다고 하여 동 법안의 가결을 저지하였다.

이에 대하여 2005년 3월 7일 연방거래위원회는 스파이웨어 규제법은 불필요한 법이며, 스파이웨어의 이용자를 벌하기 위한 Federal Trade Commission Act, The Computer Fraud and Abuse Act, Electronic Communications Privacy Act으로도 충분하다는 입장을 밝히고 있다. 이와 같이 미국 내에서도 스파이웨어 규제법의 제정과 관련하여 찬반논의가 진행되는 가운데, 이에 대한 논의는 지금도 계속되고 있다.

---

62) Internet Spyware(I-SPY) Prevention Act of 2005; H.R. 744 contains an intergovernmental mandate as defined in the Unfunded Mandates Reform Act(UMRA), but CBO estimates that the resulting costs for state, local, and tribal governments would be minimal and would not exceed the threshold established in UMRA($62million in 2005, adjusted annually for inflation). The bill contains no new privatesector mandates as defined in UMRA.

63) 인터넷서비스제공자의 불법행위책임에 대한 내용은 졸고, '인터넷 서비스 제공자의 불법행위책임', 비교사법 제8권 2호, 2001.12 참조.

5. 소 결

스파이웨어는 대부분 전자우편, 메신저 또는 P2P등을 통하여 임의파일을 다운로드할 때 이용자가 인식하지 못하는 가운데 설치되거나 이용자 PC 보안의 취약점을 이용하여 몰래 설치되게 된다. 이 같은 스파이웨어는 우리나라 「정보통신망이용촉진 및 정보보호 등에 관한 법률」제48조 제2항에 의하여 악성프로그램으로 분류하여, 정보통신부는 이용자의 동의 없이 또는 이용자를 속여 설치하거나, 웹브라우저의 홈페이지 설정이나 검색설정을 변경하는 행위를 수행하는 프로그램 등 7가지 유형의 프로그램을 스파이웨어로 하는 기준을 발표하기도 하였다.[64] 또 스파이웨어를 전달, 유포하는 행위를 「정보통신망이용촉진 및 정보보호 등에 관한 법률」제62조 제4항의 규정에 의한 범죄행위로 규정하고, 스파이웨어를 유포한 사람은 5년 이하의 징역이나 5천만원 이하의 벌금에 처하도록 하는 규정을 두고 있다.

이 같은 취지는 정보화 사회에서 이용자의 동의 없이 컴퓨터에 몰래 설치되어 이용자의 컴퓨터 운영을 방해하는 스파이웨어에 대한 정의와 유형을 구체적으로 정함으로써 이용자의 피해를 최소화하고, 인터넷 이용자들의 컴퓨터사용 주권을 되찾음으로서 안전하고 안정적인 IT환경을 구축하기 위한 것이라 할 수 있다. 그럼에도 실제적으로 우리나라는 스파이웨어 관련 처벌규정이 있음에도 불구하고 이를 둘러싼 갈등을 불식되지 않고 있다. 특히 이용자를 속여 설치를 유도하지 않고 설치된 경우에 대한 법적 문제를 어떻게 해결할 것인가 하는 것 등은 IT강국이라 자처하는 우리나라에 있어 해결하여야 할 숙제로 남아 있다. 이 같은 문제의식을 가지고 미국에서는 관련법을 제정하여 실행하려는 단계에 있으며, 그 효과는 불확실하다 하더라도 이에 대한 연구와 관심은 고조되고 있는 실정이다.

따라서 우리나라에서도 스파이웨어와 관련하여 나타날 수 있는 제반 법률문제들을 예측하고 검토하여 그 대책을 위한 법제정이 요구되는 가운데, 법제정시에는 다음과 같은 내용들이 고려되어야 한다고 본다. 우선 사용자와 스파이웨어 제작 업체 모두를 만족시킬 수 있는 균형있는 법제정이 필요하며, 스파이웨어와 애드웨어의

---

64) 정보통신부보도자료, 2005.8.30.

개념을 명문으로 정의할 필요가 있으며, 프로그램을 설치하거나 재설치할 때에는 사용자의 동의를 구하도록 하여야 할 것이다. 또 스파이웨어의 기능에 대한 구체적인 내용이 약관에 의하여 제시되도록 하지 않으면 안 된다. 이 때 약관규제법을 원용하여 일방적으로 컴퓨터 사용자에게 불리한 내용은 규제하여야 하며, 언인스톨(uninstall) 프로그램의 제공도 고려하여야 할 것으로 본다. 또 불편한 광고성 정보 내지 개인정보의 수집 및 활용은 이용자의 동의를 구하도록 하고, 광고성 정보를 게시할 때에는 제작사 및 수행프로그램을 표시하도록 하며, 이 때 이용자가 당 프로그램을 제어할 수 있도록 하지 않으면 안 된다. 특히 스파이웨어 내에 제작사, 대표자 및 연락처를 게시하도록 함으로써 사후에도 이용자와의 갈등을 해소할 수 있는 창구로 활용하여야 한다. 향후 온라인상의 법률문제는 다양한 모습으로 전개될 것으로 예측하는 가운데 이를 둘러싼 갈등은 더욱 증가할 것으로 보이며 따라서 이에 대한 연구를 통한 대책의 수립이 요구된다.

찾아보기

ㄱ

ㄴ

ㄷ

ㄹ

ㅁ

ㅂ

ㅅ

ㅈ

ㅌ

ㅍ

ㅎ

저자 약력

경남대학교 대학원(석사, 박사)
현, 선문대학교 법과대학 교수

현대여성과 법률(2002), 법문사
법학의 이해와 기초(2005, 공저), 법문사
현대법학의 이해(2008, 공저), 법문사
연명중단에 관한 관련법 제정에서의 주요 내용과 방향성을 위한 소고
무의미한 연명의료의 중단과 존엄사의 제 문제 등 다수

교양법률강좌

2010년 3월 5일 초판 인쇄
2010년 3월 10일 초판 1쇄 발행

저 자 문 성 제
발행인 배 효 선
발행처 도서출판 法 文 社

413-756 경기도 파주시 교하읍 문발리 526-3
등 록 1957. 12. 12 / 제2-76호(윤)
TEL 031)955-6500~6 FAX 031)955-6525
e-mail (영업): bms@bobmunsa.co.kr
(편집): edit66@bobmunsa.co.kr
홈페이지 http://www.bobmunsa.co.kr
조 판 법 문 사 전 산 실

정가 25,000원 ISBN 978-89-18-08000-0